Réussir le Grand oral

Entraînez-vous à l'expression orale et à l'épreuve du Grand oral au fil des chapitres

- Des mini-entraînements à la **prise de parole** au fil des dossiers

- Un entraînement à l'**épreuve du Grand oral**, avec des méthodes, des conseils et des exercices pour :
  - trouver sa question et la préparer
  - réussir les trois temps de l'épreuve,
  - maîtriser les compétences orales

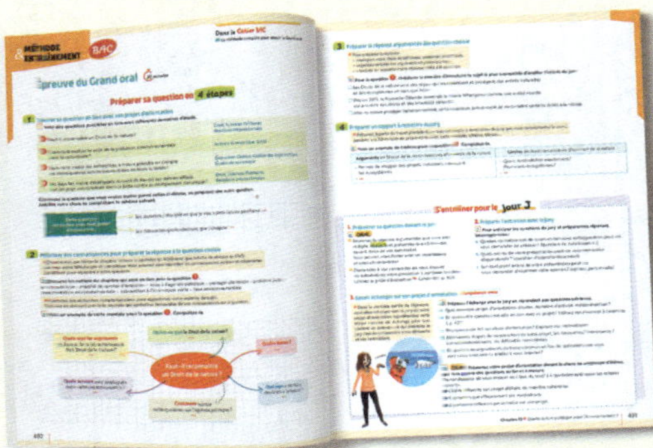

Maîtrisez les clés de l'épreuve du Grand oral avec le Cahier Bac p. 458-470

- Le **descriptif officiel** de l'épreuve du Grand oral et la **grille d'évaluation**
- Une **méthode complète**, des conseils et des entraînements pour réussir l'épreuve

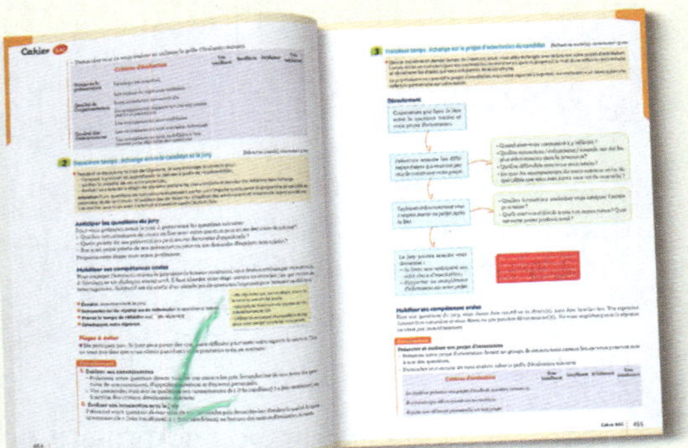

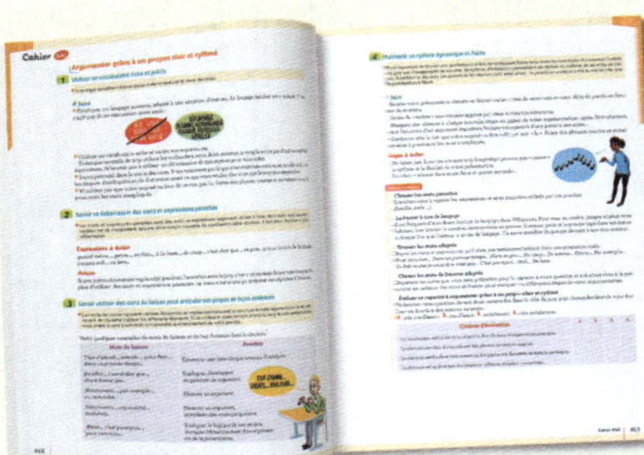

Pour plus de détails, voir sommaire, **p. 8-13**

Réviser ses connaissances

Dans chaque chapitre

- Une **synthèse** accompagnée de la **définition des notions clés**, pour réviser partout et à tout moment

bordas Flash PAGE podcast DYS

Version audio à podcaster et version dys

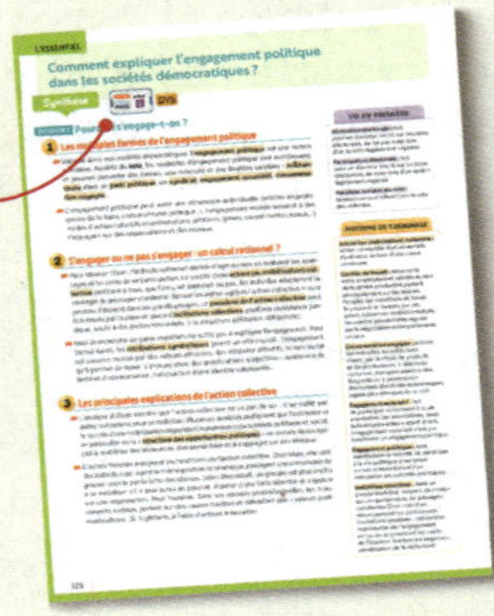

- Un **schéma bilan** pour retenir l'essentiel

bordas Flash PAGE animation

Version enrichie, animée et commentée

- Des **exercices** pour réviser et s'autoévaluer

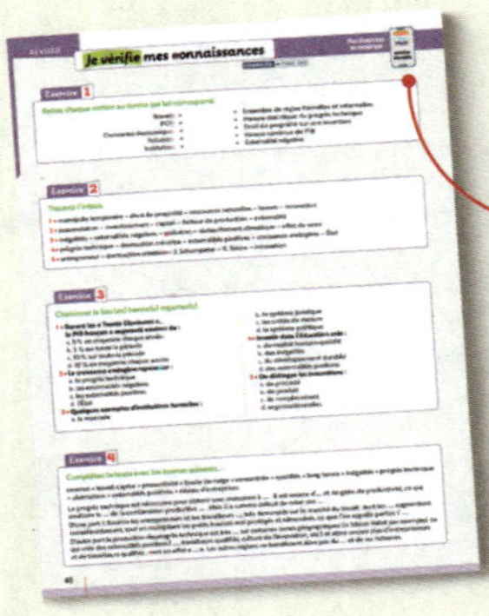

bordas Flash PAGE exercices interactifs

Exercices autocorrectifs supplémentaires

- Des **fiches de révision** à réaliser pour retenir les connaissances, les notions et les mécanismes clés

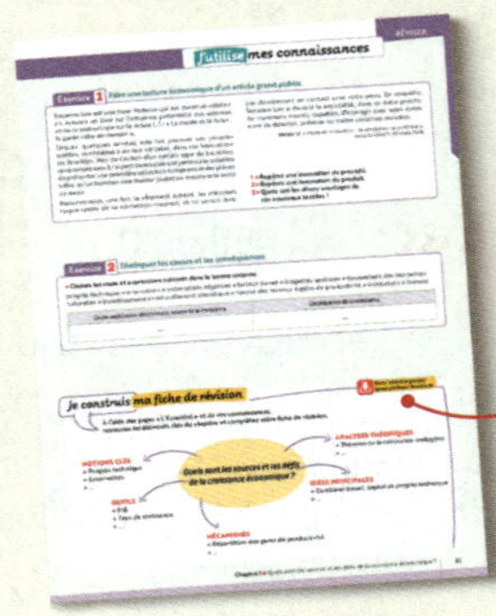

Fiche téléchargeable lycee.editions-bordas.fr

Fiche de révision détaillée à imprimer et compléter

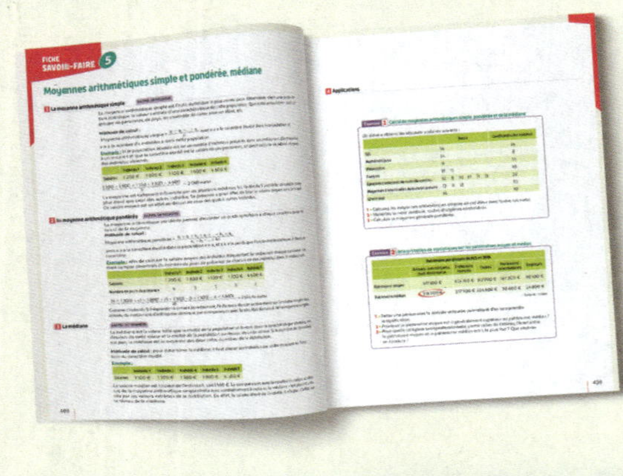

En fin de manuel

- Des **fiches savoir-faire** pour maîtriser les outils et les savoir-faire des SES

Pour plus de détails, voir sommaire, **p. 8-13**

BONNE ANNÉE DE TERMINALE AVEC LE MANUEL BORDAS !

COLLECTION PASSARD & PERL

Programme 2020

Sciences Economiques & Sociales

Tle

Sous la direction de

Cédric Passard
Maître de conférences à l'Institut d'études politiques, Lille

et

Pierre-Olivier Perl
Professeur à l'École nationale de commerce, Paris

Fatima Aït Saïd
Lycée Hector-Berlioz, Vincennes

Denis Anne
Lycée Notre-Dame-de-la-paix, Lille

Rémy Brunet
Lycée français de Prague, République tchèque

Estelle Cardon
Lycée Tesla, Dourdan

Rémi Dusart
Lycée des Flandres, Hazebrouck

Nuria Fernandez Calleja
Lycée Albert Schweitzer, Le Raincy

Romain Gény
Lycée Raymond-Queneau, Villeneuve-d'Ascq

Éric Keslassy
Lycée Merkaz Hatorah, Le Raincy

Germain Maury
Lycée Massignon, Abu Dhabi, Émirats arabes unis

Stéphane Moussiegt
Lycée militaire de Saint-Cyr, Saint-Cyr-L'École

Amandine Oullion
Lycée Émile-Zola, Wattrelos et Lycée Raymond-Queneau, Villeneuve-d'Ascq

Victoire Patouillard
Lycée français de New York, États-Unis

Sandrine Poirson-Clausse
Lycée international, Saint-Germain-en-Laye

Julien Turbé
Lycée Jean-Baptiste-Corot, Douai

Émilie Vandappe
Lycée Jean-Guéhenno, Flers

Claire Vanhove
Lycée Français Liberté, Bamako, Mali

bordas
éditeur

DÉCOUVREZ VOTRE MANUEL

Dans chaque chapitre

L'introduction au chapitre

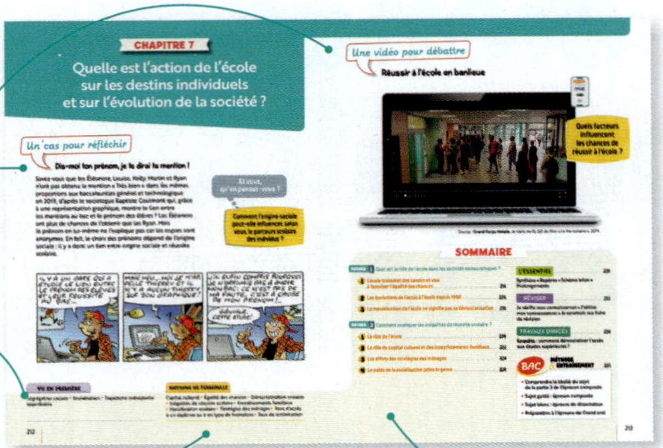

Une **situation** et une **vidéo** pour découvrir les enjeux du chapitre

Le rappel des **notions vues en première**

Les **notions de terminale**

Le **sommaire** des dossiers

Les dossiers documentaires

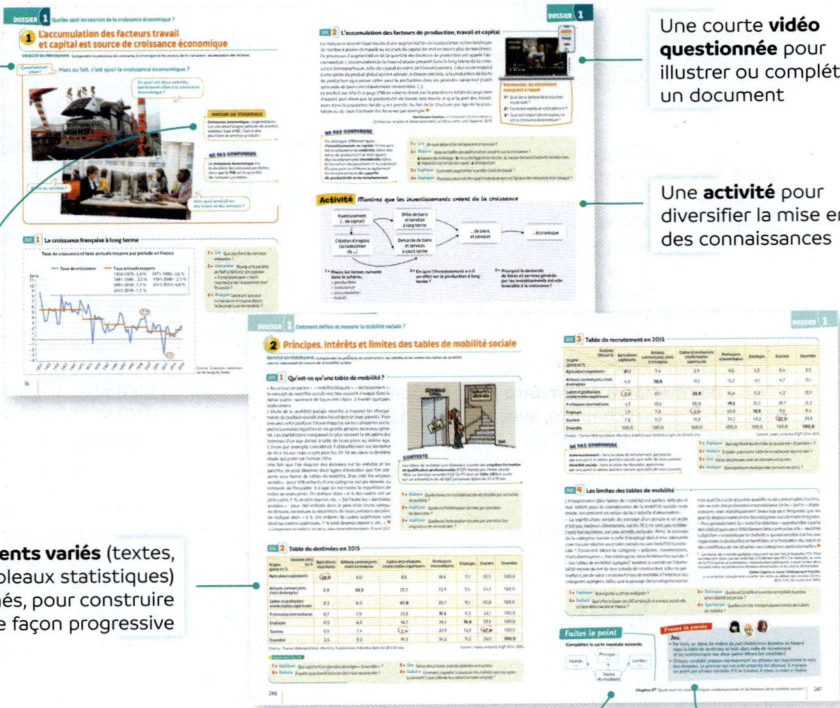

Un **questionnement initial** pour amorcer l'étude du dossier

Les définitions des **notions clés**

Une courte **vidéo questionnée** pour illustrer ou compléter un document

Une **activité** pour diversifier la mise en œuvre des connaissances

Des **documents variés** (textes, graphiques, tableaux statistiques) et questionnés, pour construire le savoir de façon progressive

Une activité pour **faire le point sur les acquis** de la double page

Un **entraînement à la prise de parole** : jeu de rôle, pitch, argumentation, etc.

© BORDAS/SEJER, 2020
ISBN 978 2-04-733759-2

L'essentiel

La **synthèse des connaissances** du chapitre

Les définitions des **notions clés** du programme

Des **repères** pour fixer des dates, citations, chiffres clés

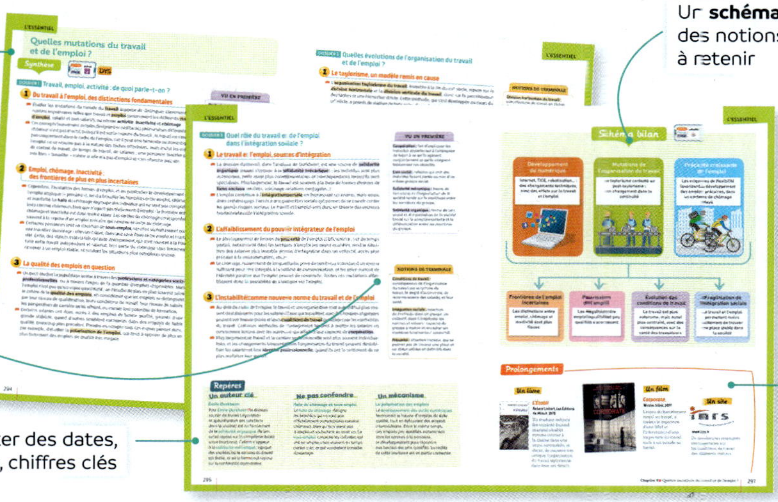

Un **schéma de synthèse** des notions et mécanismes à retenir

Des **prolongements** : livre, film, podcast...

Réviser

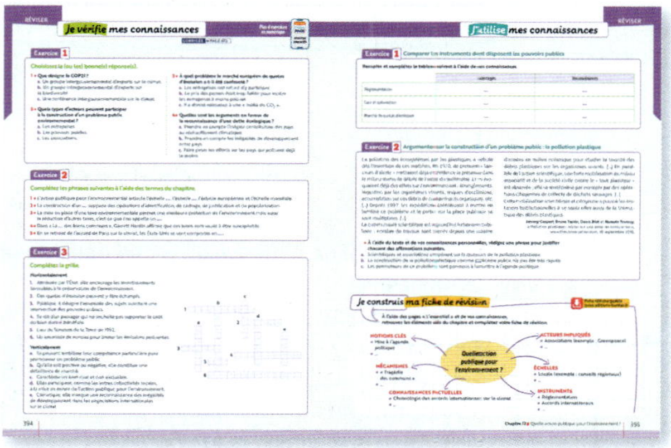

- Des **exercices pour vérifier ses connaissances**, avec les corrigés inclus dans le manuel, et des **exercices d'application**
- Une **fiche de révision à construire** pour récapituler les éléments clés du chapitre, avec sa version imprimable à compléter

Les travaux dirigés

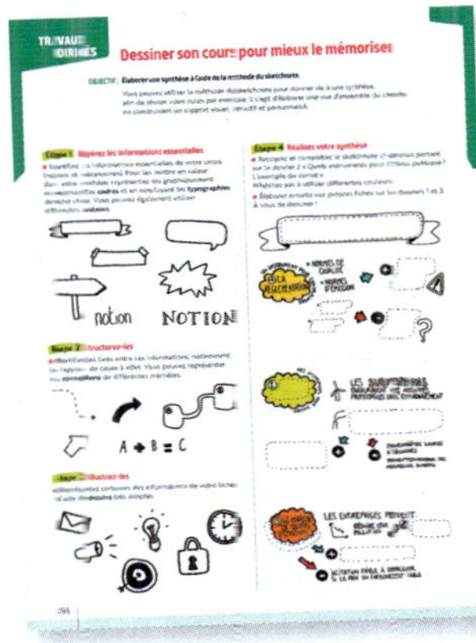

- Une activité de type TD pour **travailler autrement un savoir-faire ou une compétence du programme** : enquête, débat, decryptage d'un document complexe...

Méthode et entraînement Bac

Compétences

- Des **exercices d'entraînement** sur une compétence spécifique à maîtriser pour la dissertation ou pour l'épreuve composée, avec un **point méthode** récapitulatif

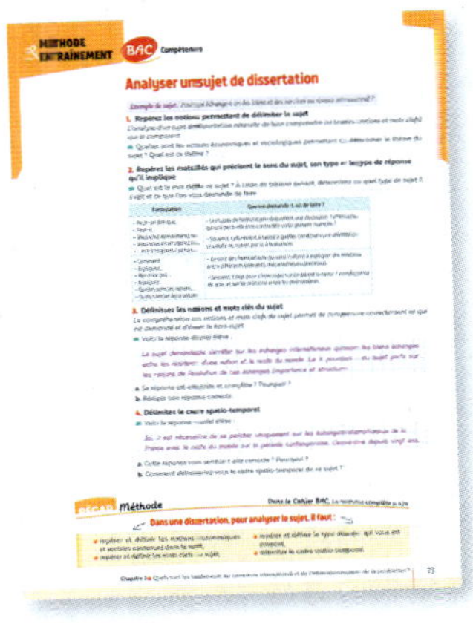

Un sujet guidé de dissertation ou d'épreuve composée

Un sujet de dissertation ou d'épreuve composée, avec une **méthode appliquée** au sujet

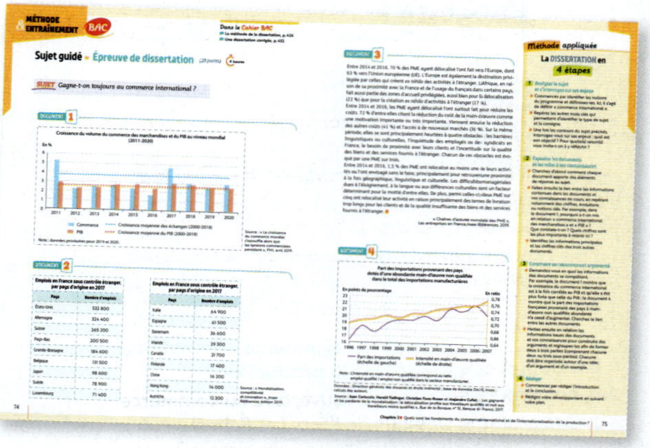

Un sujet blanc d'épreuve composée ou de dissertation

Un **sujet brut** de dissertation ou d'épreuve composée pour s'entraîner

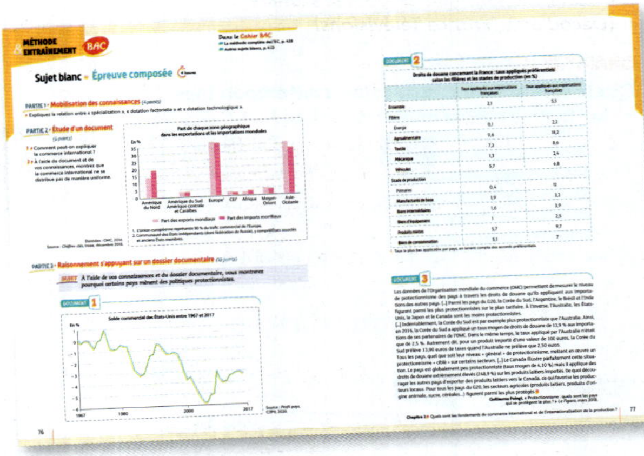

Et dans le Cahier Bac, en fin de manuel

- le descriptif de l'épreuve écrite
- la méthode générale complète
- des sujets corrigés et commentés
- 6 sujets blancs de dissertation et 6 sujets blancs d'épreuve composée (sur les 3 parties du programme)

Préparation à l'épreuve du Grand oral

- des **exemples de questions** à présenter à l'oral
- des conseils et des exercices pour **traiter les questions** et **les présenter**
- des méthodes et des exercices pour **réussir les différentes étapes de l'épreuve**
- des conseils et des exercices pour **maîtriser les compétences orales**

Et dans le Cahier Bac, en fin de manuel

- le descriptif de l'épreuve du Grand oral et la grille d'évaluation
- une méthode complète et des conseils pour réussir l'épreuve :
  - choisir son sujet et préparer sa présentation,
  - réussir les 3 temps de l'épreuve orale,
  - maîtriser les compétences orales

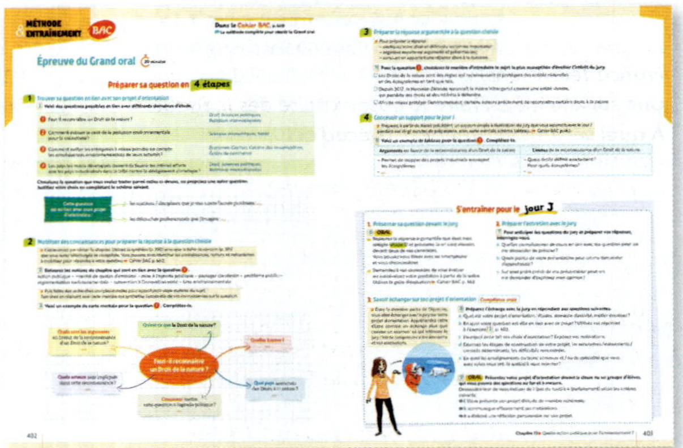

Et en fin de manuel

14 fiches savoir-faire : tous les outils et méthodes à mobiliser en terminale, avec des exercices d'application

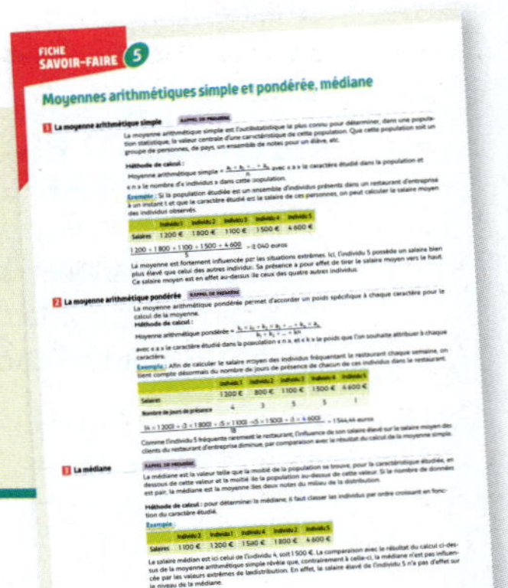

LES VIDÉOS DU MANUEL

CHAPITRE 1

Quels sont les sources et les défis de la croissance économique ?

- Produire ne nuit pas nécessairement à l'environnement (*Euronews*) ... 15
- Noirmoutier, les saisonniers manquent à l'appel (*France Télévisions*) ... 17
- L'ubérisation des emplois (*TV5Monde*) ... 27
- Croissance : les inégalités de richesse entre territoires (*France Télévisions*) ... 30

CHAPITRE 2

Quels sont les fondements du commerce international et de l'internationalisation de la production ?

- La fatalité de l'expansion de l'ouverture au commerce international (*Les Dessous de l'Éco, Les Échos*) ... 51
- Comment expliquer les avantages comparatifs ? (*Dessine-moi l'éco*) ... 52
- Qu'est-ce que la compétitivité ? (*Décod'éco, France Télévisions*) ... 56
- Pourquoi payer vos tee-shirts moins cher menace-t-il des emplois ? (*Ina*) ... 60
- L'ouverture internationale ne bénéficie pas à tous de la même manière (*Décod'éco, France Télévisions*) ... 62

CHAPITRE 3

Comment lutter contre le chômage ?

- La rupture conventionnelle collective (*France Télévisions*) ... 81
- Le chômage masqué (*C dans l'air, France Télévisions*) ... 83
- D'où vient le chômage ? Y-a-t-il un remède ? (*Dessine-moi l'éco*) ... 90
- Les mini-jobs : la potion magique des Allemands contre le chômage ? (*France Télévisions*) ... 94
- Le chômage partiel produit-il un effet d'aubaine ? (*France Télévisons*) ... 98

CHAPITRE 4

Comment expliquer les crises financières et réguler le système financier ?

- La crise vue par le journal télévisé du 22 janvier 2008 (*Ina*) ... 117
- Avant la crise de 2008 : 1929 et 1987 (*Ina*) ... 119
- Qu'est-ce que la Bourse ? (*Citéco*) ... 122
- L'effet domino de la crise des subprimes : la faillite de la banque Lehman Brothers (*Ina*) ... 128
- La régulation financière après 2008 (*Xerfi Canal*) ... 131

CHAPITRE 5

Quelles politiques économiques dans le cadre européen ?

- L'Union européenne (*Les essentiels de Jamy, France Télévisions*) ... 147
- L'UE contre Google (*France Télévisions*) ... 152
- Qu'est-ce que le *Quantitative Easing*? (*Dessine-moi l'éco*) ... 156

CHAPITRE 6

Comment est structurée la société française actuelle ?

- Quand des étudiants de banlieue dressent le profil sociologique des riches parisiens (*Le Parisien*) ... 179
- Les familles monoparentales face à la précarité (*France 24*) ... 184
- La féminisation des emplois dans des images d'archives (*Ina*) ... 188
- Les livreurs de Deliveroo en colère (*Brut*) ... 192
- Ces femmes qui font un « métier d'homme » (*La Voix du Nord*) ... 194

CHAPITRE 7

Quelle est l'action de l'école sur les destins individuels et sur l'évolution de la société ?

- Réussir à l'école en banlieue (*Grand Corps Malade, Je viens de là, BO du film « La Vie scolaire », 2019*) ... 213
- L'école permet-elle de sortir de son milieu social ? (*« Les défricheurs », extrait, Helicx films et France Télévisions*) ... 214
- L'école et la méritocratie selon F. Dubet (*DCAM, Université Bordeaux Segalen*) ... 215
- L'école, responsable de l'échec scolaire ? (*Décod'actu, France Télévisions*) ... 221

CHAPITRE 8

Quels sont les caractéristiques contemporaines et les facteurs de la mobilité sociale ?

- Comment débloquer l'ascenseur social (*France Télévisions*) ... 243
- Un exemple de société immobile : les castes en Inde (*Ina*) ... 245
- L'ascenseur social est-il vraiment en panne ? (*LCI*) ... 252
- La reproduction sociale selon Bourdieu (*« La sociologie est un sport de combat », extrait, C-P Productions et VF Films*) ... 257

CHAPITRE 9

Quelles mutations du travail et de l'emploi ?

- La fin du travail (*#Datagueule 62, Premières Lignes & Story Circus*) ... 273
- Le Kaizen, une vraie « amélioration » ? (*Ministère des Affaires étrangères du Japon, Japan Video Topics*) ... 282
- Faut-il avoir peur de l'ubérisation de l'économie ? (*Alternatives économiques*) ... 286
- Les mineurs en vacances (*Ina*) ... 288

CHAPITRE 10

Comment expliquer l'engagement politique dans les sociétés démocratiques ?

- Les Gilets jaunes, une nouvelle forme de contestation ... 309
- Consommer, c'est voter ? (*Karim Duval*) ... 311
- Les jeunes et la politique : entretien avec Anne Muxel (*Conseil d'État*) ... 318
- Les syndicats en France (*Les Clés de la République*) ... 322

CHAPITRE 11

Quelles inégalités sont compatibles avec les différentes conceptions de la justice sociale ?

- À la recherche de la justice sociale (*Décod'éco, France Télévisions*) ... 341
- Une société inégalitaire (*L'observatoire des inégalités*) ... 346
- À quoi servent les impôts ? (*Décod'actu, France Télévisions*) ... 350
- Le consentement à l'impôt (*Sciences Po*) ... 356

CHAPITRE 12

Quelle action publique pour l'environnement ?

- Greta Thunberg à la 24e conférence mondiale sur le climat (*Le Monde*) ... 373
- Les côtes bretonnes envahies par des algues vertes (*Ina*) ... 377
- Comment lutter contre le réchauffement climatique ? (*Ademe*) ... 380
- Le premier marché de quotas carbone (*Ademe*) ... 384
- L'Amazonie, bien commun mondial ? (*Décod'actu, France Télévisions*) ... 387

Les vidéos *Dessine-moi l'éco* ont été conçues et réalisées par la société Sydo, société de conseil en pédagogies innovantes.

PROGRAMME DE SCIENCES ÉCONOMIQUES ET SOCIALES DE PREMIÈRE GÉNÉRALE

BOEN spécial n° 8 du 25 juillet 2019

Questionnements et objectifs d'apprentissage

Questionnements	Objectifs d'apprentissage
	Science économique
Quels sont les sources et les défis de la croissance économique ? ÉPREUVE ÉCRITE ANNÉES PAIRE ET IMPAIRE	– Comprendre le processus de croissance économique et les sources de la croissance : accumulation des facteurs et accroissement de la productivité globale des facteurs ; comprendre le lien entre le progrès technique et l'accroissement de la productivité globale des facteurs. – Comprendre que le progrès technique est endogène et qu'il résulte en particulier de l'innovation. – Comprendre comment les institutions (notamment les droits de propriété) influent sur la croissance en affectant l'incitation à investir et innover ; savoir que l'innovation s'accompagne d'un processus de destruction créatrice. – Comprendre comment le progrès technique peut engendrer des inégalités de revenus. – Comprendre qu'une croissance économique soutenable se heurte à des limites écologiques (notamment l'épuisement des ressources, la pollution et le réchauffement climatique) et que l'innovation peut aider à reculer ces limites.
Quels sont les fondements du commerce international et de l'internationalisation de la production ? ÉPREUVE ÉCRITE ANNÉES PAIRE ET IMPAIRE	– Comprendre le rôle des dotations factorielles et technologiques (avantages comparatifs) dans les échanges commerciaux et la spécialisation internationale. – Comprendre le commerce entre pays comparables (différenciation des produits, qualité des produits, et fragmentation de la chaîne de valeur). – Comprendre que la productivité des firmes sous-tend la compétitivité d'un pays, c'est-à-dire son aptitude à exporter. – Comprendre l'internationalisation de la chaîne de valeur et savoir l'illustrer. – Comprendre les effets induits par le commerce international : gains moyens en termes de baisse de prix, réduction des inégalités entre pays, accroissement des inégalités de revenus au sein de chaque pays ; comprendre les termes du débat entre libre-échange et protectionnisme.
Comment lutter contre le chômage ? ÉPREUVE ÉCRITE ANNÉE IMPAIRE	– Savoir définir le chômage et le sous-emploi et connaître les indicateurs de taux de chômage et de taux d'emploi. – Comprendre que les problèmes d'appariements (frictions, inadéquations spatiales et de qualifications) et les asymétries d'information (salaire d'efficience) sont des sources de chômage structurel. – Comprendre les effets (positifs ou négatifs) des institutions sur le chômage structurel (notamment salaire minimum et règles de protection de l'emploi). – Comprendre les effets des fluctuations de l'activité économique sur le chômage conjoncturel. – Connaître les principales politiques mises en œuvre pour lutter contre le chômage : politiques macroéconomiques de soutien de la demande globale, politiques d'allégement du coût du travail, politiques de formation et politiques de flexibilisation pour lutter contre les rigidités du marché du travail.
Comment expliquer les crises financières et réguler le système financier ? ÉPREUVE ÉCRITE ANNÉE PAIRE	– Connaître les principales caractéristiques de la crise financière des années 1930 et de celle de 2008 (effondrement boursier, faillites en chaîne, chute du PIB et accroissement du chômage). – Comprendre et savoir illustrer la formation et l'éclatement d'une bulle spéculative (comportements mimétiques et prophéties auto réalisatrices). – Comprendre les phénomènes de panique bancaire et de faillites bancaires en chaîne. – Connaître les principaux canaux de transmission d'une crise financière à l'économie réelle : effets de richesse négatif, baisse du prix du collatéral et ventes forcées, contraction du crédit. – Connaître les principaux instruments de régulation du système bancaire et financier qui permettent de réduire l'aléa moral des banques : supervision des banques par la banque centrale, ratio de solvabilité.
Quelles politiques économiques dans le cadre européen ? ÉPREUVE ÉCRITE ANNÉE PAIRE	– Connaître les grandes caractéristiques de l'intégration européenne (marché unique et zone euro) ; comprendre les effets du marché unique sur la croissance. – Comprendre les objectifs, les modalités et les limites de la politique européenne de la concurrence. – Comprendre comment la politique monétaire et la politique budgétaire agissent sur la conjoncture. – Savoir que la politique monétaire dans la zone euro, conduite de façon indépendante par la Banque centrale européenne, est unique alors que la politique budgétaire est du ressort de chaque pays membre mais contrainte par les traités européens ; comprendre les difficultés soulevées par cette situation (défaut de coordination, chocs asymétriques).

	Sociologie et science politique
Comment est structurée la société française actuelle ? ÉPREUVE ÉCRITE ANNÉES PAIRE ET IMPAIRE	– Savoir identifier les multiples facteurs de structuration et de hiérarchisation de l'espace social (catégorie socioprofessionnelle, revenu, diplôme, composition du ménage, position dans le cycle de vie, sexe, lieu de résidence). – Comprendre les principales évolutions de la structure socioprofessionnelle en France depuis la seconde moitié du XXe siècle (salarisation, tertiarisation, élévation du niveau de qualification, féminisation des emplois). – Connaître les théories des classes et de la stratification sociale dans la tradition sociologique (Marx, Weber) ; comprendre que la pertinence d'une approche en termes de classes sociales pour rendre compte de la société française fait l'objet de débats théoriques et statistiques : évolution des distances inter– et intra-classes, articulation avec les rapports sociaux de genre, identifications subjectives à un groupe social, multiplication des facteurs d'individualisation.
Quelle est l'action de l'École sur les destins individuels et sur l'évolution de la société ? ÉPREUVE ÉCRITE ANNÉE IMPAIRE	– Comprendre que, dans les sociétés démocratiques, l'École transmet des savoirs et vise à favoriser l'égalité des chances ; comprendre l'évolution, depuis les années 1950, des principaux indicateurs mesurant l'accès à l'école et à l'enseignement supérieur (taux de scolarisation, taux d'accès à un diplôme ou à un type de formation) en distinguant les processus de massification et de démocratisation. – Comprendre la multiplicité des facteurs d'inégalités de réussite scolaire (notamment, rôle de l'École, rôle du capital culturel et des investissements familiaux, socialisation selon le genre, effets des stratégies des ménages) dans la construction des trajectoires individuelles de formation.

Questionnements	Objectifs d'apprentissage
	Sociologie et science politique
Quels sont les caractéristiques contemporaines et les facteurs de la mobilité sociale ? ÉPREUVE ÉCRITE ANNÉE IMPAIRE	– Savoir distinguer la mobilité sociale intergénérationnelle des autres formes de mobilité (géographique, professionnelle). – Comprendre les principes de construction, les intérêts et les limites des tables de mobilité comme instrument de mesure de la mobilité sociale. – Comprendre que la mobilité observée comporte une composante structurelle (mobilité structurelle) ; comprendre que la mobilité peut aussi se mesurer de manière relative indépendamment des différences de structure entre origine et position sociales (fluidité sociale) et qu'une société plus mobile n'est pas nécessairement une société plus fluide. – À partir de la lecture des tables de mobilité, être capable de mettre en évidence des situations de mobilité ascendante, de reproduction sociale et de déclassement, et de retrouver les spécificités de la mobilité sociale des hommes et de celles des femmes. – Comprendre comment l'évolution de la structure socioprofessionnelle, les niveaux de formation et les ressources et configurations familiales contribuent à expliquer la mobilité sociale.
Quelles mutations du travail et de l'emploi ? ÉPREUVE ÉCRITE ANNÉE PAIRE	– Savoir distinguer les notions de travail, activité, statut d'emploi (salarié, non-salarié), chômage ; comprendre que les évolutions des formes d'emploi rendent plus incertaines les frontières entre emploi, chômage et inactivité. – Connaître les principaux descripteurs de la qualité des emplois (conditions de travail, niveau de salaire, sécurité économique, horizon de carrière, potentiel de formation, variété des tâches). – Comprendre les principales caractéristiques des modèles d'organisation taylorien (division du travail horizontale et verticale, relation hiérarchique stricte) et post-taylorien (flexibilité, recomposition des tâches, management participatif) ; comprendre les effets positifs et négatifs de l'évolution des formes de l'organisation du travail sur les conditions de travail. – Comprendre comment le numérique brouille les frontières du travail (télétravail, travail / hors travail), transforme les relations d'emploi et accroît les risques de polarisation des emplois. – Comprendre que le travail est source d'intégration sociale et que certaines évolutions de l'emploi (précarisation, taux persistant de chômage élevé, polarisation de la qualité des emplois) peuvent affaiblir ce pouvoir intégrateur.
Comment expliquer l'engagement politique dans les sociétés démocratiques ? ÉPREUVE ÉCRITE ANNÉES PAIRE ET IMPAIRE	– Comprendre que l'engagement politique prend des formes variées (vote, militantisme, engagement associatif, consommation engagée). – Comprendre pourquoi, malgré le paradoxe de l'action collective, les individus s'engagent (incitations sélectives, rétributions symboliques, structure des opportunités politiques). – Comprendre que l'engagement politique dépend notamment de variables sociodémographiques (catégorie socioprofessionnelle, diplôme, âge et génération, sexe). – Comprendre la diversité et les transformations des objets de l'action collective (conflits du travail, nouveaux enjeux de mobilisation, luttes minoritaires), des acteurs (partis politiques, syndicats, associations, groupements) et de leurs répertoires.
	Regards croisés
Quelles inégalités sont compatibles avec les différentes conceptions de la justice sociale ? ÉPREUVE ÉCRITE ANNÉE PAIRE	– Connaître les grandes tendances d'évolution des inégalités économiques depuis le début du XXe siècle et comprendre que les inégalités économiques et sociales présentent un caractère multiforme et cumulatif. – Savoir interpréter les principaux outils de mesure des inégalités, statique (rapport inter-quantiles, courbe de Lorenz et coefficient de Gini, top 1 %) et dynamique (corrélation de revenu parents-enfants). – Comprendre que les différentes formes d'égalité (égalité des droits, des chances ou des situations) permettent de définir ce qui est considéré comme juste selon différentes conceptions de la justice sociale (notamment l'utilitarisme, le libertarisme, l'égalitarisme libéral, l'égalitarisme strict). – Comprendre que l'action des pouvoirs publics en matière de justice sociale (fiscalité, protection sociale, services collectifs, mesures de lutte contre les discriminations) s'exerce sous contrainte de financement et fait l'objet de débats en termes d'efficacité (réduction des inégalités), de légitimité (notamment consentement à l'impôt) et de risque d'effets pervers (désincitations).
Quelle action publique pour l'environnement ? ÉPREUVE ÉCRITE ANNÉE IMPAIRE	– Savoir identifier les différents acteurs (pouvoirs publics, ONG, entreprises, experts, partis, mouvements citoyens) qui participent à la construction des questions environnementales comme problème public et à leur mise à l'agenda politique ; comprendre que ces acteurs entretiennent des relations de coopération et de conflit. – Comprendre que l'action publique pour l'environnement articule différentes échelles (locale, nationale, européenne, mondiale). – En prenant l'exemple du changement climatique : • connaître les principaux instruments dont disposent les pouvoirs publics pour faire face aux externalités négatives sur l'environnement : réglementation, marchés de quotas d'émission, taxation, subvention à l'innovation verte ; comprendre que ces différents instruments présentent des avantages et des limites, et que leur mise en œuvre peut se heurter à des dysfonctionnements de l'action publique ; • comprendre qu'en présence de bien commun les négociations et accords internationaux liés à la préservation de l'environnement sont contraints par des stratégies de passager clandestin et les inégalités de développement entre pays.

Objectifs d'apprentissage concernant l'utilisation des données quantitatives et des représentations graphiques

Calcul, lecture, interprétation :

- Proportion, pourcentage de répartition (y compris leur utilisation pour transformer une table de mobilité en tables de destinée et de recrutement).
- Taux de variation, taux de variation cumulé, coefficient multiplicateur, indice simple.
- Moyenne arithmétique simple et pondérée.

Lecture et interprétation :

- Indice synthétique.
- Médiane.
- Écart et rapport inter-quantile.
- Coefficient de Gini.
- Corrélation et causalité.
- Taux de variation moyen.
- Valeur nominale, valeur réelle (notamment, taux d'intérêt nominal et taux d'intérêt réel).
- Tableau à double-entrée.
- Représentations graphiques : diagrammes de répartition, représentation de séries chronologiques, courbe de Lorenz.
- Représentation graphique de fonctions simples (offre, demande, coût) et interprétation de leurs pentes et de leurs déplacements.

SOMMAIRE

Programme pour l'épreuve écrite du BAC
Toutes les années : chapitres 1, 2, 6, 10
Années impaires (session 2021 et suivantes) : chapitres 3, 7, 8, 12
Années paires (session 2022 et suivantes) : chapitres 4, 5, 9, 11

SCIENCE ÉCONOMIQUE

CHAPITRE 1 — ÉPREUVE ÉCRITE ANNÉES PAIRE ET IMPAIRE

Quels sont les sources et les défis de la croissance économique ? 14

DOSSIERS

1 Quelles sont les sources de la croissance économique ?
1. L'accumulation des facteurs travail et capital est source de croissance économique 16
2. Le progrès technique est source de croissance économique 18
3. Le progrès technique est endogène 20

2 Quel rôle jouent les innovations dans la croissance économique ?
1. Les innovations sont à l'origine du progrès technique 22
2. Les institutions incitent à investir et à innover 24
3. Les innovations s'accompagnent d'un processus de destruction créatrice 26

3 Quels sont les défis de la croissance économique ?
1. Le progrès technique peut engendrer des inégalités de revenus entre catégories sociales 28
2. Le progrès technique peut engendrer des inégalités de revenus entre territoires 30
3. La croissance économique se heurte à des limites écologiques 32
4. Les innovations peuvent aider à reculer les limites écologiques de la croissance 34

L'ESSENTIEL 36
Synthèse • Repères • Schéma bilan • Prolongements

RÉVISER 40
Je vérifie mes connaissances • J'utilise mes connaissances • Je construis ma fiche de révision

TRAVAUX DIRIGÉS 42
La fonction de production : distinguer les rendements d'échelle et les rendements des facteurs de production

BAC MÉTHODE & ENTRAÎNEMENT
- Répondre à une question de mobilisation des connaissances pour la partie 1 de l'épreuve composée 43
- Sujet guidé : épreuve composée 44
- Sujet blanc : épreuve de dissertation 46
- Préparation : épreuve du Grand oral 48

CHAPITRE 2 — ÉPREUVE ÉCRITE ANNÉES PAIRE ET IMPAIRE

Quels sont les fondements du commerce international et de l'internationalisation de la production ? 50

DOSSIERS

1 Quels sont les fondements du commerce international ?
1. L'échange international de produits différents 52
2. L'échange international entre pays comparables 54

2 Quels sont les facteurs à l'origine de l'internationalisation de la production ?
1. Les liens entre productivité des entreprises et compétitivité des pays 56
2. L'internationalisation de la chaîne de valeur accroît les échanges internationaux 58

3 Quels sont les effets du commerce international ?
1. Les effets induits du commerce international sur les consommateurs et les producteurs 60
2. Les effets induits du commerce international sur les inégalités 62
3. Le débat entre libre-échange et protectionnisme 64

L'ESSENTIEL 66
Synthèse • Repères • Schéma bilan • Prolongements

RÉVISER 70
Je vérifie mes connaissances • J'utilise mes connaissances • Je construis ma fiche de révision

TRAVAUX DIRIGÉS 72
Décrypter une matrice des échanges du commerce international

BAC MÉTHODE & ENTRAÎNEMENT
- Analyser un sujet de dissertation 73
- Sujet guidé : épreuve de dissertation 74
- Sujet blanc : épreuve composée 76
- Préparation : épreuve du Grand oral 78

CHAPITRE 3 — ÉPREUVE ÉCRITE ANNÉE IMPAIRE

Comment lutter contre le chômage ? 80

DOSSIERS

1 Comment appréhender le chômage ?
1. Définir et mesurer le chômage : une opération complexe 82
2. Panorama du chômage : des situations différenciées en France et au niveau mondial 84

2 Quelles sont les causes du chômage ?
1. Un coût du travail trop élevé peut être à l'origine du chômage 86
2. Le rôle de la protection de l'emploi dans le chômage structurel 88
3. Les problèmes d'appariements, source de chômage structurel 90
4. Les fluctuations de l'activité, source de chômage conjoncturel 92

3 Quelles politiques de l'emploi pour lutter contre le chômage ?
1. Lutter contre le chômage classique par des politiques d'allègement de coût du travail 94
2. Lutter contre le chômage conjoncturel par des politiques macroéconomiques de soutien à la demande 96
3. Lutter contre le chômage structurel par la flexibilité 98
4. Lutter contre le chômage structurel en améliorant les appariements : le rôle positif des institutions 100

L'ESSENTIEL 102
Synthèse • Repères • Schéma bilan • Prolongements

RÉVISER 106
Je vérifie mes connaissances • J'utilise mes connaissances • Je construis ma fiche de révision

TRAVAUX DIRIGÉS 108
Arbitrer : réduire le coût du travail permet-il de faire baisser le chômage ?

BAC MÉTHODE & ENTRAÎNEMENT
- Exploiter un tableau statistique pour répondre aux questions de la partie 2 de l'épreuve composée 109
- Sujet guidé : épreuve composée 110
- Sujet blanc : épreuve de dissertation 112
- Préparation : épreuve du Grand oral 114

CHAPITRE 4 — ÉPREUVE ÉCRITE ANNÉE PAIRE
Comment expliquer les crises financières et réguler le système financier ? 116

DOSSIERS

1 Pourquoi les crises de 1929 et de 2008 sont-elles historiques ?
1. Deux crises financières majeures en cent ans 118
2. Deux crises majeures mais différentes 120

2 Pourquoi la finance favorise-t-elle les bulles spéculatives ?
1. La finance est utile pour l'économie 122
2. La finance repose sur la spéculation 124
3. La spéculation crée des bulles 126

3 Comment réguler la finance et les banques pour éviter les crises ?
1. Les canaux de transmission des crises financières à l'économie réelle 128
2. Les instruments pour réguler le système bancaire et financier 130

L'ESSENTIEL 132
Synthèse • Repères • Schéma bilan • Prolongements

RÉVISER 136
Je vérifie mes connaissances • J'utilise mes connaissances • Je construis ma fiche de révision

TRAVAUX DIRIGÉS 138
Décrypter une corrélation à partir d'un graphique en nuage de points

BAC MÉTHODE & ENTRAÎNEMENT
- Relier les documents aux connaissances pour la dissertation et la partie 3 de l'épreuve composée 139
- Sujet guidé : épreuve de dissertation 140
- Sujet blanc : épreuve composée 142
- Préparation : épreuve du Grand oral 144

CHAPITRE 5 — ÉPREUVE ÉCRITE ANNÉE PAIRE
Quelles politiques économiques dans le cadre européen ? 146

DOSSIERS

1 Quelles sont les caractéristiques du marché unique et de la politique de la concurrence ?
1. Les grandes caractéristiques de l'intégration européenne : marché unique et zone euro 148
2. La politique de la concurrence concerne les États membres de l'UE 150
3. La politique de la concurrence concerne les entreprises privées 152
4. Les limites de la politique de la concurrence 154

2 Quelles sont les difficultés soulevées par les politiques conjoncturelles européennes ?
1. La politique monétaire dans la zone euro est unique et indépendante 156
2. Les politiques budgétaires sont du ressort des États 158
3. Les politiques économiques européennes se coordonnent difficilement 160
4. Des difficultés à faire face aux chocs asymétriques 162

L'ESSENTIEL 164
Synthèse • Repères • Schéma bilan • Prolongements

RÉVISER 168
Je vérifie mes connaissances • J'utilise mes connaissances • Je construis ma fiche de révision

TRAVAUX DIRIGÉS 170
Jeu de rôle : l'Union bancaire européenne est-elle en mesure de rassurer banquiers, citoyens et pouvoirs publics, et d'éviter une nouvelle crise ?

BAC MÉTHODE & ENTRAÎNEMENT
- Exploiter une représentation graphique pour répondre aux questions de la partie 2 de l'épreuve composée 171
- Sujet guidé : épreuve composée 172
- Sujet blanc : épreuve de dissertation 174
- Préparation : épreuve du Grand oral 176

SOMMAIRE

SOCIOLOGIE ET SCIENCE POLITIQUE

CHAPITRE 6 — ÉPREUVE ÉCRITE ANNÉES PAIRE ET IMPAIRE

Comment est structurée la société française actuelle ? 178

DOSSIERS

1 Comment déterminer la position d'un individu dans l'espace social ?
1. Multiplier les critères 180
2. Mobiliser les catégories socioprofessionnelles 182
3. Repérer les facteurs de structuration et de hiérarchisation 184

2 Comment a évolué la structure socioprofessionnelle ?
1. Plus de salariés et une tertiarisation des emplois 186
2. Plus de femmes et plus d'actifs diplômés 188

3 Quelle est la pertinence de la notion de classe sociale ?
1. Les théories des classes dans la tradition sociologique 190
2. L'écartèlement des classes sociales 192
3. Articuler la classe et les rapports sociaux de genre 194
4. Penser les classes dans des sociétés d'individus 196

L'ESSENTIEL 198
Synthèse • Repères • Schéma bilan • Prolongements

RÉVISER 202
Je vérifie mes connaissances • J'utilise mes connaissances • Je construis ma fiche de révision

TRAVAUX DIRIGÉS 204
Balade urbaine : organiser une promenade sociologique

BAC MÉTHODE & ENTRAÎNEMENT
- Trouver et classer des arguments pour la dissertation 205
- Sujet guidé : épreuve de dissertation 206
- Sujet blanc : épreuve composée 208
- Préparation : épreuve du Grand oral 210

CHAPITRE 7 — ÉPREUVE ÉCRITE ANNÉE IMPAIRE

Quelle est l'action de l'école sur les destins individuels et sur l'évolution de la société ? 212

DOSSIERS

1 Quel est le rôle de l'école dans les sociétés démocratiques ?
1. L'école transmet des savoirs et vise à favoriser l'égalité des chances 214
2. Les évolutions de l'accès à l'école depuis 1950 216
3. La massification de l'école ne signifie pas sa démocratisation 218

2 Comment expliquer les inégalités de réussite scolaire ?
1. Le rôle de l'école 220
2. Le rôle du capital culturel et des investissements familiaux 222
3. Les effets des stratégies des ménages 224
4. Le poids de la socialisation selon le genre 226

L'ESSENTIEL 228
Synthèse • Repères • Schéma bilan • Prolongements

RÉVISER 232
Je vérifie mes connaissances • J'utilise mes connaissances • Je construis ma fiche de révision

TRAVAUX DIRIGÉS 234
Enquête : comment démocratiser l'accès aux études supérieures ?

BAC MÉTHODE & ENTRAÎNEMENT
- Comprendre le libellé du sujet de la partie 3 de l'épreuve composée 235
- Sujet guidé : épreuve composée 236
- Sujet blanc : épreuve de dissertation 238
- Préparation : épreuve du Grand oral 240

CHAPITRE 8 — ÉPREUVE ÉCRITE ANNÉE IMPAIRE

Quels sont les caractéristiques contemporaines et les facteurs de la mobilité sociale ? 242

DOSSIERS

1 Comment définir et mesurer la mobilité sociale ?
1. Les formes et les enjeux de la mobilité 244
2. Principes, intérêts et limites des tables de mobilité sociale 246
3. La composante structurelle de la mobilité sociale 248
4. La fluidité sociale : une mesure relative de la mobilité sociale 250

2 Comment expliquer les caractéristiques de la mobilité sociale contemporaine ?
1. Les caractéristiques de la mobilité masculine 252
2. Les caractéristiques de la mobilité féminine 254
3. Les explications de la mobilité sociale 256

L'ESSENTIEL 258
Synthèse • Repères • Schéma bilan • Prolongements

RÉVISER 262
Je vérifie mes connaissances • J'utilise mes connaissances • Je construis ma fiche de révision

TRAVAUX DIRIGÉS 264
Décrypter une table de mobilité

BAC MÉTHODE & ENTRAÎNEMENT
- Construire un plan détaillé pour une dissertation 265
- Sujet guidé : épreuve de dissertation 266
- Sujet blanc : épreuve composée 268
- Préparation : épreuve du Grand oral 270

SOMMAIRE

CHAPITRE 9 — ÉPREUVE ÉCRITE ANNÉE PAIRE

Quelles mutations du travail et de l'emploi ? ... 272

DOSSIERS

1 Travail, emploi, activité : de quoi parle-t-on ?

1. Du travail à l'emploi, des distinctions fondamentales ... 274
2. Emploi, chômage, inactivité : des frontières de plus en plus incertaines ... 276
3. La qualité des emplois en question ... 278

2 Quelles évolutions de l'organisation du travail et de l'emploi ?

1. Le taylorisme, un modèle remis en cause ... 280
2. Les organisations du travail post-tayloriennes ... 282
3. L'évolution des conditions de travail ... 284
4. Les effets du numérique sur le travail et l'emploi ... 286

3 Quel rôle du travail et de l'emploi dans l'intégration sociale ?

1. Le travail et l'emploi, sources d'intégration ... 288
2. L'affaiblissement du pouvoir intégrateur de l'emploi ... 290
3. L'instabilité comme nouvelle norme du travail et de l'emploi ... 292

L'ESSENTIEL ... 294
Synthèse • Repères • Schéma bilan • Prolongements

RÉVISER ... 298
Je vérifie mes connaissances • J'utilise mes connaissances • Je construis ma fiche de révision

TRAVAUX DIRIGÉS ... 300
Débat : l'ubérisation des emplois peut-elle améliorer l'intégration sociale des jeunes ?

BAC **MÉTHODE & ENTRAÎNEMENT**

- Construire une réponse argumentée pour la partie 3 de l'épreuve composée ... 301
- Sujet guidé : épreuve composée ... 302
- Sujet blanc : épreuve de dissertation ... 304
- Préparation : épreuve du Grand oral ... 306

CHAPITRE 10 — ÉPREUVE ÉCRITE ANNÉES PAIRE ET IMPAIRE

Comment expliquer l'engagement politique dans les sociétés démocratiques ? ... 308

DOSSIERS

1 Pourquoi s'engage-t-on ?

1. Les multiples formes de l'engagement politique ... 310
2. S'engager ou ne pas s'engager : un calcul rationnel ? ... 312
3. Les principales explications de l'action collective ... 314

2 Quels sont les principaux déterminants de l'engagement politique ?

1. Le poids important de la catégorie socioprofessionnelle et du niveau de diplôme ... 316
2. L'engagement politique varie aussi selon l'âge, la génération et le sexe ... 318

3 Quelles sont les principales transformations de l'action collective ?

1. La diversification des objets de l'action collective ... 320
2. Des mobilisations collectives portées par différents acteurs ... 322
3. Les transformations des répertoires d'action collective ... 324

L'ESSENTIEL ... 326
Synthèse • Repères • Schéma bilan • Prolongements

RÉVISER ... 330
Je vérifie mes connaissances • J'utilise mes connaissances • Je construis ma fiche de révision

TRAVAUX DIRIGÉS ... 332
Décrypter un tableau complexe avec des indicateurs différents

BAC **MÉTHODE & ENTRAÎNEMENT**

- Construire un développement argumenté pour la dissertation ... 333
- Sujet guidé : épreuve de dissertation ... 334
- Sujet blanc : épreuve composée ... 336
- Préparation : épreuve du Grand oral ... 338

REGARDS CROISÉS

CHAPITRE 11 — ÉPREUVE ÉCRITE ANNÉE PAIRE

Quelles inégalités sont compatibles avec les différentes conceptions de la justice sociale ? ... 340

DOSSIERS

1 Comment analyser les inégalités ?

1. Mesurer les inégalités pour comprendre leur évolution ... 342
2. L'évolution des inégalités économiques depuis le début du XXe siècle ... 344
3. Des inégalités multiformes et cumulatives ... 346

2 Comment favoriser la justice sociale ?

1. Des formes d'égalité aux différentes conceptions de la justice sociale ... 348
2. Le rôle de la fiscalité et de la protection sociale ... 350
3. Les services collectifs et la lutte contre les discriminations ... 352

3 En quoi l'action des pouvoirs publics pour la justice sociale fait-elle débat ?

1. Contrainte de financement et efficacité de l'action publique ... 354
2. Légitimité de l'action publique et risque d'effet pervers ... 356

SOMMAIRE

L'ESSENTIEL ... 358
Synthèse • Repères • Schéma bilan • Prolongements

RÉVISER ... 362
Je vérifie mes connaissances • J'utilise mes connaissances • Je construis ma fiche de révision

TRAVAUX DIRIGÉS ... 364
Débat: les inégalités sont-elles justes ?

BAC MÉTHODE & ENTRAÎNEMENT
- Rédiger l'introduction et la conclusion d'une dissertation ... 365
- Sujet guidé : épreuve composée ... 366
- Sujet blanc : épreuve de dissertation ... 368
- Préparation : épreuve du Grand oral ... 370

CHAPITRE 12 ÉPREUVE ÉCRITE ANNÉE IMPAIRE
Quelle action publique pour l'environnement ? ... 372

DOSSIERS

1 Comment l'environnement peut-il devenir un objet d'action publique ?
1. Une diversité d'acteurs impliqués ... 374
2. Coopération et conflits entre acteurs ... 376
3. Une action publique articulant différentes échelles : l'exemple de la biodiversité ... 378

2 Quels instruments pour l'action publique environnementale ? L'exemple du climat
1. La réglementation, un instrument pour contraindre ... 380
2. Taxation et subventions, des instruments pour inciter ... 382
3. Les marchés de quotas d'émission, un instrument pour négocier ... 384

3 Une action publique internationale pour l'environnement est-elle possible ?
1. Des biens communs appelant une gestion internationale ... 386
2. Les contraintes d'une action publique internationale pour l'environnement ... 388

L'ESSENTIEL ... 390
Synthèse • Repères • Schéma bilan • Prolongements

RÉVISER ... 394
Je vérifie mes connaissances • J'utilise mes connaissances • Je construis ma fiche de révision

TRAVAUX DIRIGÉS ... 396
Dessiner son cours pour mieux le mémoriser

BAC MÉTHODE & ENTRAÎNEMENT
- Rédiger l'introduction et la conclusion de la partie 3 de l'épreuve composée ... 397
- Sujet guidé : épreuve de dissertation ... 398
- Sujet blanc : épreuve composée ... 400
- Préparation : épreuve du Grand oral ... 402

FICHES SAVOIR-FAIRE
1. Calculer, lire et interpréter des pourcentages simples : proportion, répartition et variation ... 404
2. Lire et interpréter un taux de variation annuel moyen ... 405
3. Lire et calculer des taux de variation cumulés ... 406
4. Lire, calculer et interpréter un indice et un coefficient multiplicateur ... 407
5. Calculer et interpréter une moyenne arithmétique simple et pondérée, une médiane ... 408
6. Lire et interpréter un indice synthétique ... 410
7. Déflater une série statistique ... 412
8. Lire et interpréter un tableau à double entrée ... 413
9. Lire et construire une table de mobilité ... 414
10. Lire et calculer des écarts et des rapports interquantiles ... 416
11. Lire et interpréter une courbe de Lorenz et calculer un coefficient de Gini ... 418
12. Lire des diagrammes de répartition et des séries chronologiques ... 419
13. Lire et interpréter une corrélation et une causalité ... 420
14. Interpréter et représenter des fonctions d'offre, de demande et de coût ... 422

CAHIER BAC

Épreuve écrite
Les épreuves : texte officiel ... 424
Les épreuves : méthode complète et conseils ... 426
Un exemple de dissertation intégralement corrigée et commentée ... 430
Un exemple d'épreuve composée intégralement corrigée et commentée ... 437
6 sujets blancs de dissertation ... 442
6 sujets blancs d'épreuve composée (sur les 3 parties du programme) ... 450
2 sujets blancs d'oral de contrôle ... 455

Épreuve du Grand oral
L'épreuve : texte officiel et grille d'évaluation ... 458
Choisir sa question et préparer sa présentation ... 460
Réussir les trois temps de l'épreuve ... 463
Maîtriser les compétences orales ... 466
– Mobiliser ses ressources physiques : corps et voix ... 466
– Argumenter grâce à un propos clair et rythmé ... 468
– Être en interaction avec le jury ... 470

CORRIGÉS DES EXERCICES ... 471

Lexique ... 473
Index ... 478

TOUTE LA PRÉPARATION DU BAC

La dissertation

DANS LES CHAPITRES

Compétences

- Analyser un sujet (*chap. 2*) ... 73
- Relier les documents aux connaissances (*chap. 4*) ... 139
- Trouver et classer des arguments (*chap. 6*) ... 205
- Construire un plan détaillé (*chap. 8*) ... 265
- Construire un développement argumenté (*chap. 10*) ... 333
- Rédiger l'introduction et la conclusion (*chap. 11*) ... 365

Sujets guidés

6 dissertations avec la méthode appliquée

chapitre 2, *p. 74* • chapitre 4, *p. 140* • chapitre 6, *p. 206* • chapitre 8, *p. 266* • chapitre 10, *p. 334* • chapitre 12, *p. 398*

Sujets blancs

6 dissertations

chapitre 1, *p. 46* • chapitre 3, *p. 112* • chapitre 5, *p. 174* • chapitre 7, *p. 238* • chapitre 9, *p. 304* • chapitre 11, *p. 368*

DANS LE CAHIER BAC

- L'épreuve : texte officiel ... 424
- Méthode complète de la dissertation ... 426
- Un exemple de dissertation intégralement corrigée et commentée ... 430
- 6 sujets blancs de dissertation ... 442

L'épreuve composée

DANS LES CHAPITRES

Compétences

- Répondre à une question de mobilisation des connaissances pour la partie 1 (*chap. 1*) ... 43
- Étudier et exploiter un tableau statistique pour répondre aux questions de la partie 2 (*chap. 3*) ... 109
- Relier les documents aux connaissances pour la partie 3 (*chap. 4*) ... 139
- Exploiter une représentation graphique pour répondre aux questions de la partie 2 (*chap. 5*) ... 171
- Comprendre le libellé du sujet de la partie 3 (*chap. 7*) ... 235
- Construire une réponse argumentée pour la partie 3 (*chap. 9*) ... 301
- Rédiger l'introduction et la conclusion de la partie 3 (*chap. 12*) ... 397

Sujets guidés

3 épreuves composées avec la méthode appliquée des parties 1 et 2

chapitre 1, *p. 44* • chapitre 5, *p. 172* • chapitre 9, *p. 302*

3 épreuves composées avec la méthode appliquée de la partie 3

chapitre 3, *p. 110* • chapitre 7, *p. 236* • chapitre 11, *p. 366*

Sujets blancs

6 épreuves composées

chapitre 2, *p. 76* • chapitre 4, *p. 142* • chapitre 6, *p. 208* • chapitre 8, *p. 268* • chapitre 10, *p. 336* • chapitre 12, *p. 400*

DANS LE CAHIER BAC

- L'épreuve : texte officiel ... 424
- Méthode complète de l'épreuve composée ... 428
- Un exemple d'épreuve composée intégralement corrigée et commentée ... 437
- 6 sujets blancs d'épreuve composée, sur les 3 parties du programme ... 450

Le Grand oral

DANS LES CHAPITRES

Préparer sa question en 4 étapes

S'entraîner pour le jour J

chapitre 1, *p. 48* • chapitre 2, *p. 78* • chapitre 3 *p. 114* • chapitre 4, *p. 144* • chapitre 5, *p. 176* • chapitre 6, *p. 210* • chapitre 7, *p. 240* • chapitre 8, *p. 270* • chapitre 9, *p. 306* • chapitre 10, *p. 338* • chapitre 11, *p. 370* • chapitre 12, *p. 402*

DANS LE CAHIER BAC

- L'épreuve : texte officiel et grille d'évaluation ... 458
- Choisir sa question et préparer sa présentation ... 460
- Réussir les trois temps de l'épreuve ... 463
- Maîtriser les compétences orales ... 466

  Mobiliser ses ressources physiques : corps et voix ... 466
  1. Maîtriser son apparence et son attitude ... 466
  2. Maîtriser sa posture debout et assis(e) ... 466
  3. Maîtriser son regard et ses gestes pour susciter l'intérêt ... 466
  4. Maîtriser sa voix et sa diction pour soutenir son discours ... 467

  Argumenter grâce à un propos clair et rythmé ... 468
  1. Utiliser un vocabulaire riche et précis ... 468
  2. Savoir se débarrasser des mots et expressions parasites ... 468
  3. Savoir utiliser des mots de liaison pour articuler son propos de façon cohérente ... 468
  4. Maintenir un rythme dynamique et fluide ... 469

  Être en interaction avec le jury ... 470

L'épreuve orale de contrôle

DANS LE CAHIER BAC

- L'épreuve : texte officiel ... 425
- Méthode complète de l'épreuve ... 429
- 2 sujets blancs ... 455

CHAPITRE 1

Quels sont les sources et les défis de la croissance économique ?

Un cas pour réfléchir

« La locomotive, le téléphone, l'électricité, ça avait été bien !

L'auto, l'avion, la radio, c'était mieux ! La fusée, la télé, le moteur atomique, le laser, la greffe du cœur, c'est magnifique ! Bref, la civilisation mécanique qui nous apporte encore une fois beaucoup de malheurs nous apporte aussi une prospérité croissante et des perspectives mirifiques. » En 1968, le général de Gaulle avait compris l'essentiel... Les innovations apportent la « prospérité », des « perspectives » mais aussi des « malheurs ».

Et vous, qu'en pensez-vous ?

Le progrès technique est-il toujours source de prospérité ?

VU EN PREMIÈRE

Brevet • Externalité • Institutions • Monopole • Pouvoir de marché

NOTIONS DE TERMINALE

Accumulation des facteurs de production • Croissance économique • Croissance endogène • Croissance extensive • Croissance intensive • Destruction créatrice • Développement durable • Innovation • Investissement • Productivité • Productivité globale des facteurs (PGF) • Progrès technique

Une vidéo pour découvrir

Produire ne nuit pas nécessairement à l'environnement

bordas Flash PAGE vidéo

Source : Euronews.

Faut-il choisir entre croissance économique et détérioration de l'environnement ?

SOMMAIRE

DOSSIER 1 Quelles sont les sources de la croissance économique ?

1 L'accumulation des facteurs travail et capital est source de croissance économique 16

2 Le progrès technique est source de croissance économique 18

3 Le progrès technique est endogène 20

DOSSIER 2 Quel rôle jouent les innovations dans la croissance économique ?

1 Les innovations sont à l'origine du progrès technique 22

2 Les institutions incitent à investir et à innover 24

3 Les innovations s'accompagnent d'un processus de destruction créatrice 26

DOSSIER 3 Quels sont les défis de la croissance économique ?

1 Le progrès technique peut engendrer des inégalités de revenus entre catégories sociales 28

2 Le progrès technique peut engendrer des inégalités de revenus entre territoires 30

3 La croissance économique se heurte à des limites écologiques 32

4 Les innovations peuvent aider à reculer les limites écologiques de la croissance 34

L'ESSENTIEL 36

Synthèse • Repères • Schéma bilan • Prolongements

RÉVISER 40

Je vérifie mes connaissances • J'utilise mes connaissances • Je construis ma fiche de révision

TRAVAUX DIRIGÉS 42

La fonction de production : distinguer les rendements d'échelles et les rendements des facteurs de production.

BAC MÉTHODE & ENTRAÎNEMENT 43

- Répondre à une question de mobilisation des connaissances pour la partie 1 de l'épreuve composée
- Sujet guidé : épreuve composée
- Sujet blanc : épreuve de dissertation
- Préparation : épreuve du Grand oral

1 L'accumulation des facteurs travail et capital est source de croissance économique

OBJECTIF DU PROGRAMME : Comprendre le processus de croissance économique et les sources de la croissance : accumulation des facteurs.

Questionnez-vous ! Mais au fait, c'est quoi la croissance économique ?

En quoi ces deux activités participent-elles à la croissance économique ?

Biens ou services ?

Avec quoi produit-on des biens et des services ?

NOTION DE TERMINALE

Croissance économique : augmentation sur une assez longue période du produit intérieur brut (PIB), c'est-à-dire des biens et services produits.

NE PAS CONFONDRE

La **croissance économique** est la variation des richesses produites, alors que le **PIB** est la quantité de richesses produites.

DOC 1 La croissance française à long terme

Taux de croissance et taux annuels moyens par période en France

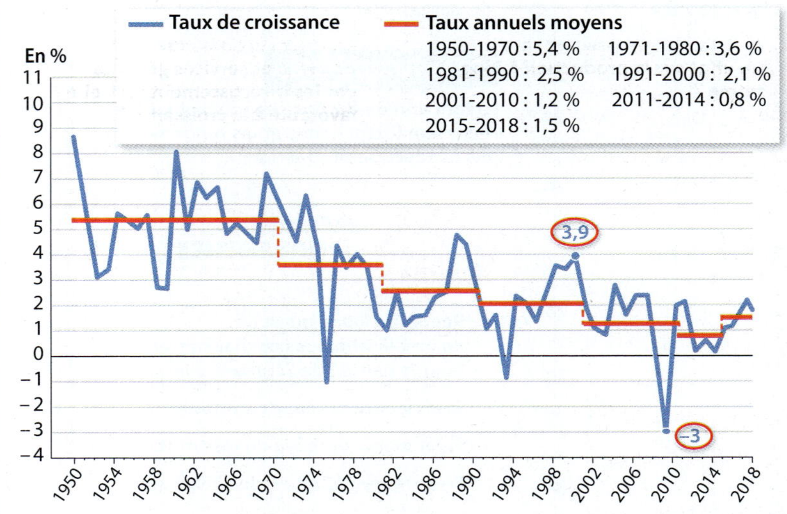

Source : Comptes nationaux, séries longues, Insee.

1 • **Lire** Que signifient les données entourées ?

2 • **Interpréter** Pourquoi la période de 1945 à 1975 est-elle appelée « trente glorieuses », selon l'expression de l'économiste Jean Fourastié ?

3 • **Analyser** Comment a évolué la croissance française depuis la Seconde Guerre mondiale ?

DOC 2 L'accumulation des facteurs de production, travail et capital

La croissance économique résulte d'une augmentation de la population active employée (le nombre d'années de travail) ou du stock de capital (on met en œuvre plus de machines). Ce processus d'augmentation de la quantité des facteurs de production est appelé l'accumulation. L'accumulation de la main-d'œuvre provient dans le long terme de la croissance démographique, celle du capital provient de l'investissement. Celui-ci correspond à une partie du produit global qui est allouée, à chaque période, à la production de biens de production (qui seront utiles pour la production dans les périodes suivantes) plutôt qu'à celle de biens immédiatement consommés. [...].

Le produit par tête d'un pays (PIB en volume divisé par la population totale du pays) sera d'autant plus élevé que la productivité du travail sera élevée et que la part des travailleurs dans la population totale y est grande, du fait de la structure par âge de la population ou du taux d'activité des femmes par exemple. ■

Dominique Guellec, « Croissance et innovation », *Croissance, emploi et développement*, La Découverte, coll. Repères, 2019.

bordas Flash PAGE vidéo

Noirmoutier, les saisonniers manquent à l'appel

1 • Quel est le facteur de production en pénurie ?

2 • Comment expliquer cette pénurie ?

3 • Quel est l'impact de cette pénurie sur la croissance économique ?

NE PAS CONFONDRE

On distingue différents types d'**investissements en capital**. D'une part les investissements **matériels** (dans des biens de production) se distinguent des investissements **immatériels** (dans la formation du personnel et la publicité). D'autre part on différencie également les investissements **de capacité**, **de productivité et de remplacement**.

1 • Lire De quoi dépend la croissance économique ?

2 • Illustrer Quel est l'effet des phénomènes suivants sur la croissance ?
a. hausse du chômage – **b.** recul de l'âge de la retraite – **c.** hausse du taux d'activité des femmes – **d.** réduction du temps de travail – **e.** immigration

3 • Expliquer Comment augmenter la productivité du travail ?

4 • Expliquer Pourquoi peut-on dire que l'investissement est facteur de croissance économique ?

Activité *Montrez que les investissements créent de la croissance*

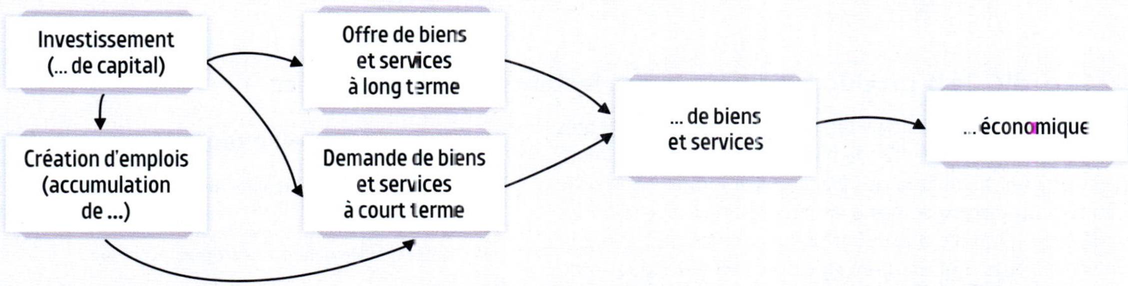

1 • Placez les termes suivants dans le schéma :
- production
- croissance
- accumulation
- travail

2 • En quoi l'investissement a-t-il un effet sur la production à long terme ?

3 • Pourquoi la demande de biens et services générée par les investissements est-elle favorable à la croissance ?

Faites le point

Vrai ou faux ? Justifiez votre réponse.

1. L'accumulation des facteurs de production crée de la croissance économique.
2. La croissance économique signifie que le PIB est positif.
3. Le travail et le capital sont les deux facteurs de production.
4. Investir c'est accumuler du capital.
5. Supprimer un jour férié diminue la croissance économique.

Prenez la parole

Jeu de rôle

- Formez des groupes de deux. Un élève est un chef d'entreprise souhaitant investir, l'autre le délégué du personnel souhaitant améliorer le sort des salariés.
- Chacun oppose à l'autre ses arguments, avec l'objectif de favoriser la croissance.

2 Le progrès technique est source de croissance économique

OBJECTIFS DU PROGRAMME : Comprendre le processus de croissance économique et les sources de la croissance : accroissement de la productivité globale des facteurs ; comprendre le lien entre le progrès technique et l'accroissement de la productivité globale des facteurs.

Activité *C'est vous le (ou la) patron(ne) ! Optimisez vos investissements*

Vous créez une entreprise de gestion financière du patrimoine des particuliers. Pour cela vous investissez dans un ordinateur. Ce premier investissement vous permet de réaliser une production équivalant à 30 000 €. Vous décidez alors d'investir dans un deuxième ordinateur, qui vous servira pour des placements à l'étranger, et celui-ci vous permet d'augmenter votre production de 15 000 €. Et ainsi de suite jusqu'à un 5e ordinateur. Le tableau suivant résume les investissements et ce que chacun permet de produire en plus.

	Nombre d'ordinateurs supplémentaires dans l'entreprise	Production supplémentaire (en euros)	Production totale (en euros)
1er investissement	1	30 000	30 000
2e investissement	1	15 000	45 000
3e investissement	1	10 000	55 000
4e investissement	1	5 000	...
5e investissement	1	2 000	...
6e investissement	1	0	...
Total	...	...	...

LE SAVIEZ-VOUS ?

Si la **productivité marginale du capital est décroissante**, alors la croissance économique devrait être de plus en plus faible. À long terme, les investissements ne devraient même plus permettre de créer de richesses supplémentaires, et la croissance devrait être nulle. C'est l'**état stationnaire**.

1 • Complétez les données manquantes du tableau en supposant que la demande suit la croissance de l'offre.

2 • Comparez l'évolution de la production supplémentaire avec l'évolution de la production totale.

3 • Pourquoi peut-on dire que les investissements en capital ont un rendement marginal décroissant et un rendement total croissant ?

DOC 1 Le rôle de la productivité globale des facteurs dans la croissance

C'est l'introduction d'un troisième facteur de production, aux côtés du travail et du capital, qui offre la solution [face à l'état stationnaire] : le progrès technique. [...] L'accumulation du capital au cours du temps ne consiste pas à empiler toujours plus d'unités du même type [...], mais à acquérir des machines de type nouveau, plus efficaces, qui assurent une constance de la rentabilité du capital [...]. ■

Dominique Guellec, « Croissance et innovation », *Croissance, emploi et développement*, La Découverte, coll. Repères, 2019.

Croissance du PIB et contribution à la croissance en 2016

Pays	Contribution à la croissance (en points de pourcentage)			Taux de croissance (en %)
	Travail	Capital	PGF[1]	PIB
Allemagne	0,5	0,3	1,2	2,0
Corée du Sud	0,3	1,2	1,3	2,8
États-Unis	0,9	0,5	0,0	1,4
France	0,1	0,5	0,5	1,1

1. Productivité globale des facteurs.

Source : données OCDE, 2018.

NE PAS CONFONDRE

La **croissance extensive** repose principalement sur l'accumulation des facteurs de production, alors que la **croissance intensive** repose principalement sur le progrès technique.

NOTION DE TERMINALE

Productivité globale des facteurs (PGF) : mesure statistique du progrès technique (rapport entre la production et le volume des facteurs de production utilisés).

1 • **Lire** Que signifient les données entourées ?

2 • **Déduire** L'accumulation des facteurs travail et capital suffit-elle à expliquer la croissance économique ?

3 • **Analyser** Comparez la croissance allemande et la croissance américaine : laquelle est intensive, laquelle est extensive ? Aidez-vous de l'encadré **Ne pas confondre**.

4 • **Illustrer** Proposez un exemple qui permet d'illustrer une hausse de la PGF.

DOC 2 Le progrès technique évolue

Chaîne de montage PSA de Sochaux, dans les années 1970.

Chaîne de montage PSA de Sochaux, dans les années 2010.

NOTION DE TERMINALE

Progrès technique : ensemble des éléments qui améliorent la combinaison travail-capital, rendant plus efficaces les facteurs de production, sans que leur quantité ait nécessairement augmenté. L'impact du progrès technique est mesuré par la productivité globale des facteurs.

1 • **Illustrer** Montrez que dans les années 2010, comme dans les années 1970, il faut toujours du travail et du capital pour produire des voitures.

2 • **Comparer** Quels sont les changements visibles dans la chaîne de montage entre les années 1970 et les années 2010 ?

3 • **Analyser** Comment a évolué le travail ? le capital ?

4 • **Expliquer** Quel est le progrès technique qui a permis d'augmenter la production de voitures (sans pour autant augmenter la quantité de facteurs de production) ?

DOC 3 Du progrès technique à la croissance

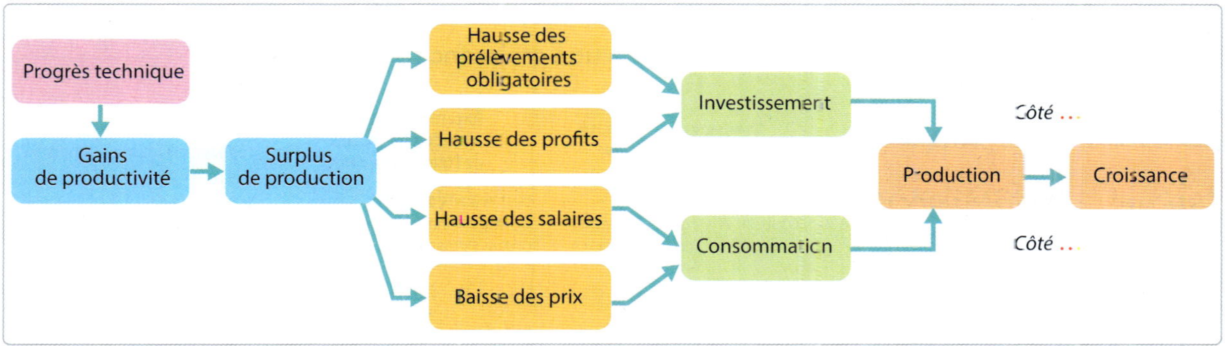

1 • **Définir** Parmi les mots suivants, lequel se rapproche le plus de celui de productivité ? **a.** compétitivité – **b.** production – **c.** efficacité – **d.** rationalité – **e.** innovation

2 • **Déduire** Sur le schéma, distinguez l'action des gains de productivité sur l'offre (indiquez le côté offre) de l'action des gains de productivité sur la demande (indiquez le côté demande).

3 • **Expliquer** Comment les gains de productivité permettent-ils d'augmenter les salaires et/ou de baisser les prix ?

Faites le point

Complétez le texte avec les termes suivants.

PGF – richesses – progrès technique – gains de productivité – décroissante – croissance économique – capital – capital-travail

La productivité marginale des facteurs de production est .... Ainsi le rendement du ... investi est de moins en moins important, et à terme les investissements ne permettent plus de créer de .... Les facteurs de production sont donc insuffisants pour expliquer la .... Celle-ci résulte également du ..., mesuré par la .... C'est l'ensemble des éléments qui améliorent la combinaison productive .... Le progrès technique permet ainsi de réaliser des ... : même sans accumuler de facteurs de production supplémentaires, la production de richesses augmente.

Prenez la parole

Argumentation

- Formez des groupes de quatre. Chaque élève recherche un exemple de progrès technique et ses effets sur la croissance économique.
- Chacune groupe sélectionne le meilleur exemple et argumentaire, puis un élève le présente à la classe.

3 Le progrès technique est endogène

OBJECTIF DU PROGRAMME : Comprendre que le progrès technique est endogène.

DOC 1 Le progrès technique tombe-t-il du ciel ?

Le changement technique résulte d'investissements réalisés par des agents économiques motivés par le gain, et par l'État visant au bien-être collectif. Les technologies s'accumulent tout comme les autres formes de capital. [...] La quantité d'investissements de ce type réalisée commande le rythme du progrès technique. La notion de progrès technique reprise dans la théorie est en fait très large : elle inclut tous les changements dont les modes et les types de production qui en améliorent l'efficience. [...]

Qu'est-ce qui différencie la technologie des autres facteurs, notamment le capital physique, qui fait d'elle le moteur de la croissance ? C'est, selon les théories de la croissance endogène, l'existence [...] de rendements d'échelle croissants. [...] Un processus persistant, auto-entretenu, d'accumulation de la connaissance est donc possible, qui entraîne à son tour l'accumulation des autres facteurs et donc la croissance. [...] Les théories de la croissance endogène considèrent en général que le taux de croissance dans une économie concurrentielle est inférieur au taux de croissance socialement optimal [...]. La raison de cet écart est la présence d'externalités [...] positives, les « externalités informationnelles ». Le savoir produit par l'innovateur bénéficie à d'autres agents sans compensation complète, monétaire ou autre, de leur part. ■

Dominique Guellec, « Croissance et innovation », *Croissance, emploi et développement*, La Découverte, coll. Repères, 2019.

VU EN PREMIÈRE

Externalité : effet, positif ou négatif, d'une activité économique sur des acteurs extérieurs à cette activité, sans qu'il y ait de compensation monétaire.

1 • **Lire** Repérez dans le texte un passage qui définit le progrès technique, et un autre qui définit les externalités positives.

2 • **Expliquer** Pourquoi peut-on dire que le progrès technique n'est pas dû au hasard ?

3 • **Expliquer** Pourquoi peut-on dire que la croissance est auto-entretenue ?

DOC 2 Les formes d'investissement favorables à une croissance auto-entretenue

Investissement	Définition	Rendement privé limité de l'investissement	Externalité positive (rendement social de l'investissement)	Comment l'État incite-t-il à réaliser ses investissements ?
Capital humain	Ensemble des savoirs, des savoir-faire, des compétences, du niveau de santé d'une population	Faire des études est long, coûteux, incertain, mais permet d'augmenter son futur salaire	Le niveau d'éducation d'une personne rend plus productifs ses collègues	L'école est gratuite et obligatoire ; des bourses incitent à allonger ses études ; les salariés bénéficient de formations gratuites
Capital technologique	Ensemble de connaissances, d'innovations	La recherche-développement (RD) est longue, coûteuse et incertaine ; possibilité d'être copié	Les connaissances et technologies se diffusent rapidement à toutes les entreprises	L'État réalise lui-même une partie de la RD ; crédit d'impôts pour les entreprises qui innovent ; système de brevets pour protéger les innovations
Infrastructure	Ensemble des routes, aéroports, canaux, réseau Internet, etc. qui facilitent le transport et la communication	Une entreprise privée ne peut pas mettre un péage sur toutes les routes qu'elle construit	Toutes les activités économiques, sociales, commerciales ont besoin de ces infrastructures	L'État finance, par le biais des impôts, la construction de ces infrastructures

Mécanisme : *Ces investissements...* → *... ont un rendement privé limité (rendement marginal privé décroissant) pour les acteurs privés qui les réalisent...* → *... alors que toute la société a besoin de ces investissements, créateurs de richesses (rendement marginal social constant) ...* → *... donc l'État réalise ces investissement, ou les incite et les encourage.*

Source : Bordas, 2020.

1 • **Expliquer** En quoi le passage souligné fait-il référence à une externalité positive ?

2 • **Expliquer** Quelle est la différence entre le rendement privé et le rendement social des investissements ?

3 • **Analyser** Pourquoi l'intervention de l'État est-elle nécessaire en présence d'externalités positives ?

DOC 3 L'investissement dans le capital humain

	2013	2017
Dépenses intérieures pour l'éducation (DIE) en milliards d'euros constants	147,7	154,6
Taux de croissance annuel moyen des DIE	1,15 %	
DIE/PIB	6,8 %	6,7 %
Structure du financement des DIE		
État	57,1 %	57,4 %
Collectivités territoriales	23,9 %	23,3 %
Autres administrations publiques	2,6 %	3,1 %
Entreprises	8,8 %	8,5 %
Ménages	7,6 %	7,7 %

Source : *L'État de l'école 2018*, n° 28, ministère de l'Éducation et de la Jeunesse, novembre 2018.

1 • Déduire Montrez que l'investissement privé dans l'éducation est faible.

2 • Expliquer Que signifient les données entourées ?

3 • Expliquer Complétez le schéma avec les termes suivants.
croissance – éducation – combinaison – externalités

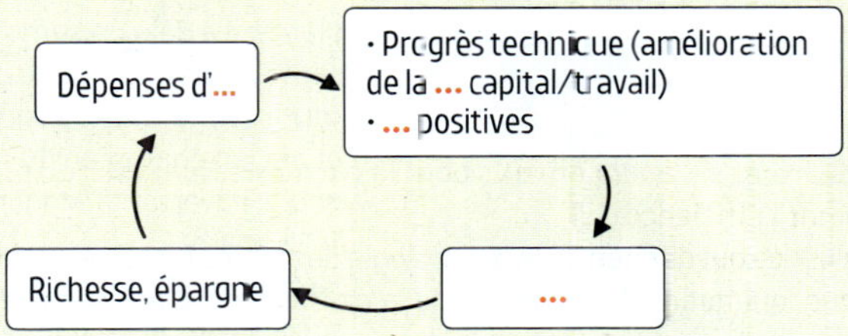

DOC 4 L'investissement dans les infrastructures

Dans le système de la liberté naturelle, le souverain [a] le devoir d'ériger et d'entretenir certains ouvrages publics et certaines institutions que l'intérêt privé d'un particulier ou de quelques particuliers ne pourrait jamais les porter à ériger ou à entretenir, parce que jamais le profit n'en rembourserait la dépense à un particulier ou à quelques particuliers quoiqu'à l'égard d'une grande société ce profit fasse beaucoup plus que rembourser les dépenses. […] Ce devoir exige aussi, pour le remplir, des dépenses dont l'étendue varie selon les divers degrés d'avancement de la société.
Après les travaux et établissements publics nécessaires pour la défense de la société et pour l'administration de la justice, deux objets dont nous avons parlé, les autres travaux et établissements de ce genre sont principalement [des infrastructures] propres à faciliter le commerce de la société […].
Il est évident, sans qu'il soit besoin de preuve, que l'établissement et l'entretien des ouvrages publics qui facilitent le commerce d'un pays, tels que les grandes routes, les ponts, les canaux navigables, les ports, etc., exigent nécessairement des degrés de dépense, qui varient selon les différentes périodes où se trouve la société. La dépense de la confection et de l'entretien des routes doit évidemment augmenter avec le produit annuel des terres et du travail du pays, ou avec la quantité et le poids des marchandises et denrées au transport desquelles ces routes sont destinées. ■

Adam Smith, *Recherches sur la nature et la causes de la richesse des nations*, livre V, 1776.

BIO SES

Adam Smith (1723-1790), considéré comme le premier économiste moderne, met en évidence, dès 1776 le rôle du progrès technique pour créer des richesses. Il insiste également sur le rôle de l'État, qui doit réaliser certains investissements

1 • Lire D'après Adam Smith, quels sont les trois devoirs du souverain ?

2 • Expliquer Que signifie le passage souligné ?

3 • Analyser Quel passage du texte révèle la présence d'externalités positives dues aux investissements en infrastructures ?

Faites le point

Choisissez le bon terme parmi ceux qui vous sont proposés.

1. La croissance est endogène parce qu'elle est **auto-entretenue / forte / extensive**.
2. Le progrès technique est endogène parce qu'il est **tombé du ciel / externe / créé**.
3. La croissance est endogène parce qu'il existe **des externalités positives / des rendements décroissants / des infrastructures**.
4. Le rendement privé de l'investissement dans le capital humain est **exponentiel / incertain / croissant**.
5. L'État doit favoriser les investissements qui ont un rendement social **décroissant / faible / important**.

Prenez la parole

Pitch

Le gouvernement décide d'augmenter de 5 % le budget « Enseignement supérieur et Recherche ».

- **Vous avez vingt minutes pour préparer un discours de deux minutes afin de justifier cette décision.**
- **Vous exposez ensuite oralement votre discours à votre voisin de classe.**

1 Les innovations sont à l'origine du progrès technique

OBJECTIF DU PROGRAMME : Comprendre que le progrès technique résulte en particulier de l'innovation.

Questionnez-vous ! L'homme volant, invention ou innovation ?

Avec sa tenue spéciale et sa mini-plateforme volante, il a déjà un surnom de super-héros : « Flyman ». L'homme volant, c'est Franky Zapata. Son nom a fait le tour du monde [...]. Et pour cause : cet ancien champion du monde de jet ski est parvenu à traverser la Manche sur son engin volant, un Flyboard. [...]

L'avenir du Flyboard pourrait être à la fois militaire et civil. Cette plateforme volante intéresse les forces spéciales françaises, qui y voient du « potentiel pour un emploi dans les opérations spéciales en zone urbaine ». [...] Le Flyboard Air a [peut-être] davantage vocation à être un appareil de loisir qu'un engin militaire. [...] Franky Zapata, lui, travaille surtout au développement d'une voiture volante qu'il espère mettre au point « très bientôt ». ■

« Voiture volante, Flyboard et armée française... 4 questions sur Franky Zapata, 1er "homme volant" à traverser la Manche », www.lci.fr, 4 août 2019.

NE PAS CONFONDRE

On confond souvent invention et innovation. L'**invention** est quelque chose de nouveau, quasiment au stade du prototype. L'**innovation** est la valorisation et la commercialisation de l'invention, c'est-à-dire la diffusion à grande échelle de l'invention.

1 • Pourquoi peut-on dire que le Flyboard Air ou la voiture volante peuvent devenir de véritables innovations ?

2 • En quoi ces innovations peuvent-elles être utiles pour la société ?

3 • En quoi ces innovations peuvent être source de création de richesses ?

Activité *Identifiez les différentes formes d'innovation*

Innovation	Innovation de produit	Innovation de procédé	Innovation organisationnelle	Action sur l'offre : gains de productivité	Action sur la demande : hausse de la consommation
Le smartphone à écran pliable					
La commande vocale					
La livraison de colis par drone					
Le robot tondeuse					
L'*open space* (bureau ouvert)					

NE PAS CONFONDRE

Les **innovations de produit** concernent des nouveaux biens et services à la disposition des consommateurs.
Les **innovations de procédé** sont des nouveaux moyens de production pour les producteurs.
Les **innovations organisationnelles** sont des nouvelles façons de combiner le travail et le capital.

1 • Pour chacune des innovations, indiquez dans le tableau s'il s'agit d'une innovation de produit, de procédé, ou organisationnelle. Aidez-vous de l'encadré.

2 • Précisez ensuite si cette innovation agit plutôt sur l'offre en augmentant les gains de productivité d'une entreprise, ou plutôt sur la demande en incitant les consommateurs à acheter.

DOC 1 Les dépenses de RD favorisent les innovations

Dépenses intérieures de RD et effectifs des chercheurs dans les entreprises et administrations en 2016

	Dépenses intérieures de RD[1]		Effectifs des chercheurs	
	En milliards d'euros	Évolution 2016/2015 en % (en volume)	En milliers d'ETP[2]	Évolution 2016/2015 en %
Entreprises	**32,2**	**1,4**	**170,3**	**2,1**
Branches de RD industrielles	24,7	0	112,1	0,3
Branches de RD des services	7,5	6,5	58,2	5,8
Administrations	**17,4**	**0,1**	**114,5**	**1,6**
Établissements publics et services ministériels	9,3	– 1,5	47,3	0
Enseignement supérieur	7,2	1,8	62,7	1,7
Institutions sans but lucratif	0,8	6	4,5	19,9
Total	**49,5**	**1**	**284,8**	**1,9**

1. Recherche-développement.
2. Équivalent temps plein.

Champ : ensemble des entreprises et des administrations localisées en France.

Source : données OCDE, 2018.

1 • Lire Que signifient les données entourées ?

2 • Expliquer Quel est l'intérêt d'investir dans la recherche-développement pour les entreprises ?

3 • Déduire En quoi les investissements en RD des entreprises peuvent être facteurs de croissance économique ?

4 • Analyser En vous appuyant sur la double page précédente, expliquez pourquoi l'État investit dans la RD.

DOC 2 L'innovation transforme les métiers et les entreprises

Innover pour survivre n'oblige donc pas seulement à trouver des solutions techniques à de nouveaux problèmes, c'est aussi transformer des métiers, bouleverser le modèle de l'entreprise pour qu'elle soit capable d'accueillir et de faire fructifier l'innovation ! À cet égard, l'exemple d'Engie est particulièrement riche. Son monde, celui de l'énergie, est en pleine révolution : il ne s'agit plus seulement de construire des infrastructures alimentant un public passif. Après avoir voulu en maîtriser la consommation, les « consommacteurs » (villes, industriels, particuliers) entendent également décider de sa production : plus propre, décentralisée par essence, moins chère. [...] C'est là que l'innovation intervient. Pour créer des sources de croissance additionnelle et de nouveaux modes d'exercice des métiers du groupe. L'innovation ne se décrète pas, même si elle s'organise. [...] Plusieurs outils et processus ont ainsi été déployés pour favoriser la créativité entrepreneuriale [...]. Tout collaborateur d'Engie peut ainsi proposer une idée à développer. Vingt-cinq de ces idées ont été transformées en offres dans un incubateur[1] professionnel, au contact étroit des start-up. [...] De nouvelles offres ont ainsi vu le jour, en lien avec les évolutions stratégiques du groupe, parmi lesquelles PowerCorner (un projet d'électrification rurale en Afrique), NextFlex (effacement et flexibilité électrique), ou encore Please (la plateforme numérique qui dynamise les commerces en centre-ville).

Ce dispositif enrichit les démarches déjà existantes, en particulier les Trophées de l'innovation [qui] récompensent chaque année les projets innovants des collaborateurs du groupe. ■

Erik Orsenna et **Stéphane Quéré**, *La Fabrique du neuf*, Cherche Midi, 2018.

1. Structure qui accompagne les créations d'entreprises innovantes.

1 • Repérer Quelle forme d'innovation organisationnelle Engie a-t-elle adoptée ?

2 • Expliquer Quelles sont les trois offres innovantes du groupe Engie énumérées dans le texte ?

3 • Analyser En quoi ces offres innovantes sont-elles source de « croissance additionnelle » ?

Faites le point

Complétez ce schéma mettant en évidence le mécanisme économique qui mène des investissements à la croissance avec les termes suivants.

gains de productivité et externalités positives – progrès technique – innovations – productivité globale des facteurs

Investissement → ... → ... → ... → ... → Croissance économique

Prenez la parole

Jeu de rôle

- Vous avez inventé un robot qui trie les déchets ménagers des particuliers (ou toute autre invention de votre choix). Vous présentez votre invention à un investisseur qui vous demande en quoi elle pourra devenir une innovation commerciale.
- Répartissez-vous en binômes inventeur/investisseur et dialoguez. Vous devrez tous utiliser les mots suivants : innovation – invention – rentabilité.

2 Les institutions incitent à investir et à innover

OBJECTIF DU PROGRAMME : Comprendre comment les institutions (notamment les droits de propriété) influent sur la croissance en affectant l'incitation à investir et innover.

DOC 1 La croissance ne repose-t-elle que sur des éléments économiques ?

VU EN PREMIÈRE

Institutions : ensemble de règles, formelles (écrites et concrètes) ou informelles (normes sociales), qui structurent et organisent les comportements dans une société.

1 • **Classer** Parmi toutes ces institutions, lesquelles sont formelles ? informelles ?

2 • **Illustrer** En quoi un système juridique fiable et efficace favorise-t-il les investissements, la production et le commerce ?

3 • **Analyser** En quoi la cohésion sociale est-elle favorable à la croissance économique ?

DOC 2 Le rôle de l'État pour créer les institutions et favoriser les investissements

En Afrique, la volatilité des [investissements étrangers] est expliquée par la qualité des institutions, notamment, le régime politique, le cadre juridique, la stabilité politique, la liberté d'expression et la qualité de la réglementation. [...]

En Afrique centrale, la volatilité des [investissements étrangers] est expliquée par le régime politique, l'État de droit, la qualité de la réglementation et la stabilité politique. En Afrique de l'Ouest, cette volatilité est uniquement expliquée par le régime politique. En Afrique de l'Est, c'est le régime politique, l'État de droit, la qualité de la réglementation, la stabilité politique, la corruption et la qualité du service public qui expliquent la volatilité des [investissements étrangers]. En Afrique australe, la volatilité des [investissements étrangers] relève de la corruption, de la qualité de la réglementation, de la stabilité politique, de la qualité du service public et de la liberté d'expression. En Afrique du Nord, enfin, cette volatilité est expliquée par la corruption, la qualité de la réglementation, la stabilité politique, la qualité du service public et la liberté d'expression.

[Plusieurs] recommandations sont formulées : (1) l'assainissement de l'environnement institutionnel à travers la mise en place des règles économiques, politiques et légales qui délimitent et soutiennent l'activité transactionnelle ; (2) la promotion de politiques de bonne gouvernance afin de réduire les inefficiences institutionnelles, de stimuler la compétitivité dans les systèmes de marché, et de garantir la protection des droits de propriété. ■

Bruno Emmanuel Ongo Nkoa et **Jacques Simon Song**, « La qualité des institutions réduit-elle la volatilité des investissements directs étrangers en Afrique ? », *Mondes en développement*, n° 183, De Boeck Supérieur, 2018.

1 • **Repérer** Comment s'explique la volatilité des investissements étrangers en Afrique ?

2 • **Illustrer** Quelles sont les différentes institutions citées dans le texte ?

3 • **Déduire** Pourquoi la plupart des entreprises investissent-elles en Europe plutôt qu'en Afrique ?

4 • **Expliquer** Quel acteur économique est responsable de la mise en place des bonnes institutions au niveau national ?

Activité C'est vous le (ou la) patron(ne) ! Brevetez vos innovations

Vous êtes à la tête d'une entreprise qui produit des moteurs pour petits véhicules à moteur (scooter, moto, vélo, etc.). En faisant de la recherche-développement pendant cinq ans, qui vous coûte 100 millions d'euros, vous inventez un moteur à eau silencieux d'une autonomie de 500 km.

En situation de concurrence, votre invention sera immédiatement copiée par vos concurrents, vous pourrez alors vendre 60 000 moteurs rapportant chacun un bénéfice de 500 euros.

1 • En situation de concurrence, avez-vous intérêt à réaliser l'investissement en recherche-développement permettant l'invention du moteur ?

Cependant, une fois votre moteur inventé, vous déposez un brevet. Celui-ci vous permet d'être l'unique propriétaire de votre innovation pendant vingt ans. Vous pouvez alors vendre à un prix plus élevé votre moteur et à davantage de clients. Vous pourrez alors vendre 150 000 moteurs rapportant chacun un bénéfice de 1 000 €.

2 • Avez-vous désormais intérêt à réaliser l'investissement en recherche-développement ?

3 • Le brevet vous a permis de bénéficier de quelle situation économique ? Aidez-vous du schéma.

4 • Pourquoi pouvez-vous vendre à un prix plus élevé ?

5 • Complétez le schéma à l'aide des mots soulignés dans le texte.

Invention

↓

- …
- Droit de propriété

↓

Monopole temporaire

↓

…

↓

… (production, commercialisation)

↙ ↘

(Pour la société)
- Progrès technique
- Croissance

(Pour l'entreprise)
- Rentabilité
- Profit

LE SAVIEZ-VOUS ?

Le **brevet** est un droit de propriété sur une invention et procure un monopole (en général) de vingt ans, ce qui laisse le temps de rentabiliser l'investissement.

DOC 3 Secteurs d'activité et origine géographique des brevets

Nombre de brevets déposés selon les secteurs technologiques en 2018

- Technologies médicales : 13 795
- Informatique : 11 718
- Transports : 9 039
- Biotechnologies : 6 742
- Produits pharmaceutiques : 7 441
- Machines électr., énergie électr. : 10 722

Origine des demandes de brevets en 2018 (en %)

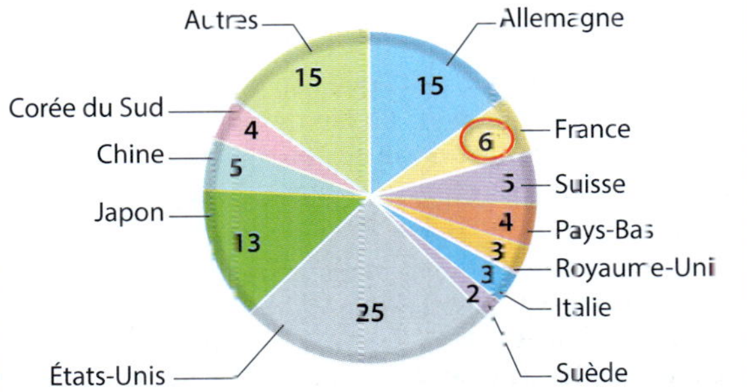

Source : Office européen des brevets, 2019.

1 • **Lire** Que signifient les données entourées ?

2 • **Lire** Quels secteurs déposent le plus de brevets ?

3 • **Expliquer** Ces brevets déposés ne concernent-ils que des nouveaux secteurs ?

Faites le point

Classez les institutions suivantes, de celle qui vous semble jouer le rôle plus important pour favoriser les investissements et les innovations, à celle qui vous semble avoir le moins d'influence.

le kilo comme unité de mesure – un système de brevets – une culture scientifique – une monnaie stable – un système politique démocratique – une justice efficace – un état de droit

Prenez la parole

Jeu

- Formez des groupes de trois. Chaque élève propose à tour de rôle une institution. Les deux autres expliquent en quoi elle incite ou non à investir et à innover.
- Le premier qui donne la bonne réponse obtient un point.

3 Les innovations s'accompagnent d'un processus de destruction créatrice

OBJECTIF DU PROGRAMME : Savoir que l'innovation s'accompagne d'un processus de destruction créatrice.

DOC 1 Les innovations peuvent-elles durer ?

Télégraphe — Téléphone — Radio — Minitel — Internet

CONTEXTE

C'est J. A. Schumpeter (1883-1950) qui a mis en avant la notion de **destruction créatrice** : « Le nouveau ne sort pas de l'ancien, mais apparaît à côté de l'ancien, lui fait concurrence jusqu'à le ruiner. » La création d'une innovation se substitue souvent à une ancienne innovation qui a tendance à disparaître.

1 • **Illustrer** Choisissez un ou deux appareils ci-dessus et montrez que le développement d'une innovation dans les télécommunications peut entraîner la disparition d'une ancienne innovation.

2 • **Expliquer** Montrez que si le téléphone n'a pas disparu, il a néanmoins largement évolué.

3 • **Analyser** Le processus de destruction créatrice s'effectue-t-il à court terme ou à long terme ?

DOC 2 Le cycle de destruction créatrice

Le passage d'un cycle à l'autre se fait par processus de destruction créatrice, car l'innovation à la source d'un cycle est nécessairement une innovation de rupture.

Lors de la phase de croissance, le système productif entre dans un cycle de création d'activités. Elles sont d'abord supérieures aux destructions que l'on observe dans les secteurs devenus obsolescents du fait des innovations. Dans la phase de récession, en revanche, les faillites d'entreprises sont plus nombreuses que les créations. Des emplois sont ainsi détruits. [...].

Avec l'introduction des innovations, certaines entreprises (les leaders) bénéficient d'un pouvoir de marché temporaire. Ce pouvoir s'affaiblit au rythme du durcissement de la concurrence (par l'entrée sur le marché des « suiveurs »). La destruction créatrice permet ainsi d'expliquer la transition d'un marché de monopole (le temps que les innovations soient « copiées ») à un système concurrentiel. Et inversement, d'un système concurrentiel à une situation de monopole, par l'apparition d'une nouvelle vague d'innovations. [...]

La destruction créatrice est, pour Schumpeter, essentielle à la dynamique du capitalisme car elle est le processus par lequel un nouveau modèle, porté par les innovations, se substitue au précédent. La Ford T, par exemple, est doublement une innovation parce qu'elle porte deux transformations importantes. Premièrement, elle transforme en profondeur le statut même de l'automobile qui devient un produit de consommation de masse. Deuxièmement, elle modifie en profondeur les conditions de production par l'introduction du travail à la chaîne [...]. Une innovation n'arrive jamais seule mais par « grappes ». Que serait en effet l'ordinateur sans les logiciels, les périphériques ou les usages associés à la numérisation des activités économiques ? Après une innovation de rupture, d'autres innovations apparaissent, portées par la découverte initiale. Elles sont elles-mêmes porteuses de bouleversements, de création puis de destruction d'activités, même si ces bouleversements sont parfois moins visibles. ■

Marie Coris, « "Destruction créatrice" : pour en finir avec les contresens », www.theconversation.com, 12 juin 2019.

VU EN PREMIÈRE

Monopole : structure de marché dans laquelle une entreprise est seule, sans concurrent.
Pouvoir de marché : capacité d'une entreprise à fixer un prix supérieur à celui de l'équilibre de concurrence parfaite afin de maximiser ses profits.

1 • **Expliquer** Pourquoi peut-on dire que la destruction créatrice est cyclique ?

2 • **Expliquer** Illustrez l'apparition par grappes des innovations.

3 • **Analyser** Expliquez la phrase soulignée.

4 • **Analyser** Montrez que la destruction créatrice d'innovations a des effets dans d'autres domaines.

DOC 3 L'évolution des emplois

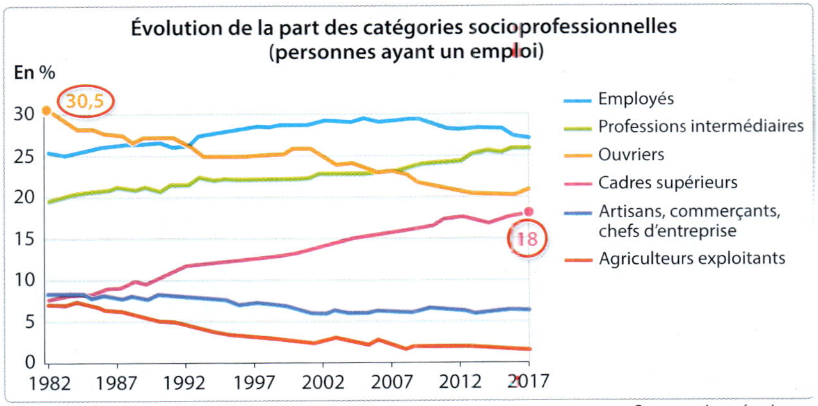

Source : données Insee

1 • **Lire** Que signifient les données entourées ?

2 • **Décrire** Quels changements observez-vous dans l'évolution des CSP ?

3 • **Déduire** En vous appuyant sur le doc 2, montrez que l'évolution de la structure socioprofessionnelle s'inscrit dans une dynamique de destruction créatrice.

bordas Flash PAGE vidéo

L'ubérisation des emplois

1 • D'où vient l'expression « ubérisation » ?

2 • Quel type d'emplois l'ubérisation a-t-elle tendance à détruire ?

3 • Quel type d'emplois l'ubérisation a-t-elle tendance à créer ?

Activité *Repérez le processus de destruction créatrice au cours des deux derniers siècles*

Période	1790	1814	1848	1872	1893	1917	1940	1974	1992	2020 ?	2050 ?
Phases de création et destruction											
Innovation majeure	...		...		...		...		...	...	
Grappes d'innovations	...		...		...		...		...	...	

1 • **Replacez chacune des innovations majeures suivantes sur la première ligne.**
électronique – électricité et pétrole – informatique – sidérurgie – machine à vapeur – génétique

2 • **Placez sur la deuxième ligne chacune des innovations mineures suivantes, en fonction de son attachement à l'innovation majeure.**
logiciels – textile – électroménager – chemins de fer – Internet – téléphone – jeux vidéo – voitures – téléphone – aviation – robotisation – télévision

Faites le point

Illustrez chacun des phénomènes économiques suivants.

1. Grappes d'innovations
2. Obsolescence des innovations
3. Développement de nouveaux emplois
4. Innovation majeure
5. Nouvelle organisation du travail

Prenez la parole

Débat

La destruction créatrice engendrée par les innovations est-elle toujours bénéfique ?

- Divisez la classe en deux groupes.
- Un groupe répond positivement à la question, avec les arguments adéquats, l'autre répond négativement.

1 Le progrès technique peut engendrer des inégalités de revenus entre catégories sociales

OBJECTIF DU PROGRAMME : Comprendre comment le progrès technique peut engendrer des inégalités de revenus.

Questionnez-vous !

À vous de poser les questions !

Jeff Bezos, fondateur d'Amazon, fortune estimée à plus de **130 milliards de $**

Bill Gates, fondateur de Microsoft, fortune estimée à plus de **96 milliards de $**

Mark Zuckerberg, fondateur de Facebook, fortune estimée à plus de **62 milliards de $**

Jack Ma, fondateur d'Alibaba, fortune estimée à plus de **40 milliards de $**

Source : classement Forbes 2019.

Pour la première fois, il y a plus de 2 000 milliardaires sur la planète. Alors qu'ils n'étaient encore que 1 979 l'an dernier, ils sont désormais 2 158. Une hausse qui s'accompagne de l'augmentation de leur fortune, qui a crû de 19 % dans le monde en 2017. La plus forte croissance jamais observée selon UBS, que la banque explique notamment par un haut niveau d'entreprenariat à travers le secteur des nouvelles technologies.
[...] En Chine, l'explosion du nombre de milliardaires se poursuit avec 55 nouveaux entrants, portant à 373 leur total. Fait d'autant plus surprenant qu'en 2006, ce pays n'en comptait que 16. Cette croissance ultra-rapide s'est surtout concentrée dans le domaine des nouvelles technologies. [...] En Chine, [...] 91 % des milliardaires sont des « self-made men ». ■

« La fortune des 2 000 milliardaires dans le monde a augmenté de 20 % en un an, du jamais vu », www.lci.fr, 27 octobre 2018.

- **Par groupes de deux ou trois, cherchez le point commun entre les informations contenues dans le document.**

a. Trouvez une question qui permette de mettre en avant ce point commun.

b. Posez la question à l'ensemble de la classe.

c. Votre question était-elle adaptée à ce que vous vouliez faire trouver ?

DOC 1 Les demandes de travail qualifié et non qualifié

[Les ordinateurs] se révèlent extrêmement doués pour effectuer des tâches dites « routinières », faciles à décomposer [...]. Cela a permis aux ordinateurs de remplacer le travail humain élémentaire et répétitif qui caractérisait de nombreux emplois intermédiaires. [...] Les ordinateurs ne peuvent cependant pas tout faire (du moins pour l'instant). Ils ont des capacités limitées à mener à bien les tâches qu'il est difficile de décomposer en actions élémentaires. On distingue deux grandes catégories de tâches. Tout d'abord, celles dites « manuelles non routinières » qui consistent à répéter des actions manuelles, éventuellement simples, mais dans des contextes qui réclament de la flexibilité, des capacités de reconnaissance visuelle ou des interactions interpersonnelles que les ordinateurs sont encore impuissants à effectuer. De telles tâches sont fréquentes dans le secteur des services non qualifiés : c'est par exemple le cas d'un serveur dans la restauration, d'un employé d'une entreprise de nettoyage ou d'aides-soignants. Ces emplois manuels ne requièrent pas un niveau élevé d'études et ils sont faiblement rémunérés. [...]

Les ordinateurs sont encore impuissants à accomplir un second type de tâches, celles qui mobilisent des capacités cognitives avancées et qui consistent à résoudre des problèmes complexes en faisant preuve de créativité. [...] Ces tâches ne peuvent donc pas être facilement programmées sur des ordinateurs. Elles caractérisent les emplois qui requièrent de l'intuition, de la persuasion, de la capacité analytique et un haut niveau d'expertise. ■

Gregory Verdugo, *Les nouvelles inégalités du travail : pourquoi l'emploi se polarise*, Presses de Sciences Po, 2017.

1 • Repérer Quels sont les emplois menacés par le progrès technique ?

2 • Illustrer Quels sont les « deux grandes catégories de tâches » moins menacées par le progrès technique ? Proposez des exemples pour chacune d'elles.

3 • Déduire En quoi peut-on dire que le progrès technique peut engendrer des inégalités de revenus ?

DOC 2 L'intelligence artificielle a besoin de nombreux travailleurs

Loin, très loin des conférences triomphantes des grandes entreprises et de leurs prouesses en machine learning, l'intelligence artificielle reste encore majoritairement une affaire d'humains. Pour développer un programme automatique, vous avez besoin d'une base de données. [...] Et ça, malgré nos efforts, on ne sait pas le faire faire à des machines, alors ce sont les humains qui s'y collent. [...] Aujourd'hui, l'industrie de l'IA emploie des humains pour des tâches robotiques afin de mieux vendre les capacités « humaines » de leurs robots. [...]
Mais concrètement, comment fait-on pour trouver de l'humain à la demande quand on a une infinité de tâches minuscules à accomplir et pas assez d'argent pour embaucher des collaborateurs ? On passe par Mechanical Turk – MTurk, pour ceux qui en sont –, la plateforme d'Amazon dédiée au micro-travail, née en 2005 [...]. Chaque seconde, la chaîne de production des « micro-tâcherons » crache des milliers d'offres d'emploi (appelées « Human Intelligence Task », ou HIT), sur lesquelles se jette en quelques secondes cette foule invisible et muette de « Turkers », disséminée dans le monde. [...] Pas de contrat, pas de statut, pas de droit du travail, aucune qualification ou papier d'identité requis, un salaire moyen autour de 2 dollars de l'heure. ■

Thibault Prévost, « On a payé des travailleurs du clic d'Amazon pour qu'ils nous parlent de leur boulot », www.konbini.com, 23 juillet 2019.

1 • Illustrer Donnez des exemples de présence de l'intelligence artificielle dans notre quotidien.

2 • Analyser Les emplois créés par l'intelligence artificielle sont-ils bien payés ?

3 • Analyser En quoi le développement de l'intelligence artificielle peut-il créer des inégalités de revenus entre les différents travailleurs ?

DOC 3 La richesse des nouveaux entrepreneurs crée des inégalités et de la mobilité sociale

Qu'est-ce que cela veut dire de raisonner dans un cadre schumpétérien ? Que la croissance vient essentiellement d'un processus de destruction créatrice, dans laquelle les entrepreneurs innovants jouent un rôle central.
Une économie schumpétérienne a deux caractéristiques. La première : elle augmente les inégalités sociales par le haut. Lorsque les innovateurs réussissent, qu'ils créent une nouvelle activité à succès, ils gagnent beaucoup d'argent. [...] C'est ce qui explique la fortune croissante des 1 % les plus aisés de la population [...].
Mais l'innovation ne creuse pas pour autant les inégalités globales. Comment cela s'explique-t-il ? « Parce que l'innovation a deux effets contradictoires, répond [P. Aghion]. D'un côté, elle augmente les revenus des plus riches, de l'autre, elle augmente la mobilité sociale[1] parce que les nouveaux innovateurs remplacent les anciens. » C'est sa deuxième caractéristique [...] : « Les pays qui ont moins d'inégalités ont plus de mobilité sociale », observe[-t-il]. [...] La Suède est peu inégalitaire et la mobilité sociale y est bonne, alors que l'Angleterre est inégalitaire et que la mobilité sociale y est faible. Rapporté au PIB, le pays nordique semble aussi plus innovant que le Royaume-Uni. ■

Marc Vignaud, « La leçon d'Aghion devant les ministres des Finances de la zone euro », www.lepoint.fr, 14 juin 2019.

1. Capacité d'un individu à changer de catégorie sociale au cours de sa vie.

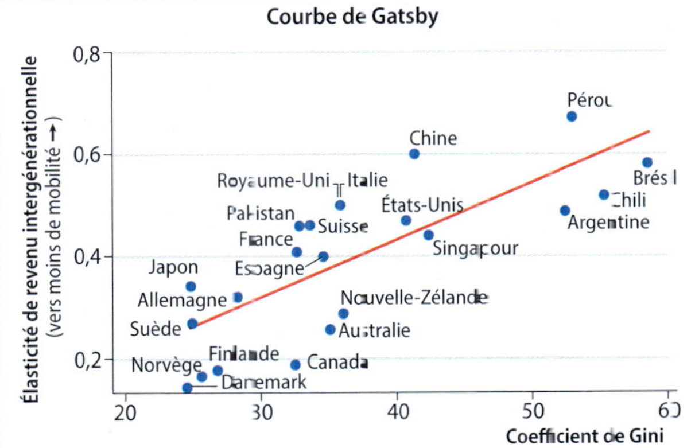

Lecture : l'élasticité de revenu intergénérationnelle mesure l'accroissement du revenu des enfants, quand celui des parents augmente de 1 %. Par exemple, au Brésil, lorsque le revenu des parents s'élève de 1 %, celui des enfants s'élève de presque 0,6 %.
Note : les innovations permettent l'enrichissement, donc plus de mobilité sociale.

Source : données Miles Corak, 2012.

1 • Définir Quelles sont les caractéristiques d'une économie schumpétérienne ?

2 • Analyser Quelle relation existe-t-il entre l'enrichissement des innovateurs et l'élasticité de revenu intergénérationnelle ?

3 • Expliquer Pourquoi les innovations favorisent-elles la mobilité sociale ?

Faites le point

Ces nouvelles activités nécessitent-elles du travail qualifié ou peu qualifié ?

1. Thérapie cellulaire
2. Remplir des bases de données informatiques
3. Aides et soutien à la personne
4. Conception et réalisation des innovations

Prenez la parole

Débat

Le progrès technique renforce-t-il les inégalités de revenus ?

- **La moitié de la classe défend des arguments positifs, l'autre des négatifs.**

2 Le progrès technique peut engendrer des inégalités de revenus entre territoires

OBJECTIF DU PROGRAMME : Comprendre comment le progrès technique peut engendrer des inégalités de revenus.

DOC 1 La future Silicon Valley française

Au sud-ouest de Paris est en train d'émerger un pôle d'innovation de rang mondial. Universités, grandes écoles et centres de RD affluent sur le site Paris-Saclay, qui réunit déjà 15 % de la recherche privée et publique française.

[...] L'École polytechnique, Centrale-Supélec, l'Institut de mathématique d'Orsay, l'Institut d'optique et l'École nationale de la statistique et de l'administration économique (Ensae) y ont déjà emménagé dans des locaux flambant neufs. Ils ont vite été rejoints par Horiba (le géant japonais de l'optique et de l'instrumentation), par l'EDF Lab et ses 1 000 salariés et étudiants, par le centre de recherche de l'avionneur Safran et par Nokia.

Et ce n'est qu'un début. Normale sup Cachan, Télécom ParisTech, AgroParisTech et les départements de biochimie de l'université Paris-Sud sont attendus d'ici à 2021, ainsi que Total ou la RD du groupe pharmaceutique Servier. [...]

L'émergence d'un pôle académique est un argument de taille pour inciter les entreprises à installer leurs équipes de RD sur le plateau. Comme l'a fait EDF avec son EDF Lab. « La plupart de nos partenaires académiques – le CEA, Supélec, Polytechnique, Normale sup – se trouvent sur place, explique Jean-Paul Chabard, directeur scientifique de la RD. Cela nous a semblé évident d'y déménager les 1 200 salariés de notre ancien centre de recherche de Clamart. » Adepte de l'innovation ouverte, l'électricien anime en effet depuis plusieurs années des laboratoires de recherche communs avec ces établissements, sur des thèmes aussi variés que les réseaux électriques intelligents ou les séismes. Il a aussi profité de son arrivée sur le plateau pour y ouvrir, avec Total et Air liquide, l'Institut photovoltaïque d'Île-de-France, consacré à la recherche sur les énergies nouvelles. Afin de bénéficier de l'effet campus, EDF Lab joue la carte de l'interaction. ■

Marie Le Tutour, « Paris-Saclay, La Silicon Valley à la française », *Capital*, © Prisma Média, 15 novembre 2018.

1 • **Lire** Pourquoi peut-on dire que le site de Paris-Saclay est la future Silicon Valley française ?

2 • **Expliquer** Pourquoi les entreprises sont-elles incitées à installer leurs activités de recherche-développement sur ce site ?

3 • **Analyser** Comment devraient évoluer les activités économiques dans cette future Silicon Valley française ?

4 • **Analyser** Comment risquent d'évoluer les inégalités économiques entre les différentes régions en France ?

DOC 2 La croissance en France profite-t-elle à toutes ses régions ?

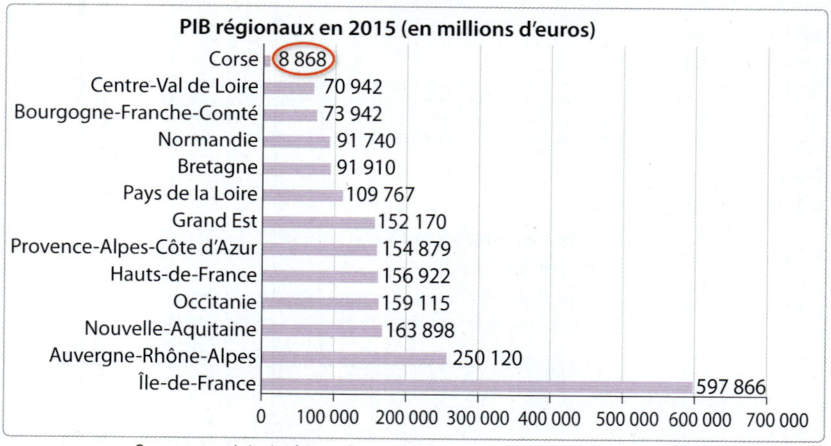

Source : produits intérieurs bruts régionaux et valeurs ajoutées régionales, données Insee.

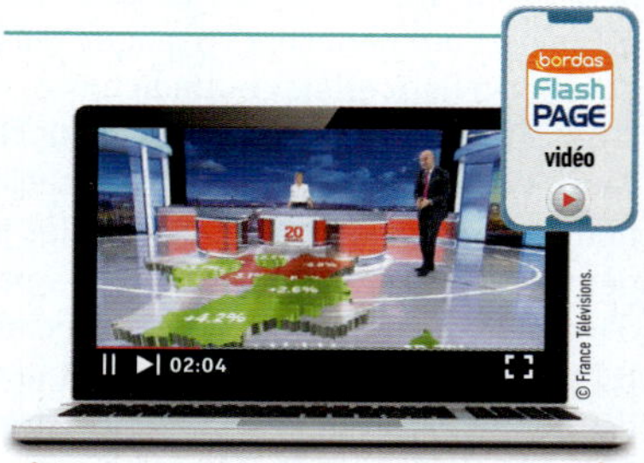

Croissance : les inégalités de richesse entre territoires

1 • Comment a varié le PIB de la Bourgogne-Franche-Comté entre 2007 et 2014 ?

2 • Quelles sont les « trois France » que l'on peut distinguer en termes de croissance ?

3 • Que signifie la polarisation de la croissance ?

1 • **Lire** Que signifie la donnée entourée ?

2 • **Calculer** La région Île-de-France crée combien de fois plus de richesses que la Corse ?

3 • **Expliquer** Pourquoi peut-on dire que la croissance économique est polarisée ?

4 • **Analyser** En vous aidant du doc 1, expliquez pourquoi l'Île-de-France est plus riche que les autres régions françaises.

DOC 3 La polarisation des activités économiques a des explications diverses

Le développement des rendements croissants dans l'industrie entraîne un processus de causalité circulaire entre taille du marché et localisation. Les firmes sont attirées par des lieux où les consommateurs sont nombreux (taille du marché), et les consommateurs, eux-mêmes travailleurs, sont attirés par les lieux où les firmes sont nombreuses (plus grande variété des biens disponibles). Une telle causalité résulte d'externalités pécuniaires, signifiant que chaque firme tire profit de la localisation d'autres firmes à proximité, en raison d'effets directement liés à la taille du marché [...].
La demande étant dispersée et exogène, l'agglomération ne provient plus [uniquement] de la densification progressive d'une aire de marché pour les produits. Elle provient à l'inverse de la possibilité pour les firmes, du fait de la baisse des coûts de transport, de desserrer la contrainte de proximité des consommateurs et fournir indifféremment l'ensemble des régions tout en bénéficiant de la concentration industrielle pour améliorer leur productivité. Néanmoins, ce bénéfice de la proximité doit être mis en balance avec les pertes que peuvent subir les firmes du fait d'une concurrence par les prix, effets qu'elles vont progressivement atténuer par une stratégie de différenciation des produits ■

Jérôme Vicente, *Économie des clusters*, La Découverte, coll. Repères, 2016.

1 • **Expliquer** Quelles externalités la concentration des entreprises sur un même espace géographique procure-t-elle ?

2 • **Expliquer** Quelles pertes les entreprises peuvent-elles subir en étant proches géographiquement ?

3 • **Analyser** Quel rôle jouent les coûts de transport dans la polarisation des activités sur un même espace ?

4 • **Déduire** Quel est l'effet de la polarisation des activités sur les inégalités territoriales ?

DOC 4 Les pays profitent inégalement de la croissance du revenu mondial

PIB/hab. (en $ constants de 2010) et TCAM[1] du PIB/hab (en %)

Pays ou zone	2000	2018	TCAM
Monde	8 182,4	10 882,3	1,6
Afrique subsaharienne	1 213,3	1 656,9	1,75
dont Burundi	*229,2*	*210,8*	*– 0,46*
Cameroun	*1 145,5*	*1 497,5*	*1,5*
Amérique du Nord	44 639,1	54 224,1	1,09
dont États-Unis	*44 727,0*	*54 541,7*	*1,11*
Union européenne	30 269,0	37 417,0	1,18
dont France	*38 309,4*	*43 663,6*	*0,73*
Suède	*44 751,2*	*57 232,1*	*1,38*
Pologne	*8 526,3*	*16 639,7*	*3,78*
Asie de l'Est et du Pacifique	5 349	10 259,5	3,68
dont Chine	*1 767,8*	*7 755,0*	*8,56*
Inde	*826,6*	*2 104,2*	*5,33*
Japon	*42 169,7*	*48 919,6*	*0,83*

LE SAVIEZ-VOUS ?

Certaines analyses économiques (notamment celles de R. Solow) montrent qu'il y a une **convergence des économies vers un niveau de richesse**, à partir du moment où les pays mobilisent le travail, le capital et le progrès technique nécessaires. Des pays plutôt pauvres ont un taux de croissance élevé parce qu'ils rattrapent les pays plus riches, qui ont un taux de croissance plus faible.

1 • **Lire** Que signifient les données entourées ?

2 • **Expliquer** Montrez que la croissance économique est assez polarisée géographiquement.

3 • **Comparer** Distinguez les situations de la France et de la Chine en matière de niveau de richesse atteint et de taux de croissance.

4 • **Analyser** Quels pays semblent en phase de rattrapage économique et comment expliquer celui-ci ?

1. Taux de croissance annuel moyen.
Source : données Banque mondiale.

Faites le point

Quelles sont les activités économiques qui se concentrent dans les régions suivantes ? Complétez le tableau en effectuant des recherches rapides si nécessaire.

Région	Activité
Silicon Valley (États-Unis, Californie)	...
Bangalore (Inde)	...
Aerospace Valley (France, Sud-Ouest)	...
Euramaterials (France, Nord)	...
Hollywood (États-Unis, Californie)	...

Prenez la parole

Argumentation

- Formez des groupes de trois. Un élève explique quelle entreprise il veut créer (nom, produits, secteur, etc.).
- Un deuxième élève explique dans quel contexte géographique il peut installer cette entreprise, en justifiant son choix.
- Le troisième élève explique pourquoi cette stratégie risque de créer des inégalités territoriales.

3 La croissance économique se heurte à des limites écologiques

OBJECTIF DU PROGRAMME : Comprendre qu'une croissance économique soutenable se heurte à des limites écologiques (notamment l'épuisement des ressources, la pollution et le réchauffement climatique).

DOC 1 L'épuisement des ressources naturelles n'est pas naturel

L'agence spatiale brésilienne a révélé que 920 km² de forêt tropicale avaient disparu au cours du mois de juin dernier dans la partie brésilienne de l'Amazonie, ce qui représente une augmentation de 88,4 % par rapport à juin 2018. Si l'on compare la situation sur les 11 derniers mois écoulés, la déforestation atteint 4 565 km², [l'équivalent du département français des Hautes-Pyrénées].

Cette tendance qui se poursuit année après année s'est encore renforcée depuis l'élection de Jair Bolsonaro. Le président brésilien d'extrême droite souhaite en effet attirer les investisseurs agricoles et miniers pour favoriser le développement de l'Amazonie. Il a déjà promis d'assouplir les règles environnementales que ses prédécesseurs avaient mises en place pour tenter d'endiguer la déforestation. ■

« Amazonie : la déforestation a augmenté de 88 % en un an au Brésil », www.20minutes.fr, 4 juillet 2019.

Déforestation amazonienne au Brésil.

1 • **Comparer** À quel type de ressource naturelle appartient le bois ?
a. renouvelable – b. renouvelable mais épuisable – c. non renouvelable

2 • **Illustrer** Trouvez des exemples de ressources naturelles pour chacun des types énumérés à la question précédente.

3 • **Expliquer** Pourquoi le président brésilien a-t-il accéléré la déforestation ?

4 • **Déduire** Quels sont les dégâts environnementaux de la déforestation ?

DOC 2 La planète dispose-t-elle de suffisamment de ressources pour nos besoins ?

Combien de planètes Terre faudrait-il si la population mondiale vivait comme les habitants de ces pays…

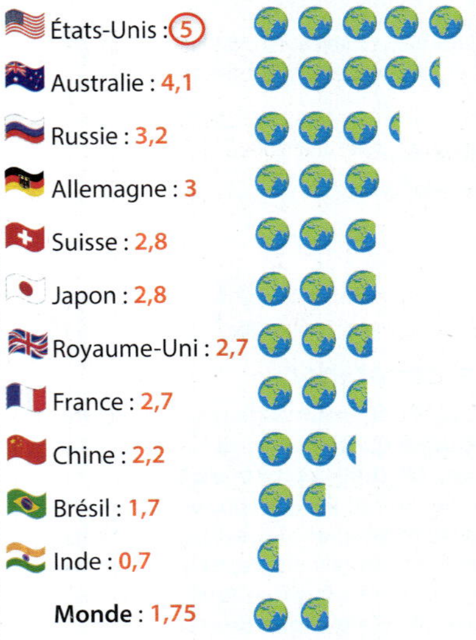

Source : Global Footprint Network, National Footprint Accounts 2019.

Le Jour du dépassement, kézako ?

Tous les ans, l'ONG Global Footprint Network calcule en partenariat avec le WWF le « Jour du dépassement » (*Overshoot Day*, en anglais) sur la base de trois millions de données statistiques de 200 pays. C'est la date à partir de laquelle l'empreinte écologique dépasse la biocapacité de la planète.

L'empreinte écologique caractérise la surface de la Terre utilisée par l'homme pour pêcher, élever, cultiver, déboiser, construire et brûler des énergies fossiles. La biocapacité, quant à elle, représente la surface de la planète nécessaire pour faire face à ces pressions.

En 2019, la date du Jour du dépassement est encore plus précoce. Le 29 juillet 2019 l'humanité aura consommé autant de ressources naturelles que ce que la Terre peut renouveler dans la même année. C'est deux mois plus tôt qu'il y a vingt ans. ■

« Jour du dépassement », www.wwf.fr.

LE SAVIEZ-VOUS ?

Vous pouvez **calculer votre propre empreinte écologique**, c'est-à-dire la quantité de ressources naturelles nécessaires pour satisfaire vos besoins, grâce au calculateur du Global Footprint Network. L'application pour smartphone Wag vous lance des défis pour réduire votre empreinte écologique.

1 • **Lire** Que signifie la donnée entourée ?

2 • **Définir** Définissez les concepts d'empreinte écologique et de biocapacité.

3 • **Déduire** La biocapacité de la planète est-elle suffisante pour satisfaire l'ensemble des besoins des habitants ?

4 • **Expliquer** Pourquoi le « Jour du dépassement » est-il de plus en plus tôt dans l'année ?

DOC 3 Le réchauffement climatique s'accélère

Nos scientifiques l'affirment : le dérèglement climatique dû à l'homme et issu de la combustion de matières fossiles a mené la race humaine et les espèces animales et végétales à la sixième grande extinction de la vie sur Terre. Le GIEC (Groupe d'experts intergouvernemental sur l'évolution du climat), qui dépend de l'ONU, a émis un avertissement inquiétant en octobre 2018 pour dire que les émissions responsables du dérèglement climatique s'accélèrent et que nous sommes au seuil d'une série de catastrophes de plus en plus importantes qui mettent en danger la vie sur Terre. Suivant les calculs du GIEC, l'activité humaine a provoqué une hausse de la température de 1 degré Celsius par rapport à son niveau préindustriel ; si elle franchit le seuil de 1,5 degré, cette hausse pourrait déclencher une spirale de réactions incontrôlables et une cascade d'événements climatiques qui décimeraient les écosystèmes de la Terre. Il serait impossible de revenir à la vie telle que nous la connaissons aujourd'hui. ■

Jérémy Rifkin, *Le New Deal vert mondial*, Les Liens qui libèrent, 2019.

Évolution de la température moyenne de la planète

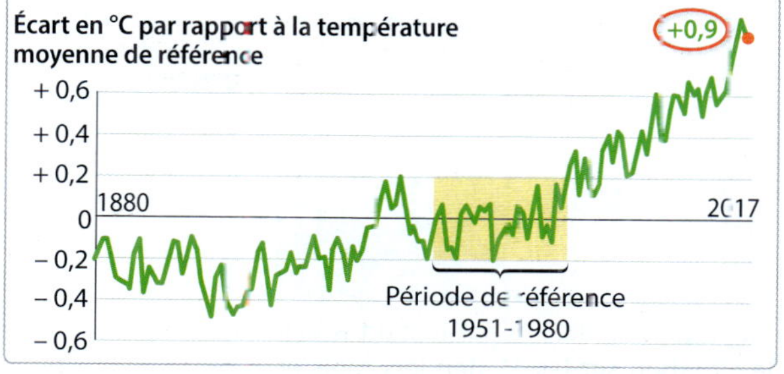

1 • **Lire** Que signifie la donnée entourée ?

2 • **Expliquer** Montrez que la croissance économique est à l'origine du réchauffement climatique

3 • **Analyser** Pourquoi peut-on dire que les activités humaines génèrent des externalités négatives ?

DOC 4 Les externalités négatives freinent la croissance économique

Il y a quelques années, la Chine est entrée dans ce que certains ont baptisé « airpocalypse », une ère où la pollution de l'air atteint des sommets et dans laquelle les masques semblent être les meilleurs alliés de la population. Les Chinois risquent leur santé et l'espérance de vie de la population en prend un sérieux coup. [...] Selon une étude de l'Université de Chicago, publiée en 2017, les Chinois perdent trois ans et demi en moyenne au cours de leur vie. [...]

L'envol des économies ne peut-elle se faire sans y laisser des plumes ? Produire est à double tranchant : d'un côté la croissance décolle, de l'autre, la pollution dépote et obscurcit l'horizon économique.

Les mécanismes sont nombreux. [...] C'est l'impact de l'espérance de vie sur le taux d'épargne qui pèse dans la balance. Le lien qui les relie est double. D'abord, plus les gens vivent longtemps, plus ils accumulent de capital, sous forme d'investissements. L'épargne augmente alors. Et comme ces investissements servent à couvrir des dépenses de santé, l'espérance de vie s'améliore par la même occasion. Les deux variables sont complémentaires : quand l'une augmente, l'autre suit.

La hausse de la pollution produit un effet de cascade. La population tousse, l'espérance de vie courbe l'échine et le taux d'épargne s'affaisse. [...] À partir d'un certain point, l'augmentation de la production est contrebalancée par les effets néfastes (aussi appelés externalités négatives) qu'elle engendre sur l'environnement. ■

Claire Lapique, « Un vent nouveau souffle sur la Chine : que faire de la pollution ? », www.lejournal.cnrs.fr, 13 février 2019.

1 • **Définir** Pourquoi peut-on dire que la pollution est une externalité négative ?

2 • **Analyser** Montrez que la pollution est due à la fois aux producteurs et aux consommateurs.

3 • **Expliquer** En quoi la pollution est-elle néfaste pour la société ?

4 • **Expliquer** Par quel mécanisme économique la pollution a-t-elle un impact négatif sur la croissance économique ?

Faites le point

Complétez le texte avec les termes suivants.
consommateurs – croissance – ressources naturelles – épuise – externalités négatives – environnement – réchauffement climatique

La production de richesses, donc la ..., agit négativement à deux niveaux sur l'.... En amont, elle repose sur des ressources naturelles qu'elle ... (bois, pétrole, etc.). En aval, la production génère des ..., la pollution, sous différentes formes : visuelle, sonore, atmosphérique, etc. Les gaz à effet de serre, comme le CO_2 émis par les voitures, sont responsables du .... Producteurs comme ... sont responsables.
La croissance n'est donc pas durable, parce que les ... ne sont pas infinies et parce que les externalités négatives diminuent les capacités productives.

Prenez la parole

Carte mentale

- Réalisez une carte mentale en mettant bien en évidence, d'une part les deux effets néfastes de la croissance sur l'écologie (épuisement des ressources et pollution), d'autre part les conséquences de ces effets sur la croissance future.
- Présentez-la à la classe.

4 Les innovations peuvent aider à reculer les limites écologiques de la croissance

OBJECTIF DU PROGRAMME : Comprendre que l'innovation peut aider à reculer les limites écologiques de la croissance.

DOC 1 Des innovations peuvent-elles protéger l'environnement ?

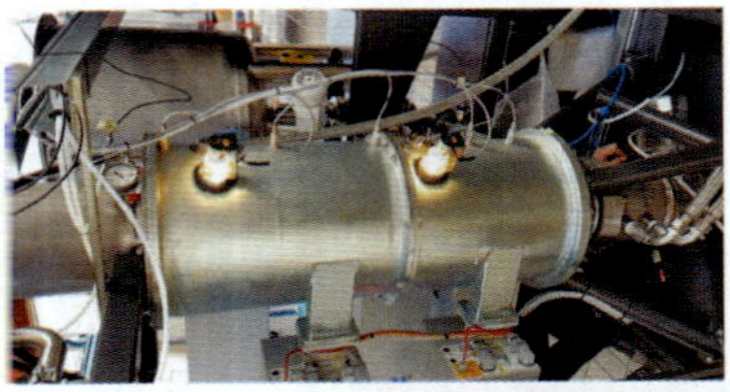

Prototype de l'entreprise Gr3n, permettant le recyclage de tous les plastiques.

Dans la ville de Xian, en Chine, une tour de 100 m de haut purifie 10 millions de m³ d'air par jour, dans un rayon de 10 km².

L'Hovertaxi, un taxi aérien 100 % Hydrogène. Ce modèle possède une autonomie de 1 h à 120 km/h.

L'Increvable, premier lave-linge réparable et durable, conçu par un Français pour lutter contre l'obsolescence programmée de l'électroménager.

1 • **Illustrer** Parmi ces innovations, trouvez une innovation de produit et une innovation de procédé.

2 • **Illustrer** Parmi ces innovations, lesquelles concernent les consommateurs, lesquelles concernent les producteurs ?

3 • **Illustrer** Parmi ces innovations, lesquelles concernent la préservation des ressources naturelles, lesquelles concernent la réduction de déchets et de pollution ?

4 • **Analyser** À partir d'une de ces innovations, montrez qu'à l'intérêt environnemental s'ajoute un intérêt économique.

DOC 2 Le développement des ressources renouvelables peut réduire les externalités négatives

Évolution de la consommation primaire d'énergie par source dans le monde (en millions de tonnes d'équivalent pétrole)

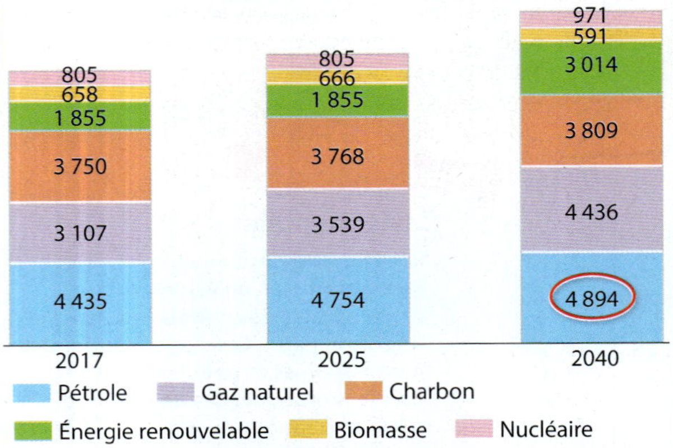

Source : données de l'Agence internationale de l'énergie (prévisions pour 2025 à 2040).

LE SAVIEZ-VOUS ?

Les **énergies fossiles et nucléaire** ne créent pas les mêmes externalités. Les premières émettent du CO_2 et posent le problème du réchauffement climatique, alors que les secondes créent des déchets radioactifs humainement dangereux et contaminent durablement l'environnement.

1 • **Lire** Que signifie la donnée entourée ?

2 • **Calculer** Calculez la part des énergies renouvelables en 2017, puis en 2040.

3 • **Expliquer** En quoi les énergies renouvelables permettent-elles de repousser les limites écologiques de la croissance ?

4 • **Analyser** Les énergies renouvelables se substituent-elles aux énergies combustibles ?

DOC 3 Deux formes de soutenabilité pour repousser les effets négatifs de la croissance

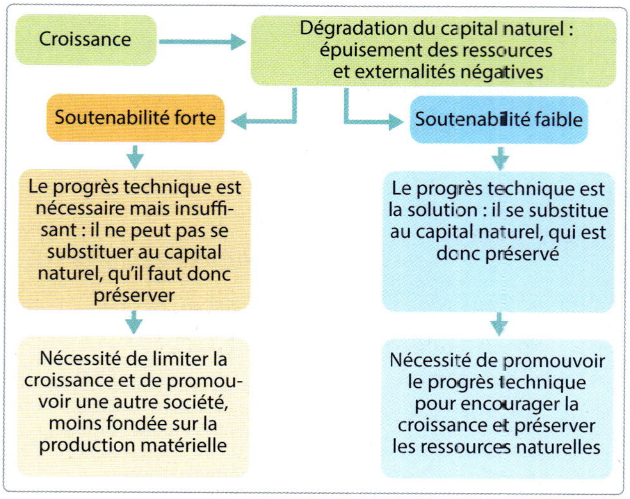

C'est dans le rapport Brundtland (1987) que le développement durable (ou soutenable) est défini comme la capacité des générations présentes à satisfaire leurs besoins, sans compromettre la capacité des générations futures à satisfaire les leurs. La soutenabilité faible repose sur la substitution du capital physique et technologique au capital naturel. Le progrès technique permet des innovations qui utiliseront moins de ressources et qui limiteront la pollution. Les mécanismes marchands jouent aussi un rôle important : l'épuisement des ressources augmente leur prix, ce qui incite à trouver des technologies de substitution. La soutenabilité forte repose sur l'idée que le capital physique est complémentaire du capital naturel. Si on le réduit, il y aura à terme moins de richesses matérielles. Il faut le préserver intégralement. Le progrès technique est alors nécessaire, mais c'est surtout la transformation de nos modes de vie, moins axés sur la consommation de masse, qui est privilégiée. ■

Bordas, 2020.

1 • **Lire** Que sont les externalités négatives ?

2 • **Expliquer** Pour quelle forme de soutenabilité le progrès technique joue-t-il un rôle majeur ?

3 • **Analyser** Quel est le double rôle du progrès technique pour les partisans de la soutenabilité faible ?

DOC 4 Vers une société postcroissance ?

La vigoureuse contre-attaque des économistes [contre le rapport Meadows][1] s'appuyait sur la conviction que l'on « pouvait dépasser les limites physiques grâce au génie de l'homme »[2]. Tous invoquaient l'innovation et le progrès technique comme des moyens de contourner les limites physiques de la croissance, en réduisant toujours plus l'apport des ressources nécessaires à la production (efficacité technologique) ou en trouvant des alternatives aux ressources censées se raréfier dans un futur extrêmement lointain (substituts). Confiants en l'omniscience du marché, ils estimaient que celui-ci allait fixer rationnellement le prix des ressources en fonction de leur disponibilité par un mécanisme autorégulateur [...] : « Si une ressource naturelle devient rare, son prix montera, car elle sera devenue plus chère à obtenir ou à produire. La hausse de prix réduira la demande de cette ressource et incitera aussi les acteurs économiques à trouver de nouvelles sources ou substituts.[2] » [...] Pour les tenants de l'économie dominante, « la croissance n'est pas le problème, c'est la solution », comme le disait un slogan de la Banque mondiale en 1992. [...]

[À l'inverse, les] collaborateurs de Fresh City Farms[3] avaient publié sur leur site web : « Notre système de production alimentaire actuel ne fonctionne pas. Il épuise nos sols, pollue nos rivières et crée des zones mortes dans les océans. Il émet des gaz qui vont semer le chaos dans la vie des personnes les plus vulnérables [...]. Il nous rend souvent obèse et n'est pas nutritif. [...] Fresh City Farms vise à remettre en cause ce statu quo. Nous voulons reconnecter les gens avec le rythme de l'agriculture en le réintroduisant dans leur vie quotidienne [...] en cultivant des aliments délicieux au coin de votre rue et en travaillant en partenariat avec d'autres artisans locaux de qualité.[3] » [...] Les fermiers urbains, bien plus que des lanceurs d'alerte, étaient des lanceurs d'avenir, car ils traçaient la voie vers la société postcroissance. ■

1. Rapport publié par le Club de Rome en 1972, intitulé « Halte à la croissance ».
2. *In* Juliet Shor, *La Véritable richesse*, 2013.
3. *In* www.freshcityfarms.com.

Marie-Monique Robin, *Sacrée croissance !*, La Découverte, coll. Cahiers libres, 2019.

1 • **Analyser** Quelle partie du texte fait référence à la soutenabilité faible ? à la soutenabilité forte ?

2 • **Comparer** Retrouvez un passage du texte qui confirme le rôle du progrès technique dans la soutenabilité faible, montré dans le doc 3.

3 • **Expliquer** Par quel mécanisme économique les acteurs économiques sont-ils incités à trouver des substituts (technologiques ou naturels) aux ressources naturelles qui s'épuisent ?

4 • **Expliquer** Montrez que Fresh City Farms a la volonté de promouvoir un autre modèle de société.

Faites le point

Classez chacune des propositions suivantes dans le tableau.

Arrêter de produire des voitures à essence – Développer des technologies non polluantes – Ne produire que des énergies renouvelables – Laisser augmenter le prix du pétrole à cause de la hausse de la demande mondiale – La croissance est une solution aux limites écologiques.

Soutenabilité faible	Soutenabilité forte
...	...

Prenez la parole

Débat

La croissance est-elle le problème ou la solution aux limites écologiques ?

- **La classe est divisée en deux groupes qui défendent des points de vue opposés.**

Quels sont les sources et les défis de la croissance économique ?

Synthèse bordas Flash PAGE podcast DYS

DOSSIER 1 Quelles sont les sources de la croissance économique ?

1 L'accumulation des facteurs travail et capital est source de croissance économique

- La **croissance économique** se mesure par la variation du **PIB**, c'est-à-dire la quantité de richesses matérielles créées. La production de biens et de services est permise par l'**accumulation des facteurs de production**, à savoir le **travail** et le **capital**.
- Le travail varie en quantité selon des critères démographiques et en qualité en fonction du capital humain. La quantité de capital dépend des **investissements**. Les investissements sont source de croissance car ils agissent à la fois sur la demande, à court terme investir c'est acheter du capital à des entreprises, et sur l'offre, à long terme ils permettent d'accroître les capacités productives.

2 Le progrès technique est source de croissance économique

- Cependant les facteurs de production ont une **productivité** marginale décroissante, à mesure qu'on les accumule la croissance devrait être de moins en moins forte. Or historiquement, la croissance est continue. La décomposition de la croissance révèle qu'un troisième facteur intervient : la **productivité globale des facteurs (PGF)** qui est la mesure statistique du **progrès technique**. Celui-ci correspond à tout ce qui améliore la combinaison productive travail-capital. Le progrès technique permet des gains de productivité, qui, quelle que soit leur répartition, génèrent de la croissance.
- Alors que la **croissance extensive** repose davantage sur les facteurs de production, la **croissance intensive** est davantage le résultat de la PGF.

3 Le progrès technique est endogène

- Le progrès technique n'est pas une « manne tombée du ciel », il est volontairement produit à travers certains investissements, eux-mêmes générateurs d'**externalités** positives qui profitent à toute la société. Mais ces investissements (en capital humain, en recherche-développement, en infrastructures) ont un rendement privé faible, pour l'entreprise qui investit, alors que leur rendement social, pour toute la société, est très élevé du fait des externalités positives. L'État doit donc encourager ces différents investissements. Par exemple, l'État fournit gratuitement les services scolaires pour faciliter les investissements en capital humain.
- On parle alors d'une **croissance endogène**, c'est-à-dire auto-entretenue : les investissements génèrent du progrès technique et des externalités positives, qui permettent de la croissance, elle-même fournissant les moyens d'investir à nouveau.

VU EN PREMIÈRE

Brevet : droit de propriété temporaire (vingt ans) sur une invention.

Institutions : ensemble de règles, formelles (écrites et concrètes) ou informelles (normes sociales), qui structurent et organisent les comportements dans une société.

Monopole : structure de marché dans laquelle une entreprise est seule, sans concurrent.

Pouvoir de marché : capacité d'une entreprise à fixer un prix supérieur à celui de l'équilibre de concurrence parfaite afin de maximiser ses profits.

DOSSIER 2 Quel rôle jouent les innovations dans la croissance économique ?

1 Les innovations sont à l'origine du progrès technique

- Les **innovations** peuvent prendre différentes formes : nouveau produit, nouveau procédé, nouvelle organisation du travail. Du progrès technique apparaît car la première agit sur la demande des consommateurs, alors que les deux autres agissent sur la productivité des entreprises, donc sur l'offre. Qui dit action positive sur l'offre et la demande dit croissance économique.
- Les innovations sont le résultat des investissements en recherche-développement, à la fois privés et publics. Une invention ne devient une innovation que si elle est exploitée et commercialisée.

2 Les institutions incitent à investir et à innover

- Les entreprises investissent lorsque le contexte est favorable Un ensemble d'**institutions** formelles (lois, système juridique, monnaie, etc.) et informelles (réseau d entreprises, confiance, culture de l'innovation, etc.) sont donc nécessaires pour inciter les acteurs économiques à investir.
- Parmi ces institutions, les **brevets** jouent un rôle majeur. Ils procurent à l'innovateur un monopole temporaire de vingt ans, le temps de rentabiliser son innovation. Sans brevet, l'invention serait immédiatement copiée et l'entrepreneur ne pourrait pas rentabiliser son activité de recherche : personne n'innoverait. Les brevets incitent donc les entrepreneurs à investir et innover.

3 Les innovations s'accompagnent d'un processus de destruction créatrice

- Les innovations apparaissent par grappes : une innovation majeure est suivie d'un ensemble d'innovations complémentaires. Les « nouvelles » innovations créées se font le plus souvent au détriment des « anciennes » innovations qui ont tendance à disparaître : Internet s'est substitué au minitel, tout comme les voitures électriques pourraient remplacer les moteurs à combustion. La **destruction créatrice** est donc cyclique.
- La destruction créatrice concerne aussi les secteurs d'activité et les emplois. Les secteurs primaire et secondaire sont en déclin, au profit du secteur tertiaire. De même l'« ubérisation » des emplois révèlent le développement de petits boulots peu encadrés, au détriment des emplois réglementés.

DOSSIER 3 Quels sont les défis de la croissance économique ?

1 Le progrès technique peut engendrer des inégalités de revenus entre catégories sociales

- Les innovations procurent à leurs inventeurs des rentes conséquentes et elles favorisent les travailleurs qualifiés, très demandés, qui voient en conséquence leurs salaires augmenter, d'où une hausse des inégalités de revenu, par le haut, due au progrès technique. De plus, les innovations, pour être produites rapidement et à grande échelle, ont besoin d'une main-d'œuvre bon marché pour exécuter des tâches rapides et simples : les petits emplois de services mal rémunérés se multiplient également.
- Cependant le processus de destruction créatrice facilite l'émergence de nouveaux entrepreneurs, de nouveaux métiers, de nouveaux marchés, ce qui facilite le renouvellement des fortunes : les nouveaux acteurs prennent la place des anciens, ce qui réduit les inégalités.

NOTIONS DE TERMINALE

Accumulation des facteurs de production : augmentation de la quantité de facteurs travail et capital.

Croissance économique : augmentation sur une assez longue période du produit intérieur brut (PIB), c'est-à-dire des biens et services produits.

Croissance endogène : ensemble de théories dans lesquelles la croissance auto-entretenue repose sur le progrès technique et des externalités positives.

Croissance extensive : croissance qui repose principalement sur l'accumulation des facteurs de production.

Croissance intensive : croissance qui repose principalement sur le progrès technique.

Destruction créatrice : processus par lequel des nouvelles innovations (ainsi que des emplois des activités, etc.) remplacent des anciennes innovations.

Innovation : exploitation économique et commerciale d'une invention. Les innovations de produit concernent des nouveaux biens et services à la disposition des consommateurs ; les innovations de procédé sont des nouveaux moyens de production pour les producteurs ; les innovations organisationnelles sont des nouvelles façons de combiner le travail et le capital.

Investissement : acquisition de capital (fixe) dans le but de produire des biens et services.

Productivité : efficacite des facteurs de production.

Productivité globale des facteurs (PGF) : mesure statistique du progrès technique (rapport entre la production et le volume des facteurs de production utilisés)

Progrès technique : ensemble des éléments qui améliorent la combinaison travail-capital, rendant plus efficaces les facteurs de production, sans que leur quantité ait nécessairement augmenté. L'impact du progrès technique est mesuré par la productivité globale des facteurs.

2 Le progrès technique peut engendrer des inégalités de revenus entre territoires

- Les entreprises des nouvelles technologies ont intérêt à se regrouper géographiquement afin de bénéficier sur place d'une main-d'œuvre qualifiée, d'un réseau d'entreprises compétentes, d'infrastructures adaptées ou encore d'une culture locale dédiée à l'innovation. La Silicon Valley est l'exemple phare. Les inégalités se creusent alors entre ces pôles urbanisés et modernes et les régions délaissées par les producteurs et les consommateurs.

- C'est un effet « boule de neige » : les entreprises se concentrent où il y a de la demande pour réaliser des économies d'échelle, économiser sur le transport et bénéficier d'externalités positives. Travailleurs et activités commerciales sont alors attirés.

VU EN PREMIÈRE

Externalité : effet, positif ou négatif, d'une activité économique sur des acteurs extérieurs à cette activité, sans qu'il y ait de compensation monétaire.

3 La croissance économique se heurte à des limites écologiques

- En amont, la croissance est limitée par l'**épuisement des ressources** non renouvelables (le pétrole, etc.) et épuisables (le bois, etc.). La production dépasse la biocapacité de notre planète. En aval, production et consommation génèrent des **externalités** négatives, c'est-à-dire différentes formes de **pollution** et le **réchauffement climatique**. Ces externalités négatives pénalisent la croissance car elles mobilisent des ressources qui pourraient servir à produire d'autres biens et services.

4 Les innovations peuvent aider à reculer les limites écologiques de la croissance

- Les innovations permettent de repousser ces limites écologiques, à l'image de l'exploitation des ressources naturelles renouvelables en amont, et du recyclage des déchets, en aval. On peut alors croire en un **développement durable**, qui permettrait une croissance économique présente et future.

- Les partisans de la soutenabilité faible accordent une grande importance au progrès technique. D'une part, celui-ci se substitue aux ressources épuisables et non renouvelables, que l'on peut donc préserver. D'autre part, le progrès technique réduit la pollution *via* les procédés de production et les objets de consommation. De plus, ce progrès technique est source de croissance. Les partisans d'une soutenabilité forte constatent que, malgré de nombreux progrès techniques, la dégradation de l'environnement persiste et ils en déduisent qu'il faut ralentir ou abandonner la croissance pour privilégier d'autres modes de vie.

NOTIONS DE TERMINALE

Développement durable : capacité des générations présentes à satisfaire leurs besoins sans compromettre la capacité des générations futures à satisfaire les leurs.

Repères

Un auteur clé

J. Schumpeter (1883-1950)

Selon cet économiste, la dynamique du capitalisme (et de la croissance) repose sur l'activité des entrepreneurs qui découvrent des innovations, suivies de grappes d'innovations. Ces innovations permettent le progrès technique et le développement des activités économiques (production et consommation). On observe alors une destruction créatrice, les nouvelles innovations se substituant aux anciennes.

Ne pas confondre

Niveau, taux de croissance et TCAM du PIB

Niveau du PIB : en 2018, le PIB français s'élève à 2 353,1 milliards d'euros.

Taux de croissance du PIB : en 2018, le PIB français a augmenté de 1,5 % (par rapport à 2017).

Taux de croissance annuel moyen (TCAM) du PIB : entre 2009 et 2018, le PIB français a augmenté en moyenne chaque année de 1,35 %.

Un mécanisme

La croissance économique

Les investissements dans la recherche-développement permettent de réaliser des innovations. Celles-ci, qu'elles soient de procédé ou de produit, permettent de créer du progrès technique. La consommation augmente, et surtout la combinaison des facteurs travail-capital est plus productive : la production augmente.

Schéma bilan

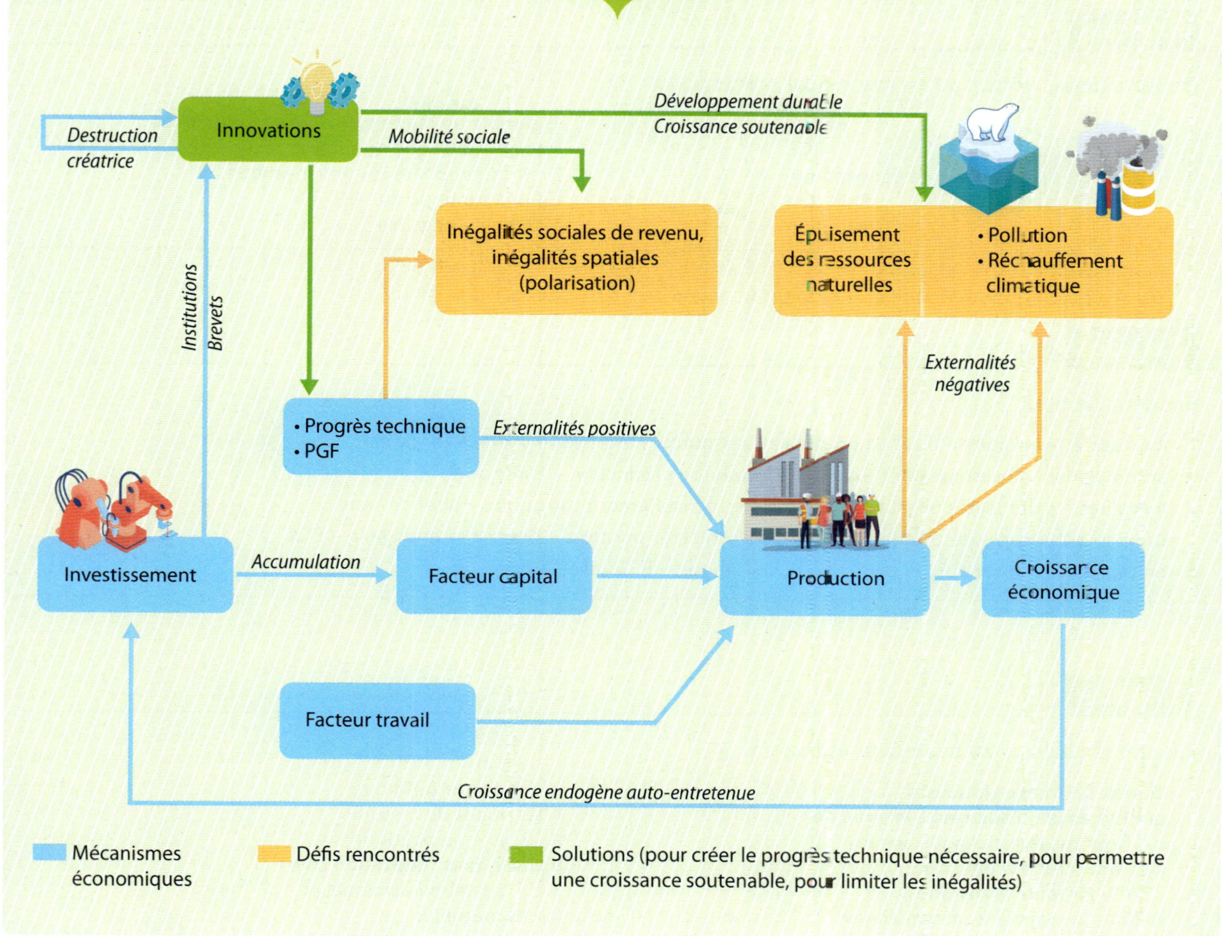

Prolongements

Un livre

Le New Deal vert mondial

Jeremy Rifkin, Les Liens qui Libèrent, 2019

Jeremy Rifkin développe son grand projet de New Deal vert mondial. Il s'agit d'un véritable plan de transformation de la société pour faire face au changement climatique en construisant un monde post-énergies fossiles avec la production de 100 % de l'électricité à partir de sources propres et renouvelables.

Un documentaire

Une suite qui dérange, le temps de l'action

Bonni Cohen et Jon Shenk, 2017

Le documentaire suit l'ex-vice-président américain Al Gore dans son combat contre les problèmes climatiques. Des idées, des initiatives et des solutions sont mises en avant.

Un site

GREEN INNOVATION

www.green-innovation.fr

Ce portail d'information sur le développement durable recense un grand nombre d'innovations qui participent à la préservation de l'environnement.

Je vérifie mes connaissances

Plus d'exercices en numérique
bordas Flash PAGE exercices interactifs

CORRIGÉS ➡ PAGE 471

Exercice 1

Reliez chaque notion au terme qui lui correspond.

Brevet •	• Ensemble de règles formelles et informelles
PGF •	• Mesure statistique du progrès technique
Croissance économique •	• Droit de propriété sur une invention
Pollution •	• Hausse continue du PIB
Institution •	• Externalité négative

Exercice 2

Trouvez l'intrus.

1 • monopole temporaire – droit de propriété – ressources naturelles – brevet – innovation

2 • accumulation – investissement – capital – facteur de production – externalité

3 • inégalités – externalités négatives – pollution – réchauffement climatique – effet de serre

4 • progrès technique – destruction créatrice – externalités positives – croissance endogène – État

5 • entrepreneur – destruction créatrice – J. Schumpeter – R. Solow – innovation

Exercice 3

Choisissez la (ou les) bonne(s) réponse(s).

1 • **Durant les trente glorieuses, le PIB français a augmenté environ de :**
a. 5 % en moyenne chaque année
b. 5 % sur toute la période
c. 10 % sur toute la période
d. 10 % en moyenne chaque année

2 • **La croissance endogène repose sur :**
a. le progrès technique
b. les externalités négatives
c. les externalités positives
d. l'État

3 • **Quelques exemples d'institutions formelles :**
a. la monnaie
b. le système juridique
c. les unités de mesure
d. le système politique

4 • **Investir dans l'éducation crée :**
a. du capital humain qualifié
b. des inégalités
c. du développement durable
d. des externalités positives

5 • **On distingue les innovations :**
a. de procédé
b. de produit
c. de remplacement
d. organisationnelles

Exercice 4

Complétez le texte avec les termes suivants.

revenus • travail-capital • productivité • boule de neige • concentrée • qualifiés • long terme • inégalités • progrès technique • ubérisation • externalités positives • réseau d'entreprises

Le progrès technique est nécessaire pour obtenir une croissance à ... . Il est source d'... et de gains de productivité, ce qui améliore la ... de la combinaison productive ... . Mais il a comme défaut de créer des ... .

D'une part il favorise les entrepreneurs et les travailleurs ..., très demandés sur le marché du travail, dont les ... augmentent considérablement, tout en multipliant les petits boulots mal protégés et rémunérés, ce que l'on appelle parfois l' ....

D'autre part la production du progrès technique est très ... sur certaines zones géographiques (la Silicon Vallet par exemple), ce qui crée des externalités positives (..., travailleurs qualifiés, culture de l'innovation, etc.) et attire encore plus d'entrepreneurs et de travailleurs qualifiés ; c'est un effet « ... ». Les autres régions ne bénéficient alors pas du ... et de ses richesses.

J'utilise mes connaissances

Exercice 1 Faire une lecture économique d'un article grand public

Suzanne Lee est une New-Yorkaise qui est devenue célèbre en écrivant un livre sur l'influence potentielle des sciences et de la technologie sur la mode […] : « La mode et le futur : la garde-robe de demain ».

Depuis quelques années, elle fait pousser ses propres textiles, semblables à du cuir véritable, dans son laboratoire de Brooklyn. Nés de l'action d'un certain type de bactéries, ces biomatériaux à l'aspect translucide ont permis à la créatrice de présenter une première collection comprenant des pièces telles qu'un bomber, une *trucker jacket* ou encore une veste de moto.

Rassurez-vous, une fois le vêtement achevé, les microbes responsables de sa confection meurent, et ne seront donc pas directement en contact avec votre peau. En revanche, Suzanne Lee a évoqué la possibilité, dans un futur proche, de matériaux vivants, capables d'interagir avec votre corps, voire de détecter, prévenir ou traiter certaines maladies.

Uniqlo U, « Mode et innovation : la révolution se confirme » www.konbini.fr, 01 mars 2018

1 • Repérez une innovation de procédé.
2 • Repérez une innovation de produit.
3 • Quels sont les divers avantages de ces nouveaux textiles ?

Exercice 2 Distinguer les causes et les conséquences

• Classez les mots et expressions suivants dans la bonne colonne.

progrès technique • innovations • externalités négatives • facteur travail • inégalités spatiales • épuisement des ressources naturelles • investissement • réchauffement climatique • hausse des revenus • gains de productivité • institutions • brevets

Cause, explication, déterminant, source de la croissance	Conséquence de la croissance
…	…

Je construis ma fiche de révision

Fiche téléchargeable lycee.editions-bordas.fr

À l'aide des pages « L'Essentiel » et de vos connaissances, retrouvez les éléments clés du chapitre et complétez votre fiche de révision.

Quels sont les sources et les défis de la croissance économique ?

NOTIONS CLÉS
- Progrès technique
- Externalités
- …

OUTILS
- PIB
- Taux de croissance
- …

MÉCANISMES
- Répartition des gains de productivité
- …

ANALYSES THÉORIQUES
- Théories de la croissance endogène
- …

IDÉES PRINCIPALES
- Combiner travail, capital et progrès technique
- …

TRAVAUX DIRIGÉS

La fonction de production : distinguer les rendements d'échelle et les rendements des facteurs de production

OBJECTIF : Comprendre et distinguer les rendements d'échelle et les rendements factoriels.

Prenons l'exemple d'une grande boulangerie. Pour produire ses pains, viennoiseries et pâtisseries, elle a besoin de machines et de travailleurs. Notons K une machine et L un travailleur. Ce qui lui permet de produire une production Y, telle que :

$$Y = 2 \times K^{0,3} \times L^{0,7}$$

Il s'agit de la fonction de production de la boulangerie. Calculez alors la production de la boulangerie en présence d'une machine (K = 1) et d'un travailleur (L = 1).

Étape 1 Étudiez les rendements d'échelle

On considère ici que les facteurs de production augmentent simultanément dans les mêmes proportions. Si on multiplie par 2 le nombre de machines, on multiplie par 2 le nombre de travailleurs. Mais qu'en est-il de la production ?

1. Calculez la quantité produite lorsque les facteurs de production sont multipliés par 2 (K = 2 et L = 2). Par combien a été multipliée la production ?

2. Faites de même lorsque les facteurs sont multipliés par 3, puis par 4.

3. Complétez le texte suivant avec les bonnes propositions.

Lorsque les facteurs de production sont (divisés / multipliés / additionnés) par z, la (quantité produite / somme des facteurs / probabilité) est également multipliée par z. On dit alors que les rendements d'échelle sont (croissants / décroissants / constants).

Étape 2 Analysez les rendements des facteurs de production

Il s'agit désormais d'étudier la variation de la quantité produite lorsqu'un des facteurs augmente, et l'autre reste identique. C'est ce que l'on appelle la productivité marginale. Par exemple, comment évolue la production lorsque la quantité de capital K augmente d'une unité, alors que la quantité de travail L reste identique ?

1. Complétez le tableau suivant, en fonction des valeurs de K, L étant toujours égal à 1.

K	0	1	10	20	40	50	60	70	80	90	100
$Y = 2 \times K^{0,3} \times L^{0,7}$	...	...	...	...	...	...	...	...	...	...	...

2. Dans un repère orthonormé (voir ci-contre), placez vos points et reliez-les entre eux, afin de rendre visible la forme de la courbe.

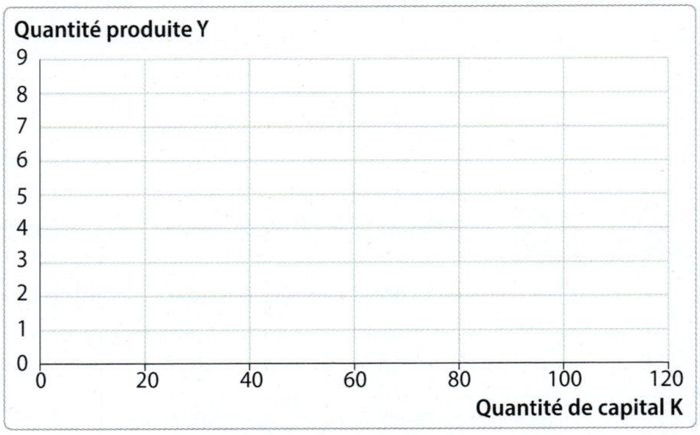

3. Complétez les phrases suivantes avec les bonnes propositions.

a. Quand K augmente, Y (diminue / stagne / augmente).

b. Quand on ajoute une unité de capital, la quantité produite augmente (moins que / proportionnellement à / plus que) la quantité de capital.

c. La productivité marginale des facteurs de production est (décroissante / stagnante / croissante).

4. Comment expliquer que, à long terme, l'ajout de capital supplémentaire ne permet presque plus d'augmenter la quantité de richesses produites ?

Étape 3 Faites le bilan

● Complétez la première colonne par le mot approprié, et la deuxième colonne par la signification.

	Décroissant(e)(s), constant(e)(s) ou croissant(e)(s) ?	Signification
Les rendements d'échelle sont ...	...	...
La productivité marginale des facteurs de production est ...	...	...

Répondre à une question de mobilisation des connaissances pour la partie 1 de l'épreuve composée

Exemple de question : Comment expliquer le processus de destruction créatrice ?

1. Définissez les termes de la question

Parmi les propositions suivantes, choisissez celle qui semble le mieux définir la destruction créatrice.

a. Émergence d'innovations qui remplacent progressivement les anciennes.

b. Action de détruire des innovations inutiles.

c. Création d'innovations qui détruisent l'environnement.

2. Repérez la consigne

« Comment expliquer » fait *plutôt* référence :

a. aux causes. **b.** aux conséquences. **c.** aux causes et aux conséquences.

3. Mobilisez les connaissances utiles

Parmi ces notions du programme, lesquelles semblent nécessaires pour répondre à la question ?
facteur travail – productivité globale des facteurs – innovations – externalité – croissance endogène

4. Rédigez les explications

Voici des explications, faisant suite à la définition, rédigées par un élève.

Cela signifie que parfois des innovations apparaissent comme ça et les gens ne veulent plus les anciennes. Alors ils vont acheter les nouvelles innovations, et les anciennes innovations vont disparaître. Par exemple il y a de plus en plus de voitures électriques parce que quelqu'un les a inventées, et comme il y a moins de pétrole, alors on achète des voitures électriques et les voitures à essence disparaissent. Ou alors pour les peintres, les pistolets à peinture remplacent les pinceaux. Les innovations permettent alors de faire des gains de productivité et d'avoir une croissance endogène.

a. Repérez en quoi la structure de la réponse apportée est pertinente.

b. Êtes-vous d'accord avec le début de l'explication (qui est souligné) ? Comment l'améliorer ?

c. Remplacez les mots surlignés par un vocabulaire plus adapté.

d. Les deux exemples proposés font référence à deux types d'innovations différents. Lesquels ?

5. Rédigez la réponse complète

Rédigez la réponse en une dizaine de lignes, en respectant la méthode et les conseils précédents.

— Définissez le vocabulaire.
— Expliquez les causes de la destruction créatrice.
— Introduisez le vocabulaire adéquat.
— Distinguez bien les deux (ou trois) types d'innovations.
— Illustrez la destruction créatrice par deux ou trois exemples.
— Terminez brièvement par les conséquences positives de la destruction créatrice.

RÉCAP Méthode

Dans le Cahier BAC, La méthode complète p. 428

Dans l'EC1, la réponse à la question doit comporter deux éléments :

- la définition de la (ou des) notion(s) contenue(s) dans la question,
- une réponse directe, avec le vocabulaire adapté et un exemple.

Dans le Cahier BAC
- La méthode complète de l'EC, p. 428
- Une épreuve composée corrigée, p. 437

Sujet guidé - Épreuve composée (4 heures)

PARTIE 1 • Mobilisation des connaissances (4 points)

- En quoi les brevets sont-ils favorables au développement des innovations ?

PARTIE 2 • Étude d'un document (6 points)

1. Décrivez l'évolution des émissions de CO_2 dans le monde.
2. À l'aide du document et de vos connaissances, vous expliquerez la relation entre émisions de CO_2 et croissance.

Évolution des émissions de CO_2 pour quelques zones géographiques, entre 1960 et 2018

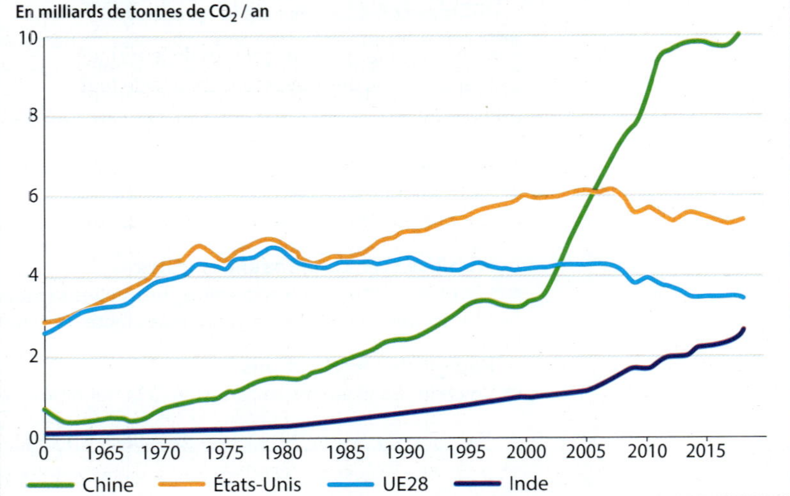

Source : d'après www.globalcarbonatlas.org.

PARTIE 3 • Raisonnement s'appuyant sur un dossier documentaire (10 points)

SUJET *À l'aide de vos connaissances et du dossier documentaire, vous montrerez que le progrès technique peut être facteur d'inégalités.*

Aide
- Repérez à quelle partie précise du chapitre le sujet se réfère.
- Pensez aux différentes formes que peuvent prendre les inégalités.

DOCUMENT 1

Les salaires[1] de quelques métiers dans l'informatique

Métier	Salaire maximum en 2018	Salaire minimum en 2018
Webmaster	55 000	40 000
Intégrateur web	65 000	50 000
Administrateur système	50 000	48 000
Ingénieur système	65 000	60 000
Architecte système	75 000	65 000
Responsable business intelligence	100 000	80 000
Salaire moyen en France	36 252	

1. Salaire brut, en euros et par an, en Île-de-France, pour des personnes ayant plus de huit ans d'expertise, hors avantages en nature.

Sources : d'après une enquête réalisée par Hays, cabinet de recrutement spécialisé ; données Insee pour le salaire brut moyen.

DOCUMENT 2

Les inégalités économiques au sein de la Silicon Valley sont-elles à la hausse ? La réponse est tout aussi simple : oui. Les chiffres avancés par Everett sont les suivants :

– Pour 90 % des travailleurs implantés dans la Silicon Vallley, les revenus ont diminué en l'espace de 20 ans (en prenant en compte l'inflation). Pourtant, entre 2001 et 2017, le revenu par tête global a augmenté de 74 % (ce qui témoigne donc d'une grosse inégalité dans la redistribution des richesses).

– En 20 ans, la proportion des boulots à salaires faibles a augmenté de 25 %. Le nombre de jobs à salaires moyens et élevés a, en toute logique, diminué. [...]

Pourquoi ces inégalités ? Le rapport s'est évidemment posé la question et avance quelques explications :

– Les entreprises de la tech paient des fortunes pour les salaires de leurs ingénieurs en recherche et développement, mais se désintéressent ensuite de toute la partie production et de leurs prestataires.

– Certaines entreprises sont des gagnantes absolues, en position quasi monopolistique, nous les connaissons toutes : Google, Microsoft, Facebook, Amazon, Apple, Netflix... Cela laisse beaucoup de concurrents sur le carreau. ■

Pierre Schneidermann, « Dans la Silicon Valley, les écarts de richesse se creusent », www.konbini.com, 17 octobre 2018.

Aide

- Identifiez les deux formes d'inégalités vues dans le chapitre auxquelles ce document fait référence.
- Faites le lien entre la Silicon Valley et le progrès technique.

DOCUMENT 3

Évolution de la part des cadres et des employés non qualifiés, en France, entre 1982 et 2018

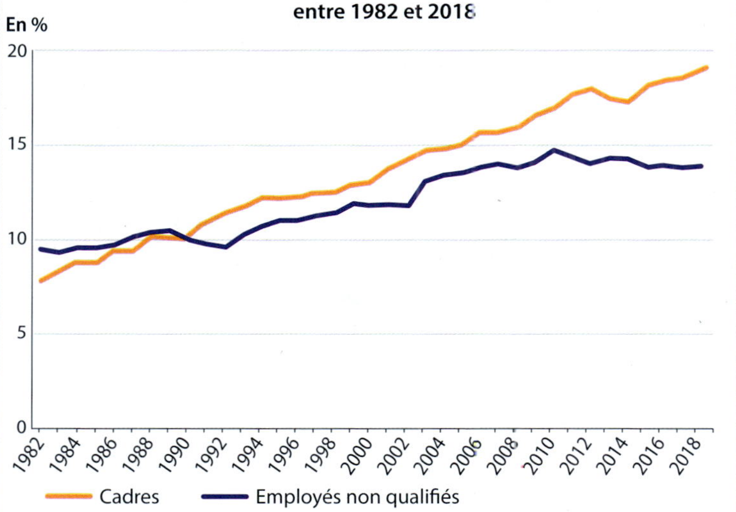

Source : d'après **D. Goux** et **E. Maurin**, « Quarante ans d'évolution de l'offre et de la demande de travail par qualifications », École d'économie de Paris.

Aide

- Interrogez-vous sur les types d'emplois correspondant aux catégories cadres et employés non qualifiés.

Méthode appliquée

Les PARTIE 1 ET 2 en étapes

PARTIE 1

1 Repérer les notions et mobiliser ses connaissances

- Identifiez les deux notions du programme contenues dans la question, et définissez-les.
- Retrouvez le mécanisme permettant de relier « brevet » à « innovation » en utilisant les expressions suivantes : investissement – hausse du prix de vente – monopole temporaire de 20 ans – rentabilisation de l'investissement – incitation à innover.
- Illustrez l'utilité des brevets à l'aide d'un exemple.

2 Rédigez une réponse à la question

- Rédigez une réponse structurée en une dizaine de lignes.

PARTIE 2

1 Distinguer les deux questions

- La première question porte sur la maîtrise des savoir-faire et la capacité à utiliser les données du document.
- La deuxième question demande d'exploiter les données du document à l'aide des connaissances.

2 Sélectionner les données statistiques à mobiliser

- Pour décrire l'évolution, identifiez sur le graphique deux ou trois périodes aux caractéristiques bien distinctes.
- Choisissez des données pertinentes et formulez des lectures. Pensez à lire des données de régions différentes dont l'évolution des émissions de CO_2 est différente.

3 Repérer les connaissances à mobiliser

- Définissez la croissance.
- Faites le lien entre croissance et émissions de CO_2. Quelle notion du cours peut-il être utile de mobiliser ici ?

4 Relier le document aux connaissances et rédiger

- Recherchez les activités économiques qui peuvent générer ces émissions de CO_2 (pensez aux différents acteurs économiques).
- Rédigez vos réponses :
  - pour la question 1 : une réponse assez rapide, qui inclut les données du document ;
  - pour la question 2 : une réponse plus longue, en plusieurs paragraphes, qui inclut des connaissances et des lectures statistiques.

Dans le Cahier BAC
- La méthode de la dissertation, p. 426
- Autres sujets blancs, p. 442

Sujet blanc - Épreuve de dissertation (20 points) 4 heures

SUJET *Quel rôle les innovations jouent-elles dans la croissance économique ?*

DOCUMENT 1

Contribution des facteurs travail, capital et de la productivité globale des facteurs (PGF) à la croissance du PIB, en zone euro

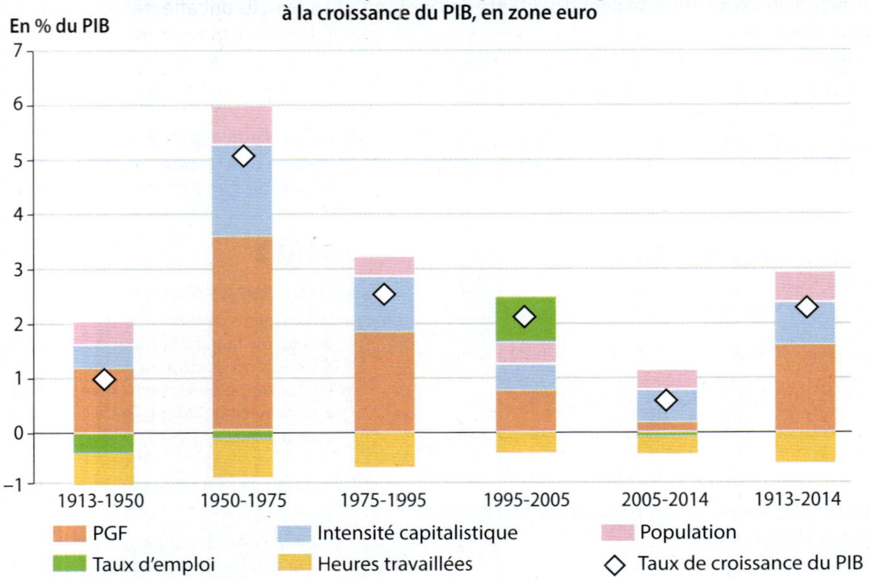

Source : d'après **Antonin Bergeaud**, **Gilbert Cette** et **Rémy Lecat**, « Expliquer la croissance : une division par 2 de notre ignorance », Billet n°43, Banque de France, 9 janvier 2018.

DOCUMENT 2

Nombre de brevets déposés à l'OEB en 2018, et variation du nombre de brevets déposés entre 2008 et 2018, par secteur d'activité

Secteur d'activité	Nombre de brevets déposés en 2018	Évolution du nombre de brevets déposés en 10 ans
Médical	13 795	28 %
Communication	11 940	46 %
Informatique	11 718	34 %
Machines et énergie	10 722	29 %
Transport	9 039	32 %
Mesure	8 744	31 %
Pharmacie	7 441	25 %
Biotechnologies	6 742	24 %
Chimie fine	6 233	– 14 %
Pompes et turbines	5 433	21 %

Lecture : Le secteur médical a déposé 13 795 brevets à l'Office européen des brevets (OEB) en 2018, en augmentation de 28 % en dix ans.

Source : d'après les données OEB.

DOCUMENT 3

Un exemple plus récent [...] est illustré par la grande distribution aux États-Unis : le cas du géant de la distribution Walmart. Même si la grande distribution pouvait apparaître comme une activité relativement statique, elle constitue en effet un secteur qui a connu des taux de progrès technique assez importants tout au long des dernières décennies. Walmart a dominé progressivement le commerce de détail en utilisant de nouvelles techniques de gestion des stocks, de marketing et de gestion des ressources humaines en faisant disparaître de nombreuses entreprises plus anciennes ou plus petites. Certes, ces changements étaient bénéfiques aux consommateurs qui ont pu acheter les produits à des prix plus bas et aux actionnaires de Walmart qui jouissaient d'une part importante des profits. Cependant, ils ont affecté négativement les petits commerces familiaux qui ne pouvaient plus faire jouer la concurrence face à ce géant installé tout près d'eux. ■

Gregory Mankiw, *Macroéconomie*, De Boeck Supérieur, coll. Ouvertures économiques, 8e éd., 2019.

DOCUMENT 4

Effort de recherche des entreprises, des administrations et total entre 2005 et 2017

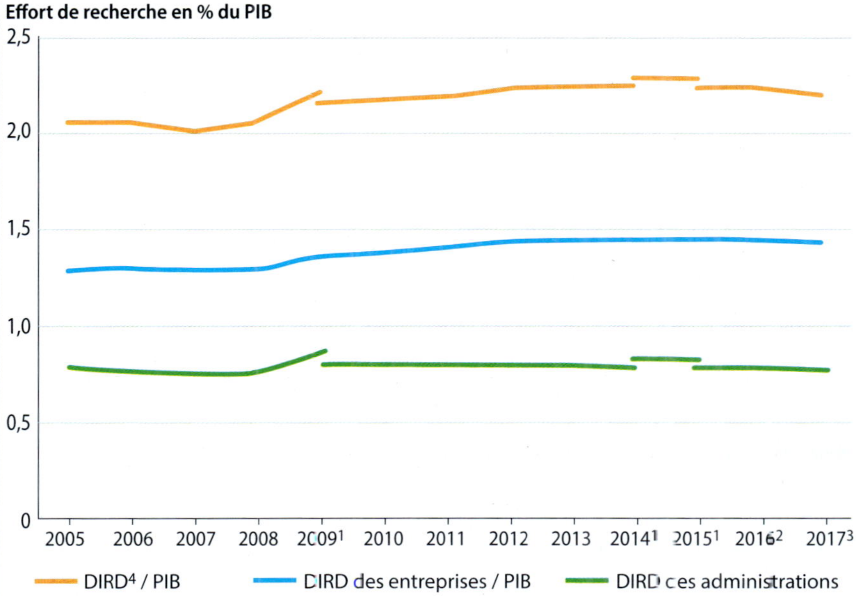

1. Rupture de série. 2. Données semi-définitives. 3. Données estimées.
4. Dépense intérieure de recherche et développement.

Champ : ensemble des entreprises et des administrations localisées en France.

Sources : données Mesr-Sies ; Insee.

Dans le Cahier BAC, p. 460
La méthode complète pour réussir le Grand oral

Préparation - Épreuve du Grand oral (20 points) 20 minutes

Préparer sa question en 4 étapes

1 Trouver sa question en lien avec son projet d'orientation

1 Voici des questions possibles en lien avec différents domaines d'étude.

1 Des gains de productivité sont-ils encore possibles dans les pays développés ?	*Sciences économiques*
2 Le progrès technique profite-t-il à tous ?	*Sciences économiques, Sciences humaines*
3 Quel rôle jouent les institutions dans la croissance des pays en développement ?	*Sciences économiques, Relations internationales, Droit, Sciences politiques*
4 La course aux brevets est-elle toujours productive ?	*Sciences, Droit, Économie-Gestion, Gestion des organisations*
5 Les innovations peuvent-elles sauver la planète ?	*Sciences économiques, Sciences*

Choisissez la question que vous voulez traiter parmi celles ci-dessus, ou proposez une autre question. Justifiez votre choix par rapport au programme de la spécialité SES.

J'ai choisi de travailler sur cette partie du programme parce que : ...

J'ai choisi cette question en particulier parce que : ...

2 Mobiliser ses connaissances pour préparer la réponse à la question choisie

- Commencez par réviser le chapitre et identifiez les notions, connaissances et mécanismes à mobiliser pour répondre à votre question. ➥ Cahier BAC p. 460.

2 Parmi les propositions suivantes, sélectionnez les définitions et mécanismes du cours qu'il est pertinent de mobiliser pour répondre à la question 5. Attention, la liste n'est pas exhaustive.

- ☐ Les innovations sont le résultat des investissements en recherche-développement.
- ☐ Les brevets sont des droits de propriété sur les inventions. Ils procurent à l'innovateur un pouvoir de marché et donc un monopole temporaire de vingt ans.
- ☐ La croissance est limitée par l'épuisement des ressources non renouvelables et épuisables.
- ☐ L'empreinte écologique révèle que la production dépasse largement la biocapacité de notre planète.
- ☐ Les partisans de la soutenabilité faible accordent une grande importance au progrès technique.
- ☐ Les partisans d'une soutenabilité forte constatent que, malgré de nombreux progrès techniques, la dégradation de l'environnement persiste.

- Puis faites des recherches complémentaires pour approfondir votre maîtrise du sujet. Terminez en réalisant une carte mentale qui synthétise l'ensemble de vos connaissances sur la question. ➥ p. 144 et p. 402.

3 Préparer la réponse argumentée à la question choisie

- Avant de commencer à préparer et organiser votre réponse argumentée, réfléchissez aux objectifs que vous cherchez à réaliser.

3 Complétez la liste d'objectifs pour la question 5.

Mon objectif est que, à la fin de la présentation, le jury ait...

... **compris** les notions suivantes :
– ...

... **retenu** les arguments suivants :
– ...

... **été convaincu** que :
– ...

- Préparez ensuite votre réponse argumentée en gardant en tête ces objectifs. ➥ Cahier BAC p. 461.

4 Concevoir un support pour le jour J

● Préparez, à partir du travail précédent, un support simple à destination du jury, que vous reconstituerez le jour J pendant vos vingt minutes de préparation : plan, carte mentale, schéma, tableau... ➡ Cahier BAC p. 462

4 Complétez le plan détaillé pour la question 5 en proposant des exemples précis pour chaque sous-partie.

Les innovations peuvent-elles sauver la planète ?

I) Les innovations peuvent repousser certaines limites écologiques de la croissance (thèse de la soutenabilité faible)...

A) Des innovations pour substituer certaines ressources non-renouvelables.

Exemple : ...

B) Des innovations pour limiter les conséquences environnementales de la croissance.

Exemple : ...

II) ... mais elles ne sont pas suffisantes pour « sauver la planète » (thèse de la soutenabilité forte)

A) L'innovation : un processus marqué par l'incertitude.

Exemple : ...

B) Des dégradations environnementales d'ores et déjà irrémédiables.

Exemple : ...

S'entraîner pour le jour J

1. Présenter sa question devant le jury

5 ORAL

- Reprenez vos réponses à l'exercice 1 et entraînez-vous à introduire votre question puis à expliquer pourquoi vous l'avez choisie.
- Chronométrez-vous pour faire tenir cette étape en moins de trente secondes.

6 ORAL

- Reprenez la réponse argumentée que vous avez préparée (étape 3) et entraînez-vous à la présenter debout devant un miroir en essayant de vous détacher progressivement de vos notes.
- Recommencez jusqu'à ce que vous soyez capable de présenter sans aucune note.

2. Préparer l'entretien avec le jury

7 ORAL

Voici des exemples de questions de connaissances que le jury pourrait poser pour la question 5.

a. Pourriez-vous définir précisément le terme de « croissance économique » ?

b. Quelles sont les différentes formes d'innovations que vous connaissez ?

c. Comment peut-on encourager les entreprises à innover ?

- Entraînez-vous à répondre oralement aux questions ci-dessus.
- Imaginez deux questions d'approfondissement que le jury pourrait poser sur votre question et entraînez-vous à y répondre.

3. Maîtriser son apparence et son attitude *Compétence orale*

● Dès votre entrée dans la salle, il est important de donner au jury une « bonne première impression ». Il s'agit de renvoyer une image positive de vous-même.

À faire

– Soignez votre apparence et portez une tenue adaptée (simple et sobre) à un examen oral.
– Adoptez une attitude sérieuse et respectueuse envers le jury.
– Montrez au jury que vous êtes confiant(e), sans pour autant apparaître prétentieux-se ou trop sûr(e) de vous.

Piège à éviter

Ne cherchez pas à vous faire passer pour quelqu'un que vous n'êtes pas. Restez vous-même !

8 ORAL **Mettez-vous en condition (vêtements, apparence...) et simulez votre début d'oral avec un camarade dans le rôle du jury : entrez dans la salle, saluez le jury, remettez-lui votre support, présentez-vous et introduisez votre question.**

Demandez à votre camarade de vous évaluer de 1 (très insuffisant) à 4 (très satisfaisant) selon les critères suivants.

- Apparence adaptée à un examen oral ;
- Attitude qui montre du sérieux et de la préparation ;
- Attitude qui montre de la confiance ;
- Attitude respectueuse envers le jury.

CHAPITRE 2

Quels sont les fondements du commerce international et de l'internationalisation de la production ?

Un cas pour réfléchir

Aaaaaah, la fameuse pâte à tartiner…

Un plaisir gourmand mais aussi un phénomène économique ! Savez-vous que plus de 2 800 km séparent le noisetier de votre tartine ? Peut-être vous êtes-vous demandé en la dégustant s'il ne serait pas plus judicieux de produire la pâte à tartiner en France ? Eh bien pas nécessairement ! En effet, il existe des écarts internationaux de coûts de production, des qualités différentes, et le coût de transport est toujours moins cher. Satisfaire ses papilles ne doit pas empêcher de penser à l'économie de sa tartine !

Et vous, qu'en pensez-vous ?

Quels sont, selon vous, les avantages à produire à l'étranger puis à échanger ?

VU EN PREMIÈRE

Gains à l'échange • Marché concurrentiel

NOTIONS DE TERMINALE

Avantages comparatifs • Chaîne de valeur • Commerce international • Compétitivité • Compétitivité-prix (ou coût) • Compétitivité-hors prix (ou hors coût) • Différenciation • Dotations factorielles • Dotations technologiques • Inégalités • Libre-échange • Productivité • Protectionnisme • Spécialisation

Une vidéo pour comprendre

La fatalité de l'expansion de l'ouverture au commerce international

La mondialisation et le développement des échanges sont-ils des phénomènes irréversibles ?

Source : Les Dessous de l'Éco, *Les Échos*.

SOMMAIRE

DOSSIER 1 Quels sont les fondements du commerce international ?

1. L'échange international de produits différents 52
2. L'échange international entre pays comparables 54

DOSSIER 2 Quels sont les facteurs à l'origine de l'internationalisation de la production ?

1. Les liens entre productivité des entreprises et compétitivité des pays 56
2. L'internationalisation de la chaîne de valeur accroît les échanges internationaux 58

DOSSIER 3 Quels sont les effets du commerce international ?

1. Les effets induits du commerce international sur les consommateurs et les producteurs 60
2. Les effets induits du commerce international sur les inégalités 62
3. Le débat entre libre-échange et protectionnisme 64

L'ESSENTIEL 66
Synthèse • Repères • Schéma bilan • Prolongements

RÉVISER 70
Je vérifie mes connaissances • J'utilise mes connaissances • Je construis ma fiche de révision

TRAVAUX DIRIGÉS 72
Décrypter une matrice des échanges du commerce international

BAC MÉTHODE & ENTRAÎNEMENT 73
- Analyser un sujet de dissertation
- Sujet guidé : épreuve de dissertation
- Sujet blanc : épreuve composée
- Préparation : épreuve du Grand oral

1 L'échange international de produits différents

OBJECTIF DU PROGRAMME : Comprendre le rôle des dotations factorielles et technologiques (avantages comparatifs) dans les échanges commerciaux et la spécialisation internationale.

Questionnez-vous ! Comment expliquer les avantages comparatifs ?

Classe inversée

bordas Flash PAGE vidéo

Source : Dessine-moi l'éco.

Pour les économistes, le commerce international résulte des avantages comparatifs. Ceux-ci ont pour source les différences internationales de climat, les différences internationales de dotation en facteurs et les différences internationales en matière de technologie. L'histoire et la géographie ont combiné de manière différente ces facteurs au sein des pays, ce qui est à l'origine d'avantages comparatifs spécifiques. Chaque pays se procure ainsi des gains à l'échange. ■

VU EN PREMIÈRE

Gains à l'échange : avantages procurés aux offreurs et demandeurs qui échangent.

1 • Quelles sont les explications du commerce international mentionnées dans le texte ?

2 • Dans quel domaine chaque pays doit-il se spécialiser ?

3 • Quel est le lien entre productivité et spécialisation ?

4 • Comment définir la notion d'avantage comparatif ?

DOC 1 Les avantages comparatifs de l'économie française

La contribution des diverses activités au commerce extérieur français (en milliards d'euros)

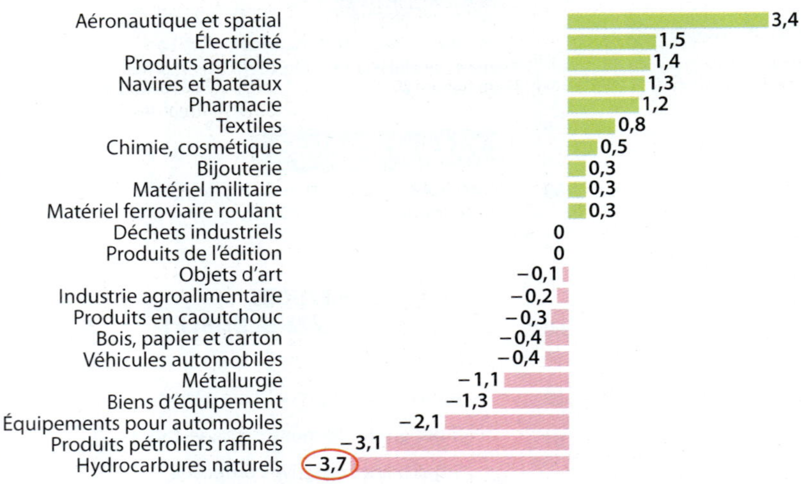

Lecture : le secteur aéronautique et spatial a contribué à augmenter de 3,4 milliards d'euros le solde commercial français entre 2017 et 2018.

1 • **Lire** Que signifie la donnée entourée ?

2 • **Repérer** Quel secteur contribue le plus à creuser le solde commercial français ?

3 • **Déduire** À votre avis et d'après le document, dans quels secteurs la France possède-t-elle un avantage comparatif et s'est-elle spécialisée ?

4 • **Illustrer** Donnez un ou deux exemples d'entreprises présentes dans ces secteurs.

Source : douanes, Résultats 2018 du commerce extérieur, Direction générale du Trésor.

DOC 2 Le commerce de l'Union européenne : quelles marchandises et avec qui ?

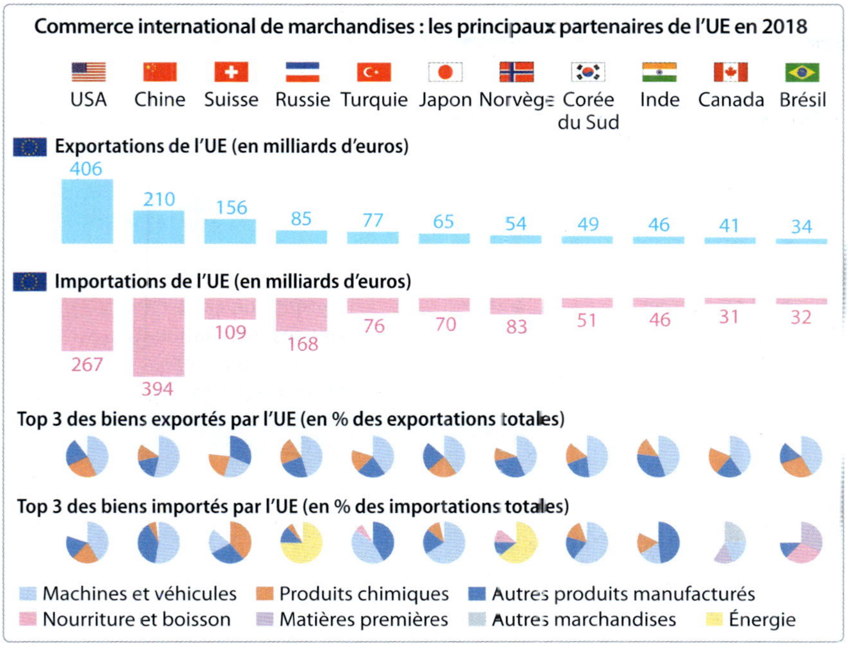

Source : données Eurostat, ec.europa.eu.

1 • **Repérer** Quels sont les trois premiers partenaires commerciaux de l'UE ? Avec lesquels importe-t-elle plus qu'elle n'exporte ? Et inversement ?

2 • **Lire** Qu'importe l'UE de la Russie et de la Norvège ? Qu'exporte-t-elle ?

3 • **Analyser** Quels sont les types de biens échangés avec les trois premiers partenaires commerciaux de l'UE ?

4 • **Argumenter** La théorie des avantages comparatifs permet-elle d'expliquer tous ces échanges ?

DOC 3 Spécialisation productive et avantages comparatifs de quelques pays européens

Pays	Spécialisation productive		Avantages comparatifs		
	Biens et services	Niveau de gamme	Compétences population active	Innovation et modernisation du capital	Prix de l'énergie
Allemagne	Biens d'équipement, biens de consommation	Élevé	Élevé	Élevé	Élevé
France	Agro-alimentaire Tourisme	Bas	Faible	Faible	Faible
Espagne	Tourisme, biens d'équipement	Moyen-bas	Faible	Faible	Faible-moyen
Italie	Tourisme, agro-alimentaire, biens d'équipement	Moyen-bas	Faible	Faible	Élevé

Source : d'après « Les spécialisations productives de l'Allemagne, de la France, de l'Espagne et de l'Italie correspondent-elles à leurs avantages comparatifs ? », *Flash économie*, n° 947, Natixis, 22 septembre 2016.

1 • **Lire** Dans quels secteurs l'Allemagne s'est-elle spécialisée ?

2 • **Analyser** En quoi les trois colonnes de droite relèvent-elles d'avantages comparatifs ?

3 • **Déduire** Quel lien peut-on faire entre les avantages comparatifs relevés et les niveaux de gamme de production ?

4 • **Déduire** Les avantages comparatifs correspondent-ils à des éléments mesurables ou peuvent-ils relever de stratégies des pays ou des entreprises ?

CONTEXTE

Selon la **théorie HOS** (du nom de trois économistes : Heckscher Eli, Ohlin Bertil, Samuelson Paul A.), la spécialisation s'explique par la dotation factorielle : chaque pays se spécialise dans la production pour laquelle il possède une meilleure dotation en facteurs (capital, travail, ressources…).

Faites le point

Complétez ce schéma d'implication à l'aide des termes suivants.

spécialisation et échange international – production avec les plus faibles coûts de production comparativement aux autres pays – gain à l'échange – avantage comparatif

… → … → … → …

Prenez la parole

Argumentation

- Choisissez un pays ou une zone économique (l'UE par exemple) et, à l'aide des documents, identifiez leurs avantages comparatifs en termes d'échanges internationaux.
- Présentez-les ensuite à vos camarades.

2 L'échange international entre pays comparables

OBJECTIF DU PROGRAMME : Comprendre le commerce entre pays comparables (différenciation des produits, qualité des produits).

DOC 1 Les pays européens commercent plus entre eux que les autres

En raison de leur proximité géographique, qui induit de moindres coûts de transport, et de la similarité de leurs modes de consommation et de production, les pays européens échangent depuis toujours intensément entre eux. En moyenne, ces 50 dernières années, les flux de biens au sein de l'UE 28 ont été de trois quarts supérieurs aux échanges de l'Union avec les autres pays : ils représentent respectivement 21 et 12 % du commerce mondial en 2017. Il en va différemment des pays de l'ALENA qui, aujourd'hui comme hier, échangent moins entre eux qu'avec leurs autres partenaires : 6 % et 9 % du commerce mondial en 2017. Quant aux pays de la grande zone souvent dénommée « usine Asie », ils échangent encore moins entre eux qu'avec l'extérieur (13 et 16 % du commerce mondial en 2017) ; mais, grâce à l'organisation régionale des processus productifs autour de la Chine depuis le début du XXIe siècle, le commerce intra-zone de l'usine Asie est aujourd'hui en passe de rattraper le commerce extra-zone, alors qu'il était inférieur de moitié à la fin des années 1960. ■

Deniz Ünal, « L'onde de choc du Brexit sur la maison Europe et la France », *The Conversation* et Blog du Cepii, 20 mars 2019.

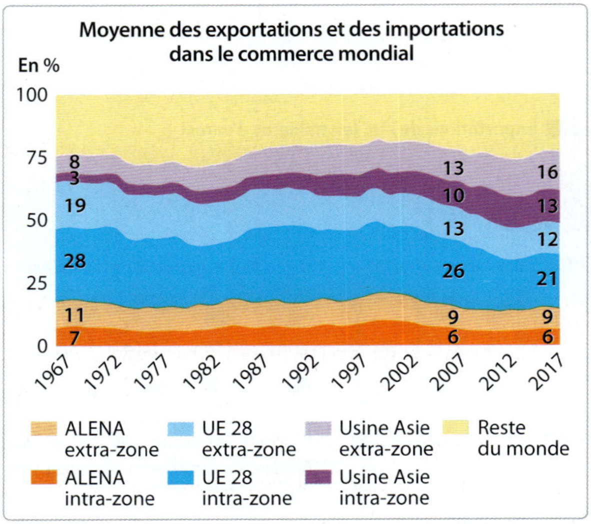

Source : base Chelem-PIB, CEPII.

1 • **Lire** Quelle est la spécificité du commerce au sein de l'UE par rapport aux autres zones ? Aidez-vous du texte et du graphique.

2 • **Lire** Faites une phrase avec les chiffres pour l'UE 28 en 2017.

3 • **Expliquer** Pourquoi appeler la zone « usine Asie » ainsi ?

4 • **Déduire** Selon le texte, comment peut-on expliquer ces spécificités de l'UE ?

DOC 2 Quel est intérêt de commercer entre pays semblables ?

[La rencontre de demande de différence et d'offre de variétés qualitativement différentes portant sur des produits semblables] permet par exemple aux constructeurs italiens de vendre en Allemagne des véhicules recherchés dans ce pays pour leurs qualités sportives, leur nervosité… Tandis que les consommateurs italiens sont demandeurs de voitures allemandes ou suédoises prisées pour leur robustesse, leur fiabilité, la sécurité passive. […]

Le commerce international permet, en d'autres termes, d'échanger les différences pour des biens comparables et d'enrichir la gamme des choix disponibles de variétés qualitativement distinctes pour chaque type de bien.

[Ceci] joue un rôle plus important dans les échanges entre pays développés. Un niveau de vie élevé est en effet nécessaire pour que la demande de différenciation puisse s'exprimer. Il faut, en outre, que l'appareil de production ait la capacité de lancement de plusieurs variétés de biens, adaptées au goût des consommateurs étrangers. […]

Les disparités et les similarités sont deux forces de développement des échanges internationaux qui loin d'être exclusives ou alternatives se combinent dans des dosages variables selon les flux d'échanges considérés. Dans les rapports Nord-Sud, la logique des différences et donc les conditions technologiques et factorielles de l'offre sont prépondérantes. À l'inverse, dans les rapports Nord-Nord, les similitudes et le rôle de la demande jouent un rôle plus important. ■

Lahsen Abdelmalki et **René Sandretto**, *Le commerce international. Analyses, institutions et politiques des États*, De Boeck Supérieur, coll. Ouvertures économiques, 2017.

NOTION DE TERMINALE

Différenciation : différences entre deux biens proches. Elle est verticale lorsqu'elle porte sur la qualité (entraînant une différence de prix), et horizontale lorsqu'il s'agit d'une simple différence de variété.

1 • **Analyser** Expliquez le passage souligné.

2 • **Expliquer** Quelles sont les similarités qui expliquent le commerce entre pays développés ?

3 • **Déduire** Selon vous, les flux commerciaux Nord / Sud et Nord / Nord s'expliquent-ils de la même façon dans tous les secteurs d'activité ?

DOC 3 Les marchandises s'échangent pour des motifs différents

Part de quelques produits manufacturiers et du commerce interbranche / intrabranche par secteurs dans le total des importations et exportations françaises entre 2014 et 2017 (en %)

Secteurs	Commerce interbranche	Commerce croisé (intrabranche) avec différenciation de qualité (prix différents)	Commerce croisé (intrabranche) avec différenciation de variété (prix similaires)
Total	43,1	41,9	14,6
Alimentaire	63,4	25,9	10,6
Textile	44	45,3	10,5
Chimique	44,2	43,2	12,3
Sidérurgique	55,6	22,3	22
Véhicules	25,5	52,1	22,2
Électronique	31,3	58,8	8,3

Source : *Profils pays*, CEPII, février 2019.

NE PAS CONFONDRE

Le **commerce interbranche** désigne l'échange de produits ou services de catégories différentes entre pays ayant des dotations différentes, alors que le **commerce intrabranche** désigne l'échange croisé de produits similaires ou servant de consommations intermédiaires entre des pays possédant des dotations similaires.

1 • **Lire** Que signifient les données entourées ?

2 • **Repérer** Quel est le secteur qui compte le moins de commerce interbranche ?

3 • **Expliquer** Expliquez l'importance du commerce intrabranche avec différenciation de qualité dans le secteur des véhicules à l'aide d'un exemple.

Note : Le total n'est pas nécessairement égal à 100 car certains flux de commerce croisé sont difficilement classables.

DOC 4 Le commerce de « différences » coexiste avec le « commerce de similitudes »

Le commerce mondial intrabranche par grandes zones

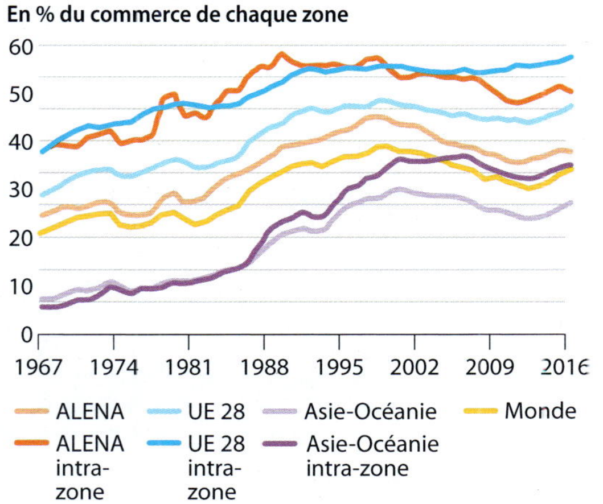

Source : calculs d'A. de Saint Vaulry et D. Ünal, d'après base Chelem, CEPII.

Les échanges intrabranches ont connu un essor considérable à partir du début des années 1980 pour atteindre leur apogée à la veille des années 2000 : 39 % du commerce mondial en 1999 contre 23 % en 1981. [...] L'échange international basé sur un « commerce de différences » s'est transformé, surtout entre les pays à haut revenu, en un « commerce de similitudes ». Des schémas de spécialisation fine du travail ont vu le jour, alliant le principe des avantages comparatifs aux économies d'échelle de la nouvelle économie. Les échanges de produits intermédiaires et de biens d'équipement ont été au cœur de ce processus, en particulier dans les filières électronique, électrique, chimique, mécanique et des véhicules.
Avec la fulgurante émergence chinoise, cet échange de similitudes est entré dans une phase de déclin relatif au niveau mondial. [...] La puissance de la spécialisation chinoise, basée sur des prix bas dans un large éventail de filières, a favorisé le retour en force des échanges traditionnels interbranches. ■

Alix de Saint Vaulry et **Deniz Ünal**, « Commerce intra- *versus* interbranches. Regain de similitudes ? », *Carnets graphiques, l'économie mondiale dévoile ses courbes*, CEPII, 2013.

1 • **Lire** Les échanges intrabranches ont-ils toujours dominé le commerce international ?

2 • **Analyser** Expliquez la phrase soulignée.

3 • **Lire** Où les échanges intrabranches sont-ils le plus développés ?

4 • **Expliquer** Qu'a changé l'arrivée de la Chine dans le commerce international ?

Faites le point

Retrouvez les phrases correctes.

Le commerce international actuel est ●	● le fruit des stratégies des États ou des entreprises.
La similitude entre pays est ●	● essentiellement interbranche.
Les avantages comparatifs peuvent être ●	● un obstacle au commerce international.

Prenez la parole

Carte mentale

- Par groupes de deux, préparez une carte mentale sur la nature du commerce international (interbranche et/ou intrabranche) et ses fondements.
- Présentez-la ensuite à la classe.

1 Les liens entre productivité des entreprises et compétitivité des pays

OBJECTIF DU PROGRAMME : Comprendre que la productivité des firmes sous-tend la compétitivité d'un pays, c'est-à-dire son aptitude à exporter.

Questionnez-vous ! Comment mesurer la compétitivité de la France ?

Classement des pays	World Economic Forum	IMD World Competitiveness Center
Singapour	1	1
États-Unis	2	3
Hong-Kong	3	2
Japon	6	30
Allemagne	7	17
Suède	8	9
Royaume-Uni	9	23
France	15	31

Source : d'après *The Global Competitiveness Report*, The World Economic Forum, 2019, et IMD World Competitiveness Center, 2019.

Le World Economic Forum est le fruit de l'agrégation de plusieurs indicateurs représentant la compétitivité des pays : la qualité des institutions, des infrastructures, l'adoption des TIC, la stabilité macroéconomique, le capital humain, les caractéristiques du marché, les facilités à innover...
L'IMD utilise deux types de données. Les données provenant d'organisations internationales publiques et privées représentent un poids des deux tiers dans le classement. Des critères supplémentaires sont tirés d'un sondage annuel d'opinion auprès des dirigeants. Ces données représentent un poids d'un tiers. ■

1 • Comment est perçue la compétitivité française ?

2 • Quelles sont les différentes manières d'évaluer la compétitivité d'un pays ? Donnent-elles les mêmes résultats ?

3 • Existe-t-il une manière objective de mesurer la compétitivité d'un pays ?

DOC 1 Compétitivité et productivité française

Le ralentissement de la productivité en France s'explique principalement par des facteurs communs à l'ensemble des pays développés :
– la structure productive s'est orientée vers les secteurs à plus faibles gains de productivité que sont les services par rapport à l'industrie ;
– la contribution des technologies de l'information et de la communication (TIC) à la croissance de la productivité s'est essoufflée depuis le début des années 2000 ;
– le ralentissement de la productivité s'est accompagné d'une plus grande dispersion des performances entre entreprises. [...]
Même si elle reste à un haut niveau, la productivité a ralenti en France comme dans l'OCDE depuis la fin des années 1990. [...]
Des caractéristiques spécifiques peuvent expliquer un ralentissement de la productivité plus marqué en France :
– [...] la question des compétences de la main-d'œuvre. Elles sont plus faibles que la moyenne de l'OCDE et l'écart ne se réduit pas ;
– les entreprises françaises accusent un retard dans l'adoption et la diffusion des technologies de l'information et de la communication [...] ;
– [les gains de productivité sont beaucoup moins importants] dans les services moins qualifiés non exposés à la concurrence internationale ;
– les performances françaises en matière d'innovation apparaissent nettement inférieures à celles des principaux pays européens en pointe dans ce domaine.
La compétitivité-prix de la France s'est dégradée vis-a-vis des pays de l'OCDE [...] mais c'est principalement la compétitivité-« hors prix » qui expliquerait le différentiel de performance commerciale de la France par rapport à ses partenaires de la zone euro. [La] France demeure compétitive pour les activités d'innovation et de conception mais [...] elle a vu sa compétitivité comme lieu de production se dégrader. ■

« Productivité et compétitivité : où en est la France dans la zone euro ? », Rapport du Conseil national de la productivité, juillet 2019.

Flash PAGE vidéo
© Decod'éco, France Télévisions.

Qu'est-ce que la compétitivité ?

1 • Comment définir la compétitivité d'un pays ? Est-ce la même chose que celle d'une entreprise ?

2 • Qu'est-ce qui différencie la compétitivité-prix et la compétitivité-hors prix ?

1 • **Lire** Que dit le texte sur le niveau de la productivité française ?

2 • **Repérer** Quels sont les handicaps dont souffre la France en termes de productivité ?

3 • **Expliquer** Quels liens cela a-t-il avec la compétitivité-hors prix ?

4 • **Déduire** Quels liens peut-on faire entre productivité des entreprises françaises et compétitivité française ?

DOC 2 Coût du travail et compétitivité en Europe

L'évolution du coût horaire du travail comparé en Europe (en euros)								
	2000	2008	2016	2018	2000	2008	2016	2018
	Industrie et services marchands				Industrie manufacturière			
Zone euro	20,78	25,48	29,65	31,2	21,93	27,03	32,08	33,49
Allemagne	26,34	29,34	34,10	35,98	28,43	33,37	39,34	40,84
Espagne	14,22	18,94	20,78	21,44	15,12	20,28	22,54	23,16
France	24,42	32,19	35,36	37,16	24,01	33,16	36,49	38,19
Italie	18,99	24,88	26,97	27,75	18,23	24,02	27,36	28,14
Hors zone euro : Royaume-Uni	23,85	23,41	26,90	26,78	23,50	23,49	26,91	26,61

Source : enquêtes quadriennales du coût de la main-d'œuvre (ECMO), calculs Rexecode, Eurostat, 2019.

OUTILS SES

Le **coût salarial unitaire** se calcule par les coûts engendrés par un salarié (salaire et cotisations patronales et salariales) par unité de valeur ajoutée produite.

1 • **Lire** Que signifient les données entourées ?

2 • **Analyser** Comment se situe la France en termes de coût du travail horaire par rapport aux pays de la zone euro ?

3 • **Expliquer** Comparez la France et l'Allemagne pour l'industrie manufacturière. Comment l'expliquer en termes de compétitivité ?

Activité *Identifiez les effets du commerce international*

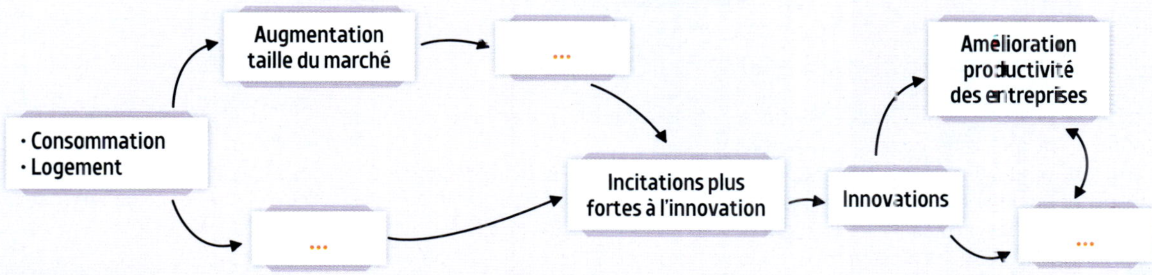

1 • Compléter le schéma avec les termes suivants :
- Gains à l'innovation plus importants
- Augmentation de la concurrence
- Compétitivité des territoires

2 • En groupe, dressez la liste des arguments permettant de comprendre que l'ouverture internationale a des effets sur les décisions des entreprises en matière d'innovation.

3 • Selon vous, l'augmentation de la taille du marché conduit-elle à des gains à l'innovation plus importants ?

Faites le point

Complétez le texte avec les termes suivants.

compétitivité – concurrence – compétitivité-hors prix – productivité – compétitivité-prix – commerce international

Avec le **...**, les firmes voient leur **...** augmenter. Elles vont donc chercher à améliorer leur **...** afin de maintenir leurs parts de marché. Outre l'abaissement du coût de production, la **...** des pays est un facteur important pour elles. Deux types de compétitivité sont à distinguer : la **...**, essentiellement liée aux coûts de production, et la **...** qui prend en compte de multiples facteurs.

Prenez la parole

Jeu de rôle

Par groupes de deux ou de trois, incarnez deux types de personnages :
- des économistes venus faire l'état des lieux de la compétitivité française auprès des conseillers du président de la République,
- des conseillers visant à émettre des propositions d'amélioration de cette compétitivité.

2 L'internationalisation de la chaîne de valeur accroît les échanges internationaux

OBJECTIFS DU PROGRAMME : Comprendre la fragmentation de la chaîne de valeur ; comprendre l'internationalisation de la chaîne de valeur et savoir l'illustrer.

Activité Découvrez la chaîne de valeur du concentré de tomate

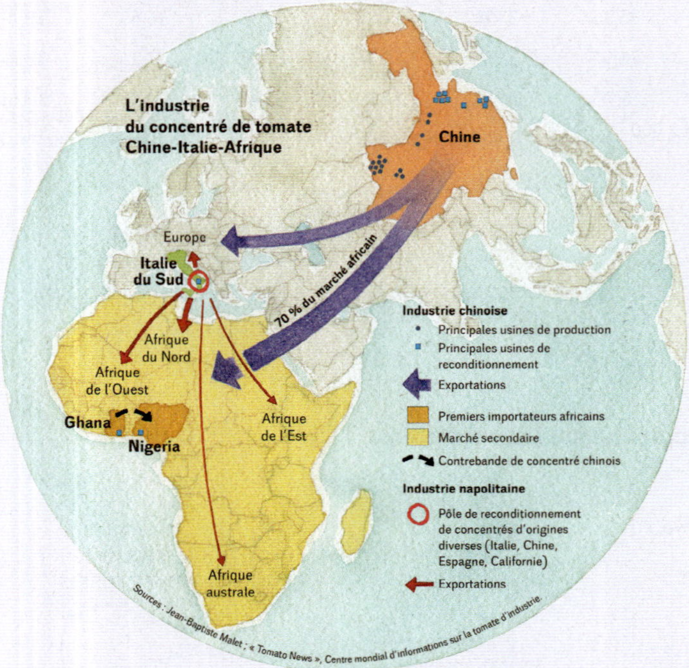

NOTION DE TERMINALE

Chaîne de valeur : ensemble des étapes du processus productif permettant à un secteur ou une entreprise d'obtenir un avantage concurrentiel.

• **À l'aide de la carte, complétez le tableau en indiquant quel(s) pays est (sont) concerné(s) par ces différentes fonctions de la chaîne de valeur du concentré de tomate.**

	Pays ou zones géographiques
Transformation des tomates en concentré	...
Reconditionnement	...
Exportation	...

DOC 1 Les chaînes de valeur mondiales : produire là où c'est le plus efficace

Une chaîne de valeur comprend toutes les étapes que franchit une entreprise pour produire un produit ou un service et le livrer au client, depuis la conception jusqu'à l'utilisation finale, voire au-delà. Ces étapes comprennent des activités comme la recherche et la conception, la production, le marketing, la distribution et l'appui au consommateur final.[...] Les activités dans une chaîne de valeur peuvent être regroupées dans une seule entreprise ou à un seul endroit ou être réparties entre différents endroits et entreprises. Lorsque ces activités sont dispersées dans le monde, il y a une chaîne de valeur mondiale. [...] Dans une chaîne de valeur mondiale, les processus opérationnels auparavant internes deviennent fragmentés et séparables, répartissant la production et les fonctions de soutien entre de nombreux endroits et entreprises internationales, afin d'optimiser les compétences de base de chaque maillon : les entreprises font ce en quoi elles excellent.

Par exemple, la société [multinationale] X a son siège social au Canada, sa fonction de R-D aux États-Unis, elle fabrique ses produits en Chine à l'aide de pièces fabriquées en Inde, les vend dans l'Union européenne et offre un service après-vente à partir de la Thaïlande. L'entreprise dans chaque région géographique se spécialise dans une tâche et donne un meilleur rendement que si une seule entreprise les exécutait toutes. C'est la nature d'une véritable chaîne de valeur mondiale. ■

« Devenir un maillon des chaînes de valeur mondiales. Guide à l'intention des petites et moyennes entreprises », Le service des délégués commerciaux du Canada, 2019.

LE SAVIEZ-VOUS ?

On appelle **firmes multinationales** (ou transnationales) les entreprises qui possèdent ou contrôlent au moins une autre entreprise (filiale) à l'étranger.

1 • **Lire** Qu'est-ce qu'une chaîne de valeur ?

2 • **Déduire** La chaîne de valeur est-elle nécessairement fragmentée entre diverses entreprises et au sein de différents pays ?

3 • **Déduire** En quoi le développement des chaînes de valeur mondiales augmente-t-il les échanges internationaux ?

DOC 2 Les chaînes de valeur transforment la mesure du commerce international

Le développement des chaînes de valeur mondiales a notamment pour conséquence de biaiser la manière de comptabiliser le commerce international en augmentant artificiellement certains flux qui sont comptabilisés en fonction de la valeur des biens et non pas de la valeur ajoutée générée dans chaque pays. Voyons comment par un exemple.
Les moteurs des voitures TIAF sont produits en France, les voitures sont assemblées en Espagne et vendues sur le marché portugais. Les moteurs sont vendus 3 000 et dégagent une valeur ajoutée de 2 000. L'assemblage a une valeur ajoutée de 2 000 et les voitures sont vendues 5 000. Deux mesures du commerce international sont possibles. ■

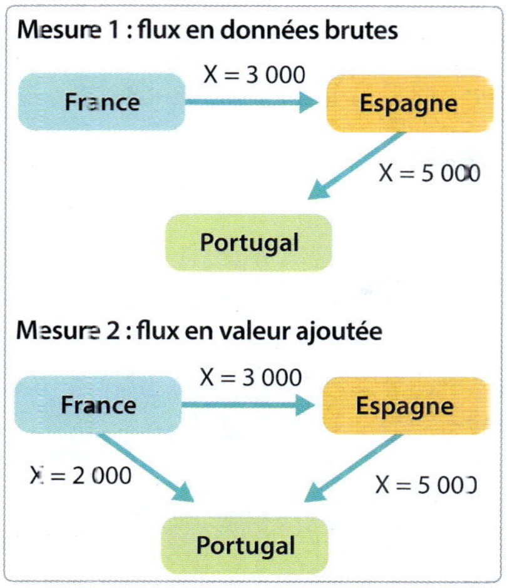

Source : Bordas, 2020.

1 • **Lire** Combien l'Espagne exporte-t-elle vers le Portugal dans le cas 1 ? et dans le cas 2 ?

2 • **Lire** Que change le passage à la mesure 2 pour la France ?

3 • **Calculer** À combien s'élève la totalité du commerce international dans le cas 1 ? dans le cas 2 ?

4 • **Déduire** Quels problèmes la mesure 1 pose-t-elle lorsque les chaînes de valeur s'internationalisent beaucoup ?

DOC 3 La mesure en valeur ajoutée modifie la perception du commerce international

Les exportations de la France en valeur ajoutée (en milliards de dollars)

Pays de destination	Contenu en valeur ajoutée	Exportations brutes	Part de la valeur ajoutée locale dans les exportations brutes
États-Unis	42,6	56,1	76 %
Japon	8,9	11,2	79 %
Chine	30,8	41,1	75 %
UE 28	266	335,3	79 %

Source : OCDE Data, 2019.

1 • **Lire** Que signifient les données entourées dans le tableau ?

2 • **Analyser** Qu'observe-t-on sur la part de la valeur ajoutée dans les exportations pour l'UE et le Japon par rapport aux États-Unis et à la Chine ?

3 • **Lire** Que signifient les données entourées dans le schéma ?

4 • **Analyser** Qu'observe-t-on entre les nombres en vert et ceux en rouge ? Pourquoi ?

Chaîne de valeur mondiale déduite des importations françaises (en milliards de dollars en 2011)

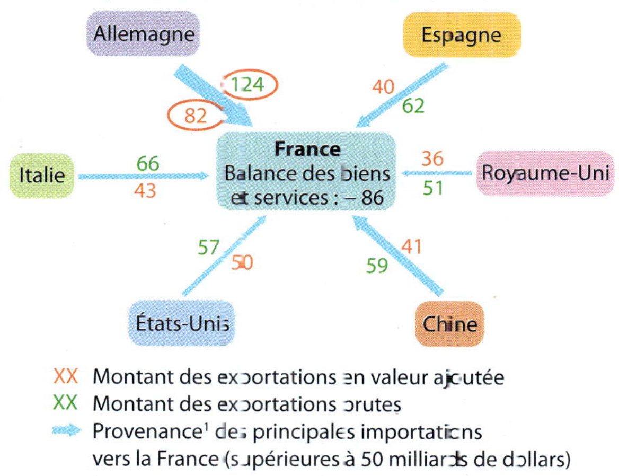

1. La largeur des flèches est proportionnelle au montant des exportations en valeur ajoutée.

Source : données OCDE, calculs DG Trésor, 2013.

Faites le point

Complétez le tableau avec les termes suivants (certains sont à la fois une cause et une conséquence, justifiez alors votre réponse).

gains de productivité – coût de production faible – développement du commerce international – baisse des coûts de transport – développement économique – spécialisation internationale – surévaluation des flux de commerce international – développement du commerce au sein des firmes

L'internationalisation des chaînes de valeur	
Causes	...
Conséquences	...

Prenez la parole

Débat

- Constituez deux groupes : l'un représente les entreprises, l'autre les consommateurs.
- En vous situant par rapport à l'intérêt de votre groupe, débattez sur les effets d'une relocalisation (totale ou partielle) de l'activité des entreprises positionnées sur l'ensemble de la chaîne mondiale.

1 Les effets induits du commerce international sur les consommateurs et les producteurs

OBJECTIF DU PROGRAMME : Comprendre les effets induits par le commerce international : gains moyens en termes de baisse de prix.

Questionnez-vous ! Pourquoi payer vos tee-shirts moins cher menace-t-il des emplois ?

Classe inversée

bordas Flash PAGE vidéo

Source : Ina.

Les accords multifibres (AMF) ont été conclus entre les pays en développement et les pays développés dans le domaine du textile et de l'habillement. Jusqu'en 2005 ils ont fixé des quotas d'exportations par pays et par produit, pour préserver l'emploi dans les pays développés face à la concurrence des pays à faibles salaires. Ils dérogeaient aux accords du GATT (sur les tarifs douaniers et le commerce) puis de l'OMC (Organisation mondiale du commerce) qui prévoyaient une très forte diminution des barrières douanières. ■

CONTEXTE

La **fin des AMF** en 2005 s'est soldée en France par une baisse de l'emploi dans les secteurs du textile et de l'habillement (on estime à 50 000 la perte d'emplois). Ces derniers étaient déjà en grande difficulté puisqu'ils avaient perdu 80 % de leurs effectifs depuis 1960 (1 million d'emploi en 1960 contre 200 000 en 2005).

1 • Que craignaient les producteurs de textile en 2005 ?

2 • Que doivent faire les producteurs français pour faire face à la concurrence étrangère ?

DOC 1 Les importations permettent aux ménages français de payer moins cher leur consommation

En 2014, la consommation des ménages en biens et services était de l'ordre de 1 000 milliards d'euros. Avoir accès à des biens moins chers a permis à l'ensemble des ménages d'économiser environ 30 milliards d'euros sur leur consommation en 2014 par rapport à ce qu'ils auraient payé en l'absence d'ouverture aux pays à bas salaires. Ramené au nombre total de ménages (un peu moins de 30 millions en 2014), la consommation par ménage est donc en moyenne 1 000 euros moins chère en 2014 par rapport à ce qu'elle aurait été en l'absence des importations provenant des pays à bas salaires depuis 1994.

Ceci est une fourchette basse de l'effet direct total sur les prix car elle ne prend pas en compte les effets des biens intermédiaires importés incorporés dans des produits fabriqués en France. Les gains de productivité associés à ces consommations intermédiaires bénéficient aux consommateurs français [...]. Ces résultats sont néanmoins à interpréter avec précaution car la plus forte ouverture au commerce international a eu aussi des effets indirects, notamment sur les salaires [...] ou l'emploi [...]. Ces effets devraient être pris en compte pour évaluer l'impact sur le pouvoir d'achat. ■

Juan Carluccio, **Erwan Gautier** et **Sophie Guilloux-Nefussi**, « Importations des pays à bas salaire : quels gains pour les ménages ? », *Bloc-Notes Éco*, Banque de France, 17 avril 2018.

1 • **Lire** Quel est, selon le texte, le montant des économies permises par les importations de biens et de services des pays à bas salaires ?

2 • **Repérer** Ce montant tient-il compte de tous les effets de ces importations ?

3 • **Déduire** Quels sont les effets indirects sur l'emploi et les salaires évoqués à la fin du texte ?

DOC 2 Les effets théoriques de court terme de l'ouverture au commerce international

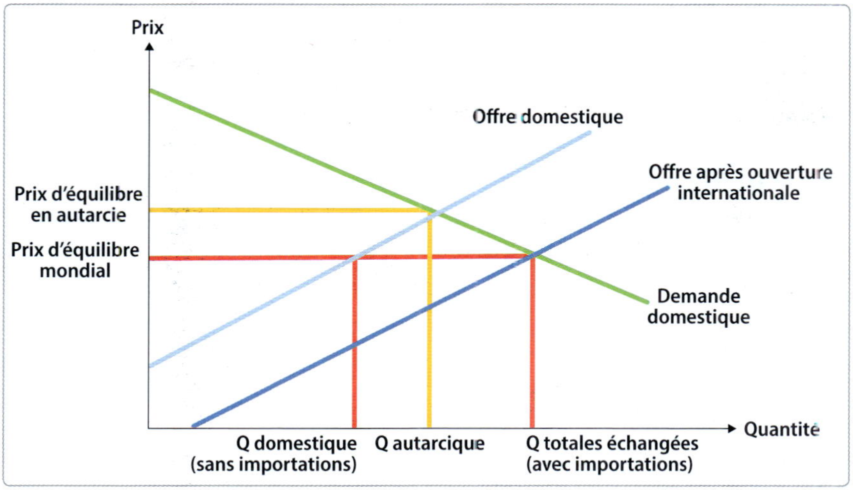

Source : Bordas, 2020.

1 • Lire Globalement, quelles sont les effets de l'ouverture au commerce international sur les prix et les quantités échangées ?

2 • Analyser Quelles sont les conséquences sur les producteurs domestiques ?

3 • Déduire Comment a évolué la situation des consommateurs ? des producteurs ?

Note : le marché domestique est le marché national pour une entreprise exportatrice. Les quantités autarciques sont les quantités d'équilibre avant ouverture internationale, alors que les quantités domestiques sont les quantités produites dans le pays ouvert, hors exportations.

DOC 3 Effets de long terme de l'ouverture au commerce international

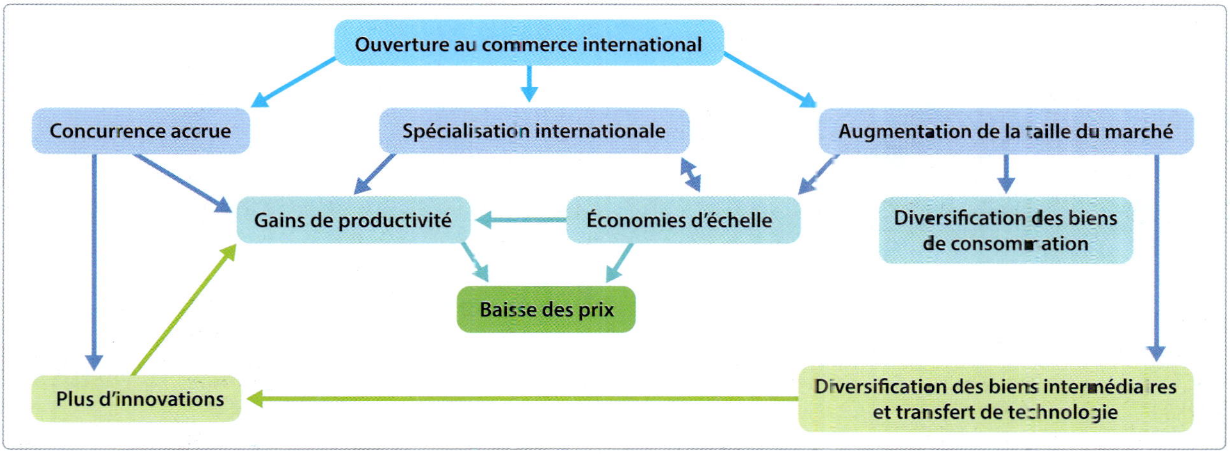

1 • Lire L'ouverture au commerce international n'a-t-elle des effets que sur les producteurs ?

2 • Repérer Qu'est ce qui relève de l'augmentation de la concurrence liée à l'ouverture internationale ?

3 • Illustrer Comment l'exemple du secteur textile peut-il illustrer ce schéma ?

Faites le point

Pour chaque proposition, indiquez quels acteurs économiques (entreprises domestiques ou ménages) sont concernés.

1. Le commerce international permet plus de croissance.
2. L'ouverture internationale augmente la concurrence.
3. Le commerce international augmente le pouvoir d'achat.
4. La mondialisation a conduit à éliminer les acteurs économiques les moins performants.

Prenez la parole

Jeu de rôle

Des renégociations de l'AMF sont en cours (ouverture ou non du secteur textile au commerce international).

- La classe est divisée en trois : les consommateurs européens, les producteurs européens et les producteurs asiatiques de textiles.
- Discutez les avantages et inconvénients de cette mesure en fonction de chaque point de vue.

2 Les effets induits du commerce international sur les inégalités

OBJECTIF DU PROGRAMME : Comprendre les effets induits par le commerce international : réduction des inégalités entre pays, accroissement des inégalités de revenus au sein de chaque pays.

DOC 1 Une baisse globale de la pauvreté absolue dans le monde mais une évolution contrastée

L'évolution de la pauvreté

Taux de pauvreté[1] par région (seuil de 5,50 dollars/jour)	1990	2008	2015
Asie de l'Est et Pacifique	95,2	63,6	34,9
Europe et Asie centrale	25,3	17,1	14
Amérique latine et Caraïbes	48,6	33,3	26,4
Moyen-Orient et Afrique du Nord	58,8	46,6	42,5
Asie du Sud	95,3	89,8	81,4
Afrique subsaharienne	88,5	88,1	84,5
Reste du monde	1,7	1,2	1,5
Monde	67	56,5	46

Source : Rapport 2019 sur la pauvreté et la prospérité partagée, Banque mondiale.

1. Proportion d'individus dont le niveau de vie est inférieur pour une année donnée à un certain seuil.

L'insertion dans les échanges internationaux réduit la pauvreté

Certains pays ont pu se développer grâce à leurs matières premières agricoles, minérales ou énergétiques. Ils ont bénéficié de la hausse de leurs prix dans les années 2000 [...]. Beaucoup de pays asiatiques, le Japon d'abord, les dragons ensuite, puis la Chine, et plus récemment le Bangladesh, le Vietnam ou l'Inde, ont adopté un modèle de développement fondé sur l'industrialisation mais à partir d'un niveau de productivité faible, reflété dans des salaires très bas. Cette stratégie a permis d'absorber une main-d'œuvre sous-employée et souvent miséreuse, dans les villes mais surtout dans les campagnes, et d'accroître la productivité agricole. Au fur et à mesure que ces excédents se résorbaient et que la productivité s'améliorait, les salaires ont augmenté, ce qui exige d'ailleurs une reconversion des industries à bas salaires. La Chine est parvenue à ce stade alors que les pays africains, comme l'Éthiopie, en sont encore à leur phase initiale, où la compétitivité de l'industrie ne peut être acquise qu'à partir de coûts salariaux extrêmement bas [...] par rapport à la productivité. ■

Jean-Marc Siroën, « La mondialisation mauvaise pour les pauvres des pays pauvres ? Cette étude grandeur nature a la réponse », www.atlantico.fr, 21 octobre 2016.

1 • **Lire** Que signifient les données entourées ?

2 • **Calculer** Calculez l'évolution en points de pourcentage entre 1990 et 2015 pour chaque région du tableau.

3 • **Repérer** Dans quelles zones la pauvreté a-t-elle le plus diminué depuis les années 1990 ?

4 • **Expliquer** Comment l'expliquer ? Appuyez-vous sur le texte.

DOC 2 Les pays ne sont pas égaux face à l'ouverture internationale

[La] taille du marché conditionne l'approfondissement de la division du travail, qui est l'un des déterminants majeurs de l'efficacité productive, autrement dit de la productivité.

L'avènement d'un marché mondial au cours du dernier tiers du XXe siècle – dans le monde capitaliste dans un premier temps, puis à l'échelle planétaire depuis les années 1990 – n'a pas seulement démultiplié les opportunités de gains pour les entreprises. Il a offert un tremplin à de nombreux pays. [...] Plutôt que de se cantonner dans les avantages comparatifs statiques déterminés par les comparaisons de coût à un moment donné, [les pays asiatiques] se sont employés à construire de nouveaux avantages concurrentiels (automobile, informatique, etc.) grâce aux aides sélectives de l'État et à la mobilisation des ressources financières et productives offertes par la mondialisation économique. Mis en œuvre par la Chine, ce modèle n'a pas simplement transformé une économie autarcique en atelier industriel du monde. Il a fait d'elle une puissance technologique [...]. ■

Jacques Adda, « Qui sont les gagnants et les perdants du commerce international ? », *Alternatives économiques*, 4 janvier 2019.

© Decod'éco, France Télévisions.

L'ouverture internationale ne bénéficie pas à tous de la même manière

1 • Quels sont les gagnants et les perdants de la mondialisation ?

2 • Le commerce international est-il le seul responsable de la montée des inégalités ?

1 • **Lire** À quel phénomène fait référence le passage souligné ?

2 • **Analyser** L'ouverture au commerce international a-t-elle été le seul facteur à l'origine du développement de certains pays d'Asie ?

LE SAVIEZ-VOUS ?

La **mondialisation**, au sens économique, désigne l'accélération des échanges commerciaux et financiers à l'échelle mondiale et l'interdépendance entre les pays qui en découle.

DOC 3 Les gagnants et les perdants de l'internationalisation de la production en France

Évolution de la production en volume de l'industrie française depuis 2000

Branches de l'industrie manufacturière		France (en %)
Branches de haute technologie	Transport hors automobiles (aéronautique, ferroviaire, etc.)	+ 87
	Produits pharmaceutiques	+ 72
Branches de moyenne-haute technologie	Équipements électriques	–20
	Industrie automobile	–28
Branches de moyenne-basse technologie	Réparation, installation et produits manufacturiers divers	+ 7
	Métallurgie	– 10
Branches de basse technologie	Agro-alimentaire	+ 5
	Textile, habillement, cuir et chaussures	–51

Source : Insee, Comptes nationaux annuels.

La délocalisation[1] vers des pays à bas salaires a largement déterminé la situation des travailleurs peu qualifiés sur le marché du travail en France au cours de la période allant de 1995 à 2007. Les résultats confirment la vision largement répandue selon laquelle le commerce international engendre des gains de productivité, en permettant notamment d'obtenir des biens intermédiaires moins chers, ces gains n'étant toutefois pas répartis de façon égale entre les différents acteurs économiques. Pour tirer le meilleur parti de la mondialisation, il est par conséquent nécessaire de mettre en œuvre des politiques publiques, en matière notamment de formation professionnelle afin d'accompagner la transition vers des emplois plus qualifiés.

Juan Carluccio, Alejandro Cuñat, Harald Fadinger et Christian Fons-Rosen, « Les gagnants et les perdants de la mondialisation : la délocalisation profite aux travailleurs qualifiés et nuit aux travailleurs moins qualifiés », *Rue de la Banque*, n° 51, Banque de France, novembre 2017.

1. Arrêt d'une activité productive dans un pays et son transfert dans un pays étranger.

1 • **Lire** Que signifient les données entourées ?
2 • **Analyser** Depuis 2000, quelles sont les industries qui ont vu leur production augmenter en France ? diminuer ?
3 • **Expliquer** Expliquez le passage souligné dans le texte.
4 • **Déduire** Quelles sont les conséquences de l'évolution de la production industrielle sur l'emploi en France ? Faites le lien entre le tableau et le texte.

LE SAVIEZ-VOUS ?

Le **théorème Stolper-Samuelson** prévoit qu'avec l'ouverture internationale et la spécialisation qui l'accompagne, le prix du facteur de production sur lequel un pays se spécialise augmente (et inversement pour le facteur rare sur lequel il ne se spécialise pas). Ainsi, un pays spécialisé en travail va voir le prix du travail (salaire) augmenter et le prix du capital diminuer.

DOC 4 Les plus riches, de plus en plus riches ?

Part des revenus des 10 % les plus riches dans le revenu national dans quelques régions du monde de 1980 à 2016

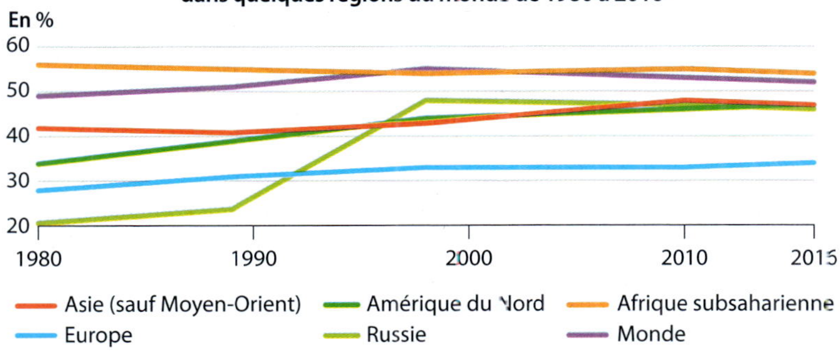

Source : World Inequality Database, 2019.

1 • **Lire** Comment ont évolué les revenus des 10 % les plus riches depuis 1980 dans le monde en Amérique du Nord et en Europe ?
2 • **Déduire** Que peut-on déduire des inégalités de revenus dans ces zones ?
3 • **Repérer** Cette évolution est-elle la même en Afrique subsaharienne ? Pourquoi ?

Faites le point

Vrai ou faux ? Justifiez votre réponse.

1. Le commerce international a augmenté le nombre de pauvres.
2. Le développement économique des pays émergents a largement contribué à diminuer la pauvreté absolue dans le monde.
3. Le développement des échanges a augmenté tous les types d'inégalités.
4. La mondialisation n'a pas d'effet univoque sur les inégalités : certains y gagnent et d'autres y perdent.

Prenez la parole

Carte mentale

- Par groupes de deux, préparez une carte mentale sur les effets du commerce international sur les inégalités.
- Présentez-la ensuite à la classe.

3 Le débat entre libre-échange et protectionnisme

OBJECTIF DU PROGRAMME : Comprendre les termes du débat entre libre-échange et protectionnisme.

DOC 1 Les droits de douane n'ont pas disparu

Top 3 des produits les plus taxés à l'entrée pour chaque pays (taux de droit de douane en %)

CORÉE DU SUD

Céréales et préparations	187,1
Produits laitiers	66
Fruits et légumes	58,6
Taux moyen appliqué	13,9

CHINE

Sucres et confiseries	28,7
Boissons et tabac	23,5
Céréales et préparations	23
Taux moyen appliqué	9,9

UNION EUROPÉENNE

Produits laitiers	35,4
Sucres et confiseries	23,6
Boissons et tabac	19,6
Taux moyen appliqué	5,2

ÉTATS-UNIS

Boissons et tabac	19,1
Produits laitiers	16,6
Sucres et confiseries	16,4
Taux moyen appliqué	3,5

CANADA

Produits laitiers	248
Produits d'origine animale	23,5
Céréales et préparations	20,5
Taux moyen appliqué	4,1

JAPON

Produits laitiers	65,7
Céréales et préparations	32,3
Sucres et confiseries	20,6
Taux moyen appliqué	4

MEXIQUE

Sucres et confiseries	31
Boissons et tabac	25,7
Produits d'origine animale	21,7
Taux moyen appliqué	7

BRÉSIL

Vêtements	35
Textiles	23,3
Produits laitiers	18,3
Taux moyen appliqué	13,5

AFRIQUE DU SUD

Vêtements	41
Boissons et tabac	19,9
Textiles	17,1
Taux moyen appliqué	7,7

Produits agricoles — Autres produits

Source : OMC, données 2016.

1 • **Lire** Dans quels pays les droits de douane sont-ils les plus élevés ?

2 • **Lire** Pour quels produits les droits de douane sont-ils les plus élevés ? Est-ce partout la même chose ?

3 • **Expliquer** Comment expliquer que les droits de douane s'appliquent de cette manière sélective ?

DOC 2 La concurrence internationale est favorable aux économies nationales

Nous subissons l'intolérable concurrence d'un rival étranger placé, à ce qu'il paraît, dans des conditions tellement supérieures aux nôtres, pour la production de la lumière, qu'il en inonde notre marché national à un prix fabuleusement réduit ; car, aussitôt qu'il se montre, notre vente cesse, tous les consommateurs s'adressent à lui, et une branche d'industrie française, dont les ramifications sont innombrables, est tout à coup frappée de la stagnation la plus complète. Ce rival [...] n'est autre que le soleil. [...]

Nous demandons qu'il vous plaise de faire une loi qui ordonne la fermeture de toutes fenêtres, lucarnes, abat-jour, contrevents, volets, rideaux, vasistas, œils-de-bœuf, stores, en un mot, de toutes ouvertures, trous, fentes et fissures, par lesquelles la lumière du soleil a coutume de pénétrer dans les maisons, au préjudice des belles industries dont nous nous flattons d'avoir doté le pays, qui ne saurait sans ingratitude nous abandonner aujourd'hui à une lutte si inégale. [...]

D'abord, si vous fermez, autant que possible, tout accès à la lumière naturelle, si vous créez ainsi le besoin de lumière artificielle, quelle est en France l'industrie qui, de proche en proche, ne sera pas encouragée ?

S'il se consomme plus de suif, il faudra plus de bœufs et de moutons, et, par suite, on verra se multiplier les prairies artificielles, la viande, la laine, le cuir, et surtout les engrais, cette base de toute richesse agricole. ■

Frédéric Bastiat, *Œuvres complètes*, vol. 4, 1854.

BIO SES

Frédéric Bastiat (1801-1850) est un économiste et homme politique, français. C'est un fervent défenseur du libre-échange et un critique virulent du protectionnisme. Il est resté célèbre notamment au travers de sa pétition des fabricants de chandelles.

1 • **Lire** Quel est le concurrent contre lequel ces fabricants de chandelles (fictifs) veulent se prémunir ?

2 • **Expliquer** Quelles solutions proposent-ils ?

3 • **Déduire** Quel but poursuit F. Bastiat avec ce texte ?

DOC 3 Les principales mesures protectionnistes et leurs effets

Principales mesures protectionnistes
- Droits de douanes
- Mesures sanitaires et environnementales
- Protection des producteurs domestiques
- Subventions aux producteurs domestiques

Avantages
- Favoriser la production et les emplois locaux
- Permettre aux industries naissantes de se développer (protectionnisme éducateur)

Inconvénients
- Risque de rétorsion des autres pays
- Hausse des prix
- Baisse de la productivité
- Avantage de certains secteurs politiquement influents

Source : lafinancepourtous.com.

En 2017, 467 nouvelles mesures protectionnistes ont été appliquées à l'échelle mondiale. Le rythme est plus faible que les années précédentes [...], mais le nombre total de mesures protectionnistes continue de croître.
[...] À noter, un usage croissant des taxes à l'importation et des mesures anti-dumping[1]. [...]
En Europe de l'Ouest, le Royaume-Uni cherche à attirer les entreprises étrangères sur son territoire en utilisant les leviers du financement du commerce et des incitations fiscales.
Sur les 4 dernières années, l'Allemagne et la Suisse figurent parmi les 10 pays les plus protectionnistes dans le monde (respectivement 4e et 6e). Les deux pays utilisent le financement du commerce pour promouvoir leurs secteurs forts (machines et équipement, aéronautique en particulier) à l'export. ■

« Le protectionnisme, une histoire américaine », www.eulerhermes.fr, 2 mars 2018.

1. Mesures d'un État contre un autre État qui améliore artificiellement la compétitivité de ses entreprises (baisse de la fiscalité, subventions à l'exportation...).

LE SAVIEZ-VOUS ?
Le **protectionnisme éducateur** est la protection temporaire des industries qui émergent, contre la concurrence étrangère, pour leur permettre de devenir compétitives.

1 • **Lire** Comment ont évolué les mesures protectionnistes ces dernières années ?
2 • **Lire** Quelles sont les principales mesures protectionnistes utilisées pour développer les économies nationales ? et pour les défendre ?
3 • **Analyser** Ces mesures bénéficient-elles à tous ? Sur le long terme, quels peuvent être leurs effets ?

DOC 4 Protectionnisme vs libre-échange

Les vices comparés du libre-échange et du protectionnisme alimentent la littérature depuis quelques siècles et se polarisent autour de deux questions.
La première et la plus ancienne est : un pays gagne-t-il à l'échange ce que l'autre perd ? Les mercantilistes[1] répondent affirmativement, ce qui prédispose aux guerres économiques. [...] Une variante plus modérée considère que tous les pays peuvent gagner, mais certains plus que d'autres, ce qui leur donne davantage de pouvoir et d'influence. Pour les libre-échangistes, cette question n'a pas lieu d'être et peu importe l'inégalité dans la répartition des gains. [Le] multilatéralisme et la coopération internationale [peuvent] établir des règles qui modèrent le libre-échange dans cette perspective. Les textes de l'OMC contiennent d'ailleurs déjà des dispositions allant dans ce sens (modulation du libre-échange en fonction du niveau de développement, instruments de défense commerciale...).
La seconde série de question est relative à la distribution interne. Même si le pays gagne globalement au libre-échange en s'approvisionnant moins cher à l'étranger ou en créant des emplois grâce aux exportations, certains secteurs, certains territoires ou certains travailleurs peuvent être perdants : baisse des salaires, précarisation, chômage. [...]
Le libre-échange partage les mêmes qualités et les mêmes défauts que le marché : il permet une allocation plus efficace des ressources, mais n'« internalise » pas certains coûts comme les coûts environnementaux et les coûts sociaux. ■

Jean-Marc Siroën, « Ce que le G20 devrait enfin envisager pour atteindre son objectif de sauver le libre-échange », www.atlantico.fr, 20 mars 2018.

1. Pour eux, l'enrichissement des nations se fait au moyen du commerce international et est un jeu à somme nulle.

1 • **Lire** Quelles sont les deux questions autour desquelles le débat libre-échange / protectionnisme se polarise ?
2 • **Expliquer** Quel est l'avantage essentiel du libre-échange par rapport au protectionnisme ? Quels sont ses inconvénients ?
3 • **Analyser** À quel problème répond le protectionnisme ?

Faites le point

Complétez le tableau suivant.

	Avantages	Inconvénients
Protectionnisme	...	...
Libre-échange	...	...

Prenez la parole

Débat
- **À l'aide des documents, préparez des arguments pour ou contre le protectionnisme et le libre-échange.**
- **Divisez ensuite la classe en deux groupes : l'un défend le libre-échange, l'autre le protectionnisme.**

Quels sont les fondements du commerce international et de l'internationalisation de la production ?

Synthèse

DYS

DOSSIER 1 Quels sont les fondements du commerce international ?

1 L'échange international de produits différents

- Historiquement, les premiers flux commerciaux et les premières théories du **commerce international** se sont concentrés sur les échanges entre pays différents. Dès 1817, Ricardo propose une analyse originale du commerce international. Pour lui, il est mutuellement bénéfique car chaque pays se spécialise dans la production où il est relativement le plus fort. Les pays ont intérêt à échanger dès lors que chacun a une **spécialisation** dans les productions où il possède des avantages en termes de coûts relatifs : c'est le début de la théorie des **avantages comparatifs**.

- Au XXe siècle, d'autres auteurs (Heckscher-Ohlin-Samuelson) moderniseront cette théorie en recherchant les causes de ces avantages comparatifs, notamment par les différences de **dotations factorielles**. La cause de la spécialisation de chaque pays dans telle ou telle production proviendrait de l'abondance ou de la rareté relatives des facteurs de production. Mais il est possible aussi de mettre en avant l'importance des différences de **dotations technologiques**. De ce point de vue, la spécialisation s'expliquerait par le niveau technologique atteint par un pays. Le type d'insertion de chaque pays dans le commerce international serait donc lié au degré d'avance technologique de chacun.

2 L'échange international entre pays comparables

- Dès lors, si le commerce international s'explique avant tout par les différences entre pays qui échangent des produits différents (drap contre vin dans l'exemple de Ricardo), ce qui correspond au **commerce interbranche**, comment expliquer la domination du **commerce intrabranche** dans les échanges internationaux et que ceux-ci se fassent entre pays ou territoires ayant des structures productives et technologiques comparables ?

- La réponse se trouve à la fois dans le mode de production et la nature des biens échangés. En effet, la **différenciation** de plus en plus grande des produits, aussi bien en termes de qualité que de variété, ainsi que le développement de l'internationalisation du processus productif, conduisent à la multiplication de tels échanges. C'est le résultat à la fois de la transformation des appareils productifs, et de la demande de différenciation et de diversité de la part des consommateurs. Ces derniers émettent une demande pour des produits diversifiés de plus en plus finement et les biens étrangers vont y répondre. Le commerce interbranche et le commerce intrabranche cohabitent puisque certains flux de commerce s'expliquent par les différences de produits, alors que d'autres échanges s'expliquent par la similitude des produits et des territoires.

VU EN PREMIÈRE

Marché concurrentiel : marché en CPP (en concurrence pure et parfaite), lieu de rencontre d'une multitude d'offreurs et d'une multitude de demandeurs sur lequel s'établit un prix de marché (ou d'équilibre) et une quantité d'équilibre.

NOTIONS DE TERMINALE

Avantages comparatifs : pour un pays (ou pour un acteur économique), fait d'avoir une productivité relative dans la production d'un bien (par rapport aux autres biens) supérieure à celle des autres pays (ou des autres acteurs). Ils peuvent être liés à des dotations factorielles ou technologiques, construits ou donnés.

DOSSIER 2 Quels sont les facteurs à l'origine de l'internationalisation de la production ?

1 Les liens entre productivité des entreprises et compétitivité des pays

- Avec l'ouverture croissante des échanges et la baisse des coûts des transports liés à **la mondialisation**, les firmes voient la pression concurrentielle s'accroître. La **compétitivité** des pays est étroitement liée à la capacité des entreprises et ces acteurs économiques à apparaître comme les plus efficaces. Deux types de compétitivité sont à distinguer : la **compétitivité-prix** essentiellement liée aux coûts de production, et la **compétitivité-hors prix** qui prend en compte de multiples facteurs.
- Les entreprises vont donc chercher à améliorer leur **productivité** afin de maintenir leurs parts de marché. Ce faisant, elles sont amenées à chercher parmi les pays ceux qui présentent les meilleurs avantages comparatifs pour chacune des phases de ce processus. Elles deviennent donc des **firmes multinationales**.

2 L'internationalisation de la chaîne de valeur accroît les échanges internationaux

- Cette internationalisation de la production amène la **chaîne de valeur** à s'internationaliser et à se fragmenter de manière croissante. Le même produit au cours de son processus de production va franchir de multiples frontières : pensé et crée dans un pays du Nord, il peut ainsi être assemblé dans plusieurs pays d'Asie avant de revenir pour être distribué dans les pays du Nord.
- Cette situation a des conséquences notamment sur la comptabilité du commerce international qui est ainsi amenée à surestimer certains flux commerciaux : il existe de plus en plus de mesure du commerce international évalué en valeur ajoutée.

DOSSIER 3 Quels sont les effets du commerce international ?

1 Les effets induits du commerce international sur les consommateurs et les producteurs

- La multiplication des échanges associée à ces transformations du processus productif (phénomènes liés à la mondialisation) a de multiples conséquences et notamment sur les producteurs et les consommateurs, à court et long termes. En effet, à court terme, sous les effets conjugués de la spécialisation, et de l'augmentation de la compétition au sein des **marchés concurrentiels** permises par le commerce international, les prix ont tendance à baisser : ceci bénéficie évidemment aux consommateurs mais aussi aux producteurs qui voient le prix de leurs biens intermédiaires baisser.
- Mais dans le même temps, et à plus long terme, les firmes subissent une **concurrence** accrue qui les oblige à modifier leur processus de production (**délocalisations**), à innover ou, pour les moins performantes, à disparaître, ce qui a également de multiples conséquences.

NOTIONS DE TERMINALE

Chaîne de valeur : ensemble des étapes du processus productif permettant à un secteur ou une entreprise d'obtenir un avantage concurrentiel.

Commerce international : ensemble des flux de biens et de services circulant entre différents espaces économiques nationaux.

Compétitivité : capacité d'un secteur, d'un territoire ou d'une entreprise à maintenir et augmenter ses parts de marché dans un contexte de concurrence.

Compétitivité-prix (ou coût) : pour un pays ou une entreprise, fait d'avoir un avantage concurrentiel en termes de prix, notamment en ayant un coût de production plus faible.

Compétitivité-hors prix **(ou hors coût) :** pour un pays ou une entreprise, autres avantages compétitifs hors coût de production (innovation, qualité, infrastructures, image de marque, fiscalité...).

Différenciation : différences entre deux biens proches. Elle est verticale lorsqu'elle porte sur la qualité (entraînant une différence de prix), et horizontale lorsqu'il s'agit d'une simple différence de variété.

Dotations factorielles : ensemble des facteurs de production (travail, capital, ressources naturelles) dont dispose un pays.

Dotations technologiques : ensemble des technologies (niveau de capital sous ses différentes formes) dont dispose un pays.

Productivité : mesure d'efficacité d'un processus de production qui se calcule par le rapport entre la production réalisée (en valeur ou en volume) et le ou les facteur(s) de production utilisé(s) (souvent le travail).

Spécialisation : pour un pays, fait de produire essentiellement un même bien (et de l'exporter).

2 Les effets induits du commerce international sur les inégalités

- Pour certains secteurs et acteurs économiques (notamment les moins aptes à s'adapter), l'ouverture internationnale peut avoir des conséquences importantes : faillites, pression à la baisse sur les salaires, augmentation du chômage... Et par là même, elle a conduit à une augmentation des **inégalités** internes à certains pays, notamment entre travailleurs qualifiés et non qualifiés, territoires et secteurs exposés à la concurrence ou épargnés...
- Mais les effets sur les inégalités de l'ouverture internationale sont complexes puisque celle-ci, en permettant la croissance et le développement de certains pays émergents (notamment asiatiques), a conduit une part non négligeable de la population mondiale à sortir de la pauvreté en réduisant ainsi les inégalités entre certains pays. Et dans le même temps, le commerce international a conduit à favoriser encore davantage la position des mieux dotés.

VU EN PREMIÈRE

Gains à l'échange : avantages procurés aux offreurs et demandeurs qui échangent.

3 Le débat entre libre-échange et protectionnisme

- Comme le montre l'actualité récente, ces effets sur les inégalités ont contribué à réactiver un débat ancien opposant les tenants du **libre-échange** aux défenseurs du **protectionnisme**. Les premiers mettent en avant les **gains à l'échange** liés à l'ouverture internationale alors que les seconds vont défendre la limitation de cette ouverture afin de protéger les secteurs et les acteurs pour lesquels le commerce international peut présenter un danger à court ou long terme.
- Le besoin de protection sera d'autant plus facilement mis en avant que les catégories qui bénéficient de la protection sont réduites alors que les bénéfices du libre-échange sont plus diffus. Ils seront donc plus facilement entendus. Chacune de ces positions présente des avantages et des inconvénients, mais pas pour les mêmes acteurs (producteurs nationaux ou étrangers, consommateurs...), et laisse une place importante aux régulations étatiques pour corriger les effets perçus comme négatifs du commerce international.

NOTIONS DE TERMINALE

Inégalités : différence qui se traduit par un avantage ou un handicap à partir d'une échelle de valeurs validée par la société.

Libre-échange : doctrine politique consistant en une libre circulation des biens et services, capitaux et des normes par-delà les frontières nationales.

Protectionnisme : doctrine politique visant à protéger les frontières nationales des importations considérées comme menaçantes (contre l'emploi ou la sécurité nationale par exemple).

Repères

Un mécanisme

Les avantages comparatifs et leurs causes

L'échange international se fonde sur les différences de dotations de facteurs de production (HOS) et sur les différences de technologie. Chaque pays se spécialise dans la production du bien dont la production utilise le facteur le plus abondant ou le niveau technologique présent dans le pays.

Un concept

Chaîne de valeur

Michael Porter a initié l'idée de chaîne de valeur mettant en avant la coordination dans une organisation entre les centres de production. L'internationalisation a permis aux entreprises de produire tout ou partie de leur production à l'étranger et les a poussées à chercher toujours plus d'avantages concurrentiels.

Un auteur clé

David Ricardo (1772-1823)

Économiste britannique, c'est un fervent défenseur du libre-échange, notamment au nom des avantages comparatifs que le commerce international générerait. Il s'oppose à la perspective mercantiliste selon laquelle l'échange international serait un jeu à somme nulle.

Schéma bilan

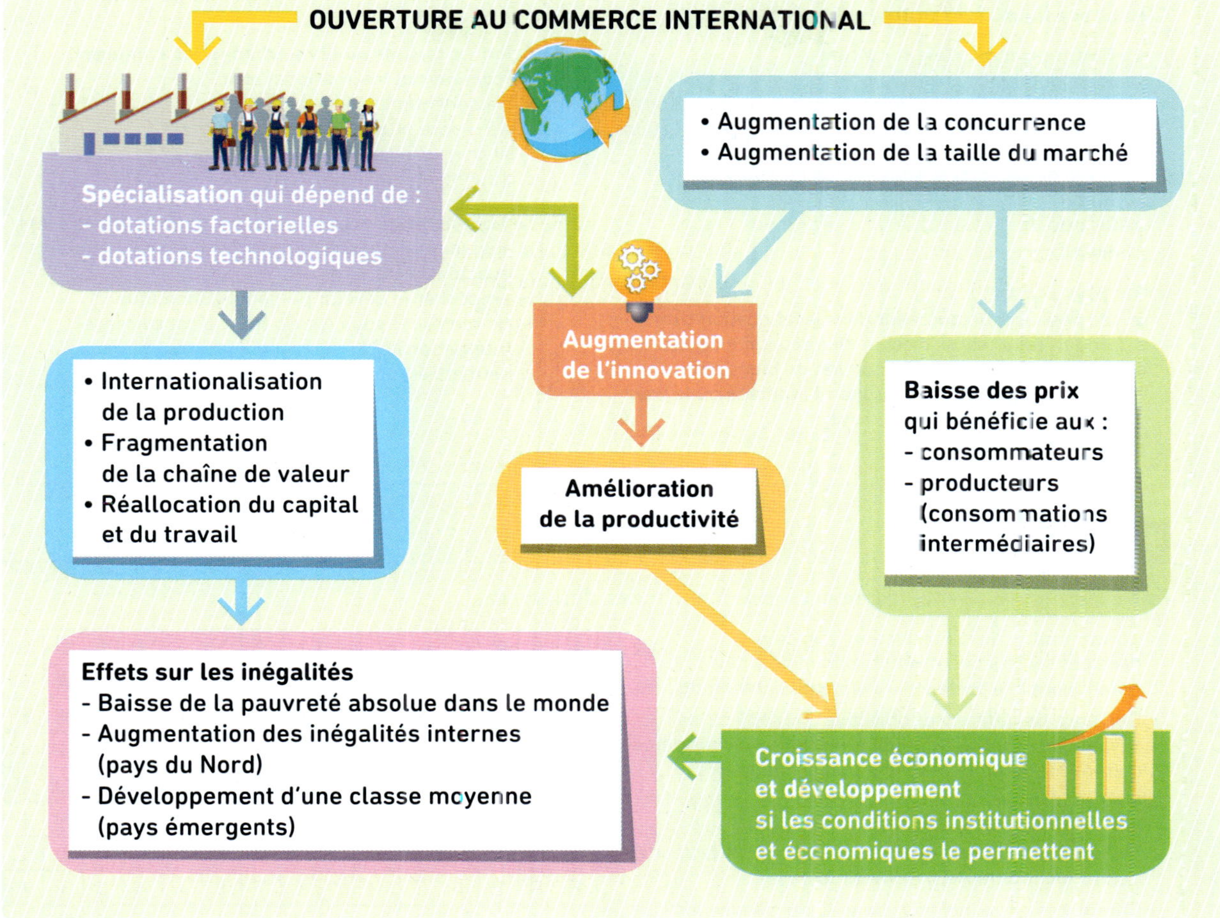

Prolongements

Un site

WORLD INEQUALITY LAB

www.wid.world/fr

Le laboratoire sur les inégalités mondiales, fondé notamment par Thomas Piketty, construit la base de données sur les inégalités mondiales (Worl Inequality Database) en accès libre, ainsi que le rapport sur les inégalités mondiales.

Un podcast

« Les promesses du développement : le tabou protectionniste »

Tiphaine de Rocquigny, *Entendez-vous l'éco ?*, France Culture

Un podcast présentant les avantages du protectionnisme dans le processus de développement économique et social des pays.

Un film

***American Factory* : un milliardaire chinois en Ohio**

Steven Bognar et Julia Reichert, 2019

Documentaire relatant le rachat d'une usine dans l'Ohio par un milliardaire chinois. Il illustre la pression à la baisse sur les salaires entrainée par l'ouverture internationale et la fragmentation de la chaîne de valeur.

Je vérifie mes connaissances

CORRIGÉS ➡ PAGE 471

Plus d'exercices en numérique — bordas Flash PAGE — exercices interactifs

Exercice 1

Choisissez la (ou les) bonne(s) réponse(s).

1 • La balance commerciale se calcule :
a. par la différence entre exportations et importations
b. par la différence entre importations et exportations
c. par la multiplication entre exportations et importations

2 • La thèse des avantages comparatifs est due à :
a. Smith
b. Ricardo
c. Bastiat

3 • Un pays a intérêt à :
a. se spécialiser uniquement dans la fabrication d'un produit pour lequel il est le plus productif absolument
b. se spécialiser dans la production de biens pour lesquels il possède le plus grand avantage ou le plus petit désavantage relativement
c. ne pas se spécialiser

4 • Selon les tenants du libre-échange, les avantages du commercial international sont :
a. d'augmenter la pauvreté
b. de rendre plus efficace la production et donc d'augmenter la croissance
c. d'augmenter la richesse globale

5 • Le libre-échange peut avoir les inconvénients suivants :
a. augmenter les inégalités de revenus entre territoires et acteurs économiques
b. empêcher le développement économique de territoires soumis trop tôt à la concurrence internationale
c. permettre trop de croissance

Exercice 2

Retrouvez dans la grille les mots cachés à partir des définitions.

1 • Concentration de la production d'un pays dans des secteurs ou produits particuliers liée notamment à la présence d'avantages comparatifs.

2 • Existence de différences objectives ou subjectives faisant que deux biens proches ne sont pas considérés comme identiques par tous les consommateurs.

3 • Mesure d'efficacité d'un processus de production qui se calcule par le rapport entre la production réalisée (en valeur ou en volume) et le ou les facteur(s) de production utilisé(s) (souvent le travail).

4 • Différences entre individus ou groupes d'individus qui se traduisent en termes d'avantages ou de désavantages et qui peuvent fonder une hiérarchie entre ces individus ou groupes.

A	S	P	E	C	I	A	L	I	S	A	T	I	O	N
I	V	I	T	E	B	J	U	C	T	I	V	F	A	S
B	I	U	V	M	N	O	R	A	S	A	F	I	R	M
M	S	P	E	P	I	V	I	T	E	I	A	L	I	I
D	I	F	F	E	R	E	N	C	I	A	T	I	O	N
M	I	E	U	T	S	A	R	A	L	E	E	U	M	E
U	C	T	I	V	G	U	I	L	L	G	B	N	L	G
F	S	P	E	T	I	V	I	T	E	A	A	S	T	A
I	A	L	I	I	R	S	P	E	A	L	L	C	H	L
F	I	R	M	V	D	B	E	U	H	J	O	U	E	I
A	T	I	M	I	I	A	L	I	J	I	V	I	T	T
I	A	L	I	T	J	D	O	U	F	I	R	M	D	E
U	C	T	I	V	I	A	L	I	S	P	E	O	V	S
K	D	P	R	O	D	U	C	T	I	V	I	T	E	H

Exercice 3

Les affirmations suivantes sont-elles vraies ou fausses ? Justifiez votre réponse.

1 • Le commerce international permet à tous les acteurs économiques d'augmenter leurs revenus.
2 • Les avantages comparatifs conduisent les pays à se spécialiser.
3 • L'ouverture internationale n'a pas d'effets sur la productivité.
4 • L'internationalisation de la production conduit à biaiser la manière traditionnelle de mesurer le commerce international.
5 • Les mesures protectionnistes visent à protéger les producteurs domestiques.
6 • Le libre-échange permet automatiquement et à lui seul le développement économique.
7 • La mondialisation est un des facteurs expliquant la hausse des inégalités dans les pays industrialisés.

J'utilise mes connaissances

Exercice 1 Appliquer les avantages comparatifs

Cas 1 : supposons une économie dans laquelle deux pays, le Mexique et les États-Unis, produisent une certaine quantité de voitures et de tissus nécessitant un certain nombre d'heures de travail pour une unité produite. Chaque pays dispose au total de la même quantité d'heures de travail, 300 h. Les coûts de production, évalués en heures de travail, sont résumés par le tableau suivant.

Coût en heures de travail d'une voiture et d'un rouleau de tissu (avant ouverture au commerce international)

	Mexique	États-Unis
Voiture	100	200
Tissu	200	100

1 • Combien chaque pays produit-il de voitures et de tissu ?

2 • Si les États-Unis se spécialisent dans le tissu et le Mexique dans les voitures, combien produisent-ils au total ?

3 • Comment l'expliquer ?

Cas 2 : maintenant supposons que leurs coûts en travail sont les suivants.

	Mexique	États-Unis
Tissu	120	100
Voiture	200	100
Prix du rouleau de tissu exprimé en voitures	...	...

4 • Quel pays est le plus productif absolument ?

5 • Complétez la dernière ligne du tableau en déterminant pour chaque pays le nombre de voitures obtenu avec un rouleau de tissu. Pour quel pays ce prix est-il le moins élevé ?

6 • Les États-Unis ont-ils intérêt à se spécialiser dans le tissu comparativement au Mexique ?

Exercice 2 Représenter les effets de l'ouverture internationale sur l'offre et les prix

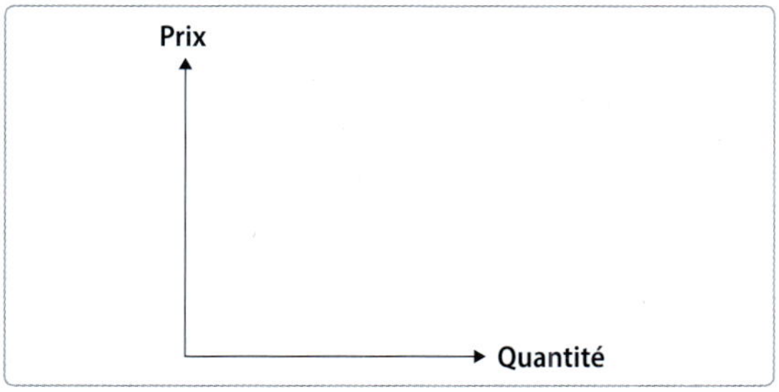

1 • Représentez sur le plan ci-contre : la demande domestique, l'offre domestique, le prix et les quantités d'équilibre avant ouverture au commerce international.

2 • Hachurez le surplus des consommateurs et des producteurs.

3 • Représentez l'offre totale, le nouveau prix et les quantités d'équilibre après ouverture internationale.

4 • Hachurez les nouveaux surplus des consommateurs et des producteurs dans d'autres couleurs que celles choisies précédemment.

Je construis ma fiche de révision

Fiche téléchargeable lycee.editions-bordas.fr

À l'aide des pages « L'essentiel » et de vos connaissances, retrouvez les éléments clés du chapitre et complétez votre fiche de révision.

Quels sont les fondements du commerce international et de l'internationalisation de la production ?

NOTIONS CLÉS
- spécialisation
- ...

CONNAISSANCES FACTUELLES
- effets du commerce international sur les prix
- ...

ANALYSES THÉORIQUES
- avantages comparatifs
- ...

IDÉES PRINCIPALES
- Le commerce international s'explique par les différences entre pays
- ...

TRAVAUX DIRIGÉS

Décrypter une matrice des échanges du commerce international

OBJECTIFS : Comprendre les grands flux du commerce international et leur lien avec la proximité géographique à partir d'une matrice des échanges ; lire un tableau à double entrée complexe. Savoir-faire 8 p. 413

Matrice des échanges, tous produits en 2007 (lignes bleues) et 2017 (lignes blanches)
(en % du commerce mondial : 13 246 milliards de dollars en 2007, 16 380 milliards de dollars en 2017)

Zones exportatrices \ Zones importatrices	Amérique du Nord	Amérique du Sud	UE à 28	Autres Europe	CEI[1]	Afrique, Proche- et Moyen-Orient	Japon	Chine	Autres Asie du Nord et du Sud-Est	Asie du Sud et Océanie	Monde
Amérique du Nord	**6,6**	0,9	2,1	0,2	0,1	0,5	0,6	0,6	1,0	0,4	13,0
	6,4	1,0	1,9	0,3	0,1	0,5	0,5	1,0	1,0	0,4	13,0
Amérique du Sud	1,2	**1,1**	0,8	0,0	0,1	0,2	0,1	0,3	0,2	0,1	4,1
	0,8	**0,8**	0,5	0,1	0,1	0,2	0,1	0,6	0,2	0,2	3,1
Union européenne à 28	3,2	0,6	**26,1**	2,2	1,3	2,1	0,5	0,8	1,1	0,1	39,3
	3,1	0,6	**21,5**	2,1	0,9	2,1	0,4	1,4	1,3	0,1	34,1
Autres Europe	0,3	0,0	2,2	**0,1**	0,1	0,2	0,1	0,1	0,1	0,1	3,3
	0,4	0,1	1,9	**0,1**	0,1	0,4	0,1	0,2	0,2	0,2	3,6
CEI[1]	0,2	0,1	1,9	0,3	**0,8**	0,2	0,1	0,2	0,1	0,1	3,9
	0,1	0,0	1,3	0,2	**0,6**	0,2	0,1	0,4	0,2	0,1	3,2
Afrique, Proche- et Moyen-Orient	1,4	0,2	1,9	0,2	0,0	**0,8**	0,9	0,6	1,3	0,1	8,0
	0,6	0,1	1,4	0,3	0,0	**1,2**	0,5	1,1	1,1	0,9	1,3
Japon	1,3	0,2	0,8	0,1	0,1	0,3	**0,0**	1,0	1,5	0,2	5,4
	0,9	0,1	0,5	0,1	0,0	0,2	**0,0**	0,9	1,3	0,2	4,3
Chine	2,1	0,4	2,3	0,2	0,4	0,1	0,9	**0,0**	1,5	0,6	9,6
	3,6	0,7	2,5	0,3	0,5	1,3	1,0	**0,0**	2,8	1,2	13,8
Autres Asie du Nord et du Sud-Est	1,6	0,2	1,4	0,1	0,1	0,5	0,9	2,2	**2,7**	0,1	10,5
	1,9	0,3	1,4	0,2	0,1	0,6	0,9	3,2	**3,5**	1,0	13,1
Asie du Sud et Océanie	0,4	0,1	0,5	0,0	0,0	0,4	0,3	0,3	0,5	**0,3**	3,0
	0,5	0,1	0,6	0,1	0,0	0,6	0,2	0,7	0,7	**0,4**	3,9
Monde	18,8	3,8	40,6	3,5	3,2	6,0	4,3	6,0	10,0	3,8	**100,0**
	18,4	3,7	33,6	3,1	2,5	1,2	3,1	9,4	12,4	5,3	**100,0**

1. Communauté des États indépendants (Arménie, Azerbaïdjan, Biélorussie, Géorgie, Kazakhstan, Kirghizstan, Moldavie, Ouzbékistan, Russie, Tadjikistan, Turkménistan, Ukraine).

Source : CEPII, base de données Chelem-Commerce international.

Étape 1 Comprendre le document et en repérer les informations essentielles

Vous devez faire attention aux informations, celles qui contribuent à donner du sens aux données.

1 • Où se trouvent les zones importatrices ? les zones exportatrices ?

2 • Quelle est l'unité du tableau ?

Quand il y a des proportions, soyez attentif(ve)s à l'ensemble auquel elles se rapportent, en particulier s'il y a une évolution.

3 • Comment a évolué le total du commerce mondial entre 2007 et 2017 ?

4 • Quelle conséquence cela peut-il avoir sur les proportions présentes dans le tableau ?

Étape 2 Faire des calculs pour comprendre les valeurs de la matrice

Dans une matrice de données, vous devez porter une attention particulière aux marges du tableau et à l'ensemble auquel on se réfère. Les calculs vous aident à vous repérer. Vous devez comparer les valeurs de chaque cellule aux données générales.

1 • Quel est le taux de variation du commerce mondial entre 2007 et 2017 ?

2 • L'UE à 28 importe-t-elle relativement plus que les autres pays de l'Europe ou de l'ensemble du monde ?

Étape 3 Lire et comprendre les données

Ce tableau présente des pourcentages sur deux années. Pour être sûr(e) de ne pas vous tromper, commencez par les marges du tableau et la diagonale. Savoir-faire 8 p. 413

1 • Quel est le sens de la dernière ligne ? de la dernière colonne ?

2 • Que signifie la diagonale du tableau ?

3 • Faites une phrase avec chacune des données entourées.

Étape 4 Tirer des analyses de l'exploitation du document

Analysez les données exploitées en repérant les valeurs les plus fortes et les plus faibles mais aussi celles qui s'écartent le plus des marges du tableau. C'est la comparaison qui donnera du sens.

1 • Quels sont les trois plus grands centres du commerce international ? Justifiez avec des données.

2 • En quoi l'UE à 28 représente-t-elle un cas particulier pour le commerce international ?

3 • Le commerce international privilégie-t-il la proximité géographique ?

Analyser un sujet de dissertation

Exemple de sujet : Pourquoi échange-t-on des biens et des services au niveau international ?

1. Repérez les notions permettant de délimiter le sujet

L'analyse d'un sujet de dissertation nécessite de bien comprendre les termes (notions et mots clefs) qui le composent.

Quelles sont les notions économiques et sociologiques permettant de déterminer le thème du sujet ? Quel est ce thème ?

2. Repérez les mots clés qui précisent le sens du sujet, son type et le type de réponse qu'il implique

Quel est le mot clé de ce sujet ? À l'aide du tableau suivant, déterminez de quel type de sujet il s'agit et ce que l'on vous demande de faire.

Formulation	Que me demande-t-on de faire ?
– Peut-on dire que… – Faut-il… – Vous vous demanderez si… – Vous vous interrogerez sur… – … est-il toujours / jamais…	– Ces types de formulation nécessitent une discussion : l'affirmation qui suit peut-elle être contredite ou largement nuancée ? – Souvent, cela revient à savoir à quelles conditions une affirmation se vérifie ou non et, par là, à la nuancer.
– Comment… – Expliquez… – Montrez que… – Analysez… – Quelles sont les raisons… – Quels sont les liens entre…	– Ce sont des formulations qui vous invitent à expliquer des relations entre différents éléments, mécanismes ou processus. – Souvent, il faut donc s'interroger sur ce qui est la cause / conséquence de quoi, et sur les relations entre les phénomènes.

3. Définissez les notions et mots clés du sujet

La compréhension des notions et mots clefs du sujet permet de comprendre correctement ce qui est demandé et d'éviter le hors-sujet.

Voici la réponse d'un(e) élève :

Le sujet demande de s'arrêter sur les échanges internationaux qui sont les biens échangés entre les résidents d'une nation et le reste du monde. Le « pourquoi » du sujet porte sur les raisons de l'évolution de ces échanges (importance et structure).

a. Sa réponse est-elle juste et complète ? Pourquoi ?

b. Rédigez une réponse correcte.

4. Délimitez le cadre spatio-temporel

Voici la réponse d'un(e) élève :

Ici, il est nécessaire de se pencher uniquement sur les échanges internationaux de la France avec le reste du monde sur la période contemporaine, c'est-à-dire depuis vingt ans.

a. Cette réponse vous semble-t-elle correcte ? Pourquoi ?

b. Comment délimiteriez-vous le cadre spatio-temporel de ce sujet ?

RÉCAP Méthode

Dans le Cahier BAC, La méthode complète p. 426

Dans une dissertation, pour analyser le sujet, il faut :

- repérer et définir les notions économiques et sociales contenues dans le sujet,
- repérer et définir les mots clefs du sujet,
- repérer et définir le type de sujet qui vous est proposé,
- délimiter le cadre spatio-temporel.

Dans le Cahier BAC
- La méthode de la dissertation, p. 426
- Une dissertation corrigée, p. 430

Sujet guidé - Épreuve de dissertation (20 points) 4 heures

SUJET *Gagne-t-on toujours au commerce international ?*

DOCUMENT 1

Croissance du volume du commerce des marchandises et du PIB au niveau mondial (2011-2020)

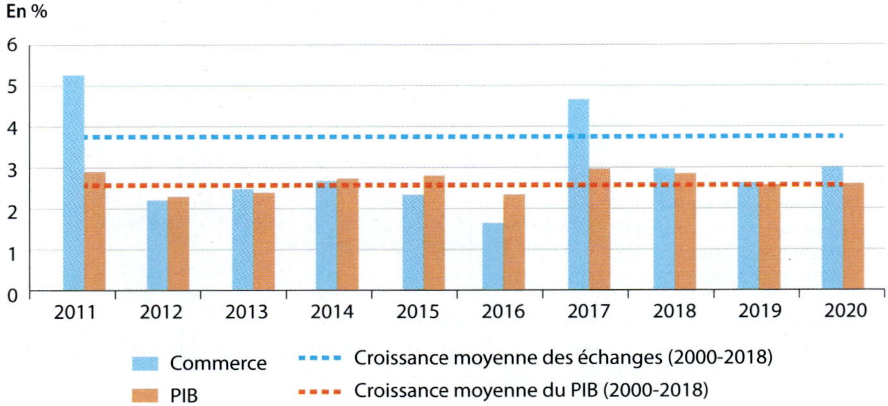

Note : données provisoires pour 2019 et 2020.

Source : « La croissance du commerce mondial s'essouffle alors que les tensions commerciales persistent », FMI, avril 2019.

DOCUMENT 2

Emplois en France sous contrôle étranger, par pays d'origine en 2017

Pays	Nombre d'emplois
États-Unis	532 800
Allemagne	324 400
Suisse	265 200
Pays-Bas	200 500
Grande-Bretagne	184 600
Belgique	131 500
Japon	98 600
Suède	78 900
Luxembourg	71 400

Emplois en France sous contrôle étranger, par pays d'origine en 2017

Pays	Nombre d'emplois
Italie	64 900
Espagne	61 500
Danemark	36 600
Irlande	29 300
Canada	21 700
Finlande	17 400
Chine	16 200
Hong Kong	14 000
Autriche	12 300

Source : « Mondialisation, compétitivité et innovation », *Insee Références*, édition 2019.

DOCUMENT 3

Entre 2014 et 2016, 70 % des PME ayant délocalisé l'ont fait vers l'Europe, dont 63 % vers l'Union européenne (UE). L'Europe est également la destination privilégiée par celles qui créent *ex nihilo* des activités à l'étranger. L'Afrique, en raison de sa proximité avec la France et de l'usage du français dans certains pays, fait aussi partie des zones d'accueil privilégiées, aussi bien pour la délocalisation (22 %) que pour la création *ex nihilo* d'activités à l'étranger (17 %).

Entre 2014 et 2016, les PME ayant délocalisé l'ont surtout fait pour réduire les coûts. 72 % d'entre elles citent la réduction du coût de la main-d'œuvre comme une motivation importante ou très importante. Viennent ensuite la réduction des autres coûts (41 %) et l'accès à de nouveaux marchés (36 %). Sur la même période, elles se sont principalement heurtées à quatre obstacles : les barrières linguistiques ou culturelles, l'inquiétude des employés ou des syndicats en France, le besoin de proximité avec leurs clients et l'incertitude sur la qualité des biens et des services fournis à l'étranger. Chacun de ces obstacles est évoqué par une PME sur trois.

Entre 2014 et 2016, 1,5 % des PME ont relocalisé au moins une de leurs activités ou l'ont envisagé sans le faire, principalement pour retrouver une proximité à la fois géographique, linguistique et culturelle. Les difficultés managériales dues à l'éloignement, à la langue ou aux différences culturelles sont un facteur déterminant pour la moitié d'entre elles. De plus, parmi celles-ci, deux PME sur cinq ont relocalisé leur activité en raison principalement des temps de livraison trop longs pour les clients et de la qualité insuffisante des biens et des services fournis à l'étranger. ■

« Chaînes d'activité mondiale des PME », *Les entreprises en France, Insee Références*, 2019.

DOCUMENT 4

Part des importations provenant des pays dotés d'une abondante main-d'œuvre non qualifiée dans le total des importations manufacturières

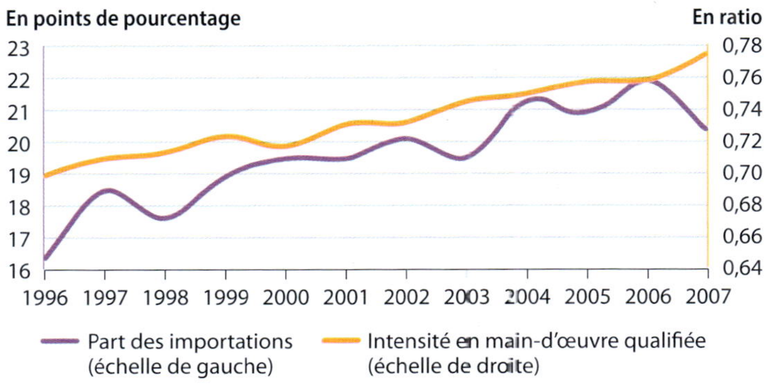

Note : L'intensité en main-d'œuvre qualifiée correspond au ratio emploi qualifié / emploi non qualifié dans le secteur manufacturier.

Données : Direction générale des douanes et droits indirects) ; base de données DADS, Insee ; calculs des auteurs.

Source : **Juan Carluccio**, **Harald Fadinger**, **Christian Fons-Rosen** et **Alejandro Cuñat**, « Les gagnants et les perdants de la mondialisation : la délocalisation profite aux travailleurs qualifiés et nuit aux travailleurs moins qualifiés », *Rue de la Banque*, n° 51, Banque de France, 2017.

Méthode appliquée

La DISSERTATION en 4 étapes

1 Analyser le sujet et le problématiser

- Commencez par identifier les notions du programme et définissez-les. Ici, il s'agit de définir « commerce international ».
- Repérez les autres mots clés qui permettent d'identifier le type de sujet et la consigne.
- Une fois les contours du sujet précisés, interrogez-vous sur ses enjeux : quel est son objectif ? Pour quelle(s) raison(s) vous invite-t-on à y réfléchir ?

2 Exploiter les documents et les relier à ses connaissances

- Cherchez d'abord comment chaque document apporte des éléments de réponse au sujet.
- Faites ensuite le lien entre les informations contenues dans les documents et vos connaissances de cours, en repérant notamment des chiffres, évolutions ou notions clés. Par exemple, dans le document 1, pourquoi a-t-on mis en relation « commerce international des marchandises » et « PIB » ? Que constate-t-on ? Quels chiffres sont les plus importants à retenir ici ?
- Identifiez les informations principales et les chiffres clés des trois autres documents.

3 Construire un plan

- Demandez-vous en quoi les informations des documents se complètent. Par exemple, le document 1 montre que la croissance du commerce international est à la fois corrélée au PIB et qu'elle a été plus forte que celle du PIB ; le document 4 montre que la part des importations françaises provenant des pays à main-d'œuvre non qualifiée abondante n'a cessé d'augmenter. Cherchez le lien entre les autres documents.
- Mettez ensuite en relation les informations issues des documents et vos connaissances pour construire des arguments et regroupez-les afin de former deux à trois parties (comprenant chacune deux ou trois sous-parties). Chacune doit être organisée autour d'une idée, d'un argument et d'un exemple.

4 Rédiger

- Commencez par rédiger l'introduction et la conclusion.
- Rédigez votre développement en suivant votre plan et la méthode AEI (➡ Cahier BAC p. 427).

Dans le Cahier BAC
- La méthode complète de l'EC, p. 428
- Autres sujets blancs, p. 450

Sujet blanc - Épreuve composée (4 heures)

PARTIE 1 • Mobilisation des connaissances *(4 points)*

- Expliquez la relation entre « spécialisation », « dotation factorielle » et « dotation technologique ».

PARTIE 2 • Étude d'un document *(6 points)*

1 • Que signifient les données pour l'Amérique du Nord ?

2 • À l'aide du document et de vos connaissances, montrez que le commerce international ne se distribue pas de manière uniforme.

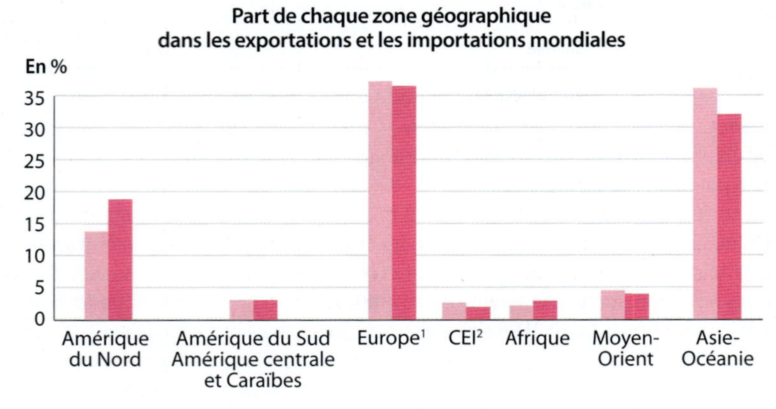

1. L'Union européenne représente 90 % du trafic commercial de l'Europe.
2. Communauté des États indépendants (dont fédération de Russie), y compris États associés et anciens États membres.

Données : OMC, 2016.
Source : *Chiffres clés*, Insee, décembre 2018.

PARTIE 3 • Raisonnement s'appuyant sur un dossier documentaire *(10 points)*

SUJET *À l'aide de vos connaissances et du dossier documentaire, vous montrerez pourquoi certains pays mènent des politiques protectionnistes.*

DOCUMENT 1

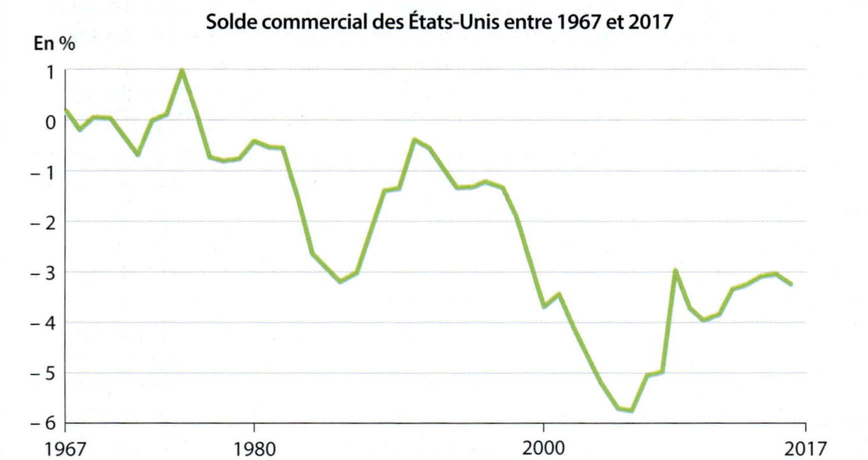

Source : *Profil pays*, CEPII, 2020.

DOCUMENT 2

Droits de douane concernant la France : taux appliqués préférentiels[1] selon les filières et les stades de production (en %)		
	Taux appliqués aux importations françaises	Taux appliqués aux exportations françaises
Ensemble	2,1	5,5
Filière		
Énergie	0,1	2,2
Agroalimentaire	9,6	18,2
Textile	7,2	8,6
Mécanique	1,3	2,4
Véhicules	5,7	6,8
Stade de production		
Primaires	0,4	12
Manufacturés de base	1,9	3,2
Biens intermédiaires	1,6	3,9
Biens d'équipement	1	2,5
Produits mixtes	5,7	9,7
Biens de consommation	5,1	7

1. Taux le plus bas applicable par pays, en tenant compte des accords préférentiels.

DOCUMENT 3

Les données de l'Organisation mondiale du commerce (OMC) permettent de mesurer le niveau de protectionnisme des pays à travers les droits de douane qu'ils appliquent aux importations des autres pays. [...] Parmi les pays du G20, la Corée du Sud, l'Argentine, le Brésil et l'Inde figurent parmi les plus protectionnistes sur le plan tarifaire. À l'inverse, l'Australie, les États-Unis, le Japon et le Canada sont les moins protectionnistes.

[...] Indéniablement, la Corée du Sud est par exemple plus protectionniste que l'Australie. Ainsi, en 2016, la Corée du Sud a appliqué un taux moyen de droits de douane de 13,9 % aux importations de ses partenaires de l'OMC. Dans le même temps, le taux appliqué par l'Australie n'était que de 2,5 %. Autrement dit, pour un produit importé d'une valeur de 100 euros, la Corée du Sud prélève 13,90 euros de taxes quand l'Australie ne prélève que 2,50 euros.

Tous les pays, quel que soit leur niveau « général » de protectionnisme, mettent en œuvre un protectionnisme « ciblé » sur certains secteurs. [...] Le Canada illustre parfaitement cette situation. Le pays est globalement peu protectionniste (taux moyen de 4,10 %) mais il applique des droits de douane extrêmement élevés (248,9 %) sur les produits laitiers importés. De quoi décourager les autres pays d'exporter des produits laitiers vers le Canada, ce qui favorise les producteurs locaux. Pour tous les pays du G20, les secteurs agricoles (produits laitiers, produits d'origine animale, sucre, céréales...) figurent parmi les plus protégés ■

Guillaume Poingt, « Protectionnisme : quels sont les pays qui se protègent le plus ? » *Le Figaro*, 13 mars 2018.

Dans le Cahier BAC, p. 460
La méthode complète pour réussir le Grand oral

Préparation - Épreuve du Grand oral

20 minutes

Préparer sa question en 4 étapes

1 Trouver sa question en lien avec son projet d'orientation

1 Voici des questions possibles en lien avec différents domaines d'étude.

1 Qui sont les gagnants et les perdants de la mondialisation en France ?	*Sciences économiques, Sciences politiques, Géographie*
2 Comment expliquer les échanges commerciaux entre la France et l'Allemagne ?	*Sciences économiques, Sciences politiques, Géographie*
3 L'économie française est-elle compétitive ?	*Sciences économiques, Écoles de commerce*
4 Le libre échange est-il souhaitable pour tous les pays ?	*Sciences économiques, Relations internationales*
5 La politique protectionniste menée par Donald Trump est-elle efficace ?	*Sciences économiques, Sciences politiques, Relations internationales*

Choisissez la question que vous voulez traiter parmi celles ci-dessus, ou proposez une autre question. Justifiez votre choix en lien avec votre projet d'orientation.

2 Mobiliser des connaissances pour préparer la réponse à la question choisie

- Commencez par réviser le chapitre et identifiez les notions, connaissances et mécanismes à mobiliser pour répondre à votre question. ➡ Cahier BAC p. 460.

2 Répondez aux questions suivantes pour définir la notion de compétitivité en lien avec la question 3.

a. Comment définir la compétitivité d'un pays ?
b. Quels sont les facteurs de compétitivité-prix pour un pays ?
c. Quels sont les facteurs de compétitivité-hors prix pour un pays ?

- Puis faites des recherches complémentaires pour approfondir votre maîtrise du sujet. Terminez en réalisant une carte mentale qui synthétise l'ensemble de vos connaissances sur la question. ➡ p. 144 et p. 402.

3 Préparer la réponse argumentée à la question choisie

- Pour vous aider à organiser vos arguments :
  - Commencez par noter les connaissances rassemblées lors de l'étape 2 sur des post-it.
  - Posez ensuite tous vos post-it sur une table et regroupez-les autour de deux ou trois grands thèmes, puis organisez-les à l'intérieur de chaque thème. Pensez à distinguer les arguments des explications et des exemples.

3 Voici des exemples de post-it pour la réponse à la question 3. Organisez-les selon les conseils donnés ci-dessus.

En 2019, la France se situe à la 15e place du classement du *World Economic Forum* sur la compétitivité des pays.

Le recul des parts de marché de la France s'explique avant tout par une dégradation de la compétitivité-hors prix.

Le coût du travail au niveau du salaire minimum est globalement au même niveau en France et en Allemagne.

- La qualité des infrastructures de transport est un atout important pour attirer les entreprises étrangères.

- Terminez la préparation de votre réponse argumentée. ➡ Cahier Bac p. 461.

4 Concevoir un support pour le jour J

- Préparez un support à destination du jury : plan, carte mentale, schéma, tableau...

4 Complétez le support (carte mentale) pour la question 3.

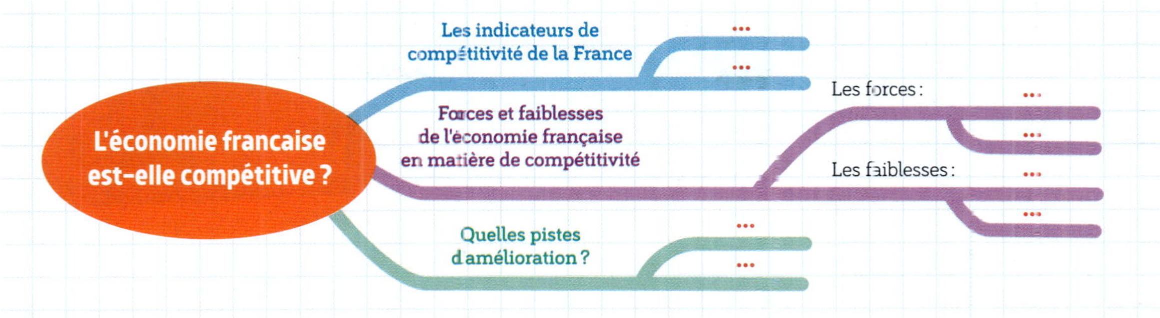

S'entraîner pour le jour J

1. Présenter sa question devant le jury

5 ORAL

- Reprenez la réponse argumentée que vous avez préparée (étape 3) et présentez-la debout et sans notes devant deux camarades.
- Demandez-leur de vous évaluer en utilisant la grille d'évaluation. ➥ Cahier BAC p. 463-464.

2. Préparer l'entretien avec le jury

6 ORAL Voici des exemples de questions de connaissances (a, b) et d'approfondissement (c, d) pour la question 3.

a. Quelle différence faites-vous entre la compétitivité d'une entreprise et celle d'un pays ?

b. Qu'est-ce qu'un avantage comparatif ?

c. Quel est l'impact du Brexit sur la compétitivité de l'économie française ?

d. Quels pays de l'Union européenne présentent une meilleure compétitivité-hors prix que la France ?

- Après avoir présenté votre question devant vos deux camarades (exercice 5), ces derniers vous posent des questions de connaissances et d'approfondissement.
- Ils évaluent votre capacité à interagir avec le jury en en utilisant la grille d'évaluation ➥ Cahier BAC p. 470.

3. Maîtriser sa posture debout et assis(e) *Compétence orale*

- Que vous soyez debout (pour présenter votre question) ou assis(e) (pendant l'entretien, si vous le souhaitez) trouver une posture adéquate vous aidera à vous sentir à l'aise, à faire porter votre voix et à renvoyer une image positive de vous au jury. La bonne posture est celle qui est à la fois stable et confortable.

À faire

- Si vous êtes debout :
  - tenez-vous bien droit(e), les pieds ancrés dans le sol, légèrement écartés ;
  - ayez les genoux souples et les épaules ouvertes ;
  - maintenez votre tête droite, de manière à regarder vers le jury ;
  - restez stable : évitez de vous balancer d'un pied sur l'autre.
- Si vous êtes assis(e) :
  - soyez bien calé(e) sur votre chaise, sans donner l'impression d'être affalé(e) ;
  - ne croisez pas les bras : posez les avants-bras et les mains sur la table ;
  - maintenez votre buste droit ou légèrement en avant ;
  - posez vos pieds à plat sur le sol ;
  - restez stable : ne vous balancez pas sur la chaise.

7 ORAL

- **Debout :** prenez le temps de trouver votre posture idéale puis prenez la parole. Chantez une de vos chansons préférées, récitez un poème, décrivez la météo, racontez votre journée, le dernier film que vous avez vu... Répétez l'exercice jusqu'à ce que vous vous sentiez parfaitement à l'aise.
- **Assis(e) :** faites le même exercice dans cette posture.
- **Lorsque vous pensez avoir trouvé une posture adaptée debout et assis(e), recommencez les exercices précédents devant un camarade.**

Demandez-lui de vous évaluer de 1 (très insuffisant) à 4 (très satisfaisant) selon les critères suivants :

- La posture montre que l'élève est à l'aise.
- La posture renvoie l'image d'un(e) élève sérieux-se.
- La posture montre que l'élève est engagé(e) et concentré(e).

CHAPITRE 3

Comment lutter contre le chômage ?

Un cas pour réfléchir

3,1 %, c'est le taux de chômage de l'Allemagne en 2019, deux fois et demie moins que celui de la France…

Y aurait-il un « miracle » allemand ? une potion magique anti-chômage ? Les Allemands seraient-ils moins fainéants ? Ou alors la France indemniserait-elle trop ses chômeurs et le coût du travail y serait-il trop élevé ? Les mini-jobs allemands seraient-ils la solution ?

Et vous, qu'en pensez-vous ?

Comment lutter contre le chômage… et contre les idées reçues ?

VU EN PREMIÈRE

Asymétrie d'informations • Marché concurrentiel • Politique monétaire

NOTIONS DE TERMINALE

Appariement (ou *match*) • Chômage • Chômage classique • Chômage conjoncturel • Chômage structurel • Coût du travail • Demande globale • Flexibilité du marché du travail • Fluctuations économiques • Friction • Inadéquation des compétences • Inadéquation spatiale • Institution • Politique de formation • Politiques de l'emploi • Politiques macroéconomiques (de relance) • Protection de l'emploi • Rigidité du marché du travail • Salaire d'efficience • Salaire minimum • Sous-emploi • Taux de chômage • Taux d'emploi

Une vidéo pour débattre

La rupture conventionnelle collective

Source : France Télévisions

Peut-on licencier et embaucher en même temps ?

SOMMAIRE

DOSSIER 1 Comment appréhender le chômage ?

1. Définir et mesurer le chômage : une opération complexe 82
2. Panorama du chômage : des situations différenciées en France et au niveau mondial 84

DOSSIER 2 Quelles sont les causes du chômage ?

1. Un coût du travail trop élevé peut être à l'origine du chômage 86
2. Le rôle de la protection de l'emploi dans le chômage structurel 88
3. Les problèmes d'appariements, source de chômage structurel 90
4. Les fluctuations de l'activité économique, source du chômage conjoncturel 92

DOSSIER 3 Quelles politiques de l'emploi pour lutter contre le chômage ?

1. Lutter contre le chômage classique par des politiques d'allègement du coût du travail 94
2. Lutter contre le chômage conjoncturel par des politiques macroéconomiques de soutien de la demande 96
3. Lutter contre le chômage structurel par la flexibilité 98
4. Lutter contre le chômage structurel en améliorant les appariements : le rôle positif des institutions 100

L'ESSENTIEL 102
Synthèse • Repères • Schéma bilan • Prolongements

RÉVISER 105
Je vérifie mes connaissances • J'utilise mes connaissances • Je construis ma fiche de révision

TRAVAUX DIRIGÉS 108
Arbitrer : réduire le coût du travail permet-il de faire baisser le chômage ?

BAC MÉTHODE & ENTRAÎNEMENT 109
- Exploiter un tableau statistique pour répondre aux questions de la partie 2 de l'épreuve composée
- Sujet guidé : épreuve composée
- Sujet blanc : épreuve de dissertation
- Préparation : épreuve du Grand oral

1 Définir et mesurer le chômage : une opération complexe

OBJECTIFS DU PROGRAMME : Savoir définir le chômage et le sous-emploi ; connaître les indicateurs de taux de chômage et de taux d'emploi.

Questionnez-vous ! Qu'est-ce qu'un chômeur ?

Je travaille à mi-temps dans un supermarché, mais j'aimerais travailler à temps complet.

J'ai fini mes études et je suis inscrit à Pôle emploi.

Je suis lycéenne en terminale et j'aimerais faire une école de commerce.

Je suis programmateur chez Google, mais j'aimerais changer de carrière.

Je n'ai pas d'emploi et je n'en cherche pas.

J'ai un petit boulot d'une heure par semaine et j'envoie des CV pour trouver un emploi à temps plein.

1 • Qui peut affirmer « Je suis au chômage » ? Pourquoi ?

2 • Trouvez deux questions successives qui permettent de reconnaître un chômeur et posez-les à votre voisin(e).

3 • Quelle est la différence entre un chômeur et un inactif ? entre un chômeur et un actif occupé ?

DOC 1 Les définitions du chômage

AUJOURD'HUI, le chômage est mesuré par **deux indicateurs** rendus publics chaque trimestre

€ Le nombre d'inscrits à Pôle emploi en **catégorie A**

CATÉGORIE A
Personnes sans emploi pendant le mois

CATÉGORIE B
Personnes en activité réduite *(jusqu'à 78 h / mois)*

CATÉGORIE C
Personnes en activité réduite *(plus de 78 h / mois)*

→ *tenues de rechercher activement un emploi*

CATÉGORIE D
Personnes sans emploi non disponibles dans l'immédiat *(en formation, en arrêt maladie, etc.)*

CATÉGORIE E
Personnes sans emploi, non tenues de rechercher activement un emploi *(créateurs d'entreprise, contrats aidés)*

BIT Le taux de chômage au sens du **BIT**[1] mesuré par l'Insee *via* un sondage auprès de

110 000 PERSONNES

Pour le BIT, un chômeur est une personne :

- **en âge de travailler (15 ans ou plus)**
- **sans emploi** pendant une semaine de référence
- **disponible** pour prendre un emploi dans les quinze jours
- **en recherche d'emploi** au cours du mois précédent *ou en ayant trouvé un qui commence dans moins de trois mois*

1. Bureau international du travail.

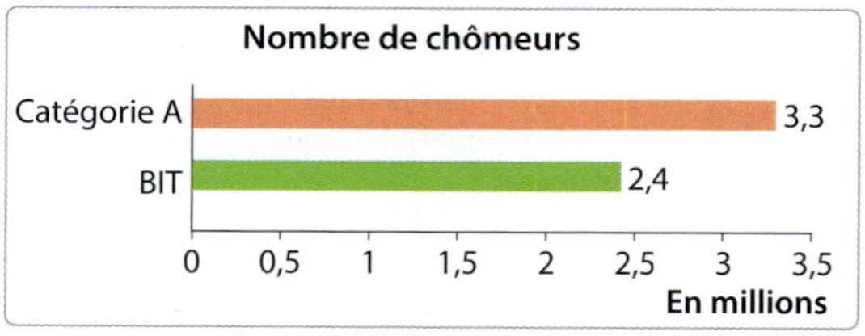

Source : données Pôle emploi et BIT, 2019.

NOTION DE TERMINALE

Taux de chômage : mesure la part des chômeurs dans la population active (en %). On divise le nombre de chômeurs par le nombre de personnes actives (en emploi ou au chômage).

1 • **Repérer** Par quelle méthode les deux organismes Pôle emploi et BIT comptabilisent-ils les chômeurs ?

2 • **Comparer** Comparez les définitions du chômage au sens du BIT et au sens de Pôle emploi catégorie A.

3 • **Illustrer** Donnez un exemple de chômeur BIT qui ne le serait pas au sens de Pôle emploi et inversement.

4 • **Analyser** Comment peut-on expliquer les écarts entre le nombre de chômeurs dénombrés par le BIT et le nombre de ceux dénombrés par Pôle emploi ?

DOC 2 Le chômage BIT sous-estime le chômage effectif : le sous-emploi et le halo du chômage

Ses limites [de la catégorie de chômage au sens du BIT] ont donné lieu à l'apparition de nouvelles catégories [...]. La première catégorie, celle de halo du chômage, reflète la difficulté à appréhender le caractère volontaire ou contraint du non-emploi – et les limites de la séparation entre chômeurs et inactifs. L'Insee recense les personnes sans emploi qui déclarent dans l'enquête Emploi souhaiter travailler, qui ne sont pas considérées comme chômeurs mais comme inactives au sens du BIT, car ne satisfaisant pas au moins à l'un des deux autres critères (recherche active et disponibilité dans les deux semaines suivant l'enquête). [...] À la frontière du chômage et de l'emploi, [la catégorie de sous-emploi] regroupe, selon la définition du BIT, « toutes les personnes pourvues d'un emploi salarié ou non, qu'elles soient au travail ou absentes du travail, et qui travaillent involontairement moins que la durée normale du travail dans leur activité, et qui sont à la recherche d'un travail supplémentaire ou disponibles pour un tel travail durant la période de référence ».

Jérôme Gautié, « Au-delà des chiffres de l'emploi et du chômage », *Idées économiques et sociales*, n° 185, mars 2016.

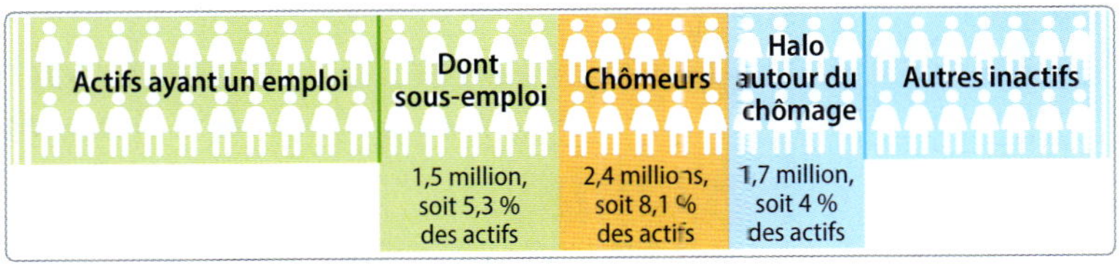

Source : données Insee, 4e trimestre, 2019.

Le chômage masqué

1 • Quels sont les deux phénomènes que masque le taux de chômage au sens du BIT ?

2 • À combien se chiffrerait le chômage si on intégrait ces deux phénomènes ?

3 • Pourquoi l'analyse du chômage ne peut se limiter au taux de chômage BIT ?

1 • **Illustrer** Donnez un exemple de personne en sous-emploi et un autre de personne qui appartient au halo du chômage.

2 • **Distinguer** Quelle est la différence entre halo du chômage et sous-emploi ?

3 • **Mesurer** Quelle part du chômage effectif est sous-estimée par la définition du chômage BIT selon les données chiffrées ?

DOC 3 Deux indicateurs complémentaires : taux de chômage et taux d'emploi

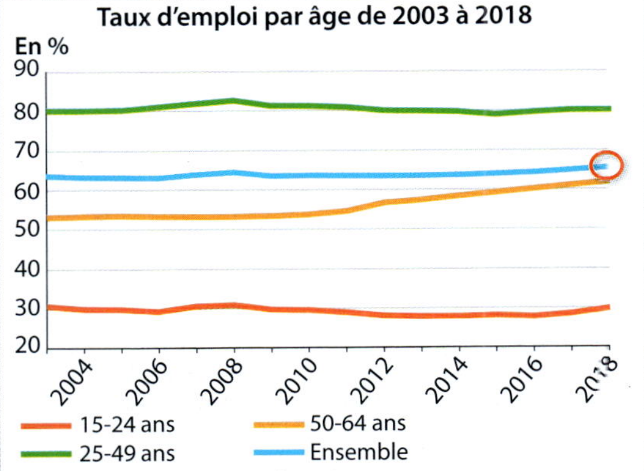

Champ : France, population des ménages.

Source : enquête Emploi 2018, séries longues sur le marché du travail, Insee.

Taux de chômage		Taux de chômage de longue durée (+1 an)	
En % de la population active	*Chômeurs en milliers*	En % de la population active	*Chômeurs de longue durée en milliers*
8,1	*2 400*	3,2	*1 000*

Champ : France métropolitaine.

Source : données Insee, 4e trimestre, 2019.

1 • **Lire** Que signifient les données du tableau ?

2 • **Calculer** Calculez la part du chômage de longue durée en pourcentage des chômeurs (tableau).

3 • **Lire** Que signifie la donnée entourée dans le graphique ?

4 • **Comparer** Comparez les taux d'emploi selon l'âge dans le graphique.

Faites le point

Complétez le tableau suivant.

La mesure du chômage			
Chômage BIT	Taux de chômage	Taux d'...	Sous-emploi
• ... • ... • ...	... / ... ×100	Actifs occupés / Population 15-64 ans ×100	Ensemble des personnes qui ...

Prenez la parole

Pitch

- Vous êtes invités dans une émission pour parler des chiffres du chômage en trois minutes maximum.
- Par groupes de trois montrez, pourquoi la mesure du chômage est complexe. Chacun présente un argument.

2 Panorama du chômage : des situations différenciées en France et au niveau mondial

OBJECTIF DU PROGRAMME : Connaître les indicateurs de taux de chômage.

DOC 1 En France : des inégalités face au chômage

Taux de chômage par catégorie socioprofessionnelle ou par diplôme en 2017 et 2018

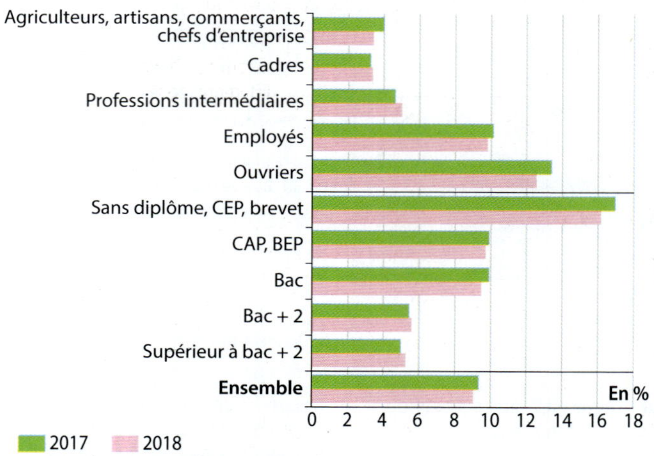

Note : il s'agit de la catégorie socioprofessionnelle du dernier emploi occupé.
Champ : France hors Mayotte, population des ménages, personnes actives.

Source : enquêtes Emploi 2017 et 2018, Insee.

Nombre de chômeurs et taux de chômage en 2019 selon l'âge et le sexe

	Chômeurs (en milliers)	Taux de chômage (en %)		
		Ensemble	Femmes	Hommes
15-24 ans	568	20	18,9	20,8
25-49 ans	1 327	7,4	7,6	7,3
50 ans ou +	528	5,8	5,6	6,1
Ensemble	2 424	8,3	8,0	8,1

Source : données Insee, 4e trimestre 2019.

1 • **Lire** Que signifient les données entourées ?

2 • **Analyser** Repérez les caractéristiques sociales du chômage en France (âge, sexe, PCS, diplôme).

3 • **Calculer** Combien de fois un ouvrier a-t-il plus de risques d'être au chômage par rapport à un cadre ? un jeune par rapport à la moyenne ? un diplômé bac + 2 par rapport à un sans-diplôme ? Savoir-faire 1 p. 404

DOC 2 Dans l'UE : une grande hétérogénéité des taux de chômage

Taux de chômage en mai 2019

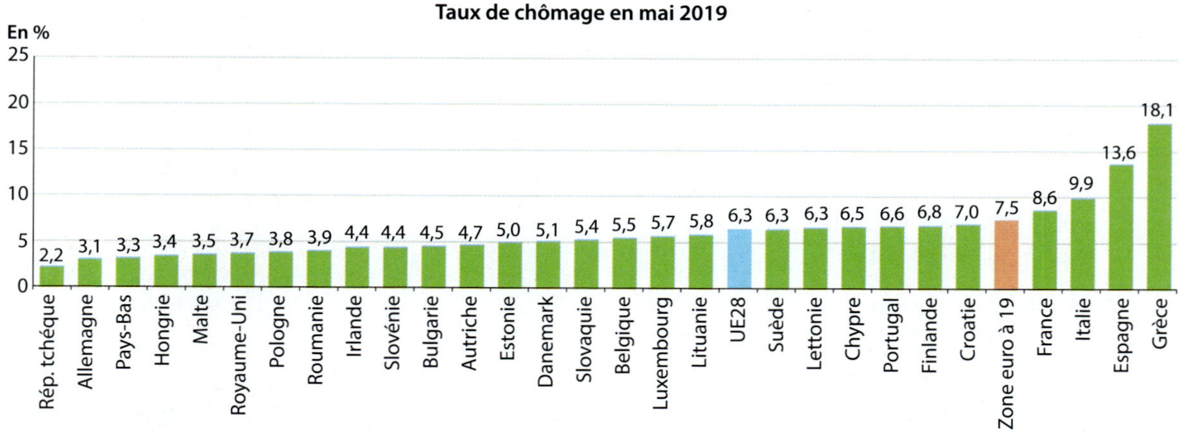

Note : données corrigées des variations saisonnières. Pour le Royaume-Uni et la Grèce, données de mars 2019. Pour la Hongrie et l'Estonie, données d'avril 2019.

Source : données Eurostat, 2019

1 • **Repérer** À combien s'établit le taux de chômage au niveau européen ?

2 • **Comparer** Comment se situe la France au niveau européen ?

3 • **Analyser** Comparez la situation des pays au sein de l'Europe en effectuant des regroupements de pays.

DOC 3 Dans l'OCDE : une évolution contrastée des taux de chômage

Évolution du taux de chômage au sein de l'OCDE[1] de 2005 à 2019

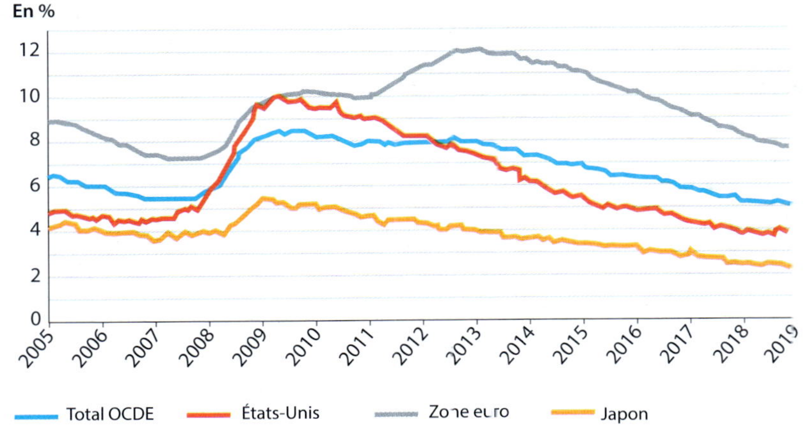

1. Organisation internationale réunissant 37 pays qui fournit des données harmonisées et des analyses économiques à l'échelle nationale ou mondiale. Elle promeut la libéralisation économique.

Source : données OCDE, au 1er août de chaque année.

1 • **Calculer** Calculez l'écart en points entre le taux de chômage OCDE en 2005 et en 2019.

2 • **Repérer** Les pics de chômage sont-ils atteints partout aux mêmes dates ?

3 • **Comparer** Comparez l'évolution du taux de chômage dans les différentes zones.

DOC 4 Dans l'OCDE : un chômage de longue durée inégal

Taux de chômage de longue durée dans l'OCDE

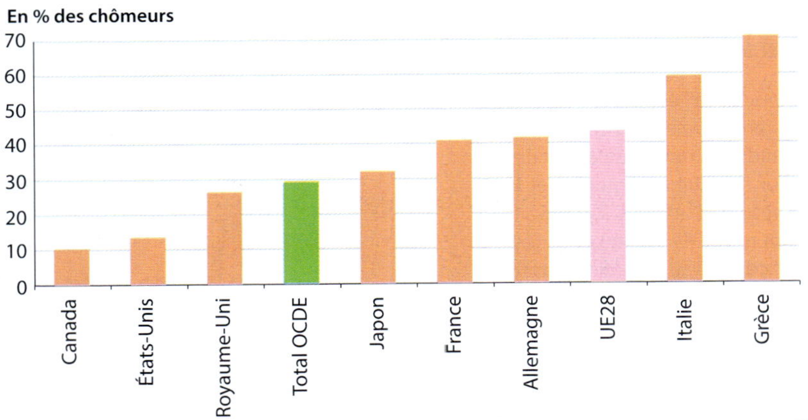

Source : données OCDE.

1 • **Repérer** Quel est le pourcentage de chômage de longue durée au sein de l'OCDE ?

2 • **Calculer** Calculez l'écart entre le taux de chômage de longue durée moyen au sein de l'OCDE et celui de la France.

3 • **Analyser** Montrez l'hétérogénéité des situations au sein de l'OCDE.

Faites le point

Complétez la carte mentale.

Les inégalités face au chômage

- En France, touche davantage : ...
- Évolution du chômage dans l'OCDE : ...
- En Europe, exemples de pays à faible / fort chômage : ...
- Taux de chômage de longue durée : ...

Prenez la parole

Argumentation

- Chaque élève dresse le portrait type du chômeur en France mais aussi en Europe et dans l'OCDE puis présente un aspect discriminatoire du chômage.

1 Un coût du travail trop élevé peut être à l'origine du chômage

OBJECTIFS DU PROGRAMME : Comprendre les effets (positifs ou négatifs) des institutions sur le chômage structurel (notamment salaire minimum) ; comprendre que les asymétries d'information (salaire d'efficience) sont source de chômage structurel.

Questionnez-vous ! Le salaire minimum est-il trop élevé en France ?

Le salaire minimum brut chez nos voisins, en 2018

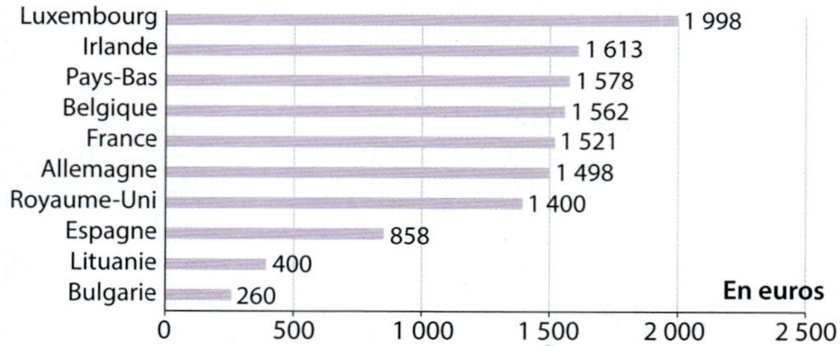

Note : six pays européens n'ont pas de SMIC : Autriche, Chypre, Danemark, Finlande, Suède et Italie.

Source : données Eurostat, 2019.

1• Quel est le message du dessin ?

2• Est-il confirmé par les chiffres du graphique ?

3• En quoi un SMIC élevé pourrait-il être une cause du chômage ?

DOC 1 L'analyse néoclassique : un salaire trop élevé conduit au chômage classique

Pour les économistes d'inspiration néoclassique, le travail est un bien comme les autres qui s'échange sur un marché [...]. La rencontre entre offres de travail (émanant de la population active) et demandes de travail (émanant des employeurs) détermine simultanément le taux de salaire d'équilibre et le niveau d'emploi d'équilibre. L'offre de travail résulte d'un arbitrage travail-loisir : les travailleurs comparent l'utilité de leur travail (le salaire) et sa désutilité (le temps de loisir en moins). Plus le prix du travail est élevé, plus ils sont incités à proposer et vendre leurs services [...] au détriment des loisirs [...] on en déduit que l'offre de travail est une fonction croissante du salaire réel. La demande de travail repose sur le calcul maximisateur de l'employeur : un chef d'entreprise emploie un salarié supplémentaire jusqu'au stade où celui-ci rapporte autant qu'il lui coûte, c'est-à-dire jusqu'au point où la productivité marginale du travailleur égalise le taux de salaire. Comme les rendements des biens et du travail sont décroissants, la demande globale est d'autant plus forte que le salaire est bas. [...]. Par conséquent, la demande de travail est une fonction décroissante du salaire réel.

L'intersection des deux courbes détermine un point d'équilibre qui assure l'égalité entre l'offre et la demande de travail. [...] le chômage ne peut-être que volontaire (il correspond à la situation d'individus qui refusent de travailler au salaire que fixe le marché) ou transitoire (une période d'ajustement est nécessaire pour que la modification des salaires réels permette le retour à l'équilibre). Un chômage involontaire durable ne peut provenir que de dysfonctionnements du marché du travail qui se manifestent par une rigidité (à la baisse en particulier) du salaire. L'existence de syndicats (pour faire pression sur les salaires), celle d'un salaire minimum, d'allocations chômage, de conventions collectives... sont autant de freins, de rigidités qui empêchent les mécanismes de marché de jouer leur rôle équilibrant. ■

Patrick Pourcel, *Le chômage*, Bréal, coll. Thèmes et débats, 3e éd., 2016.

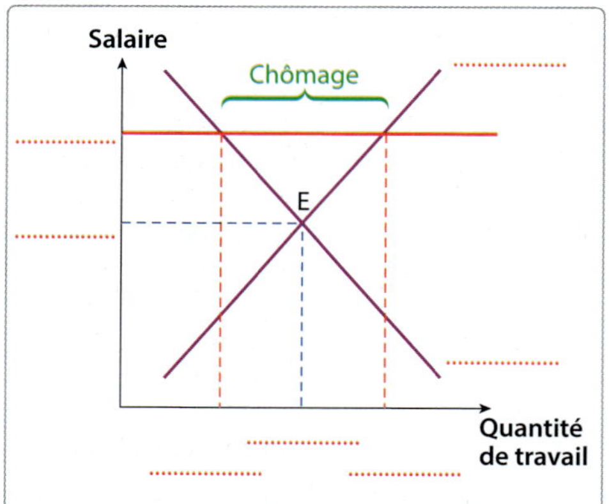

1• **Représenter** Complétez le graphique avec les termes suivants.
offre – demande – salaire d'équilibre – salaire minimum – quantité de travail d'équilibre – quantité de travail offerte – quantité de travail demandée

2• **Expliquer** Que signifie la pente de la courbe d'offre et de la courbe de la demande ?

3• **Analyser** Quelles sont la cause et la nature du chômage pour les néoclassiques ?

4• **Analyser** En quoi le salaire minimum peut-il être un frein à l'emploi ?

DOC 2 Un coût du travail trop élevé en France ?

La décomposition du coût du travail

1. Contribution sociale généralisée. 2. Contribution au remboursement de la dette sociale.

Coût horaire de la main-d'œuvre[1] dans les pays de l'UE en 2018

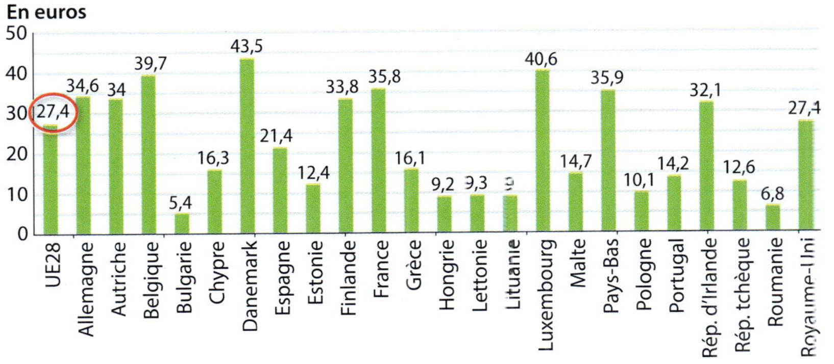

1. Industrie, construction et services (sauf administration publique et Sécurité sociale obligatoire).

Source : données Eurostat, Niveaux du coût de la main-d'œuvre, 2019.

1 • **Expliquer** À l'aide du schéma, montrez que le salaire net n'est pas le seul déterminant du coût du travail.

2 • **Lire** Que signifie la donnée entourée ?

3 • **Calculer** Calculez l'écart entre le coût du travail en France et celui en Bulgarie.

4 • **Comparer** Le coût du travail en France est-il plus élevé que celui des autres pays européens ?

DOC 3 Les salaires d'efficience, à l'origine d'un chômage structurel

D'une certaine manière, le chômage qui apparaît en présence de salaire d'efficience est identique à celui qui provient de l'existence de lois sur le salaire minimum ou de l'existence des syndicats. Dans ces trois cas, le chômage est le résultat de salaires supérieurs au niveau qui équilibre la quantité offerte et de demandes de travail. [...] Pourquoi les firmes voudraient-elles laisser les salaires à un niveau élevé ? Cette décision peut sembler étrange à première vue puisque les salaires représentent une partie importante des coûts de ces firmes. [...] L'originalité de la théorie des salaires d'efficience est d'expliquer que payer des salaires élevés peut être profitable car cela peut augmenter l'efficacité des travailleurs employés par la firme. [D'abord] afin d'avoir des travailleurs productifs et en bonne santé. [Ensuite] plus une firme paie ses travailleurs, et moins ces derniers choisiront de la quitter [...]. Un troisième type d'explication souligne le lien existant entre les salaires et l'effort des travailleurs [...]. Tous les tire-au-flanc ne sont pas confondus immédiatement car le contrôle est coûteux et imparfait. [...] Des salaires élevés rendent les travailleurs plus empressés de garder leur emploi et par conséquent les incitent à faire de leur mieux. [Enfin], lorsqu'une firme embauche des nouveaux travailleurs, elle ne peut pas évaluer parfaitement la qualité des postulants. En payant un salaire plus élevé, la firme attire des postulants de meilleure qualité. ■

N. Gregory Mankiw et **Mark P. Taylor**, *Principes de l'économie*, De Boeck Supérieur, 5e éd., 2019.

1 • **Définir** Qu'est-ce qu'un salaire d'efficience ?

2 • **Expliquer** Expliquez le passage souligné.

3 • **Analyser** Quelles sont les deux informations dont ne dispose pas l'employeur sur son travailleur ?

4 • **Analyser** Quels sont les avantages pour un employeur de verser un salaire d'efficience ?

Faites le point

Complétez le tableau suivant.

Nature du marché du travail	Un marché comme les autres / pas comme les autres
Définition graphique du chômage	C'est quand l'offre de travail est ... à la demande de travail
Origine du chômage	...
S'explique par l'existence de...	...
Nature du chômage	...

Prenez la parole

Carte mentale

- **Par groupes de deux, préparez une carte mentale sur le rôle du coût du travail dans le chômage.**
- **Présentez-la à la classe.**

2 Le rôle de la protection de l'emploi dans le chômage structurel

OBJECTIF DU PROGRAMME: Comprendre les effets (positifs ou négatifs) des institutions sur le chômage structurel (notamment règles de protection de l'emploi).

DOC 1 Le code du travail, une cause du chômage ?

Sondage

Si les entreprises peuvent licencier plus facilement, pensez-vous qu'elles embaucheront plus facilement ?

Ne se prononcent pas : 1 %.

Source : d'après un sondage *OpinionWay* pour les éditions Tissot sur le code du travail et les salariés, août 2017.

NOTION DE TERMINALE

Protection de l'emploi : ensemble des règles régissant le contrat de travail (conditions d'embauche et de licenciement, en particulier) pour les contrats permanents (CDI) mais aussi temporaires (CDD, intérim). Elle détermine le degré de rigidité de l'emploi.

1 • **Lire** Quel est le message du dessin ?

2 • **Illustrer** Un licenciement pour motif personnel doit être motivé par une cause réelle et sérieuse. Par groupes de deux, recherchez deux exemples possibles et deux motifs non valables.

3 • **Analyser** Quel lien peut-on faire entre le message du dessin et le résultat du sondage ?

DOC 2 Comment la rigidité réglementaire conduit-elle au chômage structurel ?

« Pour le patron d'une PME ou TPE, un investisseur étranger, le droit du travail est souvent perçu comme un frein à l'embauche. » Le Premier ministre Édouard Philippe a brandi cet argument massue, le 31 août 2017, pour justifier une énième réforme du code du travail. [...] C'est le retour en grande pompe de la « peur de l'embauche ». En clair, les entreprises, et surtout les plus petites, ont trop de règles à respecter, trop de procédures à suivre, trop d'indemnités à payer en cas de licenciement. Et c'est parce qu'ils ne peuvent pas licencier comme bon leur semble que les employeurs y regarderaient à deux fois avant de recruter un nouveau salarié. Un discours qui n'est plus tout jeune. Il y a trente ans, Yvon Gattaz, alors à la tête du CNPF (l'ancêtre du Medef[1]), voulait déjà proposer des contrats que l'on pouvait facilement rompre pour rassurer des employeurs tétanisés par la perspective du CDI. Les éléments de langage n'ont pas changé. Trop de rigidité tue l'embauche. ■

1. Mouvement des entreprises de France : organisation patronale représentant des entreprises françaises. Elle a succédé au CNPF.

Enzo et **Sandrine Foulon**, « La peur de l'embauche est-elle justifiée ? », *Alternatives économiques*, 31 août 2017.

Les principales barrières à l'embauche selon les entreprises

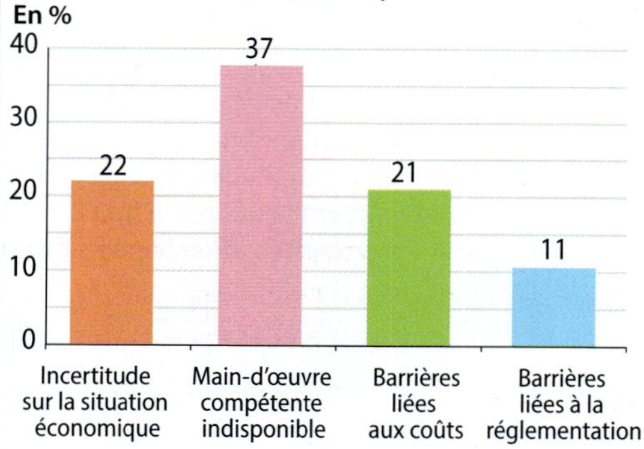

Note : une même entreprise peut citer plusieurs barrières.
Lecture : 22 % des entreprises citent l'incertitude sur la situation économique parmi les principales barrières à l'embauche.
Champ : France, entreprises de l'industrie de + 20 salariés, du bâtiment de + 10 salariés et des services marchands.

Source : données Insee, 2018.

1 • **Analyser** Quelle est l'origine principale du chômage, selon le texte ?

2 • **Expliquer** Pourquoi la protection de l'emploi est-elle l'ennemie de l'emploi ?

3 • **Analyser** Le sondage réalisé auprès des entreprises confirme-t-il le rôle de la protection de l'emploi comme barrière à l'emploi ?

DOC 3 Difficultés des licenciements individuels sur les contrats permanents : la France est-elle rigide ?

Difficultés des licenciements individuels pour les contrats permanents

Échelle de l'indicateur[1] de 0 à 6, du moins restrictif au plus restrictif, 2013 et 2018[2]

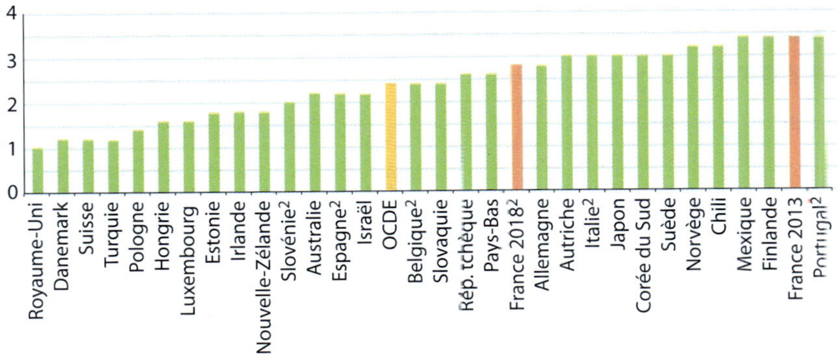

1. Créé par l'OCDE, cet indicateur porte sur la réglementation et la rigidité (problèmes de procédure, délais de préavis, indemnité de licenciement, etc.) des licenciements des salariés en emploi à durée indéterminée. Sa valeur est comprise entre 0 et 6 : plus l'indice est élevé, plus la protection de l'emploi est dite forte.
2. Estimations prévisionnelles de l'OCDE pour 2018. À cette date, la France a procédé à des réformes majeures.

Source : estimations 2019 de l'OCDE à partir des Indicateurs de l'OCDE sur la protection de l'emploi.

1 • Illustrer Donnez deux exemples de difficultés rencontrées par les employeurs qui voudraient licencier, recensées par le document.

2 • Analyser Quelle est la situation de la France en matière de licenciement individuel en 2013 ?

3 • Analyser Comment ont évolué les difficultés des entreprises en matière de licenciement individuel en France ?

DOC 4 La rigidité du marché du travail est-elle l'ennemie de l'emploi ?

Indicateur de rigidité de l'emploi et variation du taux d'emploi entre 2007 et 2018

Variation du taux d'emploi 2007-2018 en points de %

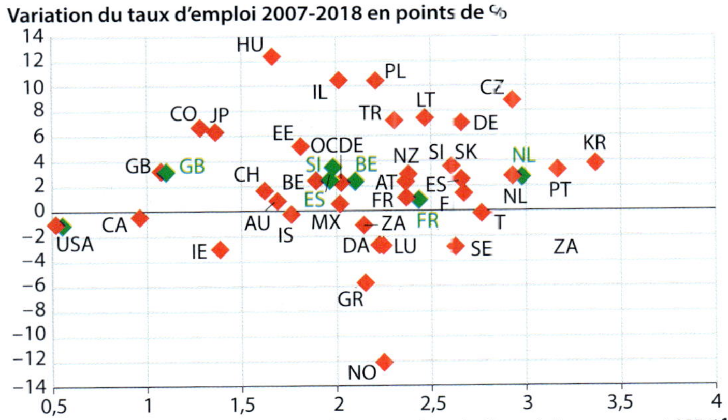

Indicateur de protection de l'emploi permanent (CDI)[1]

1. Données 2013 (en rouge) et 2018 (en vert).

Source : données OCDE, d'après **Enzo** et **Sandrine Foulon**, « La peur de l'embauche est-elle justifiée ? », *Alternatives économiques*, 31 août 2017.

CONTEXTE

Les **indicateurs de l'OCDE du degré de protection de l'emploi** mesurent les procédures et les coûts qu'implique le licenciement de travailleurs à titre individuel ou collectif, l'embauche de travailleurs sous contrat à durée déterminée et sous contrat de travail temporaire.

1 • Lire Que signifient les données pour la France entre 2007 et 2018 ?

2 • Comparer Comparez la situation de la France (FR) et celle de la Grande-Bretagne (GB), celle de la France et celle des USA.

3 • Comparer Comparez la situation de l'Espagne (ES) et celle de l'Allemagne (DE).

Faites le point

Vrai ou faux ? Justifiez votre réponse.

1. La rigidité du marché du travail se définit par l'absence ou la faiblesse de la protection de l'emploi.
2. Des procédures souples de licenciement favorisent l'emploi.
3. En France, les procédures de licenciement individuel sont les plus rigides de l'OCDE.
4. Les pays qui ont la protection de l'emploi la plus forte sont ceux qui ont les moins bons résultats en termes d'emploi.

Prenez la parole

Débat

- **Divisez la classe en deux groupes chacun défendant une position contraire sur le rôle de la protection de l'emploi dans le chômage structurel.**
- **Rassemblez vos arguments puis débattez.**

3 Les problèmes d'appariements, source de chômage structurel

OBJECTIF DU PROGRAMME : Comprendre que les problèmes d'appariements (frictions, inadéquations spatiales et de qualifications) sont source de chômage structurel.

DOC 1 Le paradoxe des emplois vacants

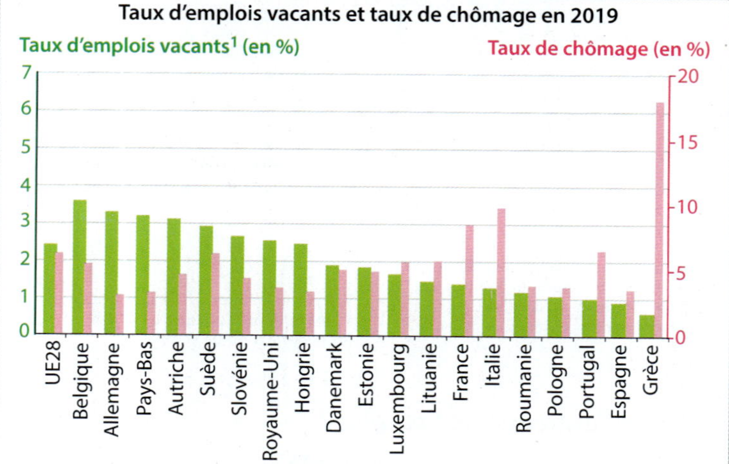

1. Rapport entre les emplois vacants (à pourvoir) et la somme des emplois occupés et vacants.

Sources : Emplois vacants, Eurostat, 1er trimestre 2019 ; Euroindicateurs, Eurostat, mai 2019 (taux de chômage).

NOTION DE TERMINALE

Appariement (ou *match*) : adéquation entre l'offre et la demande de travail, c'est-à-dire entre un travailleur et un emploi. Dans le cas contraire, on parle d'inadéquation sur le marché du travail (*mismatch*).

1 • **Déduire** Quel type de corrélation devrait-on trouver entre ces deux taux ? positive ou négative ? Savoir-faire 13 p. 420

2 • **Analyser** Cette corrélation est-elle vérifiée dans l'UE ?

3 • **Réfléchir** Quelles peuvent être, selon vous, les raisons de ce paradoxe du côté des entreprises ? du côté des chômeurs ?

DOC 2 Le chômage frictionnel : la part volontaire du chômage structurel

Le chômage peut également être assimilé à une activité de prospection : telle est la thèse de la théorie du *job search*, développée dans les années 1960 [...]. Le cadre du raisonnement de la théorie du *job search* est celui de la concurrence pure et parfaite, dont a été ôtée l'hypothèse de perfection de l'information [...]. Cela signifie que le demandeur d'emploi ne connaît pas *a priori* la totalité des postes à pourvoir, tant en nombre qu'en qualité. Sur le marché du travail, l'acquisition d'information a un coût, assimilable au temps de recherche nécessaire pour « visiter » les différents postes offerts. Ne connaissant pas la totalité des postes à pourvoir, le demandeur d'emploi reste volontairement au chômage un certain temps, afin de développer une activité de prospection. [...] son comportement est rationnel puisqu'il demeure au chômage jusqu'à ce que le coût marginal d'un jour de recherche supplémentaire (équivalent à la perte journalière du salaire qu'il aurait perçu en occupant le premier emploi venu) soit égal au bénéfice marginal espéré d'un jour de recherche supplémentaire (probabilité de trouver un emploi mieux rémunéré) [...] si le chômeur est indemnisé, le coût marginal d'un jour de recherche supplémentaire diminue, ce qui accroît, [...] sa durée de chômage. [...] L'intérêt essentiel de la théorie du *job search* réside dans son explication du chômage frictionnel, défini comme le chômage résultant des imperfections informationnelles sur le marché du travail. ■

Emmanuel Combe, *Précis d'économie*, PUF, 13e éd., 2017.

bordas Flash PAGE vidéo

D'où vient le chômage ? Y a-t-il un remède ?

1 • Qu'est-ce que le chômage structurel ?

2 • Quels sont les facteurs explicatifs du chômage structurel ?

3 • Quel type d'inadéquation est souligné comme source du chômage structurel ?

1 • **Repérer** Quelle hypothèse du modèle néoclassique du marché du travail est soulevée ici ?

2 • **Analyser** Quels sont les coûts et les avantages attendus de la recherche d'un emploi pour un chômeur ?

3 • **Expliquer** Comment la théorie du *job search* explique-t-elle le chômage frictionnel ?

4 • **Analyser** Quel est l'effet de l'indemnisation sur le chômage frictionnel ?

NOTION DE TERMINALE

Chômage structurel : partie du chômage qui est indépendante de la croissance économique et des coûts du travail mais qui s'explique par les rigidités du marché du travail et l'inadéquation entre l'offre et la demande de travail.

DOC 3 L'inadéquation des compétences, cause du chômage structurel

L'inadéquation des compétences constitue l'un des plus grands défis qui, aujourd'hui, mettent en péril la croissance et entravent la création d'emplois durables dans l'Union. [...] 70 millions d'Européens ne disposent pas de compétences appropriées en lecture et en écriture, et ceux qui ont un faible niveau de compétences en calcul et en culture numérique sont encore plus nombreux. [...] la part des travailleurs dont les compétences sont en inadéquation demeure en moyenne de 40 % environ. [...]
L'effet combiné de la reprise de l'économie européenne et de l'évolution des besoins en matière de compétences a alimenté la demande de main-d'œuvre et le déficit de travailleurs qualifiés, les portant à leur plus haut niveau depuis dix ans. Si le taux de chômage recule dans l'Union (puisqu'il est passé de 10,11 % en 2014 à 7,3 % en 2018), le taux de vacance d'emploi a quant à lui doublé (passant de 1,1 % en 2009 à 2,2 % en 2018). [...] À mesure que les entreprises se convertissent au numérique, qu'elles s'automatisent et qu'elles évoluent, il est plus important que jamais de trouver des candidats ayant le bon dosage de connaissances techniques et non techniques ; or 27 % des employeurs affirment que les candidats ne disposent pas des compétences dont ils ont besoin. ■

Avis du Comité économique et social européen sur « Des systèmes éducatifs porteurs pour prévenir l'inadéquation des compétences – Quelle transition s'impose ? », n° 2019/C 228/03, *Journal officiel de l'Union européenne*, 5 juillet 2019.

Les 5 métiers[1] où les difficultés à embaucher sont les plus élevées

	Taux de difficulté[2] (en %)	Nombre de projets d'embauche
Carrossiers automobiles	86	4 600
Couvreurs, couvreurs-zingueurs qualifiés	84,8	8 400
Aides à domicile et aides ménagères	81,4	76 400
Mécaniciens et électriciens de véhicules	80,9	13 500
Chaudronniers, tôliers, serruriers, métalliers, forgerons qualifiés	79,4	7 300

1. Parmi les métiers regroupant au moins 3 000 intentions d'embauches.
2. Ce taux mesure la part des projets difficiles en pourcentages.

Source : enquête Besoins en main-d'œuvre, Pôle emploi, à partir des données Crédoc, 2019.

1 • **Définir** Qu'est-ce que l'inadéquation des compétences, d'après le texte ?

2 • **Illustrer** Selon le texte, quelle est l'ampleur de cette inadéquation ?

3 • **Analyser** Pourquoi l'inadéquation des compétences est-elle un défi, particulièrement à notre époque ?

4 • **Repérer** Quels sont, d'après le tableau, les métiers où les besoins de recrutement sont les plus forts ?

DOC 4 L'inadéquation spatiale : la part involontaire du chômage structurel

On entend souvent que le chômage s'explique en partie par le fait que les chômeurs n'habitent pas là où les emplois sont créés. [...] Cette question a été étudiée aux États-Unis dès les années 1960 grâce aux travaux fondateurs de John Kain[1]. Celui-ci s'est demandé en particulier si le fait que, dans de nombreuses villes américaines, les minorités, notamment noires, résidaient majoritairement dans les centres-villes, tandis que les emplois se trouvaient plutôt à la périphérie, pouvait expliquer leur taux de chômage relativement plus élevé que celui du reste de la population. Il se peut en effet que, en raison de cette distance, les minorités disposent de moins d'informations sur les offres d'emploi existantes, ou bien qu'elles soient moins enclines à les accepter pour éviter des trajets [...] trop longs. [...] Cette théorie a suscité un débat houleux [...] : le taux de chômage plus élevé des minorités s'explique-t-il par un mauvais appariement spatial ou est-il plutôt le fruit de discriminations racistes ? ■

1. Économiste américain.

Alexandra Roulet, *Améliorer les appariements sur le marché du travail*, Les Presses de Sciences Po, 2018.

CONTEXTE

En Île-de-France, les taux de chômage (2019) sont localisés :
– < à 7,2 % à Paris et à l'ouest (Yvelines et Hauts-de-Seine),
– de 7,2 % à 8,7 % au nord (Val-d'Oise) et au sud-est (Val-de-Marne),
– > à 10,4 % au nord-est (Seine-Saint-Denis).

1 • **Analyser** Quelle est la cause du chômage structurel, d'après Kain, dès les années 1960 ?

2 • **Expliquer** Quelles sont les causes du mauvais appariement spatial pour les travailleurs et pour l'employeur ?

3 • **Analyser** Les chiffres du chômage localisé en Île-de-France valident-ils l'explication du chômage en termes d'appariement ? Justifiez.

Faites le point

Complétez le schéma avec les termes suivants.

involontaire – frictionnel – compétences – structurel – d'inadéquation

Le chômage ... se compose d'un chômage ... qui est généralement volontaire et qui permet au chômeur de prospecter pour trouver un emploi. Il inclut aussi le chômage ... généralement ..., qui se subdivise lui-même en une inadéquation des ..., un mauvais appariement, et une inadéquation spatiale.

Prenez la parole

Carte mentale

- **Par groupes de trois, préparez une carte mentale sur les problèmes d'appariement comme cause du chômage.**
- **Présentez-la à la classe.**

4 Les fluctuations de l'activité économique, source de chômage conjoncturel

OBJECTIF DU PROGRAMME : Comprendre les effets des fluctuations de l'activité économique sur le chômage conjoncturel.

DOC 1 L'insuffisance de la demande globale, source du chômage conjoncturel

La quantité de main-d'œuvre N que les entrepreneurs décident d'employer dépend de la somme (D) de deux quantités : D1, le montant de la consommation, et D2, le montant qu'on s'attend à voir consacrer à l'investissement nouveau. D est ce que nous avons appelé précédemment la demande effective. [...] Ainsi, la propension à consommer[1] et le montant de l'investissement nouveau étant donnés, il n'y aura qu'un volume de l'emploi compatible avec l'équilibre. [...] Ce volume ne peut être plus grand que le plein-emploi. [...] Mais, en général, il n'y a pas de raison de penser qu'il doit être égal au plein-emploi. [...] Ce sont la propension à consommer et le montant de l'investissement nouveau qui déterminent conjointement le volume de l'emploi et c'est le volume d'emploi qui détermine de façon unique le niveau des salaires réels et non l'inverse. Si la propension à consommer et le montant de l'investissement nouveau engendrent une demande effective insuffisante, le volume effectif de l'emploi sera inférieur à l'offre de travail qui existe en puissance au salaire réel en vigueur. [...] Le seul fait qu'il existe une insuffisance de la demande effective peut arrêter et arrête souvent l'augmentation de l'emploi avant qu'il ait atteint son maximum. ■

1. Part du revenu consacrée à la consommation.

John Maynard Keynes, *Théorie générale de l'emploi, de l'intérêt et de la monnaie*, Payot, 2017 (1re éd. 1936).

NOTION DE TERMINALE

Chômage conjoncturel : chômage lié aux fluctuations de la croissance.

BIO SES

John Maynard Keynes est un économiste britannique (1883-1946). Dans les années 1930, à la suite de la Grande Dépression, il a proposé une nouvelle interprétation du chômage : il ne serait pas dû à des salaires trop élevés, mais à une insuffisance de la demande lorsque les salaires sont trop bas. Il justifiera ainsi l'intervention des pouvoirs publics par des politiques de relance.

1 • **Définir** Quelles sont les composantes de la demande effective (ou demande globale) ?

2 • **Analyser** Quelle est l'origine du chômage, selon Keynes ?

3 • **Expliquer** Montrez comment la variation de la demande affecte le niveau de chômage.

DOC 2 La demande effective influence le niveau d'emploi

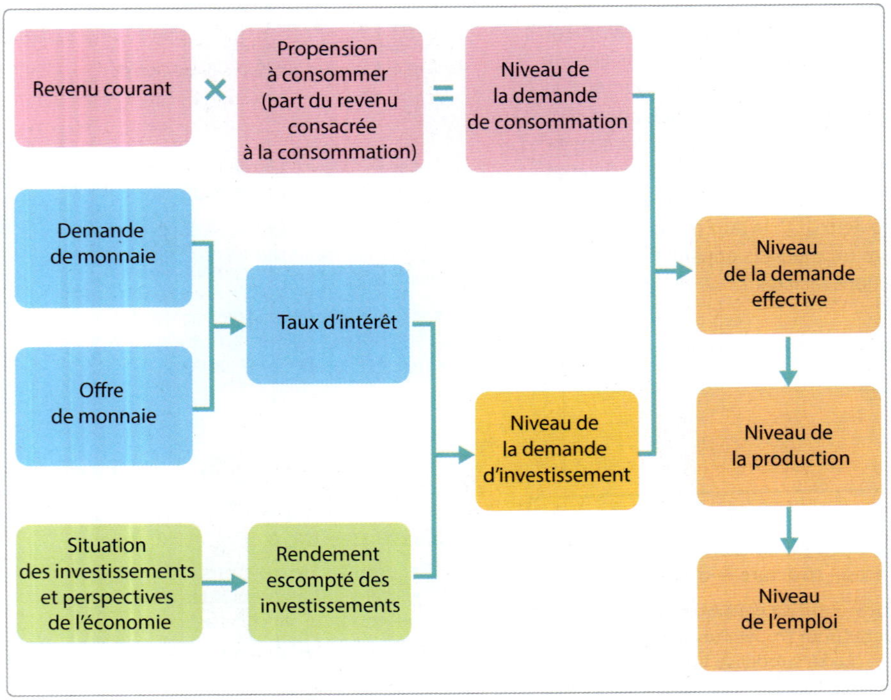

1 • **Calculer** Si le revenu d'un individu augmente de 100 euros et que sa propension à consommer est de 0,8, quelle sera la hausse de sa consommation ?

2 • **Déduire** Comment expliquer la faiblesse de l'investissement, d'après le schéma ?

3 • **Expliquer** Quel est le rôle de la demande effective sur l'emploi ?

DOC 3 La relation statistique entre les évolutions du PIB et celles de l'emploi en France

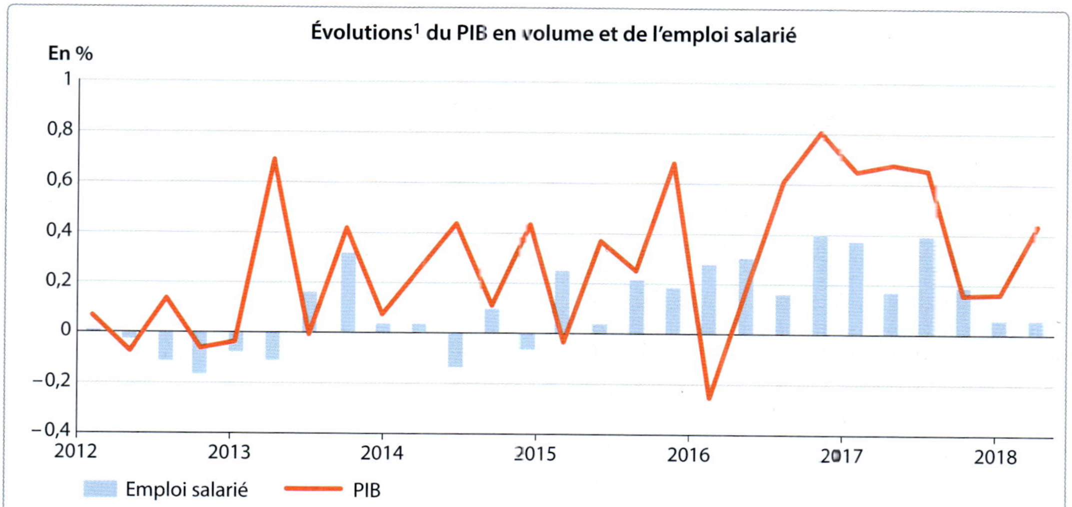

1. Évolutions données en glissement trimestriel.

Sources : Comptes trimestriels et estimation Emploi, Insee.

1 • **Lire** Que signifient les données pour 2018 ?

2 • **Analyser** Montrez qu'il existe une relation entre évolution du PIB et emploi.

3 • **Analyser** Existe-t-il des contre-exemples à cette relation ? Justifiez votre réponse.

DOC 4 Certaines catégories de travailleurs sont plus sensibles aux fluctuations conjoncturelles

Le taux de chômage des jeunes est beaucoup plus sensible à la conjoncture que celui des adultes. En effet, en tant que nouveaux entrants sur le marché du travail, ils sont les premiers à souffrir du gel des embauches en cas de ralentissement économique. Et s'ils sont déjà en emploi, ils sont aussi plus susceptibles de le perdre, étant en effet plus souvent employés sur des contrats temporaires, non renouvelés quand l'activité ralentit. Ils sont aussi victimes du fait que les entreprises, quand elles doivent licencier, préfèrent se défaire des salariés qui ont le moins d'ancienneté, car ce sont ceux qui ont acquis le moins de « capital humain spécifique » [...] à l'entreprise [...]. Les entreprises sont aussi incitées à licencier les salariés par des règles diverses – montant des indemnités de licenciement croissant avec l'ancienneté dans de nombreux pays. ■

Jérôme Gautié, *Le chômage*, La Découverte, coll. Repères, 2015.

1 • **Déduire** Toutes les catégories de chômeurs sont-elles également sensibles au chômage conjoncturel, selon Jérôme Gautié ?

2 • **Illustrer** Donnez un exemple de capital humain spécifique à l'entreprise.

3 • **Expliquer** Pourquoi les jeunes sont-ils plus victimes du chômage en cas de ralentissement économique ?

NOTION DE TERMINALE

Fluctuations économiques : variation de la croissance à la hausse ou à la baisse.

Faites le point

Complétez le schéma suivant.

chômage – investissement – globale – emploi – consommation

hausse de la ... et / ou de l'... → hausse de la demande ... → hausse du niveau de production → hausse du niveau d'... → baisse du ...

Prenez la parole

Débat

La baisse des salaires est-elle une solution au chômage ?

• Divisez la classe en deux groupes, chacun défendant la position contraire.

1 Lutter contre le chômage classique par des politiques d'allègement du coût du travail

OBJECTIF DU PROGRAMME : Connaître les principales politiques mises en œuvre pour lutter contre le chômage : politiques d'allègement du coût du travail.

Questionnez-vous !

Les mini-jobs : la potion magique des Allemands contre le chômage ?

Classe inversée

Source : France Télévisions.

1 • Quelles sont les caractéristiques d'un mini-job ?

2 • Quel est l'avantage de ces mini-jobs pour l'employeur ?

3 • Quel est le risque pour le travailleur ?

DOC 1 Évolution historique des allègements de cotisations sociales

Évolution historique du poids des cotisations sociales au niveau du salaire minimum

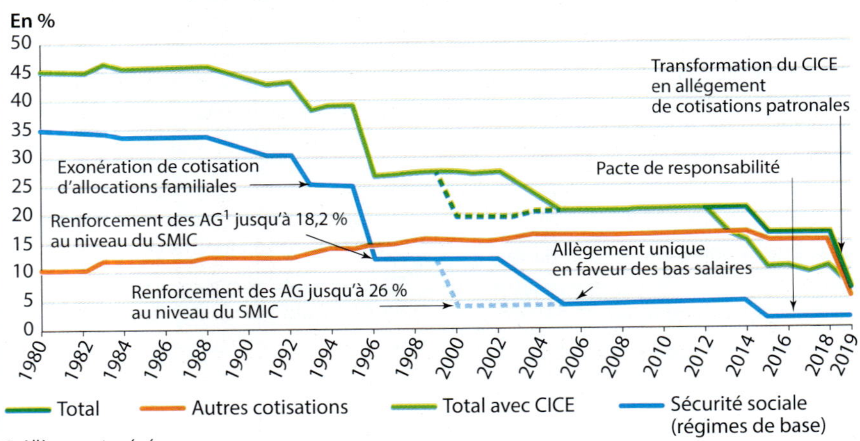

1. Allègements généraux.

Note : les calculs sont effectués en considérant une entreprise de plus de 20 salariés installée en région parisienne, passée aux 35 heures en janvier 2000 (traits pointillés) ou restée aux 39 heures (traits pleins).

Source : Direction de la Sécurité sociale.

CONTEXTE

Les premières **mesures d'allègement des cotisations sociales employeurs** prises à partir de 1993 étaient centrées sur les bas salaires. Ces mesures se sont développées et concernent parfois les salaires jusqu'à 1,6 fois le SMIC. C'est le cas du CICE (crédit d'impôt pour la compétitivité et l'emploi) qui a été transformé en baisse pérenne de cotisations patronales en 2019.

1 • **Lire** Quel était le poids des cotisations sociales au niveau du SMIC au titre de la Sécurité sociale en 1980 ? en 1996 ?

2 • **Calculer** De combien le poids des cotisations sociales a-t-il baissé au total depuis 1980 ?

3 • **Repérer** À partir de quelle année le poids des cotisations baisse-t-il sensiblement, marquant la mise en place d'une véritable politique d'allègement de cotisations sociales ?

4 • **Repérer** Quelles sont les mesures d'allègements de cotisations les plus récentes ?

DOC 2 Les effets attendus d'une baisse du coût du travail

Un allègement des cotisations sociales sur les bas salaires a des effets favorables identiques à ceux de toutes les baisses de charges sociales ainsi que des effets spécifiques. Une baisse des charges sociales correspond à une diminution du coût du travail pour les entreprises. Elle se traduit donc par une diminution du rapport entre le coût du travail et le coût du capital, ce dernier étant inchangé. En conséquence, les entreprises ont moins tendance à remplacer des hommes par des machines, ce que les économistes traduisent par une moindre « substitution de capital au travail ». Les effectifs salariés en sont accrus. La baisse des charges sociales correspond également à une réduction des coûts de production des entreprises. Soit celle-ci est répercutée dans les prix de vente, et la demande, nationale et internationale, pour les produits des entreprises françaises augmente, ce qui favorise l'emploi. Soit les entreprises accroissent leurs marges, leur profitabilité augmente et elles ont plus de moyens et plus d'intérêt à investir, notamment pour satisfaire la demande étrangère. La hausse des investissements permet d'accroître les capacités de production, de produire plus et a finalement aussi un impact positif sur l'emploi. [...]

Le nombre d'emplois créés par euro consacré aux allègements de cotisations est mécaniquement plus important si ceux-ci sont ciblés sur les bas salaires. Un allègement de 1 000 €, par exemple, représente une baisse du coût du travail, en pourcentage de ce coût, dix fois plus forte pour un ouvrier au SMIC que pour un cadre supérieur dont la rémunération est dix fois plus élevée. ■

« Les allègements de cotisations sociales patronales sur les bas salaires », www.fipeco.fr, 3 novembre 2019.

1 • Rappeler Comment peut-on théoriquement baisser le coût du travail ?

2 • Expliquer Montrez par quels canaux la baisse du coût du travail permet une baisse du chômage.

3 • Expliquer Pourquoi le nombre d'emplois créés est-il plus important si la mesure d'allègement porte sur les bas salaires ?

DOC 3 L'allègement du coût du travail : des effets mitigés

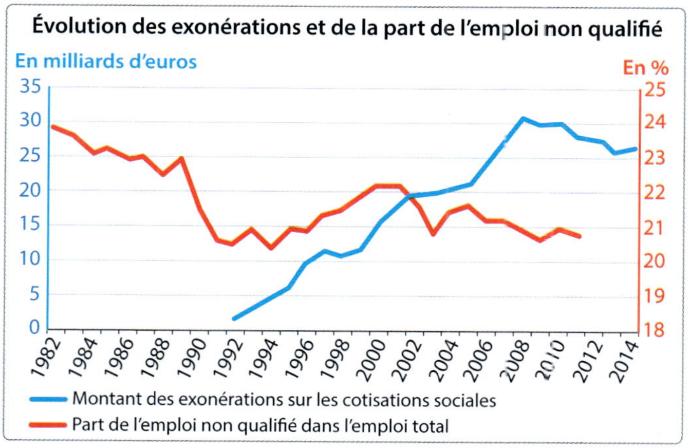

Source : Agence centrale des organismes de Sécurité sociale.

Effet d'un allègement de cotisations sociales sur les bas salaires	
Effets positifs	Création d'emplois
	Préserver l'emploi non qualifié
Effets négatifs	Perte d'emplois qualifiés par substitution des emplois peu qualifiés aux emplois qualifiés
	Trappe à bas salaires : risque pour le travailleur peu qualifié de voir son salaire durablement plafonné
	Effets d'aubaine : les entreprises profitent de la mesure pour des emplois qu'elles auraient de toute façon créés
	Perte de recettes pour l'État

Source : Bordas (librement inspiré de **V. Charlet** et **P. Frocrain** « Les limites des allègements de charges sur les bas salaires », HAL, 2017).

1 • Lire Que signifient les données pour 2012 ?

2 • Analyser Les allègements de cotisations sociales sur les bas salaires depuis 1993 ont-ils eu un effet positif sur l'emploi non qualifié ?

3 • Expliquer Pourquoi, d'après le tableau, les allègements de cotisations sociales créent-ils une trappe à bas salaires ?

4 • Expliquer En quoi l'allègement de cotisations sociales peut-il mener à un effet d'aubaine ?

Faites le point

Complétez ce tableau sur les effets d'une politique d'allègement du coût du travail pour lutter contre le chômage.

Effets positifs	Effets négatifs
...	...

Prenez la parole

Argumentation

- Par groupes de trois, répertoriez les mesures d'allègement du coût du travail pour lutter contre le chômage structurel et choisissez-en une à défendre.
- Présentez vos arguments à vos camarades.

2 Lutter contre le chômage conjoncturel par des politiques macroéconomiques de soutien de la demande

OBJECTIF DU PROGRAMME : Connaître les principales politiques mises en œuvre pour lutter contre le chômage : politiques macroéconomiques de soutien de la demande globale.

DOC 1 Comment mener une politique de relance ?

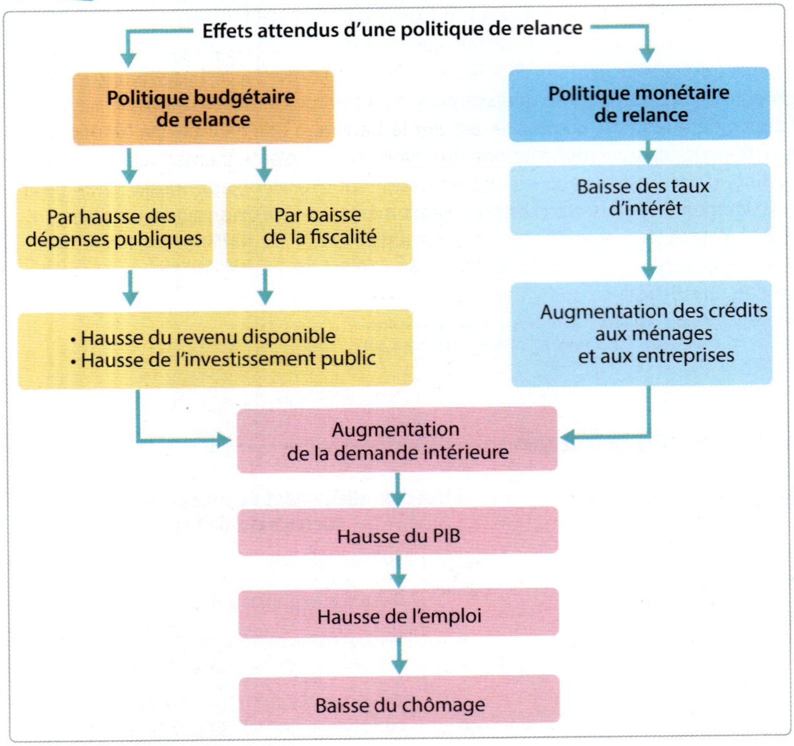

Bordas, (librement inspiré de **Jacques Généreux**, *Introduction à la politique économique*, Éditions du Seuil, 2018).

1 • **Repérer** Quelles sont les deux armes d'une politique de relance ?

2 • **Expliquer** À l'aide du schéma, montrez par quelles voies une politique budgétaire de relance peut soutenir la demande globale.

3 • **Expliquer** À l'aide du schéma, montrez comment une politique monétaire de relance peut soutenir la demande globale.

DOC 2 Un exemple récent de relance budgétaire : la politique expansionniste américaine

Stimulée par une politique budgétaire expansionniste depuis l'élection de Donald Trump, l'économie américaine a poursuivi sa dynamique de reprise amorcée en 2010. Sur l'ensemble de l'année 2018, le PIB a progressé de 2,9 %. Le taux de chômage a baissé pour la huitième année consécutive, atteignant un plus bas historique depuis le début des années 2000 à 3,8 %.

[...] Le 15 décembre 2017, le Congrès votait une réforme fiscale – « *Taxcuts and Jobs Act* » – qui s'est traduite par une baisse importante de la fiscalité directe des ménages et des entreprises. Toutes choses égales par ailleurs, cette réforme fiscale réduit les recettes de 270 milliards de dollars (soit 1,4 point de PIB) pour 2018 et 2019. Il en a résulté une amélioration du revenu disponible des ménages et de la profitabilité des entreprises. [...] Le stimulus budgétaire n'a pas uniquement porté sur les recettes. Après plusieurs semaines de tractations entre le Congrès et le Président, un accord a été trouvé en février 2018, entraînant une augmentation des dépenses publiques de l'ordre de 0,9 point de PIB. [...] La politique budgétaire soutient donc l'ensemble des composantes de la demande intérieure en 2018 et 2019 mais au prix d'un déficit budgétaire qui passerait de 4,2 % en 2017 à 5,7 % en 2019. De fait, la politique budgétaire est procyclique puisqu'elle coïncide avec un taux de chômage ayant retrouvé un point bas et un écart de croissance qui s'est refermé en 2018. ■

Éric Heyer et **Xavier Timbeau** (dir.), « Coup de frein sur la croissance : perspectives 2019-2021 pour l'économie mondiale », *Revue de l'OFCE*, n° 162, avril 2019.

1 • **Repérer** Quel type de politique de relance ont mené les États-Unis ?

2 • **Expliquer** En quoi a consisté la politique de relance américaine ?

3 • **Analyser** Cet exemple confirme-t-il qu'une politique macroéconomique permet de lutter contre le chômage ? Justifiez.

DOC 3 Vers un retour des politiques de relance budgétaire ?

Tabou depuis plusieurs années en Europe, le concept de relance budgétaire est en train de revenir au centre du débat économique. L'explosion des dettes publiques dans la foulée de la crise de l'euro de 2011 avait conduit à disqualifier l'idée même que les États puissent dépenser davantage pour soutenir leur économie. Huit ans plus tard, alors que la croissance au sein de la zone euro flanche et que l'efficacité de l'action de la Banque centrale européenne (BCE) atteint ses limites, il est indispensable que la politique budgétaire prenne le relais. [...] Évidemment, tous les regards se tournent vers l'Allemagne. La première économie européenne, qui représente un tiers du PIB de la zone euro, est quasiment à l'arrêt. Heurtée de plein fouet par le ralentissement du commerce mondial, conséquence des tensions entre les États-Unis et la Chine, l'industrie allemande accuse une chute de 7,5 % de son activité en dix-huit mois. Son secteur phare, l'automobile, est revenu à son niveau de 2009, au plus fort de la crise financière. Dans le même temps, l'Allemagne a accumulé ces dernières années des excédents budgétaires et commerciaux gigantesques, qui lui offrent des marges de manœuvre que d'autres pays, à commencer par la France, n'ont pas. Alors que la dette publique allemande devrait repasser sous les 60 % du PIB cette année (contre près de 100 % en France) et que les taux d'intérêt réels sont inférieurs au taux de croissance, Berlin reste accroché à son sacro-saint équilibre budgétaire.

Même si cette rigueur a constitué la pierre angulaire de la puissance de l'économie allemande ces dernières années, elle semble de moins en moins adaptée à la situation. [...] Les économistes estiment à plusieurs centaines de milliards d'euros les investissements nécessaires pour remettre à niveau les infrastructures du pays et assurer la transition énergétique. Un tel plan pourrait d'autant plus avoir un effet d'entraînement au niveau européen que les Pays-Bas, qui disposent, eux aussi, de marges de manœuvre budgétaires, sont sur le point de débloquer 50 milliards pour financer les infrastructures et l'intelligence artificielle. ■

« Relance budgétaire : l'Allemagne doit prendre une initiative », *Le Monde*, 3 septembre 2019.

1 • Lire Quelle politique monétaire a été menée en Europe ces dernières années ?

2 • Expliquer Pourquoi la politique monétaire ne pourrait-elle pas être une arme en cas de nouvelle récession ?

3 • Analyser Pourquoi la politique budgétaire expansive allemande pourrait-elle être favorable à la croissance européenne ?

DOC 4 Quels contextes et quelles limites aux politiques de relance ?

Une politique de relance est...

Justifiée si...

- Il existe des **marges de manœuvre budgétaire** : dette publique proche ou inférieure à 60 % du PIB et déficit proche ou inférieur de 3 % du PIB
- Il existe des **marges de manœuvre monétaire** : taux d'intérêt faibles voire négatifs : les investisseurs sont prêts à payer l'État pour acheter ses titres de dette
- Les **infrastructures ont été délaissées**, ce qui rend souhaitables les investissements publics
- **Récession** et/ou **chômage** élevé

Efficace si...

- **Relances coordonnées** entre les pays
- **Effet d'éviction faible** : le recours à l'emprunt pour financer le déficit déplace l'épargne disponible vers le secteur public, mais avec un faible impact sur l'investissement privé
- Le chômage est de **nature conjoncturelle**
- Les agents économiques **n'anticipent pas une hausse des impôts futurs** pour le remboursement de la dette publique et augmentent leurs dépenses
- **Pas de fuite vers l'extérieur** : la hausse de la demande intérieure ne se traduit pas par une hausse des importations

1 • Repérer Quels sont les éléments du contexte économique qui peuvent justifier une politique de relance ?

2 • Expliquer En quoi la fuite vers l'extérieur ou la nature du chômage peuvent-elles mettre en cause l'effet d'une politique de relance ?

3 • Expliquer Pourquoi le niveau d'endettement ou celui du déficit sont-ils une contrainte pour les pays européens ?

Faites le point

Vrai ou faux ? Justifiez votre réponse.

1. L'État peut soutenir la demande par une hausse de la fiscalité.
2. Seule une politique budgétaire peut relancer l'emploi et baisser le chômage.
3. Augmenter le salaire minimum nuit à l'emploi et conduit au chômage.
4. Baisser les taux d'intérêt est un outil de politique de relance.

Prenez la parole

Argumentation

- Imaginez une mesure de relance pour soutenir la demande et baisser le chômage.
- Présentez-la à vos camarades qui doivent dire si cela fait baisser le chômage.

3 Lutter contre le chômage structurel par la flexibilité

OBJECTIF DU PROGRAMME : Connaître les principales politiques mises en œuvre pour lutter contre le chômage : politiques de flexibilisation pour lutter contre les rigidités du marché du travail.

DOC 1 Les contrats zéro heure au Royaume-Uni

Nombre de personnes ayant un contrat zéro heure[1] sur leur principal emploi

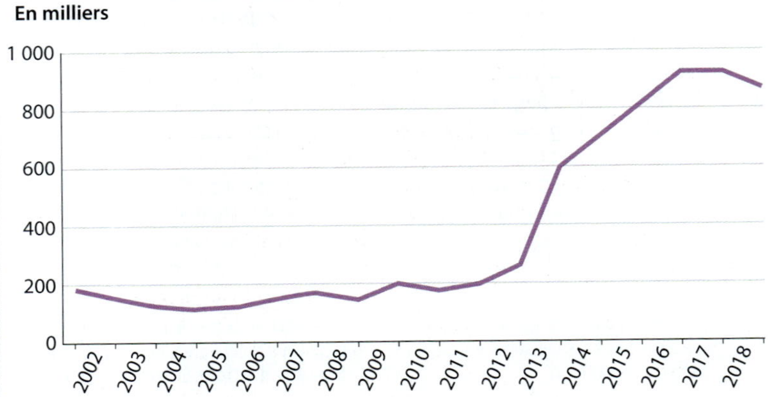

1. Au Royaume-Uni, ce contrat lie l'employé à son employeur sans lui assurer d'heures de travail, et donc de revenus.

Source : enquête de l'Office for National Statistics.

1 • Définir Qu'est-ce que le contrat zéro heure ?

2 • Calculer Par combien ont été multipliés les contrats zéro heure au Royaume-Uni entre 2002 et 2018 ?

3 • Expliquer Quel est l'intérêt pour l'entreprise de cette forme de contrat ? Quels sont les effets pour les salariés ?

Le chômage partiel produit-il un effet d'aubaine ?

1 • Qu'est-ce que le chômage partiel ?

2 • Quels sont les secteurs et le type d'entreprises qui l'utilisent le plus ?

3 • Quels sont les effets du chômage partiel sur la lutte contre le chômage ?

DOC 2 Les différentes formes de la flexibilité

Flexibilité salariale	Flexibilité du marché du travail				Flexisécurité (modèle danois)
	Flexibilité quantitative		Flexibilité qualitative ou fonctionnelle		
	externe	interne	externe	Interne	
Pouvoir baisser les salaires	Pouvoir adapter les effectifs aux besoins	Pouvoir adapter le nombre d'heures de travail aux besoins	Pouvoir externaliser certaines activités	Pouvoir adapter le contenu des postes de travail et réaffecter la main-d'œuvre vers d'autres postes	• Flexibilité du marché du travail • Sécurité pour les travailleurs (indemnisation chômage contractuelle) • Politique active de l'emploi

Source : Bordas, 2020.

1 • Illustrer Associez chacun des exemples suivants à la forme de flexibilité correspondante.
contrat zéro heure – polyvalence des travailleurs – chômage partiel – annualisation du temps de travail – mini-jobs en France – CDD – intérim – heures supplémentaires – sous-traitance

2 • Distinguer Différenciez la flexibilité quantitative et la flexibilité qualitative.

3 • Expliquer Montrez comment la flexibilité quantitative permet de lutter contre le chômage.

4 • Comparer Quelle est la particularité du modèle danois de flexibilité comparativement à la forme traditionnelle de flexibilité du marché du travail ?

DOC 3 Deux exemples de flexibilité en France : CDD et ruptures conventionnelles

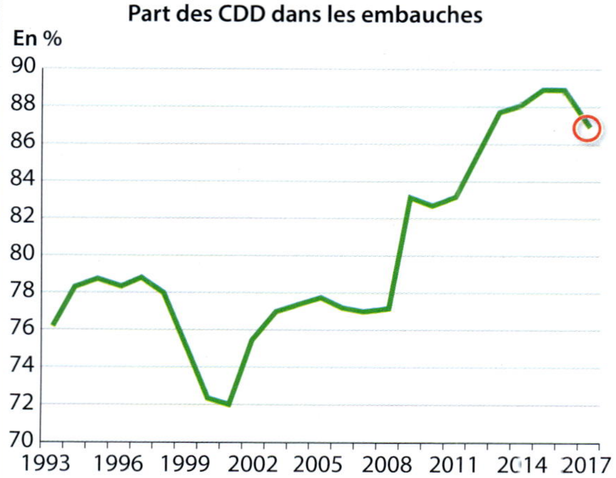

Champ : France métropolitaine, établissements de 50 salariés ou plus du secteur privé.

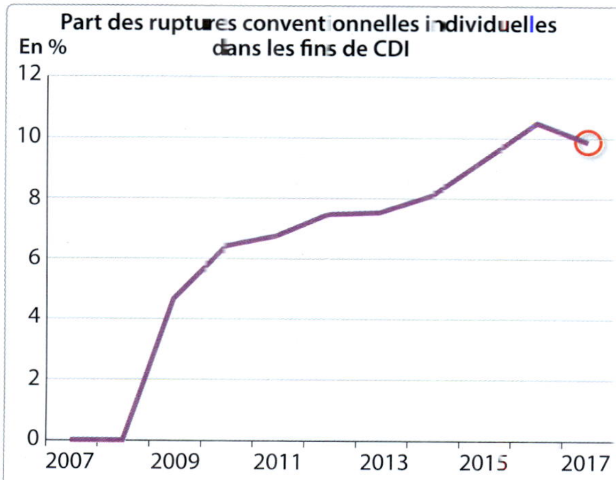

Champ : France métropolitaine, établissements de 50 salariés ou plus du secteur privé.

Source : données Dares, *in* « CDD, CDI : comment évoluent les embauches et les ruptures depuis 25 ans », *Dares Analyses*, n° 26, juin 2018.

1 • Lire Que signifient les données de 2017 pour les deux indicateurs ?

2 • Analyser Comment a évolué la part des CDD dans les embauches ?

3 • Analyser Comment a évolué la part des ruptures conventionnelles individuelles dans les fins de CDI ?

DOC 4 Les effets pervers de la flexibilité en Europe

[Aux Pays-Bas], il a fallu du temps pour que soient mis en lumière les effets pervers de cette dérive [flexibilité excessive] [...] : ralentissement de la productivité et de l'innovation, faiblesse de la formation permanente des travailleurs flexibles, manque d'implication de leur part dans l'entreprise, surexposition des moins qualifiés et des plus âgés à la précarité, transfert sur la collectivité de leurs risques sociaux liés à la maladie ou à l'inaptitude, trous dans la constitution de leur retraite, etc. [...] Un travailleur flexible sur quatre en 2012 n'avait pas réussi, quatre ans plus tard, en 2016, à accéder à un emploi stable. ■

Marie Wierink, « Aux Pays-Bas, "les effets pervers" de vingt ans de "flexisécurité" », *Le Monde*, 7 juin 2017.

Taux de travailleurs pauvres[1] en Europe selon le type de contrat (en %)			
	2005	2010	2015
Travailleurs en contrat précaire	11,7	13,8	16,3
Travailleurs en contrat à durée indéterminée	4,4	5,5	5,8
Taux de travailleurs pauvres en Europe selon la durée du travail (en %)			
Travailleurs à temps partiel	11,5	13,5	15,8
Travailleurs à temps plein	7	7,4	7,8

1. Seuil de pauvreté à 60 % du niveau de vie médian.

Source : données Eurostat, Observatoire des inégalités, 25 août 2018.

1 • Lire Que signifie la donnée entourée ?

2 • Calculer Par un calcul de votre choix, montrez comment a évolué le nombre de travailleurs pauvres en contrat précaire.

3 • Analyser Montrez à l'aide de données chiffrées que les travailleurs en contrat précaire et à temps partiel sont plus touchés par la pauvreté.

4 • Différencier À l'aide d'un schéma, différenciez les effets pervers possibles pour l'entreprise et pour les travailleurs.

Faites le point

Complétez le tableau ci-dessous.

Effets positifs de la flexibilité	Effets négatifs de la flexibilité
...	...

Prenez la parole

Débat

- La classe est divisée en deux groupes : l'un rassemble les arguments et les exemples en faveur de la flexibilité en France, l'autre rassemble les arguments contre la flexibilité.
- Échangez vos arguments dans un débat.

4 Lutter contre le chômage structurel en améliorant les appariements : le rôle positif des institutions

OBJECTIF DU PROGRAMME : Connaître les principales politiques mises en œuvre pour lutter contre le chômage : politiques de formation pour lutter contre les rigidités du marché du travail.

DOC 1 Des dépenses publiques pour la formation initiale

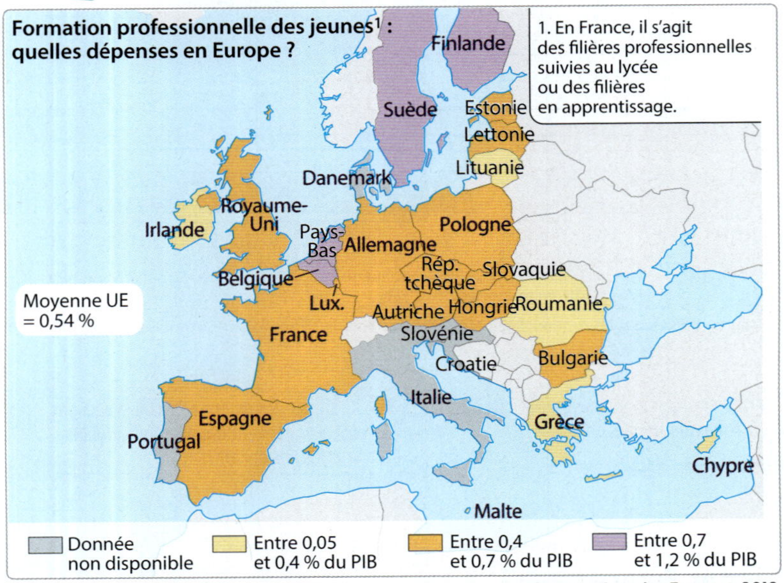

Source : données Eurostat, 2018.

NE PAS CONFONDRE

La **formation initiale** désigne la formation des jeunes dans le système éducatif jusqu'à l'université avant d'entrer dans la vie active, alors que la **formation continue** désigne le système d'acquisition ou de renouvellement continu de compétences lors de la vie active.

1 • **Repérer** Quel public vise la formation initiale ?

2 • **Comparer** Comparez les dépenses publiques dans la formation professionnelle des jeunes en Europe.

3 • **Déduire** En quoi un niveau de formation élevé augmente-t-il les chances d'employabilité ?

DOC 2 Des plans de formation pour lutter contre l'inadéquation des compétences

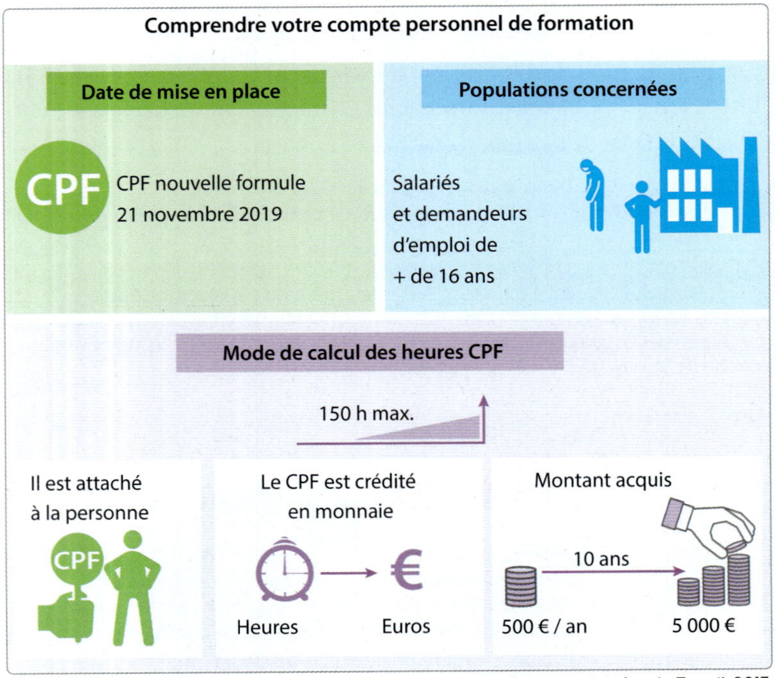

Source : ministère du Travail, 2017.

Le grand plan d'investissement 2018-2022	
Montant	14,6 milliards d'euros
Objectifs	Former : • 1 million de demandeurs d'emploi peu ou pas qualifiés • 1 million de jeunes
	Transformer les compétences liées à la transition écologique et numérique
	Répondre aux besoins des métiers en tension

1 • **Comprendre** Pourquoi le plan d'investissement cible-t-il les jeunes et les moins qualifiés ?

2 • **Déduire** Pourquoi est-il essentiel de former les demandeurs d'emploi ?

3 • **Expliquer** Pourquoi le CPF inclut-il aussi les salariés ayant un emploi ?

4 • **Analyser** En quoi ces deux dispositifs peuvent-ils limiter le chômage structurel d'inadéquation ?

DOC 3 De nouvelles mesures pour accompagner les chômeurs

En application depuis le 1er janvier 2020 :

- Formation sur mesure pour tous les demandeurs d'emploi ayant reçu une proposition d'emploi stable qui doivent préalablement mettre à niveau leurs compétences.
- Deux demi-journées d'accompagnement intensif avec Pôle emploi dans les quatre premières semaines qui suivent l'inscription à Pôle emploi.
- Nouvelles aides concrètes pour répondre à une offre d'emploi, par exemple, des aides à la garde d'enfants.
- Accompagnement dédié pour les travailleurs précaires en alternance entre chômage et emploi avec prestations particulières confiées à des opérateurs privés (ouverture le week-end et le soir).
- 4 000 agents mobilisés (arrêt de la diminution des effectifs, modernisation de Pôle emploi et recrutement de 1 000 agents supplémentaires). ■

D'après le ministère du Travail, 2019.

1 • Illustrer Donnez un exemple de mise à niveau de compétences pour un demandeur d'emploi.

2 • Repérer Qui est concerné par ce nouvel accompagnement ?

3 • Analyser Quels sont les avantages de ce nouveau plan d'accompagnement des chômeurs ?

4 • Déduire À quelle contrainte matérielle se heurte l'accompagnement des chômeurs ?

DOC 4 Des politiques d'amélioration de l'appariement peu efficaces

Il est très difficile pour les politiques publiques d'inciter les demandeurs d'emplois à davantage de mobilité. [...] Plusieurs facteurs freinant la mobilité ne sont pas des éléments facilement manipulables, tels que l'attachement à son logement ou la situation familiale (par exemple, l'augmentation des divorces et des gardes partagées limite les possibilités pour les parents de changer de ville). Cependant, de petites initiatives pourraient produire des effets appréciables. Compte tenu du fait que la mobilité est particulièrement basse chez les femmes avec enfants, il nous semble qu'une piste intéressante consisterait à renforcer les aides à la garde d'enfants [...].

Les analyses des zones franches urbaines (ZFU) suggèrent une efficacité limitée des politiques de l'emploi très géographiquement ciblées. Les ZFU ont été créées en 1996. Ce sont des zones où se concentrent les problèmes de pauvreté et de chômage et dans lesquelles les entreprises de moins de 50 salariés bénéficient pendant au moins cinq ans d'exemptions fiscales et d'exonération de cotisations sociales. [...] Il semblerait que les ZFU aient davantage induit des relocalisations d'activités existantes que créé des capacités productives. ■

Alexandra Roulet, *Améliorer les appariements sur le marché du travail*, Les Presses de Sciences Po, 2018.

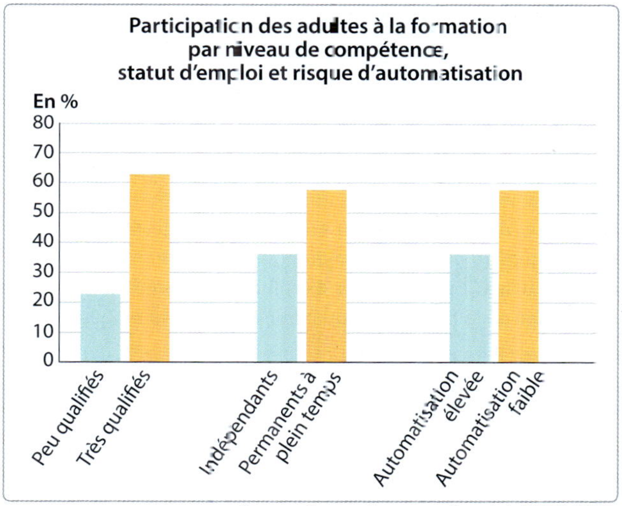

Source : Perspectives pour l'emploi, OCDE, 2019.

1 • Analyser À quel problème se heurtent les politiques de formation, selon l'OCDE ?

2 • Expliquer Par quels facteurs l'amélioration de l'appariement spatial est-elle rendue difficile ?

3 • Expliquer Comment expliquer le bilan mitigé des ZFU ?

Faites le point

Complétez le tableau suivant.

	Formation initiale et professionnelle	Accompagnement des chômeurs
Intérêt	...	...
Limites	...	...

Prenez la parole

Carte mentale

- Par groupes de deux, rassemblez des arguments pour montrer comment la formation peut lutter contre le chômage structurel.
- Présentez-les à la classe sous la forme d'une carte mentale.

Comment lutter contre le chômage ?

Synthèse

bordas Flash PAGE podcast DYS

DOSSIER 1 Comment appréhender le chômage ?

1 Définir et mesurer le chômage : une opération complexe

- Appréhender le **chômage** est complexe. D'abord, il existe deux mesures qui ne se recoupent pas forcément : celle de Pôle emploi et celle du BIT. Ensuite, la définition du BIT – être sans emploi, disponible et rechercher activement un emploi –, retenue pour les comparaisons internationales, ignore des situations aux frontières du chômage qui sous-estiment son ampleur : halo du chômage et **sous-emploi**. Enfin, il existe plusieurs « thermomètres » : si le **taux de chômage** reste l'indicateur traditionnel pour mesurer son ampleur et son évolution, le taux de chômage de long terme renseigne davantage sur la difficulté à trouver du travail tandis que le **taux d'emploi** est un indicateur complémentaire.

2 Panorama du chômage : des situations différenciées en France et au niveau mondial

- Le chômage touche de manière différenciée les catégories sociales en France. Il frappe davantage les ouvriers et les employés, les moins qualifiés et les plus jeunes. Le genre est moins source d'inégalités aujourd'hui. De même, on constate une hétérogénéité des taux de chômage au sein de l'Europe et une situation contrastée au sein de l'OCDE en termes d'évolution ou d'ampleur du chômage de long terme. Ainsi, celui de la France est supérieur à celui de la moyenne de l'UE.

DOSSIER 2 Quelles sont les causes du chômage ?

1 Un coût du travail trop élevé peut être à l'origine du chômage

- Pour les néoclassiques, le **chômage classique** s'explique par un salaire réel supérieur à celui qui égaliserait l'offre et la demande de travail si le **marché concurrentiel** fonctionnait librement. Cela aboutit à un excès d'offre qui correspond à un chômage volontaire. Dans ce cadre, le **salaire minimum** est considéré comme une **institution** qui a un effet négatif sur l'emploi. Plus largement, c'est le **coût du travail** qui est jugé trop élevé aujourd'hui et désinciterait les entreprises à embaucher en baissant leur compétitivité, leur profitabilité ou encore en favorisant une substitution du capital au travail.

- Mais le niveau excessif des salaires peut venir du comportement des employeurs eux-mêmes, comme l'indiquent les théories du **salaire d'efficience** : dans un contexte d'**asymétrie d'informations,** il est rationnel pour les employeurs de verser des salaires élevés pour attirer les meilleurs travailleurs, les inciter à l'effort ou baisser le taux de rotation. La source du chômage est bien un salaire trop élevé mais le chômage est ici involontaire et s'explique par le comportement rationnel des entreprises.

VU EN PREMIÈRE

Asymétrie d'informations : signifie que, dans la relation entre deux agents, l'un bénéficie de moins d'informations que l'autre.

Marché concurrentiel : marché en CPP (concurrence pure et parfaite), lieu où se rencontrent une multitude d'offreurs et de demandeurs, sur lequel se fixe un prix d'équilibre et une quantité d'équilibre.

NOTIONS DE TERMINALE

Appariement (ou *match*) : adéquation entre l'offre et la demande de travail, c'est-à-dire entre un travailleur et un emploi. Dans le cas contraire, on parle d'inadéquation sur le marché du travail.

Chômage : population active privée d'emploi.

Chômage classique : chômage lié à un coût du travail jugé trop élevé.

Chômage conjoncturel : chômage lié aux fluctuations de la croissance.

Chômage structurel : partie du chômage qui est indépendante de la croissance économique et des coûts du travail mais s'explique par les rigidités du marché du travail et l'inadéquation entre l'offre et la demande.

Coût du travail : ce que coûte un travailleur à son employeur en salaire, cotisations et en formation.

Demande globale : demande anticipée qui s'adresse aux entreprises. Elle se décompose en demande de consommation et demande de biens de production (investissement) en économie fermée.

Fluctuations économiques : variation à la hausse ou à la baisse de la croissance à court terme.

Friction : inadéquation temporaire entre offre et demande de travail en raison de l'activité de prospection des chômeurs.

2 Le rôle de la protection de l'emploi dans le chômage structurel

Outre la rigidité des salaires, c'est la **rigidité du marché du travail**, liée à une trop forte **protection de l'emploi**, qui est dénoncée par les libéraux. Faute de pouvoir licencier librement ou embaucher avec des contrats plus souples, les entreprises auraient peur d'embaucher, ce qui entretiendrait le **chômage structurel**. L'indicateur de protection de l'emploi fourni par l'OCDE montrerait ainsi un fort niveau de rigidité du marché du travail en France comparativement à d'autres pays. Toutefois, il n'est pas possible d'établir statistiquement une corrélation entre niveau de protection de l'emploi et créations ou pertes d'emploi.

3 Les problèmes d'appariements, source de chômage structurel

Outre la rigidité du marché du travail, le chômage structurel trouve aussi sa source dans des problèmes d'**appariement (ou *match*)**. Il existe trois origines possibles à ces problèmes : une inadéquation entre offre et demande de travail qui peut venir des **frictions** liées au temps de prospection des chômeurs (*job search*) ; une **inadéquation des compétences** ; et enfin une **inadéquation spatiale** entre les demandeurs d'emploi et les employeurs.

4 Les fluctuations de l'activité économique, source de chômage conjoncturel

Les **fluctuations économiques** expliquent le **chômage conjoncturel**. C'est **J. M. Keynes** qui théorise cette idée. Pour lui, le chômage est involontaire et trouve sa source dans l'insuffisance de la **demande globale**. Si les entreprises anticipent une faible demande globale – en consommation ou en investissement –, elles fixent un faible niveau de production, réduisant ainsi le niveau d'emploi, ce qui conduit au chômage. Dans ce cadre, le salaire n'est pas l'ennemi de l'emploi. L'existence d'une relation statistique entre évolutions du PIB et emplois en France va dans ce sens.

DOSSIER 3 Quelles politiques de l'emploi pour lutter contre le chômage ?

1 Lutter contre le chômage classique par des politiques d'allègement du coût du travail

Selon l'analyse libérale, la baisse du chômage réclame une politique d'allègement du **coût du travail**. Si certains pays ont opté pour une action sur les salaires (absence ou faiblesse du salaire minimum), la France a privilégié la baisse des cotisations sociales. Ainsi, depuis 1993, plusieurs mesures prévoient des réductions de cotisations sociales patronales pour les emplois aux alentours du SMIC. Ces **politiques de l'emploi** comportent toutefois des limites : baisse de ressources pour l'État et smicardisation des travailleurs principalement.

NOTIONS DE TERMINALE

Inadéquation des compétences : quand les compétences détenues par les travailleurs ne correspondent pas à celles réclamées par les employeurs.

Inadéquation spatiale : quand le lieu d'habitation des travailleurs ne correspond pas à la localisation des emplois.

Institution : désigne, au sens large, l'ensemble des lois, règles et normes qui interfèrent avec le libre fonctionnement des marchés. En matière de chômage, il s'agit essentiellement de celles qui concourent à la détermination du salaire minimum, de l'indemnisation et des règles de protection de l'emploi.

Politique de l'emploi : ensemble des mesures prises par les pouvoirs publics pour baisser le chômage.

Protection de l'emploi : ensemble des règles régissant le contrat de travail (conditions d'embauche et de licenciement, en particulier) pour les contrats permanents (CDI) mais aussi temporaires (CDD, intérim). Elle détermine le degré de rigidité de l'emploi.

Rigidité du marché du travail : caractéristiques du marché du travail qui freinent l'égalité entre l'offre et la demande. Elle est liée à l'existence d'institutions qui visent à protéger l'emploi (salaire minimum, indemnisation chômage, règles encadrant les licenciements...).

Salaire d'efficience : salaire supérieur au salaire d'équilibre.

Salaire minimum : salaire en dessous duquel un employeur ne peut rémunérer un travailleur.

Sous-emploi : ensemble des personnes qui travaillent involontairement moins que la durée normale du travail et qui voudraient travailler plus.

Taux de chômage : mesure la part des chômeurs dans la population active (en %). On divise le nombre de chômeurs par le nombre de personnes actives (en emploi ou au chômage).

Taux d'emploi : mesure la part des actifs occupés sur la population en âge de travailler (en %). On divise le nombre d'actifs occupés par le nombre de personnes âgées de 15-64 ans.

2 Lutter contre le chômage conjoncturel par des politiques macroéconomiques de soutien de la demande

- Pour J.M. Keynes, la lutte contre le chômage exige l'utilisation de **politiques macroéconomiques (de relance)** pour soutenir la demande globale. Les pays pourront opter alternativement ou conjointement pour des politiques budgétaires (*via* la hausse des dépenses publiques ou la baisse de la fiscalité) ou des **politiques monétaires** de relance (*via* la baisse des taux d'intérêt pour stimuler le crédit). Les États-Unis fournissent un exemple récent de relance par la fiscalité, mais la hausse du salaire minimum est aussi une arme mobilisée par les États. Par ailleurs, ces politiques sont contraintes, en particulier par le niveau déjà élevé de déficit et de dette publics.

3 Lutter contre le chômage structurel par la flexibilité

- Le chômage étant aussi de nature structurelle, il faut combattre la rigidité du marché du travail par des politiques de **flexibilité du marché du travail**. Il s'agit alors d'alléger la protection de l'emploi par des mesures favorisant une **flexibilité quantitative** – des effectifs ou du nombre d'heures de travail – et/ou **qualitative** (externalisation ou polyvalence des travailleurs). Mais ces politiques ont, là encore, de nombreux effets pervers : précarisation et pauvreté, baisse de la productivité, baisse de l'implication des travailleurs...

4 Lutter contre le chômage structurel en améliorant les appariements : le rôle positif des institutions

- L'amélioration de la qualité des appariements fait l'objet d'une attention particulière dans un contexte de transition numérique ces dernières années et prend plusieurs voies. Les **politiques de formation** (initiale ou professionnelle) visent à améliorer l'entrée sur le marché du travail des jeunes, l'employabilité des chômeurs ou encore l'adaptabilité des travailleurs à de nouveaux postes, diminuant ainsi le risque de chômage. Elles participent à l'amélioration de l'adéquation des compétences. On peut aussi chercher à améliorer l'appariement spatial par des mesures comme la création de zones franches urbaines. Enfin, l'État investit dans l'accompagnement des chômeurs.
- Toutefois, l'efficacité de ces politiques est remise en question. Ce ne sont pas ceux qui ont le plus besoin de formation qui en bénéficient le plus, agir sur la mobilité des Français reste difficile et les politiques d'accompagnement nécessitent des moyens humains importants.

VU EN PREMIÈRE

Politique monétaire : variation de la masse monétaire pour atteindre des objectifs macroéconomiques. Elle passe par la manipulation des taux d'intérêt.

NOTIONS DE TERMINALE

Flexibilité du marché du travail : ensemble des mesures prises pour baisser les rigidités du marché du travail. Elle doit permettre aux entreprises de s'adapter rapidement aux fluctuations économiques tant au niveau du volume de l'emploi que des rémunérations. On distingue la flexibilité des salaires, la flexibilité quantitative et qualitative.

Politiques de formation : ensemble des dispositifs pour favoriser la formation initiale délivrée jusqu'à l'université et la formation continue tout au long de la vie professionnelle.

Politiques macroéconomiques (de relance) : consistent à utiliser les politiques budgétaire et/ou monétaire pour relancer la croissance et diminuer le chômage.

Repères

Ne pas confondre

Chômage conjoncturel / chômage structurel

Le chômage conjoncturel a pour origine une croissance faible liée à une insuffisance de la demande globale (en biens de consommation et de production). Le chômage structurel ne s'explique pas par les variations de la croissance. Même lorsque celle-ci repart, il reste une part de chômage liée à l'activité de prospection des chômeurs ou à l'inadéquation entre l'offre et la demande de travail.

Des chiffres clés

Chômage et marché de l'emploi

- **3 377 300** : c'est le nombre de chômeurs (Pôle emploi) en 2019 contre 500 000 en 1974.
- **5,1 %** : c'est le pourcentage de sous-emploi en France en 2018.
- **70 %** : c'est le nombre d'employeurs qui disent avoir peur d'embaucher. Parmi eux, 37 % en raison de la rigidité du travail et 39 % parce qu'ils ne trouvent pas les bonnes compétences.
- **300 000** : c'est le nombre d'emplois vacants en 2019.

Des citations

Des déclarations sur le chômage

- « Dans la lutte contre le chômage, on a tout essayé » (François Mitterrand, 1993).
- « Un million d'emplois contre des allégements de charges, c'est le deal »(Pierre Gattaz, président du Medef, organisation représentant des entreprises françaises, 2013).

Schéma bilan

bordas Flash PAGE animation

LE CHÔMAGE…

- **… a deux définitions :**
  - BIT
  - Pôle emploi
  - → **… devrait intégrer le sous-emploi**
  - → **… est inégalitaire et d'une ampleur + ou – forte selon les pays**
- **… a plusieurs causes**
  - Salaire ou coût du travail trop élevés → Chômage classique
  - Insuffisance de la demande → Chômage keynésien
  - Rigidité sur le marché du travail → Chômage structurel
  - Inadéquation entre offre et demande de travail → Chômage structurel
- **… peut être de différentes natures**
  - Chômage classique → Allègement du coût du travail
  - Chômage keynésien → Relance de la demande
  - Chômage structurel → Flexibilité du marché du travail ; Amélioration des appariements : par la formation, par la mobilité géographique
- **… est combattu par diverses politiques de l'emploi**
  - Allègement du coût du travail
  - Relance de la demande
  - Flexibilité du marché du travail
  - Amélioration des appariements :
    - par la formation
    - par la mobilité géographique

Prolongements

Un documentaire

Nouvelle cordée

Marie-Monique Robin, 2019

L'histoire de l'expérimentation Territoires zéro chômeur de longue durée, lancée en 2015 à Mauléon. En suivant ce projet utopique qui fournit aux chômeurs de longue durée qui le souhaitent un CDI payé au SMIC, adapté à leurs compétences, le film révèle la transformation physique et morale des anciens chômeurs.

Un site

POEM Politiques de l'EMPLOI

www.poem.travail-emploi.gouv.fr

Ce site de la Dares rassemble toutes les données de suivi des politiques de l'emploi en France, ainsi que des éléments d'analyse.

Un livre

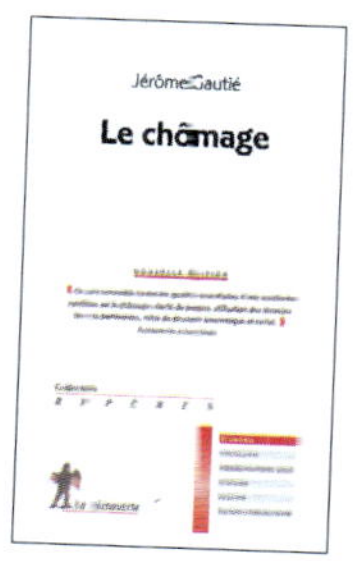

Le chômage

Jérome Gautié, La Découverte, coll. Repères, 2015

Une synthèse sur tous les aspects du chômage : sa mesure, les facteurs à l'origine du chômage et les politiques pour tenter de le faire reculer.

Je vérifie mes connaissances

Plus d'exercices en numérique

bordas Flash PAGE exercices interactifs

CORRIGÉS ➡ PAGE 471

Exercice 1

Les affirmations suivantes sont-elles vraies ou fausses ? Justifiez votre réponse.

1 • Le chômage BIT mesure correctement le chômage.
2 • Le chômage n'évolue pas de manière identique selon les pays.
3 • Le salaire minimum est partout le même en Europe.
4 • Pour les néoclassiques, la flexibilité des salaires réels permet le plein emploi.
5 • Le coût du travail correspond au salaire brut plus les cotisations sociales.
6 • On lutte contre le chômage conjoncturel en allégeant le coût du travail.
7 • Le chômage structurel s'explique par un ralentissement de la croissance.
8 • La flexibilité quantitative cherche à adapter les effectifs ou les heures aux besoins.
9 • La politique de formation vise à améliorer l'appariement spatial.

Exercice 2

Complétez le schéma à l'aide des termes suivants.

emploi • rentabilité • cotisations sociales • compétitivité • chômage • substitution

Comment la baisse du coût du travail baisse le chômage ?

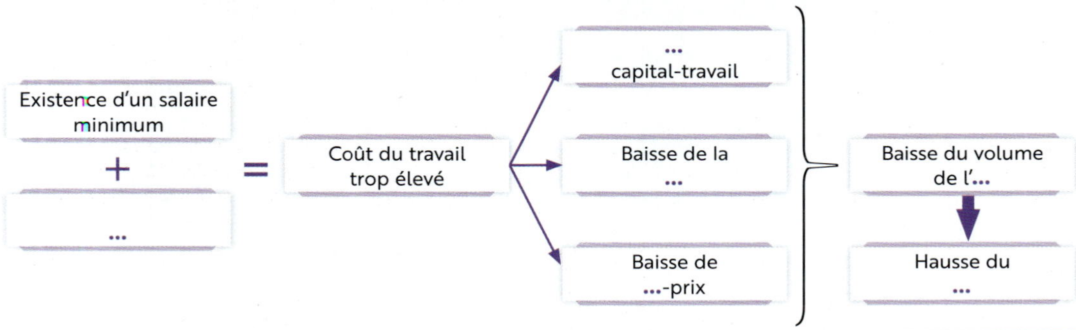

Exercice 3

Reliez les mesures suivantes à la politique d'emploi concernée.

Aide aux chômeurs pour rédiger un CV •
Création de CDD •
Augmentation du salaire minimum •
Gratuité des transports pour les chômeurs •
Baisse des cotisations sociales •
Contrats zéro heure •
Plan d'investissement dans les compétences •
Indemnisation chômage •
Assouplissement de la procédure de licenciement •

• Alléger le coût du travail
• Soutenir la demande
• Améliorer les appariements
• Favoriser la flexibilité

J'utilise mes connaissances

Exercice 1 Lire et interpréter un graphique en indices

Coûts salariaux unitaires[1] en comparaison internationale (indice 1995 = 100)

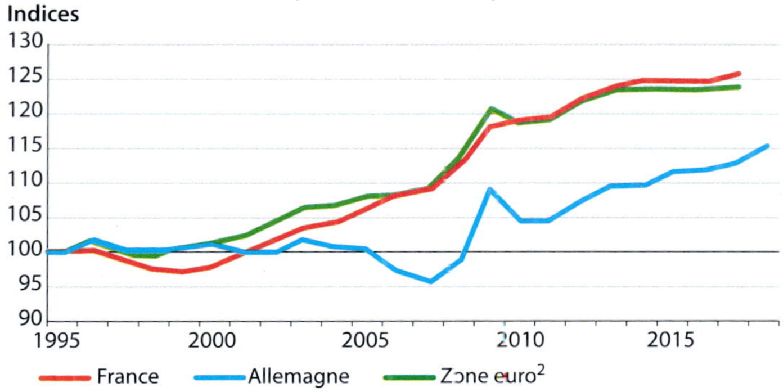

1. Coûts du travail sur productivité réelle. 2. Zone euro à 19 pays.

Source : données OCDE, 2019.

1 • Que signifie un indice « base 100 en 1995 » ?

2 • Que signifie la donnée pour la France en 2018 ? pour l'Allemagne en 2008 ?

3 • Comparez l'évolution des coûts salariaux unitaires de la France.

Exercice 2 Lire et interpréter un graphique en pourcentages

Taux de chômage

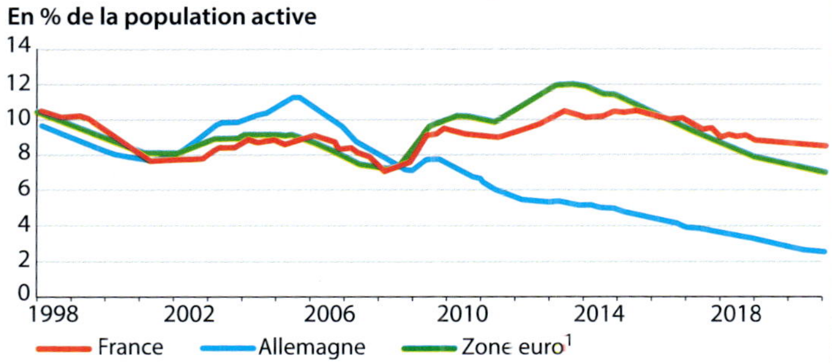

1. Zone euro à 19 pays.

Source : données OCDE, 2019 (prévisions pour 2019 et 2020).

1 • Que signifie la donnée pour la Zone euro en 2020 ?

2 • À l'aide d'un calcul de votre choix, comparez le taux de chômage de la France et celui de l'Allemagne en 2018.

3 • Peut-on dire que la situation de la France s'améliore en matière de taux de chômage depuis dix ans ?

Je construis ma fiche de révision

Fiche téléchargeable lycee.editions-bordas.fr

À l'aide des pages « L'Essentiel » et de vos connaissances, retrouvez les éléments clés du chapitre et complétez votre fiche de révision.

Comment lutter contre le chômage ?

NOTIONS CLÉS
- Chômage
- ...

ANALYSES THÉORIQUES
- Néoclassique : le chômage vient de salaires trop élevés
- ...

CONNAISSANCES FACTUELLES
- Taux de chômage en France : 8,1 % en 2019
- ...

MÉCANISMES
- La baisse des charges sociales entraîne la baisse du coût du travail et la baisse du chômage classique
- ...

INDICATEURS À MAÎTRISER
- Taux de chômage = Nombre de chômeurs / population active × 100
- ...

TRAVAUX DIRIGÉS

Arbitrer : réduire le coût du travail permet-il de faire baisser le chômage ?

OBJECTIF : Comprendre les relations entre le coût du travail et le chômage.

De nombreux économistes contemporains considèrent que le chômage est provoqué par un coût du travail trop élevé. Dans ce contexte, les gouvernements français ont réduit le coût du travail (et non pas le salaire net) aux alentours du SMIC depuis 1993. Ces mesures sont-elles efficaces ?

Taux de chômage et coût de la main-d'œuvre en Europe

	Taux de chômage (en %)	Coûts horaires de la main-d'œuvre[1] (en euros)
Allemagne	3,1	34,6
Belgique	5,6	39,7
Danemark	5	43,5
Espagne	14,3	21,4
France	8,6	35,8
Grèce	16,7	16,1
Luxembourg	5,6	40,6
Pays-Bas	3,5	35,9
Pologne	3,2	10,1
République tchèque	2,1	12,6
Royaume-Uni	3,8	27,4
Suède	6,8	36,6
Zone euro	7,5	30,6
UE à 28	6,3	27,4

1. Entreprises de plus de 10 salariés, hors agriculture et administration publique.

Source : d'après Eurostat, 2019.

Étape 1 Lire

Face à un tableau statistique, il faut commencer par en comprendre le contenu (intitulé des colonnes et des lignes, chiffres). Il faut toujours vérifier la bonne compréhension de son contenu. Parfois, le sens apparaît à la suite d'une transformation opératoire des données.

1 • Que signifient les données entourées ?

2 • Par un calcul adapté, comparez les taux de chômage de l'Espagne et de l'UE à 28.

Étape 2 Exemplifier et comparer

Pour analyser un tableau statistique, il est nécessaire de le relier aux connaissances du cours, une simple paraphrase de son contenu ne suffit pas.

1 • Montrez, par deux exemples tirés du chapitre, qu'il existe un lien entre coût du travail et taux de chômage.

2 • À partir du dossier 3, expliquer si la baisse du coût du travail peut réduire tous les types de chômage.

3 • Comparez la situation des pays suivants présentés dans le tableau :
– France et Pays-Bas,
– Allemagne et Pologne.

Conseil : Exemplifier est nécessaire mais ne suffit pas. Il faut proposer une analyse.

Étape 3 Faire la synthèse

Faire la synthèse nécessite de problématiser le contenu du tableau. Cela signifie qu'il faut arriver à trouver une question qui en synthétise le contenu en relation avec vos connaissances du sujet.

• En vous aidant des réponses précédentes et de vos connaissances apprises dans ce chapitre, rédigez un paragraphe qui réponde à la question problématisée suivante : « La recherche d'un coût du travail faible est-elle nécessairement la solution au chômage ? »

Exploiter un tableau statistique pour répondre aux questions de la partie 2 de l'épreuve composée

1. Étudiez les données du tableau

Tableau proposé : document 2 p. 112.

- Repérez les informations nécessaires à la compréhension du tableau : la source, le titre (il indique la variable étudiée), l'(ou les) unité(s), le champ (il précise la population de référence), la date et le lieu.
- Choisissez une donnée pour lui donner du sens et vérifier votre lecture du tableau.

Pour exprimer correctement des données d'un tableau, il faut préciser ce qui est étudié, les périodes, les unités utilisées et, si nécessaire, le contexte général qui donnera du sens au contenu.

- Améliorez les lectures suivantes des données de la 1re ligne du tableau, proposées par un élève.

a. Entre 2017 et 2018, l'évolution de la part des entreprises citant l'incertitude sur la situation économique comme principale barrière à l'embauche est de – 8 points.

b. En 2018, 22 % de l'ensemble citent l'incertitude économique comme principale barrière à l'embauche.

2. Exploitez les données du tableau

Il s'agit d'extraire quelques données pertinentes. Si le tableau comporte plusieurs variables, il faut les mettre en relation.

- Centrez d'abord l'analyse sur les données principales : que vous apprend la colonne « Ensemble » ?
- Resserrez l'analyse sur des données particulières : quelles sont les données les plus élevées / les plus faibles en matière de secteur ? Lesquelles augmentent le plus / le moins ?
- Effectuez les calculs pertinents pour « faire parler les chiffres » : en points, en indice ou en coefficient multiplicateur.
- Voici la réponse de Lucien aux questions précédentes.

Lecture !

Bon réflexe, mais unité !

Que quoi ?

Et le moins ?

Les entreprises pointent le manque de main-d'œuvre compétente comme principale barrière à l'embauche : elles sont 22 % soit 3,7 % plus citées. Les barrières à l'embauche sont plus citées dans le secteur qui emploie des salariés du bâtiment. La barrière qui augmente le plus est le niveau trop élevé des salaires.

a. Quelle note sur 4 donneriez-vous à la réponse de Lucien ? Pourquoi ? Quelles informations manque-t-il ?

b. Classez les remarques que l'enseignant a mentionnées sur la copie de Lucien en distinguant ce qui est positif ou négatif.

3. Répondez aux questions de l'EC2

Exemple de questions :

1. *Vous caractériserez les barrières à l'embauche en 2018 en France.*
2. *À l'aide du document et de vos connaissances, vous montrerez pourquoi il est difficile d'expliquer le chômage.*

Pour répondre aux deux questions, vous devez mobiliser vos connaissances et traiter l'information de manière rigoureuse. Pour la première, il s'agit d'identifier clairement les caractères du tableau, les plus globaux comme les plus particuliers. Pour la seconde, il faut impérativement intégrer dans votre réponse des connaissances personnelles et les éléments que vous aurez mis en évidence aux étapes 1 et 2.

- Selon vous, quelle est la phrase correcte ?

a. Selon les entreprises, tous secteurs confondus, c'est l'absence de main-d'œuvre compétente qui constitue la principale barrière à l'embauche et cette barrière a été celle qui a le plus augmenté entre 2017 et 2018.

b. Selon les entreprises, tous secteurs confondus, c'est l'absence de main-d'œuvre compétente qui a le plus augmenté entre 2017 et 2018 et qui constitue la principale barrière à l'embauche.

- Parmi les connaissances de cours suivantes, lesquelles devez-vous mobiliser pour répondre à la seconde question ?

chômage classique – chômage keynésien – chômage conjoncturel – chômage structurel

RÉCAP Méthode

Dans le Cahier BAC, La méthode complète p. 428

Dans une EC2, pour répondre aux questions, il faut :

- comprendre les données du tableau,
- exploiter le tableau,
- utiliser les données exploitées pour argumenter,
- inclure des connaissances du cours dans la réponse.

Dans le Cahier BAC
- La méthode complète de l'EC, p. 428
- Une épreuve composée corrigée, p. 437

Sujet guidé – Épreuve composée (4 heures)

PARTIE 1 • Mobilisation des connaissances (4 points)

- Montrez, à partir d'un exemple, comment la flexibilité du marché du travail peut contribuer à réduire le chômage.

Aide
- Pensez à mobiliser les différentes formes de flexibilité présentées dans le chapitre.

PARTIE 2 • Étude d'un document (6 points)

1 • Vous caractériserez les évolutions des coûts horaires de la main-d'œuvre depuis 2008.

2 • À l'aide des données du document et de vos connaissances, vous analyserez les écarts de coûts salariaux entre la France et les autres pays.

Coûts horaires de la main-d'œuvre[1] en indice (base 100 : France)

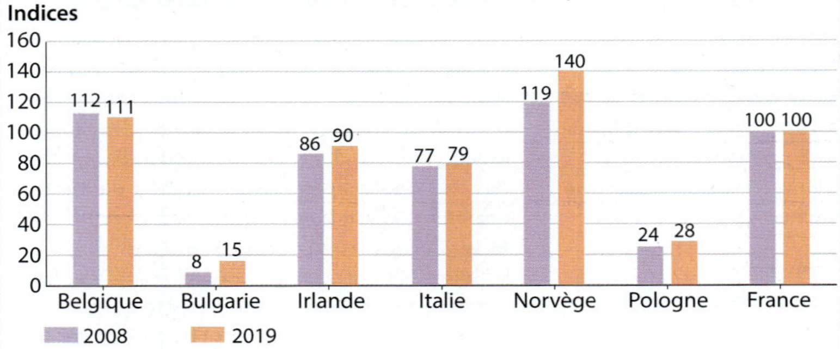

1. Ensemble des coûts supportés par les unités productives.

Source : données Eurostat, 2019.

Aide
- Repérez l'outil statistique utilisé. Quelle est la base 100 qui sert de référence ? Assurez-vous d'avoir bien compris le document en vérifiant la signification de deux données, l'une supérieure à 100 et l'autre inférieure à 100.

PARTIE 3 • Raisonnement s'appuyant sur un dossier documentaire (10 points)

SUJET *À l'aide de vos connaissances et du dossier documentaire, vous montrerez pourquoi la lutte contre le chômage nécessite une diversité des politiques de l'emploi.*

DOCUMENT 1

Principaux dispositifs ciblés de la politique d'emploi en 2017 (en milliers)	Nombre de bénéficiaires
Emploi aidé	1 314
Contrat aidé	362
dont contrat d'accompagnement dans l'emploi (CAE)	157
contrat initiative-emploi (CIE)	15
emploi d'avenir	57
insertion par l'activité économique	132
Contrat en alternance	613
Autre emploi aidé	340
dont Aide aux chômeurs créateurs d'entreprise	216
Embauches de jeunes en contrat à durée indéterminée[1]	64
Formation des personnes en recherche d'emploi	263
Retraits d'activité	351
Total	1 928

1. Exonération temporaire de la contribution patronale d'assurance chômage pour l'embauche de jeunes en CDI.
Champ : France métropolitaine. Source : Tableaux de l'économie française, *Insee Références*, 2019.

DOCUMENT 2

Indicateur de protection de l'emploi[1] et taux de chômage en 2013 dans différents pays de l'OCDE			
	Indicateur de protection de l'emploi contre les licenciements individuels et collectifs	**Taux de chômage (en %)**	**Taux de chômage des jeunes de 15 à 24 ans (en %)**
Belgique	2,99	8,4	23,7
Canada	1,51	7,1	13,7
Danemark	2,32	7,0	13,0
France	2,82	9,9	24,1
Allemagne	2,84	5,2	7,8
Grèce	2,41	27,5	58,3
Italie	2,89	12,1	40,0
Mexique	2,62	4,9	9,5
Pays-Bas	2,94	7,2	13,2
Pologne	2,39	10,3	27,3
Portugal	2,69	16,2	38,1
Espagne	2,36	26,1	55,5
Royaume-Uni	1,59	7,5	20,6
États-Unis	1,17	7,4	15,5

1. Indicateur créé par l'OCDE portant sur la réglementation des licenciements des salariés en emploi à durée indéterminée. Il est compris entre 0 et 6 : plus l'indice est élevé, plus la protection de l'emploi est dite forte.

Source : données OCDE, 2017.

DOCUMENT 3

Part des exonérations dans les cotisations de Sécurité sociale dues par les employeurs aux caisses de Sécurité sociale (Urssaf) en %, et mesures compensées par l'État (en milliards)

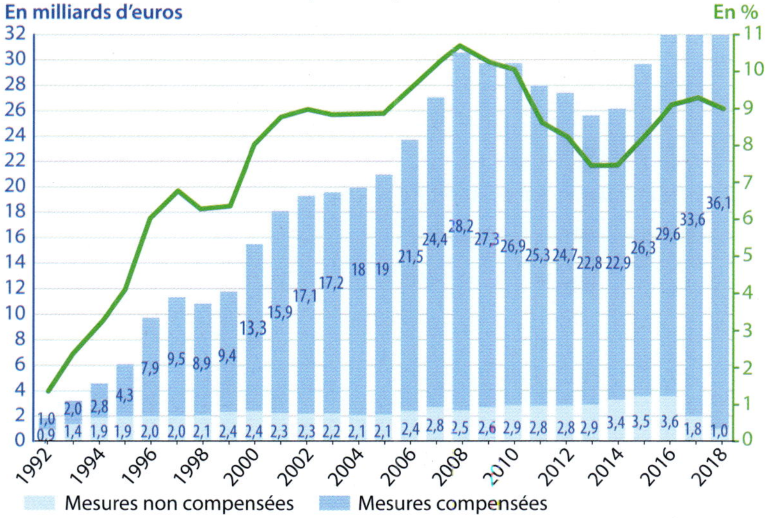

Champ : employeurs relevant du régime général pour les cotisations de Sécurité sociale dues aux Urssaf.

Source : Projet de loi de financement de la Sécurité sociale, Agence centrale des organismes de sécurité sociale, 2020.

Méthode appliquée

La PARTIE 3 en 4 étapes

1 Analyser le sujet et mobiliser des connaissances

- Repérez les notions contenues dans le sujet. Ici, il y en a deux.
- Interrogez ensuite les mots clés du sujet. Ici, le mot « diversité » doit vous conduire à identifier les connaissances de cours nécessaires pour répondre.
- Enfin, repérez le terme du sujet qui indique ce qui vous est demandé. Ici, le terme « pourquoi » implique de s'intéresser aux causes du chômage.

2 Exploiter les documents et les relier à ses connaissances

- Identifiez les informations essentielles de chacun des trois documents et en quoi elles permettent de répondre au sujet. Puis complétez-les par vos connaissances de cours.

Complétez le tableau suivant.

Doc n°	...
Ce que dit le doc	...
Mes connaissances	...
En quoi cela répond au sujet	...

3 Construire un raisonnement argumenté

- Construisez votre réponse en rassemblant les informations des documents qui se complètent ou s'opposent. Ici les documents 1 et 3 sont liés : ils concernent les politiques de lutte contre le chômage par différents dispositifs d'aide à l'emploi et par la réduction du coût du travail.
- Mettez ensuite en relation les informations des documents avec vos connaissances pour construire chacun de vos arguments selon le principe AEI : « Affirmer, Expliciter, Illustrer ».

4 Rédiger

La rédaction d'un raisonnement argumenté n'oblige pas à respecter un nombre de parties fixes : vous pouvez rédiger des paragraphes argumentés. Toutefois, votre raisonnement doit être structuré autour de quelques idées essentielles introduites par un connecteur logique, et comporter une introduction et une conclusion.

Dans le Cahier BAC
La méthode de la dissertation, p. 426
Autres sujets blancs, p. 442

Sujet blanc - Épreuve de dissertation (20 points) 4 heures

SUJET *Les politiques d'allègement du coût du travail sont-elles suffisantes pour lutter contre le chômage ?*

DOCUMENT 1

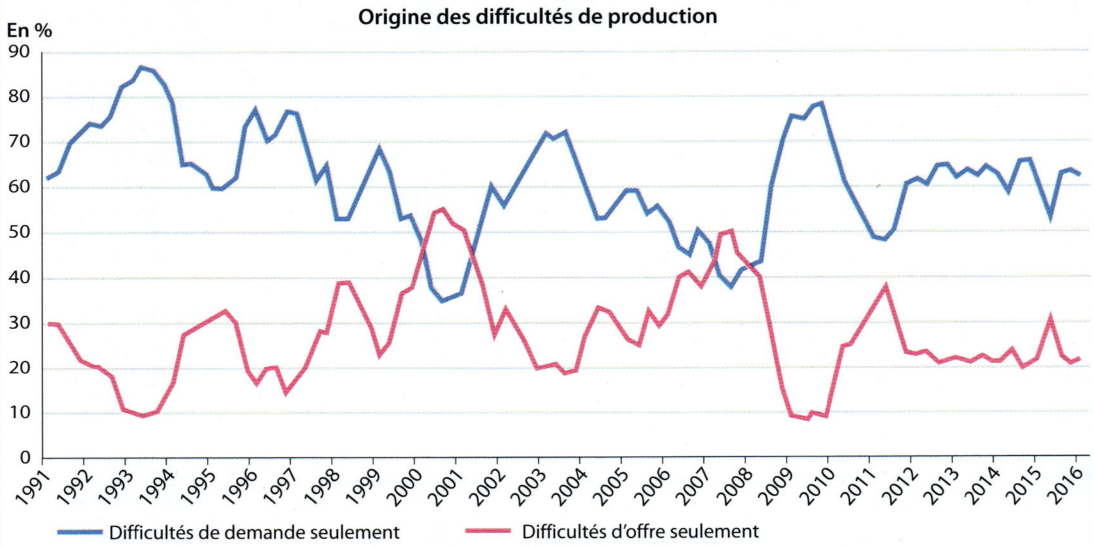

Source : d'après les données des comptabilités nationales, *Idées économiques et sociales*, n° 185, mars 2016.

DOCUMENT 2

Taux de chômage selon le niveau de diplôme et la durée depuis la sortie de formation initiale en 2017

En %	Sortie de formation initiale depuis			Ensemble
	1 à 4 ans	5 à 10 ans	11 ans ou plus	
Sans diplôme, CEP, brevet	48,4	37,4	14,0	17,0
Bac, CAP, BEP	24,1	15,1	7,6	10,0
Bac + 2 ou plus	8,8	5,1	4,2	5,2
Ensemble	17,8	12,0	7,6	9,4

Lecture : En 2017, 8,8 % des personnes actives de 15 ans ou plus, ayant un diplôme de niveau bac + 2 ou plus ayant achevé leur formation initiale depuis un à quatre ans sont au chômage.
Champ : France, hors Mayotte, population des ménages, personnes actives de 15 ans ou plus.

Source : enquête Emploi 2019, Insee.

DOCUMENT 3

Part des entreprises citant chaque barrière à l'embauche[1] selon le secteur en 2018 (en %) et évolution depuis 2017 (en points)	Industrie en 2018	Services en 2018	Bâtiment en 2018	Ensemble en 2018	Évolution 2017-2018 (en points)
Incertitude sur la situation économique	26	20	34	22	− 8
Main-d'œuvre compétente indisponible	42	33	61	37	+ 12
Coûts liés à l'emploi	20	21	32	21	− 2
Dont cotisations sociales trop élevées	*14*	*12*	*25*	*13*	− 6
Dont niveau des salaires trop élevé	*7*	*9*	*12*	*9*	+ 3
Réglementation	12	9	22	11	− 7
Dont coût du licenciement	*7*	*5*	*13*	*6*	− 3

1. Une même entreprise peut citer plusieurs barrières.
Lecture : 26 % des entreprises qui citent l'incertitude sur la situation économique parmi les principales barrières à l'embauche emploient des salariés du secteur de l'industrie.
Champ : France, entreprises de l'industrie de + 20 salariés, du bâtiment de + 10 salariés et des services marchands.

Source : Note de conjoncture « Fin 2018, les entreprises pointent le manque de main-d'œuvre compétente comme principale barrière à l'embauche, plus encore que début 2017 », Insee, 18 décembre 2018.

DOCUMENT 4

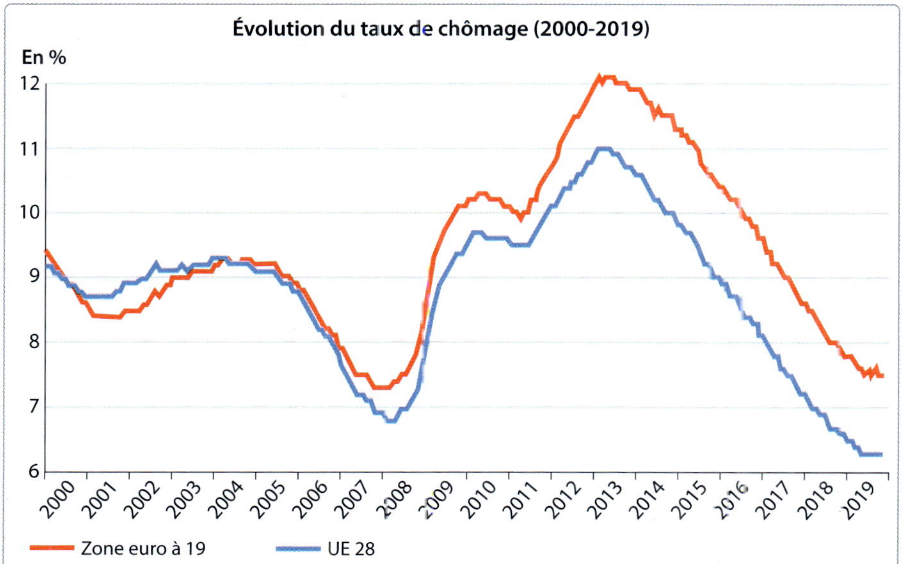

Source : données Eurostat, 2019.

Dans le Cahier BAC, p. 460
La méthode complète pour réussir le Grand oral

Préparation - Épreuve du Grand oral (20 points) 20 minutes

Préparer sa question en 4 étapes

1 Trouver sa question en lien avec son projet d'orientation

1 Voici des questions possibles en lien avec différents domaines d'étude.

❶ Le taux d'emploi est-il un meilleur indicateur que le taux de chômage ?	*Sciences économiques, Mathématiques*
❷ Le SMIC est-il responsable du chômage en France ?	*Sciences économiques, Économie-Gestion, Écoles de commerce*
❸ Comment améliorer les politiques de formation des chômeurs ?	*Sciences économiques, Carrières sociales*
❹ Faut-il faciliter les licenciements ?	*Sciences économiques, Économie-Gestion, Droit, Écoles de commerce*
❺ Les politiques de relance sont-elles encore efficaces contre le chômage ?	*Sciences économiques*

Choisissez la question que vous voulez traiter parmi celles ci-dessus, ou proposez une autre question puis justifiez votre choix par rapport au programme de la spécialité SES.

J'ai choisi de travailler sur cette partie du programme parce que : ...

J'ai choisi cette question en particulier parce que : ...

2 Mobiliser des connaissances pour préparer la réponse à la question choisie

- Commencez par réviser le chapitre et identifiez les notions, connaissances et mécanismes à mobiliser pour répondre à votre question. ➡ Cahier BAC p. 460.

2 Identifiez à quel grand type de politique de l'emploi la question ❹ se rattache.

- ☐ Lutte contre le chômage classique par une politique d'allègement du coût du travail
- ☐ Lutte contre le chômage keynésien par une politique macroéconomique de relance
- ☐ Lutte contre le chômage structurel par la flexibilité du marché du travail
- ☐ Amélioration de la qualité des appariements pour lutter contre le chômage structurel

- Puis faites des recherches complémentaires pour approfondir votre maîtrise du sujet. Terminez en réalisant une carte mentale qui synthétise l'ensemble de vos connaissances sur la question. ➡ p. 144 et p. 402.

3 Préparer la réponse argumentée à la question choisie

- Formulez un plan et des arguments qui répondent clairement et précisément à votre question.

3 Proposez une reformulation de la partie II ci-dessous pour la réponse à la question ❹.

Plan / Arguments manquant de précision

I) Oui, il faut faciliter les licenciements...

II) Mais ce n'est pas toujours une bonne idée...

Plan / Arguments apportant une réponse claire à la question

I) Faciliter les licenciements peut avoir des effets bénéfiques sur l'emploi en réduisant le chômage structurel.

II) Mais ...

- Finalisez votre réponse argumentée. ➡ Cahier BAC p. 461.

Concevoir un support pour le jour J

- Préparez un support à destination du jury : plan, carte mentale, schéma, tableau... ➥ Cahier BAC p. 462.

4 Complétez le schéma ci-dessous pour la question 4 avec les mots suivants : *l'emploi – structurel – l'embauche – keynésien – précarisation.*

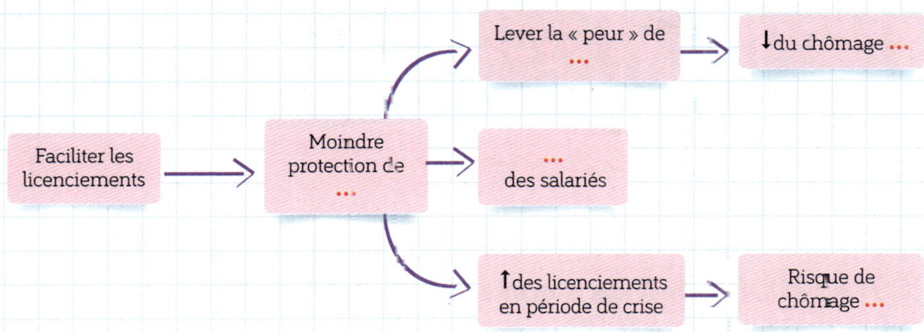

S'entraîner pour le jour J

1. Présenter sa question devant le jury

5 ORAL

- Reprenez la réponse argumentée que vous avez préparée (étape 3) et filmez-vous en train de la présenter en cinq minutes, debout. Utilisez votre smartphone par exemple.
- Visionnez la vidéo et autoévaluez votre prestation. Utilisez la grille d'évaluation. ➥ Cahier BAC p. 463-464.

2. Préparer l'entretien avec le jury

6 ORAL Voici des exemples de questions de cours (a, b) et d'opinion personnelle (c, d) en lien avec la question 4.

a. Qu'est-ce qu'un chômeur ?

b. Hormis le chômage structurel, quels sont les autres grands types de chômage identifiés par les économistes ?

c. Pensez-vous que le droit du travail soit actuellement trop protecteur en France ?

d. Quelles mesures prendriez-vous en priorité pour faire baisser le chômage en France ?

- Entraînez-vous à répondre à l'oral aux questions de cours (a, b) ci-dessus.
- Imaginez deux questions d'approfondissement sur votre question et entraînez-vous à y répondre.

3. Maîtriser son regard et ses gestes pour susciter l'intérêt *Compétence orale*

- Vos gestes et votre regard sont le prolongement de votre parole. Lorsqu'ils sont coordonnés avec votre discours, ils facilitent le contact avec le jury.

À faire

– Évitez les gestes parasites qui risquent de détourner l'attention du jury et de trahir votre stress.
– Introduisez des gestes communicatifs pour appuyer votre présentation.
– N'oubliez pas que les émotions se lisent aussi dans le regard : il peut montrer l'anxiété, l'incertitude, l'agressivité ou au contraire la **confiance** et la sérénité !

7 Distinguez parmi ces gestes / regards ceux qui sont corrects et ceux qu'il faut éviter :

croiser les bras ou les jambes – faire des gestes maîtrisés avec vos mains – se tordre les mains – ouvrir les mains vers le jury – avoir les mains dans les poches ou derrière le dos – faire un décompte avec les doigts (par exemple en énumérant trois exemples) – regarder les membres du jury (alterner votre regard sur l'un et l'autre) – se gratter le nez – avoir un regard qui fuit le contact avec le jury – froncer / défroncer les sourcils et animer son regard

8 ORAL

- Devant un miroir, entraînez-vous à améliorer vos gestes et votre regard pendant les moments clés de votre présentation.

9 ORAL Filmez-vous en train de présenter votre question puis regardez la vidéo en vous autoévaluant.

Évaluez-vous selon les critères suivants :

- Avez-vous des « gestes parasites » ? Si oui, lesquels ?
- Utilisez-vous des « gestes communicatifs » ?
- Votre regard est-il dirigé vers la caméra ?
- Quelles émotions transparaissent dans votre regard ?

CHAPITRE 4

Comment expliquer les crises financières et réguler le système financier ?

Un cas pour réfléchir

En 2007 et 2008, le monde a connu la plus grave crise financière depuis 1929.

Durant cette crise, de nombreuses banques ont été sauvées de la faillite par les États. Pourquoi les banques et pas les entreprises automobiles, ou les compagnies aériennes ? Cela peut sembler étrange : une banque ne produit pas de biens matériels, ne transporte pas de passagers... Certes, ménages et entreprises ont des comptes bancaires. Mais pourquoi les pouvoirs publics ont-ils couru au chevet des banques en difficulté en 2008 ? Est-ce le signe que les banquiers contrôlent le monde ? Ou que les banques et le système financier ont un rôle à part et que leur chute peut faire beaucoup de mal à toute l'économie... ?

Et vous, qu'en pensez-vous ?

Faut-il sauver les banques de la faillite ?

VU EN PREMIÈRE

Action • Aléa moral • Banque centrale • Financement bancaire • Financement de l'économie • Liquidité • Marchés financiers

NOTIONS DE TERMINALE

Bourse • Bulle spéculative • Canaux de transmission • Collatéral • Comportements mimétiques • Contraction du crédit (*credit crunch*) • Économie réelle • Effet de richesse • Krach boursier (ou effondrement boursier) • Panique bancaire (*bank run*) • Prophétie autoréalisatrice • Ratio de solvabilité • Régulation bancaire et financière • Spéculation • Supervision bancaire • Vente forcée

Une vidéo pour découvrir

La crise vue par le journal télévisé du 22 janvier 2008

Quels sont les responsables de la crise financière qui a débuté en 2007 ?

Source : Ina.

SOMMAIRE

DOSSIER 1 Pourquoi les crises de 1929 et de 2008 sont-elles historiques ?

1. Deux crises financières majeures en cent ans 118
2. Deux crises majeures mais différentes 120

DOSSIER 2 Pourquoi la finance favorise-t-elle les bulles spéculatives ?

1. La finance est utile pour l'économie 122
2. La finance repose sur la spéculation 124
3. La spéculation crée des bulles 126

DOSSIER 3 Comment réguler la finance et les banques pour éviter les crises ?

1. Les canaux de transmission des crises financières à l'économie réelle 128
2. Les instruments pour réguler le système bancaire et financier 130

L'ESSENTIEL 132
Synthèse • Repères • Schéma bilan • Prolongements

RÉVISER 136
Je vérifie mes connaissances • J'utilise mes connaissances • Je construis ma fiche de révision

TRAVAUX DIRIGÉS 138
Décrypter une corrélation à partir d'un graphique en nuage de points

BAC MÉTHODE & ENTRAÎNEMENT 139
- Relier les documents aux connaissances pour la dissertation et la partie 3 de l'épreuve composée
- Sujet guidé : épreuve de dissertation
- Sujet blanc : épreuve composée
- Préparation : épreuve du Grand oral

1 Deux crises financières majeures en cent ans

OBJECTIF DU PROGRAMME : Connaître les principales caractéristiques de la crise financière des années 1930 et de celle de 2008 (effondrement boursier, faillites en chaîne, chute du PIB et accroissement du chômage).

Questionnez-vous ! Comment une crise financière devient-elle économique et sociale ?

Jeudi noir : panique à Wall Street après le krach boursier du 24 octobre 1929.

Queue devant une soupe populaire à Chicago en 1930.

CONTEXTE

Le **24 octobre 1929**, la Bourse de Wall Street à New York chute brutalement, marquant le début d'une crise financière et économique majeure aux États-Unis et dans le monde. En 2007, débute une crise dite des subprimes dont l'ampleur est comparable.

Un employé quitte les bureaux de la banque Lehman Brothers mise en faillite le 15 septembre 2008.

Un sans-abri après la crise financière de 2008.

1 • Voyez-vous un rapport évident entre les deux photos de gauche et celles de droite ? Si oui, lequel ?

2 • Et entre les deux du haut et celles du bas ? Si oui, lequel ?

DOC 1 En cent ans, combien de crises financières ?

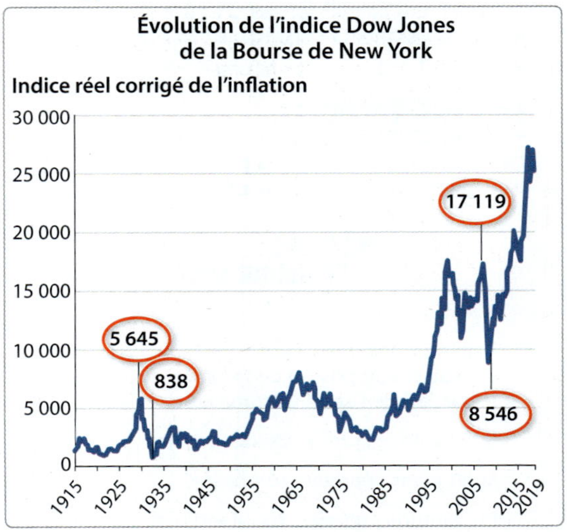

Source : données Dow Jones Indexes.

Principales crises à la Bourse de New York

1929 : chute brutale des cours le jeudi 24 octobre.
1987 : chute brutale des cours le lundi 19 octobre.
2000 : chute des cours des entreprises de nouvelles technologies, de l'Internet et de l'informatique.
2007-2008 : chute des cours à la suite de la crise des subprimes, des prêts immobiliers, puis début de la crise économique mondiale.

CONTEXTE

L'**indice Dow Jones** synthétise l'évolution des cours de la Bourse de New York. C'est le plus vieil indice boursier au monde. Il date de 1884.

1 • **Lire** Que signifient les données entourées ? Savoir-faire 4 p. 407

2 • **Calculer** Calculez le taux de variation en % de l'indice Dow Jones entre 1929 et 1932, puis entre 2007 et 2009. Savoir-faire 2 p. 405

3 • **Analyser** Repérez d'autres périodes où l'indice Dow Jones connaît des baisses brutales. En quoi se distinguent-elles de celles de 1929-1932 et de 2007-2009 ?

DOC 2 Des faillites en chaîne

Nombre de faillites de banques et d'entreprises aux États-Unis durant la crise des subprimes

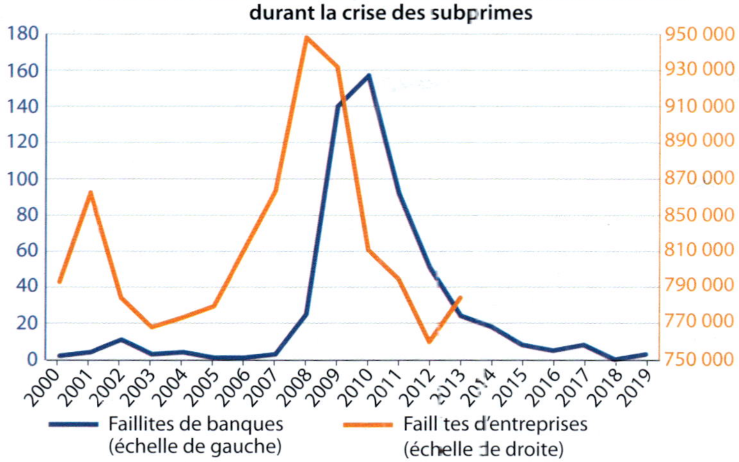

Note : les banques et les entreprises qui font faillite ne disparaissent pas toutes ; certaines sont rachetées par d'autres.

Sources : Federal Deposit Insurance Corporation ; Bureau of Labour Statistics (pour 2019 : données disponibles jusqu'à novembre).

CONTEXTE

Dans les années 1920, aux États-Unis, **70 banques ont fait faillite** en moyenne chaque année. Durant l'année 1930, **744 banques ont disparu.** On estime que près de 9 000 banques ont disparu durant la Grande Dépression. Il s'agissait pour beaucoup de petites banques.

1 • **Lire** Combien de banques ont disparu en 2009 aux États-Unis ? et d'entreprises ?

2 • **Expliquer** Peut-on parler de faillites en chaîne à la suite de la crise de 2008 ?

3 • **Analyser** Les faillites bancaires après 2008 sont-elles comparables à celles qui ont suivi la crise de 1929 ?

DOC 3 Des crises financières qui entraînent l'économie réelle

	Croissance du PIB	Taux de chômage
1929	Non disponible[1]	3,2 %
1930	– 8,5 %	8,7 %
1931	– 6,4 %	15,9 %
1932	– 12,9 %	23,6 %
1933	– 1,2 %	24,9 %
1934	10,8 %	21,7 %

	Croissance du PIB	Taux de chômage
2006	2,9 %	4,4 %
2007	1,9 %	5,0 %
2008	– 0,1 %	7,3 %
2009	– 2,5 %	9,9 %
2010	2,6 %	9,3 %
2011	1,6 %	8,5 %

1. Les statistiques démarrant en 1929, le taux de variation n'est calculé qu'à partir de 1930.

Source : US Bureau of Labour Statistics.

1 • **Lire** Que signifient les données entourées ?

2 • **Analyser** Quelles sont les conséquences sur l'économie américaine de la crise de 1929 et de celle des subprimes ?

3 • **Comparer** Quelles différences dans les deux crises économiques peut-on observer à partir de ces données ?

bordas Flash PAGE vidéo

© Ina.

Avant la crise de 2008 : 1929 et 1987

1 • À la suite de la crise de 1929, combien y a-t-il de chômeurs aux États-Unis ? en Allemagne ? en France ?

2 • La crise a-t-elle touché tout le monde ? Illustrez votre réponse.

Faites le point

Complétez le tableau.

	Crise de 1929	Crise de 2008
Date marquante	...	...
Événement se déroulant à cette date	...	...
Compartiment de l'économie initialement touché par la crise	...	...
Conséquences sur l'économie « réelle »	...	...

Prenez la parole

Argumentation

- Cherchez dans les documents des exemples permettant d'illustrer comment les crises financières se transforment en crises économiques.
- Présentez-les ensuite à vos camarades et expliquez les mécanismes.

2 Deux crises majeures mais différentes

OBJECTIF DU PROGRAMME : Connaître les différences essentielles entre la crise financière des années 1930 et celle de 2008 (effondrement boursier, faillites en chaîne, chute du PIB et accroissement du chômage).

DOC 1 Des crises qui se ressemblent, des enchaînements différents

États-Unis (1929-1933)	États-Unis (2007-2009)
Contexte	
Fortes inégalités de revenus ; hausse de la Bourse, stimulée par les *call loans*[1]	Fortes inégalités de revenus ; boom spéculatif sur le marché immobilier ; taux d'intérêt très bas
Séquence des événements	
1. Crise boursière L'indice de la Bourse de New York, le Dow Jones, cesse de monter le 3 octobre et le krach éclate le 24 octobre 1929. Le système des *call loans* met en difficulté courtiers et banquiers	**1. Crise immobilière** Défauts de paiement des ménages ayant contracté des crédits subprimes[2], entraînant des ventes forcées de leurs maisons, ce qui cause une baisse des prix sur le marché immobilier après une hausse ininterrompue des prix de 1997 à 2007
2. Crise bancaire Existence de multiples établissements bancaires de petite taille fragiles […] ; en 1933, près de la moitié des établissements de 1929 sont fermés	**2. Crise bancaire** Prolifération des intermédiaires et développement d'un système bancaire parallèle peu régulé ; la multiplication des défauts de paiement impacte ce système parallèle, ainsi que les banques
3. Crise immobilière En conséquence des faillites bancaires et du niveau de chômage élevé, difficultés du secteur immobilier (en particulier celui de l'habitat rural)	**3. Crise boursière** La crise bancaire entraîne une baisse des crédits et une crise de confiance qui font chuter les Bourses
4. Crise économique L'économie américaine entre en récession dès 1929	**4. Crise économique** L'économie américaine entre en récession en 2009

1. Achat d'actions financé par des emprunts à très court terme, eux-mêmes garantis par le prix des actions.
2. Aux États-Unis, crédits immobiliers accordés à des ménages pauvres et peu solvables. Les remboursements étaient faibles au début et croissants ensuite.

Source : Bordas (librement inspiré de **C. Sinapi**, **P. Piégay** et **L. Desmedt**, « L'analyse des crises : Minsky, après Fisher et Keynes », *L'Économie politique*, n° 48, 2010).

1 • **Lire** Quels sont les trois « compartiments » financiers qui ont été touchés par les crises de 1929 et de 2008 ?

2 • **Lire** Quels éléments ont déclenché la crise de 1929 ? et celle de 2007 ?

3 • **Lire** Quel est l'ordre dans lequel ces compartiments ont été touchés pour ces deux crises ?

4 • **Analyser** Quels sont les points communs entre ces crises ?

Activité *Comparez l'évolution du commerce mondial suite aux deux crises*

Montant total des importations de 75 pays pendant la crise de 1929 (valeurs mensuelles en millions de dollars-or)

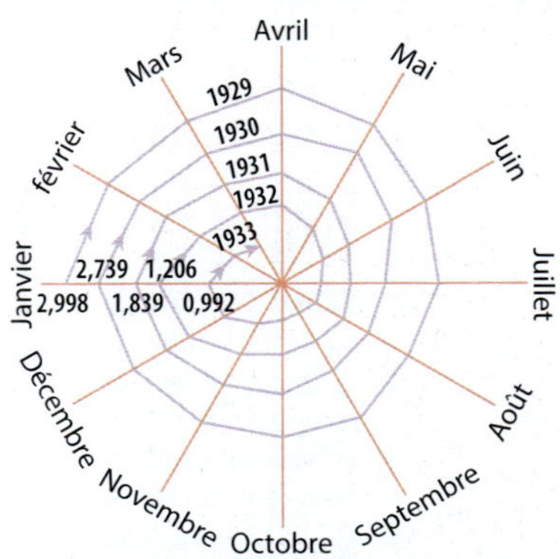

Source : **Charles Kindleberger**, *La grande crise mondiale 1929-1939*, Economica, 1988.

Commerce mondial de marchandises (total des exportations)

Années	Indice
2005	100
2006	116
2007	134
2008	154
2009	119
2010	146
2011	175
2012	175

Source : données OMC.

1 • **Que permet de montrer un graphique en radar par rapport à un graphique en courbe classique ?**
Savoir-faire 12 p. 419

2 • **Réalisez un graphique en courbe à partir des données du tableau. Mettez en abscisse les années et les indices en ordonnée. N'oubliez pas de nommer vos axes et pensez à donner un guide de lecture des indices (par exemple pour l'année 2005).**

3 • **Calculez le taux de variation du commerce entre 1929 et 1933 (4 ans) et entre 2008 et 2012.**
Savoir-faire 2 p. 405

4 • **Comparez l'évolution du commerce mondial après les crises de 1929 et de 2008.**

DOC 2 Les gouvernements ont appris...

Le recul de l'activité est très brutal à la fin de 2008 et au début de 2009, mais il est d'un ordre de grandeur semblable à celui observé en 1930. [...] Dans les années 1930, comme aujourd'hui, la crise est initialement une crise bancaire : la chute des Bourses, à partir du « jeudi noir » du 24 octobre 1929, conduit, par les pertes sur les valeurs des actifs, à la crise des banques (600 banques font faillite en 1930), de façon assez similaire à la crise présente des banques due au recul de la valeur des [bilans[1] des banques]. [...] Il faut [...] s'interroger sur la réponse de politique économique. Commençons par la politique budgétaire.

La réponse des gouvernements à la crise a été aujourd'hui une forte hausse des déficits publics [...]. Contrairement à ce qu'on croit aujourd'hui, la politique budgétaire mise en place aux États-Unis après la crise dans le cadre du New Deal[2] est extrêmement prudente : le déficit public ne dépasse jamais 1,5 % [...]. Le stimulus budgétaire dans les années 1930 a été de petite taille. La politique monétaire est aujourd'hui devenue extrêmement expansionniste : taux d'intérêt très faibles, croissance très rapide de la [masse] monétaire, cela afin de lutter contre le freinage violent du crédit bancaire. [...] Dans les années 1930, [...] la réaction de la politique monétaire a été très lente et très modeste. [...] La nature très différente des politiques économiques va impliquer une dynamique très différente aussi pour les économies. ■

Patrick Artus, « Que les politiques économiques en 1929 et aujourd'hui », *in* **Bertrand Jacquillat** (dir.), *1929-2009 : Récession(s) ? Rupture(s) ? Dépression (s) ?* PUF, coll. Cahiers du Cercle des économistes, 2009.

1. Le bilan indique la valeur des actifs d'une entreprise ou d'une banque. La crise a réduit la valeur des bilans des banques.
2. Politique de soutien à l'économie par des dépenses publiques menée à partir de 1932 aux États-Unis.

1 • Lire Quels sont les points communs entre les deux crises selon l'auteur ?

2 • Rechercher Qu'est-ce que le New Deal ? À quelle date a-t-il eu lieu ?

3 • Analyser Justifiez le titre du document.

DOC 3 Le pire a été évité

Évolution comparée du PIB par tête en France pendant les crises

Indice 100[1] au déclenchement de la crise

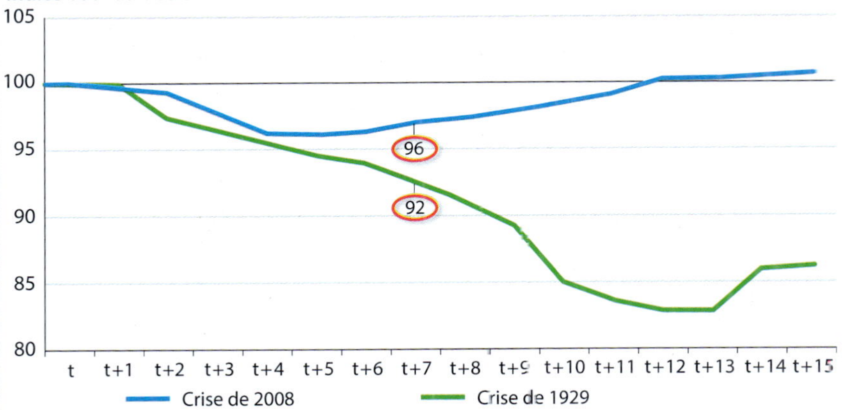

1. La base 100 correspond au 1er trimestre de l'année considérée (1929 et 2008).

Sources : « En attendant la reprise... Perspectives 2010-2011 pour l'économie française », *Revue de l'OFCE*, 2010 ; actualisation Bordas avec données OCDE pour la période 2010-2012.

1 • Lire Que signifient les données entourées ?

2 • Lire À quelle date le PIB français retrouve-t-il son niveau de début 2008 ?

3 • Analyser Comparez la gravité de la récession en France suite à la crise de 1929 et à celle de 2008.

Faites le point

Vrai ou faux ? Complétez le tableau.

	Crise de 1929	Crise de 2008
Au départ une crise financière	...	...
Qui débute dans l'immobilier	...	...
Qui débute à la Bourse	...	...
Qui entraîne une crise économique majeure	...	...
Amplifiée par un protectionnisme généralisé	...	...
Réduite par des politiques publiques rapides et vigoureuses	...	...

Prenez la parole

Pitch

En 2008, les économies occidentales, ont-elles tiré des leçons de la crise de 1929 ?

- **Par groupes de deux, à l'aide des documents, cherchez des arguments pour répondre à cette question.**
- **Présentez-les ensuite sous la forme d'un pitch de trois minutes.**

1 La finance est utile pour l'économie

OBJECTIF DU PROGRAMME : Comprendre que si les crises financières perturbent l'économie, le système financier est important pour l'économie.

Questionnez-vous !

Qu'est-ce que la Bourse ?

Classe inversée

bordas Flash PAGE vidéo

Source : Citeco.

1 • Qu'est-ce que la Bourse ? À quoi sert-elle ?

2 • Qu'est-ce que le cours d'une action ? Qu'est-ce qui peut le faire monter ou baisser ?

3 • Repérez et définissez les notions qui permettent de comprendre le fonctionnement de la Bourse.

LE SAVIEZ-VOUS ?

Les **intermédiaires financiers** comme les banques constituent un deuxième grand agent de financement des activités économiques. Les entreprises peuvent également faire des emprunts à la Bourse, en émettant des titres appelés des obligations.

DOC 1 Actions et crédits : les différents modes de financement

Poids total de la finance dans les grands pays développés[1]

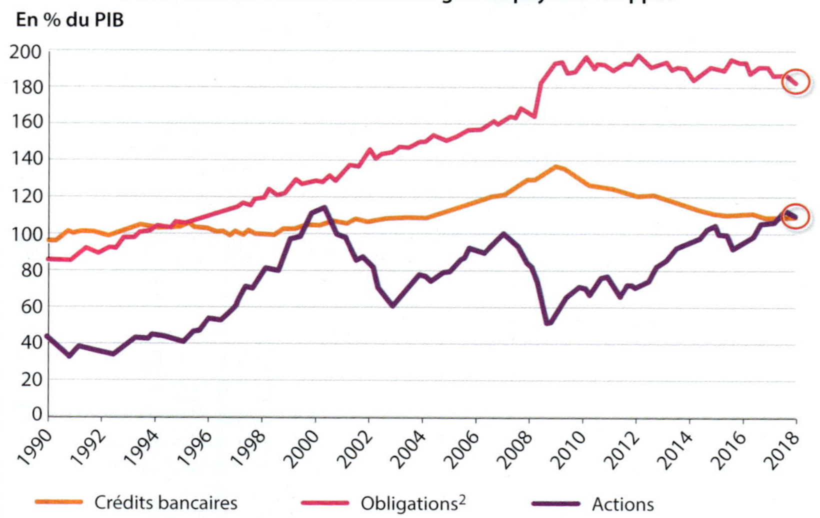

1. Zone euro, Royaume-Uni, Suède, États-Unis, Canada, Japon, Australie.
2. Emprunts contractés directement sur les marchés financiers.

Source : d'après **Patrick Artus**, *Discipliner la finance*, Odile Jacob, 2019.

1 • **Lire** Quels sont les différents modes de financement présentés par le document ?

2 • **Lire** Que signifient les données entourées ?

3 • **Analyser** Comment les différents types de financement ont-ils été affectés par la crise de 2007 ?

DOC 2 L'expansion de la finance est-elle source de croissance ?

L'économiste R. Levine est l'auteur [en 1997] d'une étude qui a eu beaucoup d'influence [...]. Levine montre que les économies davantage financiarisées (plus d'intermédiation bancaire, des marchés boursiers plus développés...) croissent plus vite [...]. Ce type de conclusion est clairement corroboré par l'expérience du sous-développement. Les difficultés de mobilisation de l'épargne, l'insécurité des échanges, l'absence de transparence et de contrôle, l'absence de possibilité de se couvrir contre des risques économiques et financiers élémentaires.. sont des obstacles évidents à la croissance.
Donc l'essor de la finance tient au fait qu'il contribue à la poursuite d'objectifs louables de politique publique. Mais on peut avoir « trop d'une bonne chose ». Il serait intéressant d'ailleurs de reprendre la validation empirique de Levine après la crise financière [de 2008] qui a disloqué de nombreuses économies. Une conclusion plus plausible vient d'une analyse de la Banque des règlements internationaux. Elle montre empiriquement que l'impact de la financiarisation est non linéaire : à des niveaux faibles de développement [...], l'approfondissement financier est favorable. Au-delà d'un certain point, davantage de finance est associée à une croissance plus faible... La raison est la vulnérabilité plus grande à des crises financières. Le « point » en question serait autour de 100 % pour le ratio Dette privée / PIB. ■

Pierre Cailleteau, *La vulnérabilité du système financier*, Economica, 2018.

1 • Lire Quels sont les différents avantages du développement d'un système financier dans un pays émergent ?

2 • Expliquer Pourquoi un développement excessif de la finance est-il dangereux ?

3 • Lire À partir de quel niveau le développement de la finance est-il considéré comme dangereux ?

DOC 3 Trop de finance tue la croissance ?

Croissance du secteur financier et de la productivité dans le monde entre 1980 et 2009 (en %)

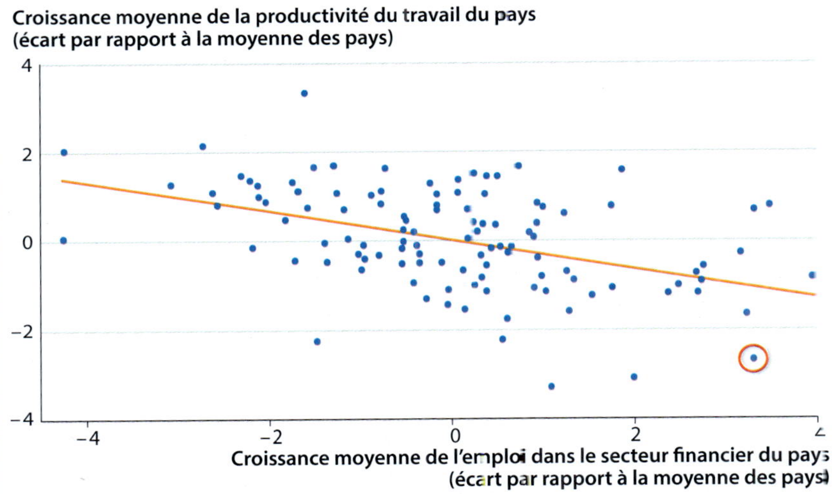

Note de lecture : chaque point correspond à un pays. 50 pays (développés et émergents) sont étudiés sur la période 1980-2009.

Source : d'après **Stephen G. Cecchetti** et **Enisse Kharroubi**, « Why does financial sector growth crowd out real economic growth ? », *BIS Working Paper*, n° 490, 2015.

1 • Lire Que signifie la donnée entourée ?

2 • Interpréter Le nuage de points indique-t-il une corrélation positive ou négative entre croissance économique et développement de la finance ?
Savoir-faire 13 p. 421

3 • Analyser Peut-on dire que le développement de la finance dans les années 1980-2009 a été plutôt favorable à la croissance ? Aidez-vous de votre réponse à la question 2.

Faites le point

Complétez le texte avec les termes suivants.
crises financières – Bourse – primaire – secondaire – emprunt – actions – dividendes – croissance économique

Quand les entreprises ont besoin d'un financement externe, elles peuvent se financer à la ... en émettant sur le marché ... des titres de propriété appelés des .... Les actionnaires qui les achètent ont droit à une partie des bénéfices appelés .... Ils peuvent revendre ces titres sur le marché .... Les entreprises peuvent également trouver un financement par ..., soit à la Bourse, soit auprès de banques. Le développement du système financier permet le développement des entreprises et donc la .... Mais un système financier trop développé peut freiner la croissance en favorisant les ....

Prenez la parole

Débat

- Cherchez des arguments qui justifient le titre de cette double page.
- Présentez-les à la classe et débattez sur leur pertinence.

2 La finance repose sur la spéculation

OBJECTIF DU PROGRAMME : Comprendre pourquoi les Bourses doivent anticiper et donc spéculer.

DOC 1 À la Bourse, il faut anticiper, donc spéculer

Une opération sur un actif financier a une nature [particulière] : c'est l'anticipation sur une réalité économique sous-jacente, qui comprend le risque de se tromper. [...] En finance on échange des anticipations sur des risques. Il en ressort que la « valeur » échangée va dépendre de la perception du risque des différentes parties à un moment donné. Acheter un fer à repasser requiert d'avoir une idée du prix des composants et du coût et de la sophistication de l'assemblage. Acheter un actif financier requiert de se poser des questions sur le rendement attendu, le taux d'actualisation, la prime de risque. [...] Or cette anticipation et cette perception du risque, en partie subjectives, sont intrinsèquement instables. Autrement dit, il est très difficile d'établir une « valeur d'équilibre » sur le marché des actifs financiers. ■

Pierre Cailleteau, *La vulnérabilité du système financier*, Economica, 2018.

NOTION DE TERMINALE

Spéculation : opération consistant à tirer profit (par une plus-value) de la bonne anticipation d'un prix. Le spéculateur va acheter s'il anticipe que le prix va augmenter dans le futur ou revendre avant la baisse du prix.

1 • **Lire** En quoi l'achat d'une action est-il fondamentalement différent de l'achat d'un téléphone portable ?

2 • **Lire** Pourquoi la Bourse oblige-t-elle à spéculer ?

3 • **Analyser** En quoi est-ce une source d'instabilité ?

DOC 2 À long terme, le cours reflète le cours fondamental

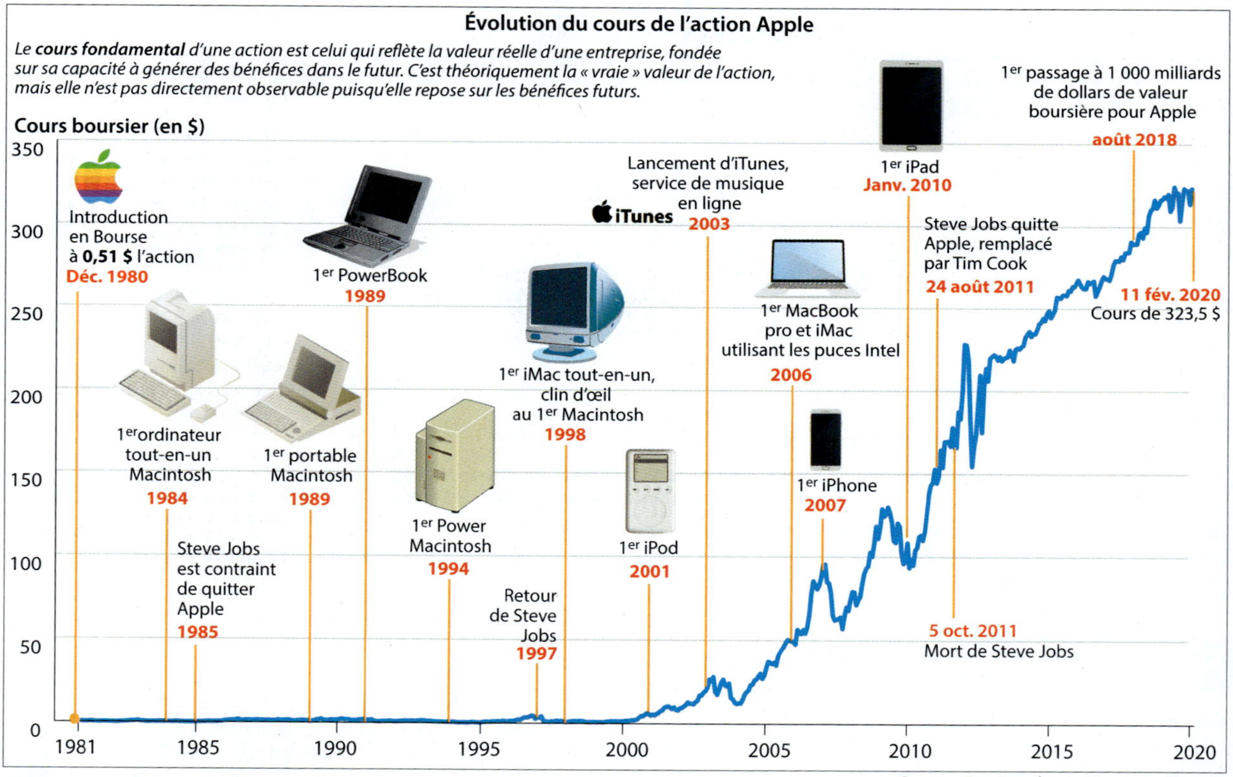

Source : Bordas, d'après Thomson Reuters.

1 • **Lire** Repérez quelques innovations majeures de la firme Apple qui se sont diffusées.

2 • **Calculer** Si vous aviez investi 100 $ en actions Apple en 1981, combien vaudraient-elles en février 2020 ? et aujourd'hui ?

3 • **Expliquer** Montrez qu'aujourd'hui, on sait que cette hausse des cours reposait sur une hausse du cours fondamental.

4 • **Analyser** Un spéculateur des années 1990 pouvait-il anticiper la hausse qu'allait connaître le cours de l'action Apple ? et aujourd'hui ?

DOC 3 À court terme, la Bourse est parfois très efficace

Cours des actions de quatre entreprises sous-traitantes de la NASA le 28 janvier 1986

Cours base 100 à 11 h 40

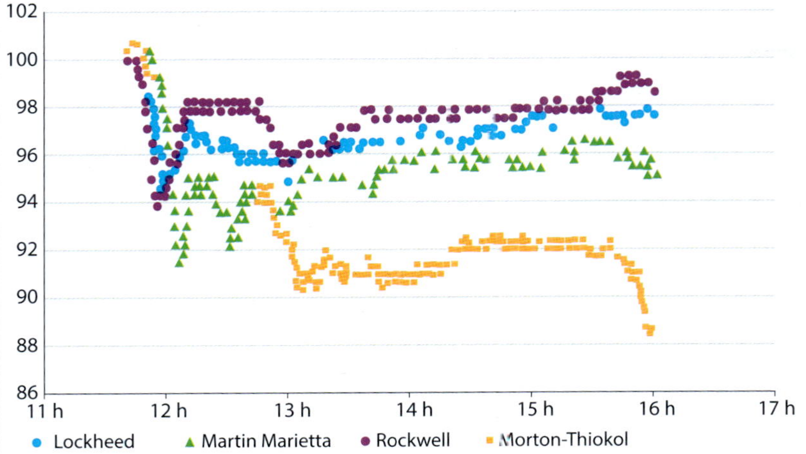

Source : d'après **M. Maloney et J. Mulherin**, « The complexity of price discovery in an efficient market : The stock market reaction to the Challenger crash », *Journal of Corporate Finance*, Elsevier, 2003.

1 • **Lire** À 11 h 40, le 28 janvier 1986, la navette spatiale Challenger explose 73 secondes après son décollage de Cap Canaveral. On découvrira après des mois d'enquête que la cause de cet accident était liée à un joint fabriqué par l'entreprise Morton-Thiokol et aux conditions climatiques. Quelle a été la réaction de la Bourse dans les minutes et dans les heures qui ont suivi l'accident ?

2 • **Lire** Combien de temps la Bourse a-t-elle mis pour trouver le responsable ?

3 • **Analyser** Pourquoi les spéculateurs veulent-ils vendre vite leurs actions ?

DOC 4 Des professionnels de la Bourse parfois peu professionnels...

Le principe général de l'analyse technique est d'essayer de prévoir le cours à partir de son passé. Le « chartiste[1] » regarde un graphique avec un cours de Bourse et, armé d'un crayon, il cherche à reconnaître des tendances et des formes particulières [...]. Une fois ces formes reconnues, [...] il en déduit le futur du cours. [...] Le fait d'essayer de prévoir chaque jour les marchés, d'observer les cours et de passer des ordres provoque des habitudes de pensée et d'action : une habitude d'utilisation de certaines analyses, une prise de repères dans les ordres de grandeur et, pour certains, un véritable « feeling ». [...]

Par l'emploi du terme « feeling », les opérateurs mélangent un certain nombre de techniques, qui ont toutes pour dénominateur commun d'être relativement intuitives et non explicitées. Parmi celles-ci, [...] il y a la prévision quasi intuitive de ce que les autres ou le « marché » sont en train de faire, qui permet de reconnaître les courants acheteurs et vendeurs. [...]

[Entretien de l'auteur avec Thierry, un trader]

« – Il y a quelque chose, il suffit pas de faire des grandes études, il faut sentir le marché, il faut sentir quand les gens veulent acheter, on sent quand c'est un courant acheteur et un courant vendeur, et...

[...]

– *Vous le faites, vous ?*

– Je le fais aussi, oui. Bien sûr, oui. Je le fais aussi. Mais j'ai des positions plutôt plus fondamentales[2]. » ■

Olivier Godechot, *Les traders. Essai de sociologie des marchés financiers*, La Découverte, 2005.

1. « *Chart* » signifie « graphique ».
2. Le trader veut dire qu'il cherche à connaître et à suivre le cours fondamental de l'entreprise.

CONTEXTE

Les **traders** sont des professionnels de la finance chargés d'acheter et de vendre des titres. Ils sont généralement considérés comme faisant des choix rationnels. Olivier Godechot est le premier à avoir réalisé une enquête sociologique sur ces traders et à déconstruire ce mythe.

1 • **Expliquer** Comment un « chartiste » essaie-t-il de prévoir les cours futurs ?

2 • **Lire** Qu'est-ce que le « feeling » pour Thierry ?

3 • **Expliquer** Qu'est-ce que Thierry appelle des « positions fondamentales » ?

4 • **Analyser** Expliquez le titre du document.

Faites le point

Complétez le texte avec les termes suivants.
plus-value – bénéfices – cours – fondamental – Bourse – spéculer – rationnelles

... à la ..., c'est tenter de réaliser une ... en anticipant l'évolution future du .... Cette évolution dépend normalement des ... futurs que réalisera l'entreprise qui a émis l'action : c'est le cours .... Mais les spéculateurs s'appuient souvent sur des analyses bien moins ....

Prenez la parole

Jeu de rôle

- Par groupes de trois élèves, répartissez-vous les rôles suivants : l'un est le PDG du groupe Apple, le second est un actionnaire qui possède des actions Apple, le dernier un spéculateur qui se demande s'il va acheter des actions Apple.
- Échangez sur l'opportunité d'acheter (ou de conserver) des actions Apple.

3 La spéculation crée des bulles

OBJECTIF DU PROGRAMME : Comprendre et savoir illustrer la formation de bulles spéculatives.

DOC 1 Comportements mimétiques et prophéties autoréalisatrices

Une anticipation d'augmentation du cours des actions [...] génère une forte demande d'actions de la part des investisseurs. [...] Le prix des actions augmente donc sur le marché. [...]
Une deuxième source de fluctuation réside dans « les croyances du marché ». On peut acheter Facebook par <u>mimétisme</u>, c'est-à-dire par effet de rumeur et de croyance collective. Ou alors, on achète Facebook parce qu'on pense que les autres pensent que Facebook va monter. Dans ce cas, ce n'est pas du mimétisme mais un comportement lié à une <u>stratégie de jeu</u>. Mimétisme et stratégie de jeu entraînent les marchés dans des prophéties autoréalisatrices. Les actions montent parce que de nombreux acteurs pensent qu'elles vont monter. C'est ce que l'on désigne par le caractère autoréférentiel des marchés financiers, responsable de phénomènes d'emballement à la hausse comme à la baisse. Sur un marché de promesses, fondé sur l'anticipation de l'avenir, les croyances sont extrêmement puissantes [et peuvent favoriser les bulles spéculatives].
Les variations de prix font partie intégrante du fonctionnement des marchés. L'inquiétude quant à la fluctuation des prix provient de l'excès de volatilité observé sur les marchés au cours de dernières décennies. Il semble que le prix reflète de moins en moins la valeur « fondamentale ». ■

David Allouche et **Isabelle Prigent**, *Marchés financiers, sans foi ni loi ?*, PUF, 2016.

LE SAVIEZ-VOUS ?

Les **prophéties autoréalisatrices** (*self-fulfilling prophecies*) ont été étudiées par le sociologue américain Robert Merton. Une croyance fausse au départ entraîne des réactions qui la rendent vraie : les spéculateurs qui croient à la hausse des cours vont acheter, faisant augmenter le cours et confirmant la croyance.

1 • **Définir** Que signifient les termes soulignés ?
2 • **Expliquer** Quelle est la différence entre les deux ?
3 • **Analyser** Pourquoi les deux entraînent-ils des « prophéties autoréalisatrices » ?
4 • **Analyser** Pourquoi parle-t-on de bulles spéculatives ?

Activité *Jouez à deviner comment les autres joueurs vont jouer...*

Chaque élève de la classe choisit un nombre entre 0 et 100. Le gagnant est celui qui a proposé le nombre le plus proche des deux tiers de la moyenne des nombres de toute la classe.
<u>Proposez un nombre avant de lire le texte qui suit.</u>

Considérons ce que j'appelle un joueur de niveau zéro : « Je ne sais pas, se dit-il. Cela ressemble à un problème de maths et je n'aime pas les problèmes de maths [...]. Je vais donc donner un nombre au hasard. » Et quand beaucoup de personnes choisissent un nombre au hasard, le nombre choisi est, en moyenne, 50.
Voici maintenant un penseur de niveau 1 : « Les autres joueurs n'aiment pas trop réfléchir, avance-t-il. Ils vont donc probablement dire un nombre au hasard, et la moyenne sera 50. Je vais donc dire 33, les deux tiers de 50. »
Un penseur de niveau 2 se dira quelque chose du genre : « La plupart des joueurs sont des penseurs de niveau 1 et pensent que les autres joueurs sont un peu idiots, et ils vont dire 33. Je dirai donc 22. »
Un penseur de niveau 3 dira : « La plupart des joueurs vont comprendre comment marche le jeu. Ils vont se dire que la plupart des gens diront 33. Ils vont donc dire 22 ; je dirai donc 15. » [...]
Vous voulez modifier votre choix initial ? ■

Richard H. Thaler, *Misbehaving. Les découvertes de l'économie comportementale*, Éditions du Seuil, 2018.

1 • **Écrivez le nombre choisi sur un papier. Le professeur ramasse les papiers et calcule le nombre moyen, puis les deux tiers de cette moyenne.**
2 • **Quelle est la différence entre les joueurs de niveau 0, 1, 2 ou 3 ?**
3 • **Maintenant que chacun a compris le principe, rejouez.**
4 • **Montrez que les spéculateurs à la Bourse doivent faire le même genre de calculs afin de savoir quoi acheter ou vendre.**
5 • **Les cours qui en résultent correspondent-ils aux fondamentaux ?**

DOC 2 L'instabilité des marchés financiers

Évolution du ratio cours / bénéfices de long terme aux États-Unis

Cours mensuel / bénéfices moyens sur 10 ans

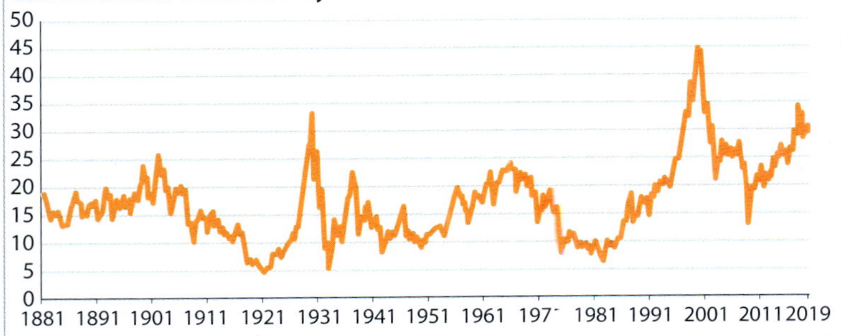

Source : Online Data Robert Shiller.

CONTEXTE

Le **ratio Cours de l'action / Bénéfice par action** (*Price Earning Ratio* ou PER en anglais) est un indicateur boursier : plus le PER est faible, plus l'action est bon marché. Le prix Nobel Robert Shiller le calcule avec la moyenne des bénéfices sur dix ans. Si le PER de long terme est stable, c'est que la Bourse valorise l'action à une valeur proche de sa valeur fondamentale.

1 • **Lire** Qu'est-ce que le PER ? Quelle est la particularité du PER calculé par R. Shiller ?

2 • **Analyser** Pourquoi le PER devrait-il être stable si les cours de la Bourse reflétaient les fondamentaux ? Qu'en concluez-vous ?

DOC 3 La spéculation est un art difficile…

Les désillusions d'un spéculateur suiviste en 19 étapes

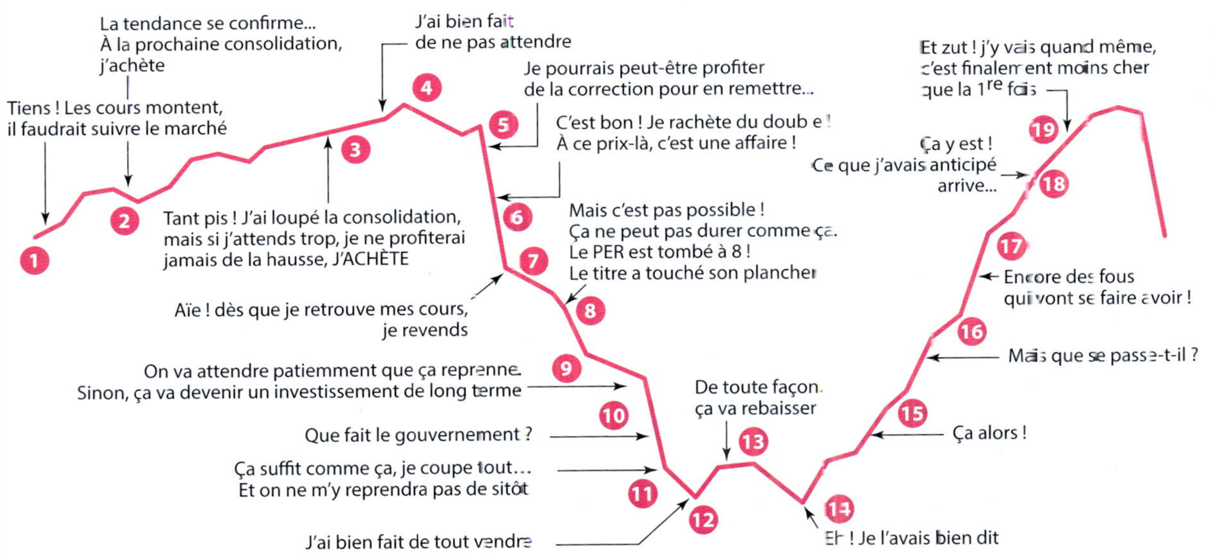

Source : **Thierry Béchu**, **Éric Bertrand** et **Julien Nebenzahl**, *L'analyse technique. Théories et méthodes*, Economica, 7e éd., 2014.

1 • **Lire** Repérez quelques décisions de ce spéculateur imaginaire qui s'avèrent finalement très coûteuses.

2 • **Analyser** Ses décisions d'achat et de vente sont-elles cohérentes avec les informations dont il dispose ?

3 • **Expliquer** Pourquoi ce spéculateur peut-il être qualifié de suiviste ?

Faites le point

Complétez le texte avec les termes suivants.

spéculer – prophétie autoréalisatrice – cours/bénéfices

Sur les marchés financiers, les spéculateurs qui croient en la hausse des cours provoquent une **…**. Mais, parfois, il n'est pas facile de **…** en suivant les autres et il est préférable d'étudier le rapport **…** d'une action pour décider de l'acheter.

Prenez la parole

Débat

- Partagez la classe en trois groupes. Le 1er cherche des arguments montrant que les spéculateurs sont rationnels, le 2nd qu'ils ne le sont pas.
- Chaque groupe présente ses arguments au 3e qui propose une synthèse.

1 Les canaux de transmission des crises financières à l'économie réelle

OBJECTIFS DU PROGRAMME : Comprendre l'éclatement d'une bulle spéculative, sa transformation en panique et en faillites bancaires ; comprendre les phénomènes de transmission à l'économie réelle.

Questionnez-vous ! Comment se déclenche une panique bancaire ?

LE SAVIEZ-VOUS ?

En septembre 2007, la banque britannique Northern Rock rencontre des difficultés pour emprunter. La rumeur se propage et des milliers de clients de la banque se précipitent pour retirer leurs économies, aggravant ses difficultés : c'est le « **bank run** », ou **panique bancaire**.

1 • Quelle est l'origine des mouvements de vente et d'achat dans ce dessin ?

2 • Pourquoi est-il rationnel pour les traders de vendre et d'acheter en même temps ?

3 • Montrez qu'il s'agit encore de prophéties autoréalisatrices.

4 • Qu'est-ce qu'une panique bancaire ?

Note : *Buy* = Achetez ; *Sell* = Vendez.

Traduction : *Une journée parfaitement normale dans la plus grande institution financière du pays...* / Vignette du haut : *Je vous propose d'acheter une action qui est vraiment excell... / Vraiment excell... ? / Excell... ? / Sell ?...* / Vignette du bas : *Sell... / C'est de la folie. J'en ai marre. Good bye / Good Bye / Bye / Buy.../ Je vous propose d'acheter une action...*

DOC 1 L'effet domino de la crise des subprimes : la faillite de la banque Lehman Brothers

Classe inversée

Source : Ina.

La finance connaît un fort risque d'aléa moral, une banque pouvant prendre plus de risques si elle pense qu'elle sera sauvée en cas de difficultés. En effet, la faillite d'une grosse banque peut entraîner celle d'autres banques, créant un effet domino et un risque de système que les autorités veulent éviter. La banque est alors « *too big to fail* » (trop grosse pour faire faillite) et peut prendre des risques exagérés. ■

Bordas, 2020.

1 • **Expliquer** Qu'est-ce que des crédits subprimes ?

2 • **Expliquer** Pourquoi Lehman Brothers est-elle touchée par la crise des subprimes alors qu'elle n'en a pas fourni ?

3 • **Analyser** Montrez que si les autorités ne sauvent pas Lehman Brothers, c'est pour lutter contre l'aléa moral.

4 • **Analyser** Au vu de ce qui s'est passé, Lehman Brothers était-elle « *too big to fail* » ?

DOC 2 La contagion par la contraction du crédit

La contraction du crédit au Portugal pendant la crise financière de 2008

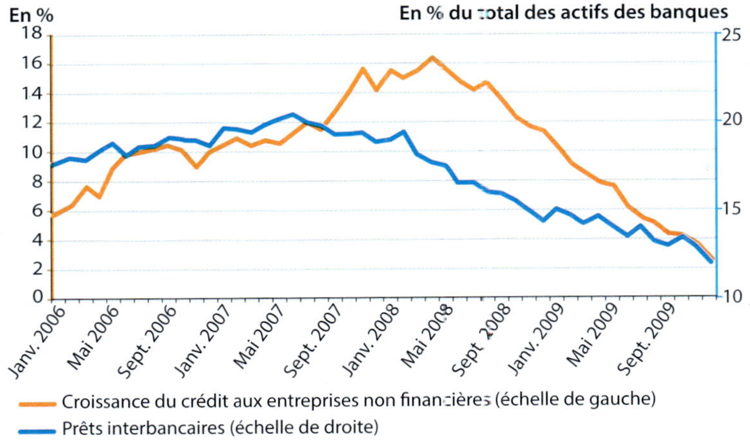

LE SAVIEZ-VOUS ?

Les économistes appellent ***credit crunch*** (contraction du crédit en français) la situation où les banques sont réticentes à prêter, sauf à des prix très élevés.

1 • **Lire** Que signifient les données de janv. 2006 ?

2 • **Lire** À quelle date les crédits interbancaires ont-ils commencé à croître moins vite ? et les crédits aux entreprises ?

3 • **Calculer** Combien de points de croissance ont perdu ces deux types de crédit entre la date de leur maximum et fin 2009 ?

Source : d'après **Rajkamal Iyer**, **José-Luis Peydró**, **Samuel da-Rocha-Lopes** et **Antoinette Schoar**, « Interbank liquidity crunch and the firm credit crunch : Evidence from the 2007–2009 crisis », *Review of Financial Studies*, vol. 27, n° 1, Oxford University Press, 2014.

DOC 3 La transmission à l'économie réelle

La crise financière de 2008 a entraîné un ralentissement marqué, voire une baisse de la consommation des ménages dans l'ensemble des pays développés. Plusieurs explications ont été fournies pour expliquer ce phénomène et notamment :

– la baisse du revenu courant des ménages ;

– le choc persistant de la crise sur les revenus courants a pu entraîner une révision à la baisse des anticipations sur le revenu futur. Y participent notamment les effets de richesse négatifs, c'est-à-dire la baisse des prix de l'immobilier et la baisse des capitalisations financières ;

– les contraintes de crédit ou de liquidité, qui se sont resserrées pendant la crise [...], limitent l'endettement et entraînent une baisse de la consommation. Ces contraintes de crédit ont pu être accentuées par la réduction de la valeur du patrimoine des ménages, expliquée par la baisse des prix immobiliers et des cours des actifs financiers. Ces actifs pouvaient être mobilisés comme collatéral à de nouveaux emprunts et par conséquent la réduction de leur valeur affecte sensiblement la capacité d'emprunt des ménages [...] ;

– l'épargne de précaution ou l'épargne tampon, liée à l'augmentation du taux de chômage, a un effet négatif sur la consommation ■

Céline Antonin, **Mathieu Plane** et **Raul Sampognaro**, « Les comportements de consommation des ménages ont-ils été affectés par la crise de 2008 ? Une analyse économétrique de cinq grands pays développés », *Revue de l'OFCE*, n° 151, OFCE, 2017.

LE SAVIEZ-VOUS ?

Avec la crise financière, la chute des prix immobiliers et des cours boursiers **baisse le prix du collatéral** : le prêteur n'est plus assuré, sa créance n'est plus garantie, et l'emprunteur ne pourra plus obtenir de nouvel emprunt.

1 • **Lire** Que signifient les expressions soulignées ?

2 • **Expliquer** Comment expliquent-elles que la consommation ait baissé après la crise financière de 2008 ?

3 • **Approfondir** Montrez que certains des arguments avancés ici peuvent également expliquer la baisse des capacités d'investissement des entreprises.

Faites le point

Retrouvez le mécanisme qui a conduit de la crise des subprimes à la crise économique en complétant le schéma avec les termes suivants.

crise financière et boursière généralisée – ventes forcées – épargne de précaution – effet domino sur d'autres banques – baisse du prix de l'immobilier – contraction du crédit – 1res faillites d'établissements de crédits – effet de richesse négatif

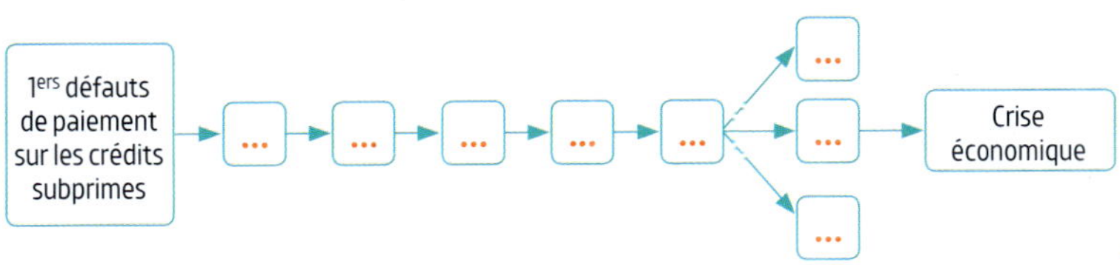

Prenez la parole

Jeu de rôle

- **Mettez-vous en binômes : l'un de vous représente une grosse banque qui rencontre des difficultés à la suite de défauts de paiement de certains emprunteurs, l'autre le gouvernement.**
- **Présentez à l'oral un échange dans lequel la banque explique pourquoi elle doit être aidée, tandis que le gouvernement explique pourquoi il refuse de la soutenir.**

2 Les instruments pour réguler le système bancaire et financier

OBJECTIF DU PROGRAMME : Connaître les principaux instruments de régulation du système bancaire et financier qui permettent de réduire l'aléa moral des banques : supervision des banques par la banque centrale, ratio de solvabilité.

DOC 1 La régulation financière en Europe

En novembre 2008, quelques semaines à peine après la mise en faillite de la banque Lehman Brothers, les pays membres du G20 se réunirent à Washington afin de répondre aux conséquences de la crise financière qui battait alors son plein. [...] Les résolutions du G20 engendrèrent une pléthore de régulations dans tous les pays concernés. Si l'on s'en tient aux pays membres de l'Union européenne, et en se limitant aux mesures principales, les réglementations suivantes furent adoptées :

– Directive *« Capital Requirement Directive 4 » :* cette directive transpose la réglementation Bâle 3[1] en droit européen. Cette dernière s'appuie sur le constat que le bilan des banques était fragile et ne pouvait pas faire face à des chocs sévères. [...] Les normes Bâle 3 introduisirent dès lors des ratios de [solvabilité] à respecter par les banques, [...] et redéfinirent les fonds propres des banques tant en matière de quantité que de qualité. [...]

– Mécanisme de supervision unique (MSU) : la fragmentation du paysage bancaire européen fut rapidement montrée du doigt comme étant un des facteurs ayant aggravé les conséquences de la crise financière sur notre continent. Il fut dès lors décidé, lors du sommet européen de juin 2012, de centraliser la supervision des banques les plus importantes de la zone euro et de confier cette supervision à la Banque centrale européenne (BCE). Les objectifs de cette supervision centralisée sont triples : assurer la solidité du secteur bancaire européen ; renforcer l'intégration et la stabilité financière ; garantir la cohérence de la supervision bancaire.

[...] Il a été décidé de créer un Fonds de résolution unique (FRU) doté à terme de 55 milliards d'euros visant à financer les banques en situation de [crise]. Le FRU représente 1 % des dépôts assurés dans l'UE et est financé par les banques. ■

Serge Wibaut, « A-t-on été assez loin en matière de régulation financière ? », *Reflets et perspectives de la vie économique*, t. LVI, De Boeck Supérieur, 2017.

1. Le comité de Bâle regroupe les principales autorités monétaires et impose depuis les années 1980 des règles aux banques, notamment un ratio minimal de solvabilité entre leurs fonds propres et les crédits qu'elles distribuent. L'accord Bâle 3 date de 2010.

1 • **Lire** Qu'est-ce qu'un ratio de solvabilité ? À quoi sert-il ?

2 • **Expliquer** Quelle nouvelle fonction est donnée à la Banque centrale européenne ?

3 • **Analyser** Montrez que faire financer par les banques elles-mêmes le fonds de résolution unique vise à réduire l'aléa moral.

DOC 2 *Stress test* : votre banque résisterait-elle à une autre crise ?

Le *stress test* des banques, c'est un peu comme un *crash test* pour les voitures, cela permet de tester la résistance de chaque banque à un scénario catastrophe. [...] Ce test est réalisé régulièrement par l'Autorité bancaire européenne (ABE).

On utilise le ratio de solvabilité. Il sert à mesurer si les réserves de la banque (appelées fonds propres) sont suffisantes pour faire face aux imprévus. [...]

Par exemple, pour 2018, la BCE a fixé un ratio de solvabilité 2018 de 9,125 % pour BNP Paribas. Cela veut dire que le montant des réserves de BNP Paribas doit être au moins égal à 9,125 % du montant de ses engagements (montants de crédits accordés, etc.).

Le *stress test* 2018 a permis de tester la résistance de 48 banques de l'Union européenne [...], ce qui représente 70 % des actifs bancaires de la zone euro. Elles ont été confrontées au scénario catastrophe le plus sévère depuis la création des *stress tests* : il implique un écart de 8,3 % du PIB de l'UE par rapport à son niveau de référence en 2020, une augmentation du chômage d'environ 3,3 points [...], une baisse de l'immobilier résidentiel de 27,7 % [...]. Toutes les banques ont [...] respecté l'objectif de ratio minimum de fonds propres de 5,5 % qui avait été retenu dans le scénario catastrophe. [...] Mais si le résultat général semble satisfaisant, il est beaucoup plus contrasté au niveau individuel. Ainsi, les banques britanniques et allemandes ressortent grandement fragilisées de ce *stress test*. ■

www.boursorama.com.

1 • **Repérer** Quelles sont les différentes autorités présentées dans l'article pour encadrer le système financier ?

2 • **Lire** Comment est calculé le ratio de solvabilité des banques ?

3 • **Expliquer** Comment se déroule le *stress test* ?

4 • **Déduire** Selon vous, l'Union européenne prend-elle bien en charge le risque bancaire ?

DOC 3 Des fonds propres plus importants

Évolution et dispersion du ratio de fonds propres[1] dans la zone euro

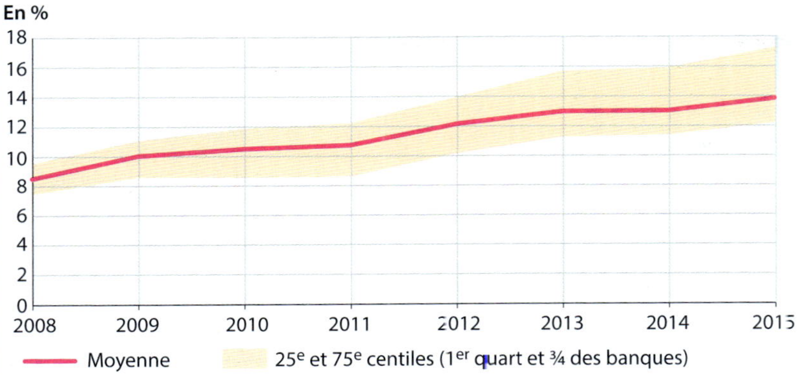

1. Le ratio de fonds propres est égal au rapport entre les fonds propres de la banque (son capital) et l'ensemble de ses crédits et engagements.

Source : « L'impact des réformes financières », *Revue de la stabilité financière*, n° 21, Banque de France, avril 2017.

1 • **Définir** Qu'est-ce que la solvabilité ?

2 • **Lire** Que signifient les données de 2015 ?

3 • **Calculer** Calculez le taux de variation en % du ratio de solvabilité moyen sur la période 2008-2015. Savoir-faire 2 p. 405

4 • **Analyser** Les banques de la zone euro sont-elles plus sûres aujourd'hui ?

DOC 4 Le risque d'aléa moral persiste

Le système bancaire européen a aujourd'hui une taille [...] de plus de 30 mille milliards d'euros, contre près de 13 mille pour les États-Unis. Il est aussi très concentré. [...] Surtout, cette concentration s'est considérablement accentuée dans les dernières décennies. [...] On aurait pu penser que le souffle de la crise aurait conduit à enrayer la course au gigantisme. [...] Le débat a eu lieu, des engagements solennels ont été pris visant à limiter la taille des établissements [pour réduire l'aléa moral de banques « *too big to fail* »]. Dans le même temps, les banques gigantesques de 2008 sont devenues plus gigantesques encore en 2018. Par exemple, le total de bilan de JP Morgan Chase est aujourd'hui de 2,5 trillions de dollars contre 1,5 trillion en 2007 ; pour BNP-Paribas, le bilan a augmenté de 1,7 trillion d'euros à plus de 2 trillions.
La solution trouvée au « *too big to fail* » a été d'identifier ces établissements systémiquement importants [...], de les assujettir à une exigence de capitalisation un peu supérieure, de leur imposer des *stress tests* réguliers [...]. Il y avait un choix à faire : réduire simplement la taille des banques (s'attaquer au « *too big* ») ou tenter de les rendre faillibles sans coût pour la collectivité (s'attaquer au « *to fail* »). La deuxième solution a été choisie [...] sans qu'il y ait eu de débat explicite, il semble que l'idée ait prévalu qu'il valait mieux une banque de 2 500 milliards de bilan que [...] 25 banques de 100 milliards de bilan. Or, ni les faits ni l'analyse économique ne viennent corroborer cette vue.

Pierre Cailleteau, *La vulnérabilité du système financier*, Economica, 2018.

La régulation financière après 2008

1 • Quels sont les différents axes à réguler ?

2 • Quels sont ceux dans lesquels on a avancé ?

3 • Quel est le problème du *shadow banking* ?

1 • **Expliquer** Quel est le problème posé par des banques « *too big to fail* » ? (voir page précédente).

2 • **Lire** A-t-on choisi en Europe de s'attaquer au « *too big* » ou au « *to fail* » ?

3 • **Expliquer** En quoi est-ce dangereux ?

Faites le point

Complétez le texte avec les termes suivants.
stress tests – régulation financière – surveillance – banques systémiques – banques centrales – solvabilité – supervision.

Avant même les années 2000, les autorités monétaires et financières, et notamment les ..., ont imposé une ... aux banques. Il s'agissait d'un ratio de ... minimal, mais également de mettre en place des dispositifs de ... et de .... À la suite de la crise de 2008, ces règles ont été renforcées et les autorités ont repéré des ... auxquelles ils imposent des règles plus contraignantes et font passer des ....

Prenez la parole

Débat

- Répartissez-vous en deux groupes dans la classe.
- Le premier groupe explique en quoi le système financier est aujourd'hui plus sûr. Le second critique ses arguments en montrant que des facteurs de risque persistent.

Comment expliquer les crises financières et réguler le système financier ?

Synthèse

bordas Flash PAGE podcast DYS

DOSSIER 1 Pourquoi les crises de 1929 et de 2008 sont-elles historiques ?

1 Deux crises financières majeures en cent ans

- Le jeudi 24 octobre 1929 et le lundi 15 septembre 2008 sont deux dates qui ont marqué les esprits : la première deviendra le « jeudi noir » car la **Bourse** de New York connaît un **krach boursier** (ou **effondrement boursier**) à cette date ; la seconde est celle de la faillite de la banque Lehman Brothers. Ces deux événements ont en commun d'ouvrir une crise financière brutale et globale qui va entraîner les économies occidentales dans la récession et le chômage.

2 Deux crises majeures mais différentes

- Ces deux crises ont des points communs : elles touchent le secteur financier dans son ensemble, se diffusent dans le monde entier, et par différents **canaux de transmission** entraînent l'**économie réelle** dans une crise économique profonde. Mais elles ont aussi des différences importantes. Dans le déroulement tout d'abord : la crise de 1929 est d'abord une crise boursière, qui va se diffuser au système bancaire et entraîner ensuite l'immobilier. La crise de 2008 a démarré dès 2007 dans l'immobilier avant de toucher les banques puis les Bourses.

- Les deux crises financières vont se diffuser à l'international, mais après 1929, les économies occidentales vont se refermer sur elles-mêmes en utilisant des méthodes protectionnistes, ce qui va aggraver la crise économique. En 2008, le commerce international va être touché par la récession mondiale, mais il va repartir assez rapidement car les pays occidentaux ne vont pas se replier sur eux-mêmes. En réalité, les autorités publiques ont appris de la crise de 1929 : alors que les réponses des gouvernements avaient été faibles et tardives, en 2008 ils ont soutenu vigoureusement leurs économies par des politiques budgétaires et monétaires, ce qui a permis à la crise économique d'être moins profonde.

DOSSIER 2 Pourquoi la finance favorise-t-elle les bulles spéculatives ?

1 La finance est utile pour l'économie

- La **Bourse** est un des moyens qui permettent le **financement de l'économie**, avec le **financement bancaire**. La Bourse est un marché financier : sur le **marché primaire**, les entreprises émettent des **actions** pour se financer. Les propriétaires de ces actions ont droit à une part des bénéfices : les **dividendes**. Ils peuvent revendre leurs actions sur le **marché secondaire**, à un prix que l'on appelle le **cours** de l'action. Ce cours dépend de l'offre et de la demande d'actions.

- Depuis la crise de 2007, les volumes totaux de crédits bancaires ont baissé. En revanche, la valeur totale des actions sur les marchés boursiers est repartie à la hausse après la chute brutale de 2007 et 2008.

- Le développement du système financier permet de financer les entreprises et donc finalement la croissance économique. Néanmoins, certains travaux d'économistes indiquent que lorsque la finance atteint un certain seuil, elle ne favorise plus la croissance.

VU EN PREMIÈRE

Action : titre de propriété d'une entreprise qui donne droit à une partie des bénéfices (le dividende) et qui peut être revendu sur le marché secondaire de la Bourse.

Aléa moral : situation où le fait d'être assuré accroît la prise de risque. C'est potentiellement le cas des banques « *too big to fail* ».

Banque centrale : autorité monétaire en charge de la politique monétaire et de la supervision des banques.

Financement bancaire : système dans lequel des intermédiaires financiers se chargent de collecter l'épargne et de financer l'investissement.

Financement de l'économie : mise en relation des agents en besoin de financement (les investisseurs) et des agents en capacité de financement (les épargnants).

Liquidité : capacité à transformer rapidement, sans coût et sans risque un actif en monnaie. C'est un indice de la sécurité d'un placement.

Marchés financiers : marchés mettant en relation directe les agents à besoin et à capacité de financement. La Bourse est un marché financier.

2 La finance repose sur la spéculation

- Sur le marché secondaire, les agents, pour être gagnants, doivent essayer d'acheter les actions des entreprises qui vont réaliser dans le futur des bénéfices et ainsi pouvoir leur verser des **dividendes**. Cela suppose d'anticiper l'évolution de la situation des différentes entreprises : logiquement le cours d'une action doit refléter les perspectives futures de profit de chaque entreprise. On appelle ce cours le **cours fondamental**. À long terme, c'est bien celui-ci qui prime : par exemple l'action d'Apple a vu son cours augmenter avec les succès de l'entreprise.

- Mais à court terme, pour être gagnant à la Bourse, il faut être très réactif et anticiper les cours futurs pour acheter avant la hausse (ou vendre avant la baisse). La **spéculation** consiste à chercher à réaliser des **plus-values** entre le prix d'achat et celui de revente d'une action (ou d'un autre actif). Cette spéculation peut s'appuyer sur l'analyse des « **fondamentaux** », mais également sur des facteurs beaucoup plus subjectifs et moins rationnels.

3 La spéculation crée des bulles

- Pour réaliser leurs anticipations des cours futurs, les **traders** ont tendance à adopter des **comportements mimétiques** et à suivre les autres traders. Cela se complique encore lorsqu'ils essaient d'anticiper la façon dont les autres traders vont eux-mêmes anticiper les cours… Finalement, la simple croyance dans la hausse du cours crée des comportements d'achat qui font augmenter le cours, ce qui renforce les anticipations à la hausse et conduit à des **prophéties autoréalisatrices**. Les cours ne reflètent plus du tout le cours fondamental et les bénéfices que réalisent réellement les entreprises : la spéculation alimente alors une **bulle spéculative**, d'autant plus que certains spéculateurs adoptent des stratégies « suivistes » et imitent la tendance passée.

DOSSIER 3 Comment réguler la finance et les banques pour éviter les crises ?

1 Les canaux de transmission des crises financières à l'économie réelle

- Un événement mineur peut suffire à faire éclater la bulle ; il suffit de presque rien pour que les anticipations se retournent – d'autant plus que les spéculateurs savent que la bulle ne peut pas augmenter indéfiniment. Dans ce cas, on peut voir survenir un **krach**, un effondrement brutal des cours causé par des ventes massives, comme pendant le jeudi noir en 1929. Puisque chacun cherche à vendre et que plus personne ne veut acheter, apparaît une crise de **liquidité** sur le **marché financier**.

- En 2008, le point de départ de la crise fut moins brutal : des défauts de paiement sur des crédits immobilier – les fameux crédits **subprimes** – vont entraîner des **ventes forcées**, des faillites bancaires, puis une méfiance généralisée qui va pousser les banques à ne plus se prêter les unes aux autres. Cela provoque une crise de liquidité qui met certaines d'entre elles en difficulté, entraînant parfois des **paniques bancaires (ou *bank run*)** lorsque les ménages cherchent à retirer leurs économies des banques, amplifiant la crise de liquidité. Les autorités comme les **banques centrales** en soutiennent certaines, mais en septembre 2008, le Trésor américain décide de laisser la banque Lehman Brothers faire faillite. Il voulait faire un exemple pour éviter l'**aléa moral** qui poussait certaines banques à prendre des risques financiers importants, comptant être sauvées en cas de difficulté. Finalement, Lehman Brothers était bien « ***too big to fail*** » (trop grosse pour faire faillite) : sa disparition entraîna par un effet domino de nombreuses autres banques, créant une **crise systémique** qui obligea alors les autorités à intervenir pour éviter la disparition du système financier.

NOTIONS DE TERMINALE

Bourse : marché financier où s'échangent des actions et des obligations.

Bulle spéculative : situation où les cours des actions s'écartent durablement de leur cours fondamental du fait de la spéculation.

Canaux de transmission : enchaînements par lesquels se transmettent des changements dans l'économie. La contraction du crédit constitue un canal de transmission des crises financières à l'économie réelle.

Comportements mimétiques : également appelés comportements moutonniers, situations où les spéculateurs agissent comme les autres spéculateurs pour suivre la tendance. Les comportements mimétiques favorisent les prophéties autoréalisatrices.

Économie réelle : par opposition au système bancaire et financier, désigne la partie de l'économie qui concerne les variables « réelles » : production, consommation, emploi…

Effet de richesse : impact, positif ou négatif, sur la valeur du patrimoine d'un agent – sa richesse – des variations des cours des actifs qui composent ce patrimoine.

Krach boursier (ou effondrement boursier) : baisse brutale des prix des actions après une vague de ventes massives. Marque l'éclatement d'une bulle spéculative.

Panique bancaire (*bank run*) : quand les clients d'une banque craignent de perdre leur épargne, retirent tous leurs dépôts, mettant les banques en difficulté. C'est un exemple de prophétie autoréalisatrice.

Prophétie autoréalisatrice : cas où une croyance au départ fausse entraîne des réactions qui rendent vraie cette croyance : croire à la hausse des cours pousse à acheter, ce qui fait augmenter le cours.

Spéculation : opération consistant à tirer profit (par une plus-value) de la bonne anticipation d'un prix. Le spéculateur va acheter s'il anticipe que le prix va augmenter dans le futur ou revendre avant la baisse du prix.

Vente forcée : situation où un agent est contraint de vendre un actif, par exemple pour payer ses créanciers ou rembourser ses dettes.

- Malgré cela, les banques vont réagir en réduisant considérablement les crédits et les prêts, aussi bien aux autres banques qu'aux entreprises ou aux ménages. Cette **contraction du crédit** (ou ***credit crunch***), en réduisant l'accès au crédit des agents économiques, va contribuer à transmettre la crise à l'économie réelle. D'autres **canaux de transmission**, comme la baisse des revenus des ménages, vont également jouer pour transformer une **crise financière** en crise économique majeure. La crise entraîne aussi un **effet de richesse** négatif car la chute des cours fait fondre le patrimoine des agents. Le **collatéral**, c'est-à-dire le patrimoine qui sert de garantie, se dévalorise, ce qui réduit la capacité d'endettement des agents. Enfin, la détérioration de la situation économique de ces derniers peut conduire à une épargne de précaution qui réduit d'autant la consommation et donc la demande...

2 Les instruments pour réguler le système bancaire et financier

- À la suite de la crise de 2008, un certain nombre de mesures ont été prises par les autorités monétaires et financières pour améliorer la **régulation bancaire et financière** afin d'éviter une nouvelle crise systémique et permettre une meilleure **supervision bancaire**. Il s'agit notamment de définir des **ratios de solvabilité** afin que les banques aient un minimum de **fonds propres** pour faire face à leur engagement. Des ***stress tests*** permettent ainsi de simuler une crise et de voir si les banques pourraient y faire face. Des mesures supplémentaires sont imposées aux **banques systémiques**, ces banques de grande taille qui pourraient être « *too big to fail* » et entraîner l'ensemble du système.
- Les avancées sont réelles, notamment en termes de fonds propres des banques. Néanmoins la taille des plus grandes ne cesse d'augmenter, ce qui laisse penser que le risque d'une crise systémique n'a pas totalement disparu.

NOTIONS DE TERMINALE

Collatéral : actif remis en contrepartie d'un emprunt pour rembourser le prêteur en cas de défaut de paiement.

Contraction du crédit (*credit crunch*) : situation où les banques ne prêtent plus à personne à la suite d'une crise financière.

Ratio de solvabilité : ratio minimal de fonds propres rapportés aux engagements que les autorités financières imposent aux banques pour garantir leur solvabilité.

Régulation bancaire et financière : ensemble des règles et des cadres par lesquels les autorités cherchent à encadrer les activités bancaires et financières.

Supervision bancaire : contrôle par les autorités monétaires de l'activité des banques afin d'éviter que ne survienne une crise financière.

Repères

Des dates clés

Les crises financières

24 octobre 1929 : jeudi noir à la Bourse de New York. À midi, l'indice Dow Jones a perdu 22,6 %. Des émeutes éclatent.

15 septembre 2008 : annonce officielle de la faillite de la banque Lehman Brothers. La crise financière démarrée en 2007 devient une crise systémique.

Un mécanisme

La spéculation

Spéculer, c'est essayer d'anticiper l'évolution future du prix d'un actif pour réaliser une plus-value en l'achetant ou en le vendant. Les spéculateurs s'appuient sur l'évaluation des performances des entreprises. Mais ils sont parfois amenés à suivre aveuglément la tendance générale en imitant les autres spéculateurs.

Une citation

J. M. Keynes et le concours de beauté

« La technique du placement peut être comparée à ces concours organisés par les journaux où les participants ont à choisir les six plus jolis visages parmi une centaine de photographies, le prix étant attribué à celui dont les préférences s'approchent le plus de la sélection moyenne opérée par l'ensemble des concurrents. Chaque concurrent doit donc choisir non les visages qu'il juge lui-même les plus jolis, mais ceux qu'il estime les plus propres à obtenir le suffrage des autres concurrents, lesquels examinent tous le problème sous le même angle. »

Schéma bilan

Flash PAGE animation

DE LA BULLE AU KRACH…

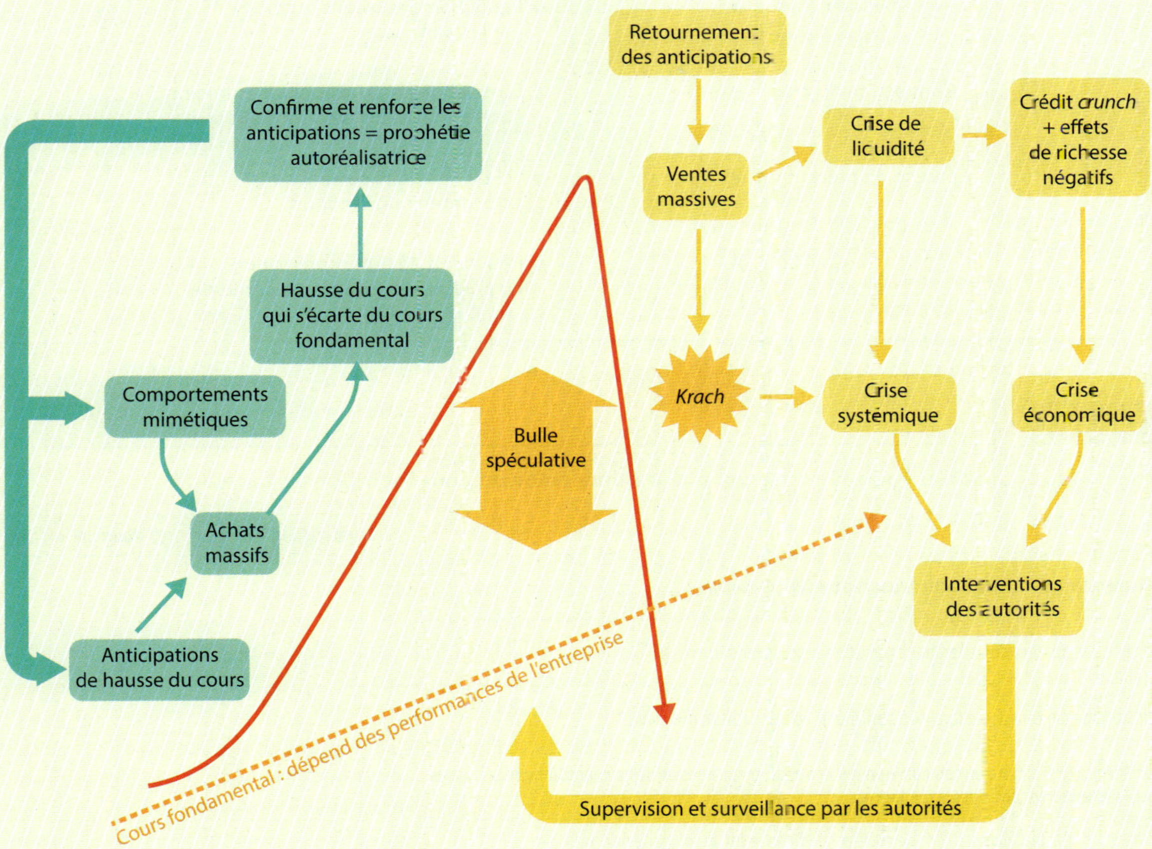

Prolongements

Un site

citéco Cité de l'Économie

www.citeco.fr

Le site de la Cité de l'économie propose des vidéos consacrées aux crises financières.

Un documentaire

Il était une fois
La crise de la finance mondiale

Thomas Lafarge, 2012

Documentaire en deux parties, sur la chaîne de télévision *Toute l'Histoire*, qui analyse la crise de 2008.

Un livre

La vulnérabilité du système financier mondial

Pierre Cailleteau, Economica, 2018

Un essai clair et engagé sur la nécessité de réguler la finance mondiale.

Je vérifie mes connaissances

Plus d'exercices en numérique

bordas Flash PAGE exercices interactifs

CORRIGÉS ➥ PAGE 471

Exercice 1

Reliez chaque expression à sa définition.

Effet de richesse ●	● Réduction des crédits accordés par les banques
Contraction du crédit ●	● Diminution de la valeur du patrimoine suite à la baisse des cours de Bourse
Épargne de précaution ●	● Valeur des titres servant de garantie pour obtenir un emprunt
Collatéral ●	● Réduction de la consommation en période de crise ou d'incertitude

Exercice 2

Vrai ou faux ? Justifiez votre réponse dans la dernière colonne pour les réponses fausses.

	Vrai ou faux ?	Pourquoi ?
Un spéculateur achète des actions pour en tirer des dividendes.		
Un bon spéculateur doit chercher à connaître le cours fondamental.		
Un bon spéculateur doit chercher à anticiper l'évolution future des cours.		
Un spéculateur adopte un comportement mimétique lorsqu'il essaie de deviner comment les autres spéculateurs vont anticiper la tendance.		
Quand les spéculateurs essaient de deviner la tendance future, on parle de prophétie autoréalisatrice.		
Pour illustrer la façon dont les spéculateurs s'étudient les uns et les autres, J. M. Keynes prend l'exemple du concours de beauté.		
La spéculation et la prise de risque sont encouragées si les spéculateurs pensent qu'ils seront sauvés en cas de difficulté par les autorités financières : ils sont « *too big to fail* ».		

Exercice 3

Complétez le texte avec les termes suivants.

autorités financières • bulle spéculative • de liquidité • fonds propres • krach boursier • paniques bancaires • ratio de solvabilité • *stress tests* • systémique

Lorsque la ... éclate brutalement, on parle de .... Dans ce cas, tout le monde cherche à vendre et personne ne veut acheter : c'est la crise .... Elle peut entraîner des ... : chacun cherche à retirer son épargne des banques, mettant celles-ci en difficulté. Si la crise se propage, la faillite de certaines banques entraîne les autres, on parle de crise .... Les ... doivent alors intervenir pour stopper cet effet domino. Pour éviter cela, en amont, elles imposent aux banques et agents financiers de détenir suffisamment de ... : elles déterminent alors un ... minimal et font passer aux banques des ....

J'utilise mes connaissances

Exercice 1 Illustrer des notions

• Reliez chaque notion à la bonne situation.

- Concours de beauté
- Comportement mimétique
- Krach
- Spéculation

- J'achète une action en espérant que son cours va monter.
- J'achète une action parce que les autres traders l'achètent aussi.
- J'achète une action parce que je pense que les autres traders pensent que je vais l'acheter.
- Je vends mes actions car elles sont en train de chuter à toute vitesse.

Exercice 2 Décomposer l'enchaînement des crises financières

1 • Définissez les notions clés suivantes.
changements d'anticipation • comportements mimétiques • contraction du crédit • crise de liquidité • effets de richesse négatifs • panique bancaire • ratios de solvabilité • régulation et supervision bancaire • spéculation

2 • Placez-les dans le schéma ci-dessous.

......	......	......	......	......
↓	↓	↓	↓	↓
D'où viennent les bulles spéculatives ? →	Comment éclatent les bulles spéculatives ? →	Comment se transforment-elles en crises financières ? →	Comment se transforment-elles en crises économiques ? →	Quels sont les outils pour limiter le risque de crises financières ?
↑		↑	↑	↑
......		......	......	......

Je construis ma fiche de révision

Fiche téléchargeable lycee.editions-bordas.fr

À l'aide des pages « L'essentiel » et de vos connaissances, retrouvez les éléments clés du chapitre et complétez votre fiche de révision.

Comment expliquer les crises financières et réguler le système financier ?

NOTIONS CLÉS
- Bulle spéculative
- Aléa moral
- ...

MÉCANISMES
- Détermination du cours d'une action
- Création d'une bulle spéculative
- ...

CONNAISSANCES HISTORIQUES ET FACTUELLES
- Origine et déroulement de la crise de 1929 et de celle de 2007
- ...

OUTILS DE RÉGULATION
- Ratio de solvabilité
- ...

IDÉES PRINCIPALES :
- La spéculation est indissociable des marchés financiers mais favorise les bulles spéculatives qui éclatent en crises financières
- ...

TRAVAUX DIRIGÉS

Décrypter une corrélation à partir d'un graphique en nuage de points

OBJECTIF : Savoir lire et analyser un graphique en nuage de points afin de rechercher une corrélation entre deux variables. Savoir-faire 13 p. 421

Les graphiques en nuages de points sont principalement utilisés pour faire apparaître une corrélation entre deux variables A et B. Si les deux variables sont corrélées (c'est-à-dire reliées), les variations d'une variable vont affecter celles de l'autre variable. On obtiendra alors un nuage de points plus ou moins « alignés ». La corrélation peut être positive (A et B évoluent parallèlement) ou négative (A et B évoluent inversement). Attention, observer une corrélation entre deux variables ne permet pas de savoir quelle variable influence l'autre.

Corrélation entre l'évolution quotidienne de l'indice CAC 40[1] par rapport à la veille (2003-2019)

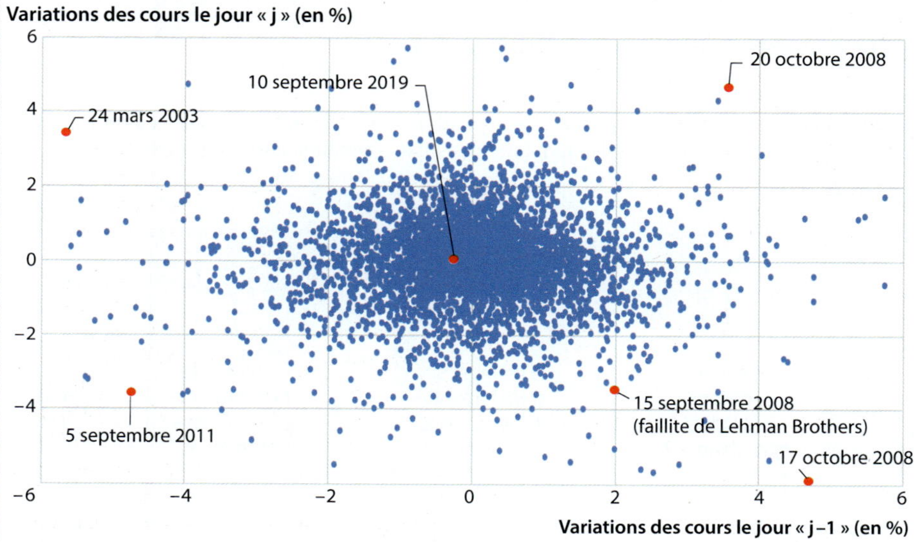

1. Cet indice regroupe les 40 plus grandes entreprises cotées à la Bourse de Paris.
Lecture : le 24 mars 2003, l'indice CAC 40 a gagné 3,4 %, tandis que la veille il avait baissé de 5,7 %.

Source : Euronext.

Étape 1 Lire le nuage de points

Pour cela, vous devez comprendre ce qu'apporte de particulier ce type de graphique. S'il existe une corrélation – c'est-à-dire un lien – entre la variable en abscisse et celle en ordonnée, le nuage de points sera à peu près aligné.
Il sera aligné :
– sur la 1re diagonale en cas de corrélation positive :

– et sur la seconde en cas de corrélation négative :

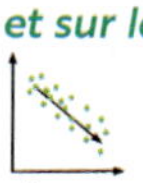

1. À quoi correspond chaque point ?
2. Qu'est-ce qu'une corrélation ?
3. Sur un tel graphique, comment seraient disposés les points s'il existait une corrélation positive entre les deux variables observées ?
4. Et en cas de corrélation négative ?

Étape 2 Repérer les informations fournies par le document

Ce type de graphique est particulièrement utile pour voir si deux variables sont corrélées… ou pas.

1. Que signifie la donnée entourée pour le 20 octobre 2008 ?
2. Comparez avec la donnée du 24 mars 2003 et avec celle du 17 octobre 2008.
3. Visuellement, peut-on faire apparaître une corrélation statistique entre les cours du jour et ceux de la veille ?

Étape 3 Analyser le document

Observer une corrélation indique un lien entre deux variables, ici l'absence de corrélation nous apprend beaucoup sur les variations des cours de la Bourse.

1. Que pouvez-vous conclure grâce au document sur la volatilité des cours boursiers ?
2. À partir du document, peut-on dire que les cours de la Bourse suivent les « fondamentaux » ?

Relier les documents aux connaissances pour la dissertation et la partie 3 de l'épreuve composée

Exemple de sujet : Peut-on empêcher les bulles spéculatives ?

1. Étudiez les documents

Les éléments de cadrage – titre(s), source(s) – donnent l'information générale permettant de contextualiser les documents. Une première lecture du dossier documentaire permet de dégager l'idée générale. Vous devez le lire en surlignant les idées importantes et en distinguant les analyses des exemples. Ne vous concentrez pas sur un exemple ou sur une seule partie du document. Évitez également la paraphrase qui répète le document sans en retirer les informations utiles

Pour le sujet proposé, et après avoir étudié le document 1 p. 140, dites si la phrase suivante, tirée de la dissertation de Luigi, un des élèves de la classe, vous semble correcte. Justifiez votre réponse.

Entre 2003 et 2007, le CAC 40 connaît une augmentation importante, puis une baisse très forte entre 2007 et 2009. Ensuite, il connaît encore des périodes de hausse et de baisse plus ou moins importantes, comme en 2011 ou en 2016.

Faites de même avec la phrase qu'a écrite Peach, une autre élève de la classe à propos du même document :

Le CAC 40 est à son maximum en 2007 et à son minimum en 2003 et en 2009. Sinon, il varie beaucoup et tout le temps. Par exemple, au début de l'année 2019, il plonge et ensuite remonte très vite.

2. Complétez les documents par des connaissances personnelles

Mario, le frère de Luigi est dans la même classe. Voici une partie de sa dissertation qui fait référence au même document.

La crise financière qui débute aux États-Unis dans le secteur de l'immobilier (les fameux subprimes) se diffuse rapidement dans le monde entier et dans d'autres secteurs. En France, la Bourse de Paris connaît une baisse brutale après une phase d'embellie très rapide : les quarante plus grandes valeurs boursières avaient vu leur valeur doubler entre 2003 et 2007 ; elles perdent 50 % en quelques mois pour revenir en 2009 à leur niveau de 2003. Cela ressemble bien à un krach boursier marquant l'éclatement d'une bulle spéculative.

a. Repérez les différentes connaissances personnelles que Mario a mobilisées pour utiliser le document 1.
b. Classez-les, selon qu'il s'agisse de définitions, de données historiques ou factuelles, de mécanismes, de théories…
c. Qu'apporte le traitement statistique réalisé par Mario ?

3. Sélectionnez les informations pertinentes pour le sujet

Les types de connaissances à relier avec un document sont en général : des définitions, des exemples historiques et des illustrations, des mécanismes, des auteurs ou des théories, des approfondissements et enfin des connaissances qui permettent de mettre en perspective ou même de critiquer le document.

Entraînez-vous à partir du document 4 de la même dissertation.
a. Définitions : quels sont les termes et notions utilisés dans le document qui nécessitent une définition ? Distinguez les termes économiques et les outils statistiques.
b. Données historiques et factuelles : recherchez, dans vos connaissances, quelle institution impose aux banques un ratio de fonds propres (voir p. 130-131). Depuis quand le fait-elle ?
c. Mécanismes économiques et références théoriques : recherchez dans vos connaissances pourquoi les autorités obligent les banques à avoir de tels fonds propres.
d. Approfondissements : connaissez-vous d'autres moyens utilisés pour réduire les comportements à risque des banques ?
e. Critiques : d'après vos connaissances, les ratios de fonds propres ont-ils évité les crises financières ?

RÉCAP Méthode

Dans le Cahier BAC, La méthode complète p. 426 et p. 428

Dans une dissertation et une EC3, pour relier les documents aux connaissances, il faut :

- bien lire et comprendre les documents,
- mobiliser des connaissances personnelles complémentaires des documents,
- identifier les types de connaissances des documents pertinentes pour le sujet : exemples historiques, mécanismes économiques ou sociologiques, approfondissements, critiques.

Dans le Cahier BAC
- La méthode de la dissertation, p. 426
- Une dissertation corrigée, p. 430

Sujet guidé - Épreuve de dissertation (20 points) 4 heures

SUJET *Une crise financière comme celle qui a débuté en 2007 est-elle encore possible?*

DOCUMENT 1

Évolution du CAC 40[1] entre janvier 2003 et septembre 2019

1. L'indice CAC 40 résume l'évolution du cours des 40 plus grosses entreprises cotées à la Bourse de Paris.

Source : données Euronext.

DOCUMENT 2

La globalisation financière requiert des normes prudentielles à caractère universel. La première régulation de ce type a été la régulation dite de Bâle. [...] Les accords de Bâle II comprennent trois piliers relatifs aux ratios de solvabilité, à la supervision et à la discipline de marché.

Le premier pilier cherchait à prendre en compte plus finement les risques encourus par les banques. Il a introduit des exigences de fonds propres pour couvrir les risques de marché [...]. Le deuxième pilier visait à améliorer les dispositifs de supervision (par les autorités concernées) et de surveillance (par les acteurs des marchés) de la capitalisation et de la politique de gestion des risques des banques. [...] Le troisième pilier, appelé « discipline de marché », impose une plus grande transparence sur l'actif, les risques et la gestion des banques ainsi qu'une meilleure communication d'informations.

Michel Aglietta et **Natacha Valla**, *Macroéconomie financière*, La Découverte, coll. Grands Repères Manuels, 2017.

DOCUMENT 3

Les banques « systémiques » en 2018			
14 banques européennes		8 banques américaines et 1 canadienne	7 banques asiatiques
	Dont 3 banques françaises		
Santander Barclays Crédit suisse Deutsche Bank HSBC ING Nordéa Royal Bank of Scotland Standard Chartered UBS Unicredit	BNP Paribas Groupe Crédit agricole Société Générale	Bank of America Bank of New York Mellon Citigroup Goldman Sachs JP Morgan Chase Morgan Stanley State Street Wells Fargo RBC (Banque Royale du Canada)	Bank of China CCB Agricultural Bank of China ICBC Mitsubishi UFJ Mizuho Sumitomo Mitsui

Le **Conseil de stabilité financière**, créé en 2009 après la crise financière, identifie les banques systémiques comme des banques de taille tellement importante que leur faillite pourrait en déclencher d'autres en chaîne et une crise de tout le système financier, entraîner un risque de système. Elles sont soumises à des règles plus strictes de liquidité et de capitalisation.

Source : d'après *Financial Stability Board*, www.fsb.org, 2019.

DOCUMENT 4

Le ratio de fonds propres des banques françaises

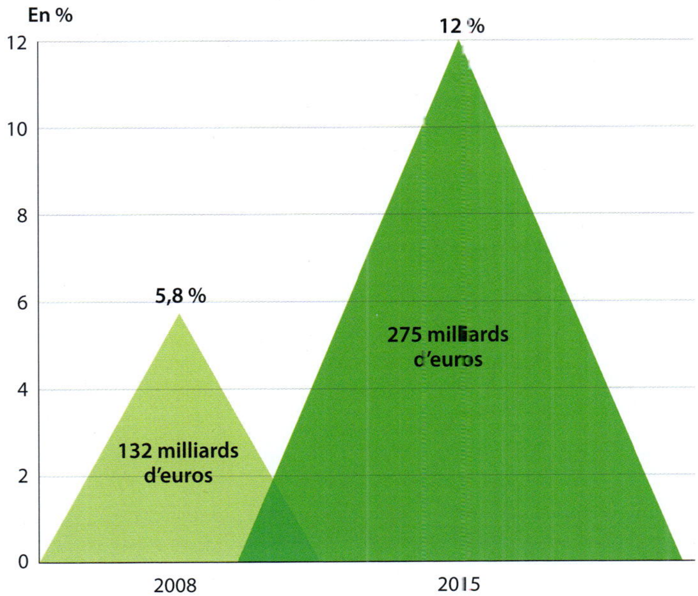

Note : le ratio de fonds propres est égal au rapport entre les fonds propres de la banque (son capital) et l'ensemble de ses crédits et engagements. Durant cette période, les fonds bloqués sont multipliés par deux.

Source : d'après l'Autorité de contrôle prudentiel et de résolution, Banque de France.

Méthode appliquée

La DISSERTATION en 4 étapes

1 Analyser le sujet et le problématiser

- Repérez et définissez les mots clés du sujet : ici, « crise financière ».
- Analysez le type de sujet : ici, un sujet sous forme de questionnement, de type dialectique (oui / non). Il est donc utile de classer les arguments en deux catégories : « oui, certains des facteurs de risque qui ont conduit à la crise de 2007 sont encore présents » ; « non, des garde-fous ont été mis en place, qui réduisent le risque d'une nouvelle crise aussi grave ».
- Une fois les contours du sujet précisés, interrogez-vous sur ses enjeux : quel est son objectif ? Pour quelle(s) raison(s) vous invite-t-on à y réfléchir ?

2 Exploiter les documents et les relier à ses connaissances

- Commencez par analyser chaque document : lisez-les attentivement, repérez les informations principales, etc.
- Reliez les documents avec des connaissances, des faits, des mécanismes, des théories, etc.
- À partir des documents et de vos connaissances, interrogez-vous sur le déroulement, la diffusion et les explications de la crise de 2007.
- Classez les informations tirées des documents selon qu'elles correspondent plutôt au « oui » ou au « non » de l'argumentation.

3 Construire un plan

- Grâce aux étapes précédentes, vous avez déjà une ébauche de plan, qui distingue les arguments dans le sens d'une réduction, et ceux dans le sens d'un maintien du risque de crise financière similaire à celle de 2007.
- Le danger est de tomber dans un plan « normand » opposant les arguments sans répondre clairement à la question. Pour éviter ce piège, proposez l'un des types de plan suivant : en trois parties sur le mode « thèse / antithèse / synthèse » ; ou en deux parties sur le mode « Oui... / Mais... », ou « On pourrait croire que... / Mais en réalité... ».

4 Rédiger

- Rédigez d'abord votre introduction : soignez l'accroche pour montrer l'intérêt du sujet.
- Rédigez votre conclusion, en « entonnoir » : montrez d'abord que vous avez répondu au sujet, puis cherchez une ouverture (ici, par exemple, sur les moyens supplémentaires à mettre en œuvre pour réduire le risque).
- Passez ensuite directement à la rédaction au propre, à partir de votre plan detaillé, de votre développement : un paragraphe par idée ou sous-partie, selon la méthode AEI (➥ Cahier BAC p. 427)

Dans le Cahier BAC
- La méthode complète de l'EC, p. 428
- Autres sujets blancs, p. 450

Sujet blanc - Épreuve composée (4 heures)

PARTIE 1 • Mobilisation des connaissances *(4 points)*

- Qu'est-ce que la spéculation?

PARTIE 2 • Étude d'un document *(6 points)*

1 • Comparez l'évolution des cours de la Bourse des deux grands constructeurs aéronautiques mondiaux.

2 • À l'aide de vos connaissances et du document, vous montrerez que les cours de la Bourse indiquent les valeurs fondamentales des entreprises.

Évolution du cours de l'action Boeing et Airbus

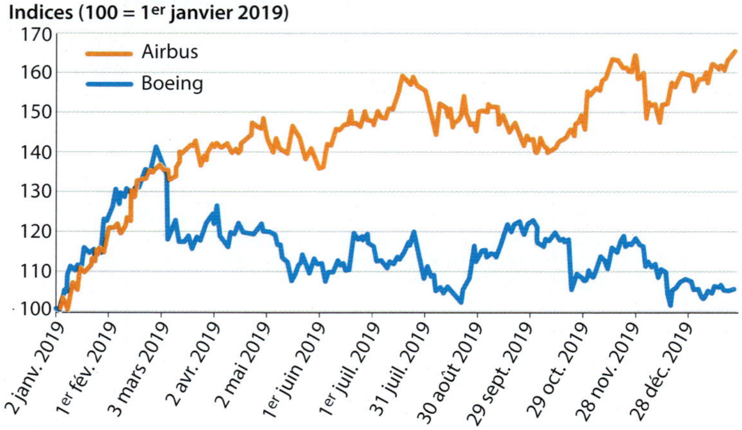

Note : le 10 mars 2019, un second avion Boeing 737 Max s'écrase, dévoilant un problème de sécurité chronique sur cet avion. Tous les vols de 737 Max sont suspendus.

Source : www.abcbourse.com.

PARTIE 3 • Raisonnement s'appuyant sur un dossier documentaire *(10 points)*

SUJET *En vous appuyant sur les documents et sur vos connaissances, vous analyserez comment les crises financières se transforment en crises économiques.*

DOCUMENT 1

L'indice Dow Jones[1] de la Bourse de New York pendant la crise financière

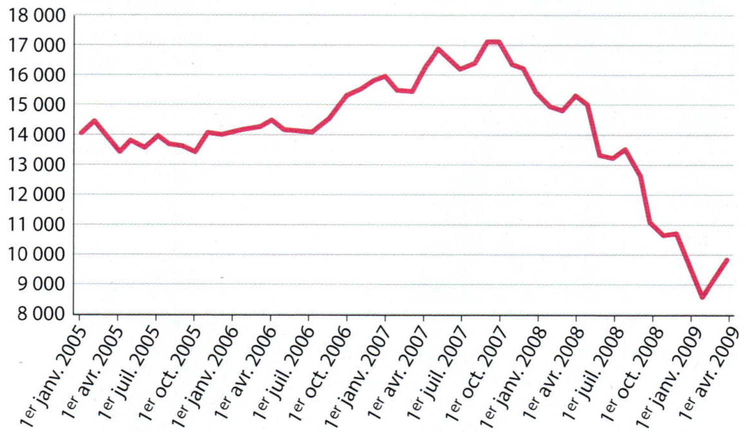

1. Il synthétise l'évolution des cours de la Bourse de New York.

Source : www.macrotrends.net.

DOCUMENT 2

Le marché immobilier américain se retourne au second semestre 2006. Immédiatement, les conséquences de l'explosion de la bulle se font sentir sur les emprunteurs et les défauts de paiement augmentent dans le secteur des subprimes.

La diffusion d'informations sur la détérioration des crédits subprimes provoque une méfiance. [...] Dans ce contexte, beaucoup de produits [financiers] ne trouvent plus preneur, même à des prix dérisoires, et les institutions financières se mettent à craindre qu'une banque fasse faillite [...].

Dans le doute, les banques arrêtent de se prêter entre elles, ce qui entraîne une crise de liquidité. C'est une menace importante pour le secteur bancaire et plus largement l'économie : les banques ont en effet besoin de s'approvisionner quotidiennement en liquidités. Pour cela, elles vendent des actifs, ce qui implique que certains acteurs soient prêts à les acheter. Si personne n'en veut, les banques risquent de se retrouver à court de liquidités et de faire faillite. [...] À ce stade, la crise déborde le simple cadre des crédits subprimes pour se transformer en une grave crise de liquidité bancaire mondiale.

Un véritable cercle vicieux se met alors en place : la crise de confiance exerce une pression à la baisse sur la valeur d'un nombre croissant d'actifs détenus par les banques. Face à ces moins-values latentes, les banques sont forcées de vendre des actifs pour obtenir des liquidités. Elles se retrouvent devant l'alternative suivante : vendre des actifs dépréciés, réalisant ainsi des [pertes] et accentuant la chute des prix, ou vendre des actifs qui n'ont pas encore été touchés par la crise. Logiquement, elles choisissent massivement la seconde option. Mais ce raisonnement, parfaitement valable au niveau d'une banque, montre ses limites lorsqu'on le généralise : quand les ventes d'un actif de « bonne » qualité sont massives, son prix se met également à chuter. En d'autres termes, les comportements des investisseurs et des banques ont permis la propagation de la crise de marché en marché et de produit en produit.

Nicolas Couderc et **Olivia Montel-Dumont**,
Les politiques économiques à l'épreuve de la crise, *Cahiers français* n° 359,
La Documentation française, décembre 2010.

DOCUMENT 3

Nombre de faillites de banques et d'entreprises aux États-Unis durant la crise de 2007		
	Faillites bancaires	Faillites d'entreprises
2000	2	798 000
2001	4	853 000
2002	11	788 000
2003	3	770 000
2004	4	776 000
2005	0	783 000
2006	0	818 000
2007	3	854 000
2008	25	948 000
2009	140	930 000
2010	157	818 000
2011	92	800 000
2012	51	761 000
2013	24	788 000
2014	18	–
2015	8	–
2016	5	–
2017	8	–
2018	0	–
2019	3	–

Sources : Federal Deposit Insurance Corporation ; Bureau of Labour Statistics.

Dans le Cahier BAC, p. 460
La méthode complète pour réussir le Grand oral

Préparation - Épreuve du Grand oral (20 points) 20 minutes

Préparer sa question en 4 étapes

1 Trouver sa question en lien avec son projet d'orientation

1 Voici des questions possibles en lien avec différents domaines d'étude.

1 À quoi sert la finance ?	*Sciences économiques, Écoles de commerce*
2 Algorithmes : comment les avancées technologiques changent-elles les métiers de la finance ?	*Sciences économiques, Mathématiques, Sciences de l'ingénieur*
3 La psychologie peut-elle aider à comprendre la formation des bulles spéculatives ?	*Psychologie, Sciences économiques*
4 Faut-il réguler davantage le secteur bancaire et financier ?	*Droit, Écoles de commerce, Sciences économiques*

Choisissez la question que vous voulez traiter parmi celles ci-dessus, ou proposez une autre question. Justifiez votre choix en lien avec votre projet d'orientation.

2 Mobiliser des connaissances pour préparer la réponse à la question choisie

- Commencez par réviser le chapitre et identifiez les notions, connaissances et mécanismes à mobiliser pour répondre à votre question.

2 Voici un exemple de carte mentale pour la question 4. Complétez-la.

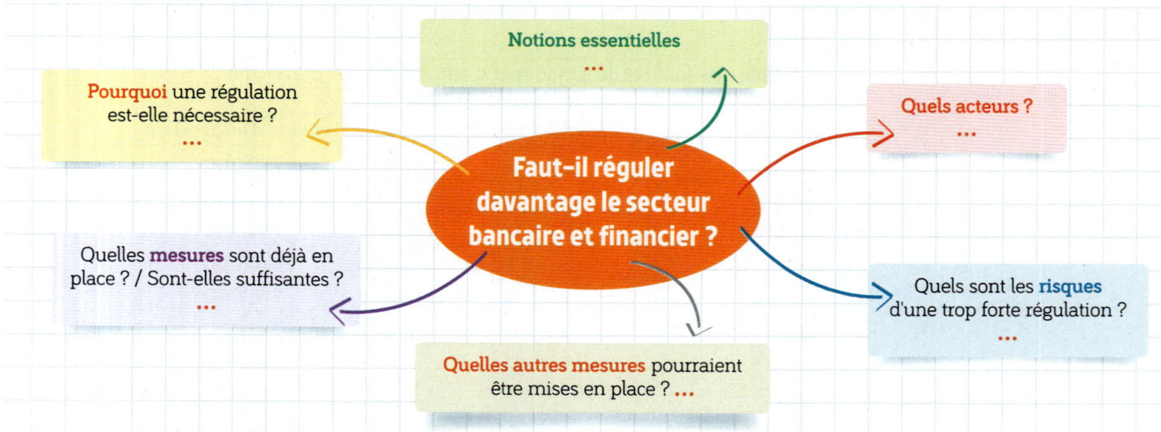

- Puis faites des recherches complémentaires pour approfondir votre maîtrise du sujet et compléter votre carte mentale.

3 Préparer la réponse argumentée à la question choisie

- Organisez vos arguments pour répondre à votre question. Lorsque votre réponse est prête, travaillez l'introduction : trouvez une accroche qui montre l'enjeu du sujet, définissez les termes importants, puis annoncez votre question.

3 Rattachez les exemples aux éléments de l'introduction pour la question 4.

Phrase d'accroche montrant l'enjeu du sujet •	• ***Ex.*** La question est donc de savoir s'il est aujourd'hui nécessaire de réguler davantage le secteur bancaire et financier.
Définition des notions essentielles •	• ***Ex.*** Plus de dix ans après la crise de 2008, où en est-on de la régulation des banques et du secteur financier : est-elle suffisante pour empêcher une nouvelle crise systémique ?
Problématique •	• ***Ex.*** La régulation bancaire et financière est l'ensemble des règles et des cadres par lesquels les autorités cherchent à encadrer les activités bancaires et financières.

4 Concevoir un support pour le jour J

- Préparez un support à destination du jury : plan, carte mentale, schéma, tableau... ➡ Cahier BAC p. 462.

4 Voici un support pour la question 4. Complétez-le.

Plan

I) Depuis la crise de 2008, le secteur bancaire et financier est mieux régulé.

A) Des avancées dans le secteur bancaire : ...

B) Des avancées dans le secteur financier : ...

II)... Mais le risque de crise systémique n'a pas disparu

A) Les très grandes banques et le risque d'aléa moral

B) Le *Shadow Banking*

C) ...

Quelques notions essentielles

– Crise systémique

– Ratio de solvabilité

– ...

S'entraîner pour le jour J

1. Présenter sa question devant le jury

5 ORAL

- Reprenez vos réponses à l'exercice 1 et à l'exercice 3 et combinez-les pour faire le début de votre présentation : annoncez votre question et expliquez votre choix (exercice 1) puis procédez à l'introduction de votre réponse argumentée (exercice 3).
- Présentez cette introduction devant la classe.

2. Préparer l'entretien avec le jury

6 Voici des exemples de questions de connaissances et d'approfondissement pour la question 4.

a. Présentez rapidement les caractéristiques de la crise de 2008.

b. Comment se forme une bulle spéculative ?

c. Vous avez évoqué les difficultés de la grande banque allemande Deutsche Bank. Pouvez-vous nous en dire plus sur la situation ?

- Entraînez-vous à répondre aux questions de connaissances ci-dessus.
- Trouvez deux questions d'approfondissement sur votre question et entraînez-vous à y répondre.

3. Maîtriser sa voix et sa diction pour soutenir son discours *Compétence orale*

- La voix et la diction jouent un rôle clé dans la transmission de votre message. Il s'agit d'abord de vous faire entendre et comprendre correctement. Les changements d'intonation et de rythme aident aussi à appuyer vos arguments et à rythmer votre discours, donc à maintenir l'intérêt du jury.

À faire

– Veillez à ne pas parler trop vite, articulez et prononcez clairement, en particulier les voyelles.

– Privilégiez des phrases courtes et adaptez le volume de votre voix.

– Variez le ton de la voix et le débit de parole en fonction du contenu de votre présentation.

Piège à éviter

N'en faites pas trop : vous ne jouez pas une pièce de théâtre devant un public.

Astuce

Pensez à votre voix et à votre diction comme à ces instruments *élastiques*...

7 ORAL

- Lisez un texte (article de journal, extrait d'un livre, paroles d'une chanson...) en faisant varier le débit de votre voix (commencez par lire très lentement puis très rapidement), le volume (commencez par chuchoter, puis parlez très fort), le ton (commencez par un ton très grave puis montez dans les aigus).

8 ORAL Tenez-vous debout ou assis et racontez le dernier film ou la dernière série que vous avez vu(e) à un camarade situé à environ deux mètres de vous.

Demandez-lui de vous évaluer de 1 (très insuffisant) à 4 (très satisfaisant) selon les critères suivants :

- Le volume de la voix est adapté.
- Le rythme est adapté.
- La diction est claire.
- Le ton de la voix est varié.

CHAPITRE 5

Quelles politiques économiques dans le cadre européen ?

Un cas pour réfléchir

« Dumping social chez les routiers européens ! »

Vlad, chauffeur routier roumain, conduit un poids lourd polonais. Il livre des marchandises dans toute l'Europe. Parfois sur la route pendant plus de quatre mois, Vlad dort dans sa cabine, cuisine et se lave sur un parking pour un salaire mensuel de 800 euros bruts, soit un peu moins de la moitié du SMIC français. Une nouvelle législation pour les routiers doit entrer en vigueur afin d'éviter les abus, mais les pays européens négocient lentement. Carton rouge pour l'UE ?

Et vous, qu'en pensez-vous ?

Croyez-vous que les entreprises profitent du principe de libre circulation des travailleurs ?

VU EN PREMIÈRE

Abus de position dominante • Banque centrale • Dette publique • Entente (ou cartel) • Fusion-acquisition • Marché concurrentiel • Marché monétaire • Monopole • Oligopole • Politique monétaire • Taux d'intérêt

NOTIONS DE TERMINALE

BCE (Banque centrale européenne) • Choc asymétrique • Choc symétrique • Coordination des politiques économiques • Intégration économique • Marché unique • *Policy mix* • Politique budgétaire • Politique conjoncturelle • Politique de la concurrence • Zone euro

Une vidéo pour découvrir

L'Union européenne

Source Les essentiels de Jamy, France Télévisions.

Bordas Flash PAGE vidéo

Quel est le rôle de l'économie dans l'intégration européenne ?

SOMMAIRE

DOSSIER 1 Quelles sont les caractéristiques du marché unique et de la politique de la concurrence ?

1. Les grandes caractéristiques de l'intégration européenne : marché unique et zone euro ... 148
2. La politique de la concurrence concerne les États membres de l'UE ... 150
3. La politique de la concurrence concerne les entreprises privées ... 152
4. Les limites de la politique de la concurrence ... 154

DOSSIER 2 Quelles sont les difficultés soulevées par les politiques conjoncturelles européennes ?

1. La politique monétaire dans la zone euro est unique et indépendante ... 156
2. Les politiques budgétaires sont du ressort des États ... 158
3. Les politiques économiques européennes se coordonnent difficilement ... 160
4. Des difficultés à faire face aux chocs asymétriques ... 162

L'ESSENTIEL ... 294

Synthèse • Repères • Schéma bilan • Prolongements

RÉVISER ... 298

Je vérifie mes connaissances • J'utilise mes connaissances • Je construis ma fiche de révision

TRAVAUX DIRIGÉS ... 300

Jeu de rôle : l'Union bancaire européenne est-elle en mesure de rassurer banquiers, citoyens et pouvoirs publics et d'éviter une nouvelle crise ?

BAC MÉTHODE & ENTRAÎNEMENT 301

- Exploiter une représentation graphique pour répondre aux questions de la partie 2 de l'épreuve composée
- Sujet guidé : épreuve composée
- Sujet blanc : épreuve de dissertation
- Préparation : épreuve du Grand oral

1 Les grandes caractéristiques de l'intégration européenne : marché unique et zone euro

OBJECTIFS DU PROGRAMME : Connaître les grandes caractéristiques de l'intégration européenne (marché unique et zone euro) ; comprendre les effets du marché unique sur la croissance ; comprendre les objectifs de la politique européenne de la concurrence.

Questionnez-vous ! Le marché unique est-il homogène et achevé ?

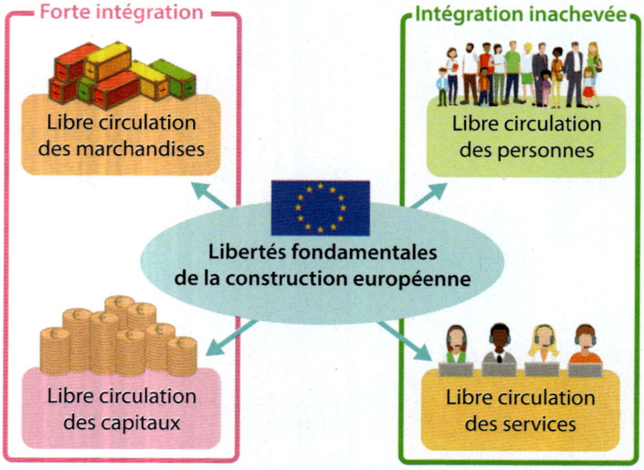

L'Union européenne vise à permettre à ses citoyens d'étudier, de vivre, de faire leurs achats, de travailler ou de prendre leur retraite dans n'importe quel pays de l'UE, ainsi que de profiter de produits provenant de toute l'Europe. Elle garantit pour ce faire la libre circulation des biens, des services, des capitaux et des personnes au sein d'un marché intérieur unique. En supprimant les obstacles techniques, juridiques et bureaucratiques, l'Union permet également à ses citoyens de faire du commerce et des affaires librement. ■

www.europa.eu.

1 • Pourquoi la réalisation des libertés fondamentales est-elle indispensable à l'intégration sur le marché unique ?

2 • Pourquoi, selon vous, l'intégration européenne n'est-elle pas achevée pour toutes les libertés ?

DOC 1 Une intégration renforcée par la création de la zone euro

Les pays participants à l'Union monétaire européenne ont parié que les avantages liés à la monnaie unique l'emporteraient sur les inconvénients.

Du côté des avantages, on trouvait essentiellement deux arguments. Un argument microéconomique : la monnaie unique supprime à la fois les coûts de transaction de change et l'incertitude liée au taux de change ; elle permet donc de réaliser des économies, surtout dans les pays les plus ouverts ; elle encourage les échanges de biens et de services, et facilite les investissements dans d'autres pays de la zone, améliorant l'allocation des ressources ; elle accroît la transparence des prix, ce qui accentue la concurrence. En bref, la monnaie unique complète le marché unique. Un argument macroéconomique : dans une zone très intégrée comme l'Europe, une coordination des politiques monétaires est de toute façon nécessaire pour éviter les politiques déloyales, comme celles consistant à « exporter » son chômage par la dévaluation. [...] L'euro est la réponse coordonnée de l'Europe à la volatilité des capitaux : quelle que soit la pression des marchés, il est désormais impossible à un État membre de se désolidariser, par exemple en dévaluant sa monnaie pour limiter l'effet d'une détérioration de la conjoncture mondiale sur son activité, au détriment de ses partenaires européens. ■

Agnès Bénassy-Quéré et **Benoît Cœuré**, *Économie de l'euro*, La Découverte, coll. Repères, 3e éd., 2014.

Les pays qui utilisent l'euro

1. Le Royaume-Uni est sorti de l'UE depuis le 31 janvier 2020.

- État membre de l'UE avec l'euro (eurozone)
- État membre de l'UE sans l'euro
- Pays tiers avec l'euro

Source : données BCE, novembre 2018.

1 • Lire Tous les pays de l'UE font-ils partie de la zone euro ?

2 • Analyser Quels sont les avantages microéconomiques d'une monnaie unique ?

3 • Expliquer Que signifie le passage souligné ?

DOC 2 Les effets attendus du marché unique sur la croissance

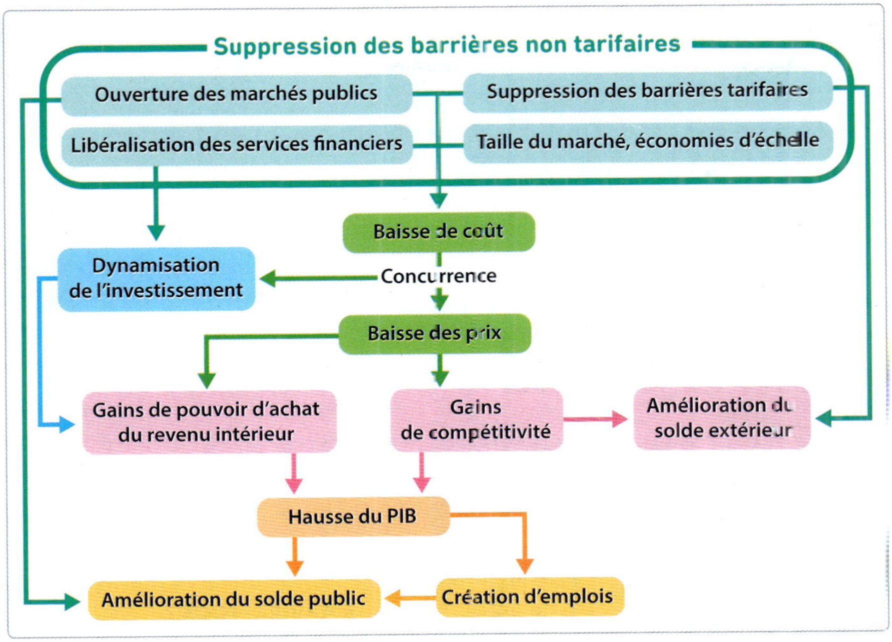

Source : d'après **Marie-Annick Barthe**, *Économie de l'Union européenne*, Économica, 6e éd., 2017.

1 • **Analyser** Montrez que le marché unique est source de gains de compétitivité.

2 • **Expliquer** Pourquoi la libéralisation des services financiers permet-elle de dynamiser l'investissement ?

3 • **Expliquer** Expliquez l'effet du marché unique sur le solde extérieur.

DOC 3 Pas de marché unique sans politique de la concurrence

La politique de la concurrence est une composante historique de la construction européenne, et ce depuis les années 1950. Tel qu'il a été conçu, le marché unique européen est supposé garantir et fonctionner avec une concurrence libre, loyale et non faussée.

Selon la théorie économique néoclassique, une concurrence libre, loyale et non faussée est un moyen d'amélioration économique. La pression effectuée par les potentiels concurrents sur les entreprises présentes sur le marché et la concurrence qu'elles se livrent entre elles doivent encourager l'innovation, qui améliore leur efficacité et leur compétitivité. Elle conduit également à faire baisser les prix pour les consommateurs et augmenter la diversité des produits présents sur le marché. Les consommateurs peuvent donc accéder à plus de biens, et à des biens moins chers. Une meilleure concurrence est donc un cadre susceptible d'offrir des avantages pour le progrès économique et social.

Cette politique concurrentielle est ainsi censée donner à l'industrie européenne un cadre juridique et des conditions économiques qui lui permettent de se moderniser pour faire face à la concurrence internationale.

La Commission est donc chargée de l'application des règles anti-trust (des ententes, des abus de position dominante, des monopoles, des concentrations) et contrôle également les aides accordées par les États membres aux entreprises : les aides d'État. ■

Jules Lastennet et **Justine Daniel**, « La concurrence dans l'Union européenne », www.touteleurope.eu, 7 février 2019.

CONTEXTE

La **politique de la concurrence** est mise en œuvre par la Commission européenne, plus précisément la Direction générale de la concurrence traite les affaires transeuropéennes alors que l'Autorité nationale de la concurrence (ANC) traite les affaires nationales.

1 • **Expliquer** Quels sont les objectifs spécifiques à la politique de la concurrence européenne ?

2 • **Analyser** Rappelez les avantages attendus d'un marché concurrentiel (vu en première).

3 • **Analyser** Montrez que la politique de la concurrence concerne à la fois les entreprises privées et les pouvoirs publics.

Faites le point

Complétez le tableau suivant sur les caractéristiques du marché unique.

Libre circulation	Zone euro	Politique de la concurrence
...	...	...

Prenez la parole

Carte mentale

- Par groupes de deux, préparez une carte mentale sur les caractéristiques du marché unique.
- Présentez-la ensuite à la classe.

2 La politique de la concurrence concerne les États membres de l'UE

OBJECTIF DU PROGRAMME : Comprendre les modalités de la politique européenne de la concurrence.

DOC 1 Les aides de l'État utilisées comme outil d'optimisation fiscale par les entreprises

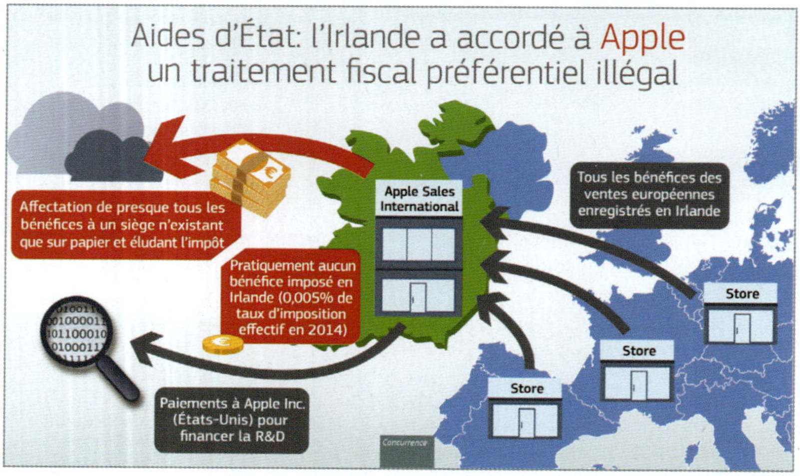

Source : www.europa.eu.

La Commission européenne condamne l'État irlandais à faire payer à Apple 13 milliards d'euros pour lui avoir fait bénéficié d'un traitement fiscal préférentiel. Les entreprises concluent une transaction fiscale anticipée avec les gouvernements des États membres de l'UE, ce qui leur permet d'obtenir un taux d'imposition sur les sociétés beaucoup plus faible que le taux d'imposition en vigueur. ■

1 • Expliquer Pourquoi le traitement préférentiel accordé à Apple est-il anticoncurrentiel ?

2 • Expliquer Comment Apple a-t-elle utilisé cette pratique comme outil d'optimisation fiscale ?

3 • Déduire Les sanctions contre les aides accordées par les États sont-elles préventives ou répressives ?

LE SAVIEZ-VOUS ?

Les **aides d'État** font l'objet d'une autorisation uniquement au-dessus de 200 000 euros. Il existe des exemptions comme les aides à la formation, à l'emploi et à l'investissement en faveur des PME, à la création de petites entreprises par les femmes, les aides aux régions en difficulté ou en retard de développement, en cas de catastrophes naturelles...

Activité *Déterminez les effets des aides publiques sur la concurrence*

Soit deux entreprises : l'entreprise A et l'entreprise B qui produisent un nouveau modèle de consoles de jeux vidéo révolutionnaire. Ces deux entreprises sont les seules sur le marché à les fabriquer. Nous supposerons que les coûts de fabrication sont identiques pour les deux entreprises, soit 300 euros par console. Les deux entreprises estiment qu'elles peuvent vendre 1 million de consoles chacune au prix de 550 euros. L'entreprise A reçoit une subvention de l'État d'un montant de 60 millions. L'entreprise B ne reçoit aucune subvention.

	Entreprise A	Entreprise B
Coût unitaire de production avant la subvention	...	...
Coût unitaire de production après la subvention	...	...
Évolution du prix (hausse, baisse, identique)	...	...
Parts de marché après la subvention	...	...
Profits après la subvention	...	...

1 • Complétez les quatre premières lignes du tableau en effectuant les calculs nécessaires.

2 • Comment va évoluer le prix de vente pour les deux entreprises ?

3 • Comment vont évoluer les parts de marché et les profits après l'accord de la subvention ?

4 • Complétez la 5e ligne du tableau.

5 • Expliquez pourquoi la subvention accordée à l'entreprise A génère une distorsion de concurrence.

DOC 2 Les effets attendus de la libéralisation des services en réseau

La mise en place du marché unique européen remettait tout d'abord en question le caractère naturellement monopolistique de ces activités de services. La demande potentielle s'étant agrandie, il était possible d'envisager une mise en concurrence de plusieurs opérateurs. D'autre part, des progrès technologiques substantiels avaient été réalisés depuis les années 80, allégeant les coûts fixes pour certaines de ces industries, tels que le passage de la téléphonie fixe à la téléphonie mobile. La Commission mettait en avant les plaintes enregistrées à l'encontre de certains opérateurs historiques, pour surtarifications et pratiques anti-compétitives : ces monopoles publics étaient accusés de maximiser la rente tirée de l'exploitation de leur réseau en maintenant des prix élevés sur des infrastructures déjà rentabilisées, et / ou en négligeant de faire les investissements nécessaires à l'entretien et à la modernisation de ces infrastructures. En introduisant de la concurrence, l'objectif de la Commission était non seulement de faire baisser le coût de ces services pour les entreprises et pour le consommateur, mais aussi de créer les conditions favorisant les investissements technologiques nécessaires à la montée en gamme de ces services. ■

Jean-Christophe Defraigne et **Patricia Nouveau**, *Introduction à l'économie européenne*, De Boeck Supérieur, 2e éd., 2017.

Évolution des indices des prix des services mobiles entre 2010 et 2019
Base 100 en janvier 2010

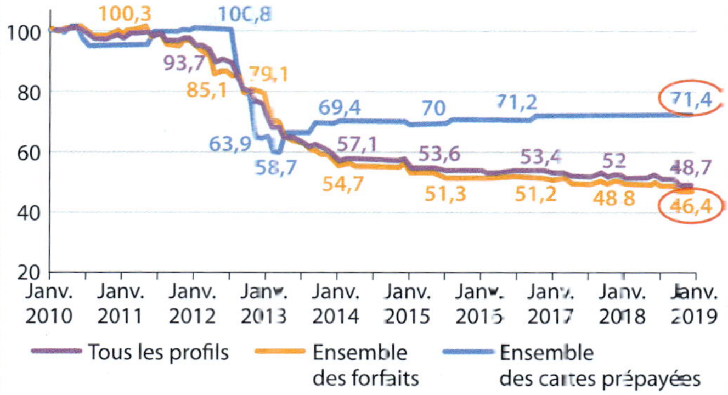

Source : www.arcep.fr, 21 mai 2019.

1 • **Expliquer** Quelles raisons justifient la libéralisation des services en réseau ?

2 • **Analyser** Quels sont les avantages attendus ?

3 • **Lire** Que signifient les données entourées ? Savoir-faire 4 p. 407

4 • **Illustrer** La libéralisation du secteur des télécommunications a-t-elle eu les effets escomptés pour les consommateurs ?

DOC 3 La libéralisation du secteur de l'électricité

Source : www.selectra.info.

LE SAVIEZ-VOUS ?

Les **industries en réseau** recouvrent toutes les activités qui supposent l'utilisation d'un réseau de distribution : transport aérien, ferroviaire, télécommunications, électricité, gaz, La Poste.

1 • **Expliquer** Comment les pouvoirs publics ont-ils organisé la libéralisation des monopoles d'État des industries en réseau ?

2 • **Illustrer** Utilisez l'exemple du secteur de l'électricité pour illustrer la libéralisation des monopoles d'État des industries en réseau.

3 • **Illustrer** Recherchez des exemples pour lesquels la Commission européenne accepte le maintien de monopoles.

Faites le point

Vrai ou faux ? Justifiez votre réponse.

1. La libéralisation des services publics limite les innovations.
2. Les aides des États aux entreprises nationales entraînent des distorsions de concurrence.
3. En cas de catastrophe naturelle, les États ne sont pas autorisés à accorder des aides.
4. La libéralisation des services de téléphonie mobile a fait augmenter le prix des forfaits téléphoniques.

Prenez la parole

Exposé flash

- Recherchez un autre exemple d'aides accordées par un État ou de libéralisation d'une industrie en réseau.
- Présentez-le aux autres élèves de la classe et justifiez son utilité.

3 La politique de la concurrence concerne les entreprises privées

OBJECTIF DU PROGRAMME : Comprendre les modalités de la politique européenne de la concurrence.

DOC 1 Une politique de la concurrence préventive : le contrôle des concentrations

La Commission européenne a rejeté mercredi le projet de fusion[1] entre Alstom et Siemens, censé créer un champion européen du ferroviaire avec le soutien de Paris et Berlin face à la concurrence internationale, notamment chinoise…

Selon la Commission, la fusion aurait notamment porté atteinte à la concurrence sur les marchés des systèmes de signalisation et des trains à très grande vitesse (TGV). L'entité issue de la fusion serait ainsi devenue le « leader incontesté » sur plusieurs marchés de la signalisation des grandes lignes et des lignes urbaines et aurait réduit « de façon significative » la concurrence pour le matériel roulant TGV, au préjudice des clients européens…

« L'intérêt pour cette fusion a été très important de la part de l'Allemagne et de la France, mais il y a 26 autres pays qui eux aussi ont un intérêt pour ce marché », a souligné Margrethe Vestager lors d'une conférence de presse. « Ce n'est pas seulement ceux qui crient le plus fort qu'il faut écouter. » […] « Aucun fournisseur chinois n'a jamais participé à un appel d'offres en matière de matériel de signalisation en Europe ou fourni un seul train à très grande vitesse à l'extérieur de la Chine », a répondu Margrethe Vestager, selon qui « il n'y a aucune perspective d'entrée des Chinois sur le marché européen dans un avenir prévisible ». ■

« Bruxelles refuse la fusion entre Alstom et Siemens », www.latribune.fr, 6 février 2019.

1. Les fusions sont une des formes de concentration.

LE SAVIEZ-VOUS ?

Seulement **0,5 % des fusions ont été refusées** depuis 1990 par la Commission européenne. Depuis 2009, **96 % des concentrations ont été autorisées** sans condition par la Commission européenne.

1 • **Définir** En quoi consistent les concentrations ?

2 • **Analyser** En quoi consistait le projet de concentration entre Alstom et Siemens ?

3 • **Argumenter** Quels sont les arguments avancés par la Commission européenne pour justifier le refus de la fusion entre Alstom et Siemens ?

DOC 2 Google sanctionné pour la troisième fois pour abus de position dominante

Et de trois. La Commission européenne a sanctionné, mercredi 20 mars, Google d'une nouvelle amende pour abus de position dominante : 1,49 milliard d'euros. Cette fois-ci, la décision concerne AdSense for Search, un système de publicité contextuelle du leader mondial de la recherche en ligne.

« Entre 2006 et 2016, Google a eu un comportement illégal avec AdSense for Search », a estimé Mme Vestager. Ce service permet à tous types de sites Web d'installer sur leurs pages un moteur de recherche de Google qui, quand un internaute tape un mot-clé, affiche des liens de publicité contextuelle. Si le visiteur clique sur ces liens, Google et le site qui affiche AdSense for Search sont rémunérés.

Le problème, selon la Commission, est que Google a limité artificiellement la possibilité, pour les sites, d'utiliser des services d'affichage de publicités contextuelles concurrents : d'abord, le géant de la recherche en ligne a imposé, dans ses contrats, « l'exclusivité » de son service, de 2006 à 2009. Puis il a exigé que les partenaires affichent « un minimum de liens publicitaires » d'AdSense for Search et lui réservent « les meilleurs emplacements ». ■

Cécile Ducourtieux et **Alexandre Piquard**, « Concurrence : Google de nouveau mis à l'amende par Bruxelles », www.lemonde.fr, 21 mars 2019.

Bordas Flash PAGE vidéo

© France Télévisions.

L'UE contre Google

1 • Quel est le montant de l'amende infligée par l'UE à Google ?

2 • Que reproche l'UE à Google ?

3 • Pourquoi est-ce une pratique anticoncurrentielle ?

Amende pour position dominante de son système d'exploitation Android pour smartphones et tablettes

Amende pour utilisation abusive de Google Shopping

Amende pour pratiques abusives en matière de publicité en ligne

1 • **Définir** Rappelez en quoi consiste un abus de position dominante (vu en première).

2 • **Argumenter** Pourquoi la Commission européenne a-t-elle considéré que Google avait abusé de sa position dominante ?

3 • **Illustrer** Quelles sont les sanctions qui sont infligées par la Commission dans le cas des abus de position dominante ? Illustrez avec des exemples.

DOC 3 De lourdes amendes pour le cartel des armateurs et équipementiers automobiles

La Commission européenne a sanctionné mercredi, pour avoir participé à un cartel, des équipementiers automobiles, notamment Bosch et Continental, et quatre armateurs transportant des véhicules, ces derniers écopant d'amendes d'un montant total de 395 millions d'euros.

Le Suédois WWL-EUKOR a écopé de la plus grosse sanction (207 millions d'euros), suivi des Japonais NYK (près de 142 millions d'euros) et « K » Line (39 millions euros) et du Chilien CSAV (7 millions d'euros).

Le Japonais MOL, qui avait révélé l'existence de cette entente, a bénéficié d'une totale clémence, évitant ainsi une amende de près de 203 millions d'euros.

Pendant près de six ans, d'octobre 2006 à septembre 2012, ces cinq entreprises de transport ont constitué une entente sur le marché du transport en haute mer de voitures neuves, de camions neufs et d'autres véhicules neufs de grande taille comme des moissonneuses-batteuses et des tracteurs, sur différentes liaisons entre l'Europe et d'autres continents.

Ces entreprises « coordonnaient les prix, se répartissaient la clientèle et échangeaient des informations commercialement sensibles ». ■

« Cartel : armateurs et équipementiers automobiles écopent de lourdes amendes de l'UE », © Agence France Presse, 21 février 2018.

LE SAVIEZ-VOUS ?

La **plus grosse amende** a été infligée au **« cartel des camions »** pour un montant de 2,93 milliards d'euros. Ces fabricants de camions s'étaient entendus pendant quatorze ans sur le prix de vente des poids lourds et sur la répercussion des coûts de mise aux normes environnementales sur les clients.

1 • **Définir** Rappelez ce qu'est un cartel (vu en première).

2 • **Analyser** De quoi sont accusés les équipementiers automobiles et les armateurs ?

3 • **Expliquer** Pourquoi l'entreprise japonaise n'a-t-elle pas été sanctionnée ?

DOC 4 Quelles sanctions pour lutter contre les ententes ?

L'amende de base est fixée de manière forfaitaire (selon la gravité de l'infraction et sa durée), puis la Commission module le niveau de sanction en fonction de facteurs aggravants (tels que la récidive) ou atténuants (la collaboration avec les autorités [...] de la concurrence) pour atteindre le montant final, lequel ne peut [...] excéder 10 % du chiffre d'affaires mondial hors taxes des firmes.

Afin de pouvoir prouver l'existence des ententes pour lesquelles elle investigue, la Commission européenne a mis en place depuis 1996 un programme de clémence [...] sur le modèle américain qui permet à la firme impliquée dans la collusion de bénéficier d'une annulation ou d'un allègement de son amende si celle-ci dénonce l'entente et/ou apporte la preuve de son existence. D'autre part, depuis mars 2017 a été mis en place un nouvel outil de lancement d'alertes anonymes [...] à l'intention des particuliers qui souhaiteraient dénoncer des pratiques anticoncurrentielles dont ils seraient le témoin. ■

Jean-Christophe Defraigne et **Patricia Nouveau**, *Introduction à l'économie européenne*, De Boeck Supérieur, 2e éd., 2017.

Montant total des amendes prononcées contre les cartels depuis 2015

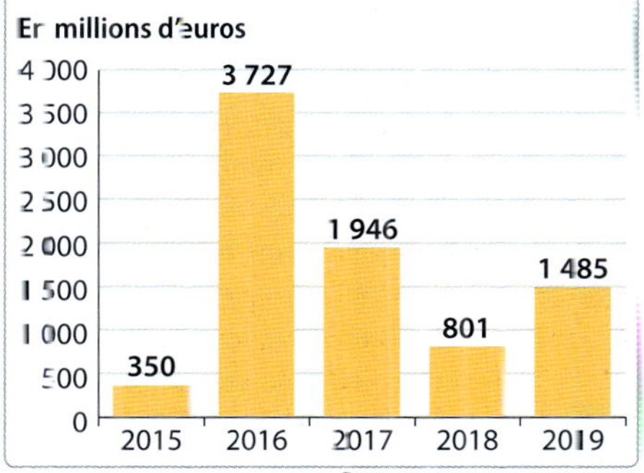

Source : www.ec.europa.eu.

1 • **Analyser** En fonction de quels critères les amendes sont-elles fixées ?

2 • **Expliquer** En quoi consiste la détection des ententes par la clémence ? Illustrez avec le doc 3.

3 • **Expliquer** En quoi consiste le nouvel outil mis en place en 2017 ? Selon vous, à qui s'adresse-t-il ?

4 • **Calculer** Calculez de deux façons différentes l'évolution des amendes entre 2016 et 2019. Que peut-on déduire de ces résultats ?
Savoir-faire 4 p. 407

Faites le point

À quoi correspondent les exemples suivants ?

lutte contre les ententes – lutte contre les abus de position dominante – contrôle des concentrations

1. Qualcomm paye Apple pour qu'il ne se fournisse pas chez les concurrents.
2. Google force les fabricants de smartphones à installer son système d'exploitation.
3. Dix fabricants de produits laitiers se sont concertés pour augmenter le prix de leurs produits.
4. Le rachat de Darty par la Fnac a été autorisé sous certaines conditions.

Prenez la parole

Débat

On imagine que les deux grandes entreprises pharmaceutiques d'Europe Sanofi (France) et Bayer (Allemagne) décident de fusionner.

• Constituez deux groupes dans la classe : l'un présente des arguments en faveur de cette fusion, l'autre des arguments contre.

4 Les limites de la politique de la concurrence

OBJECTIF DU PROGRAMME : Comprendre les limites de la politique européenne de la concurrence.

DOC 1 La concentration peut empêcher la constitution de « champions européens »

La décision de la Commission européenne « va servir les intérêts économiques et industriels de la Chine », fulmine [le ministre de l'Économie et des Finances]. Elle empêche Alstom et Siemens « de fusionner pour avoir le même poids que le grand champion industriel chinois », en l'occurrence CRRC Corporation, numéro un mondial du secteur ferroviaire plus gros qu'Alstom, Siemens et le Canadien Bombardier réunis.

En quelques années, grâce à des tarifs défiant toute concurrence, le groupe chinois s'est imposé sur la scène internationale, en ouvrant des usines ici et là, plaçant des locomotives, des trains ou des métros de Boston à Philadelphie en passant par Buenos Aires, Le Caire, Istanbul, Lagos ou Los Angeles, en Angola, au Brésil, au Chili, au Costa Rica, en Inde, en Jamaïque, en Mongolie, en Nouvelle-Zélande... CRRC a réussi à gagner quelques contrats en Europe, comme en Serbie, en Macédoine ou en République tchèque. Il a aussi vendu quelques wagons de maintenance au métro de Londres et quatre locomotives à la Deutsche Bahn allemande.

« Il aurait pu y avoir une autre interprétation des règles européennes et je conteste l'analyse technique qui a été faite de ce dossier par la Commission européenne », a-t-il expliqué, parlant d'« une erreur économique », « une faute politique » qui « affaiblit l'Europe ». « Le rôle de la Commission européenne, des institutions européennes, c'est de défendre les intérêts économiques et industriels européens », a martelé Bruno Le Maire. ■

« Alstom-Siemens : une "non-fusion" lourde de conséquences », www.europel.fr, 6 février 2019.

Chiffre d'affaires en 2019
(matériel ferroviaire, en milliards d'euros)

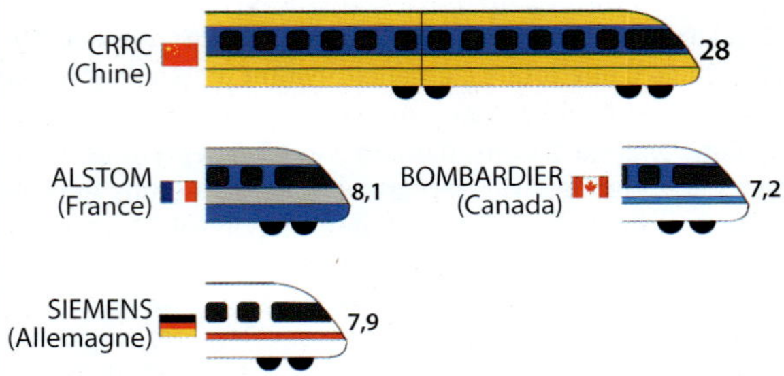

Note : en février 2020, Alstom a passé un accord d'achat avec Bombardier. Il doit encore être accepté par la Commission de la concurrence de l'UE.

1 • Analyser Quelle est la place de CRRC sur la scène internationale ?

2 • Comparer Comparez le chiffre d'affaires de CRRC avec ceux d'Alstom et de Siemens.

3 • Déduire Selon vous, fallait-il analyser la concurrence dans le transport ferroviaire sur le marché européen ou sur le marché mondial ?

4 • Expliquer Pourquoi, pour les partisans de la fusion entre Alstom et Siemens, le refus de cette fusion va-t-il à l'encontre de la politique industrielle ?

DOC 2 Les monopoles et les concentrations peuvent être favorables à l'innovation

Traduite en politique de la concurrence, la théorie schumpétérienne accepte à titre temporaire des barrières à l'entrée du marché et les comportements anticoncurrentiels qui en découlent au nom de l'innovation et des gains technologiques futurs. Même la menace concurrentielle est considérée par Schumpeter comme contre-productive à la recherche d'innovations. La théorie de la concurrence imparfaite prend en compte la nécessité de certaines concentrations industrielles. La théorie schumpétérienne, elle, admet, à titre provisoire, les ententes et les abus de position dominante, pour financer le « bien-être futur ». La théorie schumpétérienne signifie « qu'un degré plus élevé de concentration industrielle, par fusions et acquisitions, améliore les conditions de réalisation de progrès techniques ». Dès lors, même si une opération de concentration réduit le bien-être des acheteurs contemporains, dont le pouvoir d'achat est réduit par la hausse du prix des produits en cause, les générations futures d'acheteurs devraient à l'avenir bénéficier de produits offrant un meilleur rapport qualité-prix [...]. C'est une vision dynamique du principe économique de concurrence puisque l'efficacité allocative immédiate de la concurrence pure et parfaite et des marchés contestables peut être sacrifiée au nom de l'efficacité productive et de l'efficacité allocative futures. ■

Jean-Christophe Defraigne et **Patricia Nouveau**, *Introduction à l'économie européenne*, De Boeck Supérieur, 2e éd., 2017.

VU EN PREMIÈRE

Fusion-acquisition : rachat d'une entreprise par une autre.
Une entreprise en position dominante détient plus de 50 % des parts de marché.

1 • Argumenter Pourquoi, selon Schumpeter, la concurrence peut-elle être défavorable à l'innovation ?

2 • Expliquer Pourquoi cela va-t-il améliorer le « bien-être futur » et non pas le « bien-être présent » ?

3 • Expliquer Que signifie la dernière phrase du texte ?

DOC 3 Quand la concurrence conduit à la création d'oligopoles

Si on introduit de la concurrence, celle-ci tend à être oligopolistique : seul un petit nombre d'entreprises entre en jeu, souvent à l'échelle européenne (le marché de l'électricité est ainsi dominé entre quatre acteurs), ce qui limite la concurrence et leur donne beaucoup de latitude pour fixer les prix ou la variété des services. On se retrouve ainsi avec les défauts du monopole… sans ses avantages (réduction des « coûts de transaction », par exemple) ! La concurrence se développe surtout sur des niches ou sur certains segments de marché (« écrémage »). Les statuts des opérateurs historiques, qui étaient presque partout de droit public, relèvent du droit commun. Les opérateurs tendent à développer des segmentations sociales et territoriales et à diversifier leurs activités comme leurs terrains d'action, mettant en cause les principes antérieurs d'égalité de traitement ou d'universalité. La rentabilisation financière devient prioritaire au risque d'entraver la durabilité. On observe un recours à des externalisations croissantes aux effets négatifs sur la société. Enfin, dans le domaine des relations sociales, la tendance est à la précarisation des emplois (emplois temporaires, mini-jobs, travail en statut d'indépendant ou sous-traité, salarisation et / ou formations internes réduites, reconversions professionnelles plus fréquentes…) davantage qu'à une généralisation du dumping social.

Pierre Bauby, « Europe et services publics : un bilan des libéralisations », www.alternatives-economiques.fr, 18 février 2019.

1 • **Analyser** Quel effet pervers de la concurrence est dénoncé dans le texte ?

2 • **Argumenter** Quels en sont les conséquences pour le consommateur et pour l'emploi ?

3 • **Analyser** Quel est l'objectif principal recherché par les opérateurs ?

4 • **Lire** Que signifie la phrase soulignée ?

DOC 4 Quand la libéralisation ne bénéficie pas aux consommateurs

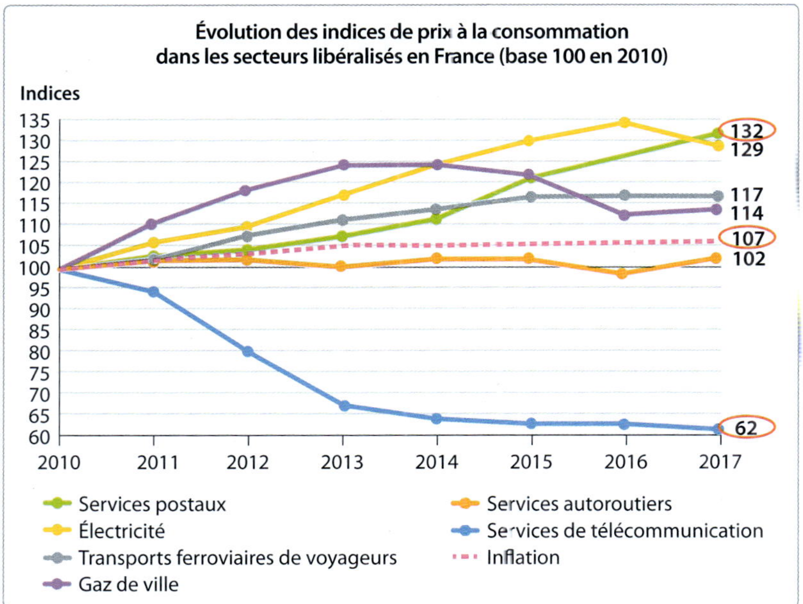

Source : données Insee.

1 • **Lire** Que signifient les données entourées ? Savoir-faire 4 p. 407

2 • **Comparer** Comparez l'évolution du prix des opérateurs avec l'évolution de l'inflation. Qu'en déduisez-vous ?

3 • **Déduire** La libéralisation profite-t-elle toujours aux consommateurs ? Pourquoi ?

Faites le point

Complétez le texte avec les termes suivants.
concentration – hausse des prix – industrielle – libéralisation – champions nationaux – aides des États

La politique de la concurrence fait débat. Elle peut entrer en conflit avec la politique ... et empêcher la constitution de .... La ... des entreprises peut stimuler l'innovation. La réduction des ... entraîne des distorsions de concurrence avec les pays hors Union européenne. La ... des services publics en réseau qui devait bénéficier aux consommateurs s'est traduite dans certains secteurs par une ....

Prenez la parole

Les titres de l'actualité

La politique de la concurrence ne joue pas toujours en faveur de la politique industrielle.

- Rédigez un titre puis une accroche sur ce sujet dans un style journalistique. Illustrez-le par un exemple.
- Présentez-le à vos camarades comme dans le sommaire d'un journal radio.

1 La politique monétaire dans la zone euro est unique et indépendante

OBJECTIFS DU PROGRAMME : Comprendre comment la politique monétaire agit sur la conjoncture ; savoir que la politique monétaire dans la zone euro, conduite de façon indépendante par la Banque centrale européenne, est unique.

Questionnez-vous ! Pourquoi faut-il stabiliser les prix ?

1 • Selon vous, qu'est-ce qui est néfaste pour l'économie : une forte hausse, un fort ralentissement ou une baisse des prix ?

2 • Quel type de politique économique mettriez-vous en place pour agir sur l'évolution des prix ?

DOC 1 Dans la zone euro, une BCE indépendante pilote une politique monétaire unique

La Banque centrale européenne	
Rôle	Définir et conduire une politique monétaire unique
Statut	**Organe indépendant** – Ne peut recevoir aucune injonction de l'UE ou des autorités nationales – Dispose de son propre budget – A l'interdiction d'accorder des prêts aux organes de l'UE ou à une entité publique nationale
Mission principale	La stabilité des prix autour de 2 %
Autres missions	– Conduire les opérations de change – Détenir et gérer les réserves officielles de change des États membres – Promouvoir le bon fonctionnement du système de paiement – Émettre les billets de banque – Surveillance bancaire et stabilité financière – Coopération internationale et européenne
Outils conventionnels	– Opérations d'*open market* – Facilités permanentes – Réserves obligatoires
Outils non conventionnels	– Politique de taux accommodante (y compris de taux négatifs) – *Quantitative easing* – Opérations ciblées de refinancement à long terme

bordas Flash PAGE vidéo

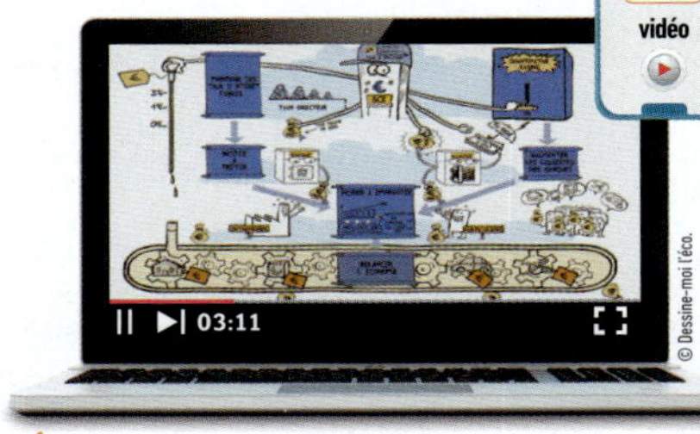

© Dessine-moi l'éco.

Qu'est-ce que le *Quantitative easing* ?

1 • En quoi consiste le *Quantitative easing* ?

2 • Pourquoi le *Quantitative easing* doit-il permettre une hausse de l'inflation et de la demande de crédit ?

3 • L'utilisation de ce nouvel instrument s'est-elle avérée efficace ?

NE PAS CONFONDRE

Outils conventionnels : outils utilisés depuis la création de la BCE afin d'assurer le financement des établissements de crédit.

Outils non conventionnels : nouveaux outils pour améliorer le financement de l'économie lorsque les taux directeurs sont déjà à un niveau très bas.

1 • **Expliquer** Que signifie une BCE indépendante et une politique monétaire unique ?

2 • **Argumenter** Pourquoi la BCE se fixe-t-elle comme objectif prioritaire un taux d'inflation autour de 2 % ?

3 • **Analyser** La BCE a-t-elle pour seule mission la stabilité des prix ?

4 • **Analyser** Recherchez le contexte qui a conduit la BCE à mettre en place des outils non conventionnels.

DOC 2 BCE et politique monétaire restrictive : instruments et mécanismes

Dans le cadre du système européen de banques centrales (SEBC), les banques centrales nationales (BCN) des pays membres, opérant dans le cadre des décisions de la Banque centrale européenne (BCE), ont recours à deux instruments principaux pour agir sur la liquidité bancaire et piloter les taux d'intérêt du marché monétaire : l'*open market* et les facilités permanentes. Les opérations d'*open market* sont organisées sous forme d'appels d'offres réguliers (hebdomadaires et mensuels) : la BCE propose des liquidités aux établissements de crédit en échange d'actifs donnés temporairement en garantie par ceux-ci.
Les facilités permanentes permettent de fournir (prêt marginal) ou de retirer (dépôt) de la liquidité à vingt-quatre heures à la demande des établissements de crédit.
Les réserves obligatoires. Elles constituent un levier supplémentaire utilisé par les autorités monétaires pour agir sur la création monétaire et sur les taux d'intérêt. Cet instrument fait obligation aux banques de maintenir à leur compte à la banque centrale un solde proportionnel à l'encours des dépôts liquides effectués dans les banques par les agents non bancaires. ■

Dominique Plihon, *La monnaie et ses mécanismes*, La Découverte, coll. Repères, 2017.

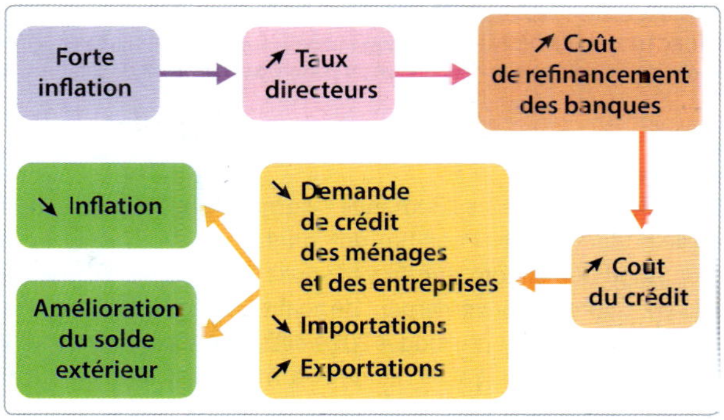

NE PAS CONFONDRE

La **politique monétaire restrictive** contribue à ralentir la hausse des prix, alors que la **politique monétaire expansive** est utilisée pour stimuler la croissance.

1 • Lire Quels sont les deux instruments utilisés par la BCE pour agir sur la liquidité bancaire ? Comment agissent-ils ?

2 • Argumenter Sur quoi se répercutent ces instruments ?

DOC 3 BCE et Fed : des objectifs différents

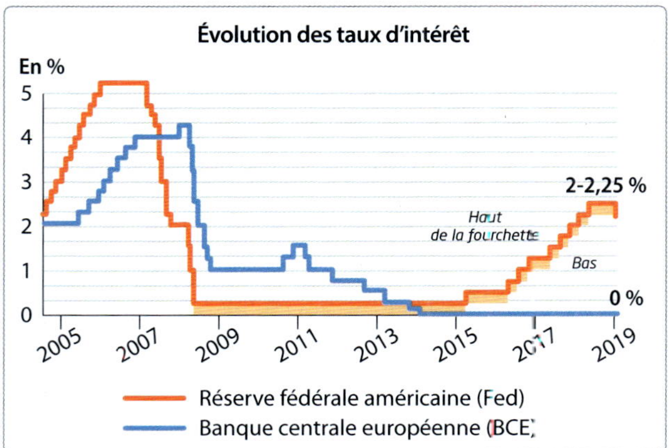

Sources : données Fed et BCE.

Croissance du PIB, taux de chômage et inflation aux États-Unis et dans la zone euro

	2008	2009	2015	2018
États-Unis				
Croissance	– 0,1	– 2,8	2,9	2,9
Chômage	5,8	9,3	5,3	3,9
Inflation	3,8	– 0,8	0,12	2,44
Zone euro				
Croissance	0,5	– 4,5	2,1	1,9
Chômage	7,6	9,2	10,9	8,2
Inflation	3,3	0,3	0,2	1,8

Sources : données Eurostat et OCDE.

1 • Déduire Quelle est la banque centrale la plus réactive ?

2 • Analyser Comparez la situation économique de la zone euro avec celle des États-Unis après la crise de 2008 et depuis 2015.

3 • Démontrer Comment ont agi les deux banques centrales durant ces deux périodes ?

4 • Déduire La BCE et la Fed poursuivent-elles les mêmes objectifs ?

Faites le point

Dressez une carte mentale autour de la politique monétaire en intégrant les termes suivants.

inflation – banque centrale européenne – objectifs fondamentaux – instruments de la politique monétaire – politique restrictive et expansive

Prenez la parole

Jeu de rôle

- Par trois, répartissez-vous ces rôles : représentants des gouvernements allemand / grec / français. Cherchez des informations sur les spécificités de votre économie.
- Échangez ensuite sur l'intérêt d'une politique monétaire restrictive.

2 Les politiques budgétaires sont du ressort des États

OBJECTIFS DU PROGRAMME : Comprendre comment la politique budgétaire agit sur la conjoncture ; savoir que la politique budgétaire est du ressort de chaque pays membre mais contrainte par les traités européens.

DOC 1 Un parfum de relance aux Pays-Bas

Plus Allemands que les Allemands ! Parmi les pays chantres de l'orthodoxie budgétaire, les Pays-Bas ont longtemps été considérés comme plus rigoristes encore que la vertueuse Allemagne. Et pourtant : le 17 septembre, le gouvernement de coalition néerlandais (centre droit) a présenté un projet de budget 2020 desserrant les contraintes autour des comptes publics. Ça n'a l'air de rien, mais dans la très stricte Europe du Nord, c'est une petite révolution.

Dans le détail, cette expansion budgétaire équivaudra à 0,7 % du produit intérieur brut (PIB), selon la société de conseil en recherche économique Capital Economics. Les ménages profiteront d'allégements d'impôts à hauteur de 3 milliards d'euros – de quoi faire progresser leur pouvoir d'achat de 2,1 % en 2020 (contre 0,3 % en 2018), et gonfler la croissance de 0,1 % supplémentaire. En outre, le gouvernement prévoit de profiter des taux bas pour emprunter jusqu'à 50 milliards d'euros sur les marchés, afin de constituer un fonds d'investissement destiné à financer la transition écologique et technologique, à soutenir l'éducation et à constituer des réserves financières en cas de coup dur. ■

Marie Charrel, « Relance budgétaire : "L'Allemagne suivra-t-elle l'exemple néerlandais ?" », www.lemonde.fr, 10 octobre 2019.

Déficit, dette publique et croissance aux Pays-Bas et en France en 2018

	Pays-Bas	France
Déficit / Excédent public (en % du PIB)	+1,5	–2,5
Dette publique (en % du PIB)	52,4	98,4
Taux de croissance du PIB réel (en %)	2,6	1,7

Source : données Eurostat.

1 • **Expliquer** Comment les différentes mesures de soutien à la demande sont-elles financées ?

2 • **Déduire** Parmi les mesures annoncées, quelles sont celles qui visent à soutenir la consommation ? l'investissement ?

3 • **Expliquer** Pourquoi ces mesures devraient-elles permettre de relancer la croissance ?

4 • **Démontrer** Pourquoi est-il plus difficile pour la France que pour les Pays-Bas de mettre en place un plan de relance ?

DOC 2 Une politique budgétaire de relance pour agir sur la croissance et l'emploi

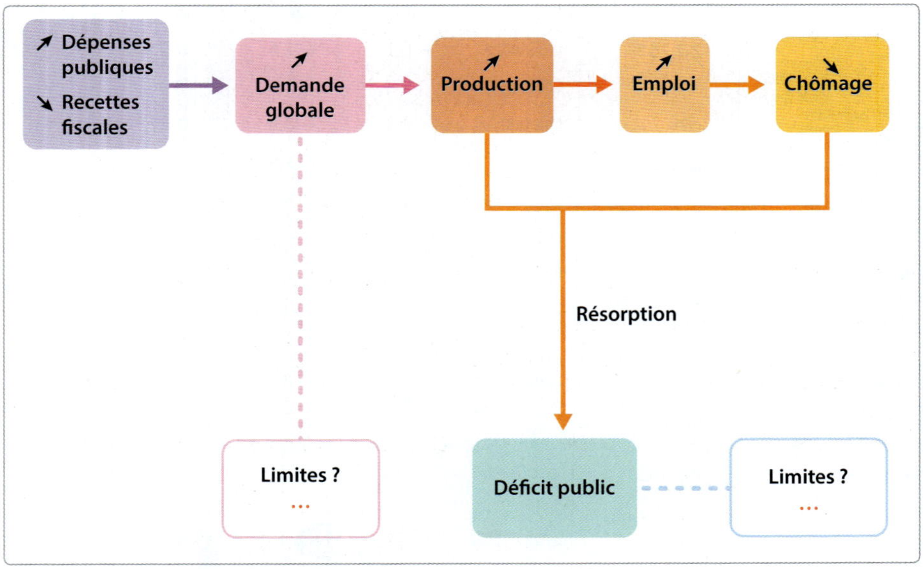

LE SAVIEZ-VOUS ?

L'**inverse d'une politique budgétaire de relance (ou expansive)** est une politique budgétaire de rigueur (ou restrictive).

1 • **Illustrer** Donnez des exemples de dépenses publiques et de mesures qui permettent de diminuer les recettes fiscales.

2 • **Expliquer** Comment une relance budgétaire stimule-t-elle la croissance ?

3 • **Argumenter** Pourquoi la hausse de la production et la baisse du chômage vont-elles permettre de réduire le déficit ?

4 • **Déduire** Qu'est-ce qui peut limiter l'efficacité d'une politique budgétaire de relance ? Complétez le schéma.

DOC 3 Les politiques budgétaires nationales dans la zone euro sont contraintes par les traités

Le traité d'Amsterdam, signé en 1997, a permis d'adopter un Pacte de stabilité et de croissance (PSC) qui a transformé les règles budgétaires d'entrée dans la zone euro. L'intégration monétaire renforcée après l'adoption de l'euro a fait craindre que certains pays profitent de la stabilité monétaire permise par la gestion conservatrice de la monnaie unique par la BCE pour céder à l'indiscipline budgétaire et produire des externalités négatives sur la BCE et dans les pays partenaires. Un déficit excessif (au-delà de 3 % du PIB) dans un État membre pourrait en effet provoquer des tensions sur les marchés de biens et services et induire un surcroît d'inflation, poussant la BCE à augmenter ses taux d'intérêt pour le juguler. Ce faisant, l'euro pourrait s'apprécier. La hausse des taux d'intérêt et l'appréciation de l'euro nuiraient alors doublement aux pays partenaires : l'investissement privé pourrait diminuer et la balance commerciale se détériorer. Pour limiter ces externalités, le choix a été fait de limiter *a priori* l'usage des politiques budgétaires.

Les règles budgétaires de bonne conduite ont été introduites sur la base d'un *a priori* : les économies européennes atteindraient rapidement le plein-emploi et s'y maintiendraient.

Quel est ce cadre et quelles sont les règles ? Les plus connues sont les fameux critères de convergence portant sur le déficit public (inférieur à 3 % du PIB) et la dette publique (inférieure à 60 % du PIB). Ces deux règles sont toujours en vigueur ; *a priori*, elles limitent les marges de manœuvre budgétaire, donc le risque de voir les finances publiques devenir insoutenables. ■

Jérôme Creel et **Fabien Labondance**, « La Banque centrale européenne et le carcan budgétaire », *in* OFCE, *L'économie européenne*, La Découverte, coll. Repères, 2017.

CONTEXTE

Les **règles du PSC** font partie des cinq critères de convergence du traité de Maastricht (1992). Le PSC contient un volet « préventif » : tous les ans, les États de la zone euro doivent présenter un « programme de stabilité » et un volet « correctif » si les déficits sont excessifs ; le Conseil Ecofin adresse alors des recommandations qui peuvent être suivies d'une amende (0,2 à 0,5 % du PIB).

1 • **Expliquer** Pourquoi existe-t-il une crainte d'indiscipline budgétaire d'un pays dans la zone euro ?

2 • **Argumenter** Comment peut-on justifier l'autonomie des politiques budgétaires ?

3 • **Analyser** Quels sont les objectifs du pacte de stabilité et de croissance et du pacte budgétaire ?

Activité *Coordonnez les politiques budgétaires : faites les bons choix !*

Afin de stimuler la demande globale et la croissance, la France et l'Italie, ayant des économies interdépendantes, auraient intérêt à coordonner leurs politiques budgétaires et à mettre en place un plan de relance. Vont-elles pour autant le faire ? Chacun des pays a la possibilité de mettre en place une politique de relance ou une politique de rigueur budgétaire. La matrice suivante présente quatre options possibles.

		Italie	
	Politique budgétaire menée	Relance	Rigueur
France	Relance	**France** : effet positif / effet négatif **Italie** : effet positif / effet négatif	**France** : effet positif / effet negatif **Italie** : effet positif / effet négatif
	Rigueur	**France** : effet positif / effet négatif **Italie** : effet positif / effet négatif	**France** : effet positif / effet negatif **Italie** effet positif / effet négatif

1 • **Pour chacune des situations, déterminez si l'effet de la politique budgétaire menée est positif ou négatif pour la France et pour l'Italie. Entourez la bonne réponse dans le tableau.**

2 • **Quelle est la meilleure solution pour les deux pays ?**

3 • **Quelle est la plus mauvaise des situations pour les deux pays ?**

4 • **Quelle situation a de fortes chances d'être choisie ? Pourquoi ?**

Faites le point

Mesures de relance ou de rigueur ? Cochez la bonne case.

Mesures	Relance	Rigueur
Hausse des impôts sur le revenu des ménages	...	...
Baisse des prestations sociales	...	...
Construction d'infrastructures par l'État	...	...
Crédit d'impôt accordé aux entreprises pour financer la recherche et le développement	...	...

Prenez la parole

Débat

L'UE doit-elle mettre en place une politique de relance ?

- **Par groupes de deux, préparez une liste d'arguments « pour » ou « contre ».**
- **Débattez ensuite avec des camarades défendant le point de vue opposé au vôtre.**

3 Les politiques économiques européennes se coordonnent difficilement

OBJECTIFS DU PROGRAMME : Comprendre les difficultés soulevées par une politique monétaire indépendante et unique et des politiques budgétaires nationales ; comprendre les défauts de coordination des politiques conjoncturelles.

DOC 1 Un défaut de coordination qui accentue l'hétérogénéité dans la zone euro

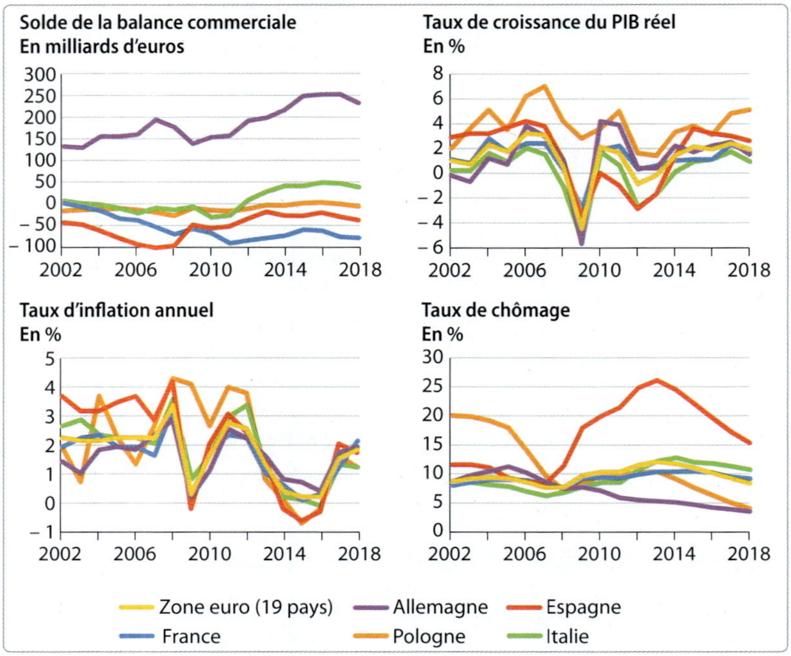

Source : données Eurostat.

NOTION DE TERMINALE

Politique conjoncturelle : ensemble des décisions des politiques budgétaire et monétaire prises par les pouvoirs publics afin d'agir sur la conjoncture économique.

1 • **Lire** Que signifient les données de 2002 et 2018 pour la France ?

2 • **Comparer** Peut-on regrouper les pays en différents sous-ensembles ?

3 • **Expliquer** À partir des données des quatre graphiques, peut-on dire que la coordination des politiques conjoncturelles n'a pas permis la convergence des économies ? Justifiez votre réponse.

DOC 2 Une remise en cause de la coordination par les règles

	Déficit public		Dette publique	
	2009	2018	2009	2018
Zone euro (19 pays)	– 6,2	– 0,5	79,2	85,1
Allemagne	– 3,2	1,7	72,6	60,9
Grèce	– 15,1	1,1	126,7	181,1
France	– 7,2	– 2,5	83	98,4
Italie	– 5,2	– 2,1	112,5	132,2
Lituanie	– 9,1	0,7	28	34,2
Luxembourg	– 0,7	2,4	15,7	21,4
Roumanie	– 9,1	– 3,0	21,9	35

Source : données Eurostat.

Les États membres de l'union monétaire appliquent très peu les règles d'équilibre budgétaire aussi bien pour les déficits que pour les excédents. [...] Pour les experts, ces règles ont engendré une austérité budgétaire néfaste. [...] Même lors des périodes de conjoncture plus favorable, « la réduction de la dette a été insuffisante ». Enfin, ce cadre réglementaire a mis « une pression trop forte sur la Banque centrale européenne obligée de se substituer à la politique budgétaire défaillante et a aggravé les tensions politiques entre États membres pendant la crise ». ■

Grégoire Normand, « Zone euro : des économistes prônent un assouplissement des règles budgétaires », www.latribune.fr, 11 septembre 2018.

NE PAS CONFONDRE

Dette publique : ensemble des emprunts publics qui servent à financer les dépenses publiques.
Déficit public : recettes des dépenses – dépenses engagées par les pouvoirs publics.

1 • **Comparer** Comparez l'évolution des déficits publics et celle des dettes publiques.

2 • **Expliquer** Comment peut-on expliquer la forte augmentation de la dette publique de certains pays ?

3 • **Argumenter** Pourquoi la coordination par les règles a-t-elle conduit à une austérité budgétaire ?

4 • **Expliquer** Que signifie le passage souligné ?

DOC 3 La BCE dans l'impasse

Alors que le taux d'intérêt sur les dépôts des banques de la zone euro à la banque centrale est déjà de – 0,4 %, que le taux d'intérêt à 10 ans sur la dette publique de l'Allemagne est déjà de – 0,3 %, la Banque centrale européenne (BCE) fait comprendre qu'elle va baisser davantage ses taux d'intérêt, ce qui paraît incroyable.
Pourquoi fait-elle cela ? Probablement parce que l'inflation sous-jacente (hors effet des prix des matières premières) de la zone euro est de 1 %, bien en dessous de l'objectif de 2 %. Sans doute aussi pour maintenir la solvabilité budgétaire de nombreux pays de la zone euro, malgré le niveau élevé de leurs taux d'endettement, grâce au niveau très bas des taux d'intérêt à long terme.
Cette politique de maintien de taux d'intérêt extrêmement bas dans la zone euro a cependant de nombreux inconvénients. Elle affaiblit les banques puisque les taux d'intérêt des crédits sont très bas (1,8 % pour l'ensemble des crédits aux ménages et aux entreprises) et que les banques reçoivent une rémunération négative sur leurs réserves à la BCE. Elle fait apparaître des entreprises « zombies », des entreprises inefficaces qui ne survivent que parce que les taux d'intérêt sont très bas. Un phénomène qui freine bien sûr le progrès technique et la productivité. Les taux d'intérêt très faibles peuvent également conduire à des bulles sur les prix des actifs. Cela ne se voit pas aujourd'hui pour les actions, dont la valorisation est faible. Mais cela se voit pour l'immobilier dont les prix dépassent déjà largement ceux de 2007 avant la crise des subprimes.
Enfin, si les taux d'intérêt sont très faibles dans la zone euro à la fin de la période d'expansion, il sera impossible de baisser significativement les taux d'intérêt si, malheureusement dans le futur, la croissance recule fortement. La politique monétaire a perdu toute capacité d'action contracyclique. ■

Patrick Artus, « La périlleuse politique monétaire de la BCE »
www.lesechos.fr, 8 juillet 2019.

1 • **Argumenter** Pourquoi la BCE continue-t-elle de maintenir des taux bas alors que l'inflation est inférieure à 2 % ?

2 • **Analyser** Quels en sont les risques pour les banques ?

3 • **Analyser** Quels en sont les risques pour les entreprises ?

4 • **Expliquer** Pourquoi la Banque centrale ne pourrait-elle pas faire face à une récession ?

Activité Policy mix : une coordination conjoncturelle difficile ?

Le *policy mix* est la combinaison des politiques budgétaire et monétaire dans une zone intégrée. Quatre combinaisons sont possibles.

Politique budgétaire \ Politique monétaire	restrictive	expansive
expansive	1	2
restrictive	3	4

1 • Complétez le schéma avec les termes suivants.
↘ Demande globale – ↘ Taux d'intérêt directeurs et outils non conventionnels (dont le *Quantitative easing*) – ↘ Consommation et investissement – ↗ Demande globale – ↗ Production – ↘ Production – ↘ Dépenses publiques et/ou ↗ Prélèvements obligatoires – ↗ Demande de crédits

2 • À l'aide du schéma, justifiez le titre de l'activité.

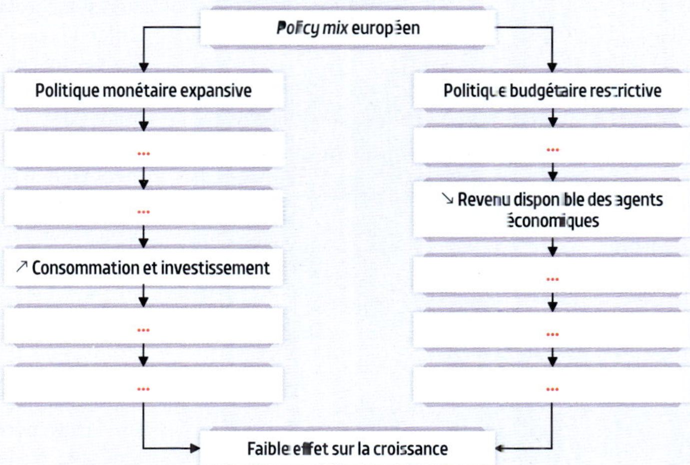

Faites le point

Vrai ou faux ? Justifiez votre réponse.

1. Des taux d'intérêt réels négatifs permettent de lutter contre l'endettement et l'inflation.
2. Le *policy mix* européen combine une politique monétaire et une politique budgétaire restrictives.
3. Le PSC est aujourd'hui respecté par l'ensemble des États membres.
4. Le PSC ne constitue pas un obstacle à la mise en place de politiques de relance.
5. La non-coordination des politiques économiques a permis de résorber les écarts économiques entre les pays membres.

Prenez la parole

Carte mentale

- Par groupes de deux, préparez une carte mentale sur les difficultés de coordination au sein de la zone euro.
- Présentez-la à l'ensemble de la classe.

4 Des difficultés à faire face aux chocs asymétriques

OBJECTIFS DU PROGRAMME : Comprendre les difficultés soulevées par une politique monétaire indépendante et unique et des politiques budgétaires nationales ; comprendre les difficultés à faire face à un choc asymétrique.

Activité Savez-vous distinguer choc symétrique et choc asymétrique ?

• **Classez les situations suivantes en fonction du type de choc qu'elles créent.**

Hausse du prix du pétrole

Ralentissement mondial de la croissance

Hausse de l'euro

Inondations en France

NE PAS CONFONDRE

Un **choc symétrique** a un impact sur l'ensemble des pays d'une zone, alors qu'un **choc asymétrique** n'affecte qu'un ou plusieurs pays de la zone.

DOC 1 Des variables d'ajustement qui se traduisent par du dumping fiscal et social

Taux moyens d'imposition des sociétés en Europe en 2019

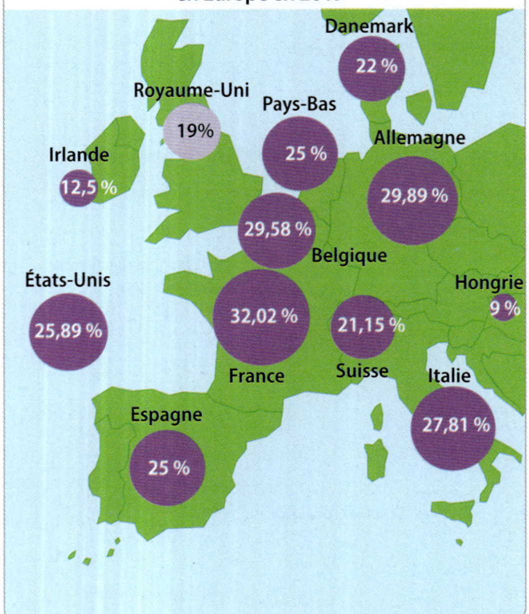

Source : données OCDE.

Les économies des pays membres de la zone euro peuvent-elles procéder à une « dévaluation interne », c'est-à-dire à une baisse des prix des facteurs de production (salaire, prix de l'énergie, prix des *utilities* et d'autres services) ?

Bien sûr, il existe des différences considérables entre États membres. L'Irlande possède un système très libéral avec une main-d'œuvre très flexible, une part du PIB allouée aux prestations sociales parmi les plus faibles de toute l'UE en 2003 et la plus basse de l'Eurozone en 2008. Après 2008, le gouvernement irlandais a d'ailleurs opté en partie pour une telle stratégie de « dévaluation interne », très coûteuse socialement pour la population laborieuse. Pour les États membres méditerranéens qui ont connu une trajectoire socio-politique très différente de l'Irlande avec une plus grande régulation de l'État, des législations sociales encadrant plus le marché du travail et une plus grande fonction publique par rapport au PIB, les obstacles à une dévaluation interne sont plus importants. Dès que ces États ont dû faire appel à l'aide européenne (et à celle du FMI), ils se sont retrouvés obligés d'appliquer des réformes structurelles visant à favoriser cette flexibilité à la baisse.

Accroître la flexibilité pour permettre une « dévaluation interne » semble être la voie principale choisie depuis 2009 par les gouvernements de la zone euro, par la Commission et par le FMI pour créer les conditions d'un ajustement possible de ces économies périphériques face au choc asymétrique tout en restant dans la zone euro, au prix d'une forte aggravation des inégalités sociales et d'une détérioration durable du statut des salariés. ■

Jean-Christophe Defraigne et **Patricia Nouveau**, *Introduction à l'économie européenne*, De Boeck Supérieur, 2e éd., 2017.

LE SAVIEZ-VOUS ?

Si un pays utilise une fiscalité plus faible que celle de ses voisins afin d'attirer les capitaux étrangers ou les travailleurs de haut niveau, il pratique le **dumping fiscal**. S'il met en place une réglementation du travail moins contraignante pour les employeurs que celles des autres pays, on parle de **dumping social**.

1 • **Argumenter** Quels sont les avantages et les inconvénients d'une « dévaluation interne » ?

2 • **Comparer** Le degré de flexibilité de la main-d'œuvre, du salaire et du système de protection sociale est-il le même dans tous les pays de la zone euro ?

3 • **Lire** Que signifie la donnée de l'Espagne ?

4 • **Expliquer** Pourquoi certains pays membres mettent-ils en place une fiscalité avantageuse ? Quelles en sont les conséquences pour les autres pays ?

DOC 2 L'impossibilité de faire face à des chocs asymétriques conduit à la mise en place de stratégies non coopératives

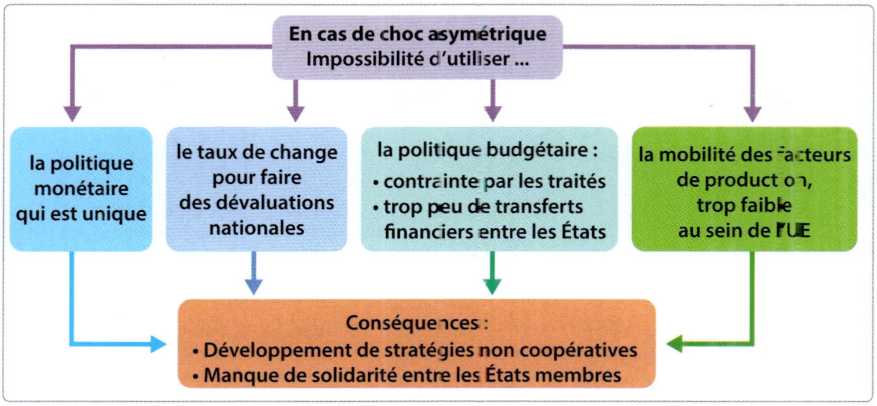

1 • Expliquer Supposons que le taux moyen d'inflation dans les pays membres s'établit à 3,5 % et que l'investissement est en berne. La BCE va-t-elle baisser ses taux d'intérêt pour relancer le crédit et l'investissement ?

2 • Expliquer Supposons qu'un des pays membres connaisse une baisse de la consommation, son déficit public est de 4 % et sa dette publique de 80 %. Ce pays peut-il mettre en place une politique de relance ?

3 • Déduire Face à ces contraintes, comment réagissent certains pays ?

DOC 3 De la nécessité d'une union budgétaire

Le budget de stabilisation en cas de crise économique que souhaitait Emmanuel Macron dans son discours de la Sorbonne de 2017 a fait long feu. Le projet annoncé le 14 décembre 2018 après le sommet de la zone euro n'alloue en effet qu'un petit budget, consacré uniquement à la convergence et à la compétitivité des États de la zone euro, qui ne fait donc que compléter le budget structurel de l'Union. Ce n'est pas une mauvaise nouvelle si les fonds alloués favorisent la convergence réelle dans la zone euro et servent des objectifs de long terme, telle la transition écologique. Ce budget n'a cependant pas d'effet de stabilisation macroéconomique. Les États membres demeurent soumis aux règles budgétaires en vigueur – le Pacte de stabilité et de croissance –, sans possibilité de recours complémentaire à un budget commun.
C'est regrettable pour au moins deux raisons. D'une part, les règles budgétaires restent procycliques. Elles ont entravé la résolution des crises économiques passées et entraveront donc la résolution des crises futures. D'autre part, un budget commun de stabilisation aurait pu permettre de rééquilibrer les pouvoirs économiques vis-à-vis de la BCE. Au lieu d'attendre de la BCE qu'elle résolve toutes les crises – ce que son mandat ne prévoit pas –, un budget commun aurait pu se substituer à son action pour atténuer une crise. [...] La survenue d'une nouvelle crise dans la zone euro l'exposerait donc à une double incapacité : celle de la politique monétaire de la BCE, qui ne pourrait plus guère agir compte tenu de l'héritage encore massif de l'épisode précédent à son bilan, et celle de la politique budgétaire d'une zone euro incapable de s'accorder sur un budget commun de stabilisation ou sur un changement de règles budgétaires au niveau des États. ■

Jérôme Creel, « Zone euro : attention, fragile ! », *Alternatives économiques*, www.alternatives-economiques.fr, 16 juillet 2019.

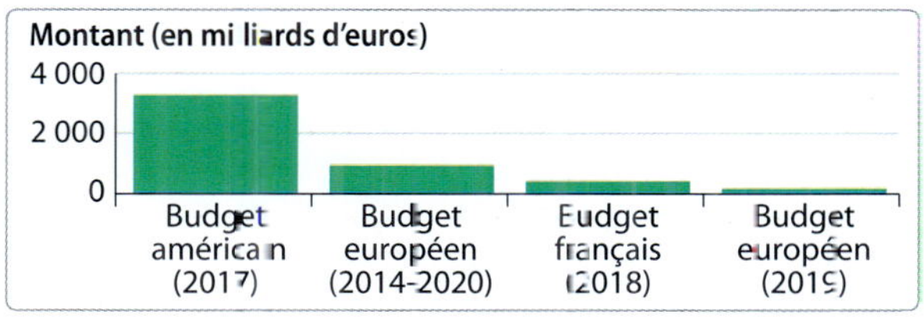

Sources : Commission européenne ; Gouvernement des États-Unis ; Performance publique.

1 • Calculer À l'aide d'un calcul, comparez le budget européen (2014-2020) aux budgets américain et français.

2 • Lire À quoi va être consacrée l'augmentation du nouveau budget européen ?

3 • Expliquer Pourquoi, selon l'auteur, est-il regrettable qu'il n'y ait pas de budget commun ?

Faites le point

Complétez le texte à l'aide des termes suivants.

dévaluations internes – asymétrique – dumping social et fiscal – relance – contrainte extérieure

En cas de choc ..., les États sont dans l'incapacité de mettre en place une politique budgétaire de ... en raison du PSC, de la ... et de l'inexistence de transferts entre les États. Ces contraintes ont conduit certains pays à mettre en place des politiques non coopératives comme les ... qui se traduisent par du ....

Prenez la parole

Argumentation

- Par groupes de deux ou trois, recherchez un exemple réel de choc asymétrique dans un des pays de la zone euro.
- Présentez-le et expliquez-le à la classe.

L'ESSENTIEL

Quelles politiques économiques dans le cadre européen ?

Synthèse

bordas Flash PAGE podcast DYS

DOSSIER 1 Quelles sont les caractéristiques du marché unique et de la politique de la concurrence ?

1 Les grandes caractéristiques de l'intégration européenne : marché unique et zone euro

L'**intégration économique** européenne résulte d'un long processus qui débute avec le traité de Rome en 1957 et est renforcé par l'Acte unique européen en 1986. La construction d'un vaste marché à l'échelle européenne repose sur quatre libertés fondamentales : libre circulation des marchandises, des services, des personnes et des capitaux. Si les marchés des biens et des capitaux sont fortement intégrés, la libre circulation des services est en construction et il reste encore des obstacles à réduire pour la libre circulation des personnes. La **zone euro** vient renforcer l'intégration économique. Au niveau micro-économique, la mise en place de l'euro supprime les coûts de conversion de change, élimine les incertitudes liées au **taux de change** et encourage les investissements. Au niveau macro-économique, il devient impossible d'utiliser le taux de change pour améliorer sa situation économique, ce qui accroît la solidarité entre les pays. Enfin, l'UE s'est dotée d'une **politique de la concurrence** dont l'objectif est de promouvoir un **marché concurrentiel** et permettre l'émergence de champions européens. Elle doit permettre une baisse des prix pour les consommateurs, proposer un plus grand choix de produits et de services et favoriser l'innovation. Elle concerne les États et les entreprises privées. Ainsi, le **marché unique** doit permettre de stimuler la croissance. Pour les entreprises, elle permet d'augmenter la compétitivité-prix et la compétitivité-hors prix. Les consommateurs peuvent ainsi bénéficier de produits diversifiés à des prix plus faibles.

2 La politique de la concurrence concerne les États membres de l'UE

La politique de la concurrence agit sur les États en contrôlant et encadrant les aides qu'ils versent afin d'éviter toute distorsion de concurrence entre les pays membres. Elle met en place la libéralisation des **monopoles** de services publics en réseau (transport ferroviaire, télécommunications, électricité...), souvent jugés peu performants : prix élevés, faible productivité, peu innovants. Cette libéralisation s'est effectuée en séparant les activités de réseaux (infrastructures) qui restent du domaine des États de l'exploitation (les services) qui est ouverte à la concurrence.

3 La politique de la concurrence concerne les entreprises privées

Concernant les entreprises privées, l'objectif de la politique de la concurrence est d'empêcher les entreprises de restreindre la concurrence. Pour ce faire, elle agit de manière répressive en sanctionnant financièrement les pratiques anticoncurrentielles qui prennent deux formes : les **ententes** et les **abus de position dominante**. Afin de démanteler plus rapidement les ententes, la Commission européenne a mis en place une politique de clémence qui permet aux firmes impliquées dans le cartel de bénéficier d'une remise ou suppression d'amende si elles dénoncent l'existence du cartel. La Commission intervient aussi de manière préventive en contrôlant les **opérations de concentration** (**fusions-acquisitions**) qui pourraient faire apparaître des risques d'abus de position dominante.

VU EN PREMIÈRE

Abus de position dominante : comportement d'une entreprise qui profite de disposer de la majorité des parts d'un marché pour mener une concurrence déloyale.

Banque centrale : institution financière qui met en place la politique monétaire et qui alimente le marché en liquidité.

Dette publique : ensemble des emprunts publics. Elle résulte du financement des dépenses publiques par l'emprunt plutôt que par l'impôt.

Entente (ou cartel) : accord informel (et souvent illégal) entre plusieurs entreprises sur un marché oligopolistique.

Fusion-acquisition : rachat d'une entreprise par une autre. Une entreprise en position dominante détient plus de 50 % des parts de marché.

Marché concurrentiel : marché en CPP (concurrence pure et parfaite), lieu de rencontre d'une multitude d'offreurs et d'une multitude de demandeurs sur lequel s'établit un prix de marché (ou d'équilibre) et une quantité d'équilibre.

Marché monétaire : marché interbancaire où s'emprunte à court terme de la monnaie centrale. La banque centrale y intervient pour modifier les taux d'intérêt.

Monopole : marché composé d'une unique entreprise.

Oligopole : marché composé de quelques entreprises concurrentes.

Politique monétaire : action de l'autorité monétaire pour réguler la quantité de monnaie en circulation dans l'économie.

Taux d'intérêt : prix calculé comme un pourcentage du montant emprunté que fait payer un prêteur à un emprunteur pour l'utilisation de son épargne.

4 Les limites de la politique de la concurrence

Mais la politique de la concurrence fait débat. Comme l'a montré Schumpeter, la concentration des entreprises peut permettre de réaliser des économies d'échelle et de mettre en place un monopole temporaire favorable à l'innovation. Elle est souvent accusée de jouer contre la politique industrielle et d'empêcher la constitution de « champions nationaux industriels européens » capables de rivaliser avec la concurrence asiatique et américaine. La libéralisation des monopoles en réseau dont l'objectif principal était de permettre une baisse des prix pour les consommateurs s'est souvent traduite par une hausse des prix, de faibles innovations (comme dans le secteur de l'électricité) et la constitution de nouveaux **oligopoles**.

DOSSIER 2 Quelles sont les difficultés soulevées par les politiques conjoncturelles européennes ?

1 La politique monétaire dans la zone euro est unique et indépendante

Pour réguler l'activité économique à court terme les pouvoirs publics mettent en place des **politiques conjoncturelles** dont les deux principaux instruments sont la **politique monétaire** et la **politique budgétaire**. La politique monétaire menée par la **BCE** est unique, c'est-à-dire qu'elle est la même pour l'ensemble des pays membres. Elle est indépendante des États et a interdiction de leur accorder des crédits. Son principal objectif est la stabilité des prix avec un taux d'inflation autour de 2 %. Elle se différencie ainsi de la Fed qui se fixe deux objectifs : la stabilité des prix et le plein-emploi. Comme toutes les **banques centrales**, la BCE dispose de différents outils conventionnels pour contrôler la monnaie en circulation. Elle agit indirectement sur la liquidité bancaire et **les taux d'intérêt** par ses opérations d'***open market*** sur le **marché monétaire** et par les **facilités permanentes**, ce qui entraîne une hausse ou une diminution de la monnaie centrale. La manipulation des taux d'intérêt est l'instrument privilégié de la BCE. Elle peut agir directement sur les quantités en augmentant ou diminuant le taux des réserves obligatoires.

2 Les politiques budgétaires sont du ressort des États

La politique budgétaire reste du ressort des États. Afin que les pays coordonnent leurs politiques budgétaires et n'adoptent pas des comportements de **passager clandestin**, la politique budgétaire est encadrée par le **pacte de stabilité** et de croissance qui impose que le déficit public ne soit pas supérieur à 3 % et la **dette publique** à 60 %. Les **stabilisateurs automatiques** s'avèrent parfois insuffisants pour réguler l'économie, une politique budgétaire procyclique (hausse des dépenses et/ou baisse des taux d'imposition) doit alors permettre de soutenir la demande et ainsi favoriser la croissance et l'emploi. Les décisions de politique budgétaire prises par un pays peuvent se répercuter sur l'ensemble des pays de la zone, d'où la nécessité pour les pays de coordonner leurs politiques budgétaires.

NOTIONS DE TERMINALE

BCE (Banque centrale européenne) : banque indépendante et unique dans l'UEM. Siégeant à Francfort, elle définit et conduit la politique monétaire commune aux États membres de la zone euro.

Intégration économique : élimination des frontières économiques entre deux ou plusieurs économies.

Marché unique : également appelé marché intérieur, c'est une union douanière entre tous les États membres de l'UE, qui repose sur quatre libertés fondamentales : la libre circulation des biens et des services, des capitaux et des personnes.

Politique budgétaire : action des pouvoirs publics sur l'activité économique qui passe par une modification des prélèvements obligatoires et/ou des dépenses publiques.

Politique conjoncturelle : ensemble des décisions des politiques budgétaire et monétaire prises par les pouvoirs publics afin d'agir sur la conjoncture économique.

Politique de la concurrence : intervention des pouvoirs publics qui vise à limiter les positions dominantes sur le marché et mettre fin à toute pratique anticoncurrentielle.

Zone euro : (ou Union économique et monétaire, UEM), c'est l'ensemble géographique constitué par les 19 pays (en 2020) de l'Union européenne qui ont adopté l'euro comme monnaie nationale.

3 Les politiques économiques européennes se coordonnent difficilement

En matière de régulation conjoncturelle, suite à la crise de 2008, la **coordination des politiques économiques** par les règles est remise en cause. Le PSC vole en éclats : les **déficits publics** et les dettes publiques explosent, conduisant à un renforcement du PSC, imposant davantage de contraintes sur les finances publiques, et à la mise en place de politiques budgétaires de rigueur (ou d'austérité, ou restrictives) qui ont pesé sur la demande globale et la croissance. Mais si les politiques d'austérité ont permis de réduire les déficits publics en dessous des 3 % du PIB (voire de créer des excédents), il n'en va pas de même pour les dettes publiques qui restent supérieures dans beaucoup de pays aux 60 % du PIB imposés par le PSC. Le ***policy mix*** européen évolue et devient paradoxal. La politique monétaire devient plus accommodante, se substituant à la politique budgétaire. La BCE est ainsi amenée à mettre en place des outils non conventionnels afin d'éviter une crise des dettes souveraines, renflouer le système bancaire et soutenir l'activité économique. La **politique conjoncturelle** n'a pas eu les effets escomptés, les écarts de taux de chômage, d'inflation, du solde de la balance commerciale, de croissance demeurent voire s'accentuent.

NOTIONS DE TERMINALE

Choc asymétrique : événement exogène qui n'affecte qu'un ou plusieurs pays de la zone.

Choc symétrique : événement exogène qui a un impact sur l'ensemble des pays de la zone.

Coordination des politiques économiques : processus par lequel le États membres se consultent sur la conjoncture et les choix de politique économique et adoptent des positions et des orientations communes.

***Policy mix* :** combinaison des politiques budgétaire et monétaire dans une zone intégrée. Quatre combinaisons sont possibles.

4 Des difficultés à faire face aux chocs asymétriques

En cas de **choc asymétrique**, la politique monétaire devient inefficace. Elle est unique et permet seulement de faire face à des **chocs symétriques**. Comme il est impossible aux pays de la zone euro d'utiliser le taux de change pour des dévaluations nationales, ils devraient recourir à la politique budgétaire mais sont dans l'impossibilité de le faire en raison des contraintes imposées par les traités. Pour absorber le choc, il faudrait soit jouer sur la mobilité des facteurs de production, or celle-ci est très faible en Europe, soit effectuer des transferts budgétaires entre pays mais ils sont quasi inexistants. Les États sont donc incités à mettre en place des stratégies non coopératives de **dumping fiscal et social**. À cela s'ajoute un budget européen insuffisant (autour de 1 % du PIB) qui ne permet pas d'opérer les transferts nécessaires en cas de crise. On peut donc s'interroger sur la nécessité d'une union budgétaire.

Repères

Un mécanisme

Le pilotage des taux d'intérêt pour stabiliser l'inflation

Si la BCE vend des titres sur le marché interbancaire, le taux d'intérêt augmente, entraînant une hausse du coût de refinancement des banques. Comme il leur coûte plus cher de se procurer des liquidités, les banques vont alors augmenter les taux d'intérêt auxquels elles accordent des crédits, ce qui va se traduire par une baisse de la demande de crédit pour la consommation et l'investissement, la création monétaire diminue ainsi que l'inflation.

Un outil SES

Les indices

Pour faire une lecture adaptée des indices, il convient de les transformer en taux de variation ou en coefficient multiplicateur. Par exemple, si les exportations entre deux périodes passent de l'indice 100 à l'indice 105, on dira que les exportations ont augmenté de 5 % ou qu'elles ont été multipliées par 1,05. Cependant dans ce cas, l'utilisation du taux de variation convient davantage car le coefficient multiplicateur est inférieur à 2.

Ne pas confondre

Politique monétaire et politique budgétaire

La politique monétaire est l'action de l'autorité monétaire pour réguler la quantité de monnaie en circulation dans l'économie.
La politique budgétaire est l'action des pouvoirs publics sur l'activité économique, qui passe par une modification des prélèvements obligatoires et/ou des dépenses publiques.

Schéma bilan

bordas Flash PAGE animation

POLITIQUES ÉCONOMIQUES DANS L'UE

Politiques d'intégration régionale

Marché unique

Libre circulation des marchandises, des services, des capitaux et des personnes

Zone euro

Une monnaie unique

Politique de la concurrence

Concerne…
- Les entreprises privées :
  – ententes
  – abus de position dominante
  – concentrations
- Les États :
  – aides
  – libéralisation des services en réseau

Politiques conjoncturelles

Politique monétaire
- Unique et indépendante
- Conduite par la BCE

Politique budgétaire
- Du ressort des États
- Contrainte par les traités

Difficultés
- Défaut de coordination
- Difficultés à faire face aux chocs asymétriques

Conséquences
- Pratiques non coopératives
- Non-convergence des économies

Prolongements

Un site

TOUTE l'Europe .EU

www.touteleurope.eu

Ce site propose des articles, revues de presse, vidéos sur l'histoire de l'UE, son fonctionnement, les politiques économiques…

Un film

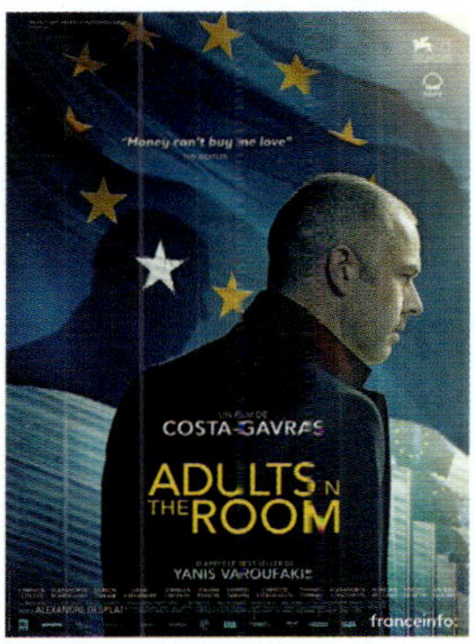

Adults in the Room

Costa-Gavras, 2019

Une machination pour un plan de sauvetage de la Grèce en 2015. Un combat sans merci dans les coulisses occultes et entre les portes closes du pouvoir européen. À la fois *biopic*, thriller politique et tragédie grecque des temps modernes.

Un livre

Économie de l'euro

Agnès Bénassy-Quéré et Benoît Cœuré, La Découverte, coll. Repères, 3e éd., 2014

Un petit livre accessible sur le fonctionnement de l'euro et sur les grandes questions que pose la politique économique de la zone euro.

Je vérifie mes connaissances

Plus d'exercices en numérique
bordas Flash PAGE exercices interactifs

CORRIGÉS ➡ PAGE 471

Exercice 1

Choisissez la (ou les) bonne(s) réponse(s).

1 • Le marché unique permet :
a. aux personnes et aux marchandises de circuler librement
b. aux entreprises de réaliser des économies d'échelle
c. à tous les pays de l'UE d'avoir une monnaie unique
d. d'augmenter les échanges entre pays membres

2 • La politique de la concurrence a pour objectif :
a. d'inciter les États à accorder des aides aux entreprises nationales
b. de lutter contre les ententes et les abus de position dominante
c. de baisser les prix pour les consommateurs

3 • Les instruments de la politique conjoncturelle européenne sont :
a. la politique monétaire
b. la politique fiscale
c. la politique industrielle
d. la politique budgétaire

4 • La BCE :
a. peut accorder des crédits au États membres
b. a un double objectif : stabilité des prix et plein-emploi
c. conduit une politique monétaire unique

5 • Le pacte de stabilité et de croissance impose aux pays membres :
a. un déficit public excédentaire et une dette publique inférieure à 30 % du PIB
b. un déficit public inférieur à 3 % du PIB et une dette publique inférieure à 50 % du PIB
c. un déficit public inférieur à 3 % du PIB et une dette publique inférieure à 60 % du PIB

6 • Les difficultés de la gouvernance européenne résultent :
a. d'une non-coordination des politiques budgétaires entre les États membres
b. d'un budget européen beaucoup trop élevé
c. d'une faible mobilité des facteurs de production

Exercice 2

Complétez la grille.

Horizontalement
1. Choc exogène affectant un ou plusieurs pays.
2. Capacité pour une d'entreprise d'accroître ses parts de marché.
3. Pratique non coopérative.
4. Lorsque les dépenses de l'Etat sont supérieures aux recettes.
5. Une des quatre libertés de circulation de la construction européenne.
6. Existence de rivalité entre les entreprises sur un marché.

Verticalement
a. Politique qui passe par une modification des prélèvements obligatoires et/ou des dépenses publiques.
b. Autorité monétaire de l'Union européenne.
c. Les États adoptent des positions et des orientations communes.
d. Politique qui a pour objectif de réguler la quantité de monnaie en circulation.
e. Accord informel sur les prix entre plusieurs entreprises.

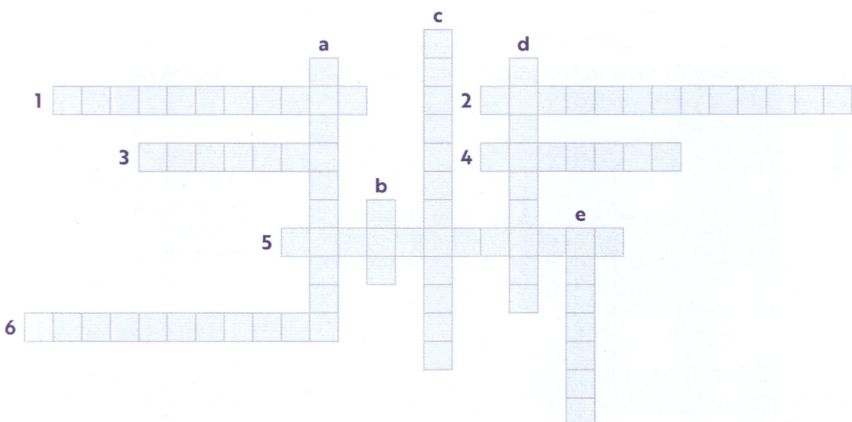

J'utilise mes connaissances

Exercice 1 Compléter un schéma d'implication

Complétez le schéma avec les termes suivants.

↗ Importations • ↘ Exportations • ↘ Valeur de la monnaie • ↘ Solde commercial • ↘ Consommation et investissement

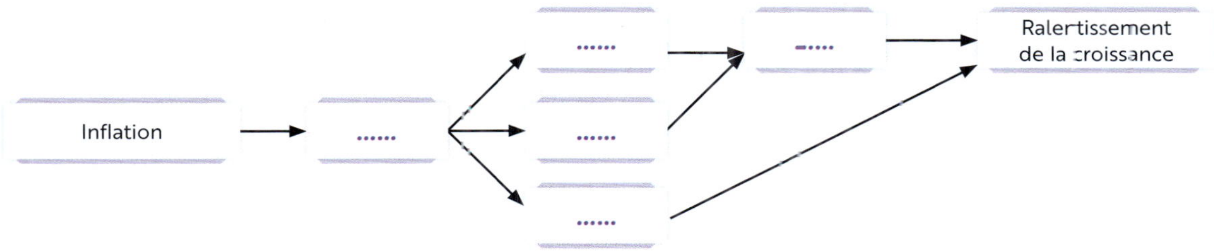

Exercice 2 Comparer des coûts horaires

Indices du coût horaire de la main-d'œuvre dans l'économie marchande dans les entreprises de plus de 10 salariés, en 2017

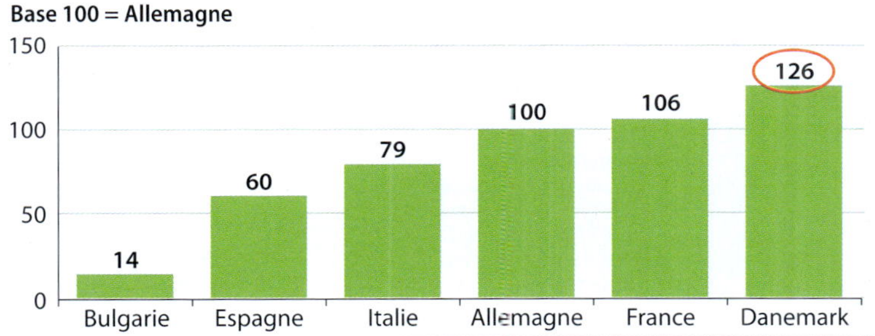

Source : données Eurostat.

1 • Quelle est la signification de la donnée entourée ?

2 • Comparez le coût horaire de la main-d'œuvre entre l'Allemagne et la Bulgarie.

3 • Comparez de deux manieres différentes le coût horaire de la main-d'œuvre entre l'Allemagne et la France. Lequel de ces deux calculs vous paraît le plus adapté ?

Je construis ma fiche de révision

Fiche téléchargeable lycee.editions-bordas.fr

À l'aide des pages « L'essentiel » et de vos connaissances, retrouvez les éléments clés du chapitre et complétez votre fiche de révision.

Quelles politiques économiques dans le cadre européen ?

NOTIONS CLÉS
- Marché unique
- ...

OUTILS
- Indices
- ...

ANALYSES THÉORIQUES
- Théorie néoclassique de la concurrence
- ...

CONNAISSANCES FACTUELLES
- Le degré d'intégration des quatre libertés fondamentales
- ...

IDÉES PRINCIPALES
- Le marché unique est source de croissance
- ...

TRAVAUX DIRIGÉS

Jeu de rôle : l'Union bancaire européenne est-elle en mesure de rassurer banquiers, citoyens et pouvoirs publics, et d'éviter une nouvelle crise ?

OBJECTIF : Comprendre le rôle de l'UBE et les outils qu'elle a mis en place.

L'Union bancaire européenne, créée en 2014, a pour but de renforcer la solidité du système bancaire en réduisant la dépendance des banques vis-à-vis des États et en restaurant la confiance des investisseurs dans le système financier européen afin de soutenir la croissance.
Afin de répondre à la question, vous allez simuler un débat télévisé dont les participants représenteront des intérêts différents.

Étape 1 Recherchez des informations et des arguments

LES QUATRE PILIERS DE L'UBE

1. Le règlement uniforme	2. Mécanisme de surveillance unique	3. Mécanisme de résolution unique	4. Système européen de garantie des dépôts
• Rassemble les différentes règles auxquelles tous les établissements bancaires européens doivent se conformer • Établit les exigences prudentielles (fonds propres, garantie des dépôts, résolution des défaillances) auxquelles les autorités de supervision et de résolution peuvent faire appel	• Supervision du respect de ces règles par une autorité unique : la BCE - ***Branche directe*** : concerne environ 200 banques (les banques systémiques de taille significative) - ***Branche optionnelle*** : les banques de petite taille (plus de 6 000) restent soumises aux autorités nationales	• Agence centrale européenne indépendante • ***Objectif*** : garantir que la défaillance d'une banque ne nuise pas à l'ensemble de l'économie, aux finances publiques et à la stabilité financière • ***Moyen*** : le Fonds de résolution unique d'un montant de 55 milliards d'euros (à partir de 2024) • ***Condition*** : les actionnaires, créanciers et déposants dont les avoirs dépassent 100 000 € devront d'abord contribuer au sauvetage de la banque	• ***Objectif*** : éviter les ruées aux guichets • Garantir les dépôts bancaires inférieurs à 100 000 euros • Chaque État membre doit financer ce fonds de garantie

Source : Bordas, 2019.

● Individuellement, étudiez le document ci-dessus : repérez les informations qui peuvent constituer des arguments et classez-les dans un tableau selon les différents points de vue à défendre (autorités monétaires de l'UBE, directeurs de banques et citoyens). Pour chaque point de vue, distinguez les avantages et les inconvénients des différents arguments.

Étape 2 Constituez des groupes pour chaque rôle

● **Les représentants des autorités de l'UBE** : gouverneurs de la BCE, des banques centrales nationales, membres de l'Agence centrale européenne...
● **Les représentants des banques** : directeurs de banques de petite et grande tailles, analystes financiers...
● **Les représentants des citoyens** : consommateurs, patrons de très grandes entreprises et de PME, artisans et commerçants...
● Prévoyez également un ou plusieurs **animateurs du débat**.

Étape 3 Affinez vos arguments pour votre rôle

1. Dans chaque groupe, mettez en commun votre travail préparatoire afin d'affiner l'argumentation correspondant à votre rôle et d'anticiper les arguments que vous aurez à utiliser pour répondre à ceux des autres.
2. Dans le groupe des animateurs, préparez une présentation succincte de l'UBE, puis des questions à poser à chacun des intervenants, ainsi que des questions pour relancer le débat.
3. Pensez aussi à la façon dont vous allez gérer la parole et le temps de chacun.

Étape 4 Débattez

1. Sous le contrôle et l'arbitrage de l'enseignant(e), passez au débat.
2. Les animateurs donnent la parole à chacun des représentants des groupes en veillant à ce que le débat soit animé !

Exploiter une représentation graphique pour répondre aux questions de la partie 2 de l'épreuve composée

1. Étudiez les données du graphique

Solde public et dette publique dans quelques pays de la zone euro en 2018 (en % du PIB)

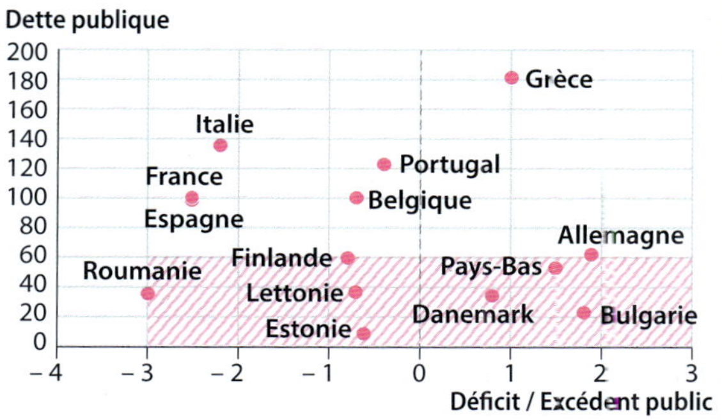

Source : données Eurostat.

■ Après avoir identifié la nature du document et repéré les notions et les outils utilisés, complétez la phrase suivante.
Le document est un ..., issu des données d' ..., présentant le ... et la ... en ... du PIB pour les pays de la ... en .... La partie hachurée comprend les pays qui respectent à la fois les critères de la ... et du solde ... imposés par le ....

2. Exploitez les données du graphique

Il s'agit d'extraire quelques données pertinentes. Il faut mettre en relation les variables, si elles sont multiples.

■ Parmi ces descriptions du graphique proposées par trois élèves, laquelle est correcte ?

a. Jules : en 2018, le déficit public de la France a augmenté de 2,5 % et la dette publique de 95 %.

b. Julie : en 2018, le déficit public de la France s'élève à 2,5 % du PIB et la dette publique représente 95 % du PIB.

c. Julien : en 2018, le déficit public de la France s'élève à 2,5 % et la dette publique représente 95 %.

■ Voici l'idée principale que Igor a dégagée du graphique. Reformulez-la pour l'améliorer.

Globalement, les pays de la zone euro respectent le critère de déficit public, mais en ce qui concerne la dette publique les situations sont contrastées.

■ Classez les pays suivants en trois sous-ensembles en fonction de leur solde public et de leur dette publique.

Allemagne – Bulgarie – Italie – Pays-Bas – Espagne – Lettonie – Grèce – France

■ Après avoir effectué des calculs, corrigez les propositions suivantes si nécessaire.

a. La dette publique de l'Italie s'élève à 134,8 % du PIB, elle est environ 6 fois plus élevée que celle de la Bulgarie.

b. L'excédent public du Danemark est supérieur de 1 % à celui de la Bulgarie.

c. Le Portugal a un déficit public inférieur de 2,1 points à celui de la France, mais une dette publique supérieure de 24 points.

3. Répondez aux questions de l'EC2

Exemple de questions :

1. Caractérisez les relations entre dette publique et solde budgétaire (déficit ou excédent public).

2. À l'aide des données du document et de vos connaissances, vous montrerez que les contraintes budgétaires qui pèsent sur les pays de la zone euro sont différentes.

Pour répondre aux deux questions, vous devez mobiliser vos connaissances et traiter l'information de manière rigoureuse. Pour la première, il s'agit d'identifier clairement les éléments du graphique, les plus globaux comme les plus particuliers. Pour la seconde, il faut impérativement intégrer dans votre réponse des connaissances personnelles et les éléments que vous aurez mis en évidence aux étapes 1 et 2. Votre réponse doit être structurée autour d'un fil directeur (un plan) cohérent.

■ Parmi les propositions suivantes, choisissez le plan qui vous semble le plus pertinent pour répondre à la question 2.

Plan a :
I Comparaison des pays en fonction de leur solde public
II Comparaison des pays en fonction de leur dette publique

Plan b :
I Des pays qui ont un excédent public et une dette inférieure à 60 % du PIB
II Des pays qui ont un excédent public mais une dette élevée
III Des pays qui ont un déficit inférieur à 3 % du PIB mais une dette supérieure à 60 % du PIB

RÉCAP Méthode

Dans le Cahier BAC, La méthode complète p. 428

Dans une EC2, pour répondre aux questions, il faut :

- comprendre les données du graphique,
- exploiter le graphique,
- utiliser les données exploitées pour argumenter,
- inclure des connaissances du cours dans la réponse.

Dans le Cahier BAC
- La méthode complète de l'EC, p. 428
- Une épreuve composée corrigée, p. 437

Sujet guidé - Épreuve composée (4 heures)

PARTIE 1 • Mobilisation des connaissances (4 points)

- Quels sont les effets du marché unique sur la croissance ?

PARTIE 2 • Étude d'un document (6 points)

1. Caractérisez l'évolution des taux directeurs de la BCE et des taux d'inflation.
2. À l'aide du document et de vos connaissances, vous analyserez les effets de la politique monétaire menée par la BCE dans quelques pays de la zone euro.

Évolution du taux directeur de la BCE (données annuelles) et des taux d'inflation pour la zone euro

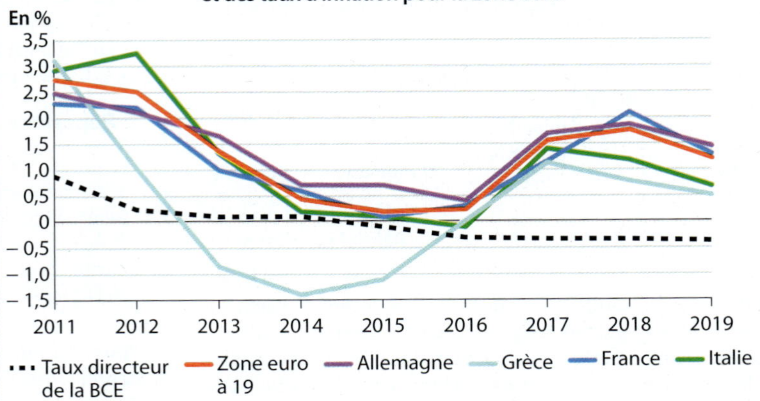

Source : données Eurostat.

PARTIE 3 • Raisonnement s'appuyant sur un dossier documentaire (10 points)

SUJET *Comment la politique européenne de la concurrence est-elle mise en œuvre ?*

DOCUMENT 1

Le Luxembourg compte parmi les États membres ayant recours au « *ruling* fiscal », une pratique permettant aux entreprises de s'adresser directement à l'administration fiscale pour obtenir de cette dernière une « décision anticipée » concernant l'impôt auquel elles seront soumises. [...] Dès juin 2013, la Commission européenne, inquiète à l'idée que les décisions anticipées des autorités fiscales de sept États membres (la Belgique, Chypre, l'Irlande, le Luxembourg, Malte, les Pays-Bas et le Royaume-Uni) à l'égard de plusieurs multinationales ne respectent pas le principe de la libre concurrence avait lancé ses investigations. C'est dans ce contexte que l'institution avait annoncé, en juin 2014, l'ouverture formelle de plusieurs enquêtes approfondies : dans le cas du Luxembourg, la Commission se penche sur les *rulings* conclus à l'égard de Fiat Finance and Trade et d'Amazon, tandis qu'elle examine des accords similaires en Irlande (visant Apple) et aux Pays-Bas (vis-à-vis de Starbucks). En février 2015, la Commission a par ailleurs ouvert une enquête similaire sur le système belge, en tant que tel, des *rulings*.
Ces enquêtes portent sur la compatibilité avec les règles de l'UE en matière d'aides d'État de certaines pratiques fiscales en vigueur dans certains États membres dans le cadre de la planification fiscale agressive pratiquée par les multinationales. La Commission souligne en effet qu'un certain nombre de ces entreprises utilisent ces stratégies « pour réduire leur charge fiscale globale, en tirant profit des spécificités techniques de systèmes fiscaux, réduisant ainsi considérablement leur assujettissement à l'impôt », ce qui a pour effet d'éroder les assiettes fiscales des États membres déjà soumis à des contraintes financières. ■

« Le *ruling* fiscal. Les décisions anticipées de l'administration fiscale luxembourgeoise à l'égard de certaines multinationales sous les feux de l'actualité européenne », www.europaforum.lu, 2017.

Aide
- Déterminez si ces sanctions concernent les États ou les entreprises privées.
- Montrez en quoi cette pratique fausse la concurrence.

DOCUMENT 2

Amendes contre les cartels

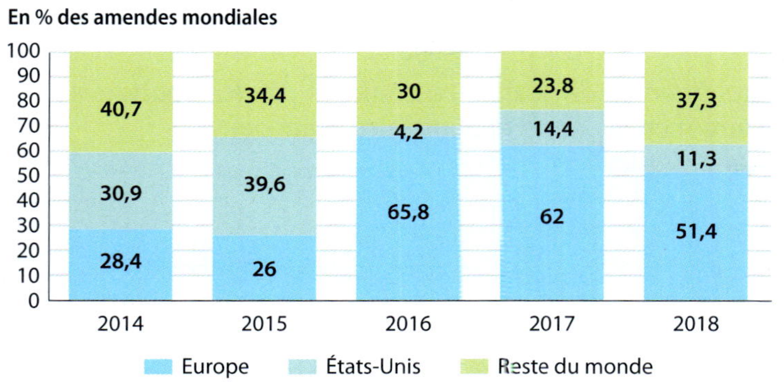

Source : d'après Morgan Lewis, European Data Journalism Network, 2019.

Aide

- Montrez en quoi les cartels faussent la concurrence.
- Montrez l'évolution des sanctions dans le temps, et par rapport aux États-Unis et au reste du monde.

DOCUMENT 3

La Commission européenne n'a pas seulement interdit la fusion entre Alstom et Siemens, les géants du ferroviaire. Elle a aussi, pour les mêmes raisons de concurrence, refusé le rapprochement de deux des plus grosses entreprises de transformation du cuivre en Europe.

L'Allemand Aurubis ne cédera pas sa division de cuivre laminé à son concurrent, également allemand, Wieland. La Commission européenne a mis son veto, après avoir mené son enquête auprès des clients de ces deux entreprises.

« Les laminés (ou tôles, NDLR) de cuivre sont un produit-clé pour nombre d'industriels en Europe », s'est expliqué la commissaire à la Concurrence Margrethe Vestager, « notamment pour la production de pièces dans des secteurs de pointe comme le véhicule électrique, les trains ou les appareils électroniques ». « La fusion aurait, juge-t-elle, créé un nouvel acteur dominant et aurait eu pour effet une réduction importante de la concurrence pour les produits laminés en cuivre ainsi qu'une hausse des prix pour les fabricants européens. »

Y avait-il un risque de monopole dans l'approvisionnement en cuivre pour l'industrie européenne ? En tout cas un risque de position dominante, sachant que les acheteurs de laminés de cuivre qui fabriquent des semi-conducteurs ou des connecteurs électriques pour l'automobile ou l'électronique se fournissent à 95 % en Europe et à flux tendu. Dans un cas précédent, Bruxelles avait donné son aval à une fusion, il s'agissait de deux fabricants de produits semi-finis de cuivre, les Allemands KME et MKM. Mais ils ne pesaient que 20 % du marché européen. Cette fois c'est plus de 50 % du marché des laminés de cuivre que Wieland aurait contrôlé en rachetant la division d'Aurubis, 235 000 tonnes de cuivre annuelles. ■

Claire Fages, « Cuivre : l'autre concentration refusée par la Commission européenne », www.rfi.fr, 6 février 2019.

Aide

- Déterminez si cette décision concerne les États ou les entreprises privées.
- Expliquez les arguments avancés pour justifier le refus de cette fusion.

Méthode appliquée

Les PARTIES 1 ET 2 en étapes

PARTIE 1

1 Repérer les notions et mobiliser ses connaissances

- Repérez les mots clés (notions du programme et termes importants) et définissez-les.
- Identifiez la consigne (comment, pourquoi, quels sont…). Ici, il s'agit de décrire les liens entre marché unique et croissance économique.

2 Rédiger une réponse à la question

- Vous devez apporter des explications et/ou en détailler les mécanismes et les illustrer par des exemples factuels.
- Construisez une réponse structurée qui couvre l'ensemble de la question.

PARTIE 2

1 Distinguer les deux questions

- La première question porte sur la maîtrise des savoir-faire et la capacité à utiliser les données du document.
- La deuxième question demande d'exploiter les données du document à l'aide des connaissances.

2 Sélectionner les données statistiques à mobiliser

- Choisissez des données pertinentes et faites des phrases pour vérifier votre lecture.
- Décrivez comment ont évolué le taux directeur de la BCE et le taux d'inflation de la zone euro entre 2011 et 2019. Identifiez sur le graphique les pays qui se distinguent de la moyenne.

3 Repérer les connaissances à mobiliser

- Les connaissances sont utiles pour répondre à la seconde question. Ici, il faut connaître la signification de la politique monétaire et identifier ses instruments essentiels.

4 Relier le document aux connaissances et rédiger

- Rédigez vos réponses.
- Pour la question 1 : une réponse assez rapide, qui commence par décrire la tendance générale, puis qui lui compare les tendances particulières. Si nécessaire, il faut périodiser les courbes.
- Pour la question 2 : une réponse plus longue, en plusieurs paragraphes, qui montre les effets généraux et particuliers de la politique monétaire de la BCE sur l'inflation pour chaque pays. Développez votre explication à partir de vos connaissances sur les instruments de la politique monétaire et sur les spécificités des pays.

Dans le Cahier BAC
La méthode de la dissertation, p. 426
Autres sujets blancs, p. 442

Sujet blanc - Épreuve de dissertation (20 points) 4 heures

SUJET *Comment peut-on expliquer les difficultés rencontrées par les politiques monétaire et budgétaire menées dans la zone euro pour agir sur la conjoncture économique ?*

DOCUMENT 1

Croissance et finances publiques dans la zone euro en 2018

	Taux de croissance du PIB (en %)	Dette publique (en % du PIB)	Solde public (en % du PIB)	Prélèvements obligatoires (en % du PIB)
Zone euro (19 pays)	1,9	85,9	– 0,5	41,7
Belgique	1,5	100	– 0,7	47,2
Bulgarie	3,1	22,3	1,8	29,9
Danemark	2,4	34,2	0,8	45,9
Allemagne	1,5	61,9	1,9	41,5
Irlande	8,2	63,6	0,1	23
Grèce	1,9	181,2	1	41,5
Espagne	2,4	97,6	– 2,5	35,4
France	1,7	98,4	– 2,5	48,4
Italie	0,8	134,8	– 2,2	42
Lettonie	4,6	36,4	– 0,7	31,4
Pays-Bas	2,6	52,4	1,5	39,2
Pologne	5,1	48,9	– 0,2	36,1
Portugal	2,4	122,2	– 0,4	37,2
Roumanie	4,4	35	– 3	27,1
Slovaquie	4	49,4	– 1,1	34,3

Source : données Eurostat, 2020.

DOCUMENT 2

Taux d'impôt sur les sociétés (taux nationaux + taxes régionales et locales)

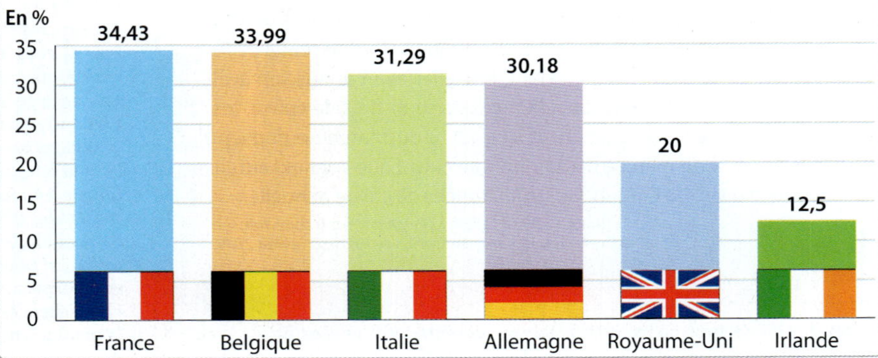

Source : données OCDE, 2017.

DOCUMENT 3

Si la zone euro a une politique monétaire commune gérée par la BCE, elle ne dispose pas d'une politique budgétaire, celle-ci demeurant de la compétence de chaque État. L'absence du pilier budgétaire a fragilisé l'espace économique dans son ensemble. La monnaie commune seule n'a ainsi pas suffi à limiter les divergences économiques entre les pays de la zone euro.

Comme l'a souligné la Commission européenne, du fait de l'absence de politique budgétaire commune et du manque de coordination, voire des divergences, des politiques nationales, seule la BCE dispose d'un rôle de stabilisation macroéconomique au niveau de la zone euro. Cette situation a fait peser « de manière excessive sur la politique monétaire la responsabilité d'amortir et de corriger les fluctuations du cycle économique » alors que l'existence de transferts budgétaires temporaires depuis le niveau central aurait permis d'atténuer l'effet de ces chocs asymétriques. [...]

Comme a pu le déplorer en audition M. Philippe Martin, président délégué du Conseil d'analyse économique, les règles budgétaires actuelles sont devenues illisibles, et cela pose un problème en termes de légitimité démocratique. Le vote du budget est une dimension essentielle de nos démocraties et l'existence de règles à la fois contraignantes et difficiles à appréhender peut entamer la souveraineté des parlements nationaux, en plus de favoriser la montée du populisme en Europe. En plus d'être complexes, les règles budgétaires de la zone euro ont fait preuve d'une efficacité limitée. Au-delà de leur incapacité à empêcher les dérapages des finances publiques des États membres, les règles budgétaires en vigueur n'ont pas réussi le pari de la contra-cyclicité. La politique budgétaire européenne a été globalement neutre entre 1999 et 2007, à l'exception d'une brève période d'expansion budgétaire très pro-cyclique en 2001.

Christophe Naegelen et **Sylvain Waserman**,
rapport d'information du Sénat n° 1453, 29 novembre 2018.

DOCUMENT 4

Taux de chômage de 2000 à 2018

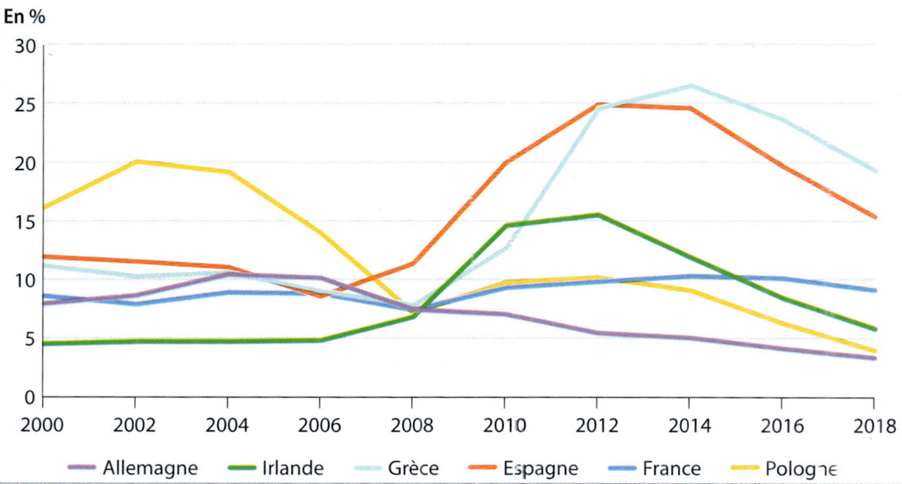

Source : données OCDE, 2017.

Dans le Cahier BAC, p. 460
La méthode complète pour réussir le Grand oral

Préparation - Épreuve du Grand oral (20 points) 20 minutes

Préparer sa question en 4 étapes

1 Trouver sa question en lien avec son projet d'orientation

1 Voici des questions possibles en lien avec différents domaines d'étude.

1 L'intégration européenne a-t-elle tenu ses promesses ?	*Histoire, Sciences économiques, Sciences politiques*
2 Une politique de relance budgétaire est-elle possible dans la zone euro ?	*Sciences économiques*
3 La zone euro a-t-elle un avenir ?	*Sciences économiques, Sciences politiques*
4 La politique de la concurrence européenne est-elle efficace ?	*Droit, Sciences économiques*
5 Politique de la concurrence : l'UE peut-elle gagner face aux GAFA ?	*Droit, Écoles de commerce, Sciences économiques*

Choisissez la question que vous voulez traiter parmi celles ci-dessus, ou proposez une autre question. Puis justifiez votre choix par rapport au programme de la spécialité SES.

J'ai choisi de travailler sur cette partie du programme parce que : ...

J'ai choisi cette question en particulier parce que : ...

2 Mobiliser des connaissances pour préparer la réponse à la question choisie

- Commencez par réviser le chapitre et identifiez les notions, connaissances et mécanismes à mobiliser pour répondre à votre question. ➡ Cahier BAC p. 460.

2 Répondez aux questions suivantes sur la question 4.

a. Qu'est-ce que la politique de la concurrence dans l'Union européenne et par qui est-elle menée ?

b. Quels sont ses objectifs ?

c. Dans quels domaines intervient-elle ?

d. À quelles limites se heurte-t-elle ?

- Puis faites des recherches complémentaires pour approfondir votre maîtrise du sujet. Terminez en réalisant une carte mentale qui synthétise l'ensemble de vos connaissances sur la question. ➡ p. 144 et p. 402.

3 Préparer la réponse argumentée à la question choisie

- Après avoir établi la liste de vos arguments, illustrez-les par des exemples précis.

3 Cherchez un exemple précis pour chaque argument en lien avec la question 4.

a) La libéralisation des monopoles de services publics en réseau n'a pas toujours été un succès.	a) ***Exemple*** : La nationalisation du rail britannique dans les années 1980 a engendré une forte hausse des tarifs pour les usagers et une dégradation importante du réseau ferroviaire.
b) Le contrôle des opérations de concentration empêche la constitution de champions industriels européens.	b) ***Exemple*** : ...
c) De nombreuses entreprises jugées coupables de pratiques anticoncurrentielles ont été sanctionnées.	c) ***Exemple*** : ...

- Finalisez votre réponse argumentée. ➡ Cahier BAC p. 461.

4 Concevoir un support pour le jour J

- Préparez un support à destination du jury : plan, carte mentale, schéma, tableau... ➥ Cahier BAC p. 462.

4 Complétez la carte mentale pour la question 4 en proposant des exemples précis pour chaque argument.

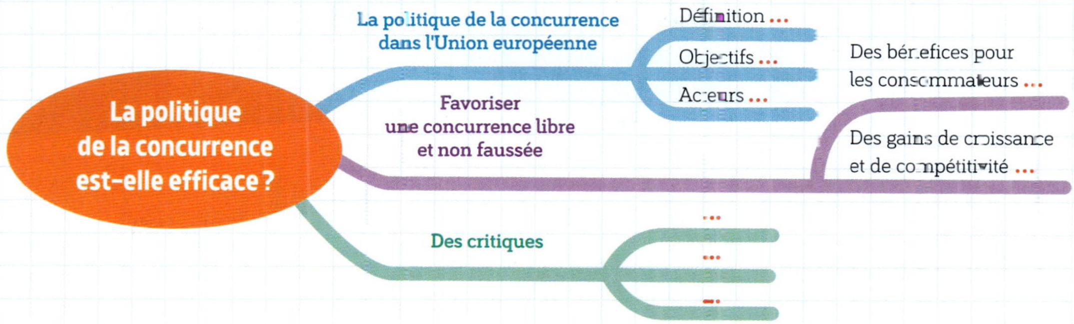

S'entraîner pour le jour J

1. Présenter sa question devant le jury

5 Reprenez la réponse argumentée que vous avez préparée (étape 3) et présentez-la debout et sans notes devant deux camarades. Demandez-leur de vous évaluer de 1 (très insuffisant) à 4 (très satisfaisant) selon les critères du Cahier BAC p. 463-464.

2. Préparer l'entretien avec le jury

6 ORAL Voici des exemples de questions de connaissances (a, b) et d'approfondissement (c) que le jury pourrait poser pour la question 4.

a. Quelles ont été les grandes étapes de la construction européenne ?

b. Qui mène les politiques conjoncturelles dans la zone euro ?

c. La Commission européenne a interdit en 2019 la fusion entre Alstom et Siemens : savez-vous comment cette décision a été justifiée ?

- Présentez votre question devant vos deux camarades (voir exercice 5 ci-dessus).
- Ces derniers vous posent ensuite des questions de connaissances et d'approfondissement.
- Ils évaluent enfin votre capacité à interagir avec le jury en utilisant la grille d'évaluation. ➥ Cahier BAC p. 470.

3. Utiliser un vocabulaire riche et précis *Compétence orale*

- Une argumentation réussie passe notamment par le choix des mots.

À faire

- Employez un langage soutenu, adapté à une situation d'examen. Le langage familier est à bannir.
- Utilisez un vocabulaire riche et variez vos expressions. Évitez par exemple de trop utiliser les verbes *être*, *avoir*, *faire*, *montrer*, et remplacez-les par d'autres verbes équivalents. N'hésitez pas à utiliser un dictionnaire de synonymes pour vous aider.
- Soyez précis dans le choix des mots. Vous montrerez par là que vous maîtrisez votre sujet, et le jury vous comprendra mieux.
- N'oubliez pas que votre exposé va être dit et non pas lu. Faites des phrases courtes et entraînez-vous à prononcer les mots compliqués.

Piège à éviter

Ne cherchez pas à remplacer tous les mots par des synonymes : les notions clés (comme le terme « concurrence » pour la notion 4) doivent être conservées car elles s'utilisent dans des contextes précis.

7 ORAL Identifiez le mot qui vous semble le plus adapté dans chaque phrase.

a. À l'échelle européenne, la politique de la concurrence ***a / poursuit / cherche*** plusieurs objectifs.

b. La politique de la concurrence s'applique dans ***beaucoup de / plusieurs / trois principaux*** domaines.

c. Au final, la politique de la concurrence est ***bonne / avantageuse*** pour les consommateurs.

- **Entraînez-vous à présenter oralement votre question en cherchant à enrichir et préciser le vocabulaire employé.**

CHAPITRE 6

Comment est structurée la société française actuelle ?

Un cas pour réfléchir

« La compétence sociale de l'œil »

Combien de temps faut-il pour positionner dans l'espace social un individu que l'on croise dans la rue ? Cinq minutes ? Une minute ? Trente secondes ? Cette capacité à lire sociologiquement les interactions quotidiennes est qualifiée par le sociologue Erving Goffman de compétence sociale de l'œil. Mais quels sont les éléments qui sont pris en compte ? La richesse perçue à travers les vêtements ? Le métier que l'on devine ? La manière de se tenir ? L'âge ? Pour rendre compte de la complexité de la stratification sociale aujourd'hui, un seul critère ne saurait suffire.

Et vous, qu'en pensez-vous ?

Comment situez-vous socialement les individus ?

VU EN PREMIÈRE

Groupe social • Individualisation • Professions et catégories socioprofessionnelles (PCS)

NOTIONS DE TERMINALE

Classe sociale (au sens de Marx) • Distances inter-classes • Distances intra-classes • Féminisation des emplois • Identification subjective à une classe • Position dans le cycle de vie • Rapports sociaux de genre • Salarisation • Stratification sociale • Tertiarisation

Une vidéo pour explorer

Quand des étudiants de banlieue dressent le profil sociologique des riches parisiens

bordas Flash PAGE vidéo

Comment s'expriment les différences sociales au sein d'une ville ?

Source : Le Parisien.

SOMMAIRE

DOSSIER 1 Comment déterminer la position d'un individu dans l'espace social ?

1. Multiplier les critères 180
2. Mobiliser les catégories socioprofessionnelles 182
3. Repérer les facteurs de structuration et de hiérarchisation 184

DOSSIER 2 Comment a évolué la structure socioprofessionnelle ?

1. Plus de salariés et une tertiarisation des emplois 186
2. Plus de femmes et plus d'actifs diplômés 188

DOSSIER 3 Quelle est la pertinence de la notion de classe sociale ?

1. Les théories des classes dans la tradition sociologique 190
2. L'écartèlement des classes sociales 192
3. Articuler la classe et les rapports sociaux de genre 194
4. Penser les classes dans des sociétés d'individus 196

L'ESSENTIEL 198

Synthèse • Repères • Schéma bilan • Prolongements

RÉVISER 202

Je vérifie mes connaissances • J'utilise mes connaissances • Je construis ma fiche de révision

TRAVAUX DIRIGÉS 204

Balade urbaine : organiser une promenade sociologique

BAC MÉTHODE & ENTRAÎNEMENT 205

- Trouver et classer des arguments pour la dissertation
- Sujet guidé : épreuve de dissertation
- Sujet blanc : épreuve composée
- Préparation : épreuve du Grand oral

1 Multiplier les critères

OBJECTIF DU PROGRAMME : Savoir identifier les multiples facteurs de structuration et de hiérarchisation de l'espace social (catégorie socioprofessionnelle, revenu, diplôme, composition du ménage, position dans le cycle de vie, sexe, lieu de résidence).

Questionnez-vous ! Comment les enfants décrivent-ils l'ordre social ?

Deux sociologues ont mené une expérience sociologique en proposant à des enfants de classer des métiers. À partir de neuf étiquettes-métiers, ils leur ont demandé de choisir un ordre en partant « de celui qui te paraît aller au-dessus de tous les autres jusqu'à celui qui te paraît aller en dessous de tous les autres ».

Rangs des différents métiers	
Rang du métier en fonction du score moyen	Enfants en classe de CM1
1er	Architecte
2e	Vendeur ou vendeuse
3e	Professeur au lycée
4e	Fleuriste
5e	Infirmier ou infirmière
6e	Ouvrier ou ouvrière
7e	Patron d'usine
8e	Boucher ou bouchère
9e	Personne qui s'occupe du ménage

Le 20 janvier 2011, école A, classe de CM1, dans la bibliothèque de l'école

Driss [père livreur dans un supermarché, mère femme de ménage] : Bah, les ouvriers c'est eux qui fait tout, hein ! Le patron, il est juste comme ça (s'allonge sur sa chaise, met les pieds sur la table), les pieds sur la table, il regarde la télé, dans son bureau. [...]

Camille [père cadre dans le public, mère assistante sociale] : Mais il a une grande responsabilité, le patron d'une usine. [...]

François [parents ouvriers du textile] (s'exprimant difficilement) : Pour faire architecte, ça c'est mieux architecte, parce que ça c'est architecté...

Camille : Bah oui [...] n'empêche que patron d'usine ça a une plus grande responsabilité qu'un architecte.

Femi [père travaille dans les cartes téléphoniques, au Mali, mère secrétaire à l'Unesco] : Quoi !? (*Driss, Femi et Hakim tombent de leur chaise et font mine de s'évanouir, exprimant ainsi leur désaccord*) [...]

Hakim [père professeur de sport, mère au foyer] : Mais la responsabilité, en fait, c'est rien, hein ! Juste tu dis faire ça, faire ça, t'as un diplôme plus bac quatre ou je sais pas combien... C'est rien, tu dis « fais ça ! » et après c'est bon, hein ! ■

Wilfried Lignier et **Julie Pagis**, *L'enfance de l'ordre. Comment les enfants perçoivent l'ordre social ?* Éditions du Seuil, coll. Liber, 2017.

1 • Quels métiers sont considérés comme les plus importants par les enfants ?

2 • Comparez leurs critères de classement.

3 • Le classement des métiers en classe de CM1 reflète-t-il une hiérarchie sociale ?

4 • Proposez un autre élément que le métier à prendre en compte pour situer socialement un individu.

DOC 1 Un portrait sociologique : Hervé, ouvrier

Hervé était ouvrier. Il habitait chez sa mère, dans le village où il était né. Après un passage dans un centre d'apprentissage où il avait obtenu un certificat d'aptitude professionnelle (CAP) de plâtrier, il avait trouvé un CDD de quelques mois chez un artisan du bois, dans une petite scierie voisine. Puis il avait effectué son service militaire. De retour dans sa famille, il était resté presque un an au chômage. À défaut de trouver une meilleure situation, plus adaptée à sa qualification et moins pénible, il avait fini par retourner voir son précédent patron. Ce dernier, qui avait gardé un très bon souvenir de lui, l'avait embauché en CDI (« pour de vrai » comme certains disent aujourd'hui). Son père disparu était ouvrier. Il avait travaillé dans différentes entreprises des environs comme maçon ou pompiste. Il avait débuté sa vie professionnelle dans l'usine locale, l'usine Ribot (spécialisée dans la fabrication de fourneaux de cuisine), où ses propres parents étaient ouvriers au montage. L'histoire familiale est liée au salariat dans la petite industrie comme la majorité des habitants de Foulange : jusqu'aux années 1970, les deux tiers des actifs étaient ouvriers chez Ribot. En 1981, lorsque l'usine est fermée par le groupe industriel qui l'avait racheté quelques années plus tôt, le chômage apparaît brutalement dans la famille Dupuis. ■

Nicolas Renahy, *Les gars du coin. Enquête sur une jeunesse rurale*, La Découverte, 2010.

NOTION DE TERMINALE

Position dans le cycle de vie : situation vécue par un individu en fonction de son âge et des étapes qui scandent l'existence dans une société donnée (finir ses études, fonder une famille, prendre sa retraite, par exemple).

1 • **Repérer** Faites la liste de tous les éléments qui sont pris en compte pour tracer le portrait d'Hervé.

2 • **Déduire** Quelle est sa position dans le cycle de vie ?

3 • **Argumenter** Au regard de tous les éléments donnés, comment situez-vous Hervé dans l'espace social ?

Activité Réalisez un portrait sociologique d'après une photographie

1 • Choisissez l'un des personnages présents sur les photographies et imaginez son portrait sociologique en multipliant les critères.

2 • Rédigez le portrait et complétez le tableau.

Éléments du portrait sociologique						
Catégorie socioprofessionnelle	Revenu	Diplôme	Composition du ménage	Position dans le cycle de vie	Sexe	Lieu de résidence
...	...	...	...	...	...	...

DOC 2 Les individus pris dans les plis du social

Si l'espace social dans ses différentes dimensions (économique, politique, juridique, culturelle, sportive, sexuelle, morale, religieuse, scientifique, etc. ; ces différentes dimensions étant elles-mêmes décomposables en différentes dimensions) est représenté par une feuille de papier, alors chaque individu est comparable à une feuille froissée. Ces dimensions se plient toujours d'une façon relativement singulière en chaque acteur et le chercheur qui s'intéresse à des acteurs particuliers retrouve en chacun d'eux le produit de l'ensemble des plissements de l'espace social [...]. Lorsqu'on a besoin de comprendre les « raisons » pour lesquelles tel individu particulier a agi comme il l'a fait, on ne peut plus se contenter de recourir seulement aux grandes déterminations de groupe, de classe ou de champ. L'étude exige alors que l'ensemble des espaces de façonnements sociaux (familial, scolaire, professionnel, culturel, politique, religieux, sportif, etc.) par lesquels est passé l'individu soit pris en compte. En commençant par la famille particulière au sein de laquelle il a fait l'expérience de sa classe. ■

Bernard Lahire, *Dans les plis singuliers du social*, La Découverte, coll. Laboratoire des sciences sociales, 2013.

1 • **Déduire** Les plis de la feuille de papier froissée sont-ils les mêmes, quels que soient les individus ?

2 • **Illustrer** Montrez par un exemple qu'un individu est déterminé par des appartenances multiples.

3 • **Déduire** Les comportements singuliers d'un individu peuvent-ils être expliqués sociologiquement ?

4 • **Déduire** Quelle(s) variable(s) faut-il prendre en compte pour expliquer les comportements ?

Faites le point

Réalisez une carte mentale sur les critères qui permettent de situer socialement un individu.

Prenez la parole

Jeu

- Par groupes de deux, l'un pose la même question à de multiples reprises : « Qui es-tu ? » ; l'autre répond en mobilisant différents marqueurs sociaux jusqu'à atteindre dix et sans se répéter (par exemple : Qui es-tu ? Je suis une femme. Qui es-tu ? Je suis bretonne, etc.).
- Inversez les rôles.

2 Mobiliser les catégories socioprofessionnelles

OBJECTIF DU PROGRAMME : Savoir identifier les multiples facteurs de structuration et de hiérarchisation de l'espace social (catégorie socioprofessionnelle...).

DOC 1 La nomenclature des PCS

Nomenclature des PCS	
Niveau agrégé : les groupes socioprofessionnels (8 postes dont 6 pour les actifs)	**Niveau de publication courante : les catégories socioprofessionnelles (24 postes dont 19 pour les actifs)**
1. Agriculteurs exploitants	**10.** Agriculteurs exploitants
2. Artisans, commerçants et chefs d'entreprise	**21.** Artisans **22.** Commerçants et assimilés **23.** Chefs d'entreprise de 10 salariés ou plus
3. Cadres et professions intellectuelles supérieures	**31.** Professions libérales et assimilés **32.** Cadres de la fonction publique, professions intellectuelles et artistiques **36.** Cadres d'entreprise
4. Professions intermédiaires	**41.** Professions intermédiaires de l'enseignement, de la santé, de la fonction publique et assimilés **46.** Professions intermédiaires administratives et commerciales des entreprises **47.** Techniciens **48.** Contremaîtres, agents de maîtrise
5. Employés	**51.** Employés de la fonction publique **54.** Employés administratifs d'entreprise **55.** Employés de commerce **56.** Personnels des services directs aux particuliers
6. Ouvriers	**61.** Ouvriers qualifiés **66.** Ouvriers non qualifiés **69.** Ouvriers agricoles
7. Retraités	**71.** Anciens agriculteurs exploitants **72.** Anciens artisans, commerçants, chefs d'entreprise **73.** Anciens cadres et professions intermédiaires **76.** Anciens employés et ouvriers
8. Autres personnes sans activité professionnelle	**81.** Chômeurs n'ayant jamais travaillé **82.** Inactifs divers (autres que retraités)

Source : Insee.

VU EN PREMIÈRE

Professions et catégories socioprofessionnelles (PCS) : outil statistique créé par l'Insee permettant de classer les individus dans des catégories présentant une certaine homogénéité sociale.

1 • Repérer Quels groupes rassemblent les salariés d'exécution ?

2 • Repérer Quels groupes rassemblent les salariés qualifiés ?

3 • Déduire Quels critères sont utilisés pour construire cette nomenclature ?

4 • Argumenter En quoi les groupes sont-ils homogènes socialement ?

DOC 2 Un outil pour analyser la régularité des comportements individuels

Une des grandes surprises du XIXe siècle fut la découverte de la régularité statistique des comportements individuels. Ainsi, l'âge au mariage ou le taux de suicide n'évoluent pas beaucoup d'une année à l'autre, alors que le coup de foudre est censé tomber au hasard et que le suicide est la conséquence de malheurs personnels [...]. Faute de pouvoir entrer dans chaque famille, chaque entreprise, chaque groupe d'amis, les sociologues se sont dotés, au XXe siècle, d'outils pour analyser ces régularités qui émergent des « petites sociétés » qui font notre quotidien. L'un de ces outils, c'est la catégorie socioprofessionnelle, qui regroupe des personnes exerçant des métiers proches et ayant des modes de vie comparables.
Grâce aux catégories socioprofessionnelles, ce qui est vécu comme un accident de la vie (l'échec à un examen, le célibat non désiré, une maladie...) ou comme la conséquence méritée de son talent personnel (une grosse prime de fin d'année...) apparaît comme un résultat probable étant donné l'origine ou la position sociales. Dans de rares exemples, la mise en évidence de ces régularités a eu des conséquences générales. C'est ainsi le cas des politiques d'éducation, étant donné le poids de la CSP des parents dans la réussite scolaire des enfants. Les « zones d'éducation prioritaires », dès 1981, furent créées en prenant notamment en compte la « composition socio-économique des familles ». ■

Baptiste Coulmont, « Des morts pas si accidentelles », *Le Monde*, 2 novembre 2016.

1 • Lire Quels comportements sont caractérisés par leur régularité d'année en année ?

2 • Définir Qu'est-ce qu'une catégorie socioprofessionnelle ?

3 • Illustrer Quelle régularité statistique peut-on observer dans la réussite scolaire des enfants lorsqu'on utilise les CSP des parents ?

DOC 3 Une classification européenne de l'espace social

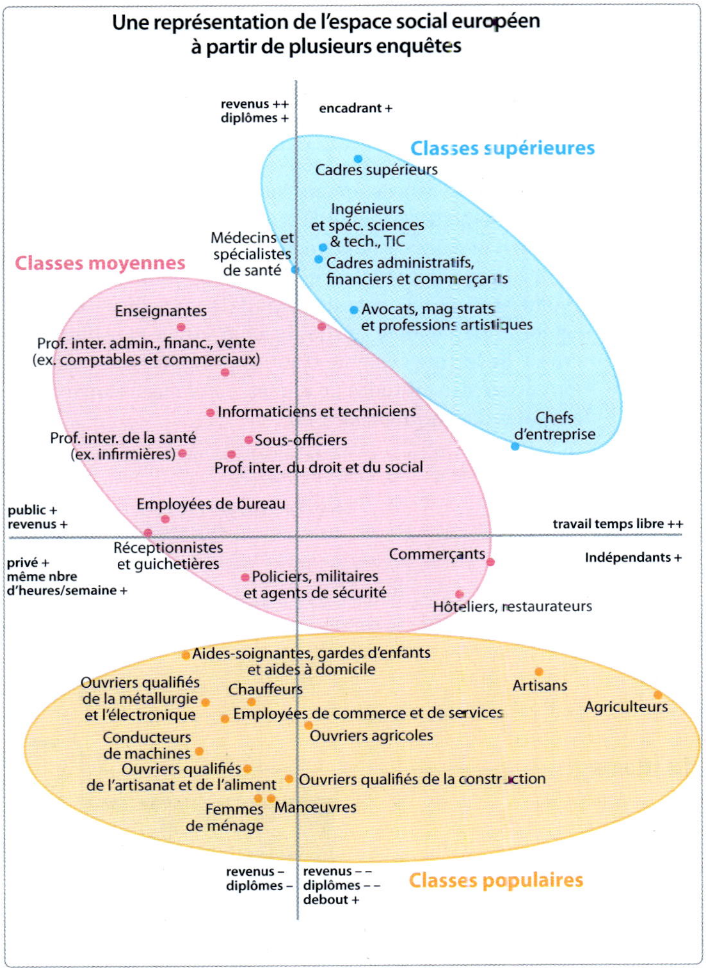

Source : d'après **Cédric Hugrée**, **Étienne Penissat** et **Alexis Spire**, *Les classes sociales en Europe. Tableau des nouvelles inégalités sur le vieux continent*, Agone, coll. L'ordre des choses, 2017.

Les auteurs nous proposent un ouvrage original qui entend renouveler l'approche en termes de classes sociales en l'appliquant à l'échelle européenne. Ils entendent, d'une part, renouer avec une approche théorique définissant les classes par leurs diverses dimensions, refusant de les réduire à une simple échelle de revenus et de patrimoines mais en intégrant les conditions d'emploi et de travail, les styles de vie, les conditions de logement, les pratiques culturelles et de loisirs. D'autre part, ils s'appuient sur de nombreuses données empiriques tirées de quatre grandes enquêtes européennes harmonisées et sur l'existence depuis 2014 d'une classification socioprofessionnelle en Europe appelée *European Socio-Economic Group* (ESEG) adoptée en 2016 par Eurostat. L'ESEG distingue sept groupes socioprofessionnels – cadres dirigeants ; professions intellectuelles et scientifiques ; professions intermédiaires salariées ; petits entrepreneurs (non salariés) ; employés qualifiés ; ouvriers qualifiés salariés ; professions salariées peu qualifiées –, que l'on peut regrouper en trois classes : populaire, moyenne, supérieure. ■

Bernard Drevon, Note de lecture sur « Les classes sociales en Europe », *Idées économiques et sociales*, n° 193, septembre 2018.

1 • **Comparer** En quoi la classification ESEG diffère-t-elle de la nomenclature des PCS ?

2 • **Déduire** Pourquoi est-il utile d'avoir une classification européenne ?

3 • **Repérer** Qu'est-ce qui caractérise les professions situées en haut du graphique ?

4 • **Lire** Que signifie la position des infirmières dans le graphique ?

5 • **Argumenter** Selon vous, une représentation de l'espace social en trois classes est-elle pertinente pour décrire la société française ?

Faites le point

Complétez le texte avec les termes suivants.
européenne – statistiques – socioprofessionnelle – comparables – individuels – hiérarchisé

Une nomenclature ... est une grille de lecture de la société. Dans la nomenclature des PCS créée par l'Insee, les catégories socioprofessionnelles regroupent des individus dont les métiers sont proches et les modes de vie .... C'est un outil précieux pour les sociologues : grâce aux nomenclatures socioprofessionnelles, il est possible de mettre en évidence des régularités ... et d'expliquer la diversité des comportements .... D'où l'importance de disposer d'un tel outil à l'échelle .... Le classement des individus en professions peut aussi permettre d'appréhender l'espace social comme un espace structuré et ....

Prenez la parole

Carte mentale

- Par groupes de deux, préparez une carte mentale sur la nomenclature des PCS.
- Présentez-la à la classe.

3 Repérer les facteurs de structuration et de hiérarchisation

OBJECTIF DU PROGRAMME : Savoir identifier les multiples facteurs de structuration et de hiérarchisation de l'espace social (catégorie socioprofessionnelle, revenu, diplôme, composition du ménage, position dans le cycle de vie, sexe, lieu de résidence).

DOC 1 Une stratification pluridimensionnelle

La stratification sociale désigne le découpage des sociétés humaines en catégories hiérarchisées, présentant en leur sein une certaine homogénéité, et qui résulte de l'ensemble des différences sociales associées aux inégalités de richesses, de pouvoir, de prestige ou de connaissance. [...] Les différentes représentations théoriques de la stratification se distinguent aussi sous le rapport de la plus ou moins grande complexité des dimensions dont elles procèdent. Si les représentations traditionnelles sont plutôt unidimensionnelles, avec une prédilection marquée pour les critères d'ordre économique (revenu et patrimoine), les théories contemporaines de la stratification sociale insistent davantage sur la pluridimensionnalité des inégalités et s'appuient davantage sur une représentation en termes d'espace social qu'en termes d'échelle, en articulant notamment les dimensions économiques et culturelles de la stratification. La pluridimensionnalité des systèmes concrets de stratification ouvre la possibilité de non-congruence[1] entre les positions occupées sur les différentes échelles constitutives de l'espace social. Domaine d'études à part entière, la stratification sociale constitue aussi une clé de lecture courante d'autres phénomènes : stratification sociale des attitudes politiques, culturelles, alimentaires, familiales ou matrimoniales, etc. ■

1. Désigne une situation où un même individu se trouve à des niveaux très différents de richesse, de prestige, de pouvoir.

Serge Paugam, *Les 100 mots de la sociologie*, PUF, coll. Les 100 mots, 2018.

1 • **Définir** Qu'est-ce qu'une stratification sociale ?

2 • **Repérer** Sur quels critères repose généralement une stratification unidimensionnelle ?

3 • **Illustrer** Citez une personnalité qui dispose d'un prestige très important sans avoir un niveau de richesse très élevé.

DOC 2 Les revenus selon la composition du ménage

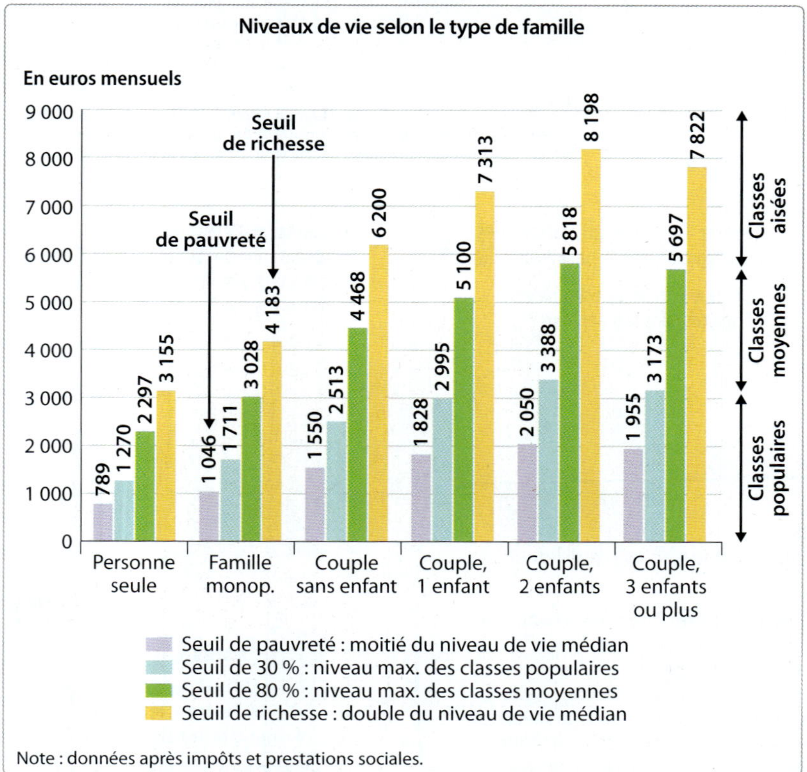

Source : calculs du Centre d'observation de la société d'après données Insee 2017.

Les familles monoparentales face à la précarité

1 • Qu'est-ce qui caractérise la composition de ces deux ménages ?

2 • Quels sont leurs niveaux de revenu ?

3 • Quelles sont les conséquences de leur situation familiale sur leur vie quotidienne ?

1 • **Lire** Quel sera le revenu maximum d'une personne seule si elle se situe sous le seuil de pauvreté ?

2 • **Repérer** À quelle condition un couple avec un enfant sera-t-il classé parmi les classes moyennes ?

3 • **Expliquer** Pourquoi le niveau de revenu choisi pour appartenir à une classe sociale change-t-il selon la composition du ménage ?

DOC 3 La répartition des revenus à l'échelle d'une région

Les inégalités de revenus en Île-de-France

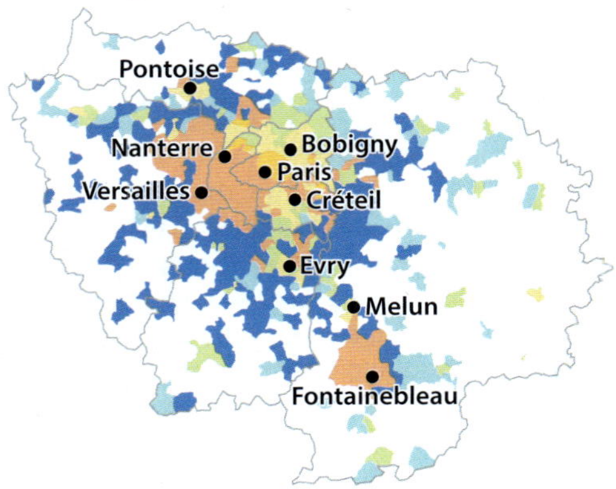

1. Arrondissements à Paris.

Source : Insee, 2015.

1 • Lire Quelles sont les deux informations données par la carte sur la ville de Bobigny ?

2 • Repérer Quelles parties de l'Île-de-France sont caractérisées par de fortes inégalités de revenus ?

3 • Argumenter Peut-on dire que l'Île-de-France est une région très inégalitaire ?

DOC 4 La fréquentation des salles de cinéma : une pratique différenciée

Sur 100 personnes de chaque groupe	Ont été au moins une fois au cinéma dans l'année
Catégorie socioprofessionnelle	
Agriculteurs	30
Commerçants, artisans	46
Cadres supérieurs, professions libérales, chefs d'entreprise	74
Professions intermédiaires	70
Employés	51
Ouvriers	40
Étudiants, lycéens	93
Autres inactifs (hors retraités)	32
Diplôme	
Aucun diplôme ou certificat d'études primaires	33
Brevet des collèges	75
CAP, BEP ou autre diplôme de ce niveau	58
Bac	75
Deug, DUT, BTS	81
Licence	90
Diplôme de 2e et 3e cycle ou grande école	86
Âge	
De 15 à 17 ans	89
De 18 à 24 ans	87
De 25 à 34 ans	69
De 35 à 49 ans	63
De 50 à 64 ans	48
65 ans et plus	26
Sexe	
Hommes	58
Femmes	56
Ensemble	**57**

Source : *Les Pratiques culturelles des Français*, ministère de la Culture et de la Communication, 2008, *in Sociologies des pratiques culturelles*, 2016.

1 • Lire Que signifie la donnée entourée ?

2 • Repérer À quelle variable la fréquentation du cinéma est-elle le plus nettement liée ?

3 • Analyser Le cinéma peut-il être considéré comme un loisir de masse ?

Faites le point

Vrai ou faux ? Justifiez votre réponse.

1. Toute stratification sociale est unidimensionnelle.
2. La vulnérabilité à la pauvreté dépend de la profession, les autres critères n'ont pas d'influence.
3. Le cinéma est un loisir de jeunes plus qu'un loisir de masse.

Prenez la parole

Micro-trottoir

- Par groupes de quatre, interviewez-vous sur votre pratique du cinéma.
- Réalisez la vidéo d'un reportage télévisé en intégrant des données du tableau (doc 4) et le résultat des interviews.

1 Plus de salariés et une tertiarisation des emplois

OBJECTIF DU PROGRAMME : Comprendre les principales évolutions de la structure socioprofessionnelle en France depuis la seconde moitié du XXe siècle (salarisation, tertiarisation).

Questionnez-vous ! L'arrivée des supermarchés et ses conséquences sur l'emploi

Photographie d'**Andreas Gursky**, *99 cent*, 1999.

Les premiers supermarchés se développent aux États-Unis dans les années 1920. Ces magasins en grande surface sont alors souvent aménagés dans de vieilles granges ou des usines désaffectées. Les produits, en libre-service, sont disposés sur le sol ou de simples planches en bois, avec des prix beaucoup moins élevés que dans les épiceries traditionnelles. En France, le premier supermarché proprement dit (conjuguant grande surface et libre-service) ouvre en 1958 à Rueil-Malmaison, en région parisienne. Aujourd'hui, on compte environ 100 000 supermarchés (y compris hard-discount) et 2 000 hypermarchés en France. Ils emploient plus de 600 000 personnes. ■

CONTEXTE

99 cent est l'une des plus grandes photographies du monde. Réalisée en 1999 à Los Angeles, elle mesure plus de 2 mètres de hauteur et 3,3 mètres de largeur. Ironiquement, cette photographie d'un supermarché aux bonnes affaires (tout à « *99 cents* ») est devenue l'une des plus chères du monde : elle a été adjugée aux enchères en 2007 pour 3,34 millions de dollars.

1 • Que représente cette photographie ?

2 • Quelle impression a voulu produire le photographe ?

3 • Quelle est la conséquence de ce phénomène sur les petits commerçants ?

DOC 1 La prédominance progressive du salariat

Avant la révolution industrielle, les formes d'emploi et de travail rémunéré étaient nombreuses : fermiers, paysans propriétaires, journaliers, gens de maison, maîtres-artisans, compagnons, boutiquiers, vendeurs itinérants, travailleurs flottants, etc. Dans les années 1930 encore, le salariat est surtout implanté dans les grands établissements industriels et dans les années 1950 le travail indépendant pèse encore un tiers des emplois. La diffusion d'un salariat encadré par une réglementation du travail et adossé à des systèmes de protection sociale ne s'impose que dans la seconde partie du XXe siècle. Chaque époque peut donc être caractérisée par une pluralité de formes d'emploi, certaines étant dominantes, d'autres émergentes ou déclinantes. Et l'existence d'une forme de référence invite à parler de norme sans suggérer son hégémonie. Durant les Trente Glorieuses, la salarisation s'est poursuivie (la part du salariat dans l'emploi passe de 72 % en 1962 à 89 % dans les années 2010), et le contrat à durée indéterminée (CDI) s'est étendu à l'ensemble des secteurs d'activité et des catégories d'entreprise. Il est devenu la matrice de l'emploi, alors que reculaient le travail indépendant et les situations particulières d'emploi. Depuis le début des années 2000, la part des CDI dans l'emploi salarié se maintient à 87 %, après avoir atteint un pic de 94 % en 1982 (selon les enquêtes Emploi). ■

Didier Demazière et **Marc Zune**, « L'emploi et le travail vus depuis le chômage : enquête sur les expériences des chômeurs », *La Revue de l'Ires*, n° 89, www.ires.fr, février 2016.

1 • **Lire** Qu'est-ce qui caractérise les emplois avant la révolution industrielle ?

2 • **Repérer** À quelle époque le salariat s'impose-t-il comme forme d'emploi dominante ?

3 • **Illustrer** Donnez un exemple de la réglementation du travail qui encadre le salariat.

4 • **Comparer** Quelle est la différence entre le travail salarié et le travail indépendant ?

DOC 2 Une population active transformée

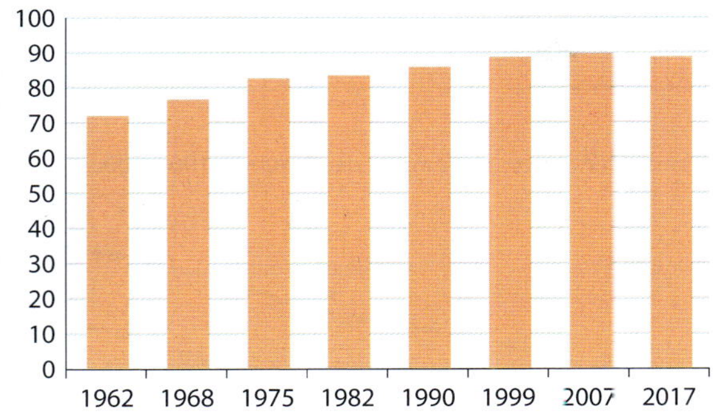

Champ : actifs ayant un emploi, France métropolitaine, contingent exclu.

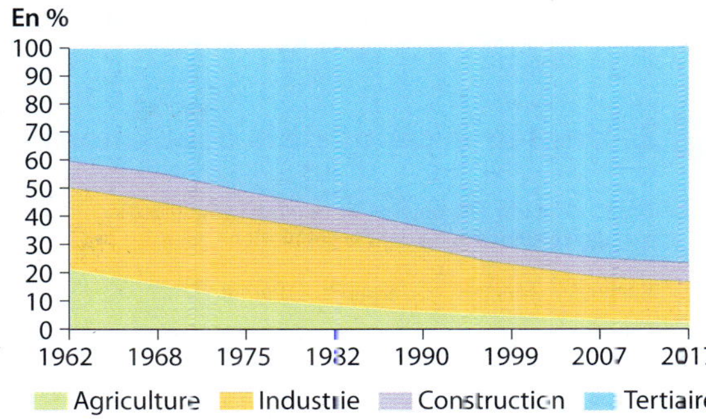

Lecture : le poids de l'industrie dans l'emploi avoisinait 30 % en 1962, il n'est plus que de 15 % en 2007.
Champ : actifs ayant un emploi, France métropolitaine, contingent exclu.

Source : Recensements de la population, enquêtes Emploi, Insee

Savoir-faire 1 p. 404

1 • Lire Quelle était la part des salariés en 1962 ?

2 • Calculer Quelle a été l'évolution de la part des emplois salariés entre 1962 et 1967 ?

3 • Calculer Quelle a été l'évolution de la part des emplois du secteur tertiaire entre 1962 et 2017 ?

4 • Définir Qu'est-ce que la tertiarisation ?

Activité *Calculez la part des différentes activités du secteur tertiaire*

• **En vous appuyant sur les données du tableau, complétez-le en calculant la part que représente chaque activité du secteur tertiaire dans l'ensemble des emplois.**

L'emploi selon le secteur d'activité en 2017	En milliers	En %
Agriculture	698	2,6
Industrie	3 699	13,8
Construction	1 740	6,5
Tertiaire	20 414	75,9
Commerce	*3 449*	...
Transports	*1 452*	...
Hébergement et restauration	*1 032*	...
Information et communication	*791*	...
Finance, assurance, immobilier	*1 258*	...
Services principalement aux entreprises	*2 650*	...
Administration publique	*2 433*	...
Enseignement	*1 933*	...
Santé	*1 916*	...
Hébergement médico-social, action sociale	*2 046*	...
Services aux ménages	*1 455*	...
Activité indéterminée	328	1,2
Ensemble	26 880	100,0

Source : enquête Emploi, Tableaux de l'économie française, Insee, 2019.

Faites le point

Complétez le tableau suivant.

Transformations de la structure socioprofessionnelle	Ce qui augmente	Ce qui diminue	Un chiffre qui en donne la mesure
Salarisation	...	...	...
Tertiarisation	...	...	...

Prenez la parole

Reportage

• **Par groupes de quatre, rédigez le lancement d'un reportage sur les évolutions de la structure socioprofessionnelle.**

• **Présentez-le à la classe comme si vous étiez à la radio.**

2 Plus de femmes et plus d'actifs diplômés

OBJECTIF DU PROGRAMME : Comprendre les principales évolutions de la structure socioprofessionnelle en France depuis la seconde moitié du XXe siècle (élévation du niveau de qualification, féminisation des emplois).

DOC 1 Une féminisation de la population active

Évolution des effectifs d'hommes et de femmes (en millions) et part des femmes (en %) dans la population active

	Hommes	Femmes	Ensemble	Part des femmes
1954	12,7	6,6	19,3	34,3
1962	13,2	6,6	19,8	33,4
1968	13,5	7,1	20,7	34,5
1975	13,9	8,2	22,2	37,1
1982	14,2	9,6	23,9	40,3
1990	14,2	11,0	25,3	43,7
1999	14,4	12,2	26,5	45,9
2008	15,2	13,9	29,2	47,6
2012	15,5	14,4	29,9	48,2
2015	14,8	13,7	28,4	48,1

Source : Recensements 1901-2012, enquête Emploi 2015, Insee.

Trois grandes tendances de l'emploi des femmes (1960-2000)

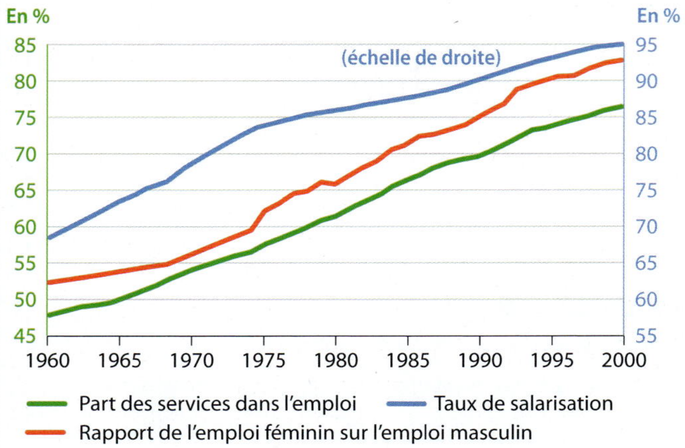

Sources : données Insee ; Dares ; d'après **Michel Husson** « L'emploi des femmes en France depuis 1960 », *La revue de l'Ires*, Document de travail, mai 2018.

1 • **Lire** Que signifie la donnée entourée ?

2 • **Calculer** Comment a évolué la part des femmes dans la population active entre 1954 et 2015 ?

3 • **Comparer** Quel est le point commun aux trois courbes ?

4 • **Expliquer** En quoi la progression de l'emploi salarié et tertiaire a-t-elle pu bénéficier à l'emploi féminin ?

DOC 2 Une profonde transformation du rapport à l'emploi des femmes

Taux d'emploi des femmes selon l'âge (1950-2015)

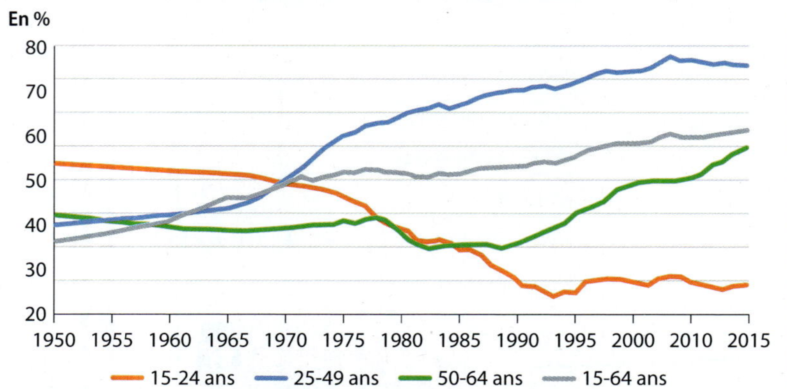

Sources : Dares, Marchand et Thélot, d'après **Michel Husson** « L'emploi des femmes en France depuis 1960 », *La revue de l'Ires*, Document de travail, mai 2018.

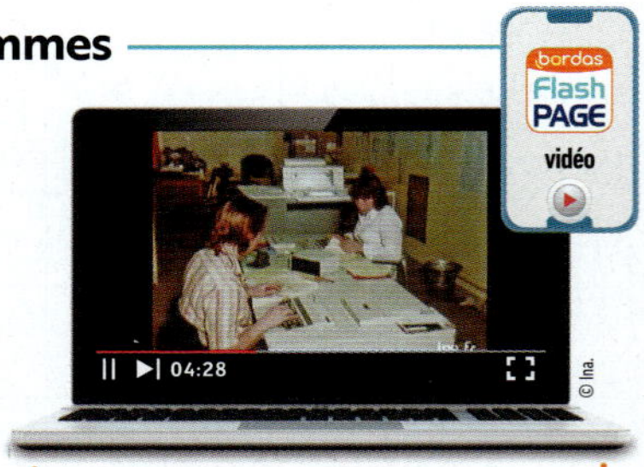

La féminisation des emplois dans des images d'archives

1 • Quels métiers sont présentés ?

2 • Qu'apporte un emploi selon le témoignage présenté ?

3 • En quoi ce reportage de 1979 est-il daté ?

1 • **Comparer** Étudiez l'évolution du taux d'emploi des femmes selon les différentes tranches d'âge.

2 • **Expliquer** Comment expliquer les différences observées ?

3 • **Déduire** En quoi ce graphique témoigne-t-il d'une transformation du rapport à l'emploi des femmes ?

DOC 3 Une forte progression des métiers les plus qualifiés

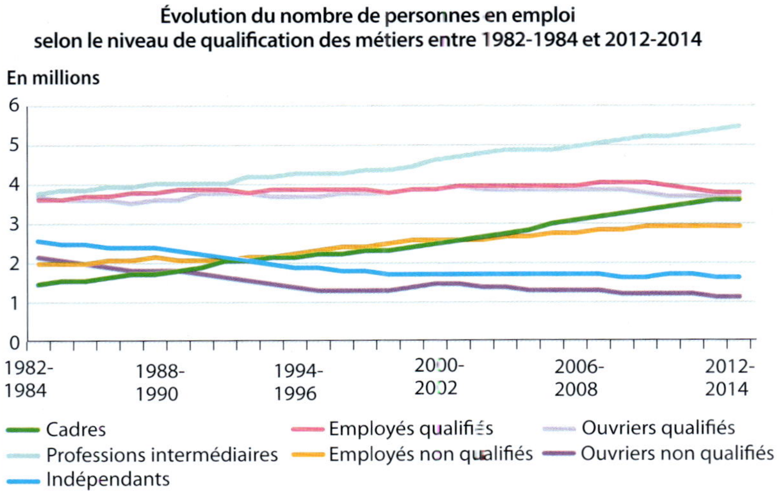

Lecture : les données de ce graphique sont des moyennes sur trois années. Par cette technique de lissage des données, l'Insee élimine les fluctuations les moins significatives.
Champ : actifs occupés de France métropolitaine.

Source : enquêtes Emploi, Insee, données lissées par moyenne mobile d'ordre 3 ; traitement Dares, *in* « Comment ont évolué les emplois en France depuis 30 ans ? », *Dares Analyses*, janvier 2017.

CONTEXTE

L'**augmentation des effectifs d'employés non qualifiés s'explique** par la forte demande pour les emplois d'aides ménagères, aides à domicile et assistantes maternelles, emplois qui ne sont ni délocalisables ni automatisables.

1 • **Repérer** Quels sont les emplois qualifiés dans le graphique ?

2 • **Calculer** Quelle a été l'évolution des cadres et des professions intermédiaires entre 1982-1984 et 2012-2014 ?

3 • **Déduire** Peut-on conclure à un recul généralisé de l'emploi peu qualifié ? Justifiez votre réponse.

DOC 4 Une élévation générale du niveau de formation de la population

Diplôme le plus élevé selon l'âge en 2016 (en %)			
	Ensemble	Dont 25 à 34 ans	Dont 55 à 64 ans
Sans diplôme, CEP, brevet des collèges	21,9	13,4	34,8
CAP, BEP	25,5	19,8	29,5
Baccalauréat	17,8	22,5	13,5
Bac + 2	14,3	14,9	10,3
Diplôme supérieur à bac + 2	20,2	28,9	11,7
Non déterminé	0,3	0,5	0,2
Total	**100,0**	**100,0**	**100,0**
Part de bacheliers ou plus	52,3	66,3	35,5
Part de diplômés du supérieur	34,5	43,8	22,0

Source : enquête Emploi, 2016, Tableaux de l'économie française, Insee, 2018.

1 • **Lire** Que signifie la donnée entourée ?

2 • **Comparer** Comparez les niveaux de formation des deux générations.

3 • **Calculer** Quelle est l'évolution de la part de diplômés du supérieur entre les deux générations ?

4 • **Déduire** Comment peut-on expliquer cette évolution ? Justifiez votre réponse.

Faites le point

Choisissez le bon terme parmi ceux proposés.

1. La féminisation des emplois désigne **la baisse / l'augmentation** de la part des emplois occupés par des femmes.
2. L'afflux des femmes sur le marché du travail a été **permis / empêché** par la tertiarisation et la salarisation des emplois.
3. L'afflux des femmes sur le marché du travail a été **permis / empêché** par un changement des normes et des comportements d'activité.
4. Les effectifs des emplois qualifiés ont fortement **augmenté / baissé.**

Prenez la parole

Théâtre

- Par groupes de deux, l'un incarne une femme des années 1950, l'autre une femme d'aujourd'hui.
- Créez un dialogue qui fasse ressortir les changements qui ont eu lieu dans le rapport au travail et aux études.
- Jouez-le devant la classe comme une scène de théâtre.

1 Les théories des classes dans la tradition sociologique

OBJECTIF DU PROGRAMME : Connaître les théories des classes et de la stratification sociale dans la tradition sociologique (Marx, Weber).

Questionnez-vous ! À quelle classe appartiennent-ils ?

De gauche à droite et de haut en bas : femme ouvrière et enfant, propriétaire de grande industrie, paysan, chômeur, couple bourgeois, femme de ménage, manoeuvre, couple de propriétaire, porteur de charbon.

CONTEXTE

En 1925, **August Sander** se lance dans le projet de documenter la société allemande à partir d'une **série de portraits** des hommes et des femmes qui la composent, toutes catégories sociales et professionnelles confondues. Ce projet ambitieux lui prendra des années et offre à voir le visage d'une époque.

1 • Selon vous, quels individus ne possèdent rien d'autre que leur force de travail ?

2 • Lesquels sont dotés du plus grand prestige ?

3 • Réunissez ceux qui se ressemblent socialement.

4 • D'après ces images, la société allemande de la première moitié du XXe siècle est-elle une société de classes ?

DOC 1 Les classes sociales selon Marx

Du côté marxiste, les classes sociales sont des collectifs structurés par une position spécifique dans le système économique, définis notamment au travers de la propriété des moyens de production, marqués par un conflit central (l'exploitation) ; mais, au-delà de ces « conditions de classe », il existe une « conscience de classe », une conscience sociale de leur être collectif, de leur intérêt, de leur dynamique, qui permet de passer de la classe « en soi » à la classe « pour soi ». Cette tradition est parfois qualifiée de *holiste* (*holon*, « tout » en grec) parce que, ici, la totalité est plus que la somme des individus, la classe existant indépendamment et au-dessus de ses membres, en leur dictant leur rôle, par-delà la créativité des individus. Prévaut donc l'idée qu'il existe des *rapports sociaux*, c'est-à-dire des conflits structurant le jeu des oppositions dans le monde social, l'inégalité n'étant pas le fait d'une société amorphe, mais de luttes sociales explicites ou implicites permanentes. « Même au moment où il n'y a pas de lutte de classes déclarée, il y a lutte de classes latente, par le fait que, dans une hiérarchie, il faut que les rangs les plus élevés maintiennent leur position, et que, d'autre part, ceux qui occupent les rangs les plus bas, se trouvant dans une situation où ils sont sous-estimés, voudraient bien s'élever dans l'échelle sociale[1]. » ■

1. Maurice Halbwachs, *Les Classes sociales*, CDU, 1937.

Louis Chauvel, **Anne Lambert**, **Dominique Merllié** et **Françoise Milewski**, *Les Mutations de la société française*, La Découverte, coll. Repères, 2019.

BIO SES

Karl Marx (1818-1883) est un sociologue, économiste et philosophe né en Allemagne, dont l'œuvre inachevée, *Le capital*, regroupe ses analyses de la société et du système capitaliste. Parallèlement à son travail théorique, il a mené une action militante portée par un objectif révolutionnaire. Il est le coauteur avec Friedrich Engels du *Manifeste du Parti communiste* (1848).

1 • **Lire** Qu'est-ce qui permet de passer de la classe « en soi » à la classe « pour soi » ?

2 • **Définir** Quels sont les deux éléments qui définissent une classe sociale, selon Marx ?

3 • **Déduire** Quelle est la conséquence sur la société de cette conception des classes ?

DOC 2 Max Weber : une analyse tridimensionnelle de la stratification sociale

Ordre économique
- Hiérarchie fondée sur l'accès aux biens et services
- Prend collectivement la forme de classes

En haut, les classes de possession privilégiées (les rentiers) et les classes de production privilégiées (la bourgeoisie dirigeante : industriels, banquiers, membres de professions libérales)

En bas, les classes de possession non privilégiées (travailleurs pauvres, chômeurs de longue durée, bénéficiaires de minima sociaux) et les classes de production non privilégiées (salariés d'exécution)

Ordre social
- Hiérarchie fondée sur le prestige et les honneurs
- Prend collectivement la forme de groupes de statut

En haut, ceux dont la profession et/ou le mode de vie (logement, loisirs) sont prestigieux, ceux qui reçoivent des honneurs et dont la visibilité sociale est grande

En bas, ceux dont la profession et/ou le mode de vie sont banals ou déconsidérés socialement

Ordre politique
- Hiérarchie fondée sur le pouvoir
- Prend collectivement la forme de partis et organisations politiques

En haut, ceux qui dirigent les organisations politiques et ceux qui influencent les politiques menées par le gouvernement

En bas, ceux dont la voix n'entre en compte qu'au moment où il s'agit de les recruter pour une élection

Source : Bordas (librement inspiré de **Pierre Merle**, « En haut, en bas, les stratifications sociales selon Weber », *La Vie des idées*, 22 novembre 2016).

BIO SES

Max Weber (1864-1920) né en Allemagne, est l'un des fondateurs de la sociologie moderne. Dans *L'éthique protestante et l'esprit du capitalisme* il montre comment la morale puritaine favorise le développement du capitalisme puisque la réussite professionnelle est perçue comme un signe d'élection divine.

1 • Classer Placez dans les trois ordres : Xavier Niel (entrepreneur, fondateur de Free), Charline Picon (championne olympique de planche à voile), Esther Duflo (prix Nobel d'économie), Marion Cotillard (actrice), Riad Sattouf (auteur de bande dessinée), Sibeth Ndiaye (porte-parole du gouvernement).

2 • Illustrer Donnez trois exemples de professions prestigieuses.

3 • Argumenter Les trois ordres se recoupent-ils parfaitement ?

DOC 3 Un exemple d'interrelation des ordres économique et politique

On laisse des personnes s'acheter des médias de façon illimitée et ainsi, influencer le débat public. Pas tant influencer le débat public par le biais de l'information qui est produite, mais influencer le débat public parce que cela leur ouvre des portes. Daniel Kretinsky, quand il devient actionnaire du *Monde*, ne va pas changer la ligne éditoriale du *Monde* qui a un très bon directeur et qui préserve l'indépendance des journalistes, mais il s'ouvre les portes du tout-Paris. Il va parler avec des députés, avec des ministres. Il obtient donc un poids démesuré. Il n'a pas le poids d'un citoyen, il a le poids d'un super-citoyen parce qu'il est actionnaire du *Monde*. ■

Julia Cagé, *in Les Savantes*, par Laurent Bastide, France Inter, 18 août 2019.

Les Dassault • Secteur de l'industrie (groupe industriel Marcel Dassault) • 7e fortune française : 23 milliards d'euros	Achat en 2004 du *Figaro*
Bernard Arnault et sa famille • Secteur du luxe (groupe LVMH) • 1re fortune française et 2e fortune mondiale : 275 millions d'euros	Achat en 2007 des *Échos*, en 2015 du *Parisien* et du quotidien *Aujourd'hui en France*
Jeff Bezos • Secteur de la distribution (Amazon) • 1re fortune mondiale : 164 milliards de dollars	Achat en 2013 du *Washington Post*
Daniel Kretinsky • Secteur de l'énergie (EPH) • 5e fortune tchèque : 2,28 milliards d'euros	Achat en 2018 de 49 % des parts du groupe *Le Monde*

Source : classement Forbes, 2019.

1 • Comparer Quel est le point commun entre les différents milliardaires du tableau ?

2 • Analyser D'après Julia Cagé, quel intérêt représente pour eux une telle acquisition ?

3 • Expliquer En quoi ces différents exemples illustrent-ils l'interrelation qui peut exister entre les ordres ?

Faites le point

Complétez le tableau.

	Marx	Weber
Une stratification sociale multidimensionnelle	...	...
Des rapports sociaux conflictuels	...	...
Des membres unis par une conscience de classe	...	...

Prenez la parole

Carte mentale

- Par groupes de deux, préparez une carte mentale sur les théories de la stratification dans la tradition sociologique
- Présentez-la à la classe.

2 L'écartèlement des classes sociales

OBJECTIF DU PROGRAMME : Comprendre que la pertinence d'une approche en termes de classes sociales pour rendre compte de la société française fait l'objet de débats théoriques et statistiques : évolution des distances inter- et intra-classes, identifications subjectives à un groupe social.

DOC 1 L'identification à la classe ouvrière en déclin

Lorsque Martin Thibault, sociologue du travail à l'université de Limoges, a entamé son enquête, *Ouvriers malgré tout*, auprès des agents de maintenance de la RATP, l'entreprise lui a répondu qu'il n'y avait pas d'ouvrier chez elle. Souvent, les agents eux-mêmes ne se disaient pas ouvriers, jusqu'à ce qu'ils soient rattrapés par la réalité de leur métier – physique, répétitif, très encadré et exercé dans des hangars où il fait trop chaud ou trop froid. Dans les entrepôts de la grande distribution, même constat : ni les préparateurs de commandes ni les caristes ne se disent ouvriers. Et chez Amazon, les salariés sont des « *associates* ». Mais alors, comment définir les ouvriers d'aujourd'hui si eux-mêmes ne se disent pas ouvriers ? Où est la classe ouvrière qui, au moins en partie, se vivait comme telle, avec ses codes, ses fiertés, ses savoir-faire et ses représentants ? Où sont les bataillons d'ouvriers entrant et sortant en même temps de l'usine ? L'ouvrier est-il une espèce en voie de disparition ? La notion de classe ouvrière a-t-elle encore un sens ? ■

Perrine Mouterde, « Qui sont les ouvriers aujourd'hui ? », *Le Monde*, 23 mai 2016.

Sondage : avez-vous le sentiment d'appartenir à une classe sociale ? Si oui, laquelle ?

Sentiment d'appartenance (en %)	1966	2001	2002	2010	2015
Non	39	46	47	36	35
Total Oui	61	54	53	64	65
La classe bourgeoise	4	2	2	3	1
Les classes moyennes	13	27	22	38	38
La classe ouvrière	23	9	14	6	6
Les travailleurs, les salariés	3	2	2	1	3
Les paysans, les agriculteurs	3	1	1	1	0
Les commerçants	1	–	1	–	0
Les pauvres	3	1	1	2	3
Autres	8	6	5	10	11

Note : en raison des arrondis, la somme des données d'une même colonne ne correspond pas toujours exactement au « Total Oui ».

Source : « L'état de l'opinion », TNS-Sofres, 2016.

1 • **Expliquer** Quel est le constat effectué par Martin Thibault dans son enquête sur les ouvriers ?

2 • **Analyser** En quoi le travail d'un « *associate* » dans un entrepôt de préparation des colis Amazon peut-il être considéré comme un travail ouvrier ?

3 • **Calculer** Comment a évolué le sentiment d'appartenance à la classe ouvrière ?

4 • **Argumenter** Est-il encore pertinent de parler de classe ouvrière ?

DOC 2 Une lutte des classes sans classes

L'idée que la « lutte des classes » n'est pas morte semble plus difficilement contestable aujourd'hui qu'il y a encore dix ou quinze ans. Dans un pays comme le nôtre, les conflits sociaux au sein du monde du travail sont de retour, parfois de manière spectaculaire. Y compris dans le salariat précaire du secteur du commerce et des services, où les conditions de l'action collective sont *a priori* très défavorables. Des thèmes centraux du débat public, comme celui du « retour de la question sociale », voire de la fameuse « fracture sociale », font écho à « [...] la montée des précarités et, avec elle, celle des insécurités sociales et économiques ». Si l'on admet que ce phénomène a quelque chose à voir avec le processus de redistribution des richesses sociales du travail vers le capital – le « partage de la valeur ajoutée » –, on a là de multiples indices du maintien d'une lutte de classes, au sens assez traditionnel du terme. Par contre ces conflits n'engendrent plus aussi clairement que par le passé des classes sociales, au sens fort que Karl Marx et d'autres ont donné à ce terme : non seulement une communauté relative de position et de destin, mais un sujet historique porteur d'une conception – éventuellement alternative – de l'ordre social. ■

Entretien avec **Paul Bouffartigue**[1], « Une lutte des classes... sans classe », *in* Catherine Halpern (dir.), *Identité(s). L'individu, le groupe et la société*, Sciences humaines, 2016.

1. Sociologue du travail, dont les recherches portent sur les cadres et la précarité.

bordas Flash PAGE vidéo

Les livreurs de Deliveroo en colère

1 • Comment ont évolué les conditions de travail des livreurs ?

2 • Quelles sont les conséquences du statut d'auto-entrepreneur des livreurs de Deliveroo ?

3 • Ce conflit est-il une illustration de la lutte des classes ?

1 • **Illustrer** Donnez un exemple récent de conflit au sein du monde du travail.

2 • **Définir** Qu'est-ce que la « lutte des classes » ?

3 • **Expliquer** Pourquoi peut-on parler d'une lutte des classes sans classe ?

DOC 3 Clivages entre classes et clivages internes aux classes

PCS	Niveau de diplôme					Revenu d'activité annuel médian (en euros)	Taux de chômage (en %)	Part du temps partiel dans l'emploi (en %)	Nombre de jours de congés accordés au cours d'une année
	Diplôme supérieur (bac + 3) ou plus	Bac + 2	Bac, brevet professionnel ou équivalent	CAP, BEP ou autre diplôme équivalent	Aucun diplôme, CEP ou brevet des collèges				
Non-salariés	13	13	22	29	23	17 120	–	16,2	–
Cadres	62	17	12	5	4	33 580	3,4	10,0	33
Professions intermédiaires	29	31	19	13	8	24 340	5,1	14,8	31
Employés qualifiés	9	17	31	28	15	16 840	7,0	23,2	29
Employés non qualifiés	3	5	16	34	42		12,9	44,1	26
Ouvriers qualifiés	2	5	17	47	29	18 730	9,6	7,9	27
Ouvriers non qualifiés	3	4	16	34	43		17,8	20,6	26

Sources : enquête Emploi 2018, Insee (taux de chômage, temps partiel) ; Insee 2015 (départ en vacances) ; Dares 2017 (niveau de diplôme, 2014 pour employés et ouvriers qualifiés / non qualifiés) ; enquête Revenus fiscaux et sociaux 2017, Insee (revenu d'activité annuel médian).

LE SAVIEZ-VOUS ?

Il est d'usage en sociologie d'assimiler les **classes populaires** aux catégories des ouvriers et des employés. Elles forment un ensemble de plus de 14 millions de personnes.

1 • Déduire Quelles sont les spécificités des classes populaires ?

2 • Comparer Quelles données permettent de mettre en évidence la distance inter-classe qui sépare les classes populaires et les autres groupes sociaux ?

3 • Comparer Quelles données permettent de mettre en évidence la distance intra-classe qui résulte des clivages internes aux classes populaires ?

Activité *Représentez l'écartèlement des classes populaires*

- **Complétez le schéma avec les termes suivants.**

massification scolaire – faiblesse des ressources économiques – logique de distinction des fractions les plus favorisées – conditions matérielles de vie difficiles – hausse des revenus pendant les trente glorieuses – inégalités en matière de santé, de consommation, de loisirs – amélioration des conditions de logement – clivages internes en fonction du travail (emplois qualifiés ou non, stables ou précaires) – clivages internes en fonction du sexe et de l'origine

Les transformations qui ont contribué au brouillage des frontières avec les classes moyennes et supérieures à partir des années 1960 :
- …
- …
- …

Les facteurs d'hétérogénéité :
- …
- …
- …

Les classes populaires

Les facteurs d'homogénéité :
- …
- …
- …

Faites le point

Complétez le tableau suivant.

	Tendance actuelle	Effet sur la pertinence de la notion de classe
Identification subjective à une classe sociale	…	…
Distances inter-classes	…	…
Distances intra-classes	…	…

Prenez la parole

Mini-sondage

- La classe est divisée en deux groupes. Le premier sonde le second : « Avez-vous le sentiment d'appartenir à une classe sociale ? Si oui laquelle ? » Le second interroge le premier : « Estimez-vous qu'en France, aujourd'hui, la lutte des classes est une réalité ? Si oui, pourquoi ? »
- Chaque groupe analyse les résultats et les présente à la classe.

3 Articuler la classe et les rapports sociaux de genre

OBJECTIF DU PROGRAMME : Comprendre que la pertinence d'une approche en termes de classes sociales pour rendre compte de la société française fait l'objet de débats théoriques et statistiques : articulation avec les rapports sociaux de genre.

DOC 1 Travailleurs de tous les pays, qui lave vos chaussettes ?

Grève des femmes du 14 juin 2019 en Suisse pour l'égalité salariale, la reconnaissance du travail domestique et le refus du sexisme.

1 • **Repérer** Dans quel contexte cette photographie a-t-elle été prise ?

2 • **Analyser** À quel slogan politique fait référence la pancarte violette ?

3 • **Déduire** Quel enjeu est soulevé ici par les jeunes femmes qui manifestent ?

DOC 2 Des hommes dans des « métiers de femme »

Bien que ce ne soit pas son choix professionnel de départ – il voulait être officier de gendarmerie mais il n'a pas, dit-il, réussi les examens médicaux –, Jacques, d'origine sociale modeste, va suivre les conseils de ses parents et faire des études supérieures en soins infirmiers dans la mesure où il s'agit d'une formation débouchant sur un emploi. Après son service militaire, qui « était un gros handicap puisque c'est une profession féminine [infirmière] et qu'on perdait un an sur toutes les femmes », il va être accueilli dans un hôpital par une directrice, sa « protectrice », qui « était contente d'avoir un homme pour un petit peu voir les choses autrement ». Par rapport aux médecins, Jacques se souvient : « Le fait que je sois un homme, j'ai vraiment été accepté autrement », contrairement aux infirmières qui « étaient des servantes plutôt que des infirmières. [...] Et automatiquement du fait que je suis un homme, ils ne me prenaient pas de haut. » Travaillant en salle d'opérations, il va se spécialiser autour des aspects techniques et devenir après quelques années à peine le responsable du matériel, « parce que c'est vrai, les femmes ne sont pas aussi ouvertes à la technique [...]. Pour les femmes, c'était très rebutant, notamment l'arrivée des caméras, des vidéos en salle d'opération, c'est quelque chose qui me passionnait ». Les médecins, « formés à la technique opératoire, mais pas au matériel », avaient aussi besoin de lui. Sa « cheffe » aussi qui, étant plus âgée, « n'a pas eu facile de prendre le train en marche ». Ayant une marge de pouvoir non négligeable, il a même pu « imposer un horaire à la carte » pour s'occuper de sa dernière fille (« je veux vraiment m'en occuper et donc je veux un jour de congé par semaine »). Sa fille ayant grandi, il va ensuite, sur la sollicitation de sa directrice qui voyait en lui « un meneur d'équipe », postuler pour un poste de coordinateur de nuit qui venait de se créer. L'ayant obtenu, il va augmenter son salaire (« nos nuits sont payées à 150 % ») et surtout, il va travailler une semaine de nuit avec consécutivement une semaine de congé. ■

Marie Buscatto et **Bernard Fusulier**, « Les "masculinités" à l'épreuve des métiers "féminins" », *Recherches sociologiques et anthropologiques*, n° 44-2, 2013.

Bordas Flash PAGE vidéo

© La Voix du Nord.

Ces femmes qui font un « métier d'homme »

1 • Quels métiers exercent les femmes ?

2 • Quelles réactions cela suscite auprès de leurs collègues masculins ?

3 • Quelle différence entre les hommes et les femmes est soulignée par la femme interviewée ?

LE SAVIEZ-VOUS ?

L'**escalator de verre**, pendant masculin du « plafond de verre », désigne le fait que des hommes travaillant dans des domaines professionnels « féminins » peuvent être favorisés dans la division des tâches ou dans les rapports avec la hiérarchie.

1 • **Repérer** Quelles ont été les étapes dans la carrière professionnelle de Jacques ?

2 • **Analyser** Montrez que les stéréotypes de genre ont pesé dans sa trajectoire professionnelle.

3 • **Argumenter** Le fait d'être un homme dans un métier « de femmes » est-il un handicap pour Jacques ?

DOC 3 La mortalité routière au prisme de la classe et du genre

L'exemple de la mortalité routière montre l'importance de cette articulation entre inégalités économiques et modes de vie et souligne la spécificité de la condition ouvrière masculine. Les inégalités sociales dans ce domaine sont d'autant plus frappantes que les accidents de la route sont généralement imputés au hasard ou à la responsabilité individuelle de conducteurs dangereux. Alors qu'il n'existe pas de statistiques officielles sur la mortalité routière selon la PCS, Mathieu Grossetête[1] s'est appuyé sur des données administratives. Son travail fait ressortir la surmortalité routière qui touche les ouvriers parmi les conducteurs : ils représentent 16,4 % des conducteurs tués sur la route, plus que les employés et les professions intermédiaires (12,5 %) et les cadres (2,2 %). Cette exposition plus forte des ouvriers est paradoxale : ce sont en effet eux qui se déplacent le moins en termes de distances. Mais ils vivent plus souvent en zone rurale où la dépendance à la voiture est grande. Ce sont surtout des jeunes hommes qui sont touchés. La mauvaise qualité de leurs véhicules accroît leur part parmi les victimes : si les cadres sont fréquemment verbalisés pour excès de vitesse, ils sont bien moins souvent victimes d'accidents mortels, du simple fait qu'ils roulent dans des voitures plus récentes et plus sécurisées. Mais ce sont aussi les pratiques des jeunes ouvriers qui les exposent aux accidents mortels, car leurs formes de sociabilités et leur conception de la virilité favorisent tout à la fois consommation d'alcool et vitesse excessive au volant. ■

1. Sociologue qui, dans sa thèse, a exploré les raisons de la mortalité sur les routes.

Y. Siblot, M. Cartier, I. Coutant, O. Masclet et N. Renahy,
Sociologie des classes populaires contemporaines, Armand Colin, 2015.

NOTION DE TERMINALE

Rapports sociaux de genre : rapports de domination ou de pouvoir entre les sexes dans toutes les sphères de la vie sociale.

1 • **Comparer** Comparez la mortalité routière des cadres avec celle des ouvriers.

2 • **Expliquer** Comment rapports sociaux de classe et de genre se combinent-ils pour expliquer la surmortalité des jeunes hommes ouvriers ?

3 • **Déduire** Les accidents de la route sont-ils le fruit du hasard ?

DOC 4 Jeune diplômée ou jeune diplômé : un même début de carrière ?

Part de jeunes diplômé(e)s bénéficiant du statut de cadre selon la formation et le genre

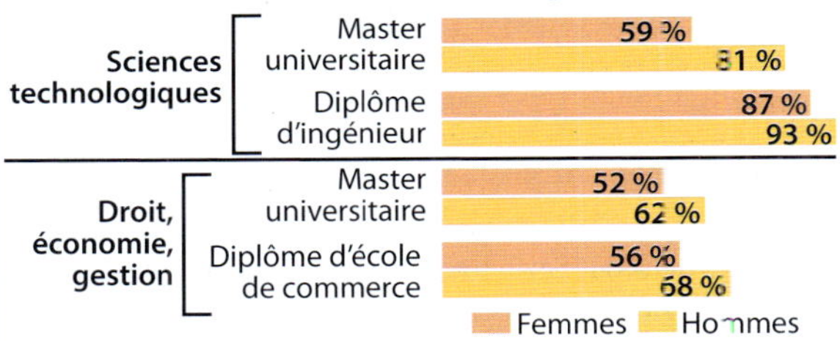

Base : jeunes diplômé(e)s de niveau bac + 5 et plus des promotions 2015 et 2016, en emploi, interrogé(e)s en 2017 et 2018.

Part de jeunes diplômé(e)s en CDI selon la formation et le genre

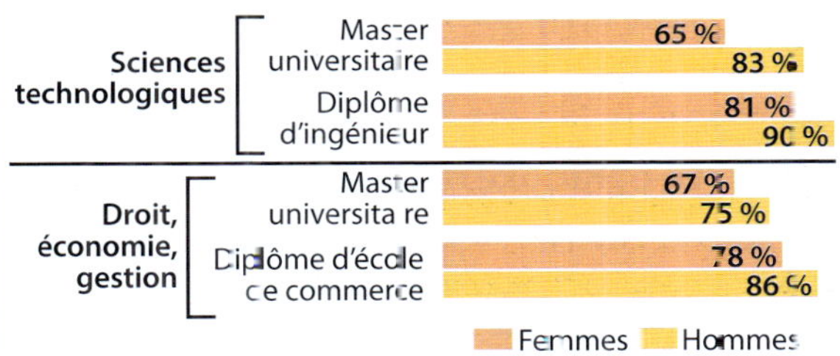

Base : jeunes diplômé(e)s de niveau bac + 5 et plus des promotions 2015 et 2016, en emploi, interrogé(e)s en 2017 et 2018.

Source : d'après « Inégalités en début de carrière. Des conditions d'emploi moins favorables pour les femmes même en début de carrière », Apec, mars 2019.

1 • **Lire** À quelle date les jeunes diplômés ont-ils été interrogés ?

2 • **Comparer** Comparez l'accès au statut de cadre des femmes avec celui des hommes.

3 • **Comparer** Comparez l'accès à un emploi stable des femmes avec celui des hommes.

4 • **Argumenter** Peut-on imputer les écarts observés entre hommes et femmes à des différences d'études ?

Faites le point

Complétez le texte avec les termes suivants.
l'imbrication – travail – normes – femmes – domestique – genre – diplômées – l'escalator

Réduire un individu à la classe à laquelle il appartient et ignorer les rapports sociaux de ... dans lequel il est pris peut conduire à méconnaître de nombreux phénomènes sociaux : la façon dont les hommes et les femmes sont assignés à des tâches différentes et différemment valorisées (dans le ... salarié comme dans le travail ...), le poids des ... de genre, le phénomène de ... de verre dont bénéficient les hommes qui travaillent dans des métiers « de ... », les écarts dans leur insertion professionnelle qui existent entre jeunes diplômés et jeunes .... C'est pourquoi il est important de souligner ... des rapports de classe et des rapports sociaux de genre.

Prenez la parole

Jeu de rôle

- Par groupes de deux, l'un joue le rôle d'un homme, l'autre le rôle d'une femme.
- Imaginez un entretien d'embauche pour accéder à un poste de direction qui se déroulera différemment selon que l'on est un homme ou une femme.
- Jouez-le devant la classe.

4 Penser les classes dans des sociétés d'individus

OBJECTIF DU PROGRAMME : Comprendre que la pertinence d'une approche en termes de classes sociales pour rendre compte de la société française fait l'objet de débats théoriques et statistiques : multiplication des facteurs d'individualisation.

DOC 1 Des processus d'individualisation multiples

	Processus d'individualisation à l'œuvre
Dans les rapports au travail	• Mise en concurrence généralisée des travailleurs • Techniques de néo-management qui astreignent chacun à bâtir son propre « projet professionnel »
Dans les rapports au religieux	Revendication d'une relation plus personnelle et plus autonome à la croyance, contre l'autorité symbolique des Églises
Dans les rapports au politique	Affirmation d'un militantisme « pour soi » contre l'arbitraire des organisations partisanes, syndicales ou contestataires
Dans les rapports à la famille	• Construction d'un projet de vie personnel • Recherche d'un épanouissement relationnel.
Dans les rapports à l'école	Insistance sur l'autonomie de l'élève dans la relation pédagogique et, parallèlement, montée en puissance d'un rapport utilitariste et stratège à l'institution
Dans les rapports à la culture	Singularisation croissante des pratiques culturelles, chaque individu choisissant sa combinaison spécifique de produits de la « haute » et de la « basse » culture

Source : Bordas (librement inspiré de **Federico Tarragoni**, *Sociologies de l'individu*, La Découverte, coll. Repères, 2018).

1 • **Illustrer** Illustrez par un exemple le processus d'individualisation à l'œuvre dans le rapport à la culture.

2 • **Comparer** Qu'ont en commun ces différents processus d'individualisation ?

3 • **Déduire** Quelle est la conséquence de ces processus d'individualisation sur l'existence de classes sociales ?

DOC 2 Le paradoxe d'une société inégalitaire et individualiste

Les classes sociales ont été perçues, par les sociologues et par les mouvements sociaux, comme des êtres et des destins collectifs au sein desquels se déployaient des inégalités perçues comme étant de « second ordre », comme celles tenant au sexe, aux origines, aux territoires, ce qui ne signifie pas que ces inégalités-là étaient objectivement faibles. Tant que les variables socio-économiques, les classes sociales semblaient déterminer les choix politiques, les opinions et les attitudes culturelles ; tant que la vie politique et les mouvements sociaux s'inscrivaient dans cette vision, les inégalités sociales étaient perçues et probablement vécues comme des inégalités de classes et la frustration relative[1] pouvait s'inscrire dans cette vision-là. Or, il semble que ce cadre décline et que nous vivons dans une société décrite comme fortement inégalitaire, voire de plus en plus inégalitaire, sans que ces inégalités renvoient immédiatement à une lecture en termes de classes sociales.

Ce déclin peut s'expliquer par [...] la montée des classes moyennes et de leur hétérogénéité. Le fait de n'être situé ni tout à fait en haut ni tout à fait en bas étend le règne d'un monde profondément hétérogène en termes de revenus, de conditions de vie, de styles de vie, accentuant le règne de la comparaison au plus près alors que l'ordre des classes sociales était structuré par des barrières relativement étanches, par une superposition des clivages. À cette longue mutation s'ajoutent les clivages perçus en termes d'inclusion et d'exclusion, de « *in* » et de « *out* », de « gagnants » et de « perdants » de la mondialisation ; si des catégories d'ouvriers voient leur sort se dégrader, d'autres, situées sur des segments de marchés plus « porteurs », voient leurs conditions s'améliorer alors que, jusque-là, ces conditions paraissaient relativement proches. ■

François Dubet, « Frustration relative et individualisation des inégalités », *Revue de l'OFCE*, n° 150, janvier 2017.

1. Tocqueville a montré comment la démocratie, parce qu'elle faisait naître un désir d'égalité, entraînait aussi une comparaison sociale ininterrompue et une frustration qui ne peut être résolue.

BIO SES

François Dubet est un sociologue français, né en 1946. Il aborde, à travers l'expérience sociale des acteurs, de multiples questions (mouvements sociaux, jeunesse et banlieue, école, délinquance, socialisation...). Ses travaux récents portent sur les inégalités et la justice sociale.

1 • **Repérer** Quel paradoxe est souligné par l'auteur au sujet de la société actuelle ?

2 • **Expliquer** Quelle transformation de la stratification sociale peut expliquer le déclin d'une lecture en termes de classes ?

3 • **Repérer** Quelle phrase fait référence à une montée des distances intra-classes ?

4 • **Repérer** Quelle phrase fait référence à une atténuation des distance inter-classes ?

DOC 3 Le succès des plus favorisés, résultat de leur seul mérite ?

Malgré leur caractère cumulatif, les inégalités sont aujourd'hui largement perçues sous une forme très individualisée. L'égalité des chances l'a emporté, en tant que principe structurant de la représentation des sentiments de justice, sur l'égalité des places. [...] En haut de l'espace social, si les plus qualifiés sont sans doute favorisés par les évolutions du capitalisme global, tous les diplômés n'appartiennent pas, loin de là, aux élites économiques. Des individus privilégiés par la naissance, issus de milieux favorisés et socialisés dans les établissements les plus sélectifs, c'est-à-dire les individus bénéficiant de capitaux économiques, culturels et sociaux très importants, attribuent néanmoins leur réussite à leurs mérites personnels. Les étudiants qui rentrent dans les institutions les plus prestigieuses viennent de villes (ou de quartiers) totalement homogènes. Même pour les privilégiés, l'accès aux institutions d'élite n'est pas garanti. Comme les institutions sont ouvertes par la diversité ethno-raciale du recrutement des plus grandes universités et qu'il n'y a plus de barrières légales à l'admission des minorités[1], et que ceux qui réussissent sont des exceptions au sein de leur milieu d'origine, l'explication du succès, et corrélativement, de l'échec, est individualisée. Même si la majorité des étudiants viennent de familles parmi les 2 ou 3 % les plus fortunées du pays, ceux-ci s'enferment le plus souvent dans un déni de ce privilège et interprètent leur succès comme le résultat de leur travail acharné et de leur mérite. ■

1. L'auteur fait référence aux universités des États-Unis.

Nicolas Duvoux, *Les inégalités sociales*, PUF, coll. Que sais-je ?, 2017.

1 • Repérer Quels sont les caractéristiques de la majorité des étudiants des universités les plus prestigieuses ?

2 • Lire Que signifie le passage souligné ?

3 • Analyser En quoi la perception du succès est-elle révélatrice d'un processus d'individualisation ?

DOC 4 Des salaires de plus en plus individualisés ?

Décomposition de la rémunération versée sous forme de primes en 2016

(en %)	Part de la rémunération brute totale	Part du montant total des primes versé	Proportion de salariés concernés
Primes d'ancienneté	2,0	15,2	35,6
Primes liées à des contraintes du poste de travail	1,5	11,1	25,2
Primes liées aux performances individuelles	4,2	31,1	36,4
Primes liées aux performances collectives, d'équipe, d'atelier	0,9	6,6	14,5
Autres primes et compléments de salaires (13e mois, avantages en nature, primes de fin d'année, de vacances et autres primes exceptionnelles)	4,8	36,0	54,8
Total	13,4	100,0	84,1

Champ : Salariés des entreprises de 10 salariés ou plus du secteur privé.

Source : « La structure des rémunérations dans le secteur privé en 2016 », *Dares Résultats*, n° 63, décembre 2019.

1 • Lire Que signifie la donnée entourée ?

2 • Comparer Comparez la part que représentent les primes liées aux performances individuelles à la part que représentent les primes liées aux performances collectives dans le montant total versé.

3 • Déduire Quelles peuvent être les conséquences de l'individualisation des rémunérations sur les relations de travail ?

Faites le point

Vrai ou faux ? Justifiez votre réponse.

1. L'individualisation désigne la montée de l'égoïsme et du chacun pour soi.
2. Les processus d'individualisation sont à l'œuvre dans toutes les sphères de la vie sociale.
3. L'existence de facteurs d'individualisation fait que l'on recourt moins aux classes sociales pour expliquer les inégalités.
4. Ce n'est pas parce qu'il existe des processus d'individualisation que les écarts objectifs entre classes ont disparu.

Prenez la parole

Débat

- Séparez la classe en deux et attribuez les rôles d'animateur du débat et de gardien du temps.
- Un groupe doit défendre que les causes de la réussite sociale sont avant tout individuelles, l'autre doit montrer le contraire.

Comment est structurée la société française actuelle ?

Synthèse

DYS

DOSSIER 1 Comment déterminer la position d'un individu dans l'espace social ?

1 Multiplier les critères

Comme toute société, la société française est un espace social hiérarchisé et structuré par des multiples facteurs. Pour situer socialement un individu et comprendre pourquoi il agit comme il le fait, il faut tenir compte de critères multiples : la **catégorie socioprofessionnelle**, le **revenu**, le diplôme, la **composition du ménage** dans lequel il vit, sa **position dans le cycle de vie**, son sexe, son lieu de résidence. Toutes ces dimensions peuvent être étudiées séparément mais elles se recoupent au sein d'un individu. Pour rendre compte de cet entrecroisement, le sociologue Bernard Lahire utilise l'image d'une feuille pliée et repliée : au sein d'un individu, on retrouve tous les plis du social qui le traversent : les différents **groupes sociaux** qui le définissent, le milieu professionnel, l'appartenance à un genre ou à une génération, etc.

VU EN PREMIÈRE

Groupe social : ensemble d'individus unis de façon durable, avec des valeurs communes, des liens plus ou moins intenses, une situation sociale identique et/ou des activités communes et une conscience plus ou moins forte d'appartenir à ce groupe.

Professions et catégories socioprofessionnelles (PCS) : outil statistique créé par l'Insee permettant de classer les individus dans des catégories présentant une certaine homogénéité sociale.

2 Mobiliser les catégories socioprofessionnelles

La nomenclature des catégories socioprofessionnelles créée par l'Insee se révèle un outil précieux d'analyse de la structure sociale. Des critères socioprofessionnels sont utilisés pour classer les actifs dans des catégories homogènes socialement : le métier, le niveau de qualification, le secteur, le statut indépendant ou salarié, la place dans la hiérarchie. Au niveau agrégé, il y a six **PCS** : les exploitants agricoles, les artisans, commerçants et chefs d'entreprise, les cadres et professions intellectuelles supérieures, les professions intermédiaires, les employés et les ouvriers. Dans le cadre de l'Union européenne, une nouvelle nomenclature a été conçue afin de permettre des comparaisons entre pays. Les premières études permettent de dessiner un espace social européen structuré en trois classes : supérieure, moyenne et populaire.

3 Repérer les facteurs de structuration et de hiérarchisation

La **stratification sociale** offre une clé de lecture pour tout un ensemble de pratiques sociales : comportements politiques, culturels, alimentaires, matrimoniaux, etc. Il est ainsi possible de mettre en relation les pratiques culturelles et la stratification sociale. L'analyse des enquêtes quantitatives permet de repérer ce qui structure les pratiques culturelles et comment la variable de l'âge intervient.

DOSSIER 2 Comment a évolué la structure socioprofessionnelle ?

1 Plus de salariés et une tertiarisation des emplois

Depuis la seconde moitié du XXe siècle, la modernisation des exploitations agricoles, la montée en puissance d'entreprises de grande taille, le recul des petits commerces au profit des grandes surfaces ont entraîné un déclin des indépendants : les agriculteurs exploitants, les propriétaires de magasins, les patrons de restaurant et les professions libérales ont vu leurs effectifs diminuer. Il y a donc eu **salarisation** de la population active. Le salariat s'est généralisé jusqu'à représenter plus de 90 % des actifs.

Les métiers du tertiaire ont été les plus créateurs d'emplois, notamment dans les domaines de la santé, du commerce, de l'informatique et des services aux particuliers. À l'inverse, les effectifs des métiers agricoles et industriels ont diminué fortement du fait de l'automatisation et de la concurrence internationale. Cela conduit à une **tertiarisation** de la population active.

2 Plus de femmes et plus d'actifs diplômés

La **féminisation des emplois** est une tendance majeure de ces dernières décennies. On a assisté depuis les années 1960 à une progression constante des taux d'activité féminins, et la crise de l'emploi n'a eu aucune prise sur le mouvement de rééquilibrage de la part des sexes sur le marché du travail. Cette évolution est portée par des changements structurels : la montée en puissance du tertiaire et un basculement des normes sociales dans le rapport à l'emploi des femmes. Les femmes de 25 à 49 ans qui étaient l'élément le moins actif de la population en âge de travailler en sont maintenant l'élément le plus dynamique.

Parallèlement, l'élévation du **niveau de qualification** de la population active est visible à travers la forte augmentation des effectifs des cadres et des professions intermédiaires. La montée des qualifications apparaît également au sein des métiers d'ouvriers avec une hausse des effectifs d'ouvriers qualifiés. Cependant, les effectifs d'employés non qualifiés ont aussi augmenté, portés par une demande forte pour des emplois d'aides à domicile et d'assistantes maternelles.

DOSSIER 3 Quelle est la pertinence de la notion de classe sociale ?

1 Les théories des classes dans la tradition sociologique

Karl Marx et Max Weber ont tous deux consacré une part de leur œuvre à l'étude de la stratification sociale dans les sociétés européennes traversées par les bouleversements de l'industrialisation au XIXe siècle.

Pour Marx, les membres d'une **classe sociale** occupent la même position dans le système économique. À ce titre, les ouvriers, d'un côté, et la bourgeoisie capitaliste, de l'autre, forment bien une classe sociale. Ses membres ont également conscience de partager les mêmes intérêts. Cette « conscience de classe » leur permet de passer de la « classe en soi » à la « classe pour soi » et alimente des rapports sociaux conflictuels entre les classes.

Pour Weber, la stratification sociale ne se limite pas à une hiérarchie économique. Certes, l'accès inégal aux biens et services structure la société en classes sociales. Cependant, le prestige et le pouvoir sont deux autres dimensions à prendre en compte. Il propose une analyse tridimensionnelle de la société reposant sur trois ordres en interrelation : économique, social fondé sur le prestige et les honneurs, et politique fondé sur le pouvoir.

NOTIONS DE TERMINALE

Classe sociale (au sens de Marx) : groupe d'individus qui partagent la même position dans le système économique et sont animés par une conscience de classe.

Féminisation des emplois : augmentation de la part des emplois occupés par des femmes dans la population active.

Position dans le cycle de vie : situation vécue par un individu en fonction de son âge et des étapes qui scandent l'existence dans une société donnée (finir ses études, fonder une famille, prendre sa retraite, par exemple).

Salarisation : croissance de la part des salariés dans la population active.

Stratification sociale : division de la société en groupes organisés selon une hiérarchie.

Tertiarisation : augmentation de la part occupée par les emplois du secteur tertiaire dans l'ensemble des emplois.

2 L'écartèlement des classes sociales

La pertinence d'une approche en termes de classes sociales pour rendre compte de la société française fait l'objet de débats théoriques et statistiques. La conscience de classe semble moins forte et l'**identification subjective à la classe** ouvrière est faible, y compris parmi ceux qui occupent des métiers d'ouvriers. De plus, la hausse des revenus pendant les Trente Glorieuses, la massification scolaire et l'amélioration des conditions de logement ont contribué à brouiller les frontières avec les classes moyenne et supérieure à partir des années 1960. Parallèlement, des clivages internes au sein des classes sociales ont affaibli leur homogénéité. Au final, la réduction des **distances inter-classes** dans certains domaines se combine avec un accroissement des **distances intra-classes**.

VU EN PREMIÈRE

Individualisation : processus d'autonomisation de l'individu lié à la modernité dans les différentes sphères de la vie sociale (famille, travail, religion, etc.).

3 Articuler la classe et les rapports sociaux de genre

De nombreuses situations sociales présentent une imbrication des rapports de classe et des **rapports sociaux de genre**. Plutôt que de les mettre en concurrence, il se révèle dès lors fructueux d'articuler ces deux niveaux d'analyse et de ne pas se limiter à une analyse au seul prisme de la classe. C'est à cette condition qu'il devient possible de comprendre plus finement les trajectoires des hommes dans des métiers associés au genre féminin, l'inégalité subie par les jeunes diplômées en début de carrière ou encore la surreprésentation des jeunes hommes ouvriers dans les accidents de la route.

4 Penser les classes dans des sociétés d'individus

Le processus d'**individualisation** à l'œuvre dans nos sociétés affecte de nombreux domaines de la vie sociale : la valorisation de l'autonomie de l'individu conduit à une recomposition des rapports au travail, à la famille, à la politique, à l'école, etc. Ce processus modifie profondément les identités collectives et individualise la perception qu'ont les individus des inégalités qui les touchent, des succès et des échecs qu'ils peuvent connaître. Dès lors, la lecture en termes de classe sociale ne semble plus opérante pour les acteurs eux-mêmes.

NOTIONS DE TERMINALE

Distances inter-classes : écarts statistiques entre classes sociales.

Distances intra-classes : écarts statistiques au sein d'une même classe sociale.

Identification subjective à une classe : façon pour un individu de se définir et de percevoir la classe sociale à laquelle il appartient.

Rapports sociaux de genre : rapports de domination ou de pouvoir entre les sexes dans toutes les sphères de la vie sociale.

Repères

Ne pas confondre

L'analyse de la stratification sociale chez Marx et Weber

L'analyse de Marx repose exclusivement sur la dimension économique. C'est la position occupée dans le système économique qui détermine la classe à laquelle on appartient. L'analyse de Weber est tridimensionnelle : il tient compte de la dimension économique, mais ajoute une hiérarchie fondée sur le prestige et les honneurs et une hiérarchie fondée sur le pouvoir.

Chiffres clés

Autour de l'emploi

9 actifs sur 10 sont salariés aujourd'hui. Le secteur tertiaire représente 75 % des emplois. Les femmes représentent 48,3 % des actifs et le taux d'activité des femmes de 25 à 49 ans est de 83,3 %.

Un outil pour le bac

La nomenclature des PCS

Les PCS sont un outil pour décrire la structure sociale française, analyser les différences d'attitudes et de comportements entre les groupes socioprofessionnels, mettre en évidence des inégalités (souvent en comparant les cadres et les ouvriers). Les PCS permettent également d'étudier la salarisation de la population active (les cadres et professions intellectuelles supérieures, professions intermédiaires, employés et ouvriers regroupent les salariés) ainsi que l'élévation des qualifications (les cadres et professions intellectuelles supérieures et professions intermédiaires regroupent les métiers les plus qualifiés).

Schéma bilan

Bordas Flash PAGE animation

LA SOCIÉTÉ FRANÇAISE ACTUELLE

est un espace social structuré par de multiples facteurs

- catégorie socioprofessionnelle
- revenu
- diplôme
- composition du ménage
- position dans le cycle de vie
- lieu de résidence

est le résultat de quatre grandes évolutions de la structure socioprofessionnelle

- salarisation
- tertiarisation
- élévation du niveau de qualification
- féminisation des emplois

fait l'objet de débats

- La société actuelle est-elle une société de classes ?
- Comment peut-on articuler les rapports de classes et les rapports sociaux de genre ?
- Comment ont évolué les écarts entre les classes ? et les clivages internes aux classes ?
- Parler de classes dans une société d'individus a-t-il encore un sens ?

Prolongements

Un film

Parasite

Bong Joon-ho, 2019

Le fils d'une famille de chômeurs vient donner des cours particuliers à la fille d'une famille très riche. Le film suit la confrontation des deux familles et dénonce la violence des inégalités sociales en Corée du Sud.

Un livre

Retour à Reims

Didier Éribon, Flammarion, coll. Champs, 2018

Didier Éribon retrace l'histoire de sa famille, son enfance dans un monde ouvrier et l'ascension sociale qui l'en a éloigné. Ce récit familial se double d'une réflexion sur les classes sociales et la construction des identités.

Un podcast

« Rural, et alors ? »

Olivia Gesbert, *La Grande Table* France Culture, 28 novembre 2019

Le récit d'une enquête sociologique sur la jeunesse rurale dans les campagnes en déclin. À propos du livre *Ceux qui restent* de Benoît Coquard. Le sociologue y aborde les idées reçues sur la jeunesse des campagnes, la méthode sociologique, la question du genre et l'identification subjective à un groupe social.

Je vérifie mes connaissances

Plus d'exercices en numérique — bordas Flash PAGE exercices interactifs

CORRIGÉS ➡ PAGE 471

Exercice 1

Choisissez la (ou les) bonne(s) réponse(s).

1 • Qu'est-ce que la nomenclature des PCS ?
a. Une grille de classement des individus selon leur profession.
b. Un outil statistique de mesure des revenus.
c. Une théorie de Karl Marx.

2 • Que désigne la notion de stratification sociale ?
a. Une individualisation de la société.
b. Une hausse des inégalités économiques.
c. Un découpage de la société en catégories hiérarchisées.

3 • Qu'est-ce que la salarisation des actifs ?
a. L'augmentation du salaire moyen des actifs.
b. L'augmentation de la part des salariés dans la population active.
c. L'acte d'embaucher un actif comme salarié.

4 • Combien y a-t-il de dimensions dans l'analyse par Max Weber de la stratification sociale ?
a. Une seule : sociale.
b. Deux : économique et sociale.
c. Trois : économique, sociale et politique.

5 • Que signifie l'identification subjective à un groupe social ?
a. Le classement d'un individu par les sociologues.
b. La définition par un individu du groupe social auquel il se sent appartenir.
c. Le désir d'ascension sociale d'un individu.

6 • Pour mieux comprendre les phénomènes sociaux, les rapports sociaux de genre doivent être :
a. Ignorés au profit d'une analyse des hiérarchies de classe.
b. Privilégiés au détriment d'une analyse des hiérarchies de classe.
c. Articulés avec une analyse des hiérarchies de classe.

7 • Quelles sont les conséquences du processus d'individualisation ?
a. Une individualisation de la perception des inégalités.
b. Une réduction des inégalités.
c. Un affaiblissement de la lecture en termes de classes sociales.

Exercice 2

Reliez la notion de classe sociale selon Karl Marx à ses caractéristiques.

Classe sociale •

- • Une même position dans le système économique
- • Une même position dans l'ordre politique
- • Un même prestige
- • Une conscience des intérêts communs aux membres de la classe sociale
- • Des rapports conflictuels aux autres classes sociales
- • Une conscience de classe

Exercice 3

La structure socioprofessionnelle a connu quatre grandes évolutions depuis la seconde moitié du XXe siècle. Lesquelles ? Choisissez la bonne réponse.

1 • Féminisation, salarisation, baisse du niveau de qualification et tertiarisation
2 • Féminisation, salarisation, hausse du niveau de qualification et tertiarisation
3 • Féminisation, salarisation, hausse du niveau de qualification et hausse du secteur secondaire
4 • Baisse de la part des femmes dans la population active, hausse des indépendants, hausse du niveau de qualification et tertiarisation
5 • Baisse de la part des femmes dans la population active, hausse des indépendants, baisse du niveau de qualification et tertiarisation
6 • Baisse de la part des femmes dans la population active, hausse des indépendants, hausse du niveau de qualification et tertiarisation

J'utilise mes connaissances

Exercice 1 Lire et interpréter un graphique sur l'évolution de la répartition des emplois

Évolution de la part de l'emploi, selon les secteurs d'activité, en France

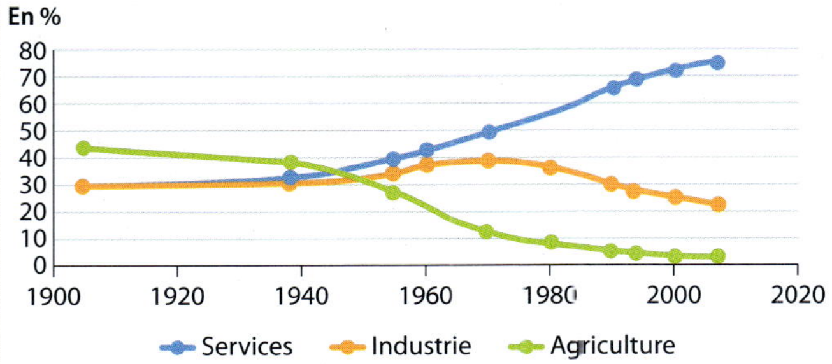

Source : données Insee.

1 • **Quelle est la répartition des emplois en 2000 ?**

2 • **Comparez les courbes du secteur secondaire et celles du secteur tertiaire.**

3 • **Faites un calcul simple pour mesurer l'évolution de la part des emplois du tertiaire.**

Exercice 2 Lire et interpréter un tableau sur le travail répétitif selon la catégorie professionnelle

Catégorie socioprofessionnelle	Effectifs en milliers	Proportion de salariés qui déclarent que leur travail est répétitif (en %)
Cadres	4 385	12,9
Professions intermédiaires	6 105	27,2
Employés	7 238	55,5
Employés de la fonction publique	2 731	54,8
Employés administratifs d'entreprise	1 545	47,5
Employés de commerce	1 142	60,0
Services directs aux particuliers	1 769	60,6
Ouvriers	5 348	65,9
Ouvriers qualifiés	3 541	60,1
Ouvriers non qualifiés	1 592	77,7
Ouvriers agricoles	1 591	73,0
Ensemble	23 236	42,3

1 • **Quelle est la signification de la donnée entourée ?**

2 • **Comparez deux données pour mettre en évidence des inégalités inter-classes.**

3 • **Comparez deux données pour mettre en évidences des inégalités intra-classes.**

Sources : enquêtes Conditions de travail, *Synthèse Stat'*, Dares-Drees-DGAFP-Insee, février 2019.

Je construis ma fiche de révision

Fiche téléchargeable lycee.editions-bordas.fr

À l'aide des pages « L'Essentiel » et de vos connaissances, retrouvez les éléments clés du chapitre et complétez votre fiche de révision.

Comment est structurée la société française actuelle ?

NOTIONS CLÉS
- Catégorie socioprofessionnelle
- …

ANALYSES THÉORIQUES
- La théorie de la stratification sociale chez Karl Marx
- …

OUTILS
- Nomenclature des PCS
- …

IDÉES PRINCIPALES
- L'espace est structuré et hiérarchisé en fonction de multiples facteurs
- …

CONNAISSANCES FACTUELLES
- Élévation du niveau de qualification depuis la seconde moitié du XXe siècle
- …

TRAVAUX DIRIGÉS

Balade urbaine : organiser une promenade sociologique

OBJECTIFS : S'initier à l'observation sociologique ; découvrir l'inscription de la stratification sociale dans l'espace urbain.

Se promener dans une ville, petite ou grande, c'est découvrir comment la structure sociale s'inscrit dans l'espace urbain. Dans l'architecture des bâtiments, l'allure des passants, l'atmosphère des rues, de nombreux phénomènes deviennent visibles pour peu que l'on s'exerce à l'observation sociologique : ségrégation spatiale, embourgeoisement ou paupérisation, brassage social, mouvements d'immigration, etc.

Étape 1 Définissez un itinéraire

- Sur une carte, inscrivez l'itinéraire de la promenade et représentez les bâtiments qui symbolisent les pouvoirs politique, économique ou culturel, les réseaux de transport, les lieux d'histoire et de mémoire, les espaces de passage propices à une observation des individus.
- Définissez les étapes de la promenade.

Étape 2 Variez les techniques d'observation

Pendant la promenade, à chaque nouvel arrêt, choisissez un exercice différent d'observation et de lancement de la réflexion.

- **Décrivez en un seul adjectif :** face à un bâtiment, chacun donne à son tour un adjectif différent pour le décrire.
- **Dessinez un détail :** dans une rue ou sur une place, chacun a une minute pour choisir un détail de l'endroit qu'il va ensuite dessiner sur une feuille en cinq minutes.
- **Analysez en trois temps** : sélectionnez une façade, une trace du passé ou un graffiti. Chacun propose une manière de terminer les trois phrases : Je vois... / Je pense que... / Je me demande...
- **Écoutez** : faites une liste des sons (jusqu'à dix) que vous entendez.
  Vous pouvez la compléter par un enregistrement audio avec votre téléphone.
  Que remarquez-vous ?
- **Tenez un « carnet d'émotions »** : rendez-vous dans un lieu (une boutique, un bâtiment administratif, un café), et relevez par écrit les émotions qu'il suscite chez vous. Réfléchissez ensuite collectivement, en classe, à ce qui les a provoquées.
- **Expliquez cette citation** de Nicolas Jounin extraite de *Voyages de classes* : « Tout l'enjeu de l'écriture d'une observation est là : non pas ignorer ses émotions, mais tenter de retracer par quels dispositifs, pratiques ou paroles elles sont produites dans cette caisse de résonnance qu'est notre corps socialisé. »

Étape 3 En classe : partagez vos observations et confrontez-les à des données quantitatives

- Par groupes de deux, partagez votre expérience de la promenade. Notez les similitudes et les différences. Choisissez un des exercices réalisés pendant la promenade et expliquez ce qu'il vous a appris.
- Réalisez un portrait statistique du quartier à partir des données fournies en *open data* et confrontez ces résultats à vos observations.

Trouver et classer des arguments pour la dissertation

Exemple de sujet : L'approche en termes de classes sociales est-elle pertinente pour rendre compte de la société française ?

1. Établissez une stratégie pour trouver des arguments

Voici des stratégies décrites par des élèves :

a. Je regarde les documents qui me sont fournis et j'essaie d'en tirer les idées principales afin de concevoir un plan.

b. J'analyse les documents et je vois ce qui saute aux yeux et je tente de l'expliquer avec des éléments du cours.

c. Je fais la liste des arguments de mon cours qui peuvent correspondre à la question.

- Quelle stratégie est la plus proche de celle que vous employez ?
- Décrivez votre propre méthode pour trouver des arguments.

2. Formulez vos arguments

Un bon argument doit être formulé sous la forme d'une phrase complète en lien avec le sujet, et apporter un élément de réponse à la question posée.

Des élèves ont proposé un argument en réponse à ce sujet :

a. L'approche en termes de classes sociales est encore pertinente car on retrouve de fortes inégalités économiques qui renforcent une logique de ségrégation spatiale.

b. Le fort sentiment d'appartenance au sein du groupe de la bourgeoisie renforce la pertinence du terme de classes sociales aujourd'hui.

c. Cette approche est encore pertinente et nous le voyons avec les propositions de Weber et Marx.

d. L'approche en termes de classes sociales est toujours pertinente car nous pouvons encore observer des inégalités entre les groupes sociaux

- Quels sont selon vous les meilleurs arguments ? Pourquoi ?
- Proposez un autre argument pour le même sujet.

3. Appuyez-vous sur les documents pour construire des arguments

- En vous appuyant sur le doc 1 p. 192, quel argument pourriez-vous construire pour répondre au sujet ?
- Évaluez cette réponse d'élève.

On pourrait dire que la notion de classe sociale n'est pas aussi pertinente qu'auparavant puisque le sentiment d'appartenance à une classe sociale a diminué, par exemple chez la classe ouvrière qui ne s'identifie pas en tant qu'ouvrier.

4. Regroupez vos idées

Rapprochement des niveaux de vie et des styles de vie	Individualisation des rémunérations dans le monde du travail qui exacerbe la concurrence entre les individus
Accroissement des inégalités économiques depuis les années 1990	Hétérogénéité du groupe des ouvriers
Affaiblissement de la conscience de classe	Conflits sociaux dans le monde du travail
Sentiment d'appartenance fort au sein de la grande bourgeoisie et attachement à l'entre-soi	Des comparaisons cadres / ouvriers qui montrent de grands écarts économiques, sociaux, culturels
Démocratisation scolaire et possibilité pour les enfants des classes populaires d'accéder au lycée et aux études supérieures	Des conditions matérielles de vie difficiles pour les employés et les ouvriers

- Repérez les arguments qui vont dans le sens d'une pertinence des classes sociales.
- Organisez ces arguments dans un plan et donner un titre aux différentes parties

RÉCAP Méthode

Dans le Cahier BAC, La méthode complète p. 426

Dans une dissertation, pour trouver et classer des arguments, il faut :

- établir une stratégie à utiliser à chaque devoir,
- formuler des arguments sous la forme de phrases entières,
- mobilisez les documents pour construire les arguments,
- regrouper les idées qui vont ensemble.

Dans le Cahier BAC
- La méthode de la dissertation, p. 426
- Une dissertation corrigée, p. 430

Sujet guidé - Épreuve de dissertation (20 points) 4 heures

SUJET *L'approche en termes de classes sociales est-elle encore pertinente pour rendre compte de la société française ?*

DOCUMENT 1

Les inégalités face au capital et au travail en France en 2015

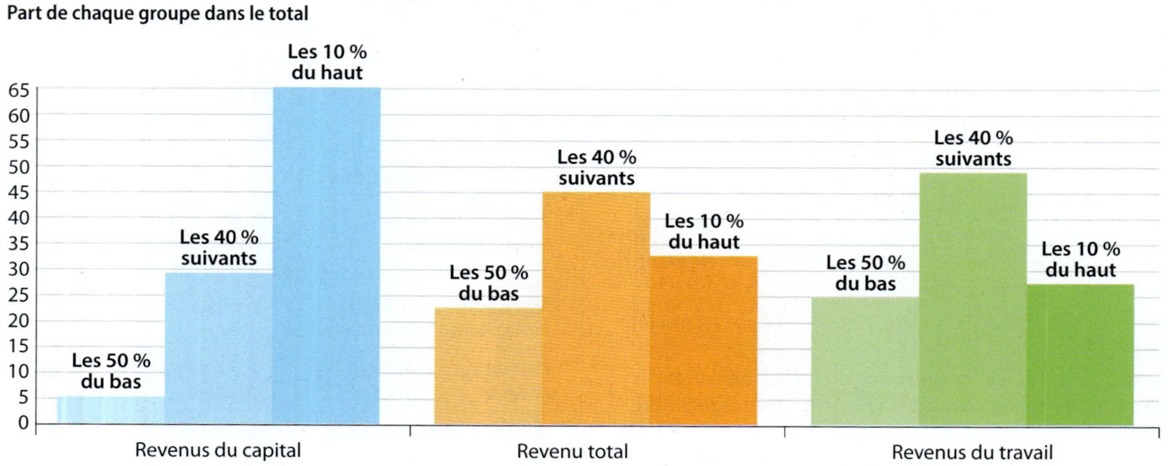

Lecture : les 10 % des revenus du capital les plus élevés représentent 66 % du total des revenus du capital, contre 5 % pour les 50 % les plus faibles, et 29 % pour les 40 % suivants. Pour les revenus du travail, ces parts sont respectivement de 27 %, 24 % et 49 %.
Note : les répartitions indiquées ici sont celles du revenu par adulte (le revenu des couples est divisé par deux).

Source : www.piketty.pse.ens.fr/ideologie, *in* **Thomas Piketty**, *Capital et idéologie*, Seuil, 2019.

DOCUMENT 2

Part de dépenses préengagées dans le revenu disponible du ménage

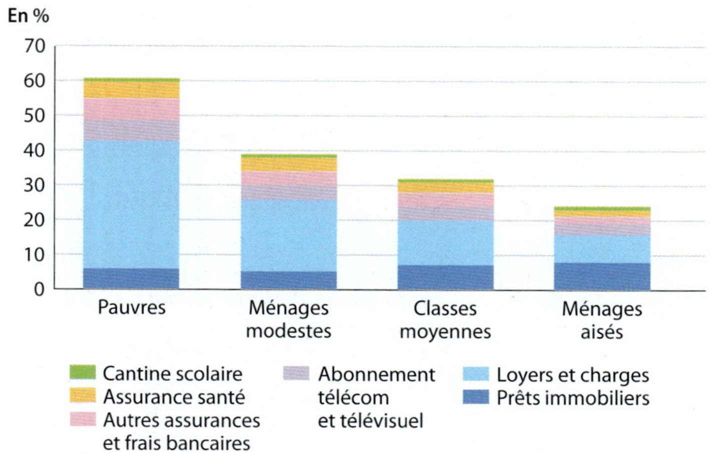

Source : données 2011 (dernières données disponibles), Drees.

DOCUMENT 3

Le niveau de diplôme constitue un autre trait qui distingue les classes populaires : en 2012, 25 % de leurs membres ont au plus le certificat d'études, 10 % le brevet des collèges et 34 % un CAP ou BEP ; au total, les classes populaires ne comptent que 32 % de bacheliers, contre 75 % des professions intermédiaires et 91 % des cadres. Mais contrairement à l'origine sociale, on observe une diversité interne très forte des niveaux de formation. La segmentation entre ouvriers qualifiés et non qualifiés apparaît particulièrement nette, une partie des catégories d'employés se distinguant par ailleurs par des diplômes plus élevés : à titre d'illustration, la proportion de bacheliers va de 16 % pour les ouvriers non qualifiés de type artisanal à 65 % pour les employés administratifs d'entreprise. [...] Un dernier ensemble d'indicateurs, non des moindres, distingue la situation des classes populaires : ceux relatifs aux conditions d'emploi et de salaire. En 2012, toujours d'après l'enquête Emploi de l'Insee et sur l'ensemble des actifs ayant déjà travaillé, 12 % des classes populaires étaient au chômage, 15 % étaient saisonniers, en contrat aidé, à durée déterminée ou intérimaires, 39 % étaient en contrat stable (CDI ou statut de fonctionnaire) mais avec un revenu mensuel inférieur à 1,4 Smic (soit 1 560 euros net) ; seuls 4 % avaient un contrat stable et un revenu supérieur à 2,2 Smic. L'ensemble de ces caractéristiques sont sans commune mesure avec les situations observées dans les classes moyennes et supérieures où, par exemple, la part des salariés en contrat stable et qui gagnent moins de 1,4 Smic n'excède pas 14 % pour les professions intermédiaires et 3 % pour les cadres. De plus, si les écarts salariaux ne se sont pas creusés (en raison notamment du vieillissement relatif des classes populaires), les conditions d'emploi se sont, elles, dégradées avec une élévation spécifiquement marquée des niveaux de chômage et de précarité pour les classes populaires (ils étaient respectivement 8 % et 6 % au chômage et en contrat court en 1982). Ces évolutions ont accentué les clivages internes aux classes populaires, les ouvriers non qualifiés se distinguant par une exposition très nette au chômage et à la précarité de l'emploi (en 2012, près d'un sur deux est soit au chômage, soit en contrat court), les employés non qualifiés par des niveaux de salaire mensuel très souvent faibles (en raison notamment de la proportion élevée de temps partiel que l'on y trouve). ■

Thomas Amossé, « Portrait statistique des classes populaires », *De la classe ouvrière aux classes populaires, Savoir / Agir*, n° 34, Éditions du Croquant, avril 2015.

DOCUMENT 4

Entre les deux raisons suivantes, quelle est celle qui, selon vous, explique le mieux que certaines personnes vivent dans la pauvreté ?

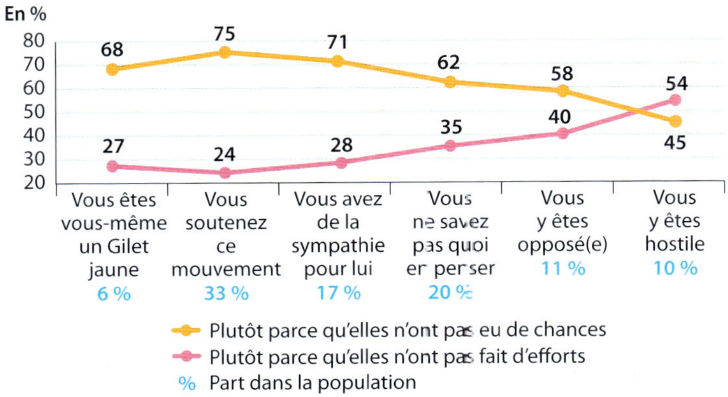

Source : enquête Conditions de vie et aspirations, Crédoc, 2019.

Méthode appliquée

La DISSERTATION en 4 étapes

1 Analyser le sujet et le problématiser

- Repérez les notions clés du sujet. Ici, définissez la notion de « classe sociale ».
- Identifiez le type de sujet : s'agit-il d'une explicitation d'un mécanisme ou d'un débat ?
- Questionnez les enjeux du sujet : pourquoi la question se pose-t-elle ? A-t-elle donné lieu à un débat parmi les sociologues ? Pour quelles raisons la notion de classe a-t-elle pu être remise en cause ?

2 Exploiter les documents et les relier à ses connaissances

- Lisez attentivement les documents en vous demandant pour quelle raison ils figurent dans ce sujet. Quels arguments peuvent-ils illustrer ? Ici, plusieurs documents traitent des inégalités : quels sont les différents types d'inégalités mis en évidence ?
- Cherchez dans vos connaissances de cours les éléments qui permettent de répondre à la question du sujet.

3 Construire un plan

- Retrouvez les différentes dimensions de la notion de classe sociale et utilisez-les pour structurer votre plan.

4 Rédiger

- Commencez chaque paragraphe par une phrase qui avance un argument. Vous pouvez utiliser la méthode AEI en complétant un tableau.

A Affirmer une idée qui répond au sujet	**Idée 1 :** Les clivages internes aux groupes sociaux dans la société française peuvent affaiblir la pertinence de la notion de classes.
E Expliciter des éléments de connaissances (notions et mécanismes) pour préciser l'idée	Les classes supérieures et les classes populaires recouvrent des catégories très larges avec une grande diversité interne. Il existe une **distance intra-classe** qui se traduit par des clivages en termes de revenus, de qualification, de vulnérabilité au chômage, etc.
I Illustrer par des exemples tirés des documents pour justifier l'affirmation	**Doc 3 :** Ainsi, 16 % des ouvriers de type artisanal sont bacheliers contre 65 % des employés administratifs d'entreprise, soit 4 fois moins.

- Guidez le lecteur dans les étapes de votre raisonnement en faisant ces phrases de conclusion et de transition.

Dans le Cahier BAC
- La méthode complète de l'EC, p. 428
- Autres sujets blancs, p. 450

Sujet blanc - Épreuve composée (4 heures)

PARTIE 1 • Mobilisation des connaissances (4 points)

- Expliquez pourquoi la multiplication des facteurs d'individualisation peut affaiblir la pertinence d'une approche en termes de classes sociales.

PARTIE 2 • Étude d'un document (6 points)

1 • En effectuant des calculs simples, comparez les profils des deux types d'enfants.

2 • Montrez que l'usage des écrans est différencié selon le milieu social.

Profil comparé des enfants non utilisateurs et forts utilisateurs des écrans à 2 ans

	Enfants non utilisateurs	Enfants utilisant 3 ou 4 écrans[1] tous les jours
Sexe		
Filles	50	49
Garçons	50	51
Nombre de frères et sœurs vivant dans le ménage		
Aucun	34	39
Un	42	39
Deux	17	12
Trois ou plus	7	10
Diplôme des parents		
Père et mère inférieur ou égal au bac	22	45
Mère inférieur ou égal au bac et père supérieur au bac	8	13
Mère supérieur au bac et père inférieur au bac	20	17
Père et mère supérieur au bac	50	25
PCS des parents		
Père et mère employés, ouvriers ou inactifs	19	36
– Mère employée, ouvrière ou inactive – Père cadre, profession intellectuelle supérieure ou indépendant	14	22
– Père employé, ouvrier ou inactif – Mère cadre, profession intellectuelle supérieure ou indépendante	11	8
Père et mère cadres, profession intellectuelle supérieure ou indépendantes	48	21

1. Ordinateur ou tablette, téléviseur, smartphone, jeux vidéo.

Source : d'après **Nathalie Berthomier** et **Sylvie Octobre**, *Enfants et écrans de 0 à 2 ans à travers le suivi de cohorte Elfe*, Culture Études, n° 1, ministère de la Culture, 2019.

PARTIE 3 • Raisonnement s'appuyant sur un dossier documentaire (10 points)

SUJET *En vous appuyant sur vos connaissances et sur les documents, vous présenterez les principales évolutions de la structure socioprofessionnelle en France depuis la seconde moitié du xxe siècle.*

DOCUMENT 1

Globalement, la structure de l'emploi par qualifications s'est nettement déformée en trente ans. Les effectifs des métiers de cadres et professions intellectuelles supérieures (+ 2,4 millions) et de professions intermédiaires (+ 2,0 millions) ont fortement augmenté (graphique 3). La montée en qualification est également visible au sein des métiers d'ouvriers. Les effectifs des métiers d'ouvriers non qualifiés ont en effet globalement chuté (– 1,2 million), tandis que ceux des métiers d'ouvriers qualifiés sont restés stables, portés notamment par le dynamisme des conducteurs de véhicules, des cuisiniers et des ouvriers qualifiés de la manutention. Il serait cependant faux de conclure à un recul généralisé de l'emploi peu qualifié. Car si les métiers les plus dynamiques sont pour la plupart des métiers de cadres et de professions intermédiaires, les effectifs des métiers d'employés non qualifiés (+ 1,1 million) ont également progressé, portés notamment par la forte augmentation des effectifs d'aides ménagères, aides à domiciles et assistantes maternelles, emplois qui ne sont ni délocalisables ni automatisables, et pour lesquels la demande est particulièrement dynamique. ■

« Comment ont évolué les métiers en France depuis 30 ans ? », *Dares Analyses*, n° 3, janvier 2017.

DOCUMENT 2

Taux d'activité selon le sexe et l'âge (en %)				
	1990	2000	2010	2017
Femmes				
15 à 24 ans	39,7	32,8	34,8	33,4
25 à 49 ans	75,0	79,9	83,3	82,6
50 à 64 ans	38,0	46,4	53,6	62,9
Ensemble 15 à 64 ans	58,0	62,4	65,4	67,6
Ensemble des 15 ans ou plus	47,0	49,3	51,3	51,4
Hommes				
15 à 24 ans	46,9	40,2	42,3	40,3
25 à 49 ans	96,3	95,0	94,6	93,1
50 à 64 ans	56,9	59,0	61,0	68,6
Ensemble 15 à 64 ans	75,6	75,1	74,7	75,6
Ensemble des 15 ans ou plus	65,5	63,1	62,0	60,5

Champ : France hors Mayotte, population des ménages, personnes de 15 ans ou plus.

Source : enquêtes Emploi (calculs Insee), Insee.

DOCUMENT 3

Évolution de l'emploi par secteur d'activité (équivalents temps plein)

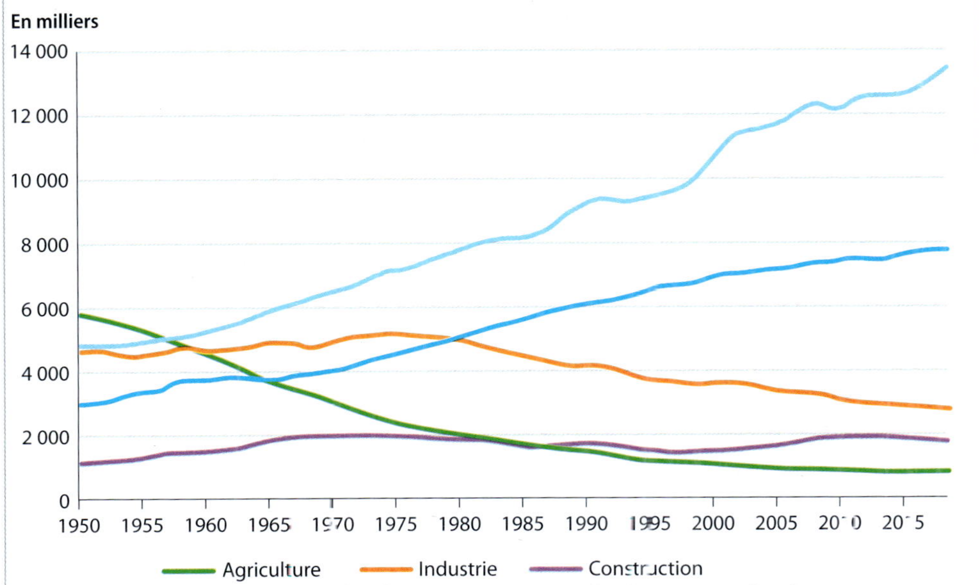

Source : Comptes nationaux, Insee.

Dans le Cahier BAC, p. 460
La méthode complète pour réussir le Grand oral

Préparation - Épreuve du Grand oral (20 points) 20 minutes

Préparer sa question en 4 étapes

1 Trouver sa question en lien avec son projet d'orientation

1 Voici des questions possibles en lien avec différents domaines d'étude.

1 Quelle place pour les femmes dans l'emploi depuis 1945 ?	*Sociologie, Histoire*
2 Les travailleurs précaires : nouvelle classe sociale ?	*Sociologie, Carrières sociales*
3 Comment s'articulent rapports de classe et rapports sociaux de genre dans le monde du travail ?	*Sociologie, Écoles de commerce*
4 Le mouvement des Gilets jaunes, un retour de la lutte des classes ?	*Sociologie, Sciences politiques*
5 Parler de classes sociales a-t-il encore un sens dans une société d'individus ?	*Sociologie, Sciences politiques, Philosophie*

Choisissez la question que vous voulez traiter parmi celles ci-dessus, ou proposez une autre question. Justifiez votre choix en complétant le schéma suivant.

Cette question est en lien avec mon projet d'orientation :
→ les matières / disciplines que je vais suivre l'année prochaine : ...
→ les débouchés professionnels que j'imagine : ...

2 Mobiliser des connaissances pour préparer la réponse à la question choisie

- Commencez par réviser le chapitre. Utilisez la synthèse (p. 198) ainsi que la fiche de révision (p. 203) que vous aurez téléchargée et complétée. Vous pourrez ainsi identifier les connaissances, notions et mécanismes à mobiliser pour répondre à votre question.

2 Entourez les notions du chapitre qui sont en lien avec la question 1.
classe sociale – stratification – structure socioprofessionnelle – PCS – taux d'emploi – salarisation – tertiarisation – féminisation des emplois – rapports sociaux de genre – individualisation

- Puis faites des recherches complémentaires pour approfondir votre maîtrise du sujet. Terminez en réalisant une carte mentale qui synthétise l'ensemble de vos connaissances sur la question.

3 Voici un exemple de carte mentale pour la question 1. Complétez-la.

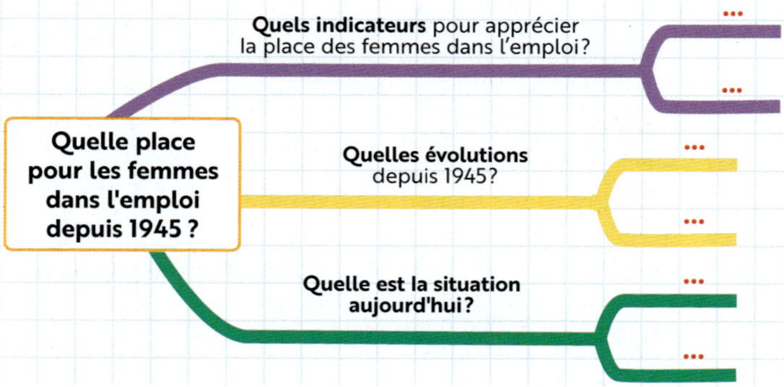

3 Préparer la réponse argumentée à la question choisie

- Avant de commencer à préparer et organiser votre réponse argumentée, réfléchissez aux objectifs que vous cherchez à réaliser.

4 Complétez la liste d'objectifs pour la question 5.

Mon objectif est qu'à la fin de la présentation, le jury ait…

… compris les notions suivantes :
- Féminisation de l'emploi
- Taux d'emploi
- …

… retenu les arguments suivants :
- Le taux d'emploi des femmes a progressé depuis 1945
- …

- Préparez votre réponse argumentée en suivant ces étapes :
  - Expliquez votre choix et définissez les termes importants.
  - Organisez vos arguments et présentez-les.
  - Concluez en apportant une réponse claire à la question.

4 Concevoir un support pour le jour J

- Préparez, à partir du travail précédent, un support simple à destination du jury, que vous reconstituerez le jour J pendant vos vingt minutes de préparation : plan, carte mentale, schéma, tableau… ➥ Cahier BAC p. 462

5 Voici un exemple de plan détaillé pour la question 1. Complétez-le.

I) Depuis 1945, l'emploi s'est féminisé…

A) Constat :
- Progression du taux d'emploi féminin
- …

B) Causes :
- …
- …

II) Mais des inégalités persistent…

A) Des situations d'emploi plus défavorables pour les femmes
- Les femmes plus souvent à temps partiel
- …

B) Les inégalités salariales
- …

S'entraîner pour le jour J

1. Présenter sa question devant le jury

6 ORAL

- Reprenez la réponse argumentée que vous avez préparée (étape 3) et entraînez-vous à la présenter debout devant un miroir en vous détachant progressivement de vos notes.
- Recommencez jusqu'à ce que vous soyez capable de présenter sans aucune note.

2. Préparer l'entretien avec le jury

7 ORAL

- Imaginez deux questions de connaissances sur votre question et entraînez-vous à y répondre.
- Imaginez deux questions d'approfondissement sur votre question et entraînez-vous à y répondre.

3. Savoir se débarrasser des mots et expressions parasites *Compétence orale*

- Les mots et expressions parasites sont des mots et expressions largement utilisés à l'oral, alors qu'ils sont souvent inutiles car ils n'apportent aucune information nouvelle. Ils « polluent » votre discours et il faut donc chercher à s'en débarrasser.

Expressions à éviter

quand même…, genre…, en fait…, à la base…, du coup…, c'est clair que…, en gros, et tous les tics de langage comme *euh…* ou *ben…*.

Astuce

Soyez particulièrement vigilant(e) pendant l'entretien avec le jury : c'est à ce moment-là que vous risquez le plus d'utiliser des mots et expressions parasites car vous n'aurez pas pu préparer vos réponses à l'avance.

8 ORAL

- Racontez votre journée, le dernier film que vous avez vu, ou votre dernier cours de SES à un de vos camarades. Demandez-lui de vous poser des questions et de repérer les mots et expressions parasites que vous utilisez.
- Inversez les rôles.

CHAPITRE 7

Quelle est l'action de l'école sur les destins individuels et sur l'évolution de la société ?

Un cas pour réfléchir

Dis-moi ton prénom, je te dirai ta mention !

Savez-vous que les Éléonore, Louise, Kelly, Martin et Ryan n'ont pas obtenu la mention « Très bien » dans les mêmes proportions aux baccalauréats général et technologique en 2019 ? Le sociologue Baptiste Coulmont montre, grâce à une représentation graphique, le lien entre les mentions au bac et le prénom des élèves. Les Éléonore ont plus de chances de l'obtenir que les Ryan. Mais le prénom en lui-même ne l'explique pas car les copies sont anonymes. En fait, le choix des prénoms dépend de l'origine sociale : il y a donc un lien entre origine sociale et réussite scolaire.

Et vous, qu'en pensez-vous ?

Comment l'origine sociale peut-elle influencer, selon vous, le parcours scolaire des individus ?

Dessin de Thierry Boulard.

VU EN PREMIÈRE

Configuration familiale • Instances de socialisation • Ségrégation sociale • Socialisation • Trajectoire individuelle improbable

NOTIONS DE TERMINALE

Capital culturel • Égalité des chances • Démocratisation scolaire • Inégalités de réussite scolaire • Investissements familiaux • Massification scolaire • Stratégies des ménages • Taux d'accès à un diplôme ou à un type de formation • Taux de scolarisation

Une vidéo pour débattre

Réussir à l'école en banlieue

Quels facteurs influencent les chances de réussir à l'école ?

Source : **Grand Corps Malade**, *Je viens de là*, 30 du film « La Vie scolaire », 2019.

SOMMAIRE

DOSSIER 1 Quel est le rôle de l'école dans les sociétés démocratiques ?

1 L'école transmet des savoirs et vise à favoriser l'égalité des chances 214

2 Les évolutions de l'accès à l'école depuis 1950 226

3 La massification de l'école ne signifie pas sa démocratisation 218

DOSSIER 2 Comment expliquer les inégalités de réussite scolaire ?

1 Le rôle de l'école 220

2 Le rôle du capital culturel et des investissements familiaux 222

3 Les effets des stratégies des ménages 224

4 Le poids de la socialisation selon le genre 226

L'ESSENTIEL 228

Synthèse • Repères • Schéma bilan • Prolongements

RÉVISER 232

Je vérifie mes connaissances • J'utilise mes connaissances • Je construis ma fiche de révision

TRAVAUX DIRIGÉS 234

Enquête : comment démocratiser l'accès aux études supérieures ?

BAC MÉTHODE & ENTRAÎNEMENT 235

- Comprendre le libellé du sujet de la partie 3 de l'épreuve composée
- Sujet guidé : épreuve composée
- Sujet blanc : épreuve de dissertation
- Préparation : épreuve du Grand oral

1 L'école transmet des savoirs et vise à favoriser l'égalité des chances

OBJECTIF DU PROGRAMME : Comprendre que, dans les sociétés démocratiques, l'école transmet des savoirs et vise à favoriser l'égalité des chances.

Questionnez-vous ! L'école permet-elle de sortir de son milieu social ?

Classe inversée

bordas Flash PAGE vidéo

Source : *Les défricheurs*, Heliox films et France Télévisions.

NOTION DE TERMINALE

Égalité des chances : situation où tous les individus, quels que soient leur sexe ou leur origine, ont les mêmes chances d'accéder à l'ensemble des positions sociales. Au sein de l'école, situation où tous les élèves, indépendamment de leurs caractéristiques sociales, ont les mêmes opportunités de réussite scolaire et d'accès aux niveaux scolaires les plus élevés.

1 • De quel milieu social provient Yacine ?

2 • Comment explique-t-il son accès à l'Université Paris Diderot ?

3 • Qu'a-t-il appris au sein de cette université ?

4 • En quoi cette vidéo illustre-t-elle l'égalité des chances ?

DOC 1 L'école transmet une culture commune

Il faut remonter au début du XIXe siècle pour saisir les prémices du processus de généralisation de l'école, c'est-à-dire le fait d'étendre le mode scolaire de socialisation à l'ensemble des groupes sociaux et des sexes. En 1833, la loi Guizot impose que chaque commune de plus de 500 habitants se dote d'une école primaire pour garçons, ce qui entraîne un doublement du nombre d'élèves scolarisés entre 1833 et 1848. L'objectif est alors essentiellement politique : comme le précise la circulaire du 18 juillet 1833 relative à cette loi, l'enseignement est pensé comme « une des garanties de l'ordre et de la stabilité sociale ».

C'est également un objectif politique qui préside au projet éducateur de la IIIe République (1870-1940), manifeste dans les « lois Ferry » de 1881 et 1882 instituant l'instruction primaire publique gratuite, laïque et obligatoire pour les filles et garçons de six à treize ans. Comme le rappelle l'historien Antoine Prost[1], les dirigeants de la jeune République voient en cette loi le moyen de « former des individus capables de penser par eux-mêmes [...] pour fonder une société de citoyens égaux en droits et en dignité ». Il s'agit ainsi d'asseoir ce nouveau régime et de favoriser la cohésion nationale autour d'une culture commune. ■

Marianne Blanchard et **Joanie Cayouette-Remblière**, *Sociologie de l'école*, La Découverte, coll. Repères, 2016.

1. Historien français spécialiste de l'éducation, né en 1933.

« Une école sous la IIIe République », tableau de Henri-Jules-Jean Geoffroy, 1889.

1 • **Expliquer** Pour Jules Ferry, l'école est gratuite, laïque et obligatoire. Expliquez ces principes.

2 • **Identifier** Comment les principes de l'école de Jules Ferry contribuent-ils à la transmission d'une culture commune ?

3 • **Expliquer** Quels sont, selon A. Prost, les objectifs des lois de Jules Ferry ?

DOC 2 L'école vise à favoriser l'égalité des chances

Dans les sociétés démocratiques, la place de chacun est censée dépendre de son talent et de son mérite personnel et non de son appartenance à un groupe social particulier défini par son niveau de richesse économique, sociale ou culturelle. Il reste pourtant à savoir comment définir ce talent et ses différentes dimensions, ainsi que les modalités de sa mesure et de sa certification par l'école : en certifiant des savoirs acquis, en formant les jeunes générations aux compétences et connaissances indispensables à la vie dans les sociétés modernes, l'école distingue les individus en leur attribuant des diplômes supposés refléter leur talent et leurs efforts. Elle les hiérarchise en proposant des critères de classement et de jugement qui lui sont propres, mais qui en même temps sont considérés comme universels et définissent en grande partie le parcours des individus dans la société.

Dans ces conditions, l'école – son organisation, son degré d'efficacité et d'équité, ses critères de classement et l'ensemble de ses caractéristiques – devient un des enjeux les plus saillants des sociétés démocratiques, car elle joue un rôle majeur dans la définition du destin des individus, de leur place dans la société. Ce rôle d'allocation des places ne peut être légitime et reconnu par tous que s'il reflète le plus fidèlement possible le mérite individuel de chacun, en dehors de tout déterminisme lié à la naissance et à l'origine des individus. ■

Georges Felouzis, *Les inégalités scolaires*, PUF, coll. Que sais-je ?, 2014.

Flash PAGE vidéo

L'école et la méritocratie selon F. Dubet

1 • Quels sont les liens entre égalité des chances et mérite ?

2 • Pourquoi F. Dubet compare-t-il l'égalité des chances à une compétition sportive ?

3 • L'égalité des chances a-t-elle toujours été un objectif de l'école ? Justifiez votre réponse.

1 • **Lire** Que signifie la phrase soulignée ?

2 • **Expliquer** En quoi l'école vise-t-elle à favoriser l'égalité des chances ?

3 • **Argumenter** Quel est le rôle du diplôme ?

DOC 3 Le rôle de l'école dans l'insertion professionnelle des individus

Situation des jeunes trois ans après la sortie du système éducatif (génération sortie en 2013)

	Taux d'emploi (en %)	Taux de chômage (en %)	Part des jeunes (en EDI[1])	Salaire mensuel net médian[2] (en euros constants)
Aucun diplôme	40	40	34	1 200
Diplômes du secondaire	43	67	22	1 300
Bac professionnel	72	20	57	1 330
Bac technologique	67	17	44	1 280
Bac général	58	19	44	1 280
Diplômes du supérieur court	81	11	70	1 560
Diplômes du supérieur long	86	10	79	2 100
Écoles de commerce et d'ingénieurs	90	7	90	2 370
Doctorat	91	6	71	2 300
Ensemble	70	20	61	1 460

Source : « Génération 2013 : enquête 2016 », Céreq.

1. Jeunes en emploi à durée indéterminée parmi les jeunes en emploi.
2. Primes incluses, tous temps de travail confondus, en euros constants de 2016.

1 • **Lire** Que signifient les données pour les titulaires d'un doctorat ?

2 • **Comparer** À l'aide du coefficient multiplicateur, comparez les conditions d'insertion des diplômés et celles des non-diplômés.

Savoir-faire 4 p. 407

3 • **Déduire** Quel est le rôle du diplôme sur les destins individuels ?

Faites le point

Complétez le texte avec les termes suivants.
origine – semblable – diplômes – démocratiques – connaissances – égalité des chances – insertion professionnelle

Dans les sociétés **...** , l'école a notamment pour objectifs de transmettre des **...** et de favoriser l'**...** . La maîtrise des connaissances est validée par la délivrance de **...** et celui-ci assure de meilleures conditions d'**...** . L'égalité des chances sociales apparaît assurée si chacun, à même niveau de diplôme, peut accéder à une position sociale **...** quelle que soit son **...** .

Prenez la parole

Jeu concours

Le ministre de l'Éducation nationale lance un concours de rédaction d'une charte présentant des mesures pour l'égalité des chances à l'école.

- Par groupes de quatre, rédigez une charte.
- Présentez ensuite votre travail à la classe et élisez la meilleure charte.

2 Les évolutions de l'accès à l'école depuis 1950

OBJECTIF DU PROGRAMME : Comprendre l'évolution, depuis les années 1950, des principaux indicateurs mesurant l'accès à l'école et à l'enseignement supérieur.

DOC 1 Des étapes clés dans le processus d'égalité des chances depuis la Seconde Guerre mondiale

1959 Loi Berthoin généralisant l'entrée en 6e et rendant la scolarité obligatoire jusqu'à 16 ans (au lieu de 14 ans)

1966 Ouverture des IUT

1968 Création des baccalauréats technologiques

1970 Création de l'ONISEP pour aider les jeunes dans leur orientation

1975 Loi Haby créant le collège « unique » (tous les enfants entrent en 6e dans des classes indifférenciées)

1976 Création des lycées d'enseignement professionnel (LEP)

1982 Mise en place des zones d'éducation prioritaire (ZEP)

1985 Création des baccalauréats professionnels

1989 Objectif de conduire en dix ans l'ensemble d'une classe d'âge au minimum au niveau du CAP ou BEP et 80 % au niveau du baccalauréat

1 • Argumenter Quelles raisons peuvent justifier le principe d'un collège unique ?

2 • Expliquer En quoi ces réformes ont-elles pu contribuer à favoriser l'accès de tous à l'école ?

3 • Déduire Pour quelles raisons la loi d'orientation de 1989 réaffirme-t-elle l'objectif de ne plus laisser sortir des jeunes du système éducatif sans qualification ?

DOC 2 Les progrès de la scolarisation

Évolution du taux de scolarisation par âge par année scolaire (en %)

Âge au 1er janvier	1985-1986	1995-1996	2005-2006	2015-2016
14 ans	99,2	99,8	98,8	97,7
15 ans	98,1	98,3	96,0	97,0
16 ans	91,4	96,8	94,7	94,8
17 ans	82,2	93,1	89,6	91,9
18 ans	58,6	84,8	77,2	78,4
19 ans	40,3	72,1	63,8	64,7
20 ans	26,7	58,0	51,1	53,1
21 ans	19,5	44,8	40,7	43,6
22 ans	14,1	33,1	33,1	35,9
23 ans	10,3	22,9	23,8	26,0
24 ans	8,1	14,0	16,2	17,7
25 ans	6,3	9,8	11,2	11,3
26 ans	5,1	6,6	8,2	7,7
27 ans	4,1	4,6	6,0	5,4
28 ans	3,2	3,6	4,7	3,9
29 ans	2,7	2,9	3,8	2,9
Moyenne 14-29 ans	35,6	46,6	44,9	45,7

Champ : France métropolitaine jusqu'en 1995-1996, France hors Mayotte à partir de 2005-2006.

Source : « Formations et emploi », *Insee Références*, 2018.

NOTION DE TERMINALE

Taux de scolarisation : part des enfants scolarisés d'un âge déterminé parmi les jeunes de cet âge.

1 • Lire Que signifient les données entourées ?

2 • Identifier Quelle est la durée de la scolarité obligatoire ?

3 • Repérer Comment évolue le taux de scolarisation entre 1985 et 2016 ?

4 • Déduire Quelles sont les raisons de cette évolution ?

DOC 3 Le développement de l'enseignement secondaire et supérieur

Évolution du taux d'accès au niveau du bac[1] de 1980 à 2015

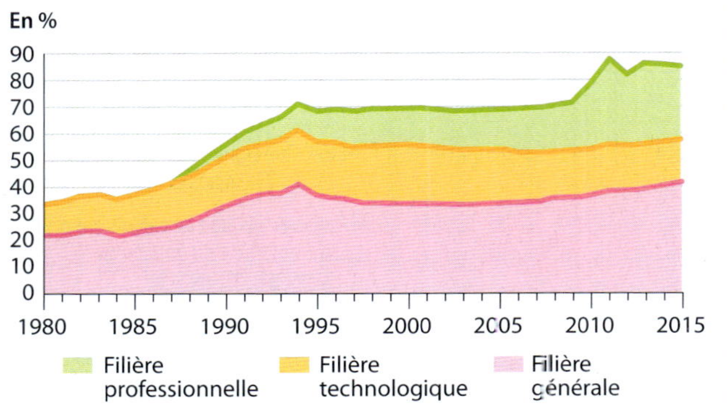

1. Élèves sortis des classes de terminale avec ou sans le baccalauréat.

Sources : MENESR-Depp ; ministère de l'Agriculture ; Insee.

Diplômé(e)s de l'enseignement supérieur parmi les 25-29 ans selon l'année

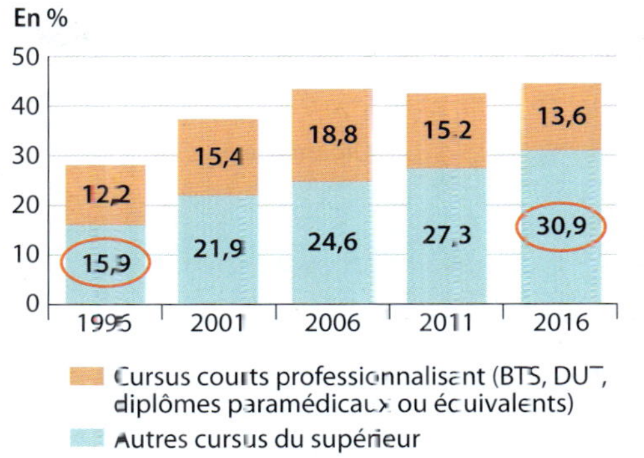

Sources : enquêtes Emploi, Insee ; calculs Depp.

NOTION DE TERMINALE

Taux d'accès à un diplôme ou à un type de formation : rapport entre le nombre d'élèves parvenant à un niveau de diplôme (par ex. en terminale pour le baccalauréat) et l'effectif de la génération correspondante.

1 • **Lire** Que signifient les données pour 2015 (graphique de gauche) et les données entourées (graphique de droite) ?

2 • **Illustrer** À l'aide des données du graphique de gauche, montrez que le taux d'accès à l'enseignement secondaire est en augmentation.

3 • **Calculer** À l'aide du taux de variation, mesurez l'évolution de la part des diplômés du cursus court professionnalisant et des autres cursus du supérieur (graphique de droite). Savoir-faire 12 p. 419

4 • **Déduire** Comment évolue la part des diplômés de l'enseignement supérieur ?

DOC 4 Une massification du système scolaire

Le système scolaire français a connu sous la Ve République une massification spectaculaire.

Cette massification est caractérisée notamment par un allongement de la durée des études et par l'accès d'une large partie de la population à un niveau de qualification élevé, qui était auparavant réservé à une minorité d'élèves généralement issus des catégories sociales les plus privilégiées. En effet, jusqu'à la fin des années 1950, le système scolaire français était encore fondé sur la stricte séparation de deux ordres d'enseignement : élémentaire et secondaire. La majorité des élèves suivaient leur scolarité élémentaire dans des écoles primaires durant leur scolarité obligatoire, qui a été allongée d'un an jusqu'à l'âge de 14 ans en 1936 à l'époque du Front populaire. Après l'obtention du certificat d'études primaires, les meilleurs élèves pouvaient poursuivre leur scolarité dans des cours complémentaires, ceux-ci jouant après 1945 un rôle majeur dans l'amorçage de l'allongement de la durée de scolarisation dans les milieux populaires et les classes moyennes. <u>Parallèlement, l'enseignement secondaire reste à cette époque un ordre d'enseignement culturellement et socialement ségrégué.</u> ■

Florence Defresne et **Jérôme Krop**,
« La massification scolaire sous la Ve république : une mise en perspective des statistiques de l'Éducation nationale (1958-2014) »,
Éducation et formations, n° 91,
ministère de l'Éducation nationale, septembre 2016.

1 • **Définir** Pourquoi parle-t-on de massification scolaire ?

2 • **Expliquer** Comment expliquer ce processus de massification ?

3 • **Lire** Que signifie la phrase soulignée ?

Faites le point

Complétez le tableau suivant.

Évolution de l'accès à l'école depuis 1950	Indicateurs de mesure
...	...

Prenez la parole

Reportage

- Réalisez le sommaire d'une émission de radio sur les évolutions de l'école depuis 1950.
- Trouvez une accroche et un titre pour chacune d'entre elles et présentez-les à vos camarades.

3 La massification de l'école ne signifie pas sa démocratisation

OBJECTIF DU PROGRAMME : Distinguer les processus de massification et de démocratisation.

DOC 1 Une élévation du niveau de diplôme

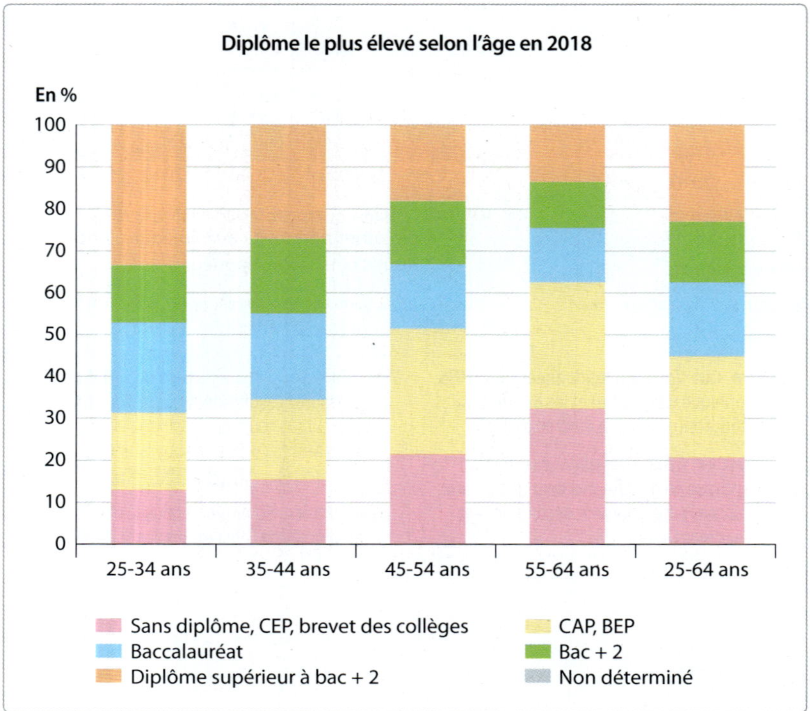

Source : enquête Emploi, Insee, 2019.

1 • **Lire** Que signifient les données pour les 25-34 ans et les 55-64 ans ?

2 • **Calculer** À l'aide de calculs appropriés, justifiez le titre du document. Savoir-faire 12 p. 419

3 • **Analyser** Que déduisez-vous de la comparaison du niveau de diplôme entre les 25-34 ans et les 55-64 ans ?

4 • **Déduire** En quoi ce document traduit-il la massification du système scolaire ?

DOC 2 Massification *versus* démocratisation

La « démocratisation qualitative » a été définie par Antoine Prost[1] en référence aux grands débats qui ont marqué, en France, l'histoire de l'école. Tout au long du XXe siècle, un des objectifs poursuivis par les réformateurs n'est pas seulement d'augmenter la durée des études obligatoires (13 ans en 1882, 14 ans en 1936, 16 ans en 1959), mais aussi de faire en sorte que le destin scolaire soit moins dépendant de l'origine sociale et davantage lié au « mérite individuel ». Dans l'entre-deux-guerres [...] le projet de l'époque n'était pas d'augmenter le nombre de bacheliers mais de favoriser l'accès à l'enseignement long parmi les enfants écartés de celui-ci en raison de l'indigence de leurs parents. Cette définition de la démocratisation dite qualitative implique l'affaiblissement du lien statistique entre origines sociales et destins scolaires.

La « démocratisation quantitative », telle que Prost l'a définie, sollicite une autre acception du terme démocratisation : « On parle de la démocratisation de l'enseignement comme de celles de l'automobile, des vacances ou de la salle de bains ». Prost précise ensuite que « la démocratisation [quantitative] ainsi entendue ne supprime pas les inégalités, elle les déplace seulement ». Cette définition est problématique. Étymologiquement, un mouvement de démocratisation implique une égalisation des conditions. Or, la démocratisation quantitative définie par Prost désigne un élargissement de l'accès à l'école avec maintien des inégalités, voire une accentuation de celles-ci. Pour cette raison, le terme « massification » de l'enseignement est préférable. L'usage de cette expression modifie la représentation politique des transformations de l'école contemporaine. Dans l'expression « démocratisation quantitative », on suggère un processus d'égalisation ; dans celle de « massification », on ne préjuge pas d'un tel processus. C'est tout différent.

Pierre Merle, *La démocratisation de l'enseignement*, La Découverte, coll. Repères, 2017.

1. Historien français spécialiste de l'éducation, né en 1933.

1 • **Identifier** À quelle notion renvoie le passage souligné ?

2 • **Définir** Qu'est-ce que la démocratisation quantitative ?

3 • **Distinguer** Quelle différence faites-vous entre démocratisation (qualitative) et massification ?

DOC 3 Une démocratisation en trompe l'œil ?

En étudiant l'origine sociale des lycéens de chaque filière, Pierre Merle a montré la différenciation sociale de celles-ci de 1985 à 2005. Les filières professionnelles, au recrutement social le plus populaire, se sont prolétarisées ; les filières générales, au recrutement plus favorisé, se sont embourgeoisées. Cette dynamique est décrite par la notion de « démocratisation ségrégative ». Sa pertinence a été montrée sur une longue période.

De la même façon, l'accès plus fréquent à l'enseignement supérieur est allé de pair avec la différenciation sociale des filières universitaires d'une part, et des classes préparatoires aux grandes écoles et des très grandes écoles (ENA, HEC, X, ENS) d'autre part. ■

Patrick Rayou et **Agnès Van Zanten** (dir.), *Les 100 mots de l'éducation*, PUF, coll. Que sais-je ?, 2018.

Origine sociale des étudiants selon les filières (en %)

	Agriculteurs, artisans, commerçants, et chefs d'entreprise	Cadres supérieurs	Professions intermédiaires	Employés	Ouvriers	Retraités et inactifs	Ensemble	Part d'enfants de cadres / part d'enfants d'ouvriers
Écoles de commerce	19,5	51,3	9,6	8,3	4,1	7,1	100	...
Écoles d'ingénieurs	12,8	54,1	11,8	8,2	5,6	7,6	100	...
Université	9,7	34,1	14,4	15,6	11,7	14,6	100	...
BTS	12,9	16,0	14,4	19,0	24,1	13,6	100	...

Source : ministère de l'Éducation nationale, données 2017-2018

1 • Définir D'après le texte, qu'est-ce que la démocratisation ségrégative ?

2 • Lire Que signifie la donnée entourée ?

3 • Calculer Complétez la dernière colonne du tableau.

4 • Illustrer À l'aide des données chiffrées, illustrez la démocratisation ségrégative.

DOC 4 Des inégalités multipliées dans le système scolaire

Quand on observe l'origine sociale des élèves des grandes écoles, les choses sont claires : à quelques exceptions près, ils sont tous issus de milieux très favorisés. En en restant là, on peut aisément penser qu'il s'agit de l'effet direct d'une structure de classe, comme au temps où les enfants du peuple et ceux de la bourgeoisie ne fréquentaient pas les mêmes écoles : école communale pour les premiers, petit lycée pour les seconds.

Mais, avec la massification scolaire et le collège unique, le processus de formation des inégalités est davantage un effet d'agrégation de petites inégalités qu'un effet de structure. Imaginons que l'inégalité initiale soit relativement modérée : 80 % des enfants socialement favorisés réussissent aux épreuves de sélection, contre 50 % des enfants défavorisés. Il suffit de cinq étapes – troisième, seconde générale, filière du bac et mention, classe préparatoire, concours – pour que, sur deux cohortes[1] de 100 élèves, il subsiste environ 30 élèves dans les grandes écoles issus de la cohorte favorisée, contre 3 issus de la cohorte défavorisée. En se multipliant, la petite inégalité initiale est devenue une très grande inégalité. L'effet des inégalités sociales sur les inégalités scolaires n'a pas disparu, mais le mode de production des inégalités s'est transformé avec la massification : le tri ne se fait plus en amont de l'école, mais au cours même des études [...]. ■

François Dubet, *Le temps des passions tristes*, Éditions du Seuil et La République des idées, 2019.

1. Ensemble des personnes ayant vécu un événement démographique commun au cours d'une même période.

1 • Expliquer En quoi le collège unique a-t-il permis la massification scolaire ?

2 • Illustrer Quelles inégalités touchent le domaine scolaire ?

3 • Déduire Montrez que ces inégalités en se multipliant influencent les parcours scolaires.

Faites le point

Vrai ou faux ? Justifiez votre réponse.

1. La massification permet une hausse de la durée de scolarisation.
2. La massification a permis une hausse du taux de réussite au bac.
3. La démocratisation qualitative assure l'égalité des chances.
4. La démocratisation qualitative permet une hausse du nombre d'élèves scolarisés.
5. La démocratisation est quantitative mais pas qualitative.

Prenez la parole

Débat

La démocratisation de l'école suffit-elle à réduire les inégalités ?

- La classe peut être divisée en deux : un groupe défend l'idée que la massification scolaire a permis une réduction des inégalités et l'autre groupe montre que ce n'est pas le cas.

1 Le rôle de l'école

OBJECTIF DU PROGRAMME : Comprendre le rôle de l'école comme facteur d'inégalités de réussite scolaire dans la construction des trajectoires individuelles de formation.

Questionnez-vous ! Où vaut-il mieux habiter pour réussir le brevet ?

Taux de réussite calculé à partir des épreuves finales[1] du brevet des collèges en 2017 (en %)

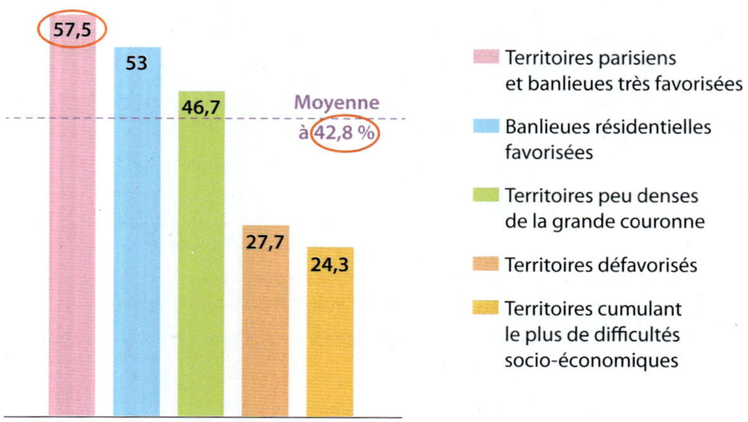

1. Elles comptent pour 50 % de la note du brevet.

Source : données Apae 2017, Men-Depp, enquête « Panorama des inégalités scolaires d'origine territoriale dans les collèges d'Île-de-France », Cnesco, 2018.

1 • Que signifient les données entourées ?

2 • Quelle réponse pouvez-vous apporter à la question du titre ? Répondez avec des données précises.

3 • Quelles explications pourriez-vous apporter au constat fait dans la réponse précédente ?

DOC 1 Le système scolaire génère de la ségrégation

L'intérêt de la mixité sociale et scolaire pour tous les élèves n'est plus à démontrer. Un rapport de l'OCDE a montré que « les systèmes qui répartissent plus équitablement dans les établissements d'enseignement à la fois les ressources scolaires et les élèves sont avantageux pour les élèves peu performants, sans pour autant porter préjudice aux élèves ayant un meilleur niveau ». Or le quotidien du système éducatif français est trop souvent un quotidien de ségrégation. Ségrégation entre établissements d'abord, quand 12 % des élèves fréquentent un établissement qui accueille deux tiers d'élèves issus de milieux socialement très défavorisés (ouvriers, chômeurs ou inactifs) : ces jeunes vivent dans des établissements presque exclusivement défavorisés. Ségrégation sociale et scolaire entre les classes d'un même établissement ensuite, quand il est observé qu'en 3e de collège, grâce aux options ou aux divers parcours de tri, « 45 % des collèges pratiquent une ségrégation scolaire active », au moyen par exemple de la mise en place de classes de niveau, « et 25 % des formes de séparatisme social ». Ségrégation enfin, favorisée par l'État qui organise lui-même le séparatisme social quand il finance la concurrence privée de son école publique : « [Dans le second degré, Ndlr] les établissements privés scolarisent davantage d'élèves appartenant aux catégories sociales favorisées : surreprésentation des élèves d'origine sociale favorisée (36,7 %, contre 20,6 % dans le public), sous-représentation des élèves issus des catégories sociales défavorisées (19,4 % contre 39,4 % dans les établissements publics) », note le ministère lui-même. En 2017-2018, les établissements publics comptaient 29,1 % d'élèves boursiers contre seulement 12,1 % dans les établissements privés. ■

Jean-Paul Delahaye, « Comment l'élitisme social est maquillé en élitisme républicain », www.inegalites.fr, 11 mars 2019.

1 • **Définir** Qu'est-ce que la ségrégation ?

2 • **Identifier** Quelles formes peut-elle prendre ?

3 • **Argumenter** En quoi cette ségrégation met-elle à mal l'égalité des chances ?

DOC 2 L'école contre le mérite

Entretien avec D. Guilbaud, auteur de *L'Illusion méritocratique*

Dans votre ouvrage, vous remettez en cause la « place centrale » du mérite, mais vous précisez qu'il ne s'agit pas pour autant d'y renoncer. Pouvez-vous préciser ?

Ce qu'il s'agit de remettre en cause, c'est la centralité du mérite comme principe de classement social. La notion de mérite n'est pas une mauvaise chose : il est important que chacun ait le sentiment que ses efforts seront récompensés pour être incité à s'engager dans telle ou telle activité. Les difficultés surviennent lorsqu'on en fait le critère central de détermination des destins sociaux des individus. Ce mérite auquel on se réfère si aisément pour dire qu'Untel a « mérité » la position sociale à laquelle il a accédé n'est en réalité que le mérite scolaire, dont les critères sont déterminés par les personnes en place, ce qui lui donne inévitablement une dimension conservatrice. Il valorise certaines qualités tout en mettant de côté un ensemble d'autres qualités (abnégation, persévérance, altruisme, etc.). Le mérite scolaire est toujours socialement situé et partiel ; il est illusoire de penser qu'une seule institution pourrait parvenir à valoriser l'ensemble des mérites individuels. Ainsi, lorsqu'on fait de la méritocratie le principe central et que l'on confie au système scolaire le soin d'en assurer la concrétisation, la contradiction devient rapidement manifeste entre ce discours très général, qui dit aux individus que « leurs mérites » seront récompensés, et la réalité d'un système dans lequel ne réussissent que ceux qui peuvent montrer *certains* mérites. ■

David Guilbaud, *L'illusion méritocratique*, Odile Jacob, 2018, propos recueillis par Jean-Michel Zakhartchouk, dans *Les Cahiers pédagogiques*, n° 551, Expliciter en classe, février 2019.

1 • **Définir** Qu'est-ce que la méritocratie ?

2 • **Repérer** Que faut-il entendre par l'expression « destin social » ?

3 • **Argumenter** Justifiez le titre de l'ouvrage de D. Guilbaud.

Bordas Flash PAGE vidéo

L'école, responsable de l'échec scolaire ?

1 • Que révèle l'enquête de 2016 ? Quelles sont les causes de l'échec scolaire ?

2 • Quel bilan peut-on dresser des écoles situées en zone prioritaire ?

3 • Quelles mesures sont mises en place pour lutter contre l'échec scolaire ?

CONTEXTE

Le **Programme international pour le suivi des acquis des élèves** (PISA), évaluation créée par l'OCDE, teste tous les trois ans les compétences des élèves de 15 ans en lecture, sciences et mathématiques et permet ainsi, en comparant leurs performances, de mesurer l'efficacité des différents systèmes éducatifs.

DOC 3 L'effet maître, un autre facteur d'inégalités

[L'effet maître] désigne la part de progression des élèves imputable à l'enseignant. [...] Les conclusions des travaux relatifs à des niveaux scolaires différents et à différentes matières scolaires conduisent à estimer le poids de l'effet maître à hauteur de 15 à 25 % selon les études. Ces résultats confirment bien que le rôle de l'enseignant n'est pas indifférent et qu'il peut agir favorablement ou pas sur les apprentissages ; les mêmes résultats confirment également que la part de l'enseignant n'est pas seule à expliquer les progressions des élèves, car les trois quarts de l'explication ou parfois davantage reviennent à d'autres facteurs. Notons cependant que l'effet maître peut être cumulatif année après année et que l'on peut fonder l'espoir de le rendre le plus favorable possible, alors que d'autres variables sont difficilement modifiables. Reste à savoir à quoi tiennent les conséquences favorables ou défavorables de cet effet maître. Parmi les hypothèses, on peut penser à la personnalité de l'enseignant, à son charisme plus ou moins prononcé ou à son propre rapport au savoir et, pour ce qui nous occupe, à sa méthode pédagogique de référence. Selon cette dernière hypothèse, en fonction de la méthode utilisée, l'effet maître se traduirait par des progressions plus ou moins importantes dans les acquisitions des élèves. L'effet maître serait donc en grande partie un effet méthode. ■

Marc Bru, *Les méthodes en pédagogie*, PUF, coll. Que sais-je ?, 2015.

1 • **Définir** Qu'est-ce que l'effet maître ?

2 • **Déduire** Comment l'effet maître influence-t-il les résultats scolaires ?

3 • **Expliquer** En quoi l'effet maître génère-t-il des inégalités scolaires ?

4 • **Identifier** Quels facteurs peuvent influencer l'efficacité des professeurs ?

Faites le point

Complétez le texte avec les termes suivants.

établissements – ségrégation (2 fois) – inégalités (2 fois) – fonctionnement – scolaire – classes – effet maître – scolaires

L'école et son ... expliquent en partie les ... de réussite ... entre les élèves à travers l'existence de mécanismes de .... Cette ... existe entre les ... mais aussi au sein des ... à travers leur composition, les résultats ... des élèves ou tout simplement le nombre d'élèves. Par ailleurs, l'... contribue aussi à expliquer une partie des ... constatées.

Prenez la parole

Carte mentale

- Par groupes de trois, réalisez une carte mentale sur le rôle de l'école pour expliquer les inégalités sociales.
- Présentez-la ensuite à vos camarades.

2 Le rôle du capital culturel et des investissements familiaux

OBJECTIF DU PROGRAMME : Comprendre le rôle du capital culturel et des investissements familiaux comme facteurs d'inégalités de réussite scolaire dans la construction des trajectoires individuelles de formation.

DOC 1 Quels liens entre PCS et niveau de diplôme ?

Diplôme des sortants d'études initiales selon l'origine sociale en 2016

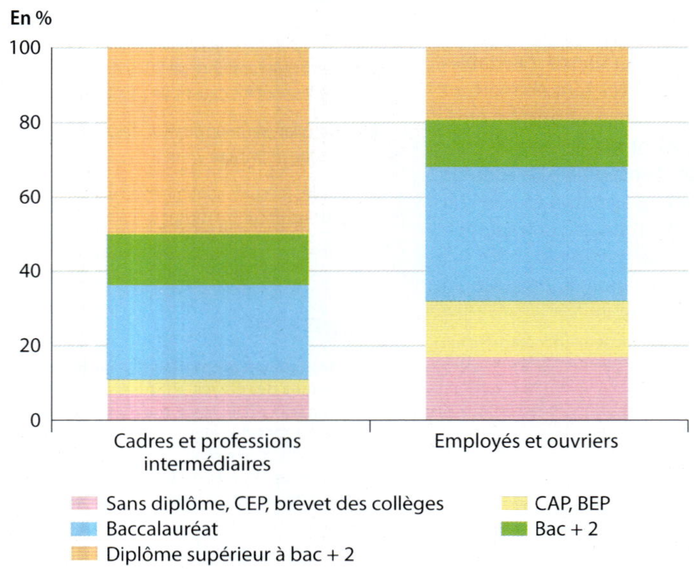

Note : le CEP est le certificat d'études primaires.

Source : enquêtes Emploi, Insee, 2019.

1 • Lire Que signifient les données pour les sans diplôme, CEP et brevet des collèges ?

2 • Comparer À l'aide du coefficient multiplicateur, comparez le niveau de diplôme des enfants de cadres et professions intermédiaires et des enfants d'ouvriers et d'employés.
Savoir-faire 4 p. 407

3 • Argumenter Selon vous, comment peut-on expliquer que le niveau de diplôme varie selon le milieu d'origine ?

DOC 2 Le rôle du capital culturel pour expliquer les inégalités à l'école

Chaque famille transmet aux enfants, par des voies indirectes plutôt que directes, un certain capital culturel et un certain *ethos*, système de valeurs implicites et profondément intériorisées, qui contribue à définir entre autres choses les attitudes à l'égard de l'institution scolaire. L'héritage culturel qui diffère selon les classes sociales est responsable de l'inégalité initiale des enfants devant l'épreuve scolaire et par là, dans une large mesure, des taux inégaux de réussite. [...] La part du capital culturel qui est la plus directement rentable dans la vie scolaire est constituée par l'information sur le monde universitaire et sur le cursus, par l'aisance verbale et par la culture libre acquise dans des expériences extrascolaires. Les enfants originaires des milieux les plus favorisés ne doivent pas seulement à leur milieu des habitudes et des entraînements qui les servent directement dans leurs tâches scolaires et l'avantage le plus important n'est pas celui qu'ils retirent de l'aide directe que leurs parents peuvent leur accorder. La part la plus importante et la plus agissante (scolairement) de l'héritage culturel, qu'il s'agisse de la culture libre ou de la langue, se transmet de façon osmotétique[1], même en l'absence de tout effort méthodique et de toute action manifeste, ce qui contribue à renforcer les membres de la classe cultivée dans la conviction qu'ils ne doivent qu'à leurs dons ces savoirs, ces aptitudes et ces attitudes qui ne leur apparaissent pas comme le résultat d'un apprentissage. ■

Pierre Bourdieu, « La transmission de l'héritage culturel », *in* Darras (éd.), *Le partage des bénéfices*, Éditions de Minuit, 1966.

1. Qui va de soi, considéré comme naturel.

BIO SES

Pierre Bourdieu (1930-2002) est un sociologue français. Avec Jean-Claude Passeron, il a notamment publié *Les héritiers* (1964) et *La reproduction* (1970), ouvrages dans lesquels ils montrent que loin d'être une instance méritocratique favorisant l'égalité des chances, l'école légitime en fait les inégalités en transformant « ceux qui héritent » du capital culturel de leur famille en « ceux qui méritent ».

1 • Définir Qu'est-ce que le capital culturel ?

2 • Expliquer Comment le capital culturel se transmet-il ?

3 • Argumenter À l'aide du texte, justifiez le titre de l'ouvrage de Bourdieu et Passeron, *Les héritiers* (mentionné dans la BIO SES ci-contre).

4 • Déduire En quoi le texte permet-il d'expliquer en partie les données du doc 1 ?

DOC 3 Dispositions familiales et dispositions scolaires

Si, dans les années 1960 et 1970, la question du milieu social est au centre de nombreuses analyses des inégalités scolaires, la famille y est réduite à une « coquille vide » et ce n'est qu'à partir des années 1990 que son rôle est analysé en tant que tel. L'ouvrage de Lahire, *Tableaux de famille*, est à cet égard fondateur : il propose alors des portraits d'élèves de CE2 issus de familles populaires. Questionnant l'homogénéité des comportements au sein d'une même catégorie sociale, il propose un niveau d'analyse plus fin, à partir de ce qu'il nomme les « configurations familiales », définies par différentes dimensions ; comme les usages de la culture écrite (y compris les écritures domestiques telles que liste de courses, calendrier, etc.), les formes d'exercice de l'autorité familiale (fondé sur la contrainte directe ou non) ou encore les modalités d'investissement pédagogique. Pour lui, la réussite ou l'échec scolaire de l'enfant s'expliquent par le degré plus ou moins élevé de consonance ou de dissonance entre les configurations familiale et scolaire. Par exemple, l'école valorisant l'autonomie et l'autocontrainte, les enfants grandissant dans des familles fonctionnant selon ce type d'autorité tendent à mieux s'adapter au cadre scolaire. ■

Marianne Blanchard et **Joanie Cayouette-Remblière**, *Sociologie de l'école*, La Découverte, coll. Repères, 2016.

BIO SES

Bernard Lahire est un sociologue français né en 1963. Il insiste sur le rôle des dispositions que les individus intériorisent au cours de leurs multiples expériences socialisatrices dans leurs pratiques sociales et culturelles, dans leurs réussites scolaires et leurs destins sociaux.

1 • **Identifier** Que désignent les configurations familiales ?

2 • **Déduire** Comment les configurations familiales influencent-elles la réussite scolaire ?

3 • **Identifier** En quoi l'analyse de Lahire complète-t-elle celle de Bourdieu et Passeron ?

4 • **Expliquer** Expliquez le passage souligné.

DOC 4 Des exemples de pratiques d'accompagnement

Infirmiers tous les deux depuis dix ans, ils ont deux filles, l'une en CP, l'autre en CM1, dont la scolarité se déroule sans problème. Les parents font partie de l'association de parents d'élèves de l'école. Ils accompagnent autant que faire se peut les sorties à l'école, participent à la kermesse. [...] Ils exercent un contrôle et un suivi qui passent par la maîtrise de l'environnement scolaire des enfants. Ce contrôle n'est qu'un élément d'un ensemble de pratiques tournées vers un « enveloppement » affectif et éducatif des deux fillettes. Par exemple, madame et monsieur Sanson sont passés « de nuit » tous les deux « pour concilier vie professionnelle et vie familiale » et « ne pas rater un moment avec les filles ». [...] Le partage des tâches pédagogiques par les deux parents est favorable à la bonne gestion des ressources autant qu'à la « motivation » des deux fillettes : chaque parent prend en charge une petite fille [...]. Les devoirs, étroitement encadrés, ne durent jamais moins de 45 minutes et lorsqu'ils ne sont pas prescrits par l'école, les parents « ajoutent » de la lecture [...]. Les parents « ont trouvé des logiciels sur Internet pour les tables de multiplication entre autres qui sont « interactifs » et « qu'on utilise beaucoup ». Ils achètent aussi des cadeaux pour « développer les apprentissages », comme « des jeux de laboratoire, d'apprenti-chimiste ». À cela, ils adjoignent « des petites dictées, de la lecture » et des « cahiers de vacances » dans le but « de ne pas perdre les acquis ». ■

Sandrine Garcia, *Le goût de l'effort. La construction familiale des dispositions scolaires*, PUF, coll. Éducation et société, 2018.

1 • **Justifier** Montrez comment cette famille s'investit dans la scolarité de ses enfants.

2 • **Déduire** En quoi l'investissement inégal des familles explique-t-il les inégalités de réussite scolaire ?

3 • **Identifier** En quoi les travaux de S. Garcia prolongent-ils l'analyse de P. Bourdieu ?

Faites le point

Reliez chaque idée à son argument.

- La réussite scolaire dépend du milieu social
- La réussite scolaire dépend de l'investissement familial
- La réussite scolaire dépend des configurations familiales

- Plus les individus sont dotés en capital culturel, plus leurs chances de réussite sont grandes.
- À capital culturel et revenu identiques, certains enfants réussissent mieux que d'autres si les parents s'investissent dans la vie de l'école.
- La réussite ou l'échec scolaire s'expliquent par le degré plus ou moins élevé de similitudes entre le modèle familial et le modèle scolaire.

Prenez la parole

Argumentation

- Par groupes de trois, montrez, grâce à un exemple, comment le capital culturel et les investissements familiaux entraînent des inégalités de réussite scolaire.
- Présentez vos arguments à vos camarades.

3 Les effets des stratégies des ménages

OBJECTIF DU PROGRAMME : Comprendre les effets des stratégies des ménages comme facteurs d'inégalités de réussite scolaire dans la construction des trajectoires individuelles de formation.

DOC 1 Des choix d'orientation sous influence familiale

Vœu d'une orientation en seconde générale et technologique selon la profession de la personne de référence de la famille et les notes obtenues au brevet

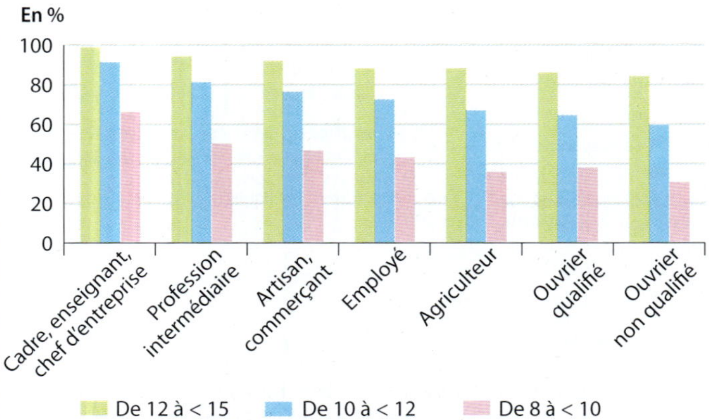

Champ : élèves entrés en 6e en 2007 et ayant intégré au cours de leur scolarité au collège une 3e générale (avec ou sans redoublement) dans un collège privé ou public en France.

Source : données Men-MESR Depp, enquête « Comment l'école amplifie-t-elle les inégalités sociales et migratoires ? », Cnesco, 2016.

1 • **Lire** Que signifient les données pour les ouvriers qualifiés ?

2 • **Comparer** Comparez les choix d'orientation scolaire des enfants de cadres, enseignants et chefs d'entreprise et ceux des enfants d'ouvriers non qualifiés lorsqu'ils ont entre 8 et 10 de moyenne au brevet.

3 • **Déduire** Pourquoi, selon vous, à mêmes résultats scolaires les différents milieux sociaux ne font pas les mêmes choix d'orientation ?

DOC 2 L'analyse de Raymond Boudon

Raymond Boudon (*L'inégalité des chances*, 1973) s'oppose aux interprétations macro-sociales[1] du fonctionnement de l'école et cherche les causes des inégalités auprès des acteurs eux-mêmes. Les inégalités scolaires sont le résultat de l'agrégation de stratégies individuelles. Ainsi, à chaque étape décisive du cursus scolaire, Boudon considère que les élèves et les familles font des choix. Les individus comparent le bénéfice estimé et le coût anticipé. Il est évident que l'arbitrage rendu dépend du milieu social auquel appartient l'individu. Si l'orientation à l'université s'impose pour un jeune issu d'un milieu favorisé, elle est plus coûteuse pour celui dont le père et la mère n'ont pas de diplôme. Pour celui-ci, des études plus modestes suffisent à assurer une mobilité sociale ascendante. Ces études modestes sont également moins coûteuses en termes d'intégration sociale, car elles évitent le risque de rupture avec le milieu d'origine. ■

Marc Montoussé (dir.), *100 fiches pour comprendre le système éducatif*, Bréal, 2019.

1. Les interprétations macrosociales font référence aux analyses de Pierre Bourdieu.

Exemple de stratégie familiale sur la poursuite d'études

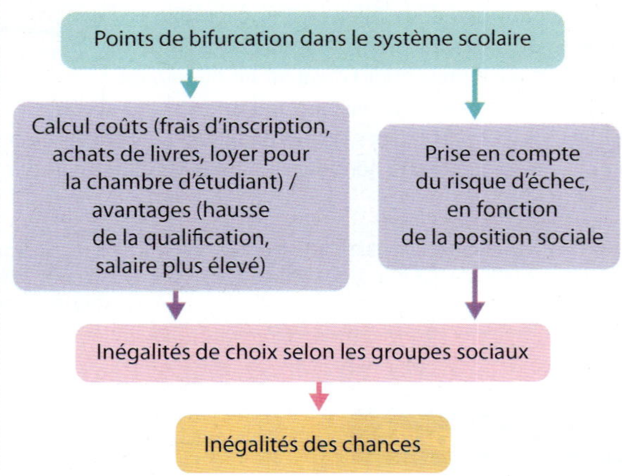

BIO SES

Raymond Boudon (1934-2013) est un sociologue français. Représentant de l'individualisme méthodologique en sociologie, il considère qu'il faut expliquer les phénomènes sociaux à partir d'actions ou de croyances individuelles.

1 • **Argumenter** Comment R. Boudon explique-t-il les inégalités scolaires ?

2 • **Expliquer** Pourquoi les enfants dont les parents ne sont pas diplômés se dirigent-ils vers des études plus courtes ?

3 • **Déduire** En quoi l'analyse de R. Boudon permet-elle d'expliquer les données du doc 1 ?

4 • **Distinguer** Qu'est-ce que distingue l'analyse de R. Boudon de celle de P. Bourdieu (doc 2) ?

DOC 3 Les destins scolaires d'enfants d'immigrés

Dans mes travaux, j'ai étudié plus particulièrement deux groupes : les enfants d'immigrés de Chine et d'Asie du Sud-Est (Vietnam, Laos, Cambodge), qui se distinguent, en moyenne, par une bonne réussite scolaire, et les enfants d'immigrés turcs, qui ont, en moyenne, plus de difficultés. Fondée à la fois sur des statistiques et des entretiens, l'enquête que j'ai menée en France et en Grande-Bretagne montre qu'il faut, pour expliquer le destin scolaire contrasté de ces deux groupes, prendre en compte l'histoire prémigratoire des parents. *Les conditions matérielles de vie des immigrés en France nous disent peu de choses sur ce qu'ils étaient dans leur société d'origine* : deux ouvriers non qualifiés, qui, à nos yeux, se ressemblent, peuvent venir, pour l'un d'une famille des classes supérieures de son pays d'origine, pour l'autre d'un village d'agriculteurs dont les habitants sont à peine scolarisés. Trois processus se cumulent dans cette histoire prémigratoire. Le premier, c'est la place de l'éducation dans le projet de migration des parents – ont-ils quitté leur pays pour faire des études et améliorer les conditions de scolarisation de leurs enfants ? Le deuxième, c'est la place du savoir dans l'histoire familiale – y a-t-il dans la famille proche ou élargie du pays d'origine, des modèles de réussite scolaire ? Le troisième processus, qui est le plus puissant, c'est la position sociale prémigratoire des parents car c'est celle qui façonne leurs attentes scolaires – dans leur société d'origine, comment se représentent-ils subjectivement leur statut, qui est associé à des sentiments d'infériorité ou de supériorité sociale ? ■

Anne Chemin, « Quel destin scolaire pour les enfants d'immigrés ? Trois questions à Mathieu Ichou, sociologue », *Le Monde*, 26 octobre 2018.

1 • Lire Que signifie le passage souligné ?

2 • Argumenter En vous appuyant sur le passage en italique, expliquez pourquoi ce sociologue s'intéresse aux trajectoires familiales.

3 • Déduire Quelles stratégies familiales influencent la scolarité des enfants d'immigrés ?

DOC 4 Choix de l'établissement scolaire : les stratégies des parents

Dans les classes supérieures, le choix des établissements scolaires vise le plus souvent l'excellence scolaire. [...] On retrouve dans les classes moyennes, sous forme de pratiques et de souhaits, des stratégies de scolarisation visant la construction de performances enfantines. [...] Parmi les classes moyennes, on compte [des] enfants scolarisés dans les établissements publics hors carte scolaire. Les raisons invoquées laissent ici apparaître des stratégies éducatives visant moins l'excellence scolaire qu'un bien-être enfantin soustrait à la compétition scolaire et bénéficiant d'une bienveillance enseignante (mère de Meng, enseignante de chinois sous statut d'autoentrepreneur, donnant des cours auprès des particuliers et en entreprises). Elle-même membre d'un groupe associatif Freinet, la mère de Rebecca a cherché une école pratiquant des pédagogies « nouvelles ». À côté de ces stratégies éducatives, à rebours de la recherche de la compétition scolaire, on constate plutôt des pratiques parentales d'investissement des établissements scolaires, comme pour s'assurer du bon fonctionnement scolaire et y participer activement. ■

Bernard Lahire (dir), *Enfances de classe. De l'inégalité parmi les enfants*, Éditions du Seuil, 2019.

Répartition des élèves de 6e en fonction du collège de scolarisation et du milieu social des parents, Paris, rentrée 2015 (en %)

Milieu social des parents	Collège de secteur	Collège public hors secteur	Collège privé	Ensemble des élèves
Très favorisé	40	38,7	72,7	49,7
Favorisé	7,9	8,4	6,8	7,6
Moyen	26,4	26,7	16,3	23,3
Défavorisé	25,8	26,2	4,2	19,3

Source : *Insee Analyses*, septembre 2018.

1 • Illustrer Donnez des exemples illustrant le passage souligné.

2 • Comparer Quelles sont les stratégies de scolarisation des classes supérieures et moyennes ?

3 • Analyser Montrez que le tableau statistique confirme l'analyse de Bernard Lahire.

4 • Déduire Comment les stratégies de scolarisation des familles influencent-elles les résultats scolaires des enfants ?

Faites le point

Complétez le schéma avec les termes suivants.
orientation – établissement – inégale – différente

Stratégie des familles → Ambition scolaire ... → Choix d'... et d'... différents → Réussite scolaire ...

Prenez la parole

Podcast

- La classe est divisée en deux groupes. Dans le premier, chacun réalise un enregistrement audio pour montrer comment les stratégies des ménages influencent la réussite scolaire.
- Le second groupe joue le rôle du jury et élit le meilleur podcast.

4 Le poids de la socialisation selon le genre

OBJECTIF DU PROGRAMME : Comprendre la socialisation selon le genre comme facteur d'inégalités de réussite scolaire dans la construction des trajectoires individuelles de formation.

DOC 1 Scolarité des filles et des garçons et devenir professionnel

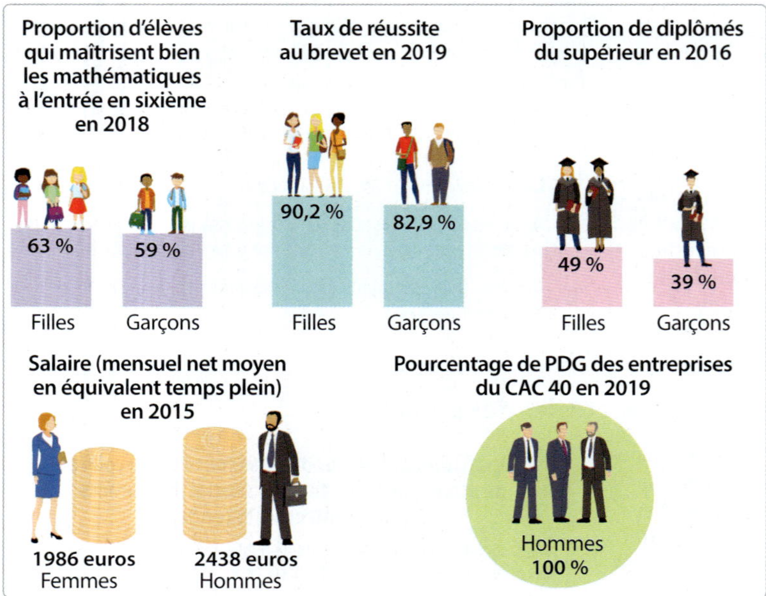

Sources : données Men ; données Insee.

1 • **Comparer** Caractérisez les résultats scolaires des filles et des garçons.

2 • **Analyser** Quel paradoxe est souligné par les chiffres ?

3 • **Argumenter** Proposez des hypothèses pouvant expliquer les différences de parcours scolaires et professionnels des filles et des garçons.

DOC 2 Socialisation différenciée et choix d'orientation

Les perceptions stéréotypées du monde professionnel et des modèles sexués existent déjà à un âge très précoce. Chez les filles, elles sont liées à la question de la « conciliation » de la vie professionnelle et de la vie familiale, alors que les garçons n'ont pas cette préoccupation et commencent très tôt à se préoccuper uniquement de leur carrière professionnelle. Il apparaît aussi que les filles à partir de quinze ans, dans la période très importante de l'orientation et des choix professionnels, commencent à douter de leurs compétences, éprouvent une plus grande incertitude concernant le choix de leur métier et se soucient de leur conformité aux normes de sexe. [...] Les filles et les garçons ne sont pas éduqués de la même manière dans la famille, à l'école, à travers les pairs et dans l'environnement social en général. La socialisation différenciée permet de façon précoce l'apprentissage des connaissances relatives aux rôles de sexe, ainsi que l'adoption par l'enfant des comportements conformes à son sexe d'appartenance. Dès leur prime enfance, les filles apprennent l'obéissance, la docilité, l'attention à autrui, l'usage limité de l'espace ; les garçons apprennent la compétition, l'affirmation du soi, l'usage plus libre de l'espace. Cette socialisation précoce et différenciée conduirait les filles à se sous-estimer et les garçons à se surévaluer, en particulier dans les matières scientifiques (mathématiques, physique, technique) à l'âge de l'adolescence où s'affirment les identités sexuées et les orientations scolaires. ■

Biljana Stevanovic, Pierre Grousson et **Alix de Saint-Albin**, « Orientation scolaire et professionnelle des filles et des garçons au collège. Évaluation d'un dispositif de sensibilisation aux métiers non traditionnels », *Les Sciences de l'éducation. Pour l'Ère nouvelle*, vol. 49, Adrese / Cirnef, 2016.

Part des filles dans l'enseignement supérieur en 2017-2018 (en %)	
École de commerce, gestion et comptabilité	51
STG et assimilés	49
CPGE	43
Université sciences	36
Formation d'ingénieurs	27

Source : Chiffres clés, Men, 2019.

1 • **Définir** Qu'est-ce que la socialisation différenciée ?

2 • **Lire** Que signifie la donnée entourée ?

3 • **Argumenter** Montrez, à l'aide des données chiffrées, comment la socialisation différenciée influence le parcours scolaire des filles et des garçons.

DOC 3 Socialisation de genre et pratiques enseignantes

Depuis les années 1990, à partir du constat récurrent de la persistance d'une très forte différenciation sexuée selon les filières d'étude, de nombreuses recherches en éducation se sont interrogées sur le rôle de l'école dans la fabrication des différences entre garçons et filles et sur les effets de la mixité. Certaines de ces recherches ont ouvert la « boîte noire » que constitue la salle de classe afin d'observer les pratiques enseignantes qui y sont à l'œuvre. Elles ont mis en évidence différents facteurs, le plus souvent non perçus par les protagonistes, par le biais desquels les élèves intègrent le système de normes de genre. Les interactions verbales maître-élève(s) durant des séquences d'enseignement-apprentissage en classe constituent l'un de ces facteurs. Elles ont été beaucoup étudiées [...] principalement dans les matières scientifiques, et les recherches s'accordent à montrer que les garçons tendent à dominer l'espace scolaire, en particulier du point de vue sonore. Elles montrent que les enseignants, comme les enseignantes, sans en avoir conscience, interagissent davantage avec les garçons, ce qui conduit à observer une durée globale d'enseignement plus importante avec eux. On a souvent rapporté dans ce domaine une répartition de un tiers pour les filles et deux tiers pour les garçons afin de souligner le déséquilibre de la répartition sexuée de la parole en classe mais des études plus récentes font état d'une répartition plus proche des 55 % pour les garçons et 45 % pour les filles. ■

Annette Jarlégan, « Genre et dynamique interactionnelle dans la salle de classe : permanences et changements dans les modalités de distribution de la parole », *Le français aujourd'hui*, n° 193, Armand Colin, 2016.

CONTEXTE

Le **genre** est un concept utilisé en sciences sociales pour désigner les différences non biologiques entre les femmes et les hommes. On parle de **socialisation genrée** pour montrer qu'on ne forme pas les filles et les garçons aux mêmes rôles sociaux.

1 • Illustrer Donnez des exemples de choix de filières choisies par les filles et les garçons pour illustrer le passage souligné.

2 • Argumenter Comment l'auteure explique-t-elle les différences de parcours scolaires entre les sexes ?

3 • Déduire Quels sont les effets des pratiques enseignantes sur les réussites des élèves ?

DOC 4 L'influence croisée du genre et du milieu social

Deux populations de garçons aux devenirs très tranchés se distinguent. Ainsi, les difficultés en primaire sont bien plus marquées par l'origine sociale que par le sexe : les fils de cadres y redoublent moins que les filles des autres milieux sociaux (ils en sortent avec un taux de retard de 4 % contre 14 % pour les filles d'ouvriers, par exemple). Ensuite le fait d'être un garçon reprend de l'importance dès lors que se profile à l'horizon l'orientation professionnelle : un grand clivage se dessine alors entre garçons et filles. Les fils de cadres se concentrent dans les grandes écoles d'ingénieurs ; ceux de milieux populaires dans les formations professionnelles (bâtiment ou industrie). Cela dit, face à la variété des orientations entre les sexes, il est difficile d'échapper aux jugements de valeur : n'est-il pas discutable de considérer qu'être élève ingénieur – au moins 70 % des garçons – est forcément « mieux » qu'être étudiante en langues – au moins 75 % des filles ? À moins que les garçons marquent des points décisifs lors de l'entrée dans la vie active. S'ils sont certes plus nombreux à quitter l'école sans diplôme (10 % de « décrocheurs » parmi les garçons, contre 7,5 % chez les filles), sur le marché du travail, un faible niveau scolaire est moins discriminant que pour les filles. Sans doute du fait des possibilités plus larges d'apprentissage, mais aussi des spécialités choisies, tant les enseignants et les parents poussent davantage les garçons vers les techniques et les sciences. ■

Marie Duru-Bellat, « L'école préfère-t-elle les filles ? », *Sciences humaines*, n° 313, avril 2019.

1 • Repérer Qui, des filles ou des garçons, réussit le mieux à l'école ?

2 • Identifier Quelle autre variable doit-on prendre en compte lorsqu'on étudie les performances scolaires des enfants ?

3 • Expliquer Quel paradoxe l'auteure met-elle en évidence ? Comment l'explique-t-elle ?

Faites le point

Complétez le tableau suivant afin de montrer comment la socialisation genrée influence le parcours scolaire des filles et des garçons.

	Filles	Garçons
Exemples de socialisation différenciée	...	...
Exemples de comportements qui en découlent	...	...
Effets sur le parcours scolaire	...	...

Prenez la parole

Scénette

- **Par groupes de quatre, écrivez une scénette qui montre comment la socialisation genrée influence le destin scolaire des filles et des garçons.**
- **Jouez-la ensuite devant le reste de la classe.**

Quelle est l'action de l'école sur les destins individuels et sur l'évolution de la société ?

Synthèse

Bordas Flash PAGE podcast DYS

DOSSIER 1 Quel est le rôle de l'école dans les sociétés démocratiques ?

1 L'école transmet des savoirs et vise à favoriser l'égalité des chances

- L'école en tant qu'institution a pour but d'inculquer et de transmettre des connaissances et des valeurs morales qui sont au fondement des **sociétés démocratiques**. L'école est donc une **instance de socialisation**. Elle agit sur le destin individuel des personnes car elle prépare une place à chacun au sein de la division sociale du travail à travers les diplômes qu'elle délivre. Grâce au diplôme, elle permet aux individus d'être qualifiés et leur offre ainsi de meilleures conditions d'insertion sur le marché du travail.
- L'école prône l'**égalité des chances** et la **méritocratie**, c'est-à-dire que chaque individu est censé accéder au statut qu'il mérite indépendamment de son âge, de son sexe, de son milieu d'origine... L'égalité des chances à l'école est assurée si chacun, indépendamment de ses caractéristiques sociales, a les mêmes opportunités de réussite scolaire et d'accès aux niveaux scolaires les plus élevés.

2 Les évolutions de l'accès à l'école depuis 1950

- Le **taux de scolarisation** et le **taux d'accès à un diplôme ou à un type de formation** sont en constante augmentation depuis les années 1950. Selon l'Insee, en moyenne, 46 % des jeunes âgés de 14 à 29 ans sont scolarisés en France en 2019 et près de 80 % d'une classe d'âge accèdent désormais au niveau baccalauréat, contre un jeune sur dix dans les années 1960.
- Cette élévation de l'accès à l'école se traduit notamment par une augmentation de la part des diplômés du supérieur. Ces évolutions s'expliquent par différentes réformes mises en place depuis les années 1950, telles que les lois Berthoin (1959), Haby (1975), ou encore celles des baccalauréats général et professionnel. Ces derniers sont en plein essor depuis les années 1980.

3 La massification de l'école ne signifie pas sa démocratisation

- Toutes ces évolutions traduisent ainsi une **massification scolaire** qui se caractérise par un allongement de la durée des études et par l'accès d'une partie de plus en plus grande de la population à un niveau de qualification de plus en plus élevé. Cette massification de l'école est synonyme de **démocratisation scolaire** quantitative.
- Toutefois, le fait que de plus en plus d'élèves accèdent aux bancs de l'école ne signifie pas forcément une baisse des inégalités. Si la démocratisation est quantitative, on ne peut pas pour autant parler de **démocratisation qualitative**. En effet, la **démocratisation quantitative** par simple allongement généralisé des études ne produit qu'une simple translation des inégalités sociales : des jeunes d'origine sociale modeste accèdent certes à des niveaux de formation plus élevés mais, pour autant, les écarts de destinée scolaire par rapport aux jeunes issus de milieux sociaux plus favorisés demeurent aussi importants. Chaque baccalauréat a, de plus, un profil socialement différent, d'où une démocratisation très relative du système scolaire français conduisant les sociologues à parler d'une filiarisation du système éducatif.

VU EN PREMIÈRE

Configuration familiale : type de structure familiale (par exemple, couple avec enfant, famille monoparentale...).

Instances de socialisation : les personnes ou institutions qui participent à la transmission des valeurs et des normes.

Ségrégation sociale : processus de séparation des populations.

Trajectoire individuelle improbable : ensemble des trajectoires sociales ayant peu de chances de se produire.

DOSSIER 2 Comment expliquer les inégalités de réussite scolaire ?

1 Le rôle de l'école

- L'**école** repose sur un **idéal méritocratique** (principe selon lequel la réussite est liée au mérite de chacun). Cependant, le mérite n'est pas un critère de classement neutre car le fonctionnement de l'école peut reproduire voire renforcer des inégalités sociales préexistantes. La France est ainsi l'un des pays de l'OCDE où les **inégalités de réussite scolaire** entre les milieux sociaux demeurent les plus fortes. Les sociologues mettent notamment en exergue l'existence d'effets d'établissement. Les établissements scolaires tendent à concentrer des populations homogènes du point de vue de l'origine sociale. Cela peut entraîner un phénomène de **ségrégation sociale** qui vient se cumuler aux caractéristiques socioéconomiques des élèves, engendrant ainsi des inégalités sociales.

- Cette ségrégation ne s'exerce pas seulement entre établissements ; elle se joue aussi dans la composition même des classes dans un même établissement (classes de niveau, jeu des options, classes européennes...). Toutes ces pratiques renforcent les inégalités sociales de réussite scolaire. Les pratiques pédagogiques des enseignants peuvent aussi influencer les résultats des élèves ; on parle d'effet maître pour désigner le fait que les élèves peuvent progresser plus ou moins selon l'enseignant.

2 Le rôle du capital culturel et des investissements familiaux

- Pierre Bourdieu et Jean-Claude Passeron dans les années 1960-1970 ont mis en évidence le rôle du **capital culturel** pour expliquer les inégalités scolaires. Pour les deux sociologues, les différences de résultats et de parcours scolaires sont liées au milieu familial, et plus précisément aux ressources culturelles dont disposent les parents. La possession du capital culturel valorisé à l'école facilite la réussite scolaire. Ainsi, ils en concluent que l'idéal méritocratique à l'école est perverti car l'école sélectionne sur des valeurs qu'elle ne transmet pas.

- Aujourd'hui, de nombreux travaux analysant les effets des normes et des pratiques éducatives familiales sur les carrières scolaires des élèves, notamment ceux de Bernard Lahire, montrent qu'elles sont plus prédictives des destinées scolaires que l'origine sociale, même si ces deux variables restent fortement corrélées. De même, ils révèlent que le capital culturel ne se transmet pas comme un simple héritage mais est le fruit d'un travail invisible et d'un **investissement familial** important des parents dans la scolarité de leurs enfants. Il existe ainsi des **trajectoires individuelles improbables** et des réussites paradoxales du fait de la forte mobilisation des familles, comme l'aide aux devoirs, l'ambition scolaire, le suivi de la scolarité... Ces travaux révèlent ainsi des destins scolaires improbables compte tenu du milieu social d'origine, mais explicables par des facteurs sociologiques comme le type de **configuration familiale** par exemple.

3 Les effets des stratégies des ménages

- Les **stratégies des ménages** et des familles influencent aussi la scolarité des enfants à travers le choix des études ou des établissements. Ainsi, Raymond Boudon propose un modèle dans lequel le système social est décrit par une suite de points de bifurcation, où l'élève et/ou sa famille sont appelés à prendre des décisions de poursuite ou d'arrêt des études qui dépendent des variables suivantes : le risque d'échec, les coûts économiques et psychologiques, et les bénéfices attachés à des choix. Or, selon leur position sociale, les élèves et leur famille n'évaluent pas de la même façon ces trois variables. Par exemple, les bénéfices attendus d'un diplôme ne seront pas les mêmes si les parents en sont eux-mêmes titulaires ou non.

NOTIONS DE TERMINALE

Capital culturel : ensemble des ressources culturelles qui diffèrent selon le milieu social, et dont l'importance favorise la réussite scolaire.

Égalité des chances : situation où tous les individus, quels que soient leur sexe ou leur origine, ont les mêmes chances d'accéder à l'ensemble des positions sociales. Au sein de l'école, situation où tous les élèves, indépendamment de leurs caractéristiques sociales, ont les mêmes opportunités de réussite scolaire et d'accès aux niveaux scolaires les plus élevés.

Démocratisation scolaire : processus d'affaiblissement du lien entre origine sociale et études poursuivies. On distingue la démocratisation quantitative qui désigne une hausse des effectifs scolarisés et de l'allongement de la scolarité, et la démocratisation qualitative qui vise la diminution des inégalités.

Inégalités de réussite scolaire : inégalités de chances dues à de multiples facteurs tels que le milieu social, le genre, l'établissement fréquenté, l'investissement familial ou encore les stratégies des ménages.

Investissements familiaux : actions des familles pour soutenir et favoriser la scolarité de leurs enfants (contacts réguliers avec les représentants de l'institution scolaire, suivi des résultats, du travail à la maison...).

Massification scolaire : augmentation du nombre d'enfants qui ont accès à l'école et à l'enseignement supérieur.

Stratégies des ménages : ensemble des moyens utilisés par les ménages pour atteindre l'objectif de réussite scolaire (comme le choix des options ou des établissements).

Taux d'accès à un diplôme ou à un type de formation : rapport entre le nombre d'élèves parvenant à un niveau de diplôme (par ex. en terminale pour le baccalauréat) et l'effectif de la génération correspondante.

Taux de scolarisation : part des enfants scolarisés d'un âge déterminé parmi les jeunes de cet âge.

- Le milieu social a une grande influence dans les vœux d'orientation des enfants. Ainsi, on constate qu'à résultats scolaires identiques, les vœux d'orientation varient selon le milieu social ; cela s'explique par la différence de perception des avantages, des coûts liés aux différents types d'études et du risque d'échec. Par conséquent, certains enfants de milieux défavorisés ne s'autorisent pas à poursuivre des études longues qui apparaissent trop coûteuses. Par ailleurs, les stratégies des familles, afin de favoriser la réussite scolaire de leur enfant, sont visibles à travers le choix des établissements scolaires ou des options. Ces différentes stratégies peuvent donc être à l'origine d'inégalités de réussite scolaire, étant donné que ces stratégies varient selon le milieu social et le contexte familial.

VU EN PREMIÈRE

Socialisation : processus par lequel l'individu acquiert les normes et les valeurs du groupe ou de la société dans lequel il vit, et construit son identité personnelle.

4 Le poids de la socialisation selon le genre

- Tous ces facteurs se cumulent avec une autre variable pour expliquer les inégalités scolaires : le sexe, qui influence la **socialisation** des enfants. Par exemple, les travaux des sociologues montrent que les parents, mais aussi les enseignants, n'ont pas les mêmes attentes selon le sexe de l'enfant. Cette **socialisation différenciée** selon le **genre** entraîne donc des parcours scolaires et des choix différents entre les filles et les garçons. Par exemple, concernant le choix des filières ou des spécialités, on constate des orientations différentes en fonction du sexe. Même si les filles obtiennent de manière générale de meilleurs résultats que les garçons jusqu'au baccalauréat, elles ont tendance à disparaître des effectifs des filières d'excellence, ce qui contribue à renforcer les inégalités de genre. Le destin scolaire des élèves est alors largement dépendant du sexe de l'enfant.

- Toutefois, les filles et les garçons ne forment pas des groupes homogènes. Parfois, les différences de milieu social sont bien plus importantes que les différences entre les sexes. Ainsi, les fils de professions intermédiaires réussissent mieux que les filles d'ouvriers qualifiés.

Repères

Ne pas confondre

Massification scolaire / démocratisation scolaire

La massification scolaire désigne l'augmentation du nombre d'enfants qui ont accès à l'école et à l'enseignement supérieur, alors que la démocratisation scolaire désigne le processus caractérisé par un affaiblissement du lien entre origine sociale et destin scolaire. On distingue la démocratisation quantitative qui renvoie à la massification et la démocratisation qualitative qui elle traduit une baisse des inégalités scolaires liées à l'origine sociale.

Des auteurs clés

Pierre Bourdieu / Raymond Boudon

Les conceptions de P. Bourdieu et R. Boudon s'opposent quant aux causes de l'inégalité des chances scolaires. Pour P. Bourdieu, les inégalités sociales de réussite à l'école sont liées à la détention inégale du capital culturel valorisé par l'école. R. Boudon, lui, les explique par l'ensemble des décisions prises par les élèves et leurs familles aux différents paliers d'orientation.

Une citation

Pierre Bourdieu, *La reproduction*, 1966 :

« La reproduction des inégalités sociales par l'école vient de la mise en œuvre d'un égalitarisme formel, à savoir que l'école traite comme "égaux en droits" des individus "inégaux en fait", c'est-à-dire inégalement préparés par leur culture familiale à assimiler un message pédagogique. »

Schéma bilan

bordas Flash PAGE animation

L'ÉCOLE DANS LES SOCIÉTÉS DÉMOCRATIQUES…

- **… transmet des savoirs…**
  - **… et vise l'égalité des chances**
- **… a connu depuis les années 1950 un processus de massification…**
  - **… qui se mesure à travers :**
    - le taux de scolarisation
    - le taux d'accès à un diplôme ou à une formation
- **… est marquée par des inégalités de réussite scolaire…**
  - **… qui s'expliquent par le rôle :**
    - de l'école
    - du capital culturel et de l'investissement familial
    - de la socialisation en fonction du genre
    - des stratégies familiales
  - **Une multiplicité de facteurs qui influencent les trajectoires individuelles de formation**

Prolongements

Un documentaire

Les Défricheurs : un avenir avec mention

Fabien Truong et Mathieu Vadepied, 2019

Ce documentaire présente les trajectoires d'étudiants de Seine-Saint-Denis. Ceux-ci viennent présenter leurs parcours et encouragent les lycéens à faire des études supérieures. Leur objectif est de leur faire comprendre que réussir quand on vit en banlieue est possible…

Un livre

Enfances de classe. De l'inégalité parmi les enfants

Bernard Lahire (dir.), Éditions du Seuil, 2019

B. Lahire et son équipe dressent le portrait de 18 élèves de maternelle pour mettre en évidence les inégalités sociales dès cet âge. En fonction de leur milieu social, ces enfants ne vivent pas dans les mêmes univers sociaux, mentaux et intellectuels. Et ils sont déjà victimes des inégalités et de la domination sociale.

Un site

le cnam Cnesco

www.cnesco.fr

Il s'agit du site du Centre national d'étude des systèmes scolaires chargé d'analyser et d'accompagner les politiques et pratiques scolaires.

Je vérifie mes connaissances

CORRIGÉS → PAGE 472

Plus d'exercices en numérique
bordas Flash PAGE exercices interactifs

Exercice 1

Les affirmations suivantes sont-elles vraies ou fausses ? Justifiez votre réponse.

1 • L'école reproduit les inégalités sociales.

2 • L'école valorise l'égalité des chances.

3 • Le fait d'avoir des parents séparés ou mariés n'influence pas la réussite scolaire.

4 • Les parcours scolaires sont différents selon le milieu social et le sexe.

5 • Pour R. Boudon, l'inégale dotation en capital culturel explique les différences de réussite scolaire.

Exercice 2

Complétez le texte avec les termes suivants.

augmentation • capital culturel • démocratisation • égalité des chances • hiérarchies sociales • inégal • qualitative • massification • origine

L'école, malgré une forte ......, ne parvient pas à instaurer une réelle .... Si la ...... est quantitative, on ne peut pas réellement parler de démocratisation .... Bien que le nombre de bacheliers soit en forte ......, de fait, tous les baccalauréats n'ont pas la même valeur. De même, malgré l'ascension sociale de certains enfants de catégories populaires, la massification n'a pas vraiment modifié les .... En effet, par exemple, l'accès aux grandes écoles reste très ...... selon le milieu d'....... P. Bourdieu et J.-C. Passeron expliquent ces inégalités de réussite scolaire par la dotation inégale en ....

Exercice 3

Complétez le schéma sur les multiples raisons qui peuvent se cumuler pour expliquer les inégalités de réussite scolaire avec les termes suivants.

capital culturel • dispositions et configurations familiales • effet établissement • calcul coût / avantage

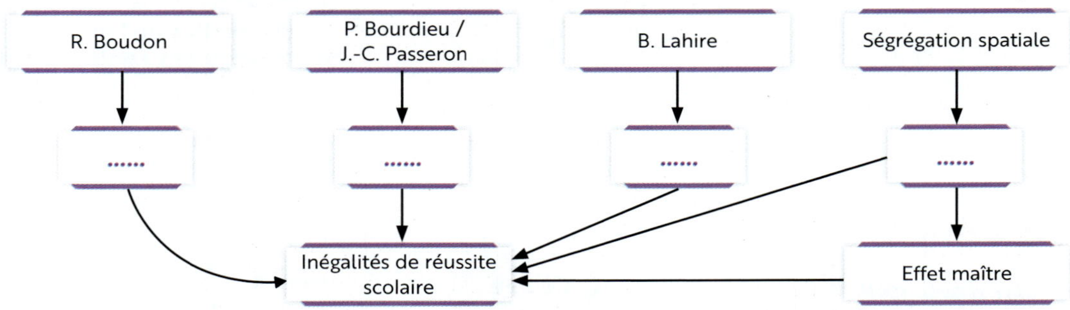

Exercice 4

Associez chaque terme à sa définition.

Capital culturel •	• Actions des familles pour soutenir et favoriser la scolarité de leurs enfants
Égalité des chances •	• Vise la diminution des inégalités
Démocratisation quantitative •	• Ensemble des ressources culturelles qui diffèrent selon le milieu social, et dont l'importance favorise la réussite scolaire
Démocratisation qualitative •	• Désigne une hausse des effectifs scolarisés et l'allongement de la scolarité
Investissements familiaux •	• Situation où tous les individus, quels que soient leur sexe ou leur origine, ont les mêmes chances d'accéder à l'ensemble des positions sociales

J'utilise mes connaissances

Exercice 1 Maîtriser des définitions

Reliez chaque exemple chiffré à la notion correspondante.

Exemples chiffrés	Notions
Sur 100 élèves entrés en sixième en 2007-2008, 95,5 % sort en cinquième en 2008-2009. •	
62 % des élèves entrés en sixième en 2007 intègrent une seconde générale et technologique après la troisième. •	• Taux d'accès
Plus des trois quarts d'une génération atteignent le niveau du bac en 2017, contre un jeune sur dix dans les années 1960. •	• Taux de scolarisation
Sur 100 élèves ayant 3 ans en 2016, en moyenne 97,5 sont scolarisés. •	
La part des enfants d'ouvriers en classe préparatoire est passée de 5,3 % à 7,2 % entre 2007 et 2017. •	• Démocratisation
En 2018, la proportion de bacheliers dans une génération est de 79,9 % contre 60 % en 1995. •	• Massification
En 1958, 669 300 élèves sont scolarisés dans le second cycle du secondaire. Ils sont 2 063 000 dans ce cas en 2014. •	

Exercice 2 Lire et utiliser des taux de réussite

Réussite au baccalauréat selon l'origine sociale, session 2018 (en %)

	Taux de réussite baccalauréat général	Taux de réussite baccalauréat technologique	Taux de réussite baccalauréat professionnel	Ensemble
Cadres et professions intellectuelles supérieures	95,1	92,7	88	94,1 (entouré)
Employés	89,6	89,6	83,5	88
Ouvriers	87,4	87,6	81,1	84,8
Ensemble	91	88,8	82,8	88,2 (entouré)

Champ : France métropolitaine + DOM.

Source : *Repères et références statistiques*, ministère de l'Éducation nationale, 2019.

1 • Que signifient les données entourées ?

2 • Quel est l'intérêt de la dernière ligne ?

3 • Mesurez par des calculs de votre choix les inégalités de réussite scolaire en fonction des PCS. Savoir-faire 1 p. 404

4 • À l'aide de votre cours et des données du tableau, rédigez un paragraphe montrant que la réussite au baccalauréat varie selon le milieu social.

Je construis ma fiche de révision

Fiche téléchargeable lycee.editions-bordas.fr

À l'aide des pages « L'essentiel » et de vos connaissances, retrouvez les éléments clés du chapitre et complétez votre fiche de révision

Quelle est l'action de l'école sur les destins individuels et sur l'évolution de la société ?

NOTIONS CLÉS
- Égalité des chances
- Démocratisation
- ...

PRINCIPALES ANALYSES THÉORIQUES
- P. Bourdieu et J.-C. Passeron (rôle du capital culturel)
- ...

DONNÉES STATISTIQUES IMPORTANTES
- En 2018, 79,9 % d'une génération ont obtenu le bac.
- ...

DES FACTEURS MULTIPLES QUI SE RENFORCENT
- Les inégalités de capital culturel
- Les stratégies des familles
- ...

TRAVAUX DIRIGÉS

Enquête : comment démocratiser l'accès aux études supérieures ?

OBJECTIFS : Élaborer un questionnaire ; réaliser une enquête par sondage.

À l'approche de Parcoursup, le proviseur de votre lycée souhaite connaître l'avis des élèves sur les façons dont l'école pourrait démocratiser davantage l'accès aux études supérieures. Vous décidez, par groupes de quatre élèves, de réaliser une enquête par sondage car vous ne pouvez pas recueillir l'opinion de tous les élèves.

Étape 1 Définissez la population de l'enquête et la taille de l'échantillon

La population que l'on étudie est appelée la population mère ou population de référence, ou population d'origine. Si elle est de petite taille, la taille de l'échantillon et la taille de la population mère sont étroitement liées, mais pas de manière linéaire. Ainsi, pour avoir un sondage fiable (c'est-à-dire un seuil de confiance de 95 % avec une marge d'erreur de 5 %) :

Sur une population de…	Il faut un échantillon de…
50	45
100	80
200	132
500	218
1 000	218

1 • Recherchez le nombre d'élèves de votre lycée inscrits en classe de terminale dans les filières générale, technologique et professionnelle.

2 • Choisissez la taille de votre échantillon.

Étape 2 Construisez votre échantillon

La réalisation d'une enquête sociologique nécessite de constituer un échantillon représentatif qui respecte les caractéristiques de la population étudiée. C'est la méthode des quotas.

1 • Calculez la part d'élèves dans chacune des filières, générale, technologique ou professionnelle.
Savoir-faire 1 p. 404

2 • Calculez la part des filles et des garçons dans l'établissement.

3 • Constituez maintenant votre échantillon en fonction de ces informations.

Étape 3 Élaborez et diffusez votre questionnaire

Vous avez vu dans ce chapitre que le poids de la socialisation familiale influence les parcours scolaires. Les travaux sociologiques pointent le rôle des aides qui permettent de faire face au coût des études, du soutien scolaire ou encore le rôle de l'information sur les études supérieures existantes et sur leurs effets positifs.

1 • Votre enquête sera composée de deux questions. La première est une question fermée qui vise à savoir laquelle des trois solutions proposées est jugée la plus efficace OU à demander de classer ces solutions de la plus efficace à la moins efficace. La seconde est une question ouverte qui invite la personne sondée à donner sa proposition personnelle. Formulez les deux questions.

2 • Interrogez les élèves de votre lycée en respectant la constitution de votre échantillon et pour cela répartissez-vous les élèves.

Étape 4 Saisissez et analysez les réponses

Vous pouvez saisir le questionnaire et les réponses sur un logiciel de votre choix comme Google Forms. Dans les réponses à analyser, vous devez rendre compte des propositions faites par les personnes interrogées pour démocratiser l'accès aux études supérieures. Il est intéressant de croiser les propositions avec les caractères sociodémographiques des personnes interrogées.

1 • Croisez les propositions faites par les personnes interrogées en fonction de leur âge, de leur sexe et de la filière.

2 • Analysez ces résultats.

3 • Par groupes de quatre, présentez la synthèse de votre enquête au reste de la classe.

Comprendre le libellé du sujet de la partie 3 de l'épreuve composée

Exemple de sujet : *À l'aide de vos connaissances et du dossier documentaire, vous montrerez que l'école est un déterminant important de l'égalité des chances.*

1. Réfléchissez aux termes du sujet pour comprendre la consigne

Vous devez identifier le thème du sujet et les connaissances de cours à mobiliser pour y répondre. Vous devez ensuite repérer les notions économiques et sociales à définir pour saisir les enjeux du sujet.

- Recopiez le sujet puis encadrez les termes à analyser et proposez pour chacun une définition écrite.

Vous devez également questionner le sens des autres mots du sujet. Cela vous permet par exemple de distinguer si celui-ci vous invite à traiter des causes ou des conséquences d'un phénomène.

- Quel est le sens du mot « déterminant » ?

a. conséquence **b.** effet **c.** cause **d.** facteur

2. Cernez la spécificité du sujet

Il s'agit d'abord de délimiter le sujet, dans le temps et dans l'espace. Si rien n'est précisé dans l'énoncé il faudra vous appuyer sur les documents. Il faut ensuite comprendre l'intérêt et l'enjeu du sujet.

- Pourquoi ce sujet plutôt qu'un autre ? Pour répondre, faites une liste de faits en relation avec l'actualité des idées qui peuvent justifier le sujet proposé.
- Pourquoi ce sujet est-il formulé ainsi ? Proposez des intitulés voisins pour mieux voir les différences avec d'autres sujets possibles.
- Que me demande-t-on dans ce sujet ?

a. De relativiser le fait que l'école permet l'égalité des chances.
b. De présenter tous les déterminants de l'égalité des chances.
c. De donner les raisons expliquant pourquoi l'école est source d'égalité des chances.
d. De montrer que l'école est source d'égalité des chances même si un débat existe à ce sujet.

- Faites un schéma d'implication montrant comment vous comprenez le sujet proposé.

Point de départ : École → **Comment ?** ... → **Point d'arrivée :** Égalité des chances

- Voici la reformulation du sujet proposée par un élève. Corrigez-la.

De tout temps, l'école vise à réduire les inégalités. Pour cela elle met en place l'égalité des chances entendue comme l'accès des filles à l'école et la réduction des inegalités. Pour autant, malgré les lois, cela ne fonctionne pas. Nous nous demanderons alors dans quelle mesure l'école assure l'égalité des chances.

RÉCAP Méthode *Dans le Cahier BAC*, La méthode complète p. 428

Pour bien comprendre le libellé du sujet d'une EC3, il faut :

- identifier le thème et le chapitre,
- analyser l'énoncé en repérant les mots clés et en les définissant,
- identifier la consigne,
- identifier le cadre spatio-temporel,
- reformuler le sujet.

Dans le Cahier BAC
- La méthode complète de l'EC, p. 428
- Une épreuve composée corrigée, p. 437

Sujet guidé - Épreuve composée (4 heures)

PARTIE 1 • Mobilisation des connaissances *(4 points)*

- Présentez deux indicateurs permettant de mesurer l'évolution de l'accès à l'école.

PARTIE 2 • Étude d'un document *(6 points)*

1 • Vous mettrez en évidence les inégalités de réussite au baccalauréat selon le milieu social en 2015.

2 • En quoi le capital culturel explique-t-il les inégalités de réussite scolaire mises en évidence dans le document ?

Part de bacheliers selon l'âge et le milieu social en France en 2015

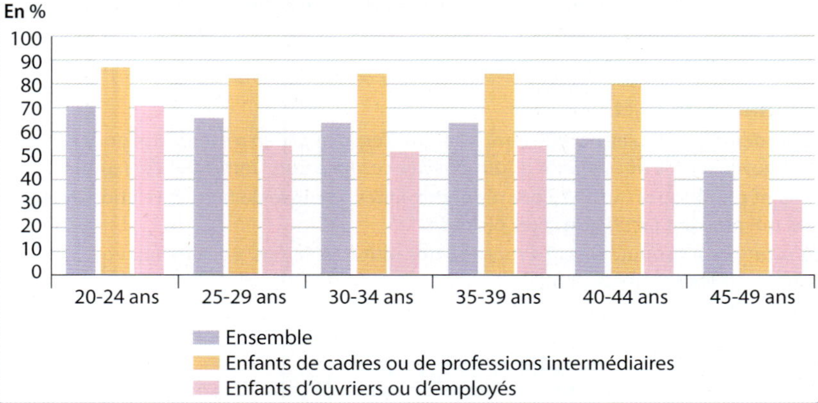

Source : ministère de l'Enseignement supérieur, 2017.

Aide
- Vérifiez votre compréhension du document en faisant plusieurs lectures de données et repérez les évolutions mises en évidence.
- Pensez à définir le terme de capital culturel et mobilisez vos connaissances de cours.
- Veillez à bien montrer comment les inégalités de capital culturel en fonction du milieu social d'origine permettent d'expliquer les inégalités de réussite au baccalauréat.

PARTIE 3 • Raisonnement s'appuyant sur un dossier documentaire *(10 points)*

SUJET *À l'aide de vos connaissances et du dossier documentaire, vous mettrez en évidence la multiplicité des facteurs d'inégalité de réussite scolaire.*

DOCUMENT 1

L'observation des interactions effectives en classe montre tout d'abord que les enseignants consacrent un peu moins de temps aux filles – environ 44 % de leur temps, contre 56 % aux garçons –, différence qui peut paraître minime, mais qui devient vite considérable, dès lors qu'on comptabilise le temps qu'un élève passe en classe. De plus, ce temps plus long consacré aux garçons reflète des interactions plus formatrices sur le plan pédagogique : non seulement les enseignants interrogent plus souvent les garçons, mais ils passent aussi plus de temps à réagir à leurs interventions et à attendre leurs réponses, paramètre important en ce qu'il exprime précisément une attente de bonne réponse. On observe également que les garçons reçoivent davantage de réprimandes et de critiques concernant leurs conduites ; les enseignants sont soucieux de ne pas se laisser déborder par les garçons, ce qui les rend très attentifs à leur comportement. Les garçons font également l'objet d'une notation plus sévère, parce que les maîtres ne doutent pas de leurs capacités et se montrent donc plus exigeants.

Ces attentes diversifiées en fonction du sexe de l'élève et le fait que les garçons soient plus poussés à exploiter toutes leurs possibilités se manifestent de manière particulièrement nette dans les matières supposées convenir inégalement aux élèves des deux sexes. [...] Cette influence des stéréotypes se joue aussi entre élèves : alors que les relations entre pairs constituent un aspect essentiel de l'expérience scolaire, la vie quotidienne des classes forge des élèves garçons ou filles. De fait, le groupe des pairs du même sexe diffuse et contrôle les normes en matière de comportement approprié à son sexe.

Marie Duru-Bellat, « À l'école du genre », *Enfances, & Psy*, n° 69, Érès, 2016.

DOCUMENT 2

Répartition des collégiens dans les trois classes de difficultés scolaires selon les diplômes parentaux combinés (% en lignes)	Élèves en réussite	Élèves moyens	Élèves en difficulté	Ensemble	Effectifs
Aucun des parents n'a le baccalauréat	18,0	43,2	38,8	100,0	139
Mère non bachelière, père bachelier ou plus	28,9	39,5	31,6	100,0	38
Mère bachelière ou plus, père non bachelier	50,0	36,2	13,8	100,0	94
Deux parents bacheliers ou plus	42,0	47,9	10,1	100,0	169
Ensemble	35,0	43,2	21,8	100,0	440

Lecture : 13.8 % des collégiens dont la mère est au moins bachelière et dont le père n'est pas bachelier font partie de la catégorie des élèves en difficulté.

Source : d'après **Gaële Henry-Panabière**, « Socialisation familiales et réussite scolaire », *Idées économiques et sociales*, n° 191, Réseau Canopé, mars 2018.

DOCUMENT 3

Répartition des lycéens selon leur origine sociale à la rentrée 2018

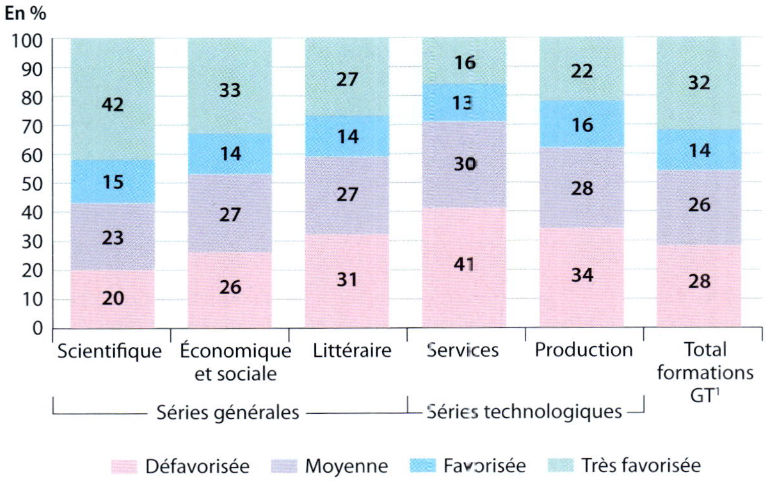

1. Générales et technologiques.
Lecture : en 2018, 42 % des lycéens en formation en série générale scientifique sont d'origine sociale très favorisée.
Champ : France métropolitaine + DOM, public et privé, établissements sous tutelle du ministère de l'Éducation nationale et de la Jeunesse (y compris établissements régionaux d'enseignement adapté).

Source : ministère de l'Éducation et de la Jeunesse, Mesri-Depp.

Méthode appliquée

La PARTIE 3 en 4 étapes

1 Analyser le sujet et mobiliser ses connaissances

- Commencez par identifier les mots clés de l'énoncé et définissez-les. Ici, vous devez questionner l'expression « multiplicité des facteurs d'inégalité de réussite scolaire ».
- Cherchez ensuite dans votre cours les différentes explications qui permettent de montrer que la réussite est inégale d'un enfant à un autre.

2 Exploiter les documents et les relier à ses connaissances

- Demandez-vous d'abord comment les informations de chaque document vont apporter des réponses au sujet.
- Faites ensuite le lien entre vos connaissances et les informations des documents. Par exemple, le document 1 met l'accent sur la socialisation différenciée à l'école et sur le rôle des enseignants pour expliquer les inégalités de réussite scolaire entre les filles et les garçons.
- Trouvez les informations principales des deux autres documents en identifiant quels facteurs ils mettent en évidence.

3 Construire un raisonnement argumenté

- Cherchez en quoi les informations apportées par les documents se complètent. Par exemple, les documents 2 et 3 traitent du devenir scolaire des enfants en fonction du diplôme des parents et du milieu social.
- Mettez ensuite en relation les informations des documents avec vos connaissances pour construire et organiser vos arguments.

4 Rédiger

- Structurez votre raisonnement qui doit comporter une introduction, un développement et une conclusion.
- Organisez votre développement autour des arguments construits à partir du dossier documentaire et de vos connaissances. Vous n'êtes pas tenus de respecter un nombre de parties fixe, vous pouvez rédiger de simples paragraphes argumentés.

Dans le Cahier BAC
- La méthode de la dissertation, p. 426
- Autres sujets blancs, p. 430

Sujet blanc - Épreuve de dissertation (20 points) 4 heures

SUJET *Quelle est l'action de l'école sur les destins individuels ?*

DOCUMENT 1

Proportion de bacheliers dans une génération (1980-2019)

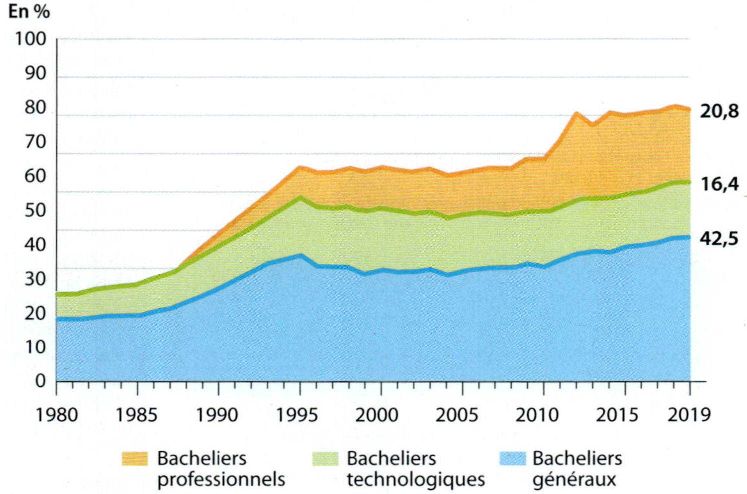

Note : pour la session 2019, les chiffres ont été établis à partir des résultats provisoires du baccalauréat 2019.
Champ : France métropolitaine jusqu'en 2000, France métropolitaine + DOM hors Mayotte à partir de 2001.

Sources : ministère de l'Éducation et de la Jeunesse, Mesri-Depp ; ministère de l'Agriculture ; Insee.

DOCUMENT 2

Julien (30 ans, professeur de physique-chimie depuis 2 ans dans un lycée de Seine-Saint-Denis) : on jouit d'un vrai prestige ici quand même. Pour les parents, enfin, pour ceux qui viennent, on représente vraiment quelque chose d'important. Dans la façon dont on leur parle et dont ils nous écoutent, on sent que notre parole a un poids. Tu sens qu'on représente une autorité, un statut social supérieur. C'est pas la même chose dans le 16e où le prof est plus perçu comme quelqu'un qui aurait un peu raté sa vie. Je sais de quoi je parle, je fais des colles[1] dans une classe prépa sur Paris... Ici, le prof, c'est quelqu'un. C'est un peu comme le respect du médecin.

Marie (45 ans, professeure de philosophie depuis 10 ans dans le même lycée) : Tu sais ce qui me fait tenir dans ce métier ? Ce n'est pas la paie, hein, putain (*rires*) ! Ni mêmes les collègues, ils sont franchement déprimants, ils se recroquevillent sur leurs petits problèmes personnels. Bonjour l'ambiance... C'est pas le grand mammouth avec tous ces grands experts de je-sais-pas-quoi qui n'ont jamais mis les pieds dans une classe... Non, c'est les gamins. Tu sais, quand il se passe quelque chose, quand tu réussis à faire passer un truc... Je l'ai eu tout à l'heure, avec Socrate (*rires*). C'est juste ça : la magie de l'étincelle. ■

1. Interrogations orales.

Fabien Truong, *Jeunesses françaises. Bac + 5* made in *banlieue*, La Découverte, coll. L'envers des faits, 2015.

DOCUMENT 3

Insertion professionnelle des jeunes de la génération 2010 et conditions d'emploi après 7 années de vie active						
Plus haut niveau de diplôme en 2010	Accès au premier emploi en moins de 3 mois (en %)	Parcours pendant les 7 premières années de vie active		7 années après la fin de la formation initiale		
		En emploi plus de 90 % du temps (en %)	En emploi moins de 10 % du temps (en %)	Salaire net médian[1] (en euros)	Taux d'emploi à durée indéterminée[2] (en %)	Taux de cadres (en %)
Non-diplômés	31	63	14	1 423	56	1
CAP-BEP-Mentions complémentaires	53	84	5	1 474	74	1
Baccalauréat professionnel	70	92	2	1 526	81	2
Baccalauréat technologique	60	87	2	1 580	77	5
Baccalauréat général	60	84	3	1 603	76	12
BTS – DUT – autres bacs + 2	70	96	1	1 800	90	12
Bac + 2/3 – santé-social	95	100	0	1 900	95	2
Licence professionnelle	75	97	1	1 850	86	21
Bac + 3/4 hors santé-social	69	94	2	175	83	25
Bac + 5 (hors écoles de commerce et d'ingénieurs)	75	98	1	2 258	87	62
Écoles de commerce et d'ingénieurs (bac + 5)	76	100	0	2 817	97	81
Doctorat	85	99	0	2 800	91	92
Ensemble	62	87	4	1 699	80	20

1. Jeunes en emploi salarié à temps plein à la date de l'enquête en 2017. 2. Jeunes en emploi à la date de l'enquête en 2017.
Lecture : les jeunes sortis de formation initiale en 2010 sans diplôme ont, sept ans plus tard, un salaire net médian de 1 423 euros.
De plus, au bout de sept années de vie active, 56 % de ces jeunes sont en emploi à durée indéterminée (CDI, fonctionnaire, non-salarié).
Champ : France entière, primo-sortants du système éducatif.

Source : Céreq, enquête 2017 auprès de la génération 2010, paru dans *L'état de l'école 2019*, DEPP.

DOCUMENT 4

Niveau de diplôme des 25-34 ans selon le milieu social en 2018

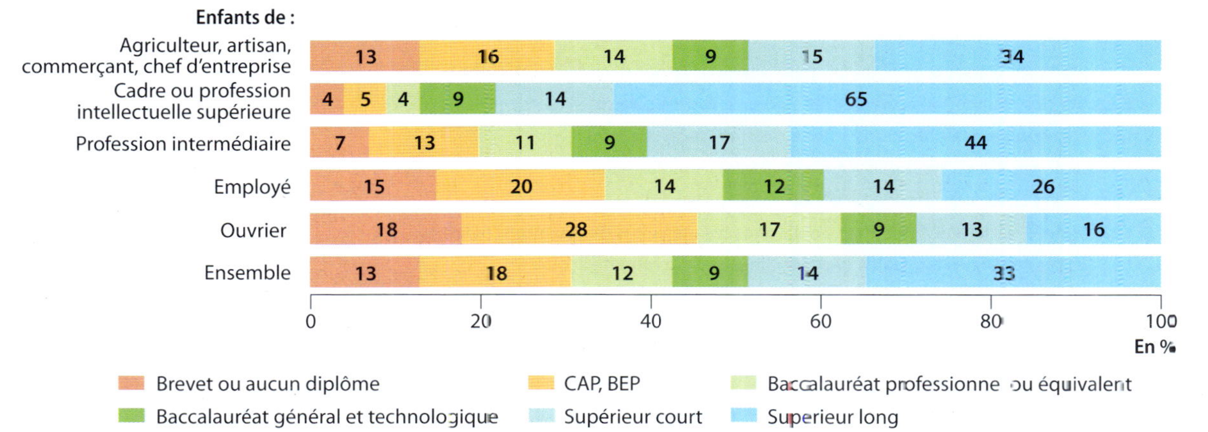

Note : la catégorie socioprofessionnelle d'un retraité ou d'un chômeur est celle de son dernier emploi. La profession du père est privilégiée, celle de la mère est substituée lorsque le père est absent, décédé, ou n'a jamais travaillé.
Champ : France métropolitaine + DOM (hors Mayotte), données provisoires.

Source : enquêtes Emploi, Insee.

Dans le Cahier BAC, p. 460
La méthode complète pour réussir le Grand oral

Préparation - Épreuve du Grand oral (20 points) 20 minutes

Préparer sa question en 4 étapes

1 Trouver sa question en lien avec son projet d'orientation

1 Voici des questions possibles en lien avec différents domaines d'étude.

1 La démocratisation scolaire est-elle un leurre ?	*Sociologie*
2 Comment favoriser la mixité sociale à l'école ?	*Sociologie, Sciences politiques*
3 Faut-il supprimer les grandes écoles ?	*Sociologie, Sciences politiques, CPGE*
4 Les pédagogies alternatives peuvent-elle révolutionner l'école ?	*Sociologie, Sciences de l'éducation*
5 Cours particuliers, prépas privées... : l'école est-elle devenue un marché ?	*Sociologie, Sciences économiques*

Choisissez la question que vous voulez traiter parmi celles ci-dessus, ou proposez une autre question. Puis justifiez votre choix par rapport au programme de la spécialité SES.

J'ai choisi de travailler sur cette partie du programme parce que :
...

J'ai choisi cette question en particulier parce que :
...

2 Mobiliser des connaissances pour préparer la réponse à la question choisie

• Commencez par réviser le chapitre. Utilisez la synthèse (p. 228) ainsi que la fiche de révision (p. 233) que vous aurez téléchargée et complétée. Vous pourrez ainsi identifier les connaissances, notions et mécanismes à mobiliser pour répondre à votre question.

2 Mobilisez des connaissances pour répondre à la question 3.

• Faites des recherches sur les grandes écoles : Qu'est-ce qu'une grande école ? Quelles sont les principales grandes écoles françaises ? Comment recrutent-elles leurs étudiants ? À quelles critiques sont-elles confrontées ?

Sélectionnez les grands enjeux du chapitre auxquels la question 3 se rattache.

- ☐ L'égalité des chances et la méritocratie dans le cadre scolaire
- ☐ Les processus de massification et de démocratisation scolaires
- ☐ Le rôle du capital culturel dans les inégalités de réussite scolaire
- ☐ Le rôle de l'école dans les inégalités de réussite scolaire
- ☐ Le rôle de la socialisation selon le genre dans les inégalités de réussite scolaire
- ☐ Le rôle des stratégies familiales dans les inégalités de réussite scolaire

• Puis faites des recherches complémentaires pour approfondir votre maîtrise du sujet. Terminez en réalisant une carte mentale qui synthétise l'ensemble de vos connaissances sur la question. ➡ p. 144 et p. 402.

3 Préparer la réponse argumentée à la question choisie

• Pour organiser vos arguments :
– commencez par faire la liste de tous vos éléments de réponse ;
– regroupez-les ensuite autour de deux ou trois grands axes ;
– organisez et hiérarchisez les éléments à l'intérieur de chaque axe : distinguez notamment les arguments principaux des simples exemples.

3 Complétez la liste d'objectifs pour la question 3.

- Identifiez à partir de ces éléments deux grands axes (axe 1 et axe 2) de réponse.
- Surlignez dans une même couleur tous les arguments de l'axe 1, dans une autre ceux de l'axe 2.
- Organisez les éléments de réponse à l'intérieur de chaque axe en distinguant les arguments principaux des exemples.

En 2019, un rapport préconise la transformation de l'ENA.

Les grandes écoles contribuent à la reproduction sociale des élites.

Les grandes écoles commencent à modifier leurs voies d'admission afin de diversifier le profil de leurs étudiants.

On ne comptait que 2 % d'enfants d'ouvriers et d'employés et 11 % d'élèves boursiers dans la dernière promotion de l'École polytechnique.

Les grandes écoles sont le lieu de formation des hauts fonctionnaires et cadres dirigeants.

À partir de 2021, l'entrée à Sciences Po Paris ne se fera plus par concours, mais *via* une sélection sur dossier suivie d'un entretien oral.

4 Concevoir un support pour le jour J

Préparez, à partir du travail précédent, un support à destination du jury que vous reconstituerez le jour J pendant votre préparation.

4 Voici un exemple de tableau de synthèse pour la question 3. Complétez-le.

Les critiques auxquelles les grandes écoles sont confrontées	Pourquoi il ne faut pas pour autant les supprimer
– Elles favorisent la reproduction sociale des élites. – ...	– Il faut les réformer pour ouvrir leur recrutement. – ...

S'entraîner pour le jour J

1. Présenter sa question devant le jury

5 ORAL

- Reprenez la réponse argumentée que vous avez préparée (étape 3) et présentez-la debout et sans notes devant deux camarades.
- Demandez-leur de vous évaluer en utilisant la grille d'évaluation ➡ Cahier BAC p. 463-464.

2. Préparer l'entretien avec le jury

6 ORAL

- Présentez votre question devant vos deux camarades (étape 1), puis ceux-ci vous posent des questions de connaissances et d'approfondissement.
- Vos camarades évaluent votre capacité à interagir avec le jury en utilisant la grille d'évaluation ➡ Cahier BAC p. 470.

3. Savoir utiliser des mots de liaison *Compétence orale*

Les mots de liaison marquent la structure de votre argumentation et en articulent de manière logique les différents éléments. En les utilisant correctement, vous aidez le jury à suivre et à comprendre le cheminement de votre pensée.

Mots de liaison	Fonction
Tout d'abord..., Ensuite..., Pour finir... Dans un premier temps...	Énumérer une liste d'arguments ou d'exemples
En effet... C'est-à-dire que... Étant donné que...	Expliquer, développer ou préciser un argument
Notamment... Par exemple... En revanche...	Illustrer un argument
Néanmoins... Cependant... Toutefois...	Nuancer un argument, introduire une autre perspective
Ainsi... C'est pourquoi... Pour conclure...	Souligner la logique de son propos, marquer l'aboutissement d'un argument ou de la présentation

7 ORAL

- Reprenez les notes que vous avez préparées (étape 3) et entraînez-vous à présenter votre réponse en utilisant des mots de liaison pour marquer les différentes étapes de votre argumentation.

CHAPITRE 8

Quels sont les caractéristiques contemporaines et les facteurs de la mobilité sociale ?

Un cas pour réfléchir

En abolissant les privilèges de la noblesse et du clergé dans la nuit du 4 août 1789,

les révolutionnaires français posaient les bases d'une société démocratique dans laquelle les positions sociales sont ouvertes à tous. Pourtant, selon la dernière étude, publiée en 2015, 47 % des fils de cadres sont eux-mêmes cadres, et les enfants d'agriculteurs ont presque 668 fois plus de chances de devenir agriculteurs plutôt que cadres. La liberté juridique de se déplacer dans la société n'empêche donc pas toute forme de reproduction sociale.

Et vous, qu'en pensez-vous ?

L'ascenseur social est-il en panne ?

VU EN PREMIÈRE

Professions et catégories socioprofessionnelles • Configurations familiales • Trajectoires improbables

NOTIONS DE TERMINALE

Autorecrutement • Déclassement (ou mobilité descendante) • Fluidité sociale (ou mobilité relative) • Hérédité sociale • Mobilité ascendante • Mobilité géographique • Mobilité intergénérationnelle • Mobilité nette • Mobilité observée (ou absolue ou totale) • Mobilité professionnelle (ou intragénérationnelle) • Mobilité sociale • Mobilité structurelle • Reproduction sociale (ou immobilité sociale)

Une vidéo pour expliquer

Comment débloquer l'ascenseur social

Pourquoi l'absence de mobilité sociale est-elle un problème ?

Source : France Télévisions.

SOMMAIRE

DOSSIER 1 Comment définir et mesurer la mobilité sociale ?

1. Les formes et les enjeux de la mobilité ... 244
2. Principes, intérêts et limites des tables de mobilité sociale ... 246
3. La composante structurelle de la mobilité sociale ... 248
4. La fluidité sociale : une mesure relative de la mobilité sociale ... 250

DOSSIER 2 Comment expliquer les caractéristiques de la mobilité sociale contemporaine ?

1. Les caractéristiques de la mobilité masculine ... 252
2. Les caractéristiques de la mobilité féminine ... 254
3. Les explications de la mobilité sociale ... 256

L'ESSENTIEL ... 258
Synthèse • Repères • Schéma bilan • Prolongements

RÉVISER ... 262
Je vérifie mes connaissances • J'utilise mes connaissances • Je construis ma fiche de révision

TRAVAUX DIRIGÉS ... 264
Décrypter une table de mobilité

BAC MÉTHODE & ENTRAÎNEMENT ... 265
- Construire un plan détaillé pour la dissertation
- Sujet guidé : épreuve de dissertation
- Sujet blanc : épreuve composée
- Préparation : épreuve du Grand oral

1 Les formes et les enjeux de la mobilité

OBJECTIF DU PROGRAMME : Savoir distinguer la mobilité sociale intergénérationnelle des autres formes de mobilité (géographique, professionnelle).

Questionnez-vous ! Qu'est-ce qu'être mobile ?

- **Classez les exemples dans le tableau.**

a. Imane, directrice des ressources humaines de 47 ans, quitte la France pour exercer le même emploi aux États-Unis.

b. Damien, 31 ans, obtient une promotion au sein de son entreprise.

c. Charles-Eudes est fils de PDG, il travaille comme secrétaire dans l'entreprise familiale.

d. Josiane, 25 ans, est fille d'agriculteurs, elle travaille comme professeure des écoles.

e. Inès, 42 ans, née en France d'un père policier, dirige une multinationale basée à Seattle.

f. Karl né au Liban de parents employés, a d'abord travaillé en France comme employé, puis est devenu directeur administratif et financier de l'entreprise.

Mobilité géographique	Mobilité professionnelle (intragénérationnelle)	Mobilité collective	Mobilité sociale (intergénérationnelle)
...	...	...	...

NE PAS CONFONDRE

Mobilité intergénérationnelle : changement de position sociale d'un individu ou d'un groupe social par rapport à la génération précédente.

Mobilité intragénérationnelle (ou mobilité professionnelle) : changement de profession au cours de la vie active d'un individu.

DOC 1 La mobilité géographique en France

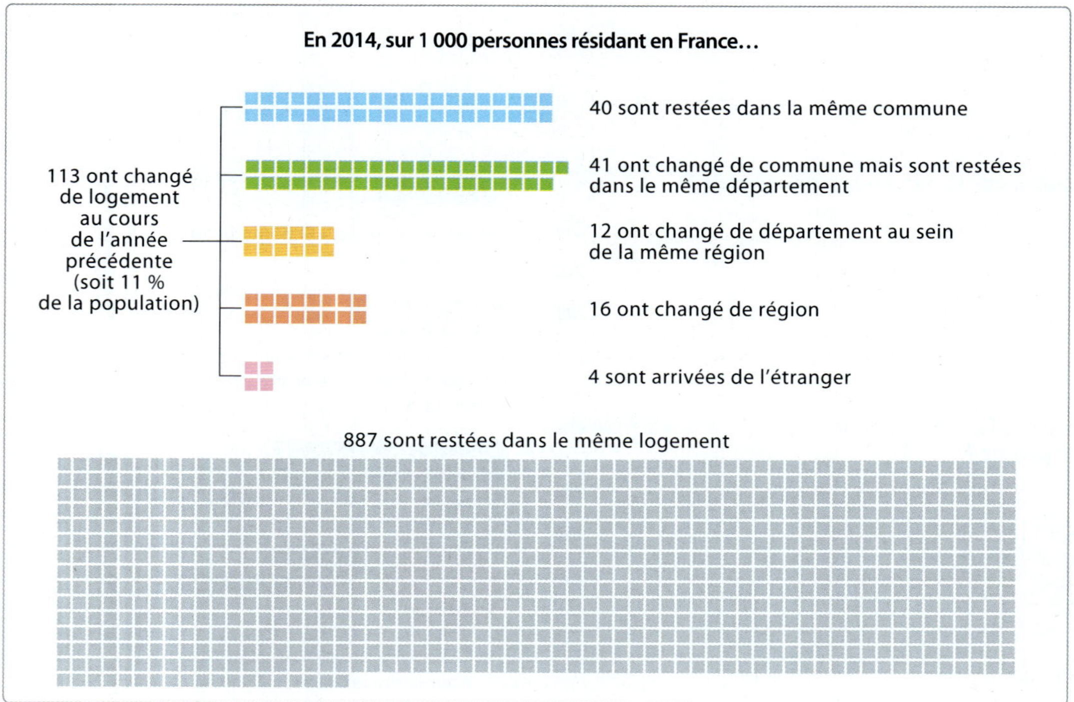

Source : données Insee, Commissariat général à l'égalité des territoires, « Les Mobilités résidentielles en France », *Synthèse du rapport 2018*, 2018.

1 • Lire Quel est le pourcentage de personnes immobiles en France ?

2 • Calculer Quelle est la part des Français mobiles qui changent de région ?

3 • Analyser Quelles sont les caractéristiques de la mobilité géographique en France ?

DOC 2 La mobilité est un droit générique

C'est dans les années 1950 que la mobilité apparaît dans la vie quotidienne des Français. [...] Pour la première fois dans l'histoire des villes et du travail, le gros de la population active se coule dans un mouvement de balancier qui l'amène à abandonner, toute la journée, les quartiers d'habitation, la famille et notamment les enfants et les adolescents livrés à eux-mêmes. [...]
La mobilité est un droit affirmé dans l'article 13 de la Déclaration universelle des droits de l'homme et du citoyen du 10 décembre 1948 qui énonce :
« 1. Toute personne a le droit de circuler librement et de choisir sa résidence à l'intérieur d'un État.
2. Toute personne a le droit de quitter tout pays, y compris le sien, et de revenir dans son pays. »
La mobilité relève ici de la citoyenneté civile comme la liberté d'expression ou l'égalité devant la justice. [...] Dans ce contexte, les inégalités de mobilité ont un statut particulier. Les inégalités de logement, de niveaux de formation sont anormales dans une démocratie qui se réclame de l'égalité. Mais les inégalités de mobilité sont, en sus, excluantes. Si les droits à la formation, au logement et à la santé sont des droits sociaux, la mobilité est un droit générique. Elle est le droit qui permet l'exercice des autres droits. Lorsqu'une personne ne peut aller à la ville voisine régler des problèmes administratifs sérieux, l'incapacité de mobilité interdit ou restreint l'insertion sociale et professionnelle. ■

Éric Le Breton, *Mobilité, la fin du rêve ?*, Éditions Apogée 2019

1 • Lire Quelles sont les deux formes de mobilité affirmées dans la Déclaration universelle des droits de l'homme et du citoyen ?

2 • Expliquer Pourquoi la mobilité est-elle un droit générique ?

3 • Déduire Quelles sont les conséquences des inégalités de mobilité ?

DOC 3 Les enjeux de la mobilité sociale intergénérationnelle

La mobilité sociale, qui n'implique pas de déplacement physique, se distingue de la mobilité géographique, qui ne donne pas nécessairement lieu à un changement de niveau social.
La mobilité individuelle, qui est celle d'individus quittant une catégorie sociale pour une autre, se différencie de la mobilité collective, qui implique des groupes ou des catégories sociales dans leur ensemble dont le statut se modifie. [...] La mobilité peut être étudiée également de différents points de vue selon qu'on ne considère que la carrière d'un individu, qui peut changer ou non de statut au cours de son existence d'adulte, ou que l'on réfère les individus à leur origine familiale, en comparant leur statut à celui des membres des générations antérieures, comme leur père ou leur grand-père. On parle alors de mobilité intragénérationnelle et intergénérationnelle. Dans les publications de l'Insee, la première est désignée comme mobilité professionnelle, la seconde comme mobilité sociale. [...] La mobilité sociale est aussi un enjeu politique : il semble logique qu'à l'égalité formelle des citoyens et à la liberté d'entreprendre corresponde dans le domaine social l'égalité des conditions d'accès aux différentes situations. L'analyse de la mobilité sociale renvoie au principe de « l'égalité des chances », et les sociétés démocratiques et libérales peuvent chercher à évaluer la réalité ou l'efficacité de leurs principes de fonctionnement à l'importance des flux de mobilité sociale qu'elles permettent. ■

Louis Chauvel, Anne Lambert, Dominique Merllié et **Françoise Milewski**, *Les Mutations de la société française*, La Découverte, coll. Repères, n° 489, 2019.

Un exemple de société immobile : les castes en Inde

1 • Qu'est-ce qu'un Valmiki ?

2 • Comment devient-on Valmiki ?

3 • Pourquoi les Valmiki ne changent-ils pas de profession ?

1 • Distinguer Quelles sont les différentes formes prises par la mobilité ?

2 • Illustrer Donnez un exemple illustrant chacune des formes prises par la mobilité.

3 • Expliquer Pourquoi la mobilité sociale est-elle un enjeu politique ?

Faites le point

Complétez le schéma sur les formes de mobilité avec les termes suivants.
professionnelle – géographique – individuelle – intergénérationnelle – résidentielle

Mobilité ...
→ Migratoire
→ ...
→ Pendulaire

Mobilité sociale
→ Collective
→ ...
→ Intragénérationnelle ou ...
→ ...

Prenez la parole

Pitch

- **Par groupes de deux, identifiez les conséquences politiques des immobilités géographique et sociale.**
- **L'un des deux les présente à la classe en trois minutes.**

2 Principes, intérêts et limites des tables de mobilité sociale

OBJECTIF DU PROGRAMME : Comprendre les principes de construction, les intérêts et les limites des tables de mobilité comme instrument de mesure de la mobilité sociale.

DOC 1 Qu'est-ce qu'une table de mobilité ?

« Ascenseur en panne », « mobilité bloquée », « déclassement » : le concept de mobilité sociale est très souvent invoqué dans le débat public, rarement de façon très claire. Il mérite quelques explications.

L'étude de la mobilité sociale cherche à mesurer les changements de position sociale entre les enfants et leurs parents. Pour mesurer cette position, l'Insee s'appuie sur les catégories socioprofessionnelles réparties en six grands groupes au niveau général. Les statisticiens comparent le plus souvent la situation des hommes d'un âge donné à celle de leurs pères au même âge. L'Insee par exemple considérait habituellement les hommes de 40 à 59 ans mais a opté pour les 30-59 ans dans sa dernière étude qui porte sur l'année 2014.

Une fois que l'on dispose des données sur les enfants et les parents, on peut observer deux types d'évolution que l'on présente sous forme de tables de mobilité. D'un côté les origines sociales : pour 100 enfants d'une catégorie sociale donnée au moment de l'enquête, il s'agit de connaître la répartition de celles de leurs pères. On indique alors « X % des cadres ont un père cadre, Y % un père ouvrier, etc. ». De l'autre les « destinées sociales » : pour 100 enfants dont le père était d'une catégorie donnée, on mesure la répartition de leurs positions sociales. On indique alors « X % des enfants de cadres supérieurs sont devenus cadres supérieurs, Y % sont devenus ouvriers, etc. ».

« Comprendre la mobilité sociale », www.observationsociete.fr, 21 août 2017.

CONTEXTE

Les tables de mobilité sont élaborées à partir des **enquêtes Formation et qualification professionnelle** (FQP) menée par l'Insee depuis 1964. La dernière enquête FQP (la 7e) date de **2014-2015** et porte sur un échantillon de 45 000 personnes âgées de 30 à 59 ans.

1 • **Déduire** Quelle forme de mobilité sociale est étudiée par les tables de mobilité ?

2 • **Expliquer** Quelle est l'information donnée par une table de destinées ?

3 • **Expliquer** Quelle est l'information donnée par une table des origines ou de recrutement ?

DOC 2 Table de destinées en 2015

Origine (père) en % / Destinée (fils) en %	Agriculteurs exploitants	Artisans, commerçants, chefs d'entreprise	Cadres et professions intellectuelles supérieures	Professions intermédiaires	Employés	Ouvriers	Ensemble
Agriculteurs exploitants	25,0	8,0	8,8	18,6	7,1	32,5	100,0
Artisans, commerçants, chefs d'entreprise	0,8	**20,3**	22,2	22,9	9,5	24,3	100,0
Cadres et professions intellectuelles supérieures	0,2	8,0	**47,0**	25,7	9,1	10,0	100,0
Professions intermédiaires	0,7	7,9	25,5	**31,5**	11,3	23,1	100,0
Employés	0,5	6,8	16,3	26,1	**16,6**	33,6	100,0
Ouvriers	0,5	7,4	9,4	22,9	12,3	47,6	100,0
Ensemble	2,6	9,2	19,3	24,5	11,3	33,0	**100,0**

Champ : France Métropolitaine, Réunion, Guadeloupe, individus âgés de 30 à 59 ans.

Source : Insee, enquête FQP 2014-2015.

Savoir-faire 9 p. 414

1 • **Expliquer** Que signifient les données de la ligne « Ensemble » ?

2 • **Déduire** À quelle question la table de destinées répond-elle ?

3 • **Lire** Faites des phrases avec les données entourées.

4 • **Déduire** Comment s'appelle la situation des individus qui occupent la même PCS que celle de leur père (données en gras) ?

DOC 3 Table de recrutement en 2015

Origine (père) en % \ Destinée (fils) en %	Agriculteurs exploitants	Artisans, commerçants, chefs d'entreprise	Cadres et professions intellectuelles supérieures	Professions intermédiaires	Employés	Ouvriers	Ensemble
Agriculteurs exploitants	**81,1**	7,4	3,9	6,5	5,3	8,4	8,5
Artisans, commerçants, chefs d'entreprise	4,0	**28,8**	15,1	12,2	11,1	9,7	13,[illegible]
Cadres et professions intellectuelles supérieures	0,9	12,1	**33,8**	14,6	11,3	4,2	13,9
Professions intermédiaires	4,3	13,0	20,0	**19,5**	15,2	10,7	15,2
Employés	1,9	7,0	8,0	10,0	**13,9**	9,6	9,4
Ouvriers	7,8	31,7	19,3	37,2	43,3	**57,5**	39,8
Ensemble	100,0	100,0	100,0	100,0	100,0	100,0	**100,0**

Champ : France Métropolitaine, Réunion, Guadeloupe, individus âgés de 30 à 59 ans.

Source : Insee, enquête FQP 2014-2015.

NE PAS CONFONDRE

Autorecrutement : dans la table de recrutement, personnes qui occupent la même position sociale que celle de leurs parents.

Hérédité sociale : dans la table de destinées, personnes qui occupent la même position sociale que celle de leurs parents.

1 • **Expliquer** Que signifient les données de la colonne « Ensemble » ?

2 • **Déduire** À quelle question la table de recrutement répond-elle ?

3 • **Lire** Faites des phrases avec les données entourées.

4 • **Analyser** Que représente la diagonale (données en gras) ?

DOC 4 Les limites des tables de mobilité

L'interprétation [des tables de mobilité] est parfois délicate et leur intérêt pour la connaissance de la mobilité sociale reste limité, notamment en raison de leur échelle d'observation :

– La signification sociale du passage d'un groupe à un autre n'est pas toujours déterminée, car les PCS ne sont pas entièrement hiérarchisées sur une échelle verticale. Ainsi, le passage de la catégorie ouvrier à celle d'employé doit-il être interprété comme une relative ascension sociale ou une mobilité horizontale ? Comment situer la catégorie « artisans, commerçants, chefs d'entreprise », très hétérogène, dans la hiérarchie sociale ?

– Les tables de mobilité agrégées[1] tendent à surestimer l'immobilité sociale du fait de leur échelle de construction. Elles ne permettent pas de saisir certaines formes de mobilité à l'intérieur des catégories agrégées, telles que le passage de la catégorie ouvrier non qualifié à celle d'ouvrier qualifié, ou de contremaître à technicien au sein des professions intermédiaires. Or les « petits » déplacements sont statistiquement beaucoup plus fréquents que les grands déplacements entre des catégories socialement éloignées.

– Plus généralement, la « mobilité objective » appréhendée à partir des statistiques peut difficilement être confrontée à la « mobilité subjective » ressentie par les individus, qui est sensible à la fois aux trajectoires individuelles et familiales et à l'évolution du statut et des conditions de vie attachés aux catégories professionnelles. ■

1. Les tables de mobilité agrégées s'appuient sur les huit principales PCS. Elles ne mesurent donc pas les mobilités à l'intérieur des PCS. Par exemple, au sein de la PCS cadres et professions intellectuelles supérieures, il peut exister de la mobilité entre les professions libérales et assimilées et les cadres d'entreprise.

Cédric Lagrée et Anne Châteauneuf-Malclès, « La mobilité intergénérationnelle des actifs au début des années 2010 », *SES-ENS*, 24 novembre 2015.

1 • **Expliquer** Que signifie la phrase soulignée ?

2 • **Déduire** Quel effet la fusion des PCS « Employés » et « Ouvriers » aurait-elle sur la mobilité sociale en France ?

3 • **Distinguer** Quelle est la différence entre la mobilité objective et la mobilité subjective ?

4 • **Synthétiser** Quelles sont les trois principales limites des tables de mobilité ?

Faites le point

Complétez la carte mentale suivante.

Tables de mobilité → Intérêt : … ; Principe : … ; Limites : …

Prenez la parole

Jeu

- Par groupes de trois, un élève (le maître de jeu) choisit trois données au hasard dans la table de destinées et trois dans celle de recrutement et les communique aux deux autres élèves (les candidats).
- Chaque candidat prépare mentalement les phrases qui expriment le sens des données. Le premier qui est prêt présente les phrases. Il marque un point par phrase correcte. S'il se trompe, il passe la main à l'autre.

3 La composante structurelle de la mobilité sociale

OBJECTIFS DU PROGRAMME: Comprendre que la mobilité observée comporte une composante structurelle (mobilité structurelle) ; comprendre comment l'évolution de la structure socioprofessionnelle contribue à expliquer la mobilité sociale.

DOC 1 L'évolution de la mobilité sociale structurelle en France

Une exploitation agricole dans les années 1930.

Une exploitation agricole dans les années 2010.

65 % des hommes actifs occupés de 35 ans à 59 ans occupent une position professionnelle différente de celle de leur père. Cette mobilité est encore plus forte pour les femmes : le même pourcentage les concernant (en comparaison de leur mère) est de 71 %. Nous sommes donc très loin d'une société immobile. Cette mobilité peut s'expliquer en partie par les transformations de l'économie : recul de l'agriculture, déclin de l'industrie, montée d'une société de services, toutes ces transformations structurelles, indépendantes de la volonté des actifs présents sur le marché du travail, se traduisent par des destructions d'emplois dans certains secteurs et des créations dans d'autres, et donc par de la mobilité. Mais cette mobilité structurelle n'est pas le signe qu'une société soit socialement « fluide », une société qui permette à ses membres d'échapper à un destin social imposé par la naissance ou simplement par le fait que leur milieu social d'origine, comme ce fut le cas pour les agriculteurs, est numériquement en déclin.

Cette explication structurelle est de moins en moins pertinente pour expliquer la mobilité sociale. La part de la mobilité structurelle dans l'ensemble de la mobilité sociale des hommes par rapport à leur père est ainsi passée de 40 % en 1977 à 36 % en 1985, 33 % en 1993 et 2003, et seulement 24 % en 2015. Le déclin des facteurs structurels est continu.

Olivier Galland, « Non, l'ascenseur social n'est pas en panne ! », www.telos-eu.com, 8 mars 2019.

1 • **Définir** Qu'est-ce que la mobilité structurelle ?

2 • **Illustrer** Donnez des exemples de mobilité structurelle.

3 • **Analyser** Quelle est l'évolution de la mobilité structurelle depuis 1977 ?

DOC 2 Les changements d'effectifs entre les pères et les fils : la mobilité structurelle

PCS (en %)	Effectifs des pères	Effectifs des fils	Mobilité structurelle
Agriculteurs exploitants	8,5	2,6	-
Artisans, commerçants, chefs d'entreprise	13,1	9,2	-
Cadres et professions intellectuelles supérieures	13,9	19,3	5,4
Professions intermédiaires	15,2	24,5	9,3
Employés	9,4	11,3	1,9
Ouvriers	39,8	33,0	-
Total	100	100	16,6

Source : Insee, enquête FQP 2014-2015.

1 • **Lire** Que signifient les données entourées ?

2 • **Calculer** Comment la mobilité structurelle de 5,4 % des « Cadres et professions intellectuelles supérieures » est-elle calculée ?

3 • **Déduire** Pourquoi la mobilité structurelle n'est-elle pas calculée pour les PCS « Agriculteurs exploitants », « Artisans, commerçants, chefs d'entreprise », et « Ouvriers » ?

DOC 3 Les causes économiques de la mobilité structurelle

[Le modèle schumpétérien] permet de repenser le débat sur les inégalités en montrant l'impact positif de l'innovation et de la destruction créatrice pour encourager la mobilité sociale. [...] Le lien entre innovation et destruction créatrice fait que l'innovation génère de la mobilité sociale : elle permet en effet à de nouveaux talents d'entrer sur le marché et d'évincer (partiellement ou totalement) les firmes en place. Il est intéressant, à cet égard, de remarquer qu'aux États-Unis la Californie (qui est actuellement l'État américain le plus innovant) devance largement l'Alabama (qui est parmi les États américains les moins innovants) à la fois en matière d'inégalités de revenus au niveau du 1 % supérieur de l'échelle des revenus et en matière de mobilité sociale.
L'innovation propulse son (ses) bénéficiaire(s) dans les tranches les plus élevées de la distribution des revenus, et en même temps l'innovation stimule la mobilité sociale.
Sur données américaines, nous observons que quand la destruction créatrice augmente, le différentiel de résultats scolaires entre enfants issus de familles à hauts revenus et enfants issus de familles à bas revenus diminue, et par conséquent la mobilité sociale augmente.

Philippe Aghion et **Céline Antonin**, « Progrès technique et croissance depuis la crise », *Revue de l'OFCE*, n° 153, OFCE, 2017.

La théorie du déversement d'Alfred Sauvy			
	Évolution de la demande	Évolution de la productivité	Évolution de l'emploi
Secteur primaire	Très faible	Forte	Forte destruction
Secteur secondaire	Forte	Très forte	Destruction
Secteur tertiaire	Très forte	Forte	Forte création

BIO SES

Alfred Sauvy (1898-1990), économiste, démographe et sociologue français, est l'auteur de la théorie du déversement selon laquelle le progrès technique entraîne le passage de la main-d'œuvre du secteur primaire au secteur secondaire puis tertiaire.

1 • **Lire** Quelle relation existe-t-il entre innovation et mobilité sociale ?
2 • **Expliquer** Comment peut-on l'expliquer ?
3 • **Expliquer** D'après le tableau pourquoi des emplois sont-ils détruits lorsque l'évolution de la demande adressée à un secteur d'activité est inférieure à l'évolution de la productivité de ce secteur ?
4 • **Déduire** Quelle relation existe-t-il entre la théorie du déversement et la mobilité structurelle ?

Activité *Calculez la mobilité structurelle dans un pays imaginaire*

La table des données brutes du Nefarc en 2050				
Catégorie du père / Catégorie du fils	Catégorie supérieure	Catégorie moyenne	Catégorie populaire	Ensemble
Catégorie supérieure	440	450	660	1 550
Catégorie moyenne	220	...	1 190	1 980
Catégorie populaire	200	720	5 550	...
Ensemble	860	1 740	...	10 000

1 • Combien de pères appartenaient à la catégorie supérieure au Nefarc en 2050 ?
2 • Complétez les cellules vides du tableau.
3 • Calculez la différence entre le nombre de fils et le nombre de pères appartenant à la catégorie supérieure.
4 • Quelle est la part de la mobilité structurelle dans la mobilité observée au Nefarc ?

Faites le point

Complétez le schéma d'implication à l'aide des termes proposés (attention aux pièges).
mobilité observée – mobilité intragénérationnelle – destruction créatrice – progrès technique – mobilité structurelle

Innovation → ... → ... → ...

Prenez la parole

Carte mentale

- Construisez une carte mentale présentant les causes et les évolutions de la mobilité structurelle en France.
- Présentez le résultat à la classe.

4 La fluidité sociale : une mesure relative de la mobilité sociale

OBJECTIF DU PROGRAMME : Comprendre que la mobilité peut aussi se mesurer de manière relative indépendamment des différences de structure entre origine et position sociales (fluidité sociale) et qu'une société plus mobile n'est pas nécessairement une société plus fluide.

DOC 1 Comparer les destinées en fonction des origines

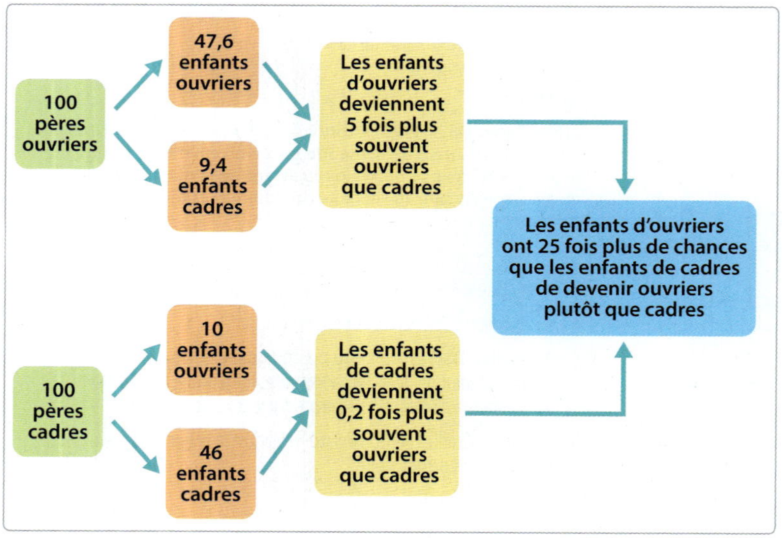

1 • **Expliquer** Comment les résultats de la partie jaune du schéma ont-ils été obtenus ?

2 • **Expliquer** Comment le résultat de la partie bleue du schéma a-t-il été obtenu ?

3 • **Déduire** Que signifierait un résultat égal à 1 ?

DOC 2 Mesurer la relation entre origines et destinées : la fluidité sociale

Les sociologues et les statisticiens ont parfois cherché à évaluer une mobilité nette, à calculer comme différence entre la mobilité totale ou brute et la « mobilité structurelle ». [...] Les spécialistes du domaine lui ont substitué la distinction entre « mobilité absolue » ou « observée » et « mobilité relative » ou « fluidité », la seconde désignant [...] une mesure de l'ouverture sociale. [...] Un progrès de la « fluidité » signifie que la « force » du lien statistique entre origines et destinées tend à s'affaiblir, ou que l'on tend à se rapprocher d'une situation où les destinées seraient indépendantes des origines, les inégalités sociales d'accès aux différentes positions sociales se réduisant globalement.

Il s'agit de se demander si on observe une tendance à la « démocratisation » de l'accès aux différentes positions sociales : va-t-on ou non plutôt dans le sens d'une égalisation des destinées ? [...] Pour répondre à cette question, les techniques supposent des outils statistiques complexes. On peut cependant les mettre en œuvre de manière artisanale (avec une calculette) en calculant des odds ratio (terme anglais qu'on peut traduire par « rapport de chances relatives »). Un exemple classique parce que parlant est d'évaluer les rapports entre les probabilités des enfants de cadres d'être cadres plutôt qu'ouvriers et celle des enfants d'ouvriers pour les mêmes destinées. La valeur 1 correspond à l'égalité de ces « chances relatives ». ■

Louis Chauvel, **Anne Lambert**, **Dominique Merllié** et **Françoise Milewski**, *Les Mutations de la société française*, coll. Repères, n° 489, 2019.

NE PAS CONFONDRE

Mobilité observée (ou absolue ou totale) : ensemble des changements de position sociale observés à l'aide des tables de mobilité. Elle est composée de la mobilité structurelle et de la mobilité nette.
Mobilité nette : calculée en soustrayant la mobilité structurelle à la mobilité brute, cette notion, difficile à expliquer, est de moins en moins utilisée par les sociologues qui lui préfèrent celle de fluidité sociale.

OUTILS SES

L'odds ratio ou rapport des chances relatives compare la probabilité (*P*) d'atteindre un groupe social en fonction d'origines sociales différentes. Il se calcule de la manière suivante :

$$\frac{\dfrac{P \text{ d'appartenir au groupe X quand on vient du groupe X}}{P \text{ d'appartenir au groupe Y quand on vient du groupe X}}}{\dfrac{P \text{ d'appartenir au groupe x quand on vient du groupe Y}}{P \text{ d'appartenir au groupe Y quand on vient du groupe Y}}}$$

1 • **Distinguer** Quelle est la différence entre la mobilité nette et la fluidité sociale ?

2 • **Expliquer** Comment mesure-t-on la fluidité sociale ?

3 • **Calculer** En 2015, sur 100 fils d'agriculteurs, 25 sont devenus agriculteurs et 8,8 sont devenus cadres. Dans le même temps, sur 100 fils de cadres, 0,2 sont devenus agriculteurs et 47 sont devenus cadres. Calculez la probabilité de devenir agriculteurs plutôt que cadres lorsqu'on est fils d'agriculteurs plutôt que fils de cadres.

DOC 3 Les odds ratio mesurent la fluidité sociale

Fluidité sociale masculine	Année	Artisans, commerçants, chefs d'entreprise	Cadres et professions intellectuelles supérieures	Professions intermédiaires	Employés	Ouvriers
Agriculteurs exploitants	1977	68	327	224	89	41
	2015	79	668	60	117	73
Artisans, commerçants, chefs d'entreprise	1977	-	10	6	6	8
	2015	-	5	3	5	5
Cadres et professions intellectuelles supérieures	1977	-	-	3	11	92
	2015	-	-	2	5	24
Professions intermédiaires	1977	-	-	-	2	6
	2015	-	-	-	2	3
Employés	1977	-	-	-	-	4
	2015	-	-	-	-	2

Lecture : En 1977, les chances d'être agriculteur plutôt qu'artisan sont 68 fois plus fortes pour les fils d'agriculteurs que pour les fils d'artisans.

Source : Insee, enquêtes FQP 1977 et 2014-2015.

1 • **Lire** Que signifient les données entourées ?

2 • **Calculer** En vous appuyant sur la table de destinées p. 246, retrouvez le calcul qui a permis d'obtenir la probabilité de devenir employé plutôt qu'ouvrier lorsqu'on est enfant d'employés plutôt que d'ouvriers en 2015.

3 • **Analyser** Quelles sont les évolutions de la fluidité sociale mises en évidence par les odds ratio ?

Activité *Montrez qu'une société plus mobile n'est pas nécessairement plus fluide*

Les statisticiens du Nefarc, un pays fictif, ont mené des études sur la mobilité sociale intergénérationnelle des hommes nefarçais en 2065 et en 2080.

– En 2065, sur 1 000 hommes interrogés, 250 avaient un père cadre et 750 avaient un père ouvrier. Sur 1 000 hommes, 800 étaient ouvriers et 200 étaient cadres. Sur les 250 fils de cadres, 125 sont devenus cadres à leur tour, tandis que sur 750 fils d'ouvriers, 675 étaient en situation de reproduction sociale.

– En 2080, sur 1 000 hommes interrogés, 200 étaient cadres. Sur 1 000 hommes interrogés, 350 avaient un père cadre et 650 avaient un père ouvrier. Sur 200 cadres, 150 avaient un père cadre, et sur 800 ouvriers, 200 hommes étaient en situation de mobilité.

Table de mobilité brute du Nefarc en 2065

Père \ Fils	Cadre	Ouvrier	Total
Cadre	...	...	...
Ouvrier	...	...	...
Total	...	...	1 000

Table de mobilité brute du Nefarc en 2080

Père \ Fils	Cadre	Ouvrier	Total
Cadre	...	...	...
Ouvrier	...	...	...
Total	...	...	1 000

1 • Complétez les tables en vous appuyant sur l'énoncé.

2 • Comment la mobilité observée a-t-elle évolué entre 2065 et 2080 au Nefarc ?

3 • Calculez les odds ratio en 2065 et en 2080.

4 • Une société plus mobile est-elle une société plus fluide ?

Faites le point

Classez les termes suivants dans le tableau.

mobilité absolue – mobilité relative – odds ratio – mobilité nette – mobilité structurelle

Mobilité observée	Fluidité sociale
...	...

Prenez la parole

Jeu

- Par groupes de deux, à partir de la table de recrutement (doc 3 p. 247), calculez le plus rapidement possible les odds ratio de la PCS « Ouvriers ».
- Le premier qui a fini les calculs présente les résultats dans des phrases. Chaque phrase rapporte un point. Celui qui se trompe passe la main.

1 Les caractéristiques de la mobilité masculine

OBJECTIF DU PROGRAMME : À partir de la lecture des tables de mobilité, être capable de mettre en évidence des situations de mobilité ascendante, de reproduction sociale et de déclassement, et de retrouver les spécificités de la mobilité sociale des hommes.

Questionnez-vous ! L'ascenseur social est-il vraiment en panne ?

Classe inversée

bordas Flash PAGE vidéo

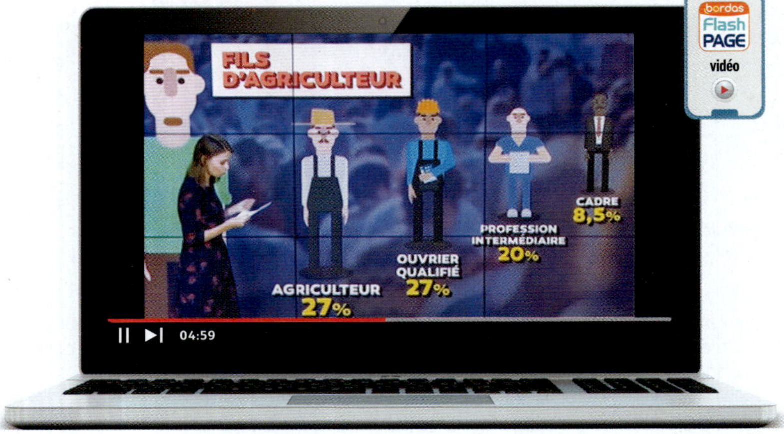

Source : LCI.

- **40,3 %** des hommes interrogés estiment que leur statut professionnel est supérieur à celui de leur père.
- **46 %** des hommes interrogés estiment que leur statut professionnel est inférieur ou équivalent à celui de leur père.
- **16,3 %** des hommes connaissent une mobilité sociale descendante par rapport à leur père.
- **18 %** des hommes cadres se sentent déclassés par rapport à leur père.
- **36 %** des hommes employés et ouvriers se sentent déclassés par rapport à leur père.

Source : Insee, 2017.

1 • Quels groupes sociaux considèrent que « l'ascenseur social est en panne » ?

2 • Selon l'Insee, l'ascenseur social est-il en panne ?

3 • Quels groupes sociaux sont les plus touchés par la mobilité sociale descendante ?

DOC 1 Tel père, tel fils ? Les caractéristiques de la mobilité masculine contemporaine

En 2015, 65 % des hommes relèvent d'une catégorie socioprofessionnelle différente de celle de leur père.
La reproduction sociale est très marquée parmi les cadres : un fils de cadre sur deux est devenu cadre à son tour. Elle est également à un niveau élevé (autour de 43 %) parmi les employés et ouvriers qualifiés. L'immobilité sociale est moins marquée pour les hommes dont le père exerçait une profession intermédiaire (31 %). Enfin, c'est pour les fils d'employés et ouvriers non qualifiés que la reproduction sociale est la plus faible (22 %).
La mobilité verticale masculine reste majoritairement une mobilité ascendante. Les hommes en ascension sociale sont 1,8 fois plus nombreux que ceux dont la trajectoire a été descendante. Les ascensions sociales des fils d'employés et ouvriers qualifiés sont 4 fois plus fréquentes que les déclassements. À l'inverse, les déclassements des professions intermédiaires sont 1,3 fois plus fréquents que les ascensions. Les mouvements des fils de cadres vers les employés et ouvriers qualifiés et non qualifiés sont de 17 %. Les déclassements sociaux des fils de cadres vers les professions intermédiaires sont plus fréquents et concernent une personne sur quatre. 13 % des fils d'employés et ouvriers qualifiés sont devenus cadres, 27 % professions intermédiaires et 10 % non qualifiés. Enfin, l'ascension sociale des fils d'employés et ouvriers non qualifiés reste polarisée vers la catégorie des employés et ouvriers qualifiés (plus de 40 %) et demeure assez rare vers les professions de cadres (8 %).

Insee, *Portrait social 2019*, 19 novembre 2019.

Louis et Matthieu Chedid, Les Victoires de la Musique 2016 au Zénith.

1 • Déduire En 2015, quel est le pourcentage d'hommes en situation de reproduction sociale ?

2 • Décrire Quelles sont les caractéristiques de la reproduction sociale des hommes en 2015 ?

3 • Décrire Quelles sont les caractéristiques de la mobilité sociale verticale des hommes en 2015 ?

DOC 2 Évolution de la mobilité sociale observée entre les pères et les fils

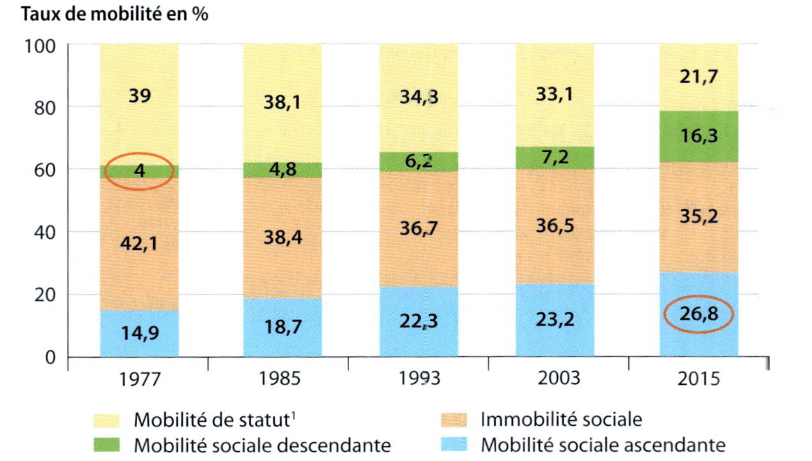

1. Selon l'Insee, passage d'une PCS non salariée (artisans, commerçants, chefs d'entreprise, agriculteurs exploitants) à une PCS salariée.

Source : Insee, enquêtes FQP 1977, 1985, 1993, 2003 et 2014-2015.

1 • Lire Que signifient les données entourées ?

2 • Lire En 2015, combien d'hommes sont en situation de déclassement par rapport à leur père ?

3 • Décrire Comment la reproduction sociale des hommes a-t-elle évolué entre 1977 et 2015 ?

4 • Distinguer Quelle est la principale forme de mobilité sociale en 2015 ?

DOC 3 L'évolution de la mobilité verticale masculine

Évolution des mobilités ascendantes et descendantes des hommes comparés à leur père selon l'origine sociale entre 1977 et 2015

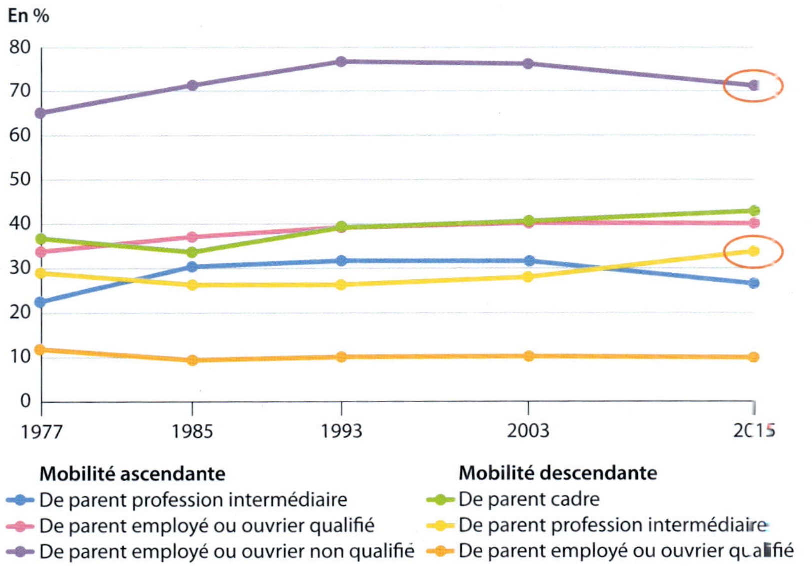

Source : Insee, *France, Portrait social*, 19 novembre 2019.

1 • Lire Faites une phrase avec les données entourées.

2 • Décrire Entre 1977 et 2015, comment évolue la mobilité verticale des enfants dont les parents sont employés ou ouvriers qualifiés ?

3 • Synthétiser Comment évolue la mobilité verticale masculine entre 1977 et 2015 ?

Faites le point

Vrai ou faux ? Justifiez votre réponse.

1. En France, le déclassement masculin n'est qu'un ressenti.
2. En France, la reproduction sociale masculine est majoritaire.
3. La mobilité verticale ascendante des hommes a diminué entre 1977 et 2015.
4. Entre 1977 et 2015, la reproduction sociale masculine a augmenté.
5. La mobilité ascendante des cadres a augmenté entre 1977 et 2015.

Prenez la parole

Carte mentale

- Construisez une carte mentale présentant les caractéristiques de la mobilité sociale masculine.
- Exposez le résultat devant la classe.

2 Les caractéristiques de la mobilité féminine

OBJECTIF DU PROGRAMME : À partir de la lecture des tables de mobilité, être capable de mettre en évidence des situations de mobilité ascendante, de reproduction sociale et de déclassement, et de retrouver les spécificités de la mobilité sociale des femmes.

DOC 1 La destinée des femmes par rapport à leur père et à leur mère

CSP de la mère (du père) \ CSP des filles	Agriculteurs exploitants	Artisans, commerçants et chefs d'entreprise	Cadres et professions intellectuelles supérieures	Professions intermédiaires	Employés et ouvriers qualifiés	Employés et ouvriers non qualifiés	Ensemble
Agriculteurs exploitants	8 (7,3)	3 (3)	11,2 (11,9)	19,1 (20,1)	33,2 (33,5)	25,5 (24,5)	100,0
Artisans, commerçants et chefs d'entreprise	1,3 (0,6)	10,1 (8,1)	15,4 (15,5)	28 (29,4)	27,9 (27,0)	17,3 (19,5)	100,0
Cadres et professions intellectuelles supérieures	0,3 (0,5)	4,6 (3,6)	41,7 (35)	31,6 (33,8)	11,6 (18,5)	10,2 (8,7)	100,0
Professions intermédiaires	0,1 (0,7)	3,9 (3,6)	29 (19,6)	37,7 (33,8)	19 (24,4)	10,4 (17,9)	100,0
Employés et ouvriers qualifiés	0,6 (0,6)	4,1 (3,8)	14,9 (7,8)	30,2 (22,7)	32,9 (36,5)	17,4 (28,7)	100,0
Employés et ouvriers non qualifiés	0,9 (0,5)	3,7 (3,1)	7,5 (3,9)	22,4 (19,3)	34,1 (34,6)	31,4 (38,6)	100,0
Ensemble	1,3 (1,1)	4,4 (4,2)	15,2 (14,1)	27,5 (26,2)	30 (30,4)	21,6 (24,1)	100,0

Source : Insee, enquête FQP 2014-2015.

1 • **Lire** Que signifient les données entourées ?

2 • **Distinguer** Comparez la reproduction sociale des femmes par rapport à la mère et par rapport au père.

3 • **Distinguer** Comparez le déclassement des femmes par rapport au père et par rapport à la mère (cellules en bleu).

DOC 2 La mobilité intergénérationnelle ressentie par les femmes

	Comparaison avec le père		Comparaison avec la mère	
Par rapport au parent, le niveau ou statut ressenti est…	Ensemble	Femmes	Ensemble	Femmes
Bien plus élevé ou plus élevé (ascension)	35,8	31,7	40,4	38,0
À peu près le même	21,8	20,3	15,5	17,8
Plus bas ou bien plus bas (déclassement)	25,0	27,3	10,3	11,2
Pas comparable	9,3	11,0	6,2	5,9
Pas de réponse	3,3	3,8	2,4	2,5
Non concerné	4,7	5,9	25,2	24,6
Ensemble	100,0	100,0	100,0	100,0

Source : Insee, enquête FQP 2014-2015.

1 • **Lire** Que signifient les données entourées ?

2 • **Décrire** Quelles sont les caractéristiques du sentiment de déclassement chez les femmes ?

3 • **Expliquer** Pourquoi le sentiment d'ascension sociale est-il plus élevé par rapport à la mère que par rapport au père ?

DOC 3 Les caractéristiques de la mobilité féminine

Le faible taux d'activité des femmes et les caractéristiques de leurs emplois ont longtemps rendu difficile la comparaison de leur position professionnelle avec celle de l'un ou l'autre de leur parent. Au cours des dernières décennies, les comportements d'activité des femmes se sont cependant rapprochés de ceux des hommes. En 2015, 71 % des femmes appartiennent à une autre catégorie socioprofessionnelle que celle de leur mère. Une partie de la mobilité sociale des femmes par rapport à leur mère est directement liée à l'évolution intergénérationnelle de leurs professions. Stable autour de 43 % entre 1977 et 1993, la part de cette mobilité dite « structurelle » a [atteint] 35 % en 2015. Cette baisse plus modérée que celle observée pour les hommes montre que la structure des emplois féminins s'est davantage modifiée. La mobilité non verticale des femmes par rapport à leur mère a fortement diminué, encore plus que pour les hommes, le déclin des travailleuses non salariées étant intervenu plus tôt. Dans le même temps, l'expansion de leur mobilité verticale a été plus forte que celle des hommes. Au sein de la mobilité verticale, la part des mouvements ascendants est plus importante pour les femmes que pour les hommes. Cela s'explique en grande partie par le niveau socioprofessionnel des mères, nettement inférieur à celui des pères.

Si la mobilité verticale des femmes par rapport à leur mère est majoritairement ascendante, elle est au contraire plus souvent descendante par rapport à leur père. ■

Marc Collet et **Émilie Pénicaud**, « En 40 ans, la mobilité sociale des femmes a progressé, celle des hommes est restée quasi stable », *Insee Première*, n° 1739, février 2019.

OUTILS SES

Taux d'activité : ensemble des actifs rapporté à l'ensemble de la population en âge de travailler. Selon l'Insee, le taux d'activité féminin est passé de 52,7 % en 1975 à 68,2 % en 2018. Dans le même temps, le taux d'activité masculin est passé de 83,6 % à 75,8 %.

1 • Expliquer Pourquoi l'étude de la mobilité sociale féminine est-elle récente ?

2 • Expliquer Pourquoi la mobilité structurelle féminine a-t-elle moins diminué que la mobilité structurelle masculine ?

3 • Synthétiser Quelles sont les caractéristiques de la mobilité sociale féminine ?

Activité *Ascension sociale, reproduction ou déclassement ?*

Distinguez les situations de mobilité ascendante, de reproduction sociale et de déclassement en classant les exemples dans la colonne appropriée.

Mobilité ascendante par rapport au père	Mobilité ascendante par rapport à la mère	Reproduction sociale par rapport au père	Reproduction sociale par rapport à la mère	Déclassement par rapport au père	Déclassement par rapport à la mère
...	...	...	...	...	...

a. **Sophie**, 43 ans, père professeur de mathématiques, mère ingénieure en informatique, exerce le métier de puéricultrice dans une crèche.

b. **Nawel**, 30 ans, père maçon, mère au foyer, est lieutenant dans l'armée de terre.

c. **Christel**, 35 ans, est médecin généraliste, son père était dentiste et sa mère infirmière.

d. **Naboudou**, 48 ans, est employée dans un magasin de prêt-à-porter, son père était manutentionnaire, sa mère était caissière.

e. **Rachel**, 55 ans, est conductrice de TGV, ses deux parents étaient agriculteurs exploitants.

f. **Josiane**, 50 ans, est professeure d'EPS, son père était médecin, sa mère était secrétaire.

g. **Noémie**, 35 ans, est mère au foyer, son père était DRH, sa mère était femme au foyer.

h. **Emeline**, 31 ans, est chargée de communication dans une mairie, son père était avocat, sa mère était responsable de rayon d'un supermarché.

i. **Aziza**, 38 ans, est infirmière, son père était chirurgien, sa mère était sage-femme.

j. **Véronique**, 45 ans, est chef d'une entreprise de 6 salariés, son père était commerçant, sa mère était salariée du commerce familial.

Faites le point

Complétez le texte à l'aide des termes suivants (attention aux pièges).

difficile – verticale – ascendante – descendante – structurelle – taux d'activité – facile – taux d'emploi – nette – observée

Les différences de ... entre les hommes et les femmes ont longtemps rendu l'étude la mobilité sociale féminine .... En 2015, la mobilité ... des femmes est supérieure à celle des hommes. La mobilité féminine est principalement ... et ... entre les mères et les filles, mais ... entre les pères et les filles.

Prenez la parole

Débat

- La classe est divisée en deux groupes. En s'appuyant sur les documents, le premier démontre que la mobilité verticale féminine s'améliore, le second explique qu'elle se détériore.
- Dans chaque groupe, un binôme de deux élèves présente ses arguments et débat avec un binôme de l'autre groupe.

3 Les explications de la mobilité sociale

OBJECTIF DU PROGRAMME : Comprendre comment les niveaux de formation et les ressources et configurations familiales contribuent à expliquer la mobilité sociale

DOC 1 L'influence persistante des configurations familiales sur la mobilité sociale

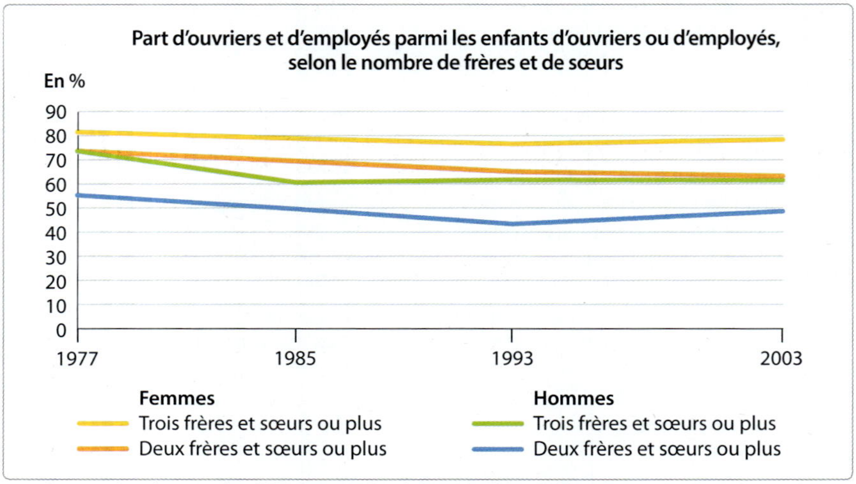

Source : données enquêtes FQP, Insee, *in* **Dominique Merllié** et **Olivier Monso**, « La destinée sociale varie avec le nombre de frères et sœurs », *France, portrait social*, Insee Références, 2007.

VU EN PREMIÈRE

Configurations familiales : type de structure familiale. Le recensement distingue par exemple les couples sans enfant, les couples avec enfant(s) et les familles monoparentales.

1 • **Lire** Faites une phrase avec la donnée des femmes ayant trois frères et sœurs ou plus en 2003.

2 • **Décrire** Quelle relation existe-t-il entre la taille de la fratrie et les destinées sociales ?

3 • **Expliquer** Pourquoi cette relation est-elle plus forte pour les femmes que pour les hommes ?

DOC 2 L'effet des ressources et configurations familiales sur la mobilité sociale

En enquêtant pendant plusieurs années auprès d'une fratrie de huit enfants nés entre 1970 et 1986, Stéphane Beaud donne un large aperçu des multiples manières de se vivre descendant d'Algériens en France.

L'ascension sociale des deux filles aînées comme le maintien des garçons dans les fractions stables des classes populaires font en effet figure de phénomène socialement improbable. Comment cette fratrie a-t-elle échappé aux mécanismes de la reproduction sociale qui destinent les enfants nés dans des familles populaires et immigrées aux filières de relégation scolaire et aux métiers les moins qualifiés ?

Les données sur la composition sociale du quartier habité par la famille et les établissements scolaires fréquentés par les enfants constituent un premier élément d'explication. La localisation de l'appartement familial a en effet permis aux aînées de fréquenter cet établissement où les enfants issus de milieux populaires cohabitent avec ceux issus des classes moyennes. Cette mixité sociale est présentée comme la raison principale de la réussite scolaire des aînées.

L'auteur s'intéresse aussi à la division des rôles et aux relations affectives au sein de la famille. Les filles aînées décrivent un [père] particulièrement disponible qui joue le rôle de soutien moral et encourage ses enfants à « travailler avec le stylo » pour échapper au destin de travailleur manuel non qualifié. La rigidité de l'éducation des deux sœurs aînées dans une famille où la mère exerce une « surveillance étroite » sur ses filles constitue un troisième élément d'explication. Cette pratique de contrôle a favorisé le développement d'un éthos de bonne élève, en particulier chez l'aînée, qui développe une crainte du monde extérieur et investit tout son temps dans la lecture. Ce qui émanait au départ d'une volonté de contrôle de la sexualité des filles semble ainsi jouer un rôle de distanciation avec les sociabilités adolescentes du quartier où l'investissement scolaire est peu valorisé.

Les aînées ont joué le rôle de « locomotives », transmettant les capitaux acquis au cours de leur trajectoire à leurs cadets, qui ont connu des conditions de socialisation moins favorables. ■

Adèle Momméja, « La famille Belhoumi et le sociologue », www.metropolitiques.eu, 17 janvier 2019.

1 • **Expliquer** Pourquoi l'ascension sociale des Belhoumi est-elle un « phénomène sociologique improbable » ?

2 • **Analyser** Comment la configuration familiale des Belhoumi a-t-elle contribué à l'ascension sociale des enfants ?

3 • **Expliquer** Que signifie la dernière phrase du texte ?

DOC 3 La mobilité sociale selon l'origine sociale et le niveau de formation

Niveau de diplôme et *origine sociale*	Ensemble	Mobilité ascendante	Reproduction	Mobilité descendante
CAP à bac				
Favorisé ou très favorisé	18	52	48	-
Intermédiaire	23	71	25	4
Défavorisé	60	76	24	-
Bac + 5 ou +				
Favorisé ou très favorisé	56	17	83	-
Intermédiaire	22	4	15	81
Défavorisé	22	-	7	93

Source : d'après **Philippe Lemistre**, « Déclassements et reclassements selon l'origine sociale et le diplôme », *Working Paper*, n° 4, Céreq, juillet 2017.

bordas Flash PAGE vidéo

© C-P Productions et VF Films.

La reproduction sociale selon Bourdieu

1 • Qu'est-ce que la reproduction sociale ?

2 • Quelles sont les deux formes de capitaux ?

3 • Comment les capitaux contribuent-ils à la mobilité sociale ?

LE SAVIEZ-VOUS ?

Le **paradoxe d'Anderson** montre que l'obtention d'un diplôme supérieur à celui de ses parents ne se traduit pas toujours par une meilleure position sociale. En effet le nombre de diplômés augmente plus rapidement que les positions sociales valorisées.

1 • **Lire** Que signifient les données entourées ?

2 • **Décrire** Quelle est la relation entre origine sociale et niveau de diplôme ? entre niveau de diplôme et mobilité sociale ?

DOC 4 La courbe de Gatsby : une relation entre inégalités scolaires et mobilité sociale

Deux systèmes scolaires peuvent être très différents en termes de mobilité sociale à l'école, c'est-à-dire de perspective pour les élèves de familles socialement défavorisées de se hisser parmi les meilleurs élèves. Ce concept de mobilité sociale à l'école est étroitement lié à la notion d'égalité des chances à l'école. Un système juste est un système où il y a égalité des chances de parvenir à la réussite scolaire, et à diplôme égal, d'accès aux emplois à responsabilités.

Alan Krueger (2012) a popularisé l'expression « *The Great Gatsby Curve* » pour désigner la relation inverse entre la mobilité intergénérationnelle des revenus et l'inégalité économique. Nous revisitons maintenant cette courbe de Gatsby au niveau de l'école, en comparant l'inégalité des résultats scolaires à notre indice de mobilité sociale à l'école. Nous avons montré une forte relation inverse entre mobilité sociale à l'école et inégalités scolaires. La mobilité sociale d'un système scolaire semble donc étroitement liée à l'inégalité scolaire. Les systèmes scolaires qui sélectionnent les élèves entre écoles par niveau scolaire, comme par exemple en Belgique, sont aussi ceux qui affichent une faible mobilité sociale. À l'inverse, les systèmes scolaires comme celui du Canada où les élèves de niveaux élevé et faible fréquentent les mêmes écoles affichent une mobilité sociale élevée. ■

Mattéo Godin et **Jean Hindriks**, « Une comparaison internationale des systèmes scolaires basée sur la mobilité sociale », *Économie et Statistiques*, n° 499, Insee, 13 juin 2018.

CONTEXTE

La **courbe de Gatsby** est une référence au roman de Francis Scott Fitzgerald *Gatsby le Magnifique* (1925), qui traite de l'ascension sociale et de la déchéance d'un Américain dans les années folles.

1 • **Lire** Qu'est-ce que la mobilité sociale à l'école ?

2 • **Décrire** Quelle relation la courbe de Gatsby montre-t-elle ?

3 • **Expliquer** Comment les auteurs expliquent-ils cette relation ?

4 • **Expliquer** Pourquoi l'école peut-elle contribuer à la reproduction sociale ?

Faites le point

Construisez une carte mentale sur les explications de la mobilité sociale à l'aide des termes suivants.

place dans la fratrie – mixité sociale à l'école – taille de la fratrie – niveau de formation – capital culturel – configurations familiales – capital économique – genre – diplôme

Prenez la parole

Argumentation

- **Par groupes de deux, montrez : l'un les effets des configurations familiales sur la mobilité sociale, l'autre la relation entre le niveau de formation et la mobilité sociale.**
- **Chacun présente à l'autre la relation sur laquelle il a travaillé.**

Quels sont les caractéristiques contemporaines et les facteurs de la mobilité sociale ?

Synthèse

bordas Flash PAGE podcast DYS

DOSSIER 1 Comment définir et mesurer la mobilité sociale ?

1 Les formes et les enjeux de la mobilité

- Le droit à la mobilité est l'un des principes fondamentaux des démocraties libérales énoncé par la Déclaration universelle des droits de l'homme et du citoyen. La **mobilité géographique** est d'ailleurs un droit générique dans la mesure où elle conditionne l'exercice d'autres droits comme la santé ou le logement. Mais la mobilité n'implique pas toujours de déplacement physique, elle peut consister à se déplacer au sein de la société, pour les individus comme pour les groupes sociaux ; on parle dans ce dernier cas de **mobilité collective**.

- Cette **mobilité sociale** peut être une **mobilité professionnelle (ou intragénérationnelle)**, au cours de la vie active, ou une **mobilité intergénérationnelle**, fondamentale dans une société démocratique qui garantit le libre accès à tous les métiers ou groupes sociaux. Si les professions les plus convoitées se transmettent des parents aux enfants sans s'ouvrir aux membres d'autres groupes sociaux alors la forme démocratique de la société est remise en cause.

VU EN PREMIÈRE

Professions et catégories socioprofessionnelles : outil statistique créé par l'Insee, classant les individus dans des catégories présentant une certaine homogénéité sociale.

2 Principes, intérêts et limites des tables de mobilité sociale

- La mesure de la mobilité sociale s'effectue à partir de tables de mobilité qui croisent l'origine sociale (la profession des parents) avec la destinée des enfants (la profession des enfants). La table de recrutement ou d'origine présente la **Profession et catégorie socioprofessionnelle** (PCS) à laquelle appartenaient les parents en fonction du métier des enfants. À l'inverse, la table de destinées montre à quelle PCS appartiennent les enfants en fonction de la PCS de leurs parents. Les tables de mobilité mettent en évidence une **mobilité observée (ou absolue ou totale)**, mais également les situations d'immobilité sociale ou **reproduction sociale (ou immobilité sociale)** qui prennent la forme d'**hérédité sociale** ou d'**autorecrutement** social, lorsque les PCS des parents et des enfants sont identiques.

- Du fait de leur construction, les tables de mobilité comportent plusieurs limites. D'une part, elles reposent sur la nomenclature des PCS qui n'est pas clairement hiérarchisée. D'autre part, le découpage en six PCS peut masquer une partie de la mobilité sociale existant au sein des catégories. Il s'agit par exemple des passages de la catégorie employé non qualifié à la catégorie employé qualifié. À l'inverse, le découpage en six PCS peut surestimer la mobilité entre des catégories proches comme celles des employés et des ouvriers. Enfin, elles ne peuvent rendre compte de la mobilité subjective, ressentie par les personnes lorsque leurs conditions de travail s'améliorent ou se détériorent par exemple.

3 La composante structurelle de la mobilité sociale

- Les changements de position sociale entre les générations peuvent résulter des modifications entre les emplois qui existaient pour les parents et les emplois disponibles pour les enfants. Il s'agit dans ce cas d'une **mobilité structurelle** qui est une composante de la **mobilité observée**. La mobilité structurelle se mesure en calculant la différence entre le nombre de parents dans une PCS et le nombre d'enfants dans cette même PCS.

- La mobilité structurelle n'est donc pas liée à la volonté des individus, elle résulte des changements dans la structure de l'économie. Théorisé par Joseph Aloïs Schumpeter, le processus de destruction créatrice inhérent au capitalisme est la principale explication de la mobilité structurelle. En détruisant des emplois dans certains secteurs d'activité et en en créant dans d'autres, le progrès technique implique des changements de statut professionnel entre les parents et les enfants. Selon la **théorie du déversement** d'Alfred Sauvy, les emplois disparaissent dans les secteurs primaire et secondaire à fort progrès technique et faible progression de la demande et apparaissent dans le secteur tertiaire à faible progrès technique et forte progression de la demande.

4 La fluidité sociale : une mesure relative de la mobilité sociale

- Une autre manière de mesurer la mobilité sociale consiste à évaluer la **fluidité sociale (ou mobilité relative)**, en comparant les probabilités d'atteindre un même groupe social en fonction d'origines sociales différentes. La fluidité sociale, mesurée par les **odds ratio** ou rapport des chances relatives, est donc indépendante des évolutions de la structure sociale entre la génération des parents et celle des enfants.
- La mobilité relative s'oppose à la mobilité observée qui se compose de la mobilité structurelle et de la **mobilité nette**. Face à la difficulté d'interprétation de la mobilité nette, les spécialistes des tables de mobilité lui ont substitué une analyse en termes de fluidité sociale.
- L'analyse de la fluidité sociale montre qu'une société plus mobile n'est pas nécessairement une société plus fluide. En effet, la mobilité observée peut s'accroître, entre les catégories ouvriers et employés par exemple, sans que la probabilité d'accéder aux catégories valorisées, comme celle des cadres, augmente.

DOSSIER 2 Comment expliquer les caractéristiques de la mobilité sociale contemporaine ?

1 Les caractéristiques de la mobilité masculine

- L'enquête Formation qualification et professionnelle réalisée par l'Insee en 2014-2015 montre que les hommes occupent majoritairement des PCS différentes de celles de leurs pères. La mobilité sociale masculine se caractérise par une mobilité structurelle minoritaire et en diminution depuis les années 1970. Les trajectoires des individus sont le plus souvent **verticales** et courtes, et montrent une **mobilité ascendante** entre des PCS proches.
- Si le **déclassement** masculin ne concerne que 16 % des hommes, il a été multiplié par quatre entre 1977 et 2014-2015. Sur cette période, la mobilité sociale descendante a augmenté pour les enfants de cadres et de professions intermédiaires tandis qu'elle a diminué pour les employés et ouvriers. Actuellement, le sentiment de déclassement touche toutes les catégories sociales. En 2014-2015, 25 % des hommes âgés de 30 à 49 ans se sentent déclassés par rapport à leur père. Ce sentiment s'explique en partie par la précarisation des emplois et la dégradation des conditions de travail ressentie par les salariés.

NOTIONS DE TERMINALE

Autorecrutement : dans la table de recrutement, les personnes qui occupent la même position sociale que leurs parents.

Déclassement (ou mobilité descendante) : régression d'un individu ou d'un groupe social dans la hiérarchie sociale

Fluidité sociale (ou mobilité relative) : probabilité d'atteindre un groupe social en fonction d'origines sociales différentes. Elle se mesure principalement par les odds ratio (rapport des chances relatives).

Hérédité sociale : dans la table de destinées, personnes qui occupent la même position sociale que leurs parents.

Mobilité ascendante : progression d'un individu ou d'un groupe social dans la hiérarchie sociale.

Mobilité géographique : déplacement physique des individus sur un territoire.

Mobilité intergénérationnelle : changement de position sociale d'un individu ou d'un groupe social par rapport à la génération précédente.

Mobilité nette : calculée en soustrayant la mobilité structurelle à la mobilité brute, cette notion, difficile à expliquer, est de moins en moins utilisée par les sociologues qui lui préfèrent celle de fluidité sociale.

Mobilité observée (ou absolue ou totale) : changement de position sociale mis en évidence par les tables de mobilité. Elle est composée de la mobilité structurelle et de la mobilité nette.

Mobilité professionnelle (ou intragénérationnelle) : changement de profession au cours de la vie active d'un individu.

Mobilité sociale : changement de position sociale d'un individu ou d'un groupe social.

Mobilité structurelle : changement de position sociale résultant de la mutation des emplois.

Reproduction sociale (ou immobilité sociale) : absence de changement de position sociale.

2 Les caractéristiques de la mobilité féminine

- L'analyse de la mobilité féminine est plus récente que celle de la mobilité masculine. En effet, les **taux d'activité** féminins ont longtemps été inférieurs à ceux des hommes, de même que la structure des emplois féminins divergeait de celle des emplois masculins. L'enquête FQP de 2014-2015 montre une mobilité féminine majoritaire et supérieure à celle des hommes. Au sein de la mobilité observée, la mobilité structurelle est forte. Les trajectoires de mobilité sont principalement ascendantes entre les mères et les filles, mais le déclassement est plus élevé par rapport aux pères.
- Par rapport aux hommes, les femmes éprouvent, en moyenne, un sentiment de déclassement plus élevé, notamment vis-à-vis de leur père. Ce sentiment de déclassement est moins élevé par rapport aux mères. Cette caractéristique de la mobilité féminine s'explique par les inégalités de genre sur le marché du travail, les pères occupant plus souvent des emplois qualifiés que les mères.

3 Les explications de la mobilité sociale

- Outre les évolutions économiques qui expliquent la mobilité sociale structurelle, deux institutions déterminent fortement la mobilité observée. Les ressources et **configurations familiales** constituent la principale explication des **trajectoires improbables** et probables de mobilité sociale. En effet, le nombre de frères et sœurs est fortement corrélé aux changements de position sociale. De manière générale, plus la fratrie est nombreuse, plus l'immobilité sociale augmente. Cependant, la détention de capitaux économique et culturel au sein de la famille peut favoriser la mobilité sociale en facilitant la réussite scolaire.
- L'école et les niveaux de formation constituent l'autre institution déterminant fortement la mobilité sociale. Appliquée à l'école, la **courbe de Gatsby** montre que plus un système scolaire est inégalitaire, plus la reproduction sociale est importante. De plus, le **paradoxe d'Anderson** montre que l'obtention d'un niveau de diplôme supérieur à celui des parents ne se traduit pas toujours par une meilleure position sociale.

VU EN PREMIÈRE

Configurations familiales : type de structure familiale. Le recensement distingue par exemple les couples sans enfant, les couples avec enfant(s) et les familles monoparentales.

Trajectoires improbables : ensemble des trajectoires sociales ayant peu de chances de se produire.

Repères

Ne pas confondre

Mobilité observée et fluidité sociale

La mobilité absolue ou observée est celle qui apparaît dans les tables de mobilité. Elle se décompose en mobilité structurelle et en mobilité nette.

La mobilité relative ou fluidité sociale montre la force du lien entre origine et destinée sociales.

Des chiffres clés

Le déclassement social

En 2014-2015, 65 % des hommes âgés de 30 à 59 ans occupent une position sociale différente de celle de leur père.

En 2014-2015, 25 % des personnes âgées de 30 à 59 ans se sentent déclassées par rapport à leur père.

Un outil pour le bac

Les odds ratio (ou rapport des chances relatives)

Cet outil de mesure de la fluidité sociale montre la relation entre l'origine et le devenir social des individus, indépendamment des modifications de la structure des emplois.

Schéma bilan

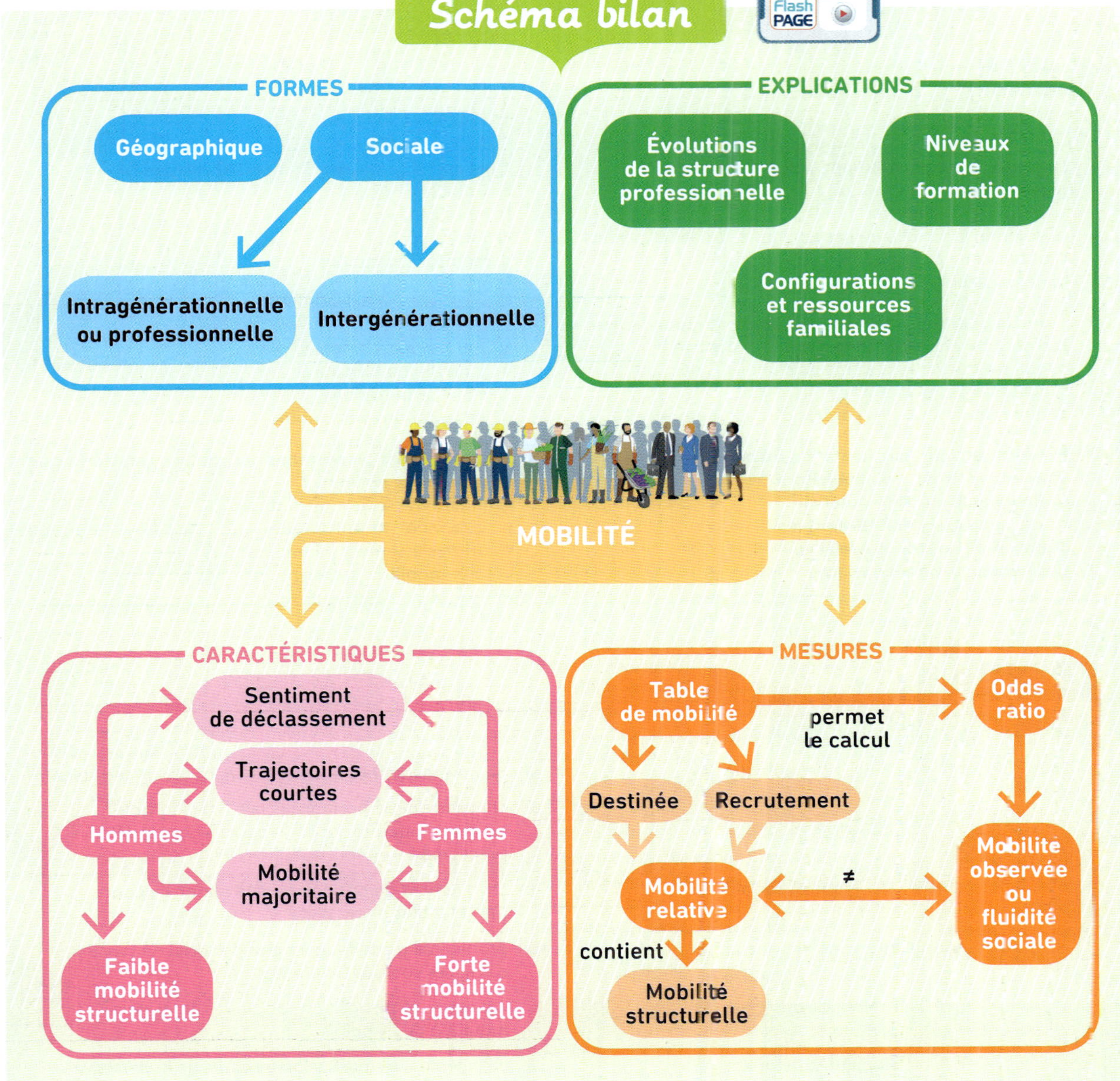

Prolongements

Un film

La bonne réputation,
de Alejandra Marquez Abella, 2019.

Au Mexique, en 1982, Sofia vit dans l'opulence, elle appartient à l'élite économique de son pays. La crise financière va provoquer sa ruine et son déclassement.

Un site

Centre d'observation de la société.

www.observationsociete.fr/

Ce site Internet, fondé par Louis Maurin, propose des synthèses accessibles et détaillées sur la mobilité sociale, le déclassement, l'homogamie ou encore l'évolution de la structure sociale et des configurations familiales.

Un livre

Le paradoxe d'Anderson
Pascal Manoukian, © Éditions du Seuil, 2013, coll. Points, 2019.

Plus rien n'est acquis. Plus rien ne protège, pas même les diplômes. Ce roman décrit le déclassement inter- et intragénérationnel d'une famille ouvrière dans le nord de la France.

Je vérifie mes connaissances

Plus d'exercices en numérique — bordas Flash PAGE — exercices interactifs

CORRIGÉS ➡ PAGE 472

Exercice 1

Choisissez la bonne réponse.

1 • Laquelle de ces propositions désigne une mobilité professionnelle ?
a. être muté à l'étranger
b. occuper une meilleure position que celle de ses parents
c. obtenir une promotion
d. déménager

2 • À quelle question la table de recrutement répond-elle ?
a. d'où viennent les enfants d'une PCS donnée ?
b. que sont devenus les enfants d'une PCS donnée ?
c. quel métier les enfants exercent-ils ?
d. que sont devenus les parents d'une PCS donnée ?

3 • Par construction, l'augmentation du nombre de PCS dans une table de mobilité fait :
a. diminuer la mobilité observée
b. augmenter la mobilité observée
c. augmenter la mobilité relative
d. diminuer la mobilité relative

4 • Quel est le synonyme de mobilité relative ?
a. mobilité observée
b. mobilité absolue
c. fluidité sociale
d. mobilité structurelle

5 • Quelle est la principale explication de la mobilité structurelle ?
a. l'influence de la famille
b. le niveau de formation
c. le mérite individuel
d. les mutations des emplois

6 • Laquelle de ces propositions désigne une caractéristique de la mobilité féminine ?
a. immobilité sociale majoritaire
b. forte mobilité structurelle
c. fort déclassement par rapport à la mère
d. forte mobilité ascendante par rapport au père

Exercice 2

Reliez chaque notion à sa définition.

Mobilité géographique •	• déplacement physique des individus sur un territoire
Mobilité professionnelle •	• changement de position sociale d'un individu ou d'un groupe social par rapport à la génération précédente
Mobilité sociale •	• changement de position sociale mis en évidence par les tables de mobilité
Mobilité sociale intergénérationnelle •	• probabilité d'atteindre un groupe social en fonction d'origines sociales différentes
Mobilité observée •	• changement de position sociale résultant de la mutation des emplois
Mobilité structurelle •	• changement de profession au cours de la vie active d'un individu
Fluidité sociale •	• changement de position sociale d'un individu ou d'un groupe social

Exercice 3

Cherchez l'intrus.

1 • mobilité relative – odds ratio – mobilité structurelle – fluidité sociale
2 • mobilité observée – mobilité nette – mobilité structurelle – odds ratio
3 • configurations familiales – niveaux de formation – déclassement – ressources familiales
4 • mobilité professionnelle – mobilité ascendante – reproduction sociale – déclassement
5 • déclassement – reproduction sociale – autorecrutement – hérédité sociale

J'utilise mes connaissances

Exercice 1 Comprendre les limites des tables de mobilité

Les statisticiens du Nefarc décident de modifier la hiérarchie professionnelle en affinant la nomenclature. À partir de la table de mobilité de l'activité p. 249, ils scindent la catégorie populaire en ouvriers et employés. La catégorie moyenne est coupée en deux : professions intermédiaires et commerçants. Enfin, la catégorie supérieure est décomposée en cadres et chefs d'entreprise. Voici la nouvelle table de mobilité du Nefarc[1].

Catégorie du fils / Catégorie du père	Cadres	Chefs d'entreprise	Professions intermédiaires	Commerçants	Employés	Ouvriers	Ensemble
Cadres	80	120	80	40	30	20	370
	...	...	...	...	...	...	100
	...	...	...	...	...	...	3,7
Chefs d'entreprise	100	140	60	40	80	70	490
	...	...	...	...	...	...	100
	...	...	...	...	...	...	4,9
Professions intermédiaires	100	150	200	150	180	220	1 000
	...	...	...	...	...	...	100
	...	...	...	...	...	...	100
Commerçants	60	140	120	100	160	160	740
	...	...	...	...	...	...	100
	...	...	...	...	...	...	7,4
Employés	200	100	390	300	2 000	1 550	4 540
	...	...	...	...	...	...	100
	...	...	...	...	...	...	45,4
Ouvriers	160	200	300	200	900	1 100	2 860
	...	...	...	...	...	...	100
	...	...	...	...	...	...	28,6
Ensemble	700	850	1 150	830	3 350	3 120	10 000
	7	8,5	11,5	8,3	33,5	31,2	100
	100	100	100	100	100	100	100

1. 1re ligne : données brutes, 2e ligne : destinées, 3e ligne : recrutement

1 • Complétez la nouvelle table de mobilité du Nefarc.

2 • Calculez l'immobilité sociale et comparez le résultat obtenu avec celui de la table de mobilité p. 249.

Je construis ma fiche de révision

Fiche téléchargeable lycee.editions-bordas.fr

À l'aide des pages « L'Essentiel » et de vos connaissances, retrouvez les éléments clés du chapitre et complétez votre fiche de révision.

Quelles sont les caractéristiques contemporaines et les facteurs de la mobilité sociale ?

NOTIONS CLÉS
- mobilité géographique

ANALYSES THÉORIQUES
- théorie du déversement de Sauvy
- ...

OUTILS
- odds ratio
- ...

CONNAISSANCES FACTUELLES
- En 2015, ... % des hommes et ... % des femmes occupent une position sociale différente de celle de leurs parents (cf. doc 1 p. 252 et doc 3 p. 255)
- ...

IDÉES PRINCIPALES
- La mobilité sociale est majoritaire
- ...

TRAVAUX DIRIGÉS

Décrypter une table de mobilité

OBJECTIF : Savoir analyser une table de mobilité pour mettre en évidence les caractéristiques de la mobilité sociale contemporaine. Savoir-faire 9 p. 414

Les tables de mobilité sont des tableaux à double entrée qui présentent les changements de position sociale entre la génération des parents et celle des enfants. Elles comprennent la table de destinées et la table de recrutement, qui se lisent en colonne ou en ligne. Une approche méthodique est indispensable pour ne pas être décontenancé(e) par la centaine de données statistiques qu'elles contiennent.

Table de destinées et de recrutement en 2015, en %

CSP du père \ CSP du fils	Agriculteurs exploitants	Artisans, commerçants, chefs d'entreprise	Cadres et professions intellectuelles supérieures	Professions intermédiaires	Employés	Ouvriers	Ensemble
Agriculteurs exploitants	25,0	8,0	8,8	18,6	7,1	32,5	100,0
	81,1	7,4	3,9	6,5	5,3	8,4	8,5
Artisans, commerçants, chefs d'entreprise	0,8	**20,3**	22,2	22,9	9,5	24,3	100,0
	4,0	**28,8**	15,1	12,2	11,1	9,7	13,1
Cadres et professions intellectuelles supérieures	0,2	8,0	**47,0**	25,7	9,1	10,0	100,0
	0,9	12,1	**33,8**	14,6	11,3	4,2	13,9
Professions intermédiaires	0,7	7,9	25,5	**31,5**	11,3	23,1	100,0
	4,3	13,0	20,0	**19,5**	15,2	10,7	15,2
Employés	0,5	6,8	16,3	26,1	**16,6**	33,6	100,0
	1,9	7,0	8,0	10,0	**13,9**	9,6	9,4
Ouvriers	0,5	7,4	9,4	22,9	12,3	**47,6**	100,0
	7,8	31,7	19,3	37,2	43,3	**57,5**	39,8
Ensemble	**2,6**	**9,2**	**19,3**	**24,5**	**11,3**	**33,0**	**100,0**
	100	100	100	100	100	100	**100**

Source : Insee, enquête FQP 2014-2015.

Étape 1 Lire une table de mobilité

Pour lire correctement une table de mobilité, il faut d'abord repérer à quel ensemble appartient la donnée et commencer les phrases par « Sur 100 ».

1 • Quelles sont les deux informations croisées dans ce tableau ?

2 • Quel est le sens de lecture de la table de destinées ?

3 • Faites une phrase avec les deux données entourées.

Étape 2 Comprendre une table de mobilité

Pour comprendre une table de mobilité, il est nécessaire d'observer les caractéristiques de la ligne et de la colonne « Ensemble ». L'autre partie du tableau importante est la diagonale, représentée en gras, c'est-à-dire le croisement de deux PCS identiques.

1 • Quelles sont les informations données par la ligne et par la colonne « Ensemble » ?

2 • Quelles sont les informations données par la diagonale du tableau ?

Étape 3 Analyser une table de mobilité

Pour analyser une table de mobilité, il faut d'abord distinguer les situations d'immobilité de celles de mobilité. Dans un second temps, il est conseillé de mettre en évidence la longueur des trajectoires sociales.

1 • La mobilité sociale intergénérationnelle est-elle majoritaire en France ?

2 • Quelles sont les PCS les plus concernées par l'immobilité sociale ?

3 • Les trajectoires sociales longues sont-elles fréquentes ?

Construire un plan détaillé pour la dissertation

Exemple de sujet : Comment expliquer la mobilité sociale ?

1. Analysez le sujet pour éviter le hors-sujet

Il faut définir les termes socio-économiques du sujet et identifier la consigne indiquée par le verbe.

Quelles sont les formes de la mobilité sociale à expliquer dans ce sujet ?

Quel est le sens le plus proche du verbe « expliquer » : montrer les effets, décrire les formes, présenter les causes, mettre en évidence les caractéristiques, montrer les limites ?

2. Répondez simplement à la question posée

Il s'agit de dégager en une ou deux phrases les deux ou trois grandes parties qui vont structurer la dissertation.

Parmi les phrases proposées par des élèves, laquelle propose un plan qui répond à la question ?

a. La mobilité sociale s'explique par les tables de mobilité et les configurations familiales.

b. La mobilité sociale est causée par l'évolution de la structure professionnelle, mais aussi par le niveau de formation et les configurations familiales.

c. La mobilité sociale peut être intergénérationnelle ou intragénérationnelle, dans les deux cas, elle s'explique par des causes socio-économiques.

3. Classez les connaissances et les documents dans les parties

À partir du plan choisi, on peut classer dans un tableau comportant autant de colonnes que de parties les connaissances personnelles et les informations apportées par les documents.

Complétez le tableau suivant en mettant des idées et des exemples dans la colonne appropriée.

Explications économiques	Explications sociologiques
• Théorie du déversement de Sauvy • La part des ouvriers dans la population active est passée de 30 % en 1982 à 20 % en 2018 (Insee) • ...	• Paradoxe d'Anderson • Une fratrie nombreuse favorise la reproduction sociale • ...

4. Structurez chaque partie en plusieurs sous-parties

Parmi les propositions d'élèves suivantes, choisissez la structure pertinente et classez les informations du tableau dans les sous-parties appropriées.

Plan a :
I. Les causes économiques de la mobilité sociale
A. La théorie du déversement explique la mobilité structurelle
B. La destruction créatrice est une cause de la mobilité structurelle
II. Les causes sociales de la mobilité sociale
A. L'influence des configurations et ressources familiales
B. Le niveau de formation détermine la mobilité sociale

Plan b :
I. Les causes économiques de la mobilité sociale
A. La théorie du déversement explique la mobilité structurelle
B. Le niveau de formation est une des causes de la mobilité sociale
II. Les causes sociales de la mobilité sociale
A. Les tables de mobilité mesurent la mobilité intergénérationnelle
B. La volonté individuelle explique la mobilité sociale

Plan c :
I. La mobilité sociale s'explique par les évolutions de la structure socioprofessionnelle
A. La théorie du déversement d'Alfred Sauvy
B. Le développement de la fluidité sociale
II. La mobilité sociale s'explique par les configurations et ressources familiales
A. La taille de la fratrie influe sur la mobilité sociale
B. Les ressources en capitaux des familles expliquent la mobilité sociale

RÉCAP Méthode

Dans le Cahier BAC, La méthode complète p. 426

Dans une dissertation, pour construire un plan détaillé, il faut :

- analyser le sujet en définissant les termes socio-économiques et en s'assurant de comprendre la consigne exprimée par les verbes,
- répondre simplement à la question posée pour faire apparaître les deux ou trois grandes parties de la dissertation,
- classer les connaissances personnelles et les documents dans les parties de la dissertation,
- structurer les connaissances et les informations des documents de chaque partie en deux ou trois sous-parties.

Dans le Cahier BAC
- La méthode de la dissertation, p. 426
- Une dissertation corrigée, p. 430

Sujet guidé - Épreuve de dissertation (20 points) 4 heures

SUJET *Comment le déclassement évolue-t-il en France depuis 1977 ?*

DOCUMENT 1

Évolution des destinées sociales des salariés entre 1977 et 2015 pour les hommes (et les femmes) comparés à leur aîné, en %

CSP du fils (de la fille) / CSP du père	Année	Cadres et professions intellectuelles supérieures	Professions intermédiaires	Employés et ouvriers qualifiés	Employés et ouvriers non qualifiés	Total
Cadres et professions intellectuelles supérieures	1977	**51 (20)**	25 (40)	10 (25)	2 (8)	88 (93)
	2015	**49 (35)**	25 (34)	14 (18)	4 (9)	92 (96)
Professions intermédiaires	1977	23 (5)	**39 (28)**	23 (37)	6 (17)	90 (87)
	2015	27 (20)	**31 (34)**	26 (24)	8 (18)	92 (96)
Employés et ouvriers qualifiés	1977	9 (2)	25 (14)	**46 (37)**	12 (37)	91 (90)
	2015	13 (8)	27 (23)	**43 (36)**	10 (29)	92 (96)
Employés et ouvriers non qualifiés	1977	5 (1)	18 (8)	43 (30)	**25 (49)**	90 (88)
	2015	8 (4)	19 (19)	44 (35)	**22 (39)**	93 (96)

Lecture : en 2015, 92 % des fils de pères cadres sont affiliés à une catégorie socioprofessionnelle de salariés (les 8 % restants se répartissent donc entre agriculteurs, artisans et commerçants).

Source : Insee, enquêtes Formation et qualification professionnelle 1977 et 2014-2015.

DOCUMENT 2

La mobilité verticale masculine reste majoritairement une mobilité ascendante, même si cette prédominance se réduit depuis le début des années 2000. De 1977 à 2003, les hommes en ascension sociale étaient environ 3 fois plus nombreux que ceux dont la trajectoire a été descendante ; en 2015, ils ne sont plus que 1,8 fois plus nombreux. En effet, en hausse de plus en plus modérée de 1977 (23 %) à 2003 (31 %), le taux de mobilité ascendante des hommes a ensuite diminué (28 % en 2015). Le taux de mobilité descendante des hommes a, lui, été multiplié par 2 entre 1977 (7 %) et 2015 (15 %).

Depuis la fin des années 1970, les femmes occupent plus fréquemment une position sociale plus élevée que celle de leur aînée. En 2015, elles sont 3,4 fois plus nombreuses à avoir connu une mobilité ascendante que descendante par rapport à leur mère ; ce rapport est légèrement plus élevé qu'en 1977 (3,0) mais se réduit depuis 1985 (4,4). La progression de la mobilité ascendante des femmes comparées à leur mère reste forte (25 % en 1985 et 40 % en 2015, contre 17 % en 1977), bien qu'elle se soit un peu ralentie à partir du milieu des années 1980 ; comme celui des hommes, leur taux de mobilité descendante a, lui, doublé en quarante ans (6 % en 1977 et en 1985, 12 % en 2015).

Comparées à leur père, les trajectoires des femmes sont toujours moins favorables que par rapport à leur mère. La prédominance des mouvements descendants s'atténue depuis quarante ans, mais très lentement : entre 1977 et 2015, la part de femmes en ascension sociale par rapport à leur père a crû de 9 points (22 % en 2015) ; dans le même temps, la part de femmes occupant une position sociale inférieure à celle de leur père, qui était déjà de 18 % en 1977, a augmenté de 7 points.

Source : Insee, *France, Portrait social*, 19 novembre 2019.

DOCUMENT 3

Mobilité sociale et sentiment de déclassement par rapport au père, en %

	Part au sein des personnes qui se sentent déclassées	Sentiment de déclassement
Mobilité sociale ascendante	**7,6**	**8,5**
Immobilité sociale (même catégorie que le père)	**29,5**	**24,1**
Cadres et assimilés	7,9	34,1
Professions intermédiaires	4,5	24,0
Artisans, commerçants	1,4	26,5
Agriculteurs	0,8	15,9
Employés et ouvriers qualifiés	11,4	21,5
Employés et ouvriers non qualifiés	3,5	20,7
Mobilité sociale descendante (position du père → position de la personne)	**43,3**	**53,3**
Cadres et assimilés → Professions intermédiaires	10,9	62,7
Cadres et assimilés → Employés et ouvriers qualifiés	6,9	76,5
Cadres et assimilés → Employés et ouvriers non qualifiés	3,6	83,5
Professions intermédiaires → Employés et ouvriers qualifiés	6,6	45,4
Professions intermédiaires → Employés et ouvriers non qualifiés	5,1	65,5
Employés et ouvriers qualifiés → Employés et ouvriers non qualifiés	10,2	36,1
Mobilité de statut	**19,6**	**23,0**
Ensemble	**100,0**	**25,0**

Champ : France métropolitaine, personnes de 30 à 59 ans. Source : Insee, enquête FQP 2014-2015.

DOCUMENT 4

Décomposition de la mobilité sociale observée entre 1977 et 2015 (pour les femmes et les hommes comparés à leur père)

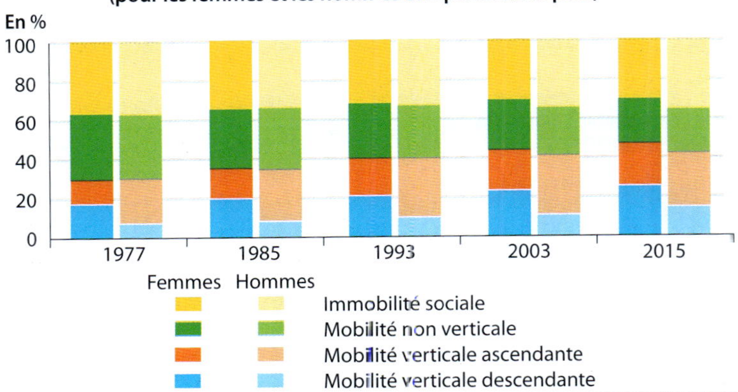

Source : Insee, enquêtes FQP 1977, 1985, 1993, 2003, 2015.

Méthode appliquée

La DISSERTATION en 4 étapes

1 Analyser le sujet et le problématiser

- Au brouillon, identifiez et définissez les mots clés du sujet. Ici, il faut définir la notion de déclassement social.
- Problématisez en montrant en quoi la question pose des problèmes et n'appelle pas une réponse univoque. Ici, il faut se demander de quelle forme de déclassement il est question et quelles sont les catégories sociales concernées.

2 Exploiter les documents et les relier à ses connaissances

- Faites des phrases avec les données statistiques pour vous assurer de les lire correctement.
- Dégagez l'idée principale de chaque document en vous aidant de son titre. Le doc 1 met en évidence l'évolution de la mobilité verticale entre 1977 et 2015. Faites de même pour les doc 3 et 4. Le doc 2 ne comporte aucun titre : lui en donner un vous aidera à faire ressortir l'information principale.
- Demandez-vous en quoi ces documents vous aident à répondre au sujet et faites le lien entre eux. Mettez-les ensuite en relation avec vos connaissances personnelles.

3 Construire un plan

- Répondez en une phrase à la question posée pour faire apparaître les deux ou trois grandes parties de la dissertation. Par exemple : Le déclassement sous toutes ses formes augmente depuis les années 1970, mais cette augmentation est variable selon le genre et la PCS.
- Classez, pour chaque partie, vos connaissances et les informations des documents en deux ou trois sous-parties.

4 Rédiger

- Rédigez d'abord une introduction et une conclusion (➡ Cahier BAC p. 426).
- Rédigez ensuite le développement en utilisant des sauts de ligne et alinéas pour faire apparaître les transitions, les sous-parties et les grandes parties de la dissertation.
- Appliquez la méthode AEI (➡ Cahier BAC p. 427).

Dans le Cahier BAC
- La méthode complète de l'EC, p. 428
- Autres sujets blancs, p. 450

Sujet blanc - Épreuve composée (4 heures)

PARTIE 1 • Mobilisation des connaissances (4 points)

• Distinguez la mobilité sociale de la mobilité géographique.

PARTIE 2 • Étude d'un document (6 points)

1 • Faites une phrase avec les données entourées.

2 • Après avoir présenté le document, vous mettrez en évidence les caractéristiques de la mobilité sociale verticale des femmes en France.

Table de recrutement des femmes, en %

CSP des filles \ CSP du père	Agriculteurs exploitants	Artisans, commerçants, chefs d'entreprise	Cadres et professions intellectuelles supérieures	Professions intermédiaires	Employés	Ouvriers	Ensemble
Agriculteurs exploitants	52,3	6,6	6,6	6,0	8,0	10,1	7,9
Artisans, commerçants, chefs d'entreprise	6,7	27,2	15,7	14,6	12,0	10,6	13,6
Cadres et professions intellectuelles supérieures	6,4	11,7	32,8	18,6	7,0	3,3	13,4
Professions intermédiaires	9,1	12,6	22,8	20,5	13,3	6,9	15,7
Employés	1,7	5,8	6,8	9,6	11,3	7,3	9,5
Ouvriers	23,8	36,2	15,3	30,7	48,3	61,9	40,0
Ensemble	100,0	100,0	100,0	100,0	100,0	100,0	100,0

Source : Insee, enquête FQP, 2014-2015.

PARTIE 3 • Raisonnement s'appuyant sur un dossier documentaire (10 points)

SUJET *À l'aide de vos connaissances et du dossier documentaire, vous mettrez en évidence les spécificités de la mobilité masculine et de la mobilité féminine.*

DOCUMENT 1

Évolution de la fluidité sociale entre les cadres et les employés et ouvriers non qualifiés entre 1977 et 2015

Rapport des chances relatives	Fils / Père	Filles / Père
1977	165,0	93,3
1985	92,3	119,5
1993	65,3	61,9
2003	29,3	51,6
2015	34,7	40,0

Lecture : en 1977, les chances d'être cadres plutôt qu'employés et ouvriers non qualifiés étaient 165 fois plus fortes pour les fils de pères cadres que de pères employés et ouvriers qualifiés.

Source : Insee, enquêtes FQP 1977, 1985, 1993, 2003 et 2014-2015.

DOCUMENT 2

Table de destinées des filles (en bleu) et des fils (entre parenthèses), en %

Catégorie socioprofessionnelle du père / Catégorie socioprofessionnelle des filles et des fils	Agriculteurs exploitants	Artisans, commerçants, chefs d'entreprise	Cadres et professions intellectuelles supérieures	Professions intermédiaires	Employés	Ouvriers	Ensemble
Agriculteurs exploitants	6,3 (25,0)	3,3 (8,0)	11,7 (8,8)	19,7 (18,6)	45,0 (7,1)	14,0 (32,5)	100 (100)
Artisans, commerçants, chefs d'entreprise	0,5 (0,8)	7,9 (20,3)	16,1 (22,2)	27,7 (22,9)	39,3 (9,5)	8,5 (24,3)	100 (100)
Cadres et professions intellectuelles supérieures	0,5 (0,2)	3,5 (8,0)	34,1 (47,0)	36,0 (25,7)	23,4 (9,1)	2,7 (10,0)	100 (100)
Professions intermédiaires	0,6 (0,7)	3,2 (7,9)	20,2 (25,5)	33,8 (31,5)	37,5 (11,3)	4,8 (23,1)	100 (100)
Employés	0,2 (0,5)	2,4 (6,8)	9,9 (16,3)	26,2 (26,1)	52,9 (16,6)	8,4 (33,6)	100 (100)
Ouvriers	0,6 (0,5)	3,6 (7,4)	5,3 (9,4)	19,8 (22,9)	53,7 (12,3)	17,0 (47,6)	100 (100)
Ensemble	1,0 (2,6)	4,0 (9,2)	13,9 (19,3)	25,8 (24,5)	44,4 (11,3)	11,0 (33,0)	100 (100)

Source : Insee, enquête FQP, 2014-2015.

DOCUMENT 3

Une partie de la mobilité sociale des femmes et des hommes est directement liée à l'évolution de la structure des emplois. En effet, pour s'adapter aux évolutions de la structure du marché de l'emploi au cours du temps (certains emplois déclinent tandis que d'autres ne relevant pas de la même catégorie socioprofessionnelle se développent), une partie des femmes et des hommes actifs sont amenés à occuper une position sociale différente de celle de leurs parents et se retrouvent ainsi en situation de mobilité sociale.

Au cours des quarante dernières années, la structure des emplois des hommes et celle de leurs pères se sont progressivement rapprochées : par exemple, en 1977, parmi les actifs occupés ou anciens actifs occupés, 20 % des hommes exerçaient une profession intermédiaire, contre 8 % de leurs pères ; en 2015, respectivement 25 % et 16 % d'entre eux relèvent de cette catégorie socioprofessionnelle. Depuis la fin des années 1970, la mobilité sociale des hommes est donc de moins en moins liée à l'évolution de la structure des emplois entre leur génération et celle de leurs pères.

La structure des emplois occupés par des femmes a, elle aussi, évolué : par exemple, parmi les actives occupées ou anciennes actives occupées, 16 % des femmes et 35 % de leurs mères étaient agricultrices exploitantes en 1977, contre respectivement 1 % et 8 % en 2015. Si, ces dernières années, un certain rapprochement s'est opéré entre la structure des emplois des femmes et celle de leurs aînées, il reste moins marqué que pour les hommes. Au final, en quarante ans, la part de la mobilité sociale féminine directement liée à l'évolution intergénérationnelle des emplois s'est réduite, mais plus modérément que pour les hommes.

Source : Insee, *France, Portrait social*, 19 novembre 2019.

Dans le Cahier BAC, p. 460
La méthode complète pour réussir le Grand oral

Préparation - Épreuve du Grand oral (20 points) 20 minutes

Préparer sa question en 4 étapes

1 Trouver sa question en lien avec son projet d'orientation

1 Voici des questions possibles en lien avec différents domaines d'étude.

1 Mobilité sociale des hommes et des femmes : comment expliquer les différences ?	*Sociologie, Mathématiques*
2 Vers une société du déclassement ?	*Sociologie*
3 L'école est-elle seule responsable de la panne de l'ascenseur social ?	*Sociologie, Sciences politiques, Enseignement*
4 Quel est l'impact des configurations familiales sur la mobilité sociale ?	*Sociologie, Carrières sociales*

Choisissez la question que vous voulez traiter parmi celles ci-dessus, ou proposez une autre question. Justifiez votre choix en complétant le schéma suivant.

Cette question est en lien avec mon projet d'orientation :
- → les matières / disciplines que je vais suivre l'année prochaine : ...
- → les débouchés professionnels que j'imagine : ...

2 Mobiliser des connaissances pour préparer la réponse à la question choisie

- Commencez par réviser le chapitre. Utilisez la synthèse (p. 258) ainsi que la fiche de révision (p. 263) que vous aurez téléchargée et complétée. Vous pourrez ainsi identifier les connaissances, notions et mécanismes à mobiliser pour répondre à votre question.

2 Entourez les notions du chapitre qui sont en lien avec la question 1. autorecrutement – déclassement – fluidité sociale – hérédité sociale – mobilité ascendante – mobilité géographique – mobilité observée – mobilité structurelle – reproduction sociale

- Puis faites des recherches complémentaires pour approfondir votre maîtrise du sujet.
Terminez en réalisant une carte mentale qui synthétise l'ensemble de vos connaissances sur la question.

3 Voici un exemple de carte mentale pour la question 1. Complétez-la.

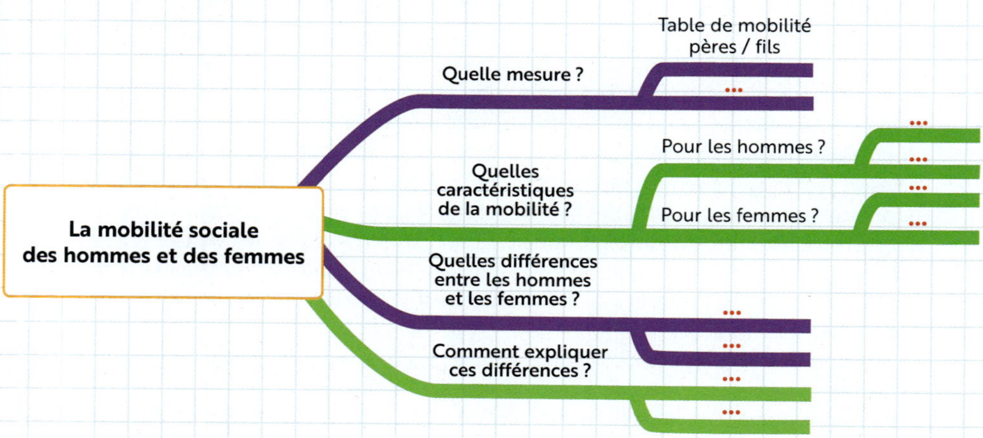

3 Préparer la réponse argumentée à la question choisie

- Pour préparer la réponse à votre question :
  - Sélectionnez les informations et idées pertinentes pour répondre à votre question et organisez-les.
  - Formulez un plan avec des arguments qui répondent clairement et précisément à votre question.
  - Préparez votre introduction et votre conclusion.

4 **Parmi les deux propositions suivantes pour la question 1, choisissez le plan qui répond le plus clairement et directement à la question posée.**

Plan 1

I) Des différences entre la mobilité des femmes et celles des hommes
- **A)** Une mobilité en apparence plus favorable pour les femmes…
- **B)**… mais à relativiser

II) Comment expliquer ces différences ?
- **A)** Le rôle de la mobilité structurelle
- **B)** Le rôle des inégalités de genre

Plan 2

I) Mobilité mères / filles et pères / fils : des trajectoires plus favorables pour les femmes
- **A)** La mobilité structurelle favorise la mobilité des femmes.
- **B)** Pour les femmes, une mobilité ascendante facilitée par le statut professionnel des mères.

II) Mobilité pères / filles et pères / fils : des différences liées aux inégalités de genre
- **A)** Les femmes plus exposées au déclassement…
- **B)**… et qui deviennent moins souvent cadres.

4 Concevoir un support pour le jour J

● Préparez, à partir du travail précédent, un support simple à destination du jury, que vous reconstituerez le jour J pendant vos vingt minutes de préparation : plan, carte mentale, schéma, tableau.. ➥ Cahier BAC p. 462.

5 **Voici un exemple de tableau statistique pour la question 1. Complétez-le.**

Tableau comparatif des mobilités sociales féminine et masculine

	Mères / Filles	Pères / Filles	Pères / Fils
Mobilité sociale	71 %	70 %	…
Ascension sociale	39,8 %	…	…
Déclassement	11,7 %	…	…

Source : Insee, Enquête FQP 2014-2015.

S'entraîner pour le jour J

1. Présenter sa question devant le jury

6 **ORAL** **Présentez l'introduction de votre question devant votre classe.**

- Annoncez votre question et expliquez votre choix (exercice 1).
- Puis définissez les termes importants et annoncez votre plan.

2. Préparer l'entretien avec le jury

7 **ORAL** **Voici des exemples de questions de connaissances que le jury pourrait poser pour la question 1. Entraînez-vous à y répondre.**

a. Expliquez ce que sont les tables de mobilité et comment elles sont construites.

b. Quel rôle joue l'école dans la mobilité sociale ?

8 **ORAL** **Imaginez deux questions d'approfondissement que le jury pourrait vous poser sur votre question et entraînez-vous à y répondre.**

3. Maintenir un rythme dynamique et fluide *Compétence orale*

● Pour éviter la monotonie et conserver l'intérêt du jury, les changements de volume, de rythme et d'intonation rythment le discours, et les mots de liaison le fluidifient. Les pauses et les silences jouent le même rôle que la ponctuation à l'écrit. Respirer régulièrement aide aussi à maîtriser le rythme de sa parole et son stress.

À faire
- Variez le ton de votre voix et votre débit de parole en fonction de votre présentation.
- Évitez de « réciter » une réponse apprise par cœur sur un ton monotone.
- Faites des phrases courtes et simples, sans oublier les mots de liaison.
- Marquez des silences à chaque nouvelle étape de votre argumentation. Profitez-en pour respirer.

Piège à éviter

Ne faites pas de silences trop longs (2-4 secondes maximum) pour ne pas rompre le rythme.

9 **ORAL** **Relisez les notes que vous avez préparées pour votre question et identifiez avec une croix rouge les moments où il serait opportun de marquer un silence.**

Présentez votre question devant un camarade et demandez-lui de vous évaluer de 1 (très insuffisant) à 4 (très satisfaisant) selon les critères suivants.
- L'élève fait des phrases courtes et simples.
- L'élève dynamise son discours en variant les intonations et le rythme de parole.
- L'élève utilise opportunément les silences.

CHAPITRE 9

Quelles mutations du travail et de l'emploi ?

Un cas pour réfléchir

Le 25 août 2019, le groupe de grande distribution Casino ouvre un premier « hypermarché sans caissiers » à Angers.

Grâce à l'automatisation des caisses, les clients peuvent ainsi faire leurs courses le dimanche après-midi sans que cela s'oppose visiblement au respect du droit du travail. Mais les organisations syndicales protestent, voyant là les prémices de suppressions massives d'emplois, amenés à être remplacés par des machines numériques et connectées.

Et vous, qu'en pensez-vous ?

Faut-il regretter que les tâches pénibles des caissières soient confiées à des robots ?

VU EN PREMIÈRE

Coopération • Lien social • Professions et catégories socioprofessionnelles (PCS) • Risques sociaux • Solidarité mécanique • Solidarité organique

NOTIONS DE TERMINALE

Conditions de travail • Division horizontale du travail • Division verticale du travail • Emploi • Flexibilité • Intégration sociale • Management participatif • Organisation post-taylorienne du travail • Organisation taylorienne du travail • Polarisation des emplois • Précarité • Qualité des emplois • Recomposition des tâches • Statut d'emploi • Télétravail • Travail

Une vidéo pour comprendre

La fin du travail

Les professeurs seront-ils remplacés par des machines ?

Source : #Datagueule 62, Premières Lignes & Story Circus.

SOMMAIRE

DOSSIER 1 Travail, emploi, activité : de quoi parle-t-on ?

1. Du travail à l'emploi, des distinctions fondamentales 274
2. Emploi, chômage, inactivité : des frontières de plus en plus incertaines 276
3. La qualité des emplois en question 278

DOSSIER 2 Quelles évolutions de l'organisation du travail et de l'emploi ?

1. Le taylorisme, un modèle remis en cause 280
2. Les organisations du travail post-tayloriennes 282
3. L'évolution des conditions de travail 284
4. Les effets du numérique sur le travail et l'emploi 286

DOSSIER 3 Quel rôle du travail et de l'emploi dans l'intégration sociale ?

1. Le travail et l'emploi, sources d'intégration 288
2. L'affaiblissement du pouvoir intégrateur de l'emploi 290
3. L'instabilité comme nouvelle norme du travail et de l'emploi 292

L'ESSENTIEL 294

Synthèse • Repères • Schéma bilan • Prolongements

RÉVISER 298

Je vérifie mes connaissances • J'utilise mes connaissances • Je construis ma fiche de révision

TRAVAUX DIRIGÉS 300

Débat : l'ubérisation des emplois peut-elle améliorer l'intégration sociale des jeunes ?

BAC MÉTHODE & ENTRAÎNEMENT 301

- Construire une réponse argumentée pour la partie 3 de l'épreuve composée
- Sujet guidé : épreuve composée
- Sujet blanc : épreuve de dissertation
- Préparation : épreuve du Grand oral

1 Du travail à l'emploi, des distinctions fondamentales

OBJECTIF DU PROGRAMME : Savoir distinguer les notions de travail, activité, statut d'emploi (salarié, non salarié), chômage.

Questionnez-vous ! Travail, emploi, quelles différences ?

OFFRE D'EMPLOI

Téléprospecteur(trice) (H/F)

Missions :
- gestion des appels sortants
- planification des rendez-vous des techniciens
- traitement de données internes

Type de contrat :
- CDD de 6 mois avec possibilité d'évolution en CDI
- temps partiel 24 h / semaine

Salaire : Smic

Lieu de travail : Lille

1 • Quels sont les points communs et les différences entre les deux photos ?

2 • Dans l'offre d'emploi, quels éléments décrivent les conditions d'emploi ? le travail correspondant au poste ?

3 • Quelle est la différence entre travailler et avoir un emploi ?

DOC 1 L'emploi et le travail

Quand les économistes parlent du travail, c'est à l'emploi qu'ils pensent essentiellement. Pendant longtemps, pour les sociologues, seul le contenu des emplois, c'est-à-dire le travail, a mobilisé leur intérêt. [...]

L'emploi que l'on occupe, c'est en quelque sorte notre carte de visite [...]. Dire son emploi, c'est annoncer son statut (la place que j'occupe dans la société), mais aussi sa valeur (au sens de ce que je gagne, donc de ce que je vaux sur le marché), ce n'est pas dire grand-chose du travail que l'on fait vraiment. Dès que l'on essaie de rentrer dans le détail, les choses se compliquent en effet ! Si je déclare être postier, cela peut vouloir dire que je travaille à La Poste, sans que l'on puisse savoir si je suis un agent titulaire ou contractuel de cet établissement. Cela ne dit pas si je suis facteur, guichetier, agent dans un centre de tri, conseiller financier ou cadre supérieur. [...]

Le nom de l'emploi ne suffit cependant pas toujours à masquer la réalité qu'il recouvre. Les techniciens de surface des entreprises de nettoyage industriel et les aides à domicile employées par des particuliers ou des associations ont remplacé les « bonnes » et les « souillons » de la bourgeoisie rentière. Dans ce cas, cependant, le travail concrètement effectué s'empresse de pointer son nez pour dévaloriser le titre et ce, d'autant plus que ces emplois sont tenus, le plus souvent, par des immigrés et des femmes. ■

Françoise Piotet, *Emploi et travail, le grand écart*, Armand Colin, coll. Sociétales, 2007.

1 • **Illustrer** En partant de l'exemple du postier, donnez un autre exemple de nom de métier qui peut correspondre à des formes de travail très différentes.

2 • **Lire** Que signifie le passage souligné ?

3 • **Définir** Comment peut-on définir et distinguer travail et emploi ?

Activité Calculez des taux d'activité, de chômage et d'emploi

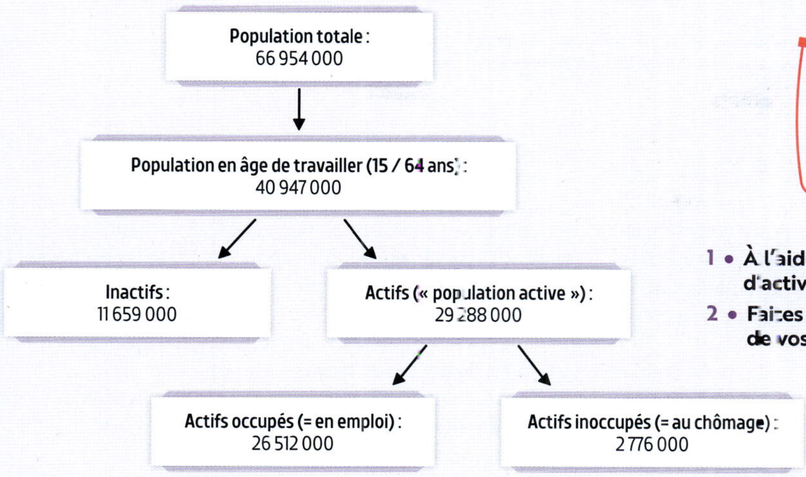

Source : données Insee 2017, *in Tableaux de l'économie française*, 2019.

OUTILS SES

Taux d'activité : (actifs / population en âge de travailler) x 100
Taux de chômage : (chômeurs / population active) x 100
Taux d'emploi : (personnes en emploi / population en âge de travailler) x 100

1 • **À l'aide des Outils SES, calculez les taux d'activité, de chômage et d'emploi.**

2 • **Faites ensuite une phrase qui donne le sens de vos résultats et comparez ces taux.**

DOC 2 L'évolution des statuts d'emploi

Qui dit salariat pense aussitôt à un salaire d'autant d'euros, à une rémunération. Or ce mode de rémunération est aussi un mode d'emploi. Un salarié est, en effet, quelqu'un qui travaille pour quelqu'un d'autre, un employeur, public ou privé, par opposition aux indépendants ou aux professions libérales. Cadres, employés, ouvriers ou fonctionnaires sont autant de sortes de salariés. Ce rapport salarial et ce mode d'emploi organisent aussi un mode d'existence et un rythme de vie, avec un appareil de formation, une législation sociale, un dispositif de sécurité sociale qui se sont étendus, dans une certaine mesure, aux non-salariés et aux inactifs. [...] Les interventions de l'État puis les régulations collectives[1] ont progressivement transformé le contrat salarial en statut. ■

Marcelle Stroobants, *Sociologie du travail*, Armand Colin, coll. 128 : Sociologie, 4e éd., 2016.

1. Encadrement juridique national des contrats de travail individuels par des conventions collectives, règles s'appliquant à l'ensemble des entreprises d'un même secteur ou branche d'activité.

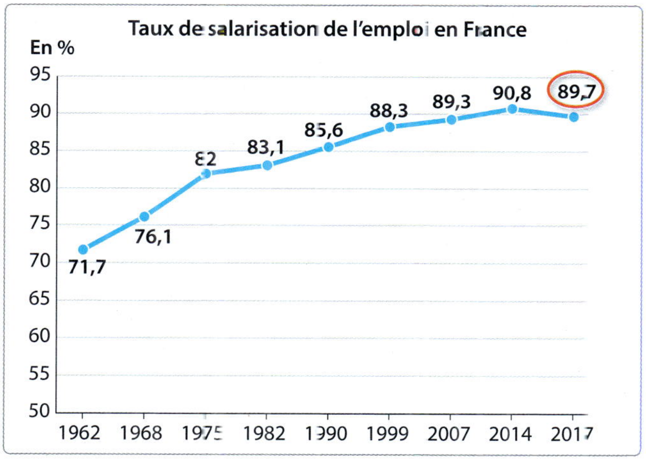

Source : données « Recensements de la population » (1962 à 2007) et « Estimations d'emploi » (2014 et 2017), Insee.

1 • **Définir** Qu'est-ce qui oppose les salariés et les non-salariés ?

2 • **Illustrer** Donnez des exemples des phénomènes évoqués dans le passage souligné.

3 • **Lire** Que signifie la donnée entourée ?

4 • **Analyser** Quelles évolutions des statuts d'emploi ce graphique montre-t-il ?

Faites le point

Complétez le texte avec les termes suivants.
salarié – augmenter – inactives – travail – actives – chômage

Le ... et l'emploi ne sont pas des notions synonymes. L'emploi, qui peut être ... ou non salarié, désigne le cadre formel (juridique, social...) dans lequel les travailleurs réalisent un certain nombre de tâches. Les personnes ayant un emploi sont ..., mais les actifs incluent aussi les personnes au .... Seules les personnes qui n'ont pas d'emploi et n'en cherchent pas sont .... La part de l'emploi salarié dans la population active a tendance à ... sur le long terme.

Prenez la parole

Carte mentale

- Par groupes de deux, préparez une carte mentale montrant que le salariat est une situation à la fois protectrice et subordonnée.
- Présentez-la au reste de la classe.

2 Emploi, chômage, inactivité : des frontières de plus en plus incertaines

OBJECTIF DU PROGRAMME : Comprendre que les évolutions des formes d'emploi rendent plus incertaines les frontières entre emploi, chômage et inactivité.

DOC 1 Le halo du chômage

Le chômage a poursuivi sa baisse au second trimestre [2019]. [...] En métropole, il y a ainsi 66 000 chômeurs de moins qu'au premier trimestre. Ce qui est moins réjouissant, c'est [qu'] on enregistre une hausse équivalente de personnes situées dans le « halo du chômage ». 63 000 personnes de plus, soit une population de 1,5 million de personnes.

Le « halo du chômage » ? Ce sont ceux qui souhaitent un emploi mais qui sont considérés comme inactifs au sens du BIT (Bureau international du travail). Car il faut savoir que le BIT est restrictif. Il définit comme chômeurs les personnes qui *cherchent* un emploi et qui sont *disponibles* pour prendre un emploi dans les deux semaines. Le halo, ce sont tous les autres, aux frontières du chômage. [...] Le nombre des personnes composant le « halo » a crû régulièrement entre 2003 et 2014, et s'est stabilisé depuis. Dans une étude détaillée parue en 2016, l'Insee indique que leur profil est nettement féminin, à 55 % – c'était encore plus marqué avant la crise de 2008.

Il peut s'agir de personnes diplômées qui se trouvent provisoirement sans activité, entre deux emplois. Il peut s'agir de personnes découragées qui ont renoncé à chercher un travail. Ou encore de personnes éloignées du marché de l'emploi parce qu'elles reprennent leurs études, attendent un enfant, sont malades ou invalides. 20 % n'ont jamais travaillé et 28 % n'ont pas travaillé depuis au moins 3 ans. [...]

Bref, le halo autour du chômage, ce n'est pas du chômage, mais cela en a tout de même la saveur. Pour preuve : la moitié de ces personnes sont inscrites à Pôle emploi. ■

Baptiste Legrand, « Moins de chômage... mais plus de "halo autour du chômage" », *L'Obs*, 14 août 2019.

1 • Illustrer Donnez un exemple correspondant au passage souligné.

2 • Définir Comment peut-on définir le halo du chômage ?

3 • Expliquer En quoi le halo rend-il la mesure du chômage plus compliquée ?

DOC 2 Sortir du chômage : pour quel emploi ?

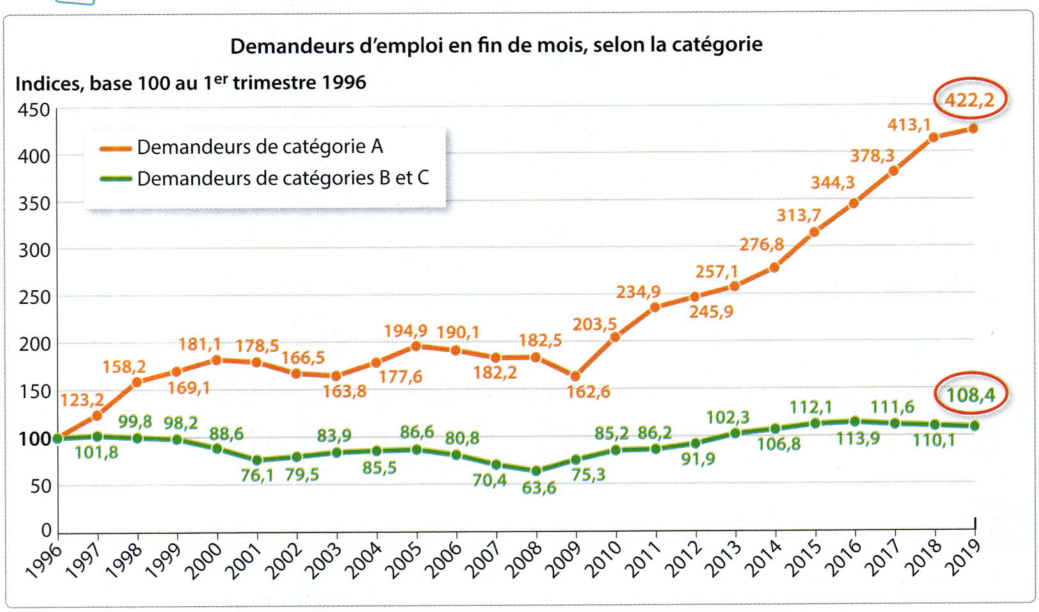

Source : Dares, indicateurs, 25 juillet 2019, données au 1er trimestre de chaque année.

1 • Lire Que signifient les données entourées (utilisez le chapitre 3 pour les définitions des catégories de chômeurs) ?

2 • Comparer Comment ont évolué les effectifs des différentes catégories de demandeurs d'emploi depuis la fin des années 1990 ?

3 • Analyser Comment peut-on interpréter la hausse des effectifs des catégories B et C depuis le début des années 2010 ?

DOC 3 Le sous-emploi : un emploi à temps partiel subi

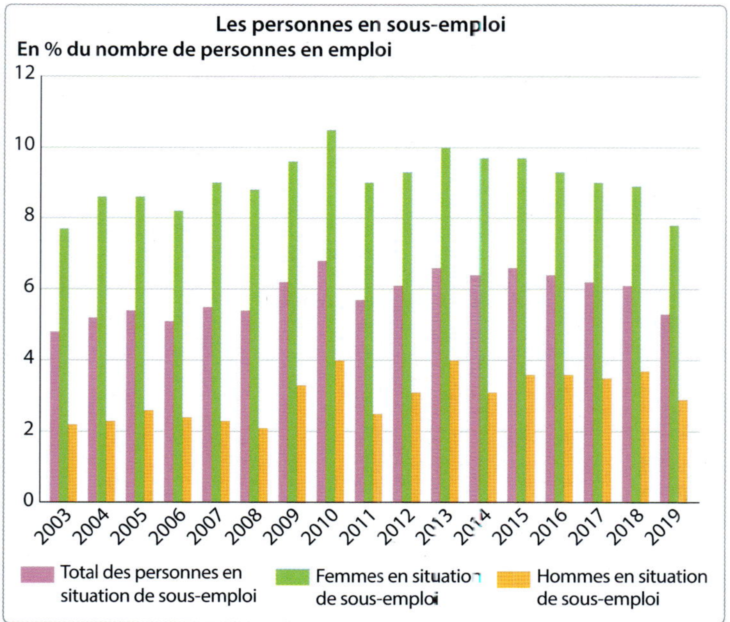

Source : Insee, enquête Emploi, *Informations rapides*, n° 2019-127, 16 mai 2019, données au 1er trimestre de chaque année (provisoires pour 2019).

CONTEXTE

Le **sous-emploi** désigne la situation des personnes ayant un emploi mais déclarant vouloir travailler davantage. Il s'agit essentiellement de personnes ayant un emploi à temps partiel subi.

1 • Lire Que signifient les données de 2019 ?

2 • Repérer Comment a évolué le sous-emploi depuis le début des années 2000 ?

3 • Comparer Montrez que le sous-emploi est marqué par les inégalités de genre.

4 • Expliquer En quoi le sous-emploi rend-il plus incertaine la frontière entre emploi et inactivité ?

DOC 4 Auto-entrepreneur, une nouvelle forme d'emploi ?

En fait, seuls 54 % des personnes démarrant une auto-entreprise en font leur activité principale. Ce sont pour moitié des chômeurs et pour l'autre moitié des précaires (apprentis, stagiaires ou sans activité professionnelle). [Les] auto-entrepreneurs se répartissent en plusieurs groupes qui restent tous très dépendants de la société salariale.

Il y a ceux pour lesquels ce statut ne correspond tout bonnement qu'à du salariat déguisé. C'est vrai dans le secteur privé où le régime est utilisé pour organiser des périodes d'essai plus ou moins longues ou pour flexibiliser une relation avec quelqu'un qui devient un fournisseur plutôt qu'un salarié. Mais on retrouve la même chose dans le secteur public. [L']auto-entreprise est également un adjuvant pour les chômeurs, qui représentent 29 % des entrepreneurs ayant démarré une activité. Avec pour avantage de sortir de la catégorie A des statistiques du chômage, la plus visible et la plus souvent commentée... Cela correspond-il à de véritables emplois ? L'enquête sociologique pointe plutôt des projets marginaux, l'officialisation de pratiques de travail au noir et la volonté, plus psychologique qu'économique, de montrer une occupation matérielle et symbolique. ■

Christian Chavagneux, « Les auto-entrepreneurs restent très dépendants du salariat », www.alternatives-economiques.fr, 23 mai 2017.

1 • Définir Qu'est-ce qu'un auto-entrepreneur ?

2 • Analyser En quoi le statut d'auto-entrepreneur peut-il brouiller la frontière entre chômage et emploi ?

3 • Expliquer Que signifie le passage souligné ?

4 • Analyser Les auto-entrepreneurs sont-ils vraiment des travailleurs indépendants ?

Faites le point

Vrai ou faux ? Justifiez votre réponse.

1. Le halo du chômage désigne des personnes inactives.
2. Les demandeurs d'emploi sont classés dans plusieurs catégories.
3. Le sous-emploi concerne davantage les hommes que les femmes.
4. Les auto-entrepreneurs ont un statut de salarié.

Prenez la parole

Argumentation

Le halo du chômage

- Par groupes de deux, trouvez des situations qui montrent que le chômage est entouré de situations plus incertaines.
- Présentez-les au reste de la classe.

3 La qualité des emplois en question

OBJECTIF DU PROGRAMME : Connaître les principaux descripteurs de la qualité des emplois (conditions de travail, niveau de salaire, sécurité économique, horizon de carrière, potentiel de formation, variété des tâches).

DOC 1 Qualité de l'emploi, les critères de l'OCDE

Le cadre de l'OCDE pour la mesure et l'évaluation de la qualité de l'emploi retient trois dimensions objectives et mesurables. [...] La qualité du revenu d'activité indique dans quelle mesure la rémunération du travail contribue au bien-être des travailleurs. [L']OCDE mesure la qualité du revenu d'activité en tenant compte à la fois du niveau du revenu d'activité et de sa répartition au sein de la population active [...].

La sécurité sur le marché du travail englobe le risque de perte d'emploi et ses conséquences financières pour les travailleurs. Cet aspect est mesuré par le risque de chômage, qui englobe à la fois le risque de perdre son emploi et la durée moyenne de rester au chômage. L'assurance contre ce risque est également prise en compte, et mesurée par les taux de couverture des prestations de chômage et leur montant [...].

La qualité de l'environnement de travail renvoie aux aspects non économiques de la qualité de l'emploi, comme la nature et le contenu du travail effectué, l'organisation du temps de travail et les relations professionnelles. [Elle] est ainsi mesurée par la fréquence du stress au travail, qui correspond à une situation où se conjuguent des exigences professionnelles élevées et des ressources insuffisantes [...]. ■

Des emplois de qualité, mesure et évaluation, OCDE, février 2016.

Indicateurs de sécurité sur le marché du travail (variations 2007-2013)

En %	Risque de chômage	Dont protection par l'assurance chômage
Espagne	277,5	– 42
Grèce	338,1	– 19
Pays-Bas	162	– 6,5
Irlande	129,8	– 10,4
Italie	149,3	7,9

Source : données OCDE.

1 • Repérer Quels sont les critères utilisés par l'OCDE pour évaluer la qualité de l'emploi dans chaque pays ?

2 • Argumenter Quels sont l'intérêt et les limites du cadre d'évaluation de la qualité de l'emploi proposé par l'OCDE ?

3 • Lire Que signifie la donnée entourée ?
Savoir-faire 2 p. 405

4 • Analyser Quels constats peut-on tirer du tableau ?

DOC 2 Conditions de travail, des situations contrastées

Proportion des salariés qui déclarent subir différentes formes de contraintes au travail, en fonction de la CSP, en 2016

En % des salariés interrogés	Cadres	Employés de commerce et services	Ouvriers non qualifiés
Ne pas pouvoir quitter son travail des yeux	27,1	42,9	51,6
Respirer des fumées ou des poussières	9,1	26,3	67,1
Ne pas toujours appliquer les consignes ou ne pas en recevoir	81,3	58,2	51,6
Répéter continuellement une même série de gestes ou d'opérations	11,9	59,3	77,1
Apprendre des choses nouvelles	93,9	71,9	53,8

Source : « Quelles sont les évolutions récentes des conditions de travail et des risques psychosociaux ? », *Dares Analyses*, n° 82, décembre 2017.

1 • Lire Que signifient les données entourées ?

2 • Analyser Montrez que les différents emplois impliquent des conditions de travail très inégales.

3 • Expliquer En quoi l'inégale variété des tâches à accomplir dans son travail est-elle un indicateur de la qualité de l'emploi ?

DOC 3 Le potentiel de formation

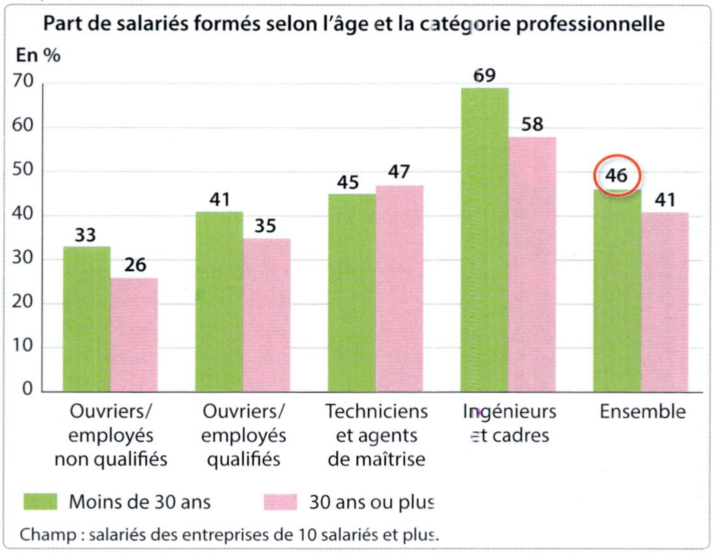

Source : CNEFP-Céreq, défis volet salariés, 2015.

1 • **Lire** Que signifie la donnée entourée ?

2 • **Repérer** Montrez que l'âge semble influencer l'accès à la formation continue.

3 • **Analyser** En quoi les inégalités d'accès à la formation selon l'emploi sont-elles paradoxales ?

4 • **Expliquer** Pourquoi l'accès à la formation continue peut-il être un critère de qualité de l'emploi ?

DOC 4 Quelles perspectives de carrière ?

Dans les services à la personne

Les travailleuses directement employées par la personne à qui elles rendent les services ne bénéficient en pratique d'aucune formation continue. A contrario, les salariées des entreprises d'intermédiation bénéficient pratiquement de la même opportunité de formation continue que les salariés peu qualifiés des autres secteurs ; c'est-à-dire une formation très faible, mais tout de même nettement supérieure aux salariées des particuliers employeurs. Cette quasi-absence de formation concourt à limiter les capacités d'évolution de carrière des employées de ce secteur, où la mobilité ascendante au sein des services à la personne reste extrêmement limitée. Au problème de la formation s'ajoute la très faible prise en compte de l'ancienneté dans l'emploi, qui n'apporte qu'une augmentation de salaire minime [...].
De même, l'absence de formation, en particulier de formation qualifiante, limite les possibilités de transiter vers un autre emploi. ■

Clément Charbonnier et **Nathalie Morel**, *Le Retour des domestiques*, Éditions du Seuil et La République des idées, 2018.

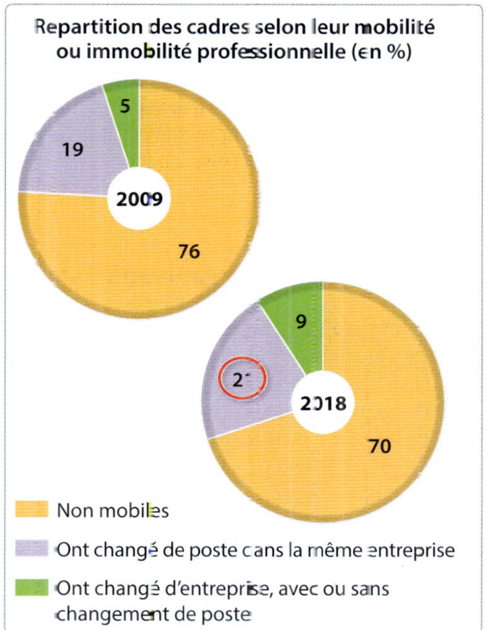

Source : *Panorama 2019 des mobilités professionnelles des cadres*, APEC, juin 2019.

1 • **Illustrer** Donnez des exemples d'emplois dans le secteur des services à la personne.

2 • **Repérer** Montrez que les voies de promotion interne et externe sont très faibles pour les employées des services à la personne.

3 • **Lire** Que signifie la donnée entourée ?

4 • **Analyser** Quelle tendance semble se dégager de ce document ?

Faites le point

Définissez et illustrez par un exemple les éléments de mesure de la qualité des emplois.

1. Perspectives de carrière
2. Insécurité sur le marché du travail
3. Potentiel de formation
4. Conditions de travail

Prenez la parole

Pitch

- **Par groupes de deux, préparez des arguments qui montrent qu'il y a de fortes inégalités dans la qualité des emplois et illustrez-les par des exemples de ces emplois.**
- **Chaque groupe expose son travail aux autres en trois minutes. Élisez ensuite le meilleur pitch.**

1 Le taylorisme, un modèle remis en cause

OBJECTIF DU PROGRAMME : Comprendre les principales caractéristiques des modèles d'organisation taylorienne (division du travail horizontale et verticale, relation hiérarchique stricte).

Questionnez-vous ! À vous de poser les questions !

Décomposition du mouvement d'un travailleur vers les années 1910.

Montage de voitures sur une chaîne de production Ford, années 1920.

Donc, l'Organisation du travail rôde.
Elle n'a pas vraiment de nom, l'Organisation du travail.
Si, en principe : « le bureau des méthodes et des temps ». « Les méthodes », disent les initiés.
[...] Il y a des blouses blanches inconnues qui viennent faire un tour, nous regardent travailler (sans doute le chronomètre dans la poche : clic, clac, en douce...), puis partent noter quelque chose sur leur calepin dans un coin de l'atelier. D'autres viennent inspecter les outils. [...]
Il y a des machines qu'on change à l'improviste, sans prévenir. Tiens, on m'a mis un autre chalumeau, avec un ressort pour se remettre en place tout seul. (T'en fais pas, mon bonhomme, ils l'ont compté là-haut, le ressort : moins cinq secondes, le temps qu'il te fallait pour remettre le chalumeau en place) [...]. ■

Robert Linhart, *L'Établi*, Les Éditions de Minuit, 1978.

1 • À l'aide des deux photos et du texte, formulez une question sur l'organisation scientifique du travail. Utilisez les mots : chronométrer, décomposer, chaîne de production.

2 • Par deux ou en groupe, posez cette question à vos camarades.

3 • Qui sont les blouses blanches inconnues ?

DOC 1 Taylor et l'organisation scientifique du travail

Dans les années 1880, le jeune ingénieur mécanicien Frederick Winslow Taylor travaille à la Midvale Steel Company. Celle-ci lui donne la possibilité d'expérimenter ses idées sur la rationalisation du travail en lui confiant la conception et l'installation d'un nouvel atelier d'usinage. Il se lance alors dans l'étude des temps de travail. Ce n'est pas une nouveauté : le chronométrage des opérations de production était déjà pratiqué. Mais Taylor va au-delà. Il effectue de véritables analyses des tâches et met au point la méthode qui le rendra célèbre. Il choisit de bons ouvriers, leur demande d'exécuter la même opération, décompose chacun de leurs mouvements, compare leur efficacité et reconstruit la meilleure façon d'opérer – *the one best way* – en enchaînant les gestes permettant d'abattre le plus de besogne rapidement et avec le moins de fatigue possible. C'est la base de la révolution taylorienne : le bureau des méthodes prend le contrôle du poste de travail et ne laisse à l'ouvrier que le soin d'exécuter ce qui a été conçu par les ingénieurs. Les tours de main, l'expérience de l'homme de métier perdent beaucoup de leur importance, et la voie est ouverte aux ouvriers dits « spécialisés », c'est-à-dire n'effectuant qu'une série limitée d'opérations parfaitement définies. On les retrouvera sur les chaînes des usines de montage d'automobiles. C'est en s'appuyant sur les travaux de Taylor que Henry Ford développera, dès 1903, cette forme efficace mais particulièrement déshumanisante d'organisation, magnifiquement illustrée par Charlie Chaplin dans *Les Temps modernes*. ■

Gérard Vindt, « 1903, l'invention du fordisme », *Alternatives économiques*, dossiers hors-série n° 7, août 2019.

CONTEXTE

F. W. Taylor (1856-1915), ouvrier américain devenu contremaître puis ingénieur, conseilla les entreprises pour analyser et rationaliser l'organisation du travail.

1 • **Analyser** Quels sont les objectifs de Taylor ?

2 • **Repérer** En quoi Taylor met-il en œuvre une forme de rationalisation du travail ?

3 • **Expliquer** En quoi peut-on dire que Taylor instaure une relation hiérarchique stricte dans l'entreprise ?

4 • **Déduire** Quelles sont les conséquences des méthodes tayloriennes pour les ouvriers concernés ?

DOC 2 Du taylorisme au fordisme

	Division horizontale du travail (parcellisation / spécialisation des tâches)	Division verticale du travail (séparation entre conception et exécution du travail)
Les apports de Taylor	Décomposition du travail en tâches élémentaires ; chronométrage ; élimination des gestes inutiles	Définition du *one best way* par des ingénieurs spécialisés ; ouvriers réduits au statut d'exécutants des consignes
Les apports de Ford	Spécialisation de chaque ouvrier sur un poste de travail spécifique (ouvriers spécialisés, OS) ; enchaînement des postes de travail spécialisés	La chaîne automatique (convoyeur) impose les cadences de travail ; les pièces, les procédures et les produits sont standardisés

CONTEXTE

Henry Ford (1863-1947), industriel américain, fondateur des automobiles Ford, lance la Ford T en 1908. Fabriquée sur une ligne d'assemblage, cette production standardisée (un seul modèle) permet de réduire nettement les coûts de production, d'augmenter les salaires des ouvriers et les profits de l'entreprise.

1 • **Expliquer** Qu'est-ce que la standardisation des pièces et des procédures ?

2 • **Analyser** Pourquoi parle-t-on de manière critique de travail à la chaîne ?

3 • **Déduire** Quelles sont les conséquences négatives de ce modèle d'organisation pour les ouvriers spécialisés ?

DOC 3 Un modèle remis en cause dans les années 1970

Au fil des années de l'après-Seconde Guerre mondiale, l'idéal taylorien est progressivement mis à mal. Les raisons sont multiples. La greffe ne prend pas d'abord au sein des industries de « process » (comme la chimie) qui, à la différence des secteurs comme l'automobile ou l'administration, souffrent d'un corsetage trop étroit de l'activité par les règles du bureau des méthodes. Pour parer aux aléas, il convient au contraire que les opérateurs puissent assumer des responsabilités et prendre des initiatives. Second coup de boutoir : après qu'il a subi la contestation sociale de la fin des années 1960, ce même idéal taylorien doit composer avec une nouvelle donne d'ensemble à peine une décennie plus tard. [...]
Plus ouverts à la concurrence, creusets d'une innovation technologique qui va croissant, les marchés de biens deviennent aussi plus imprévisibles [...] La performance dépend plus généralement de la capacité de l'entreprise à satisfaire des critères de concurrence qui ne se réduisent plus, comme avant, au seul facteur coût. Il faut non seulement pouvoir vendre à prix compétitif mais aussi livrer rapidement des produits de qualité qui correspondent aux goûts de plus en plus diversifiés de la clientèle. ■

Michel Lallement, *Le Travail sous tensions*, Éditions Sciences humaines, 2e éd., 2018.

CONTEXTE

Dans les années 1970, de **nombreuses grèves** d'ouvriers spécialisés éclatent dans les usines des pays occidentaux pour dénoncer un travail déshumanisant, répétitif et épuisant. Absentéisme et *turn over* importants des OS, mais aussi sabotages ou freinage de la production traduisent un **rejet croissant du taylorisme**.

1 • **Expliquer** Pourquoi la division verticale du travail stricte n'est-elle pas adaptée aux industries de « process » ?

2 • **Déduire** Comment les OS peuvent-ils freiner la production dans leur usine ?

3 • **Analyser** En quoi la standardisation de la production devient-elle inadaptée dans les années 1970 ?

Faites le point

Complétez le texte avec les termes suivants.

verticale – gains de productivité – exécution – horizontale – chaîne de production

L'organisation du travail taylorienne repose sur les divisions horizontale et verticale du travail. La division ... du travail consiste à décomposer et à parcelliser les tâches de travail. Ford approfondit cette logique par le biais de la .... La division ... du travail consiste à distinguer la conception du travail et son .... Cette organisation du travail a entraîné des ..., mais elle a été contestée et est devenue inadaptée dans les années 1970.

Prenez la parole

Sketch

- Par groupes de deux, préparez un petit sketch de quatre minutes qui présente les avantages et inconvénients de l'organisation taylorienne du travail en vous répartissant ces rôles : responsable du bureau des méthodes et ouvrier non qualifié. Pendant la scène, le responsable explique à l'ouvrier ce qu'il doit faire.
- Deux ou trois groupes jouent leur sketch devant la classe. Débattez ensuite sur les avantages et inconvénients de l'organisation taylorienne.

2 Les organisations du travail post-tayloriennes

OBJECTIF DU PROGRAMME : Comprendre les principales caractéristiques des modèles d'organisation [...] post-taylorienne (flexibilité, recomposition des tâches, management participatif).

DOC 1 Les grands principes du toyotisme

Pour éviter l'accumulation des stocks de voitures invendues, la solution japonaise consiste en quelque sorte à « fabriquer à la commande ». Ne produire que la quantité nécessaire, au moment requis, selon les principes du *just in time*. [...] Tel est le sens de la gestion à « flux tendus ». Une formule, désormais célèbre, résume les cinq objectifs de la production allégée (*lean production*) : « zéro stock, zéro délai, zéro panne, zéro défaut, zéro papier ».

[...] Le pilotage [de la production] par l'aval, fin du processus de fabrication, moment du montage de l'automobile, va donc déterminer le rythme de l'ensemble. Pour cela, un système très simple de remontée de l'information est introduit. Chaque poste reçoit une boîte avec des cartes d'instruction *kan-ban* lui annonçant combien de pièces il faut exactement produire pour satisfaire « au jour le jour » les besoins de l'aval. [...] Chaque salarié se comporte ainsi comme un client de son voisin situé en amont et comme un fournisseur de son autre voisin situé en aval. L'introduction de cette sorte de logique marchande dans la production contribue à accroître la tension du flux autant que la pression sur les travailleurs. Bon nombre de techniques destinées à gagner du temps en cours de production se situent dans la filiation directe des procédés tayloriens.

[...] Au-delà de ces spécificités, la flexibilité du travail est le moyen le plus répandu de moduler la production. ■

Marcelle Stroobants, *Sociologie du travail*, Armand Colin, coll. 128 : Sociologie, 4e éd., 2016.

Flexibilité	Quantitative	Qualitative
Interne	Travail à temps partiel, heures supplémentaires	Flexibilité de la fonction[1] ou polyvalence
Externe	Licenciement-embauche, intérim, travail temporaire, stagiaire	Sous-traitance

1. Rotation des postes.

1 • **Expliquer** Pourquoi parle-t-on de production allégée ?

2 • **Comparer** Quels sont les points communs et les différences entre le système toyotiste et le travail à la chaîne du modèle fordiste ?

3 • **Illustrer** Cherchez des exemples d'autres secteurs économiques que l'automobile qui produisent au moins en partie sur le modèle des flux tendus.

4 • **Analyser** Pourquoi le modèle de production toyotiste nécessite-t-il une forte flexibilité du travail ?

DOC 2 Management participatif et recomposition des tâches

De nombreux exemples historiques attestent des tentatives [des entreprises] pour favoriser la prise de responsabilité des opérateurs eux-mêmes sur leur organisation de travail : la construction d'hélicoptères à la SNIASS, la création d'équipe autonome chez Volvo ou Pechiney Alu, les équipes autogérées de Bata dans les années 70 sont autant d'essais de laisser les équipes décider au plus près de l'action des moyens de l'organiser, l'autocontrôler et la diriger. [L]'idée portée par l'industrie est de délaisser le taylorisme et d'observer les approches japonaises plus centrées sur les groupes et leur pouvoir d'initiative et d'autorégulation. Les années 70 et 80 ont vu l'apogée des cercles de qualité, du Kaizen et du Kanban [...].

L'équipe autonome ou semi-autonome est à la fois une méthode d'organisation de la production, un moyen d'apprentissage et une forme de démocratie participative. Ce type d'équipe est d'abord né dans l'industrie automobile avec l'idée de mettre plus d'intelligence collective au service des projets. Des entreprises emblématiques comme Bata ou Volvo en ont fait un élément clé de leur *business model* dans les années 80. En France, un constructeur automobile tel que Renault a adapté le principe en installant des unités élémentaires de travail (UET). Le principe est de confier à un groupe de 8 à 12 collaborateurs des responsabilités élargies sur leur activité. Le principe sous-jacent de l'enrichissement des tâches [implique] un apprentissage en groupe et sur le tas constant. ■

« Des équipes autonomes aux entreprises libérées », www.lesechos.fr, 12 janvier 2017.

bordas Flash PAGE vidéo

© Japan Video Topics.

Le Kaizen, une vraie « amélioration » ?

1 • Quel est le rôle des employés dans le Kaizen ?

2 • Quelles sont les conséquences du Kaizen pour les entreprises ?

CONTEXTE

Le **Kaizen**, méthode initiée par Toyota, consiste à analyser en permanence le fonctionnement du travail et de la production, pour chercher des améliorations continues, en sollicitant l'avis des travailleurs eux-mêmes.

1 • **Expliquer** Comment fonctionne l'organisation du travail en équipes semi-autonomes ?

2 • **Comparer** En quoi l'équipe semi-autonome s'oppose-t-elle à l'organisation du travail tayloriste ?

3 • **Analyser** Pourquoi cette forme d'organisation du travail peut-elle déboucher sur une recomposition des tâches ?

DOC 3 Le taylorisme est-il mort ?

Une division du travail est-elle possible dans les services téléphoniques ?

Peut-on toujours séparer les tâches dans la restauration ?

Qui contrôle le travail des caissières ?

1 • **Analyser** Montrez que ces différents secteurs des services fonctionnent en flux tendus.

2 • **Expliquer** Montrez que la division horizontale du travail est au cœur de l'organisation de ces services.

3 • **Illustrer** Le travail aux caisses de supermarché ou dans les centres d'appel est-il soumis à un contrôle hiérarchique ?

DOC 4 Quelles organisations du travail demain ?

 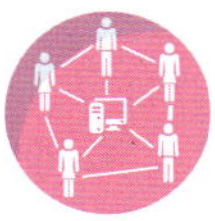  

L'organisation apprenante	La plateforme apprenante virtuelle	Le super-intérim	Le taylorisme *new age*
Emplois peu à très qualifiés	Emplois qualifiés	Emplois peu ou non qualifiés, plutôt de service	Emplois peu à très qualifiés, plutôt de production
Autonomie choisie et apprentissage continu	Autonomie choisie et apprentissage continu	Autonomie choisie ou subie	Autonomie choisie ou subie
Travail en équipe multidisciplinaire	Travail en réseau, déterritorialisé	Travail individuel	Travail individuel
Perspectives de formation continue et de mobilité ascendante	Perspectives de mobilité ascendante	Perspectives de formation et d'évolution limitées	Absence de perspectives de mobilité

Source : d'après **Salina Benhamou**, « Imaginer l'avenir du travail. Quatre types d'organisation du travail à l'horizon 2030 », Document de travail, n° 5, *France Stratégie*, avril 2017.

1 • **Analyser** Comment peut-on comprendre l'expression « organisation apprenante » ?

2 • **Expliquer** En quoi l'autonomie peut-elle être subie dans les deux derniers modèles d'organisation du travail ?

3 • **Repérer** Montrez que ces différents modèles concernent des emplois de qualité variable.

Faites le point

Vrai ou faux ? Justifiez votre réponse.

1. Le toyotisme organise la production en flux tendus.
2. Aujourd'hui, toutes les entreprises fonctionnent sur une logique post-taylorienne.
3. Les logiques tayloriennes ont tendance à se diffuser dans les services.

Prenez la parole

Débat

Les organisations du travail post-tayloriennes ont-elles fait disparaître le taylorisme ?

- **Deux groupes répondent à la question en défendant le point de vue opposé.**

3 L'évolution des conditions de travail

OBJECTIF DU PROGRAMME : Comprendre les effets positifs et négatifs de l'évolution des formes de l'organisation du travail sur les conditions de travail.

DOC 1 La reconnaissance par le travail au cœur de l'évolution des conditions de travail

L'autonomie accordée au salarié est sans doute le signe le plus important de reconnaissance et de confiance. Les leviers sont la responsabilisation, la délégation, la participation, le pouvoir de décision, la disponibilité de moyens d'action.

Une activité variée où le salarié peut mobiliser plusieurs compétences (cognitives, relationnelles, techniques, gestuelles...) à la fois donne de la valeur à l'activité. Les leviers sont ici la formation, l'élargissement et l'enrichissement des tâches, la validation des acquis de l'expérience.

Une activité globale où le salarié a la maîtrise d'un process ou d'une séquence complète de production (plutôt qu'une tâche parcellisée) accroît l'intérêt au travail. [...]

La finalité de l'activité où l'action a un impact réel sur autrui (client, collègue, service amont ou aval...) ou sur des éléments significatifs (qualité, innovation, valeur ajoutée, sécurité...) donne sens et valeur au travail de chacun. [...] ■

Agence nationale pour l'amélioration des conditions de travail, « 10 questions sur la reconnaissance au travail », www.anact.fr, 14 avril 2017.

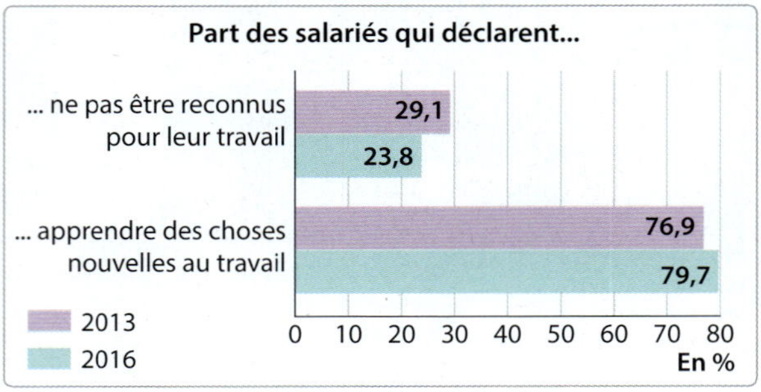

Source : données Dares, décembre 2017.

1 • **Expliquer** Montrez que l'organisation taylorienne du travail semble s'opposer à la reconnaissance au travail pour les salariés.

2 • **Repérer** Montrez que les organisations post-tayloriennes peuvent améliorer la reconnaissance au travail.

3 • **Analyser** Quels constats peut-on tirer du graphique ?

DOC 2 Les contraintes de rythme de travail

(en % des salariés interrogés)	1984	1991	1998	2005	2013	2016
Rythme de travail imposé par...						
Le déplacement automatique d'un produit ou d'une pièce	3	4	6	7	8	8
La cadence automatique d'une machine	4	6	7	7	7	7
Des normes de production à satisfaire en une journée	19	38	43	42	46	48
Une demande extérieure	39	57	65	65	69	70
Les contraintes ou surveillances permanentes exercées par la hiérarchie	17	23	29	30	31	31
Un contrôle ou un suivi informatisé	–	–	–	25	35	35
Avoir au moins 3 contraintes de rythme (parmi les six ci-dessus)						
Ensemble des salariés	5,8	21,4	31	31,6	35,2	35,2
Ouvriers qualifiés	8,7	30,2	47	47,3	54	53,4
Employés de commerce et services	2,3	13,4	20,9	19,9	28	29,2
Professions intermédiaires	4,8	19,7	29,3	32,4	34,8	35,1
Cadres	3,5	12	19,6	22,8	25,6	23,9

Sources : Dares ; DGAFP ; Drees, enquêtes Conditions de travail et Risques psychosociaux, Insee.

NE PAS CONFONDRE

On distingue généralement les **contraintes de type industriel** (cadences imposées par des machines, respect de normes de production...) et les **contraintes de type marchand** (cadences imposées par la demande ou le contact avec le public).

1 • **Lire** Que signifient les données entourées ?

2 • **Repérer** Le développement de la contrainte marchande a-t-il réduit le poids de la contrainte industrielle ?

3 • **Comparer** Comparez l'évolution des contraintes sur le rythme de travail selon la PCS et selon le sexe des salariés.

4 • **Analyser** Peut-on dire que les salariés français sont de plus en plus autonomes ?

DOC 3 Le travail et les risques psychosociaux

Faute de prévention des risques psychosociaux (RPS), les conséquences judiciaires peuvent être fâcheuses pour l'employeur. [...] L'article L4121-1 du code du travail impose à l'employeur l'obligation « d'assurer la sécurité et de protéger la santé physique et mentale » de ses salariés. La protection des salariés passe tout d'abord par une évaluation des risques, que l'entreprise doit formaliser dans un « Doc unique ». Concrètement, il s'agit de repérer les dangers, puis de mesurer le risque, à savoir la probabilité de la rencontre du salarié et du danger, et de proposer des actions de prévention.

Les risques psychosociaux sont à l'origine de dépression, d'anxiété, de maladies cardiovasculaires, d'épuisement professionnel, et, au pire, de suicide, dont l'employeur peut, à défaut de prévention, porter la responsabilité. Pour les évaluer, les risques psychosociaux sont regroupés en trois catégories : le stress chronique, les violences internes (harcèlement moral ou sexuel, conflits) et les violences externes (insultes, menaces, agressions). Au fil des évaluations, six facteurs de risque ont été identifiés : les exigences du travail (intensité et durée), les exigences émotionnelles (exemple du travail avec des personnes malades), le manque d'autonomie ou de marges de manœuvre, les relations dégradées, les conflits de valeurs (perte de sens) et l'insécurité du travail. ■

Jacqueline Cortès, « Risques psychosociaux, les obligations de l'employeur », *Le Monde*, 3 juillet 2019.

1 • Repérer Pourquoi parle-t-on de risques psychosociaux au travail ?

2 • Illustrer Donnez un exemple de conflit de valeurs pour un salarié dans son travail.

3 • Analyser En quoi l'organisation du travail peut-elle avoir une influence sur l'exposition des salariés aux risques psychosociaux ?

Activité *Qui souffre de troubles musculo-squelettiques ?*

Répartition des troubles musculo-squelettiques reconnus en maladies professionnelles (en %)		
Sexe	Femmes	54,1
	Hommes	45,9
Âge	15 / 19 ans	0,1
	20 / 29 ans	3,9
	30 / 39 ans	14,8
	40 / 49 ans	34,5
	50 / 59 ans	43,9
	60 ans et +	2,6
Catégorie socioprofessionnelle	Cadres	2
	Professions intermédiaires	2
	Employés	25
	Ouvriers	71

1 • Qu'est-ce que les troubles musculo-squelettiques ? Proposez une définition.

2 • En argumentant avec les données statistiques, montrez que le risque de souffrir de ces troubles est marqué par des inégalités entre salariés.

Source : « L'exposition des salariés aux maladies professionnelles », *Dares Résultats*, n° 81, décembre 2016.

Faites le point

Classez dans le tableau les phénomènes suivants.

reconnaissance au travail – cadences et rythmes de travail – variété des tâches – risques psycho-sociaux – enrichissement des tâches – troubles musculo-squelettiques

Amélioration des conditions de travail	Dégradation des conditions de travail
...	...

Prenez la parole

Carte mentale

- **Après avoir listé toutes les contraintes liées aux nouvelles organisations du travail, construisez une carte mentale.**
- **Présentez-la ensuite au reste de la classe.**

4 Les effets du numérique sur le travail et l'emploi

OBJECTIF DU PROGRAMME : Comprendre comment le numérique brouille les frontières du travail (télétravail, travail / hors-travail), transforme les relations d'emploi et accroît les risques de polarisation des emplois.

DOC 1 Les plateformes numériques transforment la relation d'emploi

[Les] entreprises ont multiplié ces vingt dernières années l'externalisation de pans entiers de leurs activités. [...] On a assisté parallèlement à une augmentation de la fausse sous-traitance et des faux indépendants, caractérisés par le fait qu'ils ne dépendent que d'un donneur d'ordre et se trouvent *de facto* sous la dépendance complète de celui-ci.

Le recours à la « fausse » sous-traitance ou au faux indépendant permet de contourner les règles du salariat et de passer d'un contrat de travail, avec toutes les protections qu'il suppose, à un simple contrat commercial entre deux entités échangeant une prestation de service, avec le risque d'un retour [...] au tâcheronnage, qui préexistait au salariat.

[...] Certains auteurs considèrent que l'ubérisation de la société [...] est un prolongement du processus de fragmentation et d'externalisation du travail à l'œuvre depuis plusieurs années qui [...] conduit à une forme de « tâcheronisation ». Même si quantitativement l'économie des plateformes reste très minoritaire, et si des procès de plus en plus nombreux sont intentés à ces sociétés notamment parce qu'elles refusent de considérer les usagers des applications comme des salariés, les menaces qu'elles font peser sur les régulations classiques du travail doivent être prises très au sérieux. ■

Dominique Méda, *Le travail*, PUF, coll. Que sais-je ?, 6e éd., 2018.

bordas Flash PAGE vidéo

© Alternatives économiques

Faut-il avoir peur de l'ubérisation de l'économie ?

1 • Quelles sont les différences entre salariat et travail indépendant ubérisé ?

2 • En quoi l'ubérisation contribue-t-elle à la polarisation des emplois ?

1 • **Définir** Que faut-il entendre par « tâcheronnage » ou « tâcheronisation » ?

2 • **Expliquer** Pourquoi les travailleurs des plateformes de type Uber sont-ils qualifiés de faux indépendants par l'auteur ?

3 • **Analyser** En quoi le développement du numérique fragilise-t-il, dans ce cas, le salariat ?

DOC 2 Les avantages du télétravail

Arthur habite à Reims et travaille comme cadre au siège d'un organisme de protection sociale à Bobigny, près de Paris. [...] Voilà bientôt un an, la société d'Arthur a instauré la possibilité de choisir une journée par semaine de télétravail. [...]

« C'est une très bonne chose, assure Arthur. Au début, j'avais pris le vendredi, ainsi je me disais que cela me ferait trois jours de suite hors du rythme des transports mais c'était un mauvais choix. [...] Finalement, j'ai opté pour le jeudi. Cela me permet de souffler après trois jours d'allers et retours. »

Le jeudi, Arthur règle son réveil une heure plus tard et profite de sa soirée dès 17 heures. « Mon employeur y gagne aussi car ma productivité est bien plus forte le jeudi. Loin des pauses-café et de la pollution sonore de l'*open space*, on se concentre mieux... [...] »

Ce n'est pas parce qu'Arthur est chez lui le jeudi qu'il ne communique pas avec son équipe. « Avec les outils collaboratifs mis à disposition par mon employeur, à savoir Skype, téléphone, suite Microsoft en ligne, on peut facilement travailler ensemble sur un Doc partagé en étant éloignés les uns des autres. »

L'un des collègues d'Arthur habite Brest. « Il a obtenu deux jours de télétravail par semaine qui lui permettent de rentrer chez lui dès le mercredi soir. Il revient le dimanche soir et dort à Paris trois nuits. Sans ce système, il aurait été obligé de renoncer à vivre à Brest avec sa famille. » ■

Catherine Frey, « Le télétravail progresse pour les salariés de la Marne, de l'Aisne et des Ardennes », www.lunion.fr, 12 août 2019.

CONTEXTE

Selon l'Ifop, en 2017, 15 % des salariés pratiquent le **télétravail** de manière occasionnelle, et 4 % de façon régulière.
Le télétravail est pratiqué depuis le domicile du salarié dans 47 % des cas. Dans 23 % des cas, il a lieu depuis des espaces de travail partagé.

1 • **Définir** Qu'est-ce que le télétravail ?

2 • **Expliquer** Quels sont les avantages du télétravail pour les salariés ?

3 • **Analyser** Montrez que le télétravail peut avoir des avantages pour les entreprises.

DOC 3 Quelle frontière entre travail et hors-travail ?

Selon une étude, plus des deux tiers des managers et cadres travaillent le soir après le travail, utilisent leurs outils numériques professionnels le week-end, tandis qu'un tiers culpabilise lorsqu'il se déconnecte le soir ou le week-end. La gestion de la (dé)connexion est ainsi devenue un enjeu majeur, pour les entreprises et pour les salariés, dans une société où il est possible de travailler et d'être contacté depuis de multiples lieux et à n'importe quelle heure, et où de nouvelles formes de travail apparaissent (télétravail, à distance, etc.). Spécificité française, le droit à la déconnexion concerne le droit de ne pas être en permanence joignable par son employeur en dehors de ses heures de travail, pour des motifs liés à l'exécution de son travail, afin de protéger son temps de repos et d'assurer le respect de la vie personnelle et familiale.

[Un] nouvel article (article L2242-8 du code du travail) est entré en vigueur au 1er janvier 2017 dans le cadre de la loi Travail. [...] Le droit à la déconnexion fait ainsi partie des sujets à aborder lors de la négociation annuelle obligatoire (NAO) sur la qualité de vie au travail. Toutefois, ce texte n'est pas contraignant, aucune sanction n'étant prévue en cas d'absence d'accord. ■

Tarik Chakor, « Droit à la déconnexion, ce que la loi a changé (ou pas) ? », www.lesechos.fr, 12 juillet 2019.

1 • **Analyser** Pourquoi le télétravail proposé dans le dessin pose-t-il problème ?

2 • **Repérer** Que faut-il entendre par « droit à la déconnexion » ?

3 • **Expliquer** Quels sont les intérêts et les limites de ce droit à la déconnexion ?

DOC 4 La polarisation de l'emploi

Du côté des emplois qualifiés, les postes à haut niveau d'expertise ont progressé : les effectifs des ingénieurs juristes ou cadres commerciaux ont par exemple triplé en trente ans. Mais en bas de l'échelle, les moins diplômés subissent le recul de l'emploi intermédiaire. Les postes d'ouvriers qualifiés se raréfient dans l'industrie, tandis que déclinent également les effectifs des employés moyens comme comptables, guichetiers ou secrétaires. Cette nouvelle donne impose à de nombreux salariés de se tourner vers les services peu qualifiés, notamment les services à la personne, où les emplois sont moins payés et peu stables, mais où les besoins sont forts.

Les économistes parlent de polarisation pour désigner cette recomposition de l'emploi autour de deux pôles dont les conditions de travail, les perspectives et les rémunérations s'éloignent de plus en plus. [...]

Ce grand bouleversement du marché du travail s'explique d'abord par la nature du changement technologique récent, notamment l'informatique, qui a révolutionné l'organisation des entreprises. Fonctionnant selon des procédures et règles explicites préalablement programmées, les ordinateurs se sont avérés très doués pour effectuer des tâches dites « routinières », caractéristiques du travail humain dans les emplois intermédiaires. Un ordinateur peut diriger un robot dans l'industrie, établir des feuilles de paie, ou distribuer de l'argent. En raison de leur efficacité et leur faible coût, les ordinateurs ont remplacé le travail élémentaire et répétitif humain, qui constituait la base de nombreux emplois intermédiaires. Les emplois les plus détruits par l'informatisation furent ainsi ceux des opérateurs sur des chaînes de production désormais automatisées, mais aussi ceux des employés de bureau ou secrétaires.

Au contraire, les plus qualifiés sont les gagnants du progrès technologique. Non seulement les ordinateurs ne peuvent remplacer leur travail, mais ils le complètent et les rendent plus productif. [...]. Grâce aux progrès de l'informatique, la demande des entreprises en travail qualifié a été toujours plus importante [...].

Grégory Verdugo, « Pourquoi l'emploi se polarise », www.blog-afse.fr, 8 janvier 2018.

1 • **Analyser** Pourquoi les emplois intermédiaires sont-ils menacés par le développement de l'informatique ?

2 • **Lire** Que signifie la phrase soulignée ?

3 • **Expliquer** Pourquoi parle-t-on de polarisation des emplois ?

Faites le point

Retrouvez les phrases correctes.

Le télétravail •	• peut transformer les relations d'emploi typiques du salariat.
Les outils numériques •	• s'exerce ponctuellement en-dehors de son lieu de travail.
Le numérique •	• fragilise les situations des travailleurs.
L'informatisation des emplois •	• opacifient la frontière entre travail et hors-travail.

Prenez la parole

Exposé

Faut-il se réjouir du développement des plateformes numériques ?

- Un groupe de deux élèves prépare un exposé de dix minutes sur cet enjeu.
- Les autres élèves prennent des notes pendant l'exposé puis posent des questions.

1 Le travail et l'emploi, sources d'intégration

OBJECTIF DU PROGRAMME : Comprendre que le travail est source d'intégration sociale.

Questionnez-vous ! Le monde de la mine, source d'intégration sociale ?

Un repas « au fond » de la mine, avant 1914.

bordas Flash PAGE vidéo

Les mineurs en vacances

- En quoi les centres de vacances pour les mineurs contribuaient-ils à leur intégration sociale ?

Harmonie des mineurs de Wingles, mai 1938.

Coron du Fussiau à Lourches, 1923.

1 • Pourquoi le travail des mineurs pouvait-il créer une forte solidarité entre eux ?

2 • Comment le monde de la mine était-il intégrateur au-delà du travail ?

DOC 1 Division du travail social et solidarité chez Durkheim

Ainsi, pour Durkheim, la division du travail que l'on observe dans les sociétés modernes n'est pas un obstacle à la solidarité. Au contraire, elle en est même le fondement. Le plus remarquable de ses effets n'est pas d'augmenter le rendement des fonctions divisées, mais de les rendre solidaires. Les individus ne sont pas indépendants, ils doivent se concerter. La division du travail, loin de diviser les hommes, renforce leur complémentarité en les obligeant à coopérer. Chacun acquiert ainsi de son travail le sentiment d'être utile à l'ensemble. C'est dans la relation de travail elle-même que le salarié peut retirer des satisfactions, et celles-ci sont en grande partie liées à la reconnaissance par les autres salariés de sa contribution à l'activité productive. Ce processus est fondé sur le principe de la complémentarité des fonctions qui implique l'intériorisation par chacun d'un rôle correspondant à une forme de participation au système social dans son ensemble. ■

Serge Paugam, *Le lien social*, PUF, coll. Que sais-je ?, 4e éd., 2018.

BIO SES

Émile Durkheim (1858-1917) est un des fondateurs de la sociologie en France. Il donne les premiers cours de sociologie à Bordeaux à la fin du XIXe siècle, et publie des ouvrages incontournables de la discipline : *De la division du travail social* (1893), *Les Règles de la méthode sociologique* (1895), *Le Suicide* (1897).

1 • **Illustrer** Donnez des exemples d'activités où la division du travail implique la complémentarité entre travailleurs.

2 • **Lire** Que signifie la phrase soulignée ?

3 • **Argumenter** La division du travail crée-t-elle nécessairement de la solidarité ?

DOC 2 Entraide et conflits dans le travail

Part des salariés qui déclarent... (en %)	1998	2005	2013	2016
Être aidés en cas de travail délicat				
Par les supérieurs hiérarchiques	59,4	58,5	65,5	66,3
Par les collègues	72,4	73,5	79,4	80,1
La présence de situations de tension dans les rapports				
Avec les collègues	21,1	18,5	22,6	21,2
Avec le supérieur hiérarchique	30,2	26,4	27,0	26,3
Avoir pour effectuer leur travail correctement				
La possibilité de coopérer	86,0	89,0	90,5	90,8
Suffisamment de collaborateurs	55,0	65,0	62,1	61,7
L'existence de discussions collectives sur les questions d'organisation du travail	69,0	72,0	78,7	79,3

Source : « Quelles sont les évolutions récentes des conditions de travail et des risques psychosociaux ? », *Dares Analyses*, n° 82, décembre 2017.

1 • Lire Que signifient les données entourées ?

2 • Repérer Comment évoluent les situations de tension au travail ?

3 • Analyser Montrez que l'entraide au travail semble s'améliorer sur la période récente.

DOC 3 Le salariat, matrice de l'intégration sociale selon Castel

S'interroger sur les fonctions intégratives du travail, c'est dans une large mesure porter un diagnostic sur le devenir et l'avenir de la société salariale. C'est en effet dans ce type de formation sociale que le travail, sous la forme de l'emploi salarié, a occupé une position hégémonique. Non seulement parce que l'emploi salarié était largement majoritaire (86 % de la population active en 1975), mais aussi parce qu'il était la matrice d'une condition sociale stable qui associait au travail des garanties et des droits. On a pu parler de « société salariale » à partir du moment où les prérogatives attachées d'abord au travail salarié en étaient venues à couvrir contre les principaux risques sociaux, au-delà des travailleurs et leurs familles, les non-salariés, et même la quasi-totalité des non-actifs. C'est le noyau du « compromis social » qui culmine au début des années 1970 : un certain équilibre, certes conflictuel et fragile, entre l'économique et le social, c'est-à-dire entre le respect des conditions nécessaires pour produire les richesses et l'exigence de protéger ceux qui les produisent. ■

Robert Castel, *La Montée des incertitudes. Travail, protections, statut de l'individu*, Éditions du Seuil, coll. La couleur des idées, 2009.

BIO SES

Robert Castel (1933-2013) est un sociologue français qui a analysé les mutations du travail dans le long terme : l'apparition, puis la déstabilisation, de la société salariale, avec laquelle l'emploi salarié était un socle pour la sécurité sociale des travailleurs.

1 • Définir Qu'appelle-t-on « risques sociaux » ?

2 • Lire Que signifie le passage souligné ?

3 • Analyser Pourquoi peut-on dire que l'emploi salarié a été une matrice de l'intégration sociale ?

Faites le point

Vrai ou faux ? Justifiez votre réponse.

1. Le travail est une source d'intégration qui dépasse le seul cadre d'exercice de l'emploi.
2. Pour Durkheim, la division du travail fait obstacle à la solidarité.
3. En France, une majorité de salariés déclarent bénéficier d'un soutien important au travail.
4. En France, l'emploi salarié ouvre droit à la protection sociale.

Prenez la parole

Débat

- Par groupes de deux, recherchez des situations montrant que le travail est source d'intégration.
- Débattez ensuite en séparant la classe en deux groupes. L'un défend l'idée que le travail est plus intégrateur que la famille pour les personnes de 20 ans ; l'autre, l'idée inverse.

2 L'affaiblissement du pouvoir intégrateur de l'emploi

OBJECTIF DU PROGRAMME : Comprendre que [...] certaines évolutions de l'emploi (précarisation, taux persistant de chômage élevé, polarisation de la qualité des emplois) peuvent affaiblir [le] pouvoir intégrateur [du travail].

DOC 1 Des emplois de plus en plus précaires ?

Part de certains emplois atypiques dans l'emploi (en %)

	1982-1984		2012-2014	
	Part des CDD dans l'emploi	Part de l'intérim dans l'emploi	Part des CDD dans l'emploi	Part de l'intérim dans l'emploi
Moins de 30 ans	15	1	22	5
30 à 49 ans	4	0	6	2
50 ans ou plus	3	0	5	1

Part du temps partiel dans l'emploi salarié (en %)

	1982-1984	2012-2014
Femmes	20	31
Hommes	3	7
Cadres	5	11
Professions intermédiaires	8	17
Employés qualifiés	11	23
Employés non qualifiés	31	45
Ouvriers qualifiés	3	8
Ouvriers non qualifiés	4	10

Source : « Comment ont évolué les métiers en France depuis 30 ans ? », *Dares Analyses*, n° 3, janvier 2017.

CONTEXTE

Les **emplois atypiques**, ou **normes particulières d'emploi**, sont des emplois salariés qui ne sont pas encadrés par un contrat à durée indéterminée (CDI). Leurs contrats de travail sont à durée limitée : CDD, intérim, apprentissage, etc.

1 • **Lire** Que signifient les données entourées ?

2 • **Repérer** Quelles données du tableau indiquent-elles une tendance à la précarisation de l'emploi ?

3 • **Expliquer** En quoi les emplois précaires peuvent-ils être un obstacle à l'intégration sociale ?

4 • **Analyser** Toutes les PCS sont-elles également touchées par la précarisation ?

DOC 2 Vivre avec un temps partiel et un bas salaire

L'emploi de caissière expose à [une] forme économique d'insécurité professionnelle : à la caisse, on s'en doute, on ne gagne pas très bien sa vie. [...] Cette forme de précarité maintient les salariés dans une incertitude économique liée à la difficulté d'épargner et de faire face à l'imprévu.

Mathilde (caissière) : « On ne peut pas dire qu'on est pauvre. On mange, paie le loyer et les factures. Mais c'est tout. Je suis à trente heures et je ne peux pas mettre un sou de côté. L'an dernier, la chaudière a pété et c'était la panique. J'ai emprunté à la mère de mon mari. Dès qu'il y a un imprévu, on est coincé. »

Le salaire permet la reproduction de l'existence, mais ni son anticipation ni la gestion de ses transformations. Il suffit d'une modification, même mineure, de la situation extraprofessionnelle des salariés (naissance, séparation, déménagement, prise en charge des parents, etc.) pour que la dépense désorganise l'équilibre financier et menace la possibilité de se loger et, même, de se nourrir. ■

Marlène Benquet, *Encaisser ! Enquête en immersion dans la grande distribution*, La Découverte, coll. Cahiers libres, 2013.

LE SAVIEZ-VOUS ?

On qualifie de **travailleurs pauvres** des personnes ayant un emploi, mais dont les revenus d'activité ne leur permettent pas de dépasser le seuil de pauvreté. Leur nombre varie en fonction de la définition du seuil de pauvreté retenue par les pays (en France, 60 % du revenu médian).

1 • **Repérer** En quoi la situation de la caissière interrogée peut-elle être qualifiée de précaire ?

2 • **Expliquer** Que signifie la phrase soulignée ?

3 • **Analyser** En quoi l'insécurité économique peut-elle affaiblir l'intégration sociale des personnes concernées ?

DOC 3 Chômage et intégration sociale

L'ouvrage expose les résultats d'une longue enquête, quantitative et qualitative, réalisée en 1931, auprès des habitants d'une ville (Marienthal) frappée par un chômage massif et durable, suite à la fermeture de la principale usine locale.

Famille 467. Le mari, la femme, deux enfants [...].

Extrait du compte-rendu de la visite : la femme est très nerveuse, fond en larmes, a l'air complètement déprimée. L'habitation [...] est très belle et très bien entretenue. Les vêtements de tous les membres de la famille sont très soignés. Pour la distribution de vêtements, le mari demande des choses pour les enfants, il dit : « le pire, c'est qu'on ne peut rien offrir aux enfants ». Il craint qu'ils n'en restent marqués.

Extrait de la biographie de l'homme : il a toujours été très ambitieux, plein de confiance en lui et fier de sa famille. Il s'instruit, travaille et réussit partout, ce qui fait qu'au début du chômage il est convaincu que rien ne pourra lui arriver. [...] La première année, il remplit 130 demandes d'emploi, qui restent sans réponse. Maintenant, il ne peut plus faire ça. Il raconte qu'il passe la moitié de la journée au lit pour économiser le chauffage et le petit-déjeuner. Il ne sort presque plus de la maison. Il est complètement désespéré. ■

Paul Lazarsfeld, **Marie Jahoda** et **Hans Zeisel**, *Les chômeurs de Marienthal*, Les éditions de Minuit, 1982.

1 • Repérer Repérez des éléments qui illustrent les effets psychologiques du chômage.

2 • Analyser Comment le chômage peut-il perturber la vie familiale ?

3 • Expliquer En quoi le chômage peut-il affaiblir l'intégration sociale ?

DOC 4 Intégration, vulnérabilité et désaffiliation

L'objectif est donc de prendre la mesure de cette nouvelle donne contemporaine : la présence d'individus placés comme en situation de flottaison dans la structure sociale, et qui peuplent ses interstices sans y trouver une place assignée. Silhouettes incertaines, aux marges du travail – chômeurs de longue durée, habitants des banlieues déshéritées, allocataires du revenu minimum d'insertion[1], victimes de reconversions industrielles, jeunes en quête d'emploi et qui se promènent de stage en stage, de petit boulot en occupation provisoire... – qui sont-ils, d'où viennent-ils, comment en sont-ils arrivés là ?

L'analyse d'une relation au travail (ou à l'absence de travail, ou à des relations aléatoires au travail) représente un facteur déterminant pour expliquer ces phénomènes. [...] <u>Il existe en effet une corrélation forte entre la place occupée dans la division sociale du travail et la participation aux réseaux de sociabilité et aux systèmes de protections qui « couvrent » l'individu face aux aléas de l'existence.</u> D'où la possibilité de construire des « zones » de cohésion sociale. Ainsi, l'association travail stable-insertion relationnelle solide caractérise une zone d'intégration. À l'inverse, l'absence de participation à toute activité productive et l'isolement relationnel conjuguent leurs effets négatifs pour produire l'exclusion, ou plutôt la désaffiliation. La vulnérabilité sociale est une zone intermédiaire, instable, qui conjugue la précarité du travail et la fragilité des supports de proximité. ■

1. RMI, créé en 1988 et remplacé par le RSA (revenu de solidarité active) en 2008.

Robert Castel, *Les Métamorphoses de la question sociale*, © Librairie Arthème Fayard, 1995.

1 • Définir Comment peut-on définir la notion de désaffiliation ?

2 • Expliquer Pourquoi l'auteur parle-t-il de vulnérabilité sociale ?

3 • Lire Que signifie la phrase soulignée ?

Faites le point

Complétez le texte avec les termes suivants.
polarisation – précaires – désaffiliation – qualifiés – instabilité – relations sociales – chômage – revenus

Le pouvoir intégrateur de l'emploi est fragilisé par certaines évolutions. Les emplois ... se développent, et peuvent entraîner une ... multiforme (revenus, lieu de travail, etc.). Ils peuvent empêcher les travailleurs concernés de développer des ... au travail. Le ... prive certains actifs d'emploi, ce qui affaiblit leurs ..., et fragilise leur place dans la société. La ... de l'emploi implique une inégalité croissante entre salariés : les moins ... sont souvent bloqués dans des emplois très instables et à bas salaires. On peut synthétiser ces situations à l'aide des concepts de vulnérabilité et de ....

Prenez la parole

Débat

Le salariat est-il, aujourd'hui, entièrement précarisé ?

- Divisez la classe en deux groupes.
- Un groupe répond positivement à la question, avec les arguments adéquats, l'autre répond négativement.

3 L'instabilité comme nouvelle norme du travail et de l'emploi

OBJECTIF DU PROGRAMME : Comprendre que [...] certaines évolutions de l'emploi [...] peuvent affaiblir [le] pouvoir intégrateur [du travail].

DOC 1 Les effets des horaires de travail atypiques

En % des salariés interrogés (en 2016)	Salariés avec des horaires atypiques[1]	Salariés avec des horaires standard
Repos au moins 48 h consécutives au cours d'une semaine	75,8	98,3
Travailler souvent au-delà de l'horaire prévu	22,6	16
Être joint en dehors des horaires de travail pour les besoins du travail	55,9	34,5
Absence au travail impossible en cas d'imprévu personnel / familial	14,6	8,7
Horaires de travail qui s'accordent bien avec les engagements sociaux / familiaux	31,2	50,3
Proches se plaignant souvent car peu de disponibilité à cause des horaires de travail	13,7	4,4

1. Les horaires de travail atypiques concernent le travail le soir (20 h-minuit), la nuit (minuit-5h), le petit matin (5 h-7 h), le samedi, le dimanche. Cette colonne agrège tous les salariés ayant au moins un de ces horaires.

Source : « Le travail en horaires atypiques : quels salariés pour quelle organisation du travail ? », *Dares Analyses*, n° 30, juin 2018.

1 • **Lire** Que signifie la donnée entourée ?

2 • **Analyser** Montrez que les salariés aux horaires atypiques subissent une plus forte contrainte de l'organisation du travail que ceux aux horaires standard.

3 • **Expliquer** Comment les horaires de travail atypiques peuvent-ils fragiliser la vie familiale ?

DOC 2 Travailler contre ses collègues ?

Ce « Fun Game » ne fait pas rire tout le monde. Depuis vendredi, Amazon a mis en place un concours entre tous les salariés de son entrepôt de Lille. Ils sont encouragés à signaler les manquements aux règles de sécurité de leurs collègues en remplissant un bulletin « Faux pas », et obtenir en échange un bon point. Une récompense est prévue à la clé. « Un cadeau à gagner pour l'associate (l'employé, NDLR) qui aura le plus de points ! », clame l'affiche placardée dans l'entrepôt, qui se conclut ainsi : « Have Fun ! » Dans le détail, les coupons disponibles à l'accueil de l'entrepôt prévoient l'inscription du nom et prénom de celui qui a repéré un « Safety faux-pas », de celui du manager ou chef d'équipe qui l'a commis, et un espace pour décrire la faute en question. Amazon assure que ce bulletin sert seulement de support de discussion entre un employé et son manager pris en défaut. [...] Si la méthode employée pour [...] réduire [les accidents du travail] peut faire polémique, elle n'est pas forcément surprenante. Pour les évaluations annuelles, Amazon demande aux employés de s'évaluer entre pairs. Ces avis sont remontés au manager qui les utilise pour attribuer les promotions, augmentations ou au contraire identifier les éléments les moins performants. Interrogé par Capital au sujet de cet étonnant jeu-concours, le service communication d'Amazon fait cette réponse : « C'est une opération ludique, faite dans un esprit bon enfant et bienveillant. Il ne s'agit pas de délation [...] ». ■

Benoît Berthelot, « Un "jeu" pour dénoncer ses collègues à l'entrepôt Amazon de Lille », *Capital*, © Prisma Média, 20 novembre 2017.

1 • **Repérer** En quoi consiste le jeu évoqué par le texte ?

2 • **Analyser** Quelles peuvent être les conséquences de ce type de pratique pour les relations entre salariés ?

3 • **Expliquer** En quoi ce type de pratique peut-il favoriser une forme d'instabilité au travail ?

DOC 3 Individualisation et responsabilité au travail

[Dans les nouvelles organisations du travail] les salariés deviennent responsables des résultats. L'employé ne doit plus seulement se conformer aux règles du métier, mais aller au-delà de la simple mise en œuvre de moyens, pour remplir les objectifs qui lui sont fixés. À la soumission à l'autorité et au respect des normes qui caractérisent l'ordre taylorien se substitue une double exigence d'autonomie et de responsabilité. Le salarié est invité à prendre des initiatives, à exercer sa réflexion, en contrepartie d'une exigence en termes de résultats.

[...] Le salarié est invité à gérer sa carrière comme un entrepreneur, à prendre des risques : mobilité, adaptabilité et employabilité deviennent les maîtres mots de la révolution managériale. Il doit gérer son portefeuille de compétences, acquérir les nouvelles techniques nécessaires à son activité, être partie prenante de sa formation, apprendre à gérer son capital humain, à devenir l'entrepreneur de sa propre existence. Il se doit de développer son potentiel pour optimiser l'adéquation entre son profil et les différents postes qu'il pourrait occuper. Il ne s'agit plus seulement de « bien faire son métier », mais de s'adapter aux nouvelles exigences de polyfonctionnalité, de mobilité, de flexibilité. ■

Vincent de Gaulejac, *Travail, les raisons de la colère*, Éditions du Seuil, coll. Point Économie, 2015.

1 • Repérer Quelle différence l'auteur voit-il entre l'organisation d'inspiration taylorienne et les nouvelles organisations du travail ?

2 • Lire Que signifie le passage souligné ?

3 • Expliquer En quoi ce nouveau contexte de travail peut-il être stimulant pour l'individu ?

4 • Analyser En quoi ce nouveau type de management peut-il être déstabilisant pour les salariés ?

DOC 4 La précarisation subjective du travail

« La précarisation subjective, c'est justement reconstruire un sentiment de vulnérabilité identique à celui des précaires chez ceux qui ne le sont pas. On les déstabilise pour qu'ils se raccrochent aux codes. En faisant un nombre assez important d'interviews dans des secteurs diversifiés, j'entends les gens dire qu'ils n'y arrivent plus. Ils expliquent comment il y a sans cesse des restructurations de service, des recompositions de métier, des changements de missions... Par exemple, à Pôle emploi, les salariés expliquent que tout bouge tout le temps. Certains disent : "Vous me demanderiez de me situer dans l'organigramme, je ne peux pas. Je ne sais plus de qui je dépends". Il y a donc un sentiment de non-maîtrise entraînant un état d'inquiétude permanente. Autre exemple, celui des infirmières qui disent : "On nous change constamment de service. On ne connaît donc pas les armoires où il y a les médicaments. Avant, on savait que tel médicament était là, tel instrument était ici... Maintenant, comme on nous change tout en permanence, on ne sait plus. On perd du temps. On veut en gagner mais on risque de faire des bêtises." Tout cela génère de l'appréhension, de la peur, de l'anxiété. Et du coup, lorsqu'on leur dit : "C'est très simple. Il faut faire comme ça", les salariés se tournent alors vers ces pratiques, ces procédures, ces méthodes qui ont été mises au point par des experts qui ne connaissent pas les métiers et sont absolument indifférenciées quel que soit le secteur. » ■

Laurent Aucher et **Frédérique Barnier**, « L'entreprise de dépossession. Entretien avec Danièle Linhart », www.laviedesidees.fr, 22 mai 2015.

1 • Repérer En quoi l'organisation du travail peut-elle déstabiliser les conditions de travail des salariés ?

2 • Analyser Pourquoi cette déstabilisation peut-elle créer de l'anxiété chez les salariés ?

3 • Lire Que signifie la phrase soulignée ?

Faites le point

Vrai ou faux ? Justifiez votre réponse.

1. Les horaires de travail atypiques peuvent perturber la vie familiale.
2. Les changements d'organisation du travail peuvent provoquer une précarisation subjective des salariés.
3. Les méthodes de management modernes favorisent le collectif de travail et la solidarité entre salariés.
4. Les méthodes de management modernes valorisent l'individualisme au travail.

Prenez la parole

Argumentation

- Cherchez des arguments montrant que les mutations du travail peuvent déstabiliser les salariés.
- Présentez-les à vos camarades.

L'ESSENTIEL

Quelles mutations du travail et de l'emploi ?

Synthèse

bordas Flash PAGE podcast DYS

DOSSIER 1 Travail, emploi, activité : de quoi parle-t-on ?

1 Du travail à l'emploi, des distinctions fondamentales

- Étudier les mutations du monde du **travail** suppose de distinguer clairement des notions importantes telles que travail et **emploi** (notamment les différents **statuts d'emploi**, salarié et non salarié), ou encore **activité**, **inactivité** et **chômage**.
- Ces concepts faussement simples désignent en réalité des phénomènes différents : un chômeur n'est pas inactif, puisqu'il est sur le marché du travail ; le travail ne s'exerce pas uniquement dans le cadre de l'emploi, car il peut être bénévole ou domestique ; l'emploi ne se résume pas à la nature des tâches effectuées, mais inclut les enjeux de contrat de travail, de temps de travail, de salaires ; une personne inactive peut très bien « travailler » même si elle n'a pas d'emploi et n'en cherche pas, etc.

2 Emploi, chômage, inactivité : des frontières de plus en plus incertaines

- Cependant, l'évolution des formes d'emploi, et en particulier le développement de l'emploi atypique (« précaire »), tend à brouiller les frontières entre emploi, chômage et inactivité. Le **halo** du chômage regroupe des individus qui ne sont pas comptabilisés comme chômeurs bien que n'ayant pas réellement d'emploi : la frontière entre chômage et inactivité est donc moins claire. Les sorties du chômage correspondent souvent à la reprise d'un emploi précaire qui ramène ensuite au chômage.
- Certaines personnes sont en situation de **sous-emploi**, car elles souhaiteraient pouvoir travailler davantage : elles sont donc dans une zone floue entre emploi et inactivité. Enfin, des statuts indécis tels qu'auto-entrepreneur, qui sont souvent à la frontière entre travail indépendant et salariat, font sortir du chômage sans forcément ramener à un emploi stable, et rendent les situations plus complexes encore.

3 La qualité des emplois en question

- On peut étudier la population active à travers les **professions et catégories socio-professionnelles**, ou à travers l'enjeu de la quantité d'emplois disponibles. Mais l'emploi n'est pas qu'un enjeu quantitatif : on l'étudie de plus en plus souvent selon le critère de la **qualité des emplois**, en considérant que les emplois se distinguent par leur niveau de qualification, leurs conditions de travail, leur niveau de salaire, les perspectives de carrière qu'ils offrent, ou encore leur potentiel de formation.
- Certains salariés ont donc accès à des emplois de bonne qualité, garants d'une grande stabilité, quand d'autres semblent cantonnés dans des emplois de faible qualité, beaucoup plus précaires. Prendre en compte tous ces enjeux permet donc, par exemple, d'étudier la **polarisation de l'emploi**, qui tend à opposer de plus en plus fortement des emplois de qualité très inégale.

VU EN PREMIÈRE

Professions et catégories socioprofessionnelles (PCS) : outil statistique crée par l'Insee, permettant de classer les individus dans des catégories présentant une certaine homogénéité sociale.

Risques sociaux : événements incertains pouvant affecter le niveau de vie d'un ménage en provoquant une augmentation de ses besoins et/ou une diminution de ses revenus. La maladie, les accidents, la perte d'emploi ou encore la vieillesse sont des exemples de risques sociaux.

DOSSIER 2
Quelles évolutions de l'organisation du travail et de l'emploi ?

1 Le taylorisme, un modèle remis en cause

- L'**organisation taylorienne du travail**, inventée à la fin du XIXe siècle, repose sur la **division horizontale** et la **division verticale du travail**, donc sur la parcellisation des tâches et une hiérarchie stricte. Cette méthode, qui s'est développée au cours du XXe siècle, a permis de réaliser de forts gains de productivité grâce à la décomposition des tâches et à la standardisation de la production.
- Mais dès les années 1960, elle a été fortement rejetée par les salariés pour son aspect déshumanisant, et s'est révélée peu adaptée aux mutations économiques qui s'amorcent dans les années 1970 (concurrence mondialisée, besoin de réactivité des entreprises, diversité de la demande, etc.).

2 Les organisations du travail post-tayloriennes

- D'autres formes d'organisation du travail se sont développées dans les années 1980. Remettant en cause les divisions horizontale et verticale du travail, elles reposent plus souvent sur la **flexibilité** du travail, en lien avec une production en flux tendus, la **recomposition des tâches**, le **management participatif**, une plus forte autonomie des salariés. Le **toyotisme** est un des exemples les plus connus de ces **organisations post-tayloriennes** du travail.
- Pourtant, celles-ci n'ont pas fait disparaître les logiques tayloriennes, qui se développent notamment dans les services, et qui inspirent encore ces nouvelles méthodes d'organisation du travail (contrôle du travail des salariés, décomposition des tâches, enjeu des cadences de production, etc.).

3 L'évolution des conditions de travail

- En lien avec ces transformations, les conditions de travail se sont parfois améliorées pour les salariés, qui peuvent prendre davantage d'initiatives et semblent mieux reconnus dans leur travail, en opposition avec les conséquences classiques du taylorisme.
- Mais elles se sont aussi souvent dégradées, par une intensification des rythmes de travail, des délais et des cadences, preuves que les logiques tayloriennes n'ont pas disparu. Cela peut accroître les **risques sociaux** et avoir des conséquences médicales et psychosociales parfois néfastes (troubles musculo-squelettiques, risques psychosociaux).

4 Les effets du numérique sur le travail et l'emploi

- Le développement des outils numériques et leur application dans l'économie tendent à transformer le travail : le développement du **télétravail** peut correspondre aux attentes des salariés pour leur vie privée, mais il peut aussi rendre la frontière entre le travail et le hors-travail plus floue, et ainsi empiéter sur la vie privée. Ce développement peut modifier les relations d'emploi, notamment dans le cadre de certaines **plateformes de services** (des auto-entrepreneurs « indépendants » se substituant aux salariés, avec une protection juridique plus faible).
- En favorisant la disparition de certains emplois, à la qualification faible ou moyenne, qui sont menacés par l'automatisation, et en stimulant au contraire le développement d'emplois très qualifiés, où la maîtrise des outils numériques est un atout, le numérique peut également favoriser la polarisation des emplois, et donc renforcer les inégalités liées au travail et à l'emploi.

NOTIONS DE TERMINALE

Division horizontale du travail : parcellisation du travail en tâches élémentaires.

Division verticale du travail : séparation entre les tâches de conception et les tâches d'exécution (hiérarchie).

Emploi : cadre juridique qui structure le travail (contrat, horaires, salaire, postes...).

Flexibilité : adaptation du travail et de l'emploi aux aléas de la production.

Management participatif : gestion du personnel prenant en compte les analyses et les initiatives des salariés concernant leur travail (s'oppose à la division verticale du travail).

Organisation post-taylorienne du travail : ensemble de méthodes qui remettent en cause différents éléments du taylorisme, en favorisant la flexibilité, le management participatif, la recomposition des tâches, etc.

Organisation taylorienne du travail : méthode reposant sur les divisions verticale et horizontale du travail strictes.

Polarisation des emplois : tendance à l'opposition croissante entre des types d'emplois à la qualité inégale.

Qualité des emplois : caractéristique décrivant la nature des tâches et le cadre de l'emploi.

Recomposition des tâches : remise en cause de la division horizontale du travail, en enrichissant le travail des salariés.

Statut d'emploi : distinction entre les emplois salariés et non salariés (indépendants).

Télétravail : possibilité d'exercer tout ou partie de son emploi dans le cadre domestique, plus largement en dehors du lieu de travail officiel.

Travail : ensemble de tâches contribuant à produire des biens et/ou des services.

DOSSIER 3
Quel rôle du travail et de l'emploi dans l'intégration sociale ?

1 Le travail et l'emploi, sources d'intégration

- La division du travail, dans l'analyse de Durkheim, est une source de **solidarité organique** (ce qui s'oppose à la **solidarité mécanique**) : les individus sont plus autonomes, mais aussi plus complémentaires et interdépendants lorsqu'ils sont spécialisés. Plus largement, le travail est souvent à la base de formes diverses de **liens sociaux** (amitiés, voisinage, relations conjugales...).
- L'emploi contribue à l'**intégration sociale** en fournissant un revenu, mais aussi, dans certains pays, l'accès à une protection sociale qui permet de se couvrir contre les grands risques sociaux. Le travail et l'emploi sont donc en théorie des vecteurs fondamentaux de l'intégration sociale.

2 L'affaiblissement du pouvoir intégrateur de l'emploi

- Le développement de formes de **précarité** de l'emploi (CDD, intérim...) et du temps partiel, notamment dans les secteurs d'emploi les moins qualifiés, rend la situation des salariés plus instable (moins d'intégration dans un collectif, accès plus précaire à la consommation, etc.).
- Le chômage, notamment de longue durée, prive de nombreux individus d'un revenu suffisant pour être intégrés à la société de consommation, et les prive surtout de l'identité positive que l'emploi permet de construire. Toutes ces mutations affaiblissent donc la possibilité de s'intégrer *via* l'emploi.

3 L'instabilité comme nouvelle norme du travail et de l'emploi

- Au-delà du cadre de l'emploi, le travail et son organisation sont aujourd'hui plus souvent déstabilisants pour les salariés. Ceux qui travaillent avec des horaires atypiques peuvent voir leur vie privée et leurs **conditions de travail** perturbées par les contraintes du travail. Certaines méthodes de management tendent à mettre les salariés en concurrence les uns avec les autres, ce qui affaiblit leur capacité de **coopération**.
- Plus largement, le travail et la carrière professionnelle sont plus souvent individualisés, et les changements fréquents dans l'organisation du travail peuvent déstabiliser les salariés et leur **identité professionnelle**, quand ils ont le sentiment de ne plus maîtriser leur métier.

VU EN PREMIÈRE

Coopération : fait d'impliquer les individus appartenant à l'entreprise de façon à ce qu'ils agissent conjointement et qu'ils intègrent totalement ses objectifs.

Lien social : relation qui unit des individus faisant partie ou non d'un même groupe social.

Solidarité mécanique : forme de lien social et d'organisation de la société fondé sur la similitude entre les membres du groupe.

Solidarité organique : forme de lien social et d'organisation de la société fondé sur la complémentarité et la différenciation entre les membres du groupe.

NOTIONS DE TERMINALE

Conditions de travail : conséquences de l'organisation du travail sur le rythme de travail, le degré d'autonomie, de reconnaissance des salariés, et leur santé

Intégration sociale : insertion de l'individu dans un groupe, un collectif, dont il intériorise les normes et valeurs ; capacité du groupe à insérer et encadrer ses membres (contrainte / solidarité).

Précarité : situation instable, qui ne permet pas de trouver une place et un statut solides et définitifs dans la société.

Repères

Un auteur clé

Émile Durkheim

Pour Émile Durkheim, la division sociale du travail (répartition et spécialisation des fonctions dans la société) est au fondement de la solidarité organique (le lien social repose sur la complémentarité entre fonctions). Celle-ci s'oppose à la solidarité mécanique, typique des sociétés où la division du travail est faible, et où le lien social repose sur la conformité aux normes.

Ne pas confondre

Halo du chômage et sous-emploi

Le halo du chômage désigne les individus qui ne sont pas officiellement comptabilisés comme chômeurs, bien qu'ils n'aient pas d'emploi et souhaitent en avoir un. Le sous-emploi concerne les individus qui ont un emploi, mais souvent en temps partiel subi, et qui voudraient travailler davantage.

Un mécanisme

La polarisation des emplois

Le développement des outils numériques favoriserait la hausse d'emplois de forte qualité, tout en détruisant des emplois intermédiaires. Dans le même temps, des emplois peu qualifiés, notamment dans les services à la personne, se développeraient pour répondre aux besoins des plus qualifiés. La réalité de cette tendance est en partie contestée.

Schéma bilan

bordas Flash PAGE animation

Développement du numérique

Internet, TICE, robotisation… : des changements techniques, avec des effets sur le travail et l'emploi

Mutations de l'organisation du travail

Du taylorisme contesté au post-taylorisme : un changement dans la continuité

Précarité croissante de l'emploi

Les exigences de flexibilité favorisent le développement des emplois précaires, dans un contexte de chômage élevé

Frontières de l'emploi incertaines

Les distinctions entre emploi, chômage et inactivité sont plus floues

Polarisation de l'emploi

Les inégalités entre emplois qualifiés et peu qualifiés s'accroissent

Évolution des conditions de travail

Le travail est plus autonome, mais aussi plus contraint, avec des conséquences sur la santé des travailleurs

Fragilisation de l'intégration sociale

Le travail et l'emploi permettent moins facilement de trouver une place stable dans la société

Prolongements

Un livre

L'Établi

Robert Linhart, Les Éditions de Minuit, 1978

Un étudiant militant (ex-soixante-huitard maoïste) s'établit comme ouvrier à la chaîne dans une usine automobile, et décrit, de manière très critique, l'organisation du travail taylorienne dans tous ses détails.

Un film

***Corporate*, **

Nicolas Silhol, 2017

L'enjeu du harcèlement moral au travail, à travers la trajectoire d'une DRH et l'intervention d'une inspectrice du travail suite à un suicide au travail.

Un site

inrs
Institut National de Recherche et de Sécurité

www.inrs.fr

De nombreuses ressources documentaires sur les conditions de travail des différents métiers.

Je vérifie mes connaissances

Plus d'exercices en numérique

bordas Flash PAGE exercices interactifs

CORRIGÉS ➥ PAGE 472

Exercice 1

Choisissez la (ou les) bonne(s) réponse(s).

1 • Le chômage désigne la situation des personnes :
a. qui n'ont pas de travail mais en cherchent un
b. qui n'ont pas d'emploi et n'en cherchent pas
c. qui n'ont pas d'emploi mais en cherchent un

2 • L'organisation du travail taylorienne repose sur :
a. la recomposition des tâches et le management participatif
b. la division horizontale et verticale du travail
c. l'amélioration des conditions de travail

3 • La polarisation des emplois désigne :
a. l'opposition croissante des emplois selon leur qualité, leur niveau de salaire, leur stabilité…
b. le recours à la flexibilité pour s'adapter à la production en flux tendus
c. les frontières plus incertaines entre emploi, chômage et inactivité

4 • Le rôle du travail dans l'intégration sociale est fragilisé par :
a. la protection sociale attachée aux emplois
b. le développement des emplois précaires
c. la solidarité organique

Exercice 2

Reliez les notions à leur définition.

- Intégration sociale •
- Qualité des emplois •
- Recomposition des tâches •
- Emploi •

- • Remise en cause de la division horizontale du travail, en enrichissant le travail des salariés
- • Insertion de l'individu dans un groupe, un collectif, dont il intériorise les normes et valeurs ; capacité du groupe à insérer et encadrer ses membres (contrainte / solidarité)
- • Cadre juridique qui structure le travail (contrat, horaires, salaire, postes…)
- • Caractéristiques décrivant la nature des tâches et le cadre de l'emploi

Exercice 3

Cherchez l'intrus dans cette liste de notions, et justifiez votre choix.

flux tendus • recomposition des tâches • division verticale du travail • management participatif • flexibilité

Exercice 4

Complétez le texte avec les termes suivants.

télétravail • peu qualifiés • précaires • très qualifiés

Le développement des outils numériques a des effets ambivalents sur l'emploi. Il peut certes détruire des emplois…, mais il favorise le développement d'emplois…. Les plateformes numériques sont une source de nouveaux emplois, mais ceux-ci sont souvent…. Quant au…, il permet une plus grande souplesse dans l'emploi du temps, mais remet en cause les frontières du travail et du hors travail.

J'utilise mes connaissances

Exercice 1 Analyser un document pour prélever des informations

• **Quelles informations ce document apporte-t-il sur l'organisation du travail ?**

Proportion des salariés qui déclarent « devoir toujours ou souvent se dépêcher » dans leur travail (en %)			
1998	**2005**	**2013**	**2016**
51,80	47,90	46,40	45,50

Source : « Quelles sont les évolutions récentes des conditions de travail et des risques psychosociaux ? », *Dares Analyses*, n° 82, décembre 2017.

Exercice 2 Comprendre les relations entre précarisation de l'emploi et intégration sociale

• **Quelles peuvent être les conséquences sur l'intégration sociale de l'évolution constatée dans ce document ?**

Évolution de l'emploi précaire en France

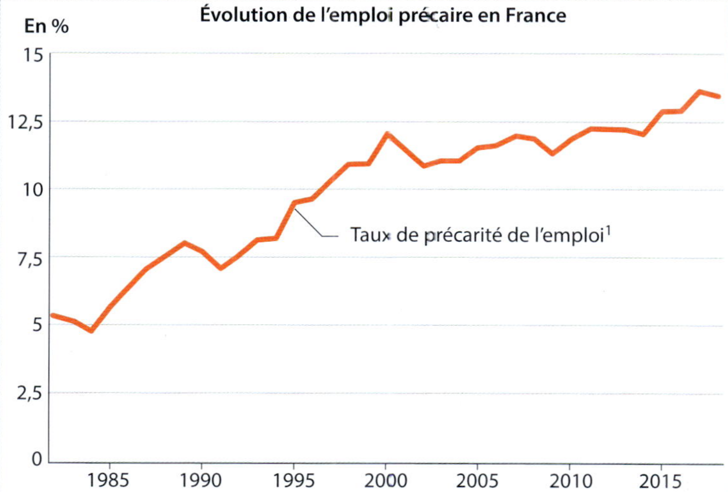

1. Part de salariés en CDD, intérimaires et apprentis parmi les personnes en emploi.

Source : données Insee.

Je construis ma fiche de révision

Fiche téléchargeable lycee.editions-bordas.fr

À l'aide des pages « L'essentiel » et de vos connaissances, retrouvez les éléments clés du chapitre et complétez votre fiche de révision.

Quelles mutations du travail et de l'emploi ?

NOTIONS CLÉS
- Travail, emploi, chômage, inactivité
- …

OUTILS
- Pourcentages de répartition
- Indices
- …

IDÉES PRINCIPALES
- L'emploi, le chômage et l'inactivité ont des frontières de plus en plus floues.
- …

ANALYSES THÉORIQUES
- Selon Durkheim, la division du travail produit de la solidarité organique.
- …

CONNAISSANCES FACTUELLES
- Aujourd'hui, environ 90 % des actifs ayant un emploi sont salariés contre 70 % au début des années 1960.
- …

TRAVAUX DIRIGÉS

Débat : l'ubérisation des emplois peut-elle améliorer l'intégration sociale des jeunes ?

OBJECTIFS : Repérer et classer des arguments ; développer une argumentation orale structurée à partir de notes manuscrites.

Il s'agit de préparer et d'organiser un débat sur un sujet dont l'actualité montre qu'il est un enjeu majeur. La préparation pourra se faire en classe ou à la maison. Pour le débat, la classe sera divisée en deux groupes, chaque groupe défendant une position opposée.

Étape 1 Faites le point sur le sujet

(travail identique pour les deux groupes)

1 • À l'aide des dossiers du chapitre, et d'éventuelles recherches complémentaires, définissez l'« ubérisation » des emplois, et repérez les secteurs d'activité et les domaines d'emploi qui sont le plus marqués par cette tendance.

2 • Faites le lien entre ubérisation et statut d'auto-entrepreneur, en France.

3 • Explicitez l'implicite du sujet. À l'aide des dossiers du chapitre et de recherches complémentaires, explicitez l'expression « intégration sociale des jeunes ». Qu'est-ce que l'intégration sociale et quelles seraient les spécificités de l'intégration des jeunes ?

Étape 2 Cherchez et classez des arguments selon la position à défendre dans le débat

(travail spécifique à chaque groupe)

1 • À l'aide des dossiers du chapitre et de recherches complémentaires, et en tenant compte du travail des étapes précédentes, repérez des éléments (données statistiques, analyses, cas d'étude, exemples, discours politiques...) qui vont permettre de défendre la position pour laquelle vous devez argumenter « plutôt oui » ou « plutôt non »

2 • Au sein de chaque groupe, organisez, sous forme d'un plan ou d'un tableau, les différents éléments que vous avez trouvés, de manière à pouvoir les mobiliser efficacement au cours du débat, pour orienter la discussion ou pour répondre à un argument opposé.

Étape 3 Débattez

• Sous le contrôle et l'arbitrage de l'enseignant(e) ou de deux élèves jouant le rôle de modérateur(s), passez au débat. Prenez la parole en levant la main. Chaque membre des deux groupes ne peut intervenir qu'une seule fois.

Étape 4 Synthétisez

• Après le débat, rédigez individuellement une courte synthèse écrite, par exemple sous forme de plan détaillé, qui reprendra l'essentiel des arguments évoqués

Un rechargeur de trottinettes

Construire une réponse argumentée pour la partie 3 de l'épreuve composée

Exemple de sujet : Vous montrerez que le développement du numérique a des effets sur l'emploi.

1. Recherchez des arguments

Après avoir analysé le libellé du sujet et ses implicites et repéré des arguments, vous devez maintenant approfondir votre recherche d'arguments, dans vos connaissances et dans les documents. Vous pouvez vous appuyer sur les documents du dossier 2, p. 286.

- Quels peuvent être les effets quantitatifs du développement du numérique sur l'emploi ? Classez-les selon un clivage « favorable / défavorable ».
- Quels peuvent être les effets qualitatifs du développement du numérique sur l'emploi ? Classez-les selon un clivage « favorable / défavorable ».
- Pour ne pas omettre certains arguments dans votre réponse, vérifiez que les enjeux d'organisation du travail, de polarisation de l'emploi, de qualité de l'emploi sont présents.

2. Organisez les différents arguments de manière logique

Si l'EC3 ne demande pas un plan aussi minutieux qu'une dissertation, elle doit néanmoins être structurée selon une argumentation construite, progressive et logique. Il faut donc faire un plan détaillé au brouillon avec plusieurs parties et, éventuellement, des sous-parties.

- Parmi les « couples » logiques, les clivages, que vous avez utilisés pour classer les arguments, lequel vous paraît le plus approprié pour distinguer deux ou trois grandes parties ?
- Rédigez au brouillon les titres de ces deux ou trois parties. Puis listez sous chacun les différents arguments que vous avez mobilisés (éventuellement en constituant des sous-parties). Vous pouvez utiliser le tableau suivant, en lui ajoutant une colonne si nécessaire.

Titre de la partie 1 : …	Titre de la partie 2 : …
Argument 1 : …	Argument 1 : …
Argument 2 : …	Argument 2 : …
Argument 3 : …	Argument 3 : …

- Les deux plans suivants rédigés par des élèves sont insatisfaisants. Pourquoi ?

Plan 1 :
1. Le numérique se développe
2. Ce qui a des effets sur l'emploi

Plan 2 :
1. Le développement du numérique a des effets positifs sur l'emploi
2. Mais il a aussi des effets négatifs sur l'emploi
3. Le développement du numérique affecte l'intégration sociale par l'emploi

3. Rédigez la réponse argumentée

Après avoir vérifié, en relisant votre plan et en faisant le lien avec le sujet, que vous répondez bien à la question, et que vous n'oubliez aucun argument, vous pouvez rédiger.

- À partir de votre plan détaillé, rédigez la réponse argumentée, en séparant bien les parties, en faisant des paragraphes à l'intérieur de chacune (à chaque changement d'idée), en annonçant les idées générales en début de partie et, éventuellement de sous-partie.

RÉCAP Méthode

Dans le Cahier BAC, La méthode complète p. 423

Dans une EC3, pour construire une réponse argumentée, il faut :

- chercher des arguments,
- classer les arguments à l'aide d'un plan détaillé,
- rédiger en suivant le plan détaillé.

Dans le Cahier BAC
- La méthode complète de l'EC, p. 428
- Une épreuve composée corrigée, p. 437

Sujet guidé - Épreuve composée (4 heures)

PARTIE 1 • Mobilisation des connaissances *(4 points)*

- Montrez que les frontières entre emploi, chômage et inactivité sont de plus en plus incertaines.

PARTIE 2 • Étude d'un document *(6 points)*

1 • Caractérisez l'évolution de la structure de l'emploi dans les différents pays européens.

2 • À l'aide du document et de vos connaissances, vous montrerez que l'on assiste à une polarisation de l'emploi.

Structure sociale de plusieurs pays européens en 1993 et en 2013, selon le type d'emploi, en % (nomenclature ESeG)

	Cadres dirigeants et cadres experts		Pro. intermédiaires, employés et ouvriers qualifiés		Professions peu qualifiées		Autres (indépendants)	
	1993	2013	1993	2013	1993	2013	1993	2013
Allemagne	17,6	23,2	60, 7	51,4	15,9	19,1	5,8	6,3
France	14,7	24,3	59,3	49,3	15	19	11	7,4
Pays-Bas	28,3	34,3	50,7	41,9	15,7	15,1	5,3	8,7
Espagne	17,7	23,9	40,7	39,8	21,9	24,2	19,7	12,1
Royaume-Uni	31,4	36,5	44,2	38,7	16,8	15,9	7,6	8,9

Source : d'après **Camille Peugny**, « L'évolution de la structure sociale dans quinze pays européens (1993-2013) : quelle polarisation de l'emploi ? », *Sociologie*, volume 9, n° 4, PUF, 2018.

PARTIE 3 • Raisonnement s'appuyant sur un dossier documentaire *(10 points)*

SUJET *À l'aide de vos connaissances et du dossier documentaire, vous montrerez que certaines évolutions de l'emploi remettent en cause le pouvoir intégrateur du travail.*

DOCUMENT 1

Taux de transition annuels de l'emploi vers le chômage selon le type de contrat par sexe, âge et catégorie socioprofessionnelle (en %)

		2003-2008		2008-2014	
		CDI	CDL[1]	CDI	CDL[1]
Sexe	Hommes	1,7	14,1	2,1	16,6
	Femmes	1,8	10,5	2,0	11,4
Âge	Moins de 25 ans	4,1	13,4	4,9	14,7
	De 25 à 29 ans	2,2	10,8	2,7	14,5
	De 30 à 39 ans	1,9	12,2	1,9	13,8
	De 40 à 49 ans	1,4	12,7	1,7	13,9
	50 ans et plus	1,3	10,3	1,7	10,5
Catégorie socioprofessionnelle	Cadres et professions intellectuelles sup.	1,4	8,1	1,4	9,0
	Professions intermédiaires	1,3	9,1	1,7	9,9
	Employés qualifiés	1,6	9,4	2,0	12,1
	Employés peu qualifiés	2,6	10,2	2,8	11,3
	Ouvriers qualifiés	1,7	15,8	2,4	20,2
	Ouvriers peu qualifiés	2,3	18,0	2,3	20,2
	Ensemble	1,8	12,1	2,1	13,7

1. Contrats à durée limitée (CDD ou intérim).

Champ : France métropolitaine, population des ménages salariés (hors fonctionnaires) de 15 ans ou plus.
Lecture : en moyenne annuelle, sur la période 2003-2008, parmi les hommes en CDL (CDD et intérim), 14,1 % sont au chômage un an après.

Données : enquêtes Emploi 2003-2014, Insee.

Source : **Jean Flamand**, « Dix ans de transitions professionnelles : un éclairage sur le marché du travail français », *France Stratégie*, document de travail n° 2016-03, mars 2016.

Aide
- Lors de votre analyse du sujet, pensez à bien définir le « pouvoir intégrateur du travail », et à classer les différentes « évolutions de l'emploi ».

DOCUMENT 2

La modernisation a fait voler en éclats ce monde de solidarité et de partage de valeurs qui se traduisait dans les actes de travail. On faisait bien son travail aussi pour les autres, comme l'explique une ouvrière de la biscotterie[1] : « Avant, le pétrisseur faisait une bonne pâte pour le mouleur, pour qu'il se fatigue moins, il y avait beaucoup de solidarité et maintenant ça se perd ». [...] Au moment où nous menions notre enquête dans l'usine de biscottes, un certain émoi était perceptible en raison d'une bagarre à coups de poing entre deux opérateurs, bagarre qui semblait bien incongrue dans cette usine feutrée, dirigée par un directeur ferme mais courtois. Nous avons réussi à rencontrer un peu plus tard un des protagonistes. Il nous a fait comprendre ce que les nouvelles pratiques managériales et notamment la logique de prestation de service en interne pouvaient induire : « si vous faites mal votre travail, il y a une mauvaise qualité qui arrive pour la personne suivante, et comme c'est à chacun de contrôler la qualité, ça fait des histoires parfois. Il y a des petites querelles des fois et mêmes des grandes ». [...] « Il me cassait le film de ma machine en mettant pas assez de biscottes dans le paquet. Je lui ai dit plusieurs fois. J'en ai eu marre. [...] Il était sur les nerfs et moi aussi ».

1. L'ouvrage repose entre autres sur une enquête sociologique au sein d'une usine de fabrication de biscottes.

Danièle Linhart, *Travailler sans les autres ?*, Éditions du Seuil, 2009.

DOCUMENT 3

Évolution des différents types d'emploi selon le contrat

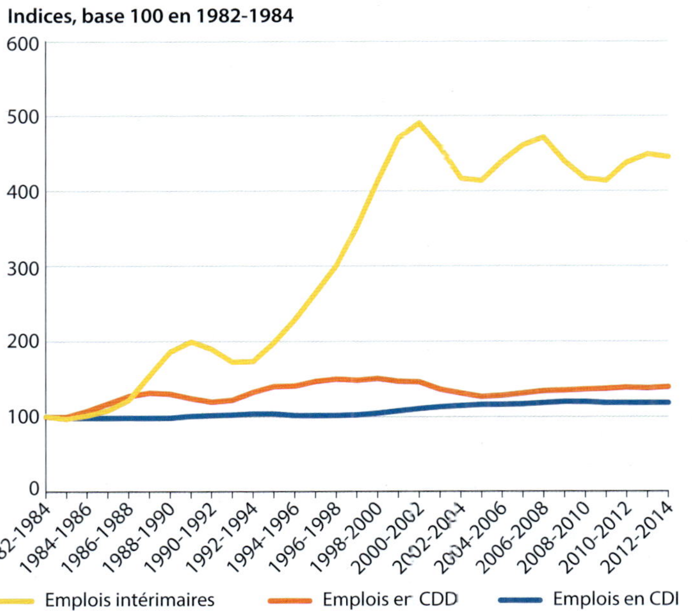

Source : « Comment ont évolué les métiers en France depuis 30 ans ? », *Dares Analyses*, n° 3, janvier 2017.

Aide

- Repérez le type d'outil statistique utilisé, et vérifiez que vous en maîtrisez la lecture.
- Assurez-vous de ne pas faire d'erreur d'interprétation du document en lisant les trois données de la période 2012-2014.

Méthode appliquée

Les PARTIE 1 ET 2 en étapes

PARTIE 1

1 Repérer les notions et mobiliser ses connaissances

- Repérez et définissez les notions du programme présentes dans la question, ainsi que le mot clé indiquant la consigne (« montrez que... », « illustrez... »).
- À l'aide de vos connaissances de cours, explicitez les notions implicites et les mécanismes nécessaires pour la réponse.

2 Rédiger une réponse à la question

- Rappelez d'abord la question posée, puis définissez-en les termes.
- Rédigez ensuite votre réponse en deux ou trois paragraphes.

PARTIE 2

1 Distinguer les deux questions

- La première question porte sur la maîtrise des savoir-faire et sur la capacité à utiliser les données du document alors que la seconde nécessite d'étudier les données du document pour l'analyser en introduisant des connaissances supplémentaires apprises durant l'année.

2 Sélectionner les données statistiques à mobiliser

- Choisissez les données pertinentes à mobiliser dans vos réponses.
- Pour la question 1, faites une phrase avec la donnée entourée pour vérifier votre lecture des données. Expliquez comment a évolué la part des professions peu qualifiées en Allemagne entre 1993 et 2013.
- Pour la question 2, repérez des pays où l'évolution de la structure sociale entre 1993 et 2013 semble confirmer une tendance à la polarisation de l'emploi, puis ceux où cette évolution ne se confirme pas (ou moins).

3 Repérer les connaissances à mobiliser

- Les connaissances sont utiles pour répondre à la question 2. Ici, il faut connaître la définition de la polarisation de l'emploi, mais aussi ses conséquences, ainsi que les situations particulières des pays cités dans le tableau.

4 Relier le document aux connaissances et rédiger

- Pour la question 1, rédigez une réponse assez rapide qui inclut des données du tableau.
- Pour la question 2, il faut rédiger une réponse plus longue montrant que, dans certains pays, il y a une polarisation de l'emploi. Utilisez des calculs si nécessaire.

Dans le Cahier BAC
- La méthode de la dissertation, p. 426
- Autres sujets blancs, p. 442

Sujet blanc - Épreuve de dissertation (20 points) 4 heures

SUJET *L'organisation taylorienne du travail a-t-elle disparu ?*

DOCUMENT 1

Les types d'organisation du travail en Europe et en France

Risque social	Organisations apprenantes	Organisations en *lean production*[1]	Organisations tayloriennes	Organisations de structure simple
Part des salariés français concernés par chaque type d'organisation (en %)	30	25	24	21
Part des salariés européens concernés par chaque type d'organisation (en %)	39	28	14	19
Autonomie dans le travail	Forte	Faible (« autonomie contrôlée » par les normes)	Faible	Forte
Travail en équipe, rotation des postes, polyvalence	Fréquents	Fréquents	Rares	Rares
Tâches de travail complexes, apprentissages au travail	Fréquents	Résolution de problèmes imprévus, mais tâches monotones fréquentes	Rares	Rares
Autocontrôle de la qualité des produits	Fort	Fort (mais normes strictes à appliquer)	Faible	Faible

1. Production en flux tendus, sur le modèle toyotiste.

Source : d'après **Antoine Valeyre**, « Les conditions de travail des salariés dans l'Union européenne à 15 selon les formes d'organisation », *Travail et emploi*, n° 112, octobre-décembre 2007, et **Salima Benhamou**, « L'avenir du travail : quatre types d'organisation du travail à l'horizon 2030 », *France Stratégie*, avril 2017.

DOCUMENT 2

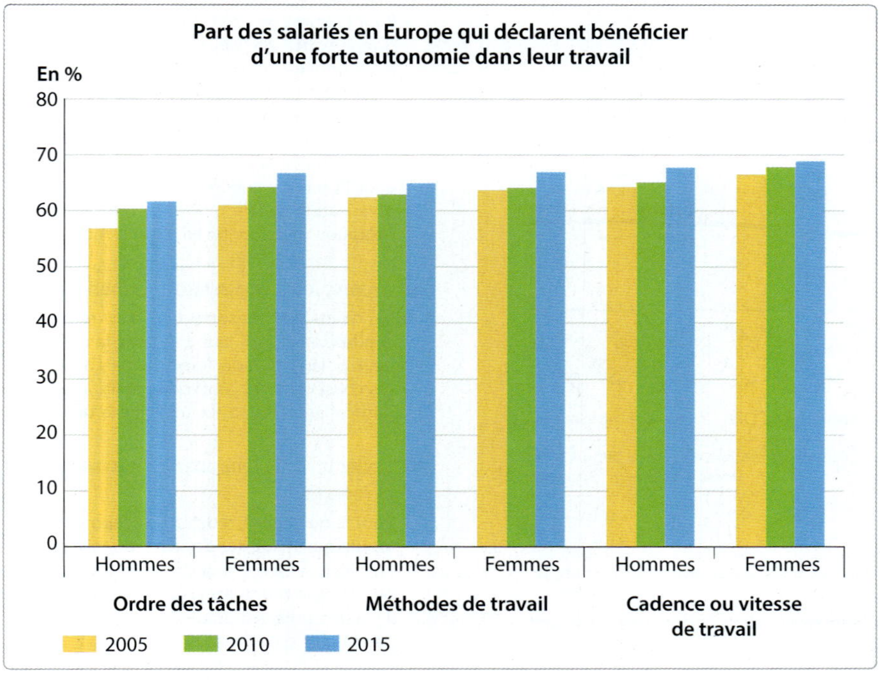

Source : Sixième enquête européenne sur les conditions de travail, www.eurofound.europa.eu, 23 novembre 2015.

DOCUMENT 3

Une caissière expérimentée explique le travail à une caissière débutante, sur son poste de travail.

Nadia *(très lentement)* : Prends l'article… cherche le code-barres… Passe-le devant toi… La machine va le scanner automatiquement… Dès que tu entends le bip, tu l'éloignes pour ne pas le scanner deux fois… Tu le déposes à côté et tu continues… […]
Encaisse le monsieur… Tu regardes quel est son moyen de paiement… Espèces, tu appuies sur « espèces », tu tapes la somme qu'il te donne… Le tiroir s'ouvre tout seul… (*voix soudainement plus élevée et pressante*) Tu ne ranges pas son billet avant de lui avoir rendu la monnaie… (*voix à nouveau monocorde*) Tu regardes le montant qu'indique la machine et tu lui rends cette somme… […]
Le sous-total n'est pas indiqué ? Tu as dû oublier une étape… Ce n'est pas grave, mais il faut appeler une conseillère… Tu appelles… C'est occupé ? Tu attends… Tu ne peux pas prendre un autre client en attendant parce que c'est la conseillère qui peut mettre un client en attente et te permettre d'en passer un autre… […]
Voilà, tu remercies la dame d'avoir attendu et au suivant… ■

Marlène Benquet, *Encaisser ! Enquête en immersion dans la grande distribution*, La Découverte, 2013.

DOCUMENT 4

Part des salariés qui déclarent subir des contraintes de rythme dans leur travail (en %)

		Cadres	Professions intermédiaires	Employés administratifs	Employés de commerce et services	Ouvriers qualifiés	Ouvriers non qualifiés	Ensemble
Avoir au moins 3 contraintes de rythme[1]	1984	3,5	4,8	4,2	2,3	8,7	10,5	5,3
	1991	12,0	19,7	19,3	13,4	30,2	31,8	21,4
	1998	19,6	29,3	25,7	20,9	47,0	45,3	31,0
	2005	22,8	32,4	27,1	19,9	47,3	46,1	31,6
	2013	25,6	34,8	31,6	28,0	54,0	45,8	35,2
	2016	23,9	35,1	30,3	29,2	53,4	49,1	35,2
Avoir un rythme de travail imposé par un contrôle ou un suivi informatisé	1984	-	-	-	-	-	-	-
	1991	-	-	-	-	-	-	-
	1998	-	-	-	-	-	-	-
	2005	23,5	29,7	33,8	15,5	26,2	18,5	24,7
	2013	35,9	42,3	45,6	25,6	35,6	25,0	35,3
	2016	32,6	41,2	43,7	27,8	37,2	27,4	35,2

1. Au moins trois parmi les sept suivantes : Le déplacement automatique d'un produit ou d'une pièce – La cadence automatique d'une machine – D'autres contraintes techniques – La dépendance immédiate vis-à-vis des collègues – Des normes de production à satisfaire en une journée – Une demande extérieure – Les contraintes ou surveillances permanentes exercées par la hiérarchie.

Source : « Quelles sont les évolutions récentes des conditions de travail et des risques psychosociaux ? », *Dares Analyses*, n° 82, décembre 2017.

Dans le Cahier BAC, p. 460
La méthode complète pour réussir le Grand oral

Préparation - Épreuve du Grand oral (20 points) 20 minutes

Préparer sa question en 4 étapes

1 Trouver sa question en lien avec son projet d'orientation

1 Voici des questions possibles en lien avec différents domaines d'étude.

1 Les nouvelles formes d'organisation du travail améliorent-elles les conditions de travail des salariés ?	*Sociologie, Écoles de commerce, Gestion des organisations*
2 Le travail rend-il malade ?	*Sociologie, Études médicales*
3 Quel est l'impact du numérique sur l'emploi ?	*Sociologie, Carrières sociales*
4 L'ubérisation de l'emploi : menace ou opportunité ?	*Sociologie, Sciences économiques, Écoles de commerce, Gestion des organisations*
5 Quels facteurs expliquent la polarisation des emplois ?	*Sociologie, Carrières sociales*

Choisissez la question que vous voulez traiter parmi celles ci-dessus, ou proposez une autre question. Puis justifiez votre choix par rapport au programme de la spécialité SES.

2 Mobiliser des connaissances pour préparer la réponse à la question choisie

- Commencez par réviser le chapitre et identifiez les notions, connaissances et mécanismes à mobiliser pour répondre à votre question. ➥ Cahier BAC p. 460.

2 Parmi les propositions suivantes, sélectionnez les définitions et mécanismes du cours qu'il est pertinent de mobiliser pour répondre à la question 2.

- ☐ L'évolution des formes d'emploi tend à brouiller les frontières entre emploi, chômage et inactivité.
- ☐ Les nouvelles formes d'organisation du travail reposent sur la flexibilité du travail, la recomposition des tâches, le management participatif, une plus forte autonomie des salariés.
- ☐ L'emploi contribue à l'intégration sociale.
- ☐ Les conditions de travail se sont souvent dégradées, par une intensification des rythmes de travail, des délais et des cadences.
- ☐ Les conditions de travail se sont parfois améliorées pour les salariés, qui peuvent prendre davantage d'initiatives et semblent mieux reconnus dans leur travail.
- ☐ Le développement des outils numériques transforme le travail.

- Puis faites des recherches complémentaires pour approfondir votre maîtrise du sujet. Terminez en réalisant une carte mentale qui synthétise l'ensemble de vos connaissances sur la question. ➥ p. 144 et p. 402.

3 Préparer la réponse argumentée à la question choisie

- Pour préparer votre réponse :
  – expliquez votre choix et définissez les termes importants ;
  – organisez vos arguments et présentez-les ;
  – concluez en apportant une réponse claire à la question,

3 Trouvez un exemple, un fait précis ou un chiffre pour illustrer les arguments suivants en lien avec la question 2.

Arguments	Exemples
Les nouvelles formes de management accentuent les risques psychosociaux	– En 2019, l'Organisation mondiale de la santé a reconnu que le *burn out* était un « phénomène lié au travail ».
La répétition de certains gestes et positions est à l'origine des troubles musculo-squelettiques	– ...
La législation évolue pour protéger davantage les salariés sur leur environnement de travail	– ...

4 Concevoir un support pour le jour J

- Préparez, à partir du travail précédent, un support simple à destination du jury, que vous reconstituerez le jour J pendant vos vingt minutes de préparation : plan, carte mentale, schéma, tableau... ➥ Cahier BAC, p. 462.

4 Voici un exemple de schéma pour la question 2. Complétez-le avec les mots suivants : *physiques – répétitifs – concurrence, organisation – burn out.*

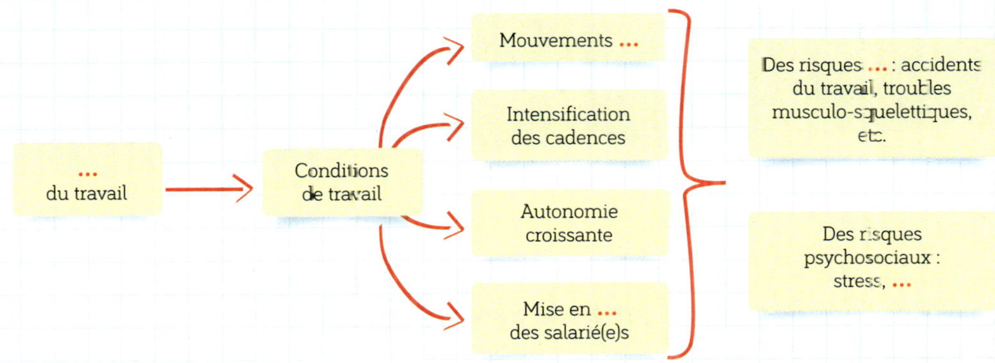

S'entraîner pour le jour J

1. Présenter sa question devant le jury

5 ORAL

- Reprenez la réponse argumentée que vous avez préparée (étape 3) et filmez-vous en train de la présenter debout et sans notes. Vous pouvez utiliser votre smartphone par exemple.
- Visionnez la vidéo et autoévaluez votre prestation. Utilisez la grille d'évaluation ➥ Cahier BAC, p. 463-464.

2. Préparer l'entretien avec le jury

6 Pour anticiper les questions du jury et préparer vos réponses, interrogez-vous :

a. Quelles connaissances de cours en lien avec votre question peut-on vous demander de préciser ?

b. Quels points de votre présentation peut-on vous demander d'approfondir ?

c. Sur quel point précis de votre présentation peut-on vous demander d'exprimer votre opinion ?

3. Savoir respecter et bien utiliser le temps imparti *Compétence orale*

- Vous disposez de cinq minutes pour présenter votre question au jury. Le respect de ce temps est primordial : si votre présentation est trop courte, le jury aura l'impression que vous n'avez pas suffisamment travaillé le contenu ; si elle est trop longue, c'est que vous n'avez pas su sélectionner les éléments essentiels.

- **Avant le jour J**
  – Entraînez-vous en vous chronométrant :

Introduction	1 mn
Développement	3 mn 30 s
Conclusion	30 s
Temps total	**5 mn**

  – Adaptez le contenu de votre présentation pour respecter le temps imparti.
  – Ne cherchez pas à parler le plus vite possible pour pouvoir dire le plus de choses possible.
- **Le jour J**
  – Posez un chronomètre sur la table.
  – Si vous sentez que vous allez trop vite, ralentissez le rythme et prenez le temps de respirer.
  – Si vous vous rendez compte que vous allez deborder, supprimez des éléments pour pouvoir terminer entièrement votre présentation.

7 ORAL Présentez la réponse à votre question en vous chronométrant.

- Si votre présentation est trop longue, réfléchissez à ce que vous pourriez supprimer. Si elle est trop courte, ajoutez des éléments.
- Recommencez jusqu'à ce que votre présentation tienne en cinq minutes.

CHAPITRE 10

Comment expliquer l'engagement politique dans les sociétés démocratiques ?

Un cas pour réfléchir

Qui n'a jamais entendu parler du désengagement des jeunes ?

En France, un électeur de 18 à 24 ans sur cinq n'a voté à aucun des scrutins de 2017 (présidentielle et législatives), moins d'un sur cinq a participé à tous les scrutins ! Pourtant, loin d'être apathiques, nombre de jeunes privilégient la participation protestataire (pétitions, manifestations, boycotts, etc.) au détriment du militantisme « traditionnel » et du vote. Alors, les jeunes se détournent-ils vraiment de l'engagement politique ?

Et vous, qu'en pensez-vous ?

L'image d'une jeunesse dépolitisée vous semble-t-elle pertinente ?

VU EN PREMIÈRE

Abstention électorale • Opinion publique • Participation électorale • Variables sociales du vote

NOTIONS DE TERMINALE

Action (ou mobilisation) collective • Associations • Conflits du travail • Consommation engagée • Engagement associatif • Engagement politique • Incitations sélectives • Luttes minoritaires • Militantisme • Paradoxe de l'action collective • Partis politiques • Répertoire d'action collective • Rétributions symboliques • Structure des opportunités politiques • Syndicats • Variables sociodémographiques (de l'engagement)

Une vidéo pour comprendre

Les Gilets jaunes, une nouvelle forme de contestation

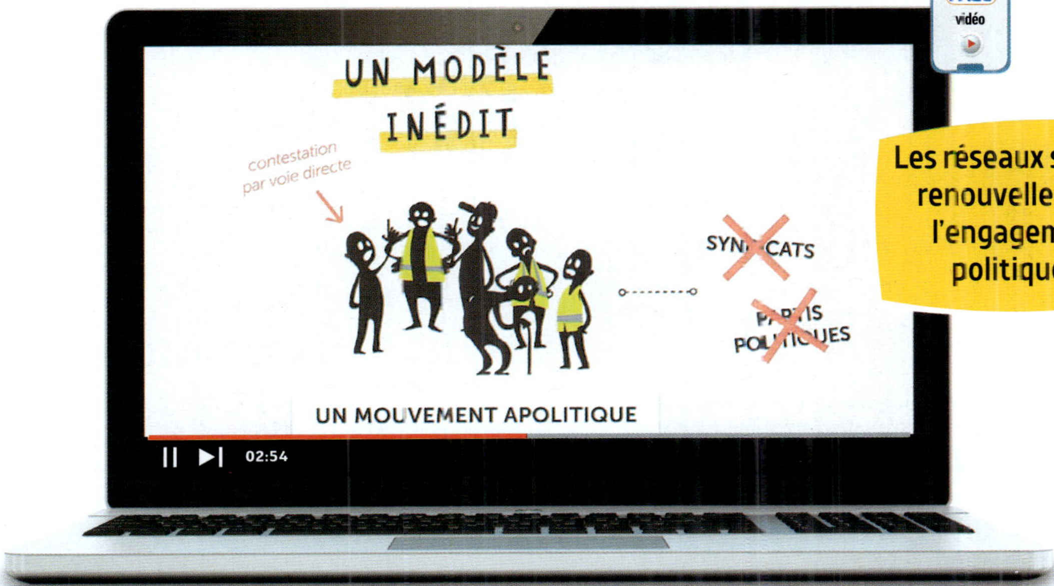

Les réseaux sociaux renouvellent-ils l'engagement politique ?

Source : Decod'actu, France Télévisions.

SOMMAIRE

DOSSIER 1 Pourquoi s'engage-t-on ?

1 Les multiples formes de l'engagement politique 310

2 S'engager ou ne pas s'engager : un calcul rationnel ? 312

3 Les principales explications de l'action collective 314

DOSSIER 2 Quels sont les principaux déterminants de l'engagement politique ?

1 Le poids important de la catégorie socioprofessionnelle et du niveau de diplôme 316

2 L'engagement politique varie aussi selon l'âge, la génération et le sexe 318

DOSSIER 3 Quelles sont les principales transformations de l'action collective ?

1 La diversification des objets de l'action collective 320

2 Des mobilisations collectives portées par différents acteurs 322

3 Les transformations des répertoires d'action collective 324

L'ESSENTIEL 326

Synthèse • Repères • Schéma bilan • Prolongements

RÉVISER 330

Je vérifie mes connaissances • J'utilise mes connaissances • Je construis ma fiche de révision

TRAVAUX DIRIGÉS 332

Décrypter un tableau complexe avec des indicateurs différents

BAC MÉTHODE & ENTRAÎNEMENT 333

- Construire un développement argumenté pour la dissertation
- Sujet guidé : épreuve de dissertation
- Sujet blanc : épreuve composée
- Préparation : épreuve du Grand oral

1 Les multiples formes de l'engagement politique

OBJECTIF DU PROGRAMME : Comprendre que l'engagement politique prend des formes variées (vote, militantisme, engagement associatif, consommation engagée).

Questionnez-vous ! Comment s'engage-t-on en politique ?

**Pour vous, ces actions correspondent-elles à un engagement citoyen ?
Notez-les de 0 (pas du tout) à 10 (tout à fait).**

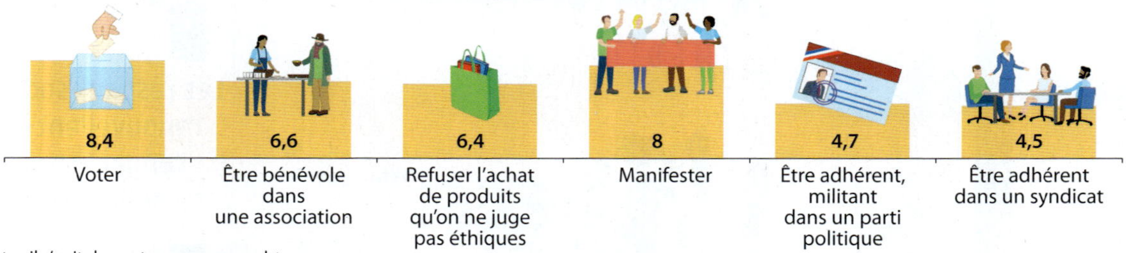

Note : il s'agit des notes moyennes obtenues.

Source : d'après l'enquête Harris pour la Fondation Jean Jaurès, 2015.

1 • **Pourquoi l'adhésion à un syndicat et à un parti politique est-elle peu perçue comme un engagement politique ?**

2 • **Quel est le lien entre engagement politique et vote ?**

3 • **Pour vous, l'engagement est-il plutôt une affaire individuelle ou collective ?**

4 • **N'y a-t-il qu'une manière de s'engager en politique ?**

DOC 1 La faiblesse du militantisme dans les partis et les syndicats

Les partis politiques regroupent des militants qui s'engagent en y adhérant (moyennant cotisation) et en participant à diverses activités (débats internes, organisation de meetings, tractage, collage d'affiches, etc.). Organisations qui se donnent pour objectif la défense de personnes ayant un intérêt professionnel commun, les syndicats sont eux aussi des espaces d'engagement au service d'une cause collective ; loin de se cantonner aux lieux de travail, ils s'inscrivent dans l'espace politique plus large par leurs actions et prises de position.

Ce militantisme n'est quantitativement pas important en France, et la tendance est plutôt à la baisse. [...] Le taux d'adhésion aux partis est évalué autour de 1 % du corps électoral et le nombre d'adhérents ne dépasse pas 500 000 [...]. Dans la plupart des pays européens les effectifs partisans ont baissé depuis les années 1970 [...]. Le thème de la « crise du syndicalisme » s'impose à partir des années 1970 [...]. La France se caractérise là aussi par un taux de syndicalisation particulièrement bas (11 %), le taux moyen dans les pays membres de l'Union européenne étant de 23 % (variant entre 10 et 70 %). [...] Contrastant avec les partis et les syndicats, le secteur associatif fait preuve, lui, d'un réel dynamisme en France. ■

Anne-Cécile Douillet, *Sociologie politique. Comportements, acteurs, organisations*, Armand Colin, coll. Cursus, 2017.

NOTION DE TERMINALE

Partis politiques : organisations dont les membres se regroupent autour d'un projet politique en vue de conquérir et d'exercer le pouvoir.

1 • **Définir** Qu'est-ce qui distingue un militant d'un simple adhérent ?

2 • **Lire** Que signifie le passage souligné ?

3 • **Calculer** Comment le taux de syndicalisation a-t-il évolué entre 1949 et 2016 ?

4 • **Argumenter** Montrez que le militantisme est une forme particulière d'engagement politique qui semble en déclin.

Taux de syndicalisation des salariés en France depuis 1949

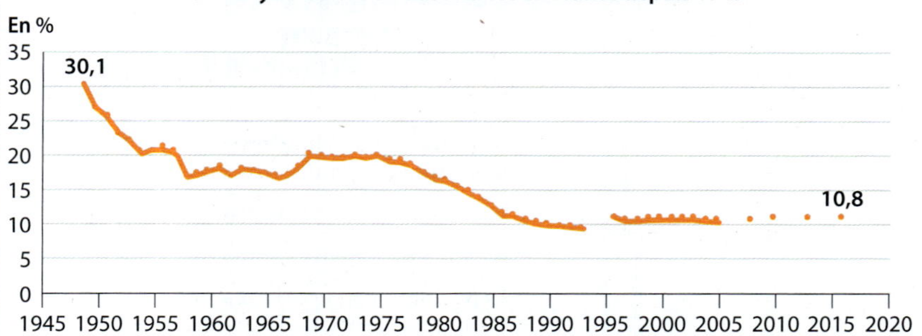

Sources : de 1949 à 1993, estimations fondées sur le nombre de cotisations syndicales ; de 1996 à 2016, estimations et enquêtes Dares, Drees et Insee.

DOC 2 La vitalité de l'engagement associatif

Évolution du nombre de bénévoles et du taux de participation bénévole en France

	2010	2019
Nombre de bénévoles (en millions)	16	19
Taux de participation bénévole[1] (en %)	36	37
Proportion de bénévoles associatifs (en %)	22,6	23,7 (12,7 millions)
Proportion de Français actifs dans plusieurs associations	9,3	9,4

1. Part de la population de référence ayant pratiqué au moins une heure de bénévolat dans l'année
Champ : individus de 18 ans et plus rendant des services bénévoles dans un cadre organisé.

Sources : IDress-BVA, 2010 ; Ifop, 2019.

CONTEXTE

Les **associations** réunissent des personnes, **majoritairement bénévoles** autour de projets ou d'activités, dans un but non lucratif. Au nombre de 1,3 million en France, elles poursuivent des objectifs très divers : sport, pratiques artistiques, défense d'intérêts ou de causes, action humanitaire...

1 • **Définir** Quels sont, selon vous, les caractéristiques qui définissent le bénévolat ?

2 • **Lire** Que signifient les données de la colonne 2019 ?

3 • **Calculer** Sachant qu'en 2002, on comptait 12,5 millions de bénévoles, justifiez le titre du document par un calcul approprié.

4 • **Analyser** Toutes les formes de participation associative correspondent-elles à un engagement politique ?

DOC 3 Qu'est-ce que la consommation engagée ?

Avec la consommation engagée, la politique s'invite dans le marché. La participation politique ne se limite plus au vote et à la rue : elle se déroulerait désormais également dans les supermarchés [et sur internet], où les individus « votent avec leurs dollars ». [...] Cela passe soit par le boycott – le refus d'achat pour des raisons « engagées », comme la cause environnementale, animale, et la justice sociale –, soit par le moyen opposé, « l'achat engagé » [ou *buycott*], avec l'objectif de promouvoir une cause politique ou morale. [...] Mais [la consommation engagée] peut aussi prendre d'autres formes de participation politique dans le but de critiquer la société de consommation.

Étudier la consommation engagée met au jour le pouvoir toujours plus grand de l'économie et des grandes entreprises. Consommer de manière engagée, c'est résister, contester ce pouvoir. [...] Les pratiques de consommation critique font partie d'un phénomène plus large de contestation et de moralisation des marchés, au cœur de l'une des transformations majeures du capitalisme contemporain. ■

Philip Balsiger, « La consommation engagée », *in* Olivier Fillieule *et al.*, *Sociologie plurielle des comportements politiques*, Presses de Sciences Po, coll. Académique, 2017.

© Karim Duval.

Consommer, c'est voter ?

1 • Qu'est-ce que l'application BuyOrNot ?

2 • Selon quels principes cette application fonctionne-t-elle ?

3 • Que pensez-vous de l'utilité et de l'efficacité d'une telle démarche ?

1 • **Lire** Que signifie la phrase soulignée ?

2 • **Illustrer** Donnez un exemple de boycott, puis un exemple de *buycott*.

3 • **Déduire** Trouvez d'autres formes de consommation engagée.

4 • **Définir** Comment peut-on définir la consommation engagée ?

Faites le point

Complétez le texte à l'aide des termes suivants.
actes – mouvement – participer – associatif – engagement politique – parti – consommation collective – militantisme – intensité – vie politique – implication

Au-delà du vote, on peut distinguer diverses modalités d'..., variables selon leur degré d'..., leur forme et leur finalité : ... dans un ..., un syndicat, engagement ..., dans un ... social, ... engagée. L'engagement politique suppose souvent une dimension ... : il renvoie aux actes manifestant la volonté de ... (selon une ... et une durée variables) à la ... et de peser sur ses orientations.

Prenez la parole

Micro-trottoir

Pour vous, qu'est-ce que l'engagement politique ?

- Posez cette question, sur le principe du journal radio ou télévisé, à des élèves de votre classe et faites des enregistrements audio ou vidéo sur votre smartphone.
- Faites-les écouter et commenter par d'autres camarades.

2 S'engager ou ne pas s'engager : un calcul rationnel ?

OBJECTIF DU PROGRAMME : Comprendre pourquoi, malgré le paradoxe de l'action collective, les individus s'engagent (incitations sélectives, rétributions symboliques).

DOC 1 Le paradoxe de l'action collective

Le modèle développé par Olson [récuse] l'hypothèse d'une propension naturelle des citoyens à s'engager politiquement. Chaque individu y est censé procéder à un calcul rationnel des coûts et des avantages de toute action. Or, la stratégie la plus rationnelle, dans le cadre par exemple d'une grève, consiste à se comporter en « passager clandestin » (*free-rider*) : bénéficier de [ses] retombées (augmentation salariale, etc.) sans en payer le prix (éventuelles sanctions, perte de salaire, etc.). Alors que les petits groupes peuvent exercer une pression plus forte sur leurs membres, les groupes de grande taille (organisations syndicales, classes sociales, etc.) ne pourraient donc être mobilisés que si les organisateurs de la mobilisation recourraient à des « incitations sélectives » : monopole des syndicats sur l'embauche (*closed shop*) ou les promotions, piquets de grève, services offerts à des prix inférieurs à ceux du marché, etc.

Ce modèle présente des limites évidentes : il ne prend en compte ni les formes de motivation autres que la recherche d'un avantage économique (« morales » ou « identitaires »), ni la capacité de ce *free-rider* à anticiper la non-participation des autres et à s'engager pour compenser ces éventuelles défections. ■

Frédéric Lambert et **Sandrine Lefranc**, *50 fiches pour comprendre la science politique*, Bréal, 5e éd., 2019.

BIO SES

Mancur Olson est un économiste américain (1932-1998). Dans *La Logique de l'action collective* (1965), il applique aux phénomènes collectifs le modèle néoclassique de l'*homo œconomicus* (individu rationnel, choix selon un calcul coûts / avantages) et critique toute idée de déterminisme social.

NOTION DE TERMINALE

Incitations sélectives : dans un groupe mobilisé, moyens de limiter les comportements de passagers clandestins (*free-riders*) en récompensant les participants (incitations positives : rétribution individuelle de l'engagement) et/ou en augmentant les coûts de l'inaction (incitations négatives : pénalisation de la défection).

1 • **Expliquer** Pourquoi les citoyens n'ont-ils pas « une propension naturelle à s'engager politiquement » ?

2 • **Expliquer** En quoi consiste la stratégie du « passager clandestin » (*free-rider*) ?

3 • **Analyser** Pour Olson, quelles solutions permettent de limiter le *free-riding* ?

4 • **Argumenter** Quels arguments peut-on opposer à l'approche de Olson ?

Activité *Serez-vous gréviste ou passager clandestin ?*

Soit une petite entreprise de dix salariés dans laquelle une grève permettrait d'obtenir une hausse du salaire annuel de 1 000 euros maximum. Que l'on participe ou non, ce gain est fonction du nombre de grévistes : dix obtiennent une augmentation de 1 000 euros, neuf de 900 euros, huit de 800 euros, etc. Or, participer comporte des coûts (perte de salaire, temps consacré à la grève, etc.), fixés par hypothèse à 300 euros par gréviste. Ne pas se mobiliser renvoie à la stratégie du « passager clandestin ».

	Nombre de grévistes									
	1	2	3	4	5	6	7	8	9	10
Gain par salarié	...	...	...	...	...	...	...	800	900	1000
Coût par gréviste	...	...	...	...	...	...	...	300	300	300
Gain – coût par gréviste	...	...	...	...	...	...	...	500	600	700
Gain d'un non-gréviste	...	...	...	...	...	...	...	800	900	

1 • Complétez le tableau en faisant les calculs nécessaires.

2 • Que signifient les données des colonnes 9 et 10 ?

3 • Que se passe-t-il si sept salariés font grève ? et si moins de trois salariés font grève ?

4 • En comparant les deux dernières lignes, retrouvez le paradoxe de l'action collective.

DOC 2 Faut-il rendre la syndicalisation obligatoire en France ?

Rendre la syndicalisation obligatoire n'est pas une idée nouvelle [...] explique Rémi Bourguignon, chercheur à l'IAE de Paris. [...] « Cette suggestion répond au problème du passager clandestin [...]. » En suivant un modèle belge ou scandinave, la syndicalisation [...] donnerait lieu à des avantages concrets au salarié, qui aurait tout à gagner à rejoindre une organisation. Pour lui, cela irait cependant à l'encontre du modèle français, où les négociations de branche et les accords d'entreprise s'étendent à tous les salariés, syndiqués ou non. [...] Le chercheur se montre dubitatif sur [cette mesure]. D'abord, « les syndicats veulent des gens qui s'engagent volontairement. Recruter sur la base de l'obligation heurterait la conception militante du syndicalisme, et signifierait l'arrivée de personnes peu investies dans les syndicats ». De plus [cela] entraînerait l'apparition de multiples syndicats plus petits, [...] conduirait à un éclatement syndical et, *in fine*, à l'affaiblissement des corps intermédiaires. [...] L'historien Stéphane Sirot [...] rappelle que le syndicalisme français s'est construit sur la notion de militantisme. [...] « [L'idée] que les conventions collectives ne couvriraient plus l'ensemble des salariés mais seulement les syndiqués » est difficile à faire accepter par l'opinion publique. Il doute que les salariés comme les organisations désirent passer d'un syndicalisme de lutte à un syndicalisme de service. ■

Wladimir Garcin-Berson « Faut-il rendre la syndicalisation obligatoire ? La République en marche y réfléchit », *Le Figaro*, 1er mars 2019.

1 • **Expliquer** Quels objectifs poursuit-on en proposant de rendre la syndicalisation obligatoire ?

2 • **Repérer** Faites le lien entre cette proposition et les notions abordées dans le doc 1.

3 • **Argumenter** À quels obstacles ce type de mesure se heurte-t-il en France ?

4 • **Déduire** Quelles différences peut-on faire entre un « syndicalisme de lutte » et un « syndicalisme de service » ?

DOC 3 L'engagement politique procure des rétributions symboliques

Comment expliquer des situations où l'engagement dans la mobilisation ne comporte aucun bénéfice matériel direct [et] des coûts très lourds ? C'est la situation décrite par Doug Mac Adam[1], à partir de l'exemple du *Freedom Summer*. Durant l'été 1964, des étudiants blancs américains s'engagent pour défendre les droits civiques [...] des populations noires dans le sud des États-Unis : engagement à la fois à haut risque (physique), et sans aucun gain matériel pour les mobilisés. D'après ce qu'ils en disent, c'est le coût même de l'action, en même temps que les valeurs qu'elle défend, qui les motive. [...] Daniel Gaxie[2] [montre que] les rétributions de l'engagement peuvent être [...] également symboliques : se constituer un réseau d'amis, ou projeter une image valorisante de soi, par exemple. Une dynamique identitaire positive résulte de l'adhésion à certaines valeurs, et du sentiment de vivre en conformité avec elles. [...] L'engagement, lorsqu'il permet de se mettre en règle avec certaines valeurs, même s'il comporte des coûts importants, est donc susceptible de constituer une puissante motivation à l'action ; l'importance des coûts et des risques pouvant d'ailleurs renforcer l'estime de soi qui en résulte. Ce qui rappelle le « paradoxe du pèlerin[3] » qui ne voudrait en aucun cas alléger l'effort que lui demande le pèlerinage puisque c'est le sacrifice consenti qui fonde l'estime de soi en cohérence avec des valeurs revendiquées. [...] Il s'agit donc d'adopter une vision large, et non étroitement économique, de la rationalité individuelle. [...] Pour comprendre l'engagement des étudiants, Mac Adam [souligne] l'importance cruciale de cette dynamique identitaire. Cette configuration identitaire résulte d'une socialisation familiale et amicale forte, qui valorise certaines valeurs (ici l'égalité et les droits civiques) et l'action en faveur de ces valeurs. On retrouve donc [...] le caractère essentiel du contexte social de l'engagement. ■

Jean-Yves Dormagen et **Daniel Mouchard**, *Introduction à la sociologie politique*, De Boeck Supérieur, 5e éd., 2019.

1. Politologue américain. 2. Politologue français.
3. Formulé par Albert Hirschman, économiste et sociologue américain.

1 • **Illustrer** Donnez des exemples à l'appui de la phrase soulignée.

2 • **Expliquer** Montrez que l'engagement procure des « rétributions symboliques ».

3 • **Analyser** Comment comprenez-vous le « paradoxe du pèlerin » ?

4 • **Argumenter** En quoi ces analyses remettent-elles en cause le modèle d'Olson ?

Faites le point

Complétez le schéma avec les termes suivants et repérez les deux formes d'incitations sélectives.

nécessité d'incitations sélectives dans les grands groupes – paradoxe de l'action collective – incitations ... pour accroître les coûts de la non-participation – forte probabilité de mobilisation collective – incitations ... pour augmenter les gains des participants

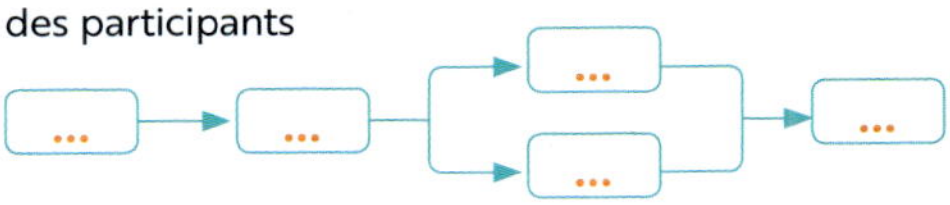

Prenez la parole

Jeu-débat

Le modèle de l'*homo œconomicus* est-il pertinent pour expliquer l'engagement politique ?

- **Deux équipes « pour » et « contre » (trois à quatre élèves) s'affrontent dans trois rounds de débat de cinq minutes. Chacune peut demander un temps mort d'une minute par round pour affûter ses arguments.**
- **Un jury (trois élèves) les départage. Le président lance le débat, chronomètre, marque les rounds et temps morts. Les autres évaluent les prestations et dressent un bilan.**

3 Les principales explications de l'action collective

OBJECTIF DU PROGRAMME : Comprendre pourquoi, malgré le paradoxe de l'action collective, les individus s'engagent (structure des opportunités politiques).

DOC 1 Suffit-il d'être mécontent pour protester ?

La situation économique et sociale [des] participants au mouvement des Gilets jaunes n'avait pas connu d'énorme changement à l'automne 2018, lorsque celui-ci a commencé. Alors comment comprendre que leur révolte soit née à ce moment plutôt qu'à un autre ? Simple affaire de hausse des prix des carburants ? Et ceux qui n'ont pas enfilé de gilet jaune, étaient-ils satisfaits de l'ordre des choses ? Au début du mouvement, [...] 85 % des Français le trouvaient justifié d'après les sondages [Mais tous ne sont pas] venus sur un rond-point, vêtus d'un gilet jaune. [...] Du sentiment d'injustice à l'action collective il y a donc un pas que tous ne franchissent pas. [...] Une révolte naît de la combinaison imprévisible de multiples causes [...] qui tiennent autant à ce que font [les protestataires] qu'aux réactions de leurs adversaires et à l'environnement politique. [...] Mille raisons de contester n'aboutiront pas à un mouvement social si l'on ne sait pas comment s'y prendre. [...] Y parviennent ceux qui s'organisent pour mobiliser des ressources : du matériel, des locaux, de l'argent, des personnes, en nombre. En s'appuyant sur des réseaux militants ou sur d'autres cercles de sociabilité (amis, voisins, collègues de travail...), ils mobilisent aussi des savoir-faire, notamment à propos des modes d'action utilisables. [...] Descendre dans la rue demande que des participants sachent communiquer le rendez-vous, [...] organiser un cortège, le protéger des voitures et des forces de police. Paradoxalement, ce ne sont donc pas les plus démunis qui ont le plus de chances de se mobiliser. ■

Julie Le Mazier et **Igor Martinache**, « Pourquoi si peu de révoltes ? », *in* Fondation Copernic (dir.), *Manuel indocile de sciences sociales*, La Découverte, 2019.

NOTION DE TERMINALE

Action (ou mobilisation) collective : action concertée d'un ensemble d'individus autour d'une cause commune.

1 • **Expliquer** D'après le texte, quels éléments peuvent favoriser une mobilisation collective ?

2 • **Illustrer** Donnez des exemples précis de facteurs conditionnant la réussite d'une action collective.

3 • **Argumenter** Comment expliquer la dernière phrase ?

4 • **Analyser** Répondez à la question-titre du document.

DOC 2 Qu'est-ce que la structure des opportunités politiques (SOP) ?

À mobilisation égale, le contexte politique [influence] les chances de succès des mouvements sociaux. En France, le mouvement contre le « contrat première embauche » (2006) obtiendra le retrait de la loi, profitant des dissensions au sein du gouvernement et de la crainte des effets du texte lors des présidentielles. [...]

La notion de SOP exige des éléments de définition. Tarrow en spécifie quatre.

– Le *degré d'ouverture du système politique* [...] Manifester est plus risqué au Caire qu'à Paris. Les revendications régionalistes basques ou bretonnes recevront un accueil différent dans le contexte jacobin de la présidence gaullienne ou aux lendemains du vote des lois de décentralisation (1982). [...]

– Le *degré de stabilité des alliances politiques*. [...]. L'un des ressorts du succès du mouvement des droits civiques aux États-Unis (années 1960) tient à la sociologie électorale. Le poids des Noirs progresse au sein du corps électoral, les mouvements migratoires lui donnent une importance jusque dans les États du Nord. [Cela] suscite un double mouvement, favorable au vote de lois antiségrégationnistes, d'intérêt chez certains élus républicains et de reconquête du vote noir au parti démocrate. [...]

– *L'existence ou non de relais [politiques]*. [...]. La capacité dont peuvent faire preuve partis ou équipes au pouvoir à intégrer dans leurs rangs des porte-parole de mouvements sociaux (SOS Racisme, Ni Putes Ni soumises) est inégale.

– La *capacité d'un système politique à [...] apporter des réponses aux mouvements sociaux* [...] ne se pose pas dans les mêmes termes pour des gouvernements instables, des exécutifs impuissants ou des équipes gouvernementales [durables] et relayées par des administrations efficaces. ■

Érik Neveu, *Sociologie des mouvements sociaux*, La Découverte, coll. Repères, 7ᵉ éd., 2019.

1 • **Définir** Qu'est-ce que la « structure des opportunités politiques » ?

2 • **Repérer** En les reformulant, explicitez les quatre critères de la SOP figurant en italique.

3 • **Illustrer** Pour chacun de ces critères, trouvez des exemples autres que ceux du texte.

4 • **Analyser** Quel rôle la SOP vous semble-t-elle jouer dans le déclenchement et la réussite d'une mobilisation collective ?

Activité Illustrez la structure des opportunités politiques (SOP)

Complétez le schéma à l'aide des exemples suivants.

a. Les périodes préélectorales sont favorables à l'expression des mécontentements.

b. Des gouvernements instables ou impuissants sont moins aptes à traiter les demandes sociales.

c. Le poids croissant de l'électorat noir a accéléré le mouvement des droits civiques aux États-Unis.

d. Les revendications régionalistes ont plus de chances d'aboutir dans un système décentralisé.

La structure des opportunités politiques dépend...			
... du degré d'ouverture du système politique : selon les traditions et cultures politiques, les orientations des gouvernants, les mobilisations collectives seront plus ou moins tolérées (surdité, répression ou négociation)	**... du degré de stabilité des alliances politiques :** plus les rapports entre forces politiques sont conflictuels et concurrentiels, plus les groupes mobilisés peuvent espérer se faire entendre	**... des relais dont disposent les groupes mobilisés au sein du pouvoir :** y a-t-il des élus, hauts fonctionnaires proches socialement ou sensibles à la cause ?	**... de la capacité d'un système politique à apporter des réponses aux mobilisations :** se contente-t-il d'une réponse symbolique ou met-il en œuvre des actions sous forme de politiques publiques ?
...	...	...	...

DOC 3 D'autres analyses de l'action collective

Approches	Auteurs	Analyses	Exemples
a. Théorie de la frustration relative	Alexis de Tocqueville (1805-1859) et Ted Gurr (1936-2017)	L'action protestataire résulte d'un décalage devenu insupportable entre les attentes d'un groupe et sa situation concrète telle qu'il la perçoit.	Lors de la période prérévolutionnaire en France, décalage entre la volonté d'ascension sociale de la bourgeoisie et le manque de possibilités.
b. Modèle de la lutte des classes	Karl Marx (1818-1883)	Dans la société, les classes sociales entrent en conflit du fait de leurs intérêts contradictoires.	Mouvement ouvrier dans la société industrielle
c. Modèle sociopolitique d'Oberschall	Anthony Oberschall (1936)	La mobilisation d'un groupe est d'autant plus probable qu'il a un faible accès aux centres de pouvoir et qu'il peut s'appuyer sur une identité collective déjà construite.	Mobilisation différenciée des Noirs américains dans les années 1960 : au Sud, action structurée car communauté organisée (Églises, associations...) ; au Nord, émiettement, absence de leaders, d'où flambées de violence désordonnées.
d. Théorie de la mobilisation des ressources	John McCarthy (1940) et Mayer Zald (1931-2012)	L'action collective est facilitée par la capacité d'un groupe à mobiliser, à l'aide d'une organisation efficace, les ressources nécessaires, matérielles ou immatérielles, (porte-parole, contacts avec les médias ...).	Rôle de l'abbé Pierre auprès des sans-logis.
e. Modèle culturel ou identitaire	Ronald Inglehart (1934) et Alain Touraine (1925)	Dans les sociétés post-industrielles, l'activité protestataire, menée par de nouveaux acteurs, exprimerait des revendications inédites « post-matérialistes ».	Mouvements féministes.

1 • **Illustrer** Trouvez un autre exemple illustrant les modèles d et e.

2 • **Analyser** Comment la théorie marxiste des classes sociales (voir chapitre 6) justifie-t-elle le recours à l'action protestataire ?

3 • **Argumenter** Choisissez un exemple de mouvement protestataire pour montrer que ces différentes analyses peuvent se compléter.

Faites le point

Pour chacun des facteurs suivants, précisez s'il a un effet favorable (signe +) ou non (signe –) sur le déclenchement d'une action collective.

Le groupe est doté d'une faible identité collective	
Les décideurs politiques sont accessibles, à l'écoute	
Le gain attendu de l'action est perçu comme supérieur aux coûts de l'engagement	
Le groupe dispose d'importantes ressources et peut s'appuyer sur des organisations (associations, syndicats, partis, etc.) et des savoir-faire éprouvés	

Prenez la parole

Mini-sondage

- La classe est divisée en deux groupes qui s'attribuent chacun un sujet différent : « Suffit-il d'être mécontent pour se mobiliser ? » ou « Le mouvement des Gilets jaunes, symptôme d'une crise de la démocratie représentative ? ».
- Chaque groupe prépare trois questions et les pose à l'autre.
- Analysez et présentez les résultats.

1 Le poids important de la catégorie socioprofessionnelle et du niveau de diplôme

OBJECTIF DU PROGRAMME : Comprendre que l'engagement politique dépend notamment de variables sociodémographiques (catégorie socioprofessionnelle, diplôme).

Questionnez-vous ! Peut-on favoriser l'engagement de tous ?

La démocratie participative désigne, dans sa définition la plus simple et la plus englobante, l'ensemble des démarches et des procédures qui visent à associer les citoyens « ordinaires » au processus de décision politique, ce qui permet de renforcer le caractère démocratique du régime politique. [...] Dans ce sens, la démocratie participative réunit des expériences aussi diverses que les conseils de quartier, les consultations de citoyens, les sondages délibératifs, les forums sociaux, les pétitions en ligne... [...] Dans [ces] dispositifs de participation ouverts, on constate une surreprésentation des catégories sociales les mieux intégrées et des plus âgés. C'est une limite à laquelle est déjà confrontée la démocratie représentative et que ne semble pas contrecarrer jusqu'à présent la participation institutionnalisée. Celles et ceux qui participent aux conseils de quartier par exemple sont le plus souvent des personnes installées de longue date sur le territoire, bien dotées en capital culturel et déjà engagées dans les formes de participation traditionnelles (élections, militantisme...). Le risque est donc de renforcer les positions des catégories favorisées et de reproduire les inégalités politiques existantes. Mais il faut souligner que, même s'il est beaucoup plus compliqué de mobiliser les catégories populaires, ça n'est pas complètement impossible, à condition qu'il y ait une vraie volonté politique et un enjeu pour ces catégories à participer. ■

Propos recueillis par **Anne Châteauneuf-Malclès**, « La démocratie participative : entretien avec Loïc Blondiaux », SES-ENS, 15 janvier 2018.

1 • Qu'est-ce que la démocratie participative ? Quel est son objectif ?

2 • Quelles sont ses limites ?

3 • Peut-on favoriser l'engagement de tous ? Débattez-en avec vos camarades.

DOC 1 PCS, niveau de diplôme et engagement politique

PCS et engagement politique

En %	Vote systématique en 2017[1]	Origine sociale des députés français en 2017	Taux de syndicalisation en 2016[2]
Agric. exploitants	44,1	2,7	-
Artisans, commerç., chefs d'entr.	36,2	10,5	-
Cadres et prof. intell. sup.	45,1	76,0	10,8
Prof. interm.	35,4	6,3	12,2
Employés	30,3	4,6	10,6
Ouvriers	26,1	0	9,6
Total	35,5	100	10,8

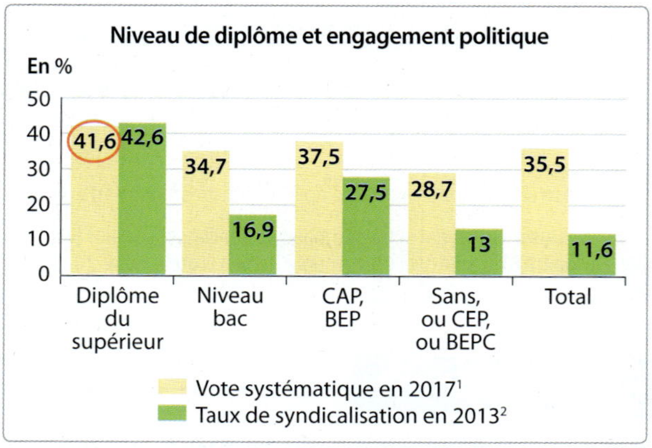

1. Part des inscrits de 25 ans ou plus sur les listes électorales en France en 2017 ayant voté à tous les tours de la présidentielle et des législatives de 2017.
2. Champ : ensemble des salariés, France métropolitaine.

Sources : Insee, 2013 et 2017 ; Institut Diderot, 2017 ; Dares-Drees-DGAFP-Insee, 2017 ; Ifop, 2019.

1 • **Lire** Que signifient les données entourées ?

2 • **Déduire** Montrez que les CPIS sont surreprésentées à l'Assemblée nationale.

3 • **Synthétiser** Quels principaux constats peut-on tirer à la lecture de ces données ?

4 • **Déduire** Ces constats confirment-ils ceux évoqués dans le « Questionnez-vous ! » ?

DOC 2 Engagement politique et déterminismes sociaux

La fréquence, l'intensité et la variété de la participation sont positivement corrélées au niveau de revenu et de diplôme ainsi qu'à l'intégration sociale. [...] La participation électorale illustre bien le phénomène de cens caché : les moins diplômés [...] s'abstiennent beaucoup plus que le reste de la population. La sociologie des membres des partis politiques révèle une surreprésentation des catégories sociales les plus dotées en capital culturel et économique et ce phénomène tend à s'accentuer. [...]

Le capital scolaire apparaît également favorable [au militantisme]. En effet, la détention de certaines compétences (savoir parler en public, rédiger des tracts, organiser une réunion...) et un sentiment de légitimité plus fort facilitent le travail militant, tandis que l'intégration sociale multiplie les occasions d'engagement. [...]

Pour ce qui est des formes de participation « non conventionnelles[1] », [...] les enquêtes [montrent] que les participants aux manifestations ont un niveau de diplôme plus élevé que le reste de la population et qu'ils sont plus souvent affiliés à des partis, syndicats ou associations ; elles soulignent aussi le caractère cumulatif de la participation (les manifestants sont aussi des « votants ») et la relative continuité entre les formes de participation. [...]

Le groupe formé par les CPIS apparaît donc plus « participant » que celui qui agrège les différentes catégories d'ouvriers et d'employés. ■

Anne-Cécile Douillet, *Sociologie politique. Comportements, acteurs, organisations*, Armand Colin, coll. Cursus, 2017.

1. Il s'agit des formes protestataires de la participation étudiées dans le dossier 2.

1 • Décrire Montrez que le capital culturel et la position sociale pèsent fortement sur l'engagement politique.

2 • Expliquer Pourquoi ces deux éléments sont-ils si déterminants ?

3 • Analyser Montrez que l'engagement politique a un caractère cumulatif.

4 • Argumenter Que signifie la première phrase du texte ?

DOC 3 Un système démocratique dévoyé ?

Daniel Gaxie écrit dans *Le Cens caché :* « Le rapport d'exclusion que certains agents entretiennent avec la politique du fait de leur position dans la structure sociale et surtout de leur infériorité scolaire a des effets comparables à ceux des restrictions du droit de vote qui écartaient les femmes et les "classes dangereuses" (classes d'âges ou classes sociales) des consultations électorales. Les inégalités scolaires fonctionnent comme [...] un cens culturel, d'autant plus efficace qu'il est plus caché. » [...] Derrière la fiction démocratique un homme = une voix = une opinion se cachent de profondes inégalités de compétence politique : tous les citoyens ne sont pas également préparés à [s'engager]. Les régimes démocratiques prétendent que tous les citoyens sont compétents politiquement mais ne leur donnent pas à tous les moyens nécessaires pour qu'ils le soient réellement (d'où l'existence d'un cens caché). [...]

Si, depuis la fin des années 1970, le niveau de diplôme a augmenté, les transformations économiques ont produit de nouvelles formes d'exclusion sociale et économique. Les transformations de la société (individualisation négative, déclin des classes sociales subjectives, affaiblissement de la capacité des partis de gauche à structurer les catégories populaires...) ont produit les ressorts de nouvelles formes de désintérêt pour la politique ou d'indifférence. ■

Rémi Lefebvre, *Leçons d'introduction à la science politique*, Ellipses, 3e éd., 2017.

CONTEXTE

Selon Pierre Bourdieu (*La Distinction*, 1979) et Daniel Gaxie (*Le Cens caché*, 1978), pour s'engager, il faut être et se sentir politiquement compétent. Or, les individus ayant un **faible capital culturel** intériorisent leur incompétence politique et participent peu. L'idéal d'une égale participation de tous cache l'existence d'un nouveau **« cens » social** qui exclut de la vie politique les citoyens les moins favorisés.

1 • Expliquer Comment peut-on interpréter la citation de Daniel Gaxie ?

2 • Lire Que signifie le passage souligné ?

3 • Analyser La thèse de Daniel Gaxie se vérifie-t-elle aujourd'hui ?

Faites le point

Complétez le texte à l'aide des termes suivants.

capital culturel – participation – engagés – exclusion – activités politiques – position sociale – cumuler – majorité – incompétence politique – niveau de diplôme – « cens caché »

L'engagement politique est d'autant plus fort que la ... est élevée. Valable pour le vote, ce constat se vérifie pour toutes les formes de ... qui ont tendance à se ... entre elles. Parmi les éléments du statut social, le ... est la variable la plus discriminante. Pour Gaxie, la faible participation dans les démocraties modernes est liée à un mécanisme d'... sociale et politique qui fonctionne comme un ... : le sentiment d'..., touchant les groupes les moins dotés en .... Il y a donc une coupure entre les citoyens ... et une ... d'individus que leur position sociale tient à l'écart des ....

Prenez la parole

Les titres de l'actualité

Un journal radio présente une enquête sur : « Niveau de diplôme et engagement politique ».

- **Par groupes de deux, rédigez chacun un titre puis une accroche.**
- **Présentez-les à votre camarade.**

2 L'engagement politique varie aussi selon l'âge, la génération et le sexe

OBJECTIF DU PROGRAMME : Comprendre que l'engagement politique dépend notamment de variables sociodémographiques (âge et génération, sexe).

DOC 1 Les jeunes ont-ils un rapport spécifique à la politique ?

Classe inversée

Commencez par la vidéo.

bordas Flash PAGE vidéo

Les jeunes et la politique : entretien avec Anne Muxel

1 • Qu'est-ce que la socialisation politique ?

2 • Quels sont les trois grands éléments caractérisant le rapport des jeunes à la politique ?

Les jeunes et la politique : quelques données

En %	Moins de 30 ans		Total
	18-24 ans	25-29 ans	
Intérêt pour la politique en 2018	42	–	51
Vote intermittent en 2017[1]	62,7	59,4	50,8
Abstention systématique en 2017[2]	19,4	23,9	13,4
Taux de syndicalisation en 2016[3]	3,6		10,8

Sources : Cevipof, 2018 ; Insee, 2017 ; Dares-DGAFP-Drees-Insee, 2016.

1. Inscrits résidant en France métropolitaine n'ayant pas voté à tous les tours de la présidentielle et des législatives.
2. Inscrits n'ayant voté à aucun tour de la présidentielle et des législatives.
3. Champ : ensemble des salariés, France métropolitaine.

1 • **Lire** Que signifient les données entourées ?

2 • **Comparer** Comparez-les à celles de l'ensemble de la population.

3 • **Analyser** Quelles sont les caractéristiques de l'engagement politique des jeunes ?

DOC 2 Les jeunes ne sont pas dépolitisés : ils s'engagent autrement

L'embrigadement […] ne colle pas avec l'individualisme en vogue. Le militantisme, lui, n'est pas mort. […] La jeunesse s'est affranchie de la tradition, et milite à sa façon. […]

« Aujourd'hui, lorsque les jeunes se mobilisent, c'est en décalage par rapport à la politique institutionnelle […]. Le moteur de l'engagement, c'est la cause, pas l'affiliation », explique Anne Muxel[1]. […] Les jeunes n'ont pas l'intention de s'inscrire dans l'Histoire, mais parient sur […] l'efficacité d'un engagement ponctuel pour des causes spécifiques. […] Le sociologue Jacques Ion qualifiait cette forme d'engagement de « post-it ». […] Un jour, ils descendent dans la rue […], boycottent, occupent ou font grève. Un autre jour, ils se sentent « manipulés », « récupérés », « invisibles », ou « dégoûtés », et jurent que « ça ne sert à rien ». Et le lendemain, ils protestent à nouveau. C'est selon leur humeur, […] la révolte du moment et les rêves environnants.

[…] « L'engagement est aujourd'hui désidéologisé. Il refuse tout leadership », poursuit A. Muxel. Elle évoque l'exemple du mouvement Nuit debout, qui portait « beaucoup d'aspirations différentes », s'est refusé à désigner un chef de file. […]

À travers le cybermilitantisme, ils s'impliquent et assument des positions en signant des pétitions en ligne […], se forgent leur propre opinion, prennent part aux débats de société. Entreprenants, ils n'ont pas peur de se mettre en scène. Selfies, vidéos, chaîne YouTube, pour être « suivis » […], il faut fédérer, sortir de l'ordinaire. Et pour ça, constate Anne Muxel, « ils n'hésitent pas à faire preuve de dérision, à utiliser le détournement, le décalage ».

Si la culture de la protestation politique ainsi que le pouvoir du numérique ont banalisé la manifestation, une partie [importante] des jeunes demeure en retrait. ■

1. Sociologue et politiste, spécialiste du rapport des jeunes à la politique.

Jean-Baptiste de Montvalon et **Charlotte Herzog**, « Avoir 20 ans en 2018 : militer, le haut du pavé 2.0 », *Le Monde*, 26 mars 2018.

Le mouvement « Nuit debout » en 2016 rassemble de nombreux jeunes.

1 • **Lire** Que signifie la phrase soulignée ?

2 • **Expliquer** Qu'est ce qu'un engagement « post-it » ?

3 • **Analyser** D'après les auteurs, quelles sont les autres caractéristiques de l'engagement politique des jeunes ?

4 • **Illustrer** Donnez des exemples de cybermilitantisme.

DOC 3 Des formes d'engagement variables selon les générations ?

Les modèles d'engagement selon Jacques Ion		
	Modèle du « militantisme affilié »	Modèle de l'« engagement distancié »
Profil des militants	Hommes d'âge mûr, classes populaires et moyennes	Public plus jeune, plus féminisé, davantage diplômé
Rapport militant / organisation	– Adhésion : militant dévoué à une organisation, « engagement total » – Engagement durable (le timbre renouvelable collé sur la carte d'adhérent) – Individu dissous dans un « nous » collectif	– Militantisme « affranchi », critique, « poly-engagement » – Engagement plus ponctuel, intermittent et moins durable (le Post-it, détachable et mobile) – Valorisation des compétences individuelles : le « je » prend le pas sur le « nous »
Type d'organisation	– Organisation pyramidale (base / dirigeants) – Forte sociabilité militante	– Organisation plus démocratique – Sociabilité militante plus limitée, plus grande distinction vie publique / vie privée
Exemples	Militants marxistes et trotskistes, partis ouvriers, syndicats traditionnels	Associations, bénévolat, nouveaux mouvements sociaux, militantisme des jeunes

Bordas (librement inspiré de **J. Ion**, *La fin des militants ?*, Éditions de l'Atelier, 1997, et **A.-C. Douillet**, *Sociologie politique. Comportements, acteurs, organisations*, Armand Colin, coll. Cursus, 2017).

1 • **Comparer** Quelles sont les principales différences entre les deux modèles d'engagement ?

2 • **Expliquer** Comment peut-on interpréter les deux images du « timbre » et du « Post-it » ?

3 • **Illustrer** Trouvez des exemples correspondant aux deux modèles d'engagement.

4 • **Débattre** Peut-on dire que le « militantisme affilié » disparaît au profit de l'« engagement distancié » ?

DOC 4 Le sexe influe sur le niveau et les modalités de l'engagement

Globalement, les hommes participent plus. [...] Cette inégalité traduit d'abord des différences de position dans l'espace social et, concernant les femmes, varie en fonction de leur rapport au travail. Plus elles sont intégrées dans cet univers, plus leur comportement s'aligne sur celui des hommes. Mais [...] le modèle de la division sexuelle des tâches reste largement ancré dans les mentalités : l'espace public pour l'homme, l'univers privé pour la femme. [...] À niveau de diplôme et d'activité égal, les femmes s'engagent moins dans la politique et son univers conflictuel. [Si] l'écart entre hommes et femmes s'est réduit par l'égalisation du niveau d'instruction, [...] non seulement les femmes s'investissent moins dans les instances représentatives de la politique mais elles sont moins tentées que les hommes de participer à des actions contestataires, cette tendance [s'estompant] dans les jeunes générations. ■

Dominique Chagnollaud de Sabouret, *Introduction à la science politique*, Dalloz, 8e éd., 2018.

En %	Composition de l'Assemblée nationale en 2017	Taux de syndicalisation en 2016[1]	Maires en 2019
Femmes	38,7	9,8	17
Hommes	61,3	11,8	83
Total	100	10,8	100

1. Champ : ensemble des salariés, France métropolitaine.

Sources : Insee, 2017 ; Dares-DGAFP-Drees-Insee, 2017 ; DGCL, 2019

1 • **Lire** Que signifient les données entourées ?

2 • **Définir** Qu'est-ce que la « division sexuelle des tâches » ?

3 • **Argumenter** Pourquoi, traditionnellement, les femmes participent-elles moins à la vie politique ?

4 • **Expliquer** Pour que les raisons le *gender gap* en matière d'engagement politique a-t-il tendance à se réduire ?

Faites le point

Complétez les cases avec le signe + ou – selon que le type d'engagement politique est plus ou moins fréquent par rapport au reste de la population française. Utilisez le signe = s'il s'en rapproche.

	Engagement politique des femmes	Engagement politique des jeunes
Vote		
Adhésion à un syndicat		
Engagement associatif		
Actions protestataires		

Prenez la parole

Carte mentale

- Par groupes de deux, préparez une carte mentale sur l'engagement politique des jeunes.
- Présentez-la à la classe.

1 La diversification des objets de l'action collective

OBJECTIF DU PROGRAMME : Comprendre la diversité et les transformations des objets de l'action collective (conflits du travail, nouveaux enjeux de mobilisation, luttes minoritaires).

Questionnez-vous ! Quels sont les enjeux de l'action collective ?

a Manifestation de 2019 contre la réforme des retraites

b Manifestation contre les violences faites aux femmes

c Gay Pride

d Action de Sea Shepherd

e Manifestation contre le racisme

f Grève contre un plan de licenciement

1 • Qui sont les acteurs mobilisés ?

2 • Quels sont les enjeux de leur action ? Cochez la bonne case du tableau.

	a	b	c	d	e	f
Conflits du travail						
Luttes de minorités						
Autres enjeux de mobilisation						

3 • Recherchez dans l'actualité d'autres actions collectives et identifiez à quel type d'enjeux elles correspondent.

DOC 1 Des mouvements sociaux porteurs de nouveaux enjeux ?

La période d'intense contestation qu'ont connue les pays industrialisés à la fin des années 1960 aurait pour résultat l'émergence de « nouveaux mouvement sociaux » (NMS)[1] : mouvement féministe, homosexuel, écologiste... Ces mobilisations hétérogènes [mettraient en avant] des revendications « post-matérialistes », centrées sur la reconnaissance de l'identité et la qualité de vie, par opposition aux mouvements antérieurs (principalement le mouvement ouvrier) qui portaient des revendications « matérialistes » (conditions de vie et ressources matérielles). Cette apparition des NMS témoignerait de l'évolution des sociétés occidentales, mise en évidence par Ronald Inglehart[2], qui, avec l'amélioration du niveau de vie et les progrès de l'éducation, deviendraient de plus en plus « post-matérialistes ».

Si l'on peut reconnaître à ce modèle une analyse juste de certaines transformations de l'action collective [...], la coupure historique « matérialiste / post-matérialiste » est simplificatrice : les mouvements passés ne sont pas exclusivement « matérialistes » (au sein du mouvement ouvrier, l'enjeu de la reconnaissance et de la dignité collective a toujours été crucial) et les revendications matérialistes n'ont pas disparu. [Avec la crise économique] les mobilisations des années 1990 [manifestent] un « retour de la question sociale » : elles impliquent des groupes précaires ou « exclus » (chômeurs, sans-domicile, sans-papiers). C'est [aussi] le cas de mobilisations de grande ampleur telles que le mouvement contre la réforme de la sécurité sociale en décembre 1995, [ceux] contre les réformes des retraites,... ■

1. Modèle développé par le sociologue français Alain Touraine et son équipe. 2. Sociologue américain.

Jean-Yves Dormagen et **Daniel Mouchard**, *Introduction à la sociologie politique*, De Boeck Supérieur, 5e éd., 2019.

CONTEXTE

Pour le sociologue américain R. Inglehart né en 1934, les **générations des pays occidentaux d'après-guerre** ont connu abondance et sécurité. Davantage instruites, leur participation s'est déplacée vers des **formes contestataires et des demandes qualitatives** : environnement, égalité des sexes, liberté sexuelle, questions identitaires, qualité de vie...

1 • **Analyser** Montrez que les mobilisations des NMS portent sur de nouveaux enjeux.

2 • **Illustrer** Donnez d'autres exemples de NMS que ceux évoqués dans le texte.

3 • **Expliquer** Que signifie l'expression « valeurs post-matérialistes » ?

4 • **Argumenter** uelles sont les principales critiques que l'on peut adresser à ce modèle ?

DOC 2 Un exemple de lutte minoritaire : les mobilisations des minorités ethniques

Pour Louis Wirth[1], une minorité est « un groupe de personnes qui, en raison de leurs caractéristiques physiques ou culturelles, [subissent] un traitement différentiel et inégal, et qui par conséquent se considèrent comme objets d'une discrimination collective ». [...] Le minorisé peut choisir deux types d'identification : soit la stratégie du retournement, par l'appropriation et la requalification de l'identification stigmatisante, soit la recherche de l'assimilation au groupe dominant dans l'espoir d'« éviter les assignations identitaires ». [...]
[Pour les minorisés ethniques] l'alternative entre mobilisation en réaction à une expérience commune de discrimination et mobilisation communautaire se retrouve dans [...] différents types de demandes [...] : d'égalité de traitement (lutte contre le racisme et les discriminations) et d'égalité des droits (droit de vote local, d'acquisition de la nationalité, etc.), d'une part, et demandes de protection de pratiques culturelles ou religieuses spécifiques, d'autre part. [...] ■

1. Sociologue américain (1897-1952).

S. Laplanche-Servigne, « Les mobilisations collectives des minorisés ethniques et raciaux », *in* O. Fillieule *et al.*, *Sociologie plurielle des comportements politiques*, Presses de Sciences Po, coll. Académique, 2017.

1 • **Expliquer** Montrez que les minorités ethniques peuvent constituer des groupes stigmatisés.

2 • **Argumenter** Que les stratégies les minorisés ethniques peuvent-elles déployer ?

3 • **Analyser** Sur quels enjeux les mobilisations des minorités ethniques portent-elles ?

DOC 3 Comment les conflits du travail évoluent-ils ?

Nombre de journées individuelles non travaillées (JINT) pour fait de grève pour 1 000 salariés en emploi en France (1975-2016)

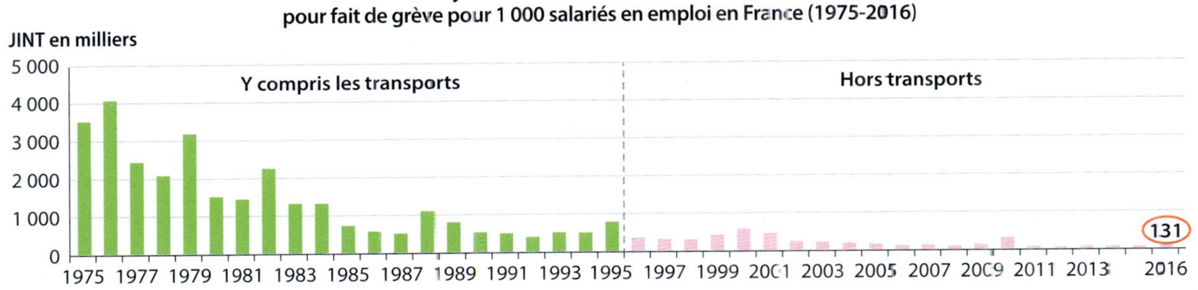

Source : Dares, enquêtes Acemo-Dialogue social en entreprise.

La conflictualité au travail, loin de s'être éteinte, s'est profondément métamorphosée, comme le révèlent les enquêtes de la Dares. Elles montrent [...] l'obsolescence de son indicateur officiel, le décompte des journées individuelles non travaillées (JINT), dont les biais de définition et de mesure ne permettent pas de saisir les transformations du répertoire d'action collective des salariés. Les grèves perlées ou les grèves du zèle[1] [...] obligent à remettre en cause plusieurs oppositions : entre conflit et négociation d'abord, qui se combinent plus qu'ils ne s'excluent ; ou entre actions collectives et retraits individuels (absentéisme, recours aux prud'hommes, etc.), qui s'inscrivent dans un continuum et sont investis de significations diverses pour ceux qui les engagent. ■

1. Une grève perlée consiste à ralentir le travail sans l'interrompre et une grève du zèle est l'application stricte des règles afin de ralentir le rythme de travail.

Igor Martinache, « Du syndicalisme en temps de crise », *Revue française de socio-économie*, n° 15, La Découverte, janvier 2015.

1 • **Lire** Que signifie la donnée entourée ?

2 • **Illustrer** Montrez, à partir de données du graphique, le déclin du recours à la grève.

3 • **Expliquer** Expliquez le passage souligné.

4 • **Analyser** Répondez à la question posée par le titre du document.

Faites le point

Reliez chaque exemple à la notion qui lui correspond.

Notions	Exemples
Conflits du travail •	• Grèves
Luttes minoritaires •	• *Gay Pride*
	• Manifestations contre la réforme des retraites
	• Grève de la faim des sans-papiers

Prenez la parole

Jeu de rôle

- Par groupes de deux, choisissez un exemple précis d'action collective.
- L'un joue le rôle de porte-parole des mobilisés et explique leurs revendications à l'autre, un journaliste qui l'interroge.
- L'interview peut être enregistrée et présentée à la classe.

2 Des mobilisations collectives portées par différents acteurs

OBJECTIF DU PROGRAMME : Comprendre la diversité des acteurs de l'action collective (partis politiques, syndicats, associations, groupements).

Activité *Repérez et illustrez le rôle des partis*

...	Fonction première des partis reconnue par l'art. 4 de la Constitution française (1958) : « les partis concourent à la formation et à l'expression du suffrage »
...	Fabrication de l'« idéologie », animation du débat politique, élaboration de programmes, formation de l'opinion publique, agrégation des demandes, mobilisation des soutiens et des électeurs
...	Sélection de candidats et plus largement du personnel politique (représentants et gouvernants)
...	Élaboration, discussion et exécution des lois, encadrement des élus et des représentants, conversion des exigences des groupes sociaux en solutions politiques
...	Diffusion des valeurs dans la société mais aussi auprès des militants et groupes placés sous leur influence, intégration des citoyens au système politique
...	Agréger des demandes, soutien des citoyens (assistance, services divers, etc.)
...	Intégration des « exclus » du système politique, porte la parole de groupes sociaux défavorisés, leur donnant une « tribune »

Bordas (librement inspiré de **D. Chagnollaud de Sabouret**, *Introduction à la science politique*, Dalloz, 8e éd., 2018).

Seul un Français sur dix fait aujourd'hui confiance aux partis. Leur nombre d'adhérents est en baisse, malgré des fluctuations en fonction des conjonctures politiques. Si les partis sont depuis longtemps critiqués, ils assurent des fonctions essentielles dans nos démocraties représentatives.

1 • Complétez le tableau avec les fonctions des partis suivantes.

socialisation politique – recrutement politique – médiation et soutien – structuration du vote – « fonction tribunitienne » – fonction gouvernementale – laboratoire d'idées

2 • Illustrez chaque fonction des partis à l'aide d'un exemple précis.

3 • Montrez comment les partis contribuent à la mobilisation des citoyens

DOC 1 Le rôle majeur des syndicats dans l'action collective

Adhérer à un syndicat constitue en soi une forme d'engagement. [...] Les salariés syndiqués votent davantage aux élections professionnelles et participent plus fréquemment aux mobilisations collectives sur les lieux de travail (débrayages ou grèves). [Ils s'engagent donc davantage] dans les collectifs de travail, la vie de l'entreprise, voire plus largement dans la vie sociale et politique, notamment lorsque les motifs de ces mobilisations sont plus généraux et dépassent le cadre de l'entreprise. [...] Ils sont plus nombreux que les non syndiqués à avoir des engagements associatifs tournés vers des causes collectives et citoyennes. [...] Ils sont également relativement plus nombreux à voter, [à manifester et à] « travailler de manière bénévole ». [...]

Au cours des trente dernières années, de moins en moins de salariés adhèrent à des syndicats. La désaffection à l'égard des syndicats s'inscrit dans un contexte plus général d'affaiblissement des grandes « institutions d'engagement ». [...]

En dépit de leurs difficultés, les syndicats de salariés restent un acteur social important et la première institution de défense des droits ou intérêts collectifs en France [...], très loin devant les partis politiques, les associations de protection de l'environnement. Ils devancent aussi les associations de défense de droits et intérêts (associations de consommateurs, de parents d'élèves, de locataires). Ils viennent juste derrière les associations tournées vers l'action sanitaire et sociale ou humanitaire et caritative. ■

« De l'adhérent au responsable syndical. Quelles évolutions dans l'engagement des salariés syndiqués ? », *Dares analyses*, n° 15, mars 2017.

bordas Flash PAGE vidéo

© Les clés de la République.

Les syndicats en France

1 • Quelles sont les grandes dates de la reconnaissance des syndicats en France ?

2 • Comment les formes de mobilisation syndicales évoluent-elles ?

1 • **Expliquer** Quel est le rôle des syndicats ?

2 • **Analyser** Montrez que l'engagement politique des salariés syndiqués est plus fort que celui des non syndiqués.

3 • **Décrire** Quels sont les moyens utilisés par les syndicats pour faire entendre leurs revendications ?

4 • **Argumenter** Montrez que les syndicats jouent un rôle majeur dans l'action collective.

DOC 2 Les associations, piliers des sociétés démocratiques

Alexis de Tocqueville prête plusieurs vertus aux associations. Il les voit comme susceptibles d'apporter une réponse à la question sociale, comme étant un mode d'organisation intermédiaire permettant de lutter contre les effets négatifs de l'individualisme, de maintenir la cohésion sociale. Pour l'auteur de *De la démocratie en Amérique* (1835-1840), les individus rejoignent les associations pour une multitude de raisons, souvent égoïstes. Mais cet engagement les amène à être plus soucieux de la « grande société ». [...] selon Tocqueville, les associations influencent les individus de trois manières. Elles donnent l'habitude et le goût d'agir en commun. Les associations « agrandissent le cœur et l'esprit humains », élargissent leur point de vue et renouvellent leurs idées. Enfin, l'engagement [associatif] favorise l'adhésion à des associations politiques, et inversement. Les associations seraient ainsi une « école » de la démocratie, où « l'intérêt particulier vient à se rencontrer avec l'intérêt général, et à s'y confondre ». Alexis de Tocqueville voyait donc les associations comme l'école de la démocratie et la clé de sa vitalité. Cette intuition va être interrogée par la sociologie contemporaine. ■

Simon Cottin-Marx, *Sociologie du monde associatif*, La Découverte, coll. Repères, 2019.

BIO SES

Alexis de Tocqueville (1805-1859) est un précurseur de l'analyse sociologique, il montre, dans *De la démocratie en Amérique* (1835-1840), que les sociétés démocratiques sont marquées par l'« égalisation des conditions » et une tension entre les valeurs de liberté et d'égalité. Il voit dans les associations un moyen de les combiner au quotidien, de lutter contre l'individualisme et la « tyrannie de la majorité ».

1 • **Lire** Que signifie la phrase soulignée ?

2 • **Expliquer** Pourquoi, selon Tocqueville, les associations sont-elles une « école de la démocratie » ?

3 • **Argumenter** Pour vous, les associations favorisent-elles la politisation des citoyens et leur engagement politique ?

DOC 3 Les Gilets jaunes, révélateur d'une crise de la démocratie représentative

Le mouvement des Gilets jaunes a troublé le jeu représentatif traditionnel, fondé sur une division du travail entre partis et syndicats : la défense des intérêts catégoriels revient aux syndicats et la tâche d'articuler les revendications en propositions politiques [...] incombe aux partis. Le mouvement a agi comme un révélateur de l'effritement des organisations politiques. La protestation sociale passe par d'autres canaux. [...] Les réseaux sociaux semblent avoir réduit l'avantage structurel que les élites ont sur les populations dominées : le monopole des opinions, le contrôle de l'agenda, de l'ordre du jour, de ce qui est important. [...] Outre la structuration de l'opinion, le mouvement a assumé une autre fonction que les organisations politiques remplissent de moins en moins : celle de sociabilité, de solidarité et de socialisation. [...] La convivialité des ronds-points, la fraternité et l'entraide qui les animaient [...] ont aussi été le creuset d'un processus de politisation et d'apprentissage de la politique. [Cependant] les forces du mouvement (souplesse, horizontalité...) sont aussi ses faiblesses (absence d'horizon stratégique clair, de lisibilité...). [...] Propulsés sur les réseaux, les leaders revendiquent le fait *de ne pas en être* et sont contestés s'ils le sont trop. [Faute] de porte-parole reconnus [...] le sens du mouvement a été qualifié depuis l'extérieur : on l'a fait parler... beaucoup et souvent pour le desservir. [...]

Les Gilets jaunes sont un révélateur puissant d'une crise de la démocratie représentative. [...] Ne pas *être* ou *être devenu* un parti ou une organisation : c'est à la fois la force des Gilets jaunes... et leur faiblesse. [...] Les organisations restent sans doute en démocratie représentative des structures indispensables. ■

Rémi Lefebvre, « Les Gilets jaunes et les exigences de la représentation politique », *La vie des idées*, 10 septembre 2019.

1 • **Expliquer** De quoi le mouvement des Gilets jaunes est-il le révélateur ?

2 • **Analyser** Quelles sont les forces et les faiblesses de ce mouvement ?

3 • **Argumenter** Mobilisez des arguments justifiant la dernière phrase du texte.

4 • **Déduire** Quelle est la contradiction fondamentale au cœur de ces mobilisations ?

Faites le point

Complétez le tableau en donnant pour chaque acteur trois exemples d'actions collectives.

	Partis politiques	Syndicats	Associations	Groupements
Exemples	...	...	...	...

Prenez la parole

Argumentation

- Par groupes de trois, choisissez un exemple d'association qui vous semble exprimer un engagement politique.
- Présentez-la devant la classe en justifiant votre choix.

3 Les transformations des répertoires d'action collective

OBJECTIF DU PROGRAMME : Comprendre la diversité et les transformations des répertoires d'action collective.

DOC 1 Qu'est-ce qu'un répertoire d'action collective ?

La notion de répertoire d'action collective (RAC) a été forgée par Charles Tilly[1] (*La France conteste. De 1600 à nos jours*, 1986). Tilly insiste sur l'idée que chaque groupe développe son propre rapport à la contestation et que les techniques utilisées diffèrent selon sa culture, ses traditions, ses habitudes, ses moyens et l'interaction qui va rendre possible ou complexe l'usage de tel ou tel répertoire. Le choix d'un mode d'action sera fonction de trois éléments : les moyens que l'époque permet (Internet est un répertoire nouveau) ; la culture singulière du groupe activiste (la violence chez les nationalistes corses, le *sit-in* ou *die-in* pour les mouvements pacifistes, la provocation ou la scandalisation chez Act Up ou les Femen, etc.) ; la situation d'interaction avec les forces répressives (le RAC ne sera pas le même face à une police démocratique ou face à des militaires dans un régime dictatorial). Selon Tilly, on assisterait à une modification profonde des RAC à partir du milieu du XIXe [et] l'entrée des masses dans la citoyenneté. [...]

Du hacktivisme militant au *die-in* (technique consistant à s'allonger tel un mort dans l'espace public) anti-corrida en passant par la scandalisation des *Femen*, l'occupation parfois violente des territoires par les zadistes ou la mise en scène « zombie » lors du G20 de Hambourg en juillet 2017, les répertoires d'action sont multiples et variés, impliquant diverses ressources allant du droit en passant par les corps, la sexualité ou l'usage des médias. ■

1. Sociologue américain, historien, et politiste (1929-2008).

Xavier Crettiez, **Jacques de Maillard** et **Patrick Hassenteufel**, *Introduction à la science politique*, Armand Colin, coll. Portail, 2018.

NOTION DE TERMINALE

Répertoire d'action collective : selon Charles Tilly, mode d'action collective disponible dans une société à un moment donné de son histoire. Chaque groupe mobilisé, en fonction de sa culture protestataire, maîtrise une liste particulière de ces formes d'action.

1 • **Définir** Qu'est-ce qu'un « répertoire d'action collective » ?

2 • **Expliquer** Selon quels facteurs un groupe mobilisé va-t-il choisir son répertoire d'action ?

3 • **Analyser** Quels sont les répertoires d'actions les plus courants dans les sociétés démocratiques actuelles ?

4 • **Lire** Que signifie le passage souligné ?

Activité Analysez la diversité des répertoires d'action collective

a

« La Liberté guidant le peuple », tableau d'Eugène Delacroix, 1830

b

La « Brigade Activiste des Clowns »

c

Des black blocs

d

L'affiche de l'appli I-boycott

1 • **Complétez le tableau.**

Image	a	b	c	d
Nature de la revendication	...	...	...	...
Cadre / lieu de la protestation	...	...	...	...
Moyens d'action utilisés	...	...	...	...
Niveau de la violence	...	...	...	...

2 • **Donnez d'autres exemples de répertoires d'action collective.**

3 • **Dans quel sens les répertoires d'action collective vous semblent-ils évoluer au cours du temps ?**

DOC 2 L'évolution des répertoires d'action politique en France

	local-patronné (1650-1850)	national-autonome (1848-1980)	transnational-solidariste (en gestation) (depuis 1980)
Type d'intérêts défendus	Corporation, communauté, village : sabotage de machine, refus de la clôture des terres communales, expulsion d'agent du fisc, etc.	Variés, portés par divers groupements : association, syndicat, groupe d'intérêt, etc.	Plus universels et techniques (environnement, lutte contre la mondialisation néolibérale, etc.) : ONG, association internationale, etc.
Rapport aux autorités	Recours au soutien de puissants « patrons » (notables) : prêtre ou noble local	Organisation et porte-parole autonomes, défi direct aux autorités	Réticence à toute délégation politique, aux récupérations partisanes : forum, pétition, désobéissance civile
Cadres de la protestation	Fête locale, rassemblement autorisé : carnavals, etc.	Organisation d'assemblées : assemblée générale, états généraux	Du « local au global » : forums sociaux, ZAD, campements des « Indignés », Nuit debout, etc.
Formulation des revendications	Codée : détournement de symboles (pendaison de mannequins, etc.)	Explicite : programme, mot d'ordre national, slogan, pétition, tract, manifeste, etc.	Militantisme d'expertise, rôle accru du droit et des médias : manifestation « de papier »
Lieux des mobilisations	Les sites mêmes de l'injustice	Lieux les plus visibles, sites du pouvoir : cortèges parisiens, etc.	Lieux symbolisant la mondialisation néolibérale : contre-sommet altermondialiste, etc.
Niveau de violence	Fort. Confrontation physique, répression brutale	Faible. Protestation plus ritualisée, pacifiée	Faible. Recul de la violence politique

Bordas (librement inspiré de **C. Tilly**, *La France conteste. De 1600 à nos jours*, Fayard, coll. L'espace du politique, 1986, et **É. Neveu**, *Sociologie des mouvements sociaux*, La Découverte, coll. Repères, 2019).

1 • Lire Pourquoi le répertoire précapitaliste, typique d'avant la révolution industrielle, est-il qualifié par Tilly de local et patronné ?

2 • Expliquer Quelles sont les principales caractéristiques du nouveau répertoire en gestation ?

3 • Argumenter Peut-on dater précisément le passage d'un grand répertoire d'action à un autre ?

DOC 3 Engagement 2.0 : les féministes à l'assaut du Web

JeSuisFéministe, #WomanTax, #FeminisTalk... Les hashtags et messages de mobilisations féministes fleurissant sur le Web illustrent le fort activisme numérique de collectifs comme les Femen, La Barbe, Osez le féminisme... Internet a-t-il transformé le répertoire d'actions du mouvement féministe ?

[...] L'espace numérique, dont l'architecture repose sur les principes d'« horizontalité des échanges » et de « nivellement hiérarchique », a pu favoriser la prise de parole politique des femmes, davantage que dans l'espace public physique. Les nouvelles formes d'action collective en ligne ne sont cependant pas une alternative au militantisme classique : l'action sur le terrain reste essentielle pour ces mouvements (manifestations, lobbying auprès d'acteurs publics et de la presse...). Le numérique ne [remplace pas] le répertoire d'actions traditionnel, mais l'élargit grâce à une plus vaste panoplie de moyens (pétitions en ligne, réseaux sociaux...). Cette visibilité sur le Web a néanmoins comme revers la forte montée du cybersexisme : en témoignent les propos virulents tenus sur les réseaux sociaux et les sites féministes [...] « par des factions d'internautes ». ■

Justine Canonne, « Les féministes à l'assaut du Web », *Sciences humaines*, n° 294, juillet 2017.

1 • Argumenter Montrez qu'Internet contribue à renouveler le répertoire d'action des collectifs féministes.

2 • Illustrer Trouvez d'autres exemples de mobilisations collectives utilisant Internet.

3 • Expliquer Ces dernières sont-elles appelées à remplacer les formes traditionnelles de l'action collective ?

4 • Illustrer Donnez des exemples précis de « cybersexisme » tirés de l'actualité récente.

Faites le point

Vrai ou faux ? Justifiez votre réponse.

1. La notion de répertoire d'action collective désigne le stock limité de moyens d'action à la disposition des groupes protestataires, à chaque époque et dans chaque société.
2. En France, dans le répertoire d'action politique contemporain, tout recours à la violence a disparu.
3. Le troisième répertoire se déroule dans un espace supranational, visant des enjeux plus techniques, et donnant une place clé à l'expertise, au droit et aux médias.

Prenez la parole

Pitch

- **Par groupes de deux, choisissez un exemple précis de mobilisation.**
- **Présentez en trois minutes à la classe le répertoire d'action collective sur lequel elle s'appuie.**

Comment expliquer l'engagement politique dans les sociétés démocratiques ?

Synthèse

bordas Flash PAGE podcast DYS

DOSSIER 1 Pourquoi s'engage-t-on ?

1 Les multiples formes de l'engagement politique

- Valorisé dans nos sociétés démocratiques, **l'engagement politique** est une notion complexe. Au-delà du vote, les modalités d'engagement politique sont nombreuses, et peuvent présenter des formes, une intensité et des finalités variables : **militantisme** dans un **parti politique**, un **syndicat**, **engagement associatif**, **consommation engagée**...
- L'engagement politique peut avoir une dimension individuelle (artistes engagés, grèves de la faim, consumérisme politique...), l'engagement renvoie souvent à des modes d'action collectifs (manifestations, pétitions, grèves, mouvements sociaux,...) s'appuyant sur des organisations et des réseaux.

2 S'engager ou ne pas s'engager : un calcul rationnel ?

- Pour Mancur Olson, l'individu rationnel décide d'agir ou non en évaluant les avantages et les coûts de sa participation. Le succès d'une **action (ou mobilisation) collective** profitant à tous, que l'on y ait participé ou pas, les individus adopteront la stratégie du passager clandestin (laisser les autres agir) et l'action collective n'aura pas lieu. Fréquent dans les grands groupes, ce **paradoxe de l'action collective** peut être résolu par la mise en place d'**incitations sélectives**, positives (assistance juridique, accès à des postes rémunérés...) ou négatives (affiliation obligatoire).
- Mais la recherche de gains matériels ne suffit pas à expliquer l'engagement. Pour Daniel Gaxie, les **rétributions symboliques** jouent un rôle crucial : l'engagement est souvent motivé par des valeurs altruistes, des éléments affectifs, le lien social qu'il permet de tisser. Il procure donc des gratifications subjectives : sentiment de fierté et d'appartenance, construction d'une identité valorisante...

3 Les principales explications de l'action collective

- L'analyse d'Olson montre que l'action collective ne va pas de soi : il ne suffit pas d'être mécontent pour se mobiliser. Plusieurs modèles soulignent que l'existence et le succès d'une mobilisation dépendent notamment du contexte politique et social, en particulier de la « **structure des opportunités politiques** » ou encore de la capacité à mobiliser des ressources, des savoir-faire et à s'appuyer sur des réseaux.
- D'autres théories analysent les conditions de l'action collective. Chez Marx, elle unit des individus qui, ayant la même position économique, partagent une conscience de groupe nourrie par la lutte des classes. Selon Oberschall, un groupe est plus enclin à se mobiliser s'il a peu accès au pouvoir, dispose d'une forte identité et s'appuie sur une organisation. Pour Touraine, dans nos sociétés postindustrielles, les mouvements sociaux, portent sur des causes inédites et défendent des « valeurs post-matérialistes » (Inglehart), à l'aide d'actions innovantes.

VU EN PREMIÈRE

Abstention électorale : fait, pour un électeur inscrit sur les listes électorales, de ne pas voter lors d'un scrutin légalement organisé.

Participation électorale : fait, pour un électeur inscrit sur les listes électorales, de voter lors d'un scrutin légalement organisé.

Variables sociales du vote : facteurs sociaux influençant le vote des individus.

NOTIONS DE TERMINALE

Action (ou mobilisation) collective : action concertée d'un ensemble d'individus autour d'une cause commune.

Conflits du travail : désaccords entre employeurs et salariés au sein de la sphère productive portant principalement sur les salaires, l'emploi, les conditions de travail. Ils peuvent se traduire par des grèves. Désormais institutionnalisés, ces conflits peuvent être régulés par la négociation entre partenaires sociaux.

Consommation engagée : actions individuelles ou collectives visant, par le choix de produits et de producteurs, à dénoncer certaines pratiques marchandes (boycott) ou à promouvoir des formes d'activités économiques jugées plus éthiques (*buycott*).

Engagement associatif : fait de participer activement à la vie associative. Les associations, leurs buts et leurs acteurs étant divers, l'engagement associatif n'est pas forcément un engagement politique.

Engagement politique : acte manifestant la volonté de participer à la vie politique pour peser sur ses orientations et/ou interpeller les autorités politiques.

Incitations sélectives : dans un groupe mobilisé, moyens de limiter les comportements de passagers clandestins (*free-riders*) en récompensant les participants (incitations positives : rétribution individuelle de l'engagement) et/ou en augmentant les coûts de l'inaction (incitations négatives : pénalisation de la défection).

DOSSIER 2 Quels sont les principaux déterminants de l'engagement politique ?

1 Le poids important de la catégorie socioprofessionnelle et du niveau de diplôme

- Tout comme il existe différentes **variables sociales du vote**, l'engagement politique peut être relié à des **variables sociodémographiques**. Contrairement à l'idéal démocratique, la participation politique est plutôt faible dans nos sociétés : elle ne concerne qu'une minorité active : elle est d'autant plus forte, intense et variée que le statut social et le niveau de diplôme sont élevés.

- Ainsi, l'engagement est fortement corrélé à la détention d'un capital scolaire qui conditionne la capacité des individus à s'intéresser à la politique, à la comprendre et à prendre position. La forte **abstention électorale** dans les classes populaires illustre le phénomène du « cens caché » (Gaxie).

2 L'engagement politique varie aussi selon l'âge, la génération et le sexe

- Traditionnellement, en France, l'engagement est plus marqué chez les hommes, traduisant l'inégalité des rôles masculins et féminins. Avec l'amélioration de la condition féminine, cet écart s'est atténué. La **participation électorale** et l'engagement associatif varient peu selon le sexe. Mais le militantisme partisan et syndical, la détention de mandats politiques et la participation à des mobilisations restent plus fréquents chez les hommes.

- Les jeunes générations ont développé un rapport particulier à la politique : défiance vis-à-vis de ses formes instituées, abstention et vote intermittent plus marqués, engagements partisan et syndical plus faibles ; mais aussi, volonté de s'engager par des voies plus protestataires. La « jeunesse », catégorie hétérogène, constitue un « miroir grossissant » de la société : elle reflète ses évolutions comme ses fractures.

DOSSIER 3 Quelles sont les principales transformations de l'action collective ?

1 La diversification des objets de l'action collective

- Depuis le XIXe siècle, les syndicats ont joué un rôle décisif dans l'organisation de la classe ouvrière et les **conflits du travail**. Si le nombre de grèves semble décliner depuis les années 1970, les conflits du travail restent très présents : ils portent davantage sur la défense de l'emploi, de la protection sociale et des services publics et s'appuient sur de nouvelles formes d'action, qu'elles soient collectives (débrayages, grèves perlées, manifestations, etc.) ou plus individuelles (recours aux prud'hommes, refus d'heures supplémentaires, absentéisme, etc.).

- Les années 1960-1970 marquent l'émergence de « nouveaux mouvements sociaux » (NMS). Pour Touraine, ces NMS (féminisme, écologie, mouvements homosexuels, anti-racistes, etc.) caractérisent nos sociétés post-industrielles, où les conflits sociaux portent sur des enjeux plus qualitatifs. Ainsi, les NMS auraient moins pour objet le travail et le partage des richesses que la défense de valeurs « post-matérialistes » : cadre de vie, respect des différences, **luttes minoritaires**,... Il faut toutefois relativiser leur nouveauté (le mouvement féministe n'est pas récent) et leur importance : les revendications matérialistes restent les plus fréquentes.

NOTIONS DE TERMINALE

Luttes minoritaires : mobilisations de groupes minoritaires dont les membres font l'objet d'une discrimination collective, du fait de leurs caractéristiques physiques ou culturelles, ou de leurs activités (minorités ethniques, minorités homosexuelles, prostituées...).

Militantisme : militer (du latin *militare*) : combattre, lutter. Participation bénévole et active à un parti, à un syndicat ou à une association impliquant un engagement plus ou moins durable pour une cause collective.

Paradoxe de l'action collective : selon Mancur Olson, fait que des individus peuvent être amenés à ne pas se mobiliser malgré un intérêt commun : tout individu rationnel tend à se comporter en *free-rider* (passager clandestin), laissant les autres bénéficier des fruits de l'action sans en supporter les coûts.

Partis politiques : organisations dont les membres se regroupent autour d'un projet politique en vue de conquérir et d'exercer le pouvoir.

Rétributions symboliques : pour Daniel Gaxie, satisfactions d'ordre moral ou identitaire procurées par le militantisme : intégration au groupe mobilisé, estime de soi, plaisir de lutter ensemble, sentiment de défendre une juste cause, fierté d'agir en conformité avec ses valeurs, etc.

Structure des opportunités politiques : éléments de l'environnement et du contexte politique qui pèsent sur l'action collective. Le déclenchement des mobilisations est influencé par les opportunités qui se présentent, en fonction du contexte et des caractéristiques du système politique.

Syndicats : associations dont le rôle est de défendre les intérêts professionnels, individuels ou collectifs de ses membres. En France, l'adhésion à un syndicat est libre, non obligatoire.

Variables sociodémographiques (de l'engagement) : variables pesant sur l'engagement politique telles que la position sociale (CSP), le niveau de diplôme, le sexe, l'âge ou la génération.

2 Des mobilisations collectives portées par différents acteurs

- Comptant peu d'adhérents en France, les partis politiques restent des structures d'engagement nécessaires au fonctionnement de nos démocraties. Ils permettent la mobilisation des citoyens et assurent des fonctions essentielles : structuration de l'**opinion publique** et du vote, animation des débats, élaboration de programmes, recrutement du personnel politique, socialisation politique, etc.
- Les syndicats jouent aussi un rôle clé dans l'action collective. Ils représentent les salariés, formulent des revendications portant sur le travail ou la protection sociale et disposent d'un répertoire d'actions varié (tracts, pétitions, meetings, défilés, arrêts de travail, etc.). Ils sont les principaux organisateurs de manifestations en France.
- Le déclin des partis et des syndicats contraste avec le dynamisme des **associations**. Elles n'ont pas toutes une finalité politique, mais peuvent constituer des espaces d'engagement. Elles permettent de tisser du lien social et d'affirmer certaines valeurs : solidarité, entraide, défense de causes, etc. Constituant un contre-pouvoir et un rempart contre l'individualisme, Tocqueville considère les associations comme des écoles de la démocratie. Enfin, la démultiplication des mouvements sociaux marque la volonté des citoyens de prendre la parole en dehors des élections pour exprimer publiquement leur mécontentement et peser directement sur la décision publique.

VU EN PREMIÈRE

Opinion publique : ensemble des idées et des manières de penser partagées par les citoyens au sujet des enjeux politiques, des dirigeants, des institutions et des événements de l'actualité.

3 Les transformations des répertoires d'action collective

- La participation politique ne se limite pas au vote ni aux activités partisanes. Manifestations, grèves, pétitions, boycotts, désobéissances civiles, barrages, affrontements... sont autant de moyens d'agir en démocratie. Pour Tilly, chaque société dispose d'un **répertoire d'action collective** (RAC). Il distingue deux grands RAC en France :
  – local-patronné (1600-1848) : recours, dans un cadre local, au parrainage de notables ou hommes d'Église, détournement de rites et usage fréquent de la violence ;
  – national-autonome : à partir de 1848 (suffrage universel masculin) la contestation devient nationale, repose davantage sur l'initiative des citoyens organisés (en syndicats, mouvements sociaux...) et se pacifie.
- Depuis les années 1990, nous assisterions à l'émergence d'un 3e RAC : incarné notamment par l'altermondialisme ou les mouvements écologistes, il porterait sur des enjeux transnationaux, plus techniques, donnerait un rôle clé à l'expertise, au droit et aux médias, et reposerait sur des mobilisations innovantes : actions spectaculaires, festives et ludiques, utilisation d'Internet, techniques de scandalisation, occupation de lieux (campement d'Indignés, Occupy Wall-street, ZAD, etc.).

NOTIONS DE TERMINALE

Associations : regroupements de personnes majoritairement bénévoles autour de projets ou d'activités, dans un but non lucratif. Elles poursuivent des objectifs très divers : sport, pratiques artistiques, défense d'intérêts ou de causes, action humanitaire...

Répertoire d'action collective : selon Charles Tilly, mode d'action collective utilisé dans une société à un moment donné de son histoire. Chaque groupe mobilisé, en fonction de sa culture protestataire, maîtrise une liste particulière de ces formes d'action.

Repères

Des chiffres clés

L'engagement politique dans les sociétés démocratiques

- **Environ 1 %** des citoyens détiennent une fonction politique ;
- **2 à 30 %** appartiennent à un parti ;
- **10 %** ont déjà manifesté ;
- **30 à 50 %** déclarent s'intéresser à la politique ;
- **50 à 70 %** s'intéressent aux élections.

Une citation

Mancur Olson, *La logique de l'action collective*, 1965 :

« En réalité, le cas des très petits groupes mis à part, à moins de mesures coercitives ou de quelque autre disposition particulière les incitant à agir dans leur intérêt commun, des individus raisonnables et intéressés ne s'emploieront pas volontairement à défendre les intérêts du groupe. »

Un mécanisme

Les rétributions du militantisme

Si le militantisme est souvent perçu comme une activité désintéressée, Olson développe une conception utilitariste de l'engagement (recherche de « profits » individuels). Pour Daniel Gaxie, la réalité est plus complexe : les **« rétributions du militantisme »** peuvent être matérielles, mais les satisfactions qu'il procure sont surtout **symboliques** et découvertes au fil de l'engagement. L'intérêt personnel ne se réduit pas à l'intérêt strictement économique.

Schéma bilan

bordas Flash PAGE animation

L'ENGAGEMENT POLITIQUE...

... est une notion complexe et multiforme.

- **Idéal démocratique** : participation active de tous les citoyens
- **Dimension individuelle**, mais surtout **collective** : vote, engagement partisan, syndical, associatif, mouvements sociaux...
- **Degrés d'implication** variables (intensité, durée) : vote, bénévolat, militantisme...

... peut s'exprimer par la participation à des actions collectives, expliquées par différentes théories.

- Lutte des classes
- Incitations sélectives
- Rétributions du militantisme
- Nouveaux mouvements sociaux (NMS)
- Mobilisation des ressources
- Structure des opportunités politiques...

... s'explique par des variables sociodémographiques.

- **CSP** et **niveau de diplôme** : rôle important dans l'engagement politique
- **Sexe** : engagement plus important des hommes (partis, syndicats, mouvements sociaux) que des femmes, mais même participation électorale
- **Jeunes générations** : abstention plus forte et en progression, vote intermittent, engagement moindre dans les partis et syndicats, mais formes protestataires de l'engagement plus fréquentes

... s'incarne dans des mobilisations qui se diversifient et se transforment.

- **Objets** : évolution des conflits du travail, émergence de NMS et de luttes minoritaires (homosexuels, mouvements antiracistes...)
- **Acteurs** : partis, syndicats, associations, mouvements sociaux
- **Répertoires d'action collective** : local-patronné, puis national-autonome ; émergence d'un répertoire transnationaliste (altermondialisme...)

Prolongements

Un livre

La consommation engagée,
Sophie Dubuisson Quellier, Presses de Sciences Po, coll. Contester, 2018

Consommation bio, écovillages, boycott, *buycott*, mouvements anti-publicité, contre la souffrance animale, circuits courts, véganisme....

Un film

En guerre,
de Stéphane Brizé, 2018

Animés par la colère et l'énergie du désespoir, des ouvriers entrent en lutte pour sauver leurs emplois... Négociations, dialogue de sourds, pressions, grève, occupation des locaux, violence des échanges... La « guerre » est déclarée, totale, épuisante, inégale.

Un site

www.lesclesdelarepublique.fr

Des vidéos avec des animations sur les partis, les syndicats, la grève...

Je vérifie mes connaissances

Plus d'exercices en numérique
bordas Flash PAGE exercices interactifs

CORRIGÉS ➡ PAGE 472

Exercice 1

Choisissez la (ou les) bonne(s) réponse(s).

1 • À quelles activités correspond la notion d'engagement politique ?
a. Au vote et au militantisme partisan, syndical ou associatif.
b. Uniquement au vote et à l'adhésion à un parti.
c. À la participation à des mobilisations collectives (manifestations, grèves, pétitions...).

2 • Le *buycott* consiste à :
a. privilégier certains types d'achats pour des raisons éthiques
b. ne plus rien acheter
c. refuser certains types d'achats pour des raisons éthiques

3 • Que désigne le « paradoxe de l'action collective » ?
a. Le fait que les individus sont fondamentalement altruistes, mais passifs.
b. Le fait que des individus qui ont intérêt à se mobiliser collectivement ne vont pas nécessairement le faire.
c. Le fait qu'agir en groupe est paradoxal.

4 • Que signifie la notion de « structure des opportunités politiques » ?
a. Le contexte économique, social et politique peut favoriser ou freiner l'action collective.
b. La composition du groupe des ambitieux qui rêvent de conquérir le pouvoir.
c. Le degré d'ouverture du système politique, plus ou moins ouvert et réceptif à la contestation.

5 • La notion de « cens caché » signifie que :
a. en raison de leur sentiment d'incompétence politique, les moins diplômés s'engagent peu
b. certains hommes politiques pratiquent la « langue de bois »
c. il existe un écart entre l'idéal des sociétés démocratiques et la réalité de leur fonctionnement

6 • Par rapport aux hommes, les femmes :
a. s'engagent moins dans les organisations partisanes, syndicales ou les mouvements sociaux
b. ont une participation électorale et un engagement associatif comparables.
c. s'engagent plus en politique.

7 • Par rapport à la moyenne des citoyens français, les jeunes :
a. s'abstiennent moins
b. sont davantage séduits par l'engagement protestataire
c. ont un engagement partisan et syndical plus faible

8 • Comment caractériser les conflits du travail aujourd'hui ?
a. Ils portent de plus en plus sur la défense de l'emploi, des services publics et de la protection sociale.
b. Ils sont moins nombreux.
c. Ils persistent, mais se transforment.

9 • Quels sont les enjeux des luttes minoritaires ?
a. Défendre les intérêts des énarques.
b. Lutter contre les discriminations dont font l'objet certaines minorités.
c. Affirmer la volonté de s'intégrer et/ou mettre en avant sa différence.

10 • Aujourd'hui, à quel(s) type(s) le répertoire d'action contemporain correspond-il ?
a. Au répertoire « national-autonome ».
b. Au répertoire « local-patronné ».
c. À un nouveau répertoire parfois qualifié de « transnational ».

Exercice 2

Les affirmations suivantes sont-elles vraies ou fausses ? Justifiez votre réponse.

1. Un militant est une personne qui s'engage activement dans une organisation politique ou une association.
2. La consommation engagée implique toujours une critique du système capitaliste.
3. Pour Olson, la participation à une action collective renvoie à un calcul rationnel et égoïste.
4. Dans les dictatures, la structure des opportunités politiques est généralement favorable à la mobilisation.
5. Malgré l'idéal démocratique, l'engagement politique est le fait d'une minorité active.
6. Aujourd'hui, le sexe reste une variable explicative de l'engagement politique.
7. Les jeunes sont apathiques et dépolitisés.
8. Les conflits du travail sont en déclin.
9. Aujourd'hui, les revendications « post-matérialistes des « nouveaux mouvements sociaux » représentent la majorité des mobilisations.
10. Les luttes minoritaires correspondent à des mobilisations contre les minorités.

J'utilise mes connaissances

Exercice 1 Identifier les répertoires d'action collective

Répertoire local-patronné (1600-1850)	Répertoire national-autonome (depuis 1848)	Répertoire transnational (depuis la fin des années 1980)
...	...	...

- **Classez chacune des actions collectives suivantes dans le tableau.**

a. Fauchage de maïs transgénique.
b. Pétition contre la souffrance animale.
c. Incendie de mannequins de paille habillés en costumes locaux.
d. *Die-in :* s'allonger sur le sol pour symboliser les victimes d'un phénomène.
e. Révoltes paysannes (jacqueries).
f. *Zaps :* actions éclair, bruyantes et visibles, visant des personnalités homophobes.
g. Charivari : rassemblement tapageur et coloré sous les fenêtres d'un adversaire pour le conspuer.
h. Manifestation contre la réforme des retraites.
i. Barrages routiers.
j. Forum social altermondialiste.
k. Occupation durable de l'espace public (Indignés, ZAD, Nuit debout)
l. Charge des black blocs contre les forces de l'ordre.
m. Occupation de ronds-points.
n. Grève des cheminots.
o. Raids informatiques opérés par les « hacktivistes » d'Anonymous

Exercice 2 Retrouver des notions et illustrer un mécanisme

Selon Olson, pour dépasser le **...** et limiter le phénomène du « ticket gratuit », en anglais **...**, les partis, les syndicats mais aussi certaines associations doivent s'assurer de la loyauté de leurs **...** supposés rationnels et égoïstes. Comment peuvent-ils y parvenir ? <u>Par la distribution ciblée de biens ou services, en augmentant les gains de la participation à l'action (rétribution individuelle de l'engagement) et/ou en augmentant les coûts de la non-participation (pénalisation de la défection).</u>

1 • Complétez les deux premières lignes du texte en retrouvant les notions adéquates.

2 • À quelle notion déclinée en deux catégories le passage souligné fait-il référence ?

3 • En fonction de votre réponse précédente, associez les exemples suivants à l'une des deux catégories.
a. Obtention d'emplois de permanents ; **b.** Piquets de grève ; **c.** Acquisition d'un capital social ou d'un capital militant pouvant avoir une rentabilité professionnelle ; **d.** Aide juridique ; **e.** Affiliation syndicale obligatoire dans certaines professions (système du *closed shop*) ; **f.** Services offerts à des prix inférieurs au marché ; **g.** Accès plus difficile à des postes de responsabilité.

Je construis ma fiche de révision

Fiche téléchargeable lycee.editions-bordas.fr

À l'aide des pages « L'essentiel » et de vos connaissances, retrouvez les éléments clés du chapitre et complétez votre fiche de révision.

Comment expliquer l'engagement politique dans les sociétés démocratiques ?

NOTIONS CLÉS
- Répertoire d'action collective
- ...

ANALYSES THÉORIQUES
- Paradoxe de l'action collective (Mancur Olson)
- ...

OUTILS
- Taux de syndicalisation
- ...

CONNAISSANCES FACTUELLES
- Environ 1 % des citoyens détiennent une fonction politique
- ...

IDÉES PRINCIPALES
- L'engagement politique peut s'expliquer par l'existence d'incitations sélectives
- ...

TRAVAUX DIRIGÉS

Décrypter un tableau complexe avec des indicateurs différents

OBJECTIF : Savoir utiliser un tableau à double entrée complexe. Savoir-faire 8 p. 413

Un **tableau à double entrée** est un outil présentant des données classées en fonction d'au moins deux critères, l'un en ligne, l'autre en colonne. Pour l'exploiter, il faut sélectionner les données, dégager des tendances, des faits marquants, ensuite expliquer ces constats en allant du général au particulier. Ici le tableau présente une difficulté particulière : les colonnes comportent des indicateurs et des unités différents.

Arrêts collectifs de travail[1] selon le secteur d'activité en 2016

	JINT / 1 000 salariés, dans l'ensemble des entreprises du champ	Entreprises ayant déclaré au moins un arrêt collectif de travail (en %)	JINT / 1 000 salariés, dans les entreprises ayant connu au moins une grève	Salariés travaillant dans une entreprise ayant connu au moins un arrêt collectif de travail (en %)
Industrie	189	4,1	489	38,7
Construction	12	0,8	119	10,5
Commerce[2]	199	0,8	701	28,5
dont Transport et entreposage	*671*	*2,9*	*1 253*	*53,5*
Services	64	1,8	323	19,8
Ensemble	131	1,7	505	26,0

1. Grèves ou débrayages. 2. Le commerce comprend les entreprises du « Commerce ; réparation d'automobiles et de motocycles », des « Transports et entreposage » et de l'« Hébergement et restauration ».

Champ : entreprises de 10 salariés ou plus du secteur marchand (hors agriculture) en France métropolitaine.

Source : Dares, enquête Acemo « Dialogue social en entreprise ».

Étape 1 Comprendre le document et en repérer les informations essentielles

Vous devez être attentif à chacun des termes figurant dans le titre du document, repérer les unités utilisées, ce qui figure en ligne et en colonne, le cadre spatio-temporel et le champ du document.

1 • Faites une phrase précisant la nature, l'objet et le cadre spatio-temporel du document proposé.

2 • Dans quel sens lit-on les données et quelles sont les unités utilisées ?

Il faut ensuite entrer dans le détail des informations fournies en repérant notamment le champ du document.

3 • Ces données portent-elles sur l'ensemble des salariés et sur l'ensemble des conflits du travail ?

Étape 2 Lire les données avec rigueur en étant attentif à la spécificité de chaque indicateur

Dans ce document figurent plusieurs types de ratio formulés dans deux unités différentes. Pour éviter les erreurs de lecture, identifiez précisément le numérateur et le dénominateur.

1 • Selon vous, quelle est la phrase permettant une lecture rigoureuse de la donnée soulignée ?

a. Les salariés travaillant dans une entreprise ayant connu une grève en 2016 représentent 38,7 % des salariés.

b. En France, en 2016, 38,7 % des salariés de l'industrie appartiennent à une entreprise dans laquelle un conflit du travail a eu lieu.

c. En 2016, sur 100 salariés de l'industrie française, 38,7 en moyenne appartiennent à une entreprise dans laquelle au moins un arrêt collectif de travail (grève ou débrayage) a eu lieu.

2 • Faites une phrase pour les autres données de la première ligne (colonnes 1 à 3).

Étape 3 Sélectionner les données, effectuer des comparaisons et des calculs

Afin de bien exploiter ce document complexe, soyez sélectif, effectuez des comparaisons et des calculs simples.

1 • Quel est le secteur d'activité ayant connu le plus de JINT pour 1 000 salariés ?

2 • Dans quel secteur d'activité trouve-t-on la proportion la plus élevée d'entreprises ayant connu au moins un arrêt collectif de travail ?

3 • Quel secteur d'activité a connu les grèves ou débrayages les plus intenses tout en comportant la plus forte proportion de salariés travaillant dans une entreprise ayant connu au moins un arrêt collectif de travail ?

4 • Pour chaque réponse précédente, comparez la donnée sélectionnée avec celle de la ligne « Ensemble » en effectuant si nécessaire un calcul approprié.

Étape 4 Dresser un bilan synthétique intégrant l'exploitation des données

• Montrez que la fréquence et l'intensité des arrêts collectifs de travail en entreprise varient selon le secteur d'activité.

Construire un développement argumenté pour la dissertation

Exemple de sujet : Le paradoxe d'Olson est-il pertinent pour expliquer l'engagement politique ?

1. Repérez les étapes d'une bonne argumentation

Reliez les étapes de l'argumentation aux éléments correspondants.

A **Affirmer** clairement une idée qui répond au sujet.	Il n'est en effet pas rationnel pour un individu de s'engager, puisque les avantages obtenus par une mobilisation collective profitent également à ceux qui n'y ont guère participé.
E **Expliciter** l'idée avancée, la justifier à l'aide des connaissances (notions, mécanismes...).	Par exemple, si une grève débouche sur une augmentation de salaire, celle-ci bénéficie aussi aux salariés non grévistes.
I **Illustrer** l'argument par un ou des exemples précis.	Le raisonnement d'Olson conduit au paradoxe de l'action collective : alors qu'aucune mobilisation ne devrait voir le jour, il existe pourtant des actions collectives.

Avec quels mots de liaison passe-t-on de l'argument à sa justification ? puis à l'illustration ?

2. Rédigez un paragraphe argumenté

En respectant les étapes de l'argumentation et en utilisant des mots de liaison adaptés, rédigez un paragraphe montrant que les incitations sélectives favorisent l'action collective dans les grands groupes.

3. Distinguez et organisez logiquement les éléments d'une argumentation

Voici des propositions d'élèves visant à montrer les limites du modèle d'Olson, comme le fait qu'il existe des mobilisations collectives, même en l'absence d'incitations sélectives.

1. *Par exemple, il est plus coûteux de faire une grève de la faim que de signer une pétition ; une forte répression policière fera augmenter le coût de la participation.*
2. *Or, certaines actions sont plus coûteuses que d'autres et la structure des opportunités politiques rend la mobilisation plus ou moins coûteuse.*
3. *Ces gratifications subjectives sont par exemple le sentiment de fierté et d'appartenance, la construction d'une identité valorisante...*
4. *En effet, l'engagement est motivé par des valeurs altruistes, des éléments affectifs, le lien social qu'il permet de tisser.*
5. *Tout d'abord, Olson ignore que les coûts diffèrent selon le type de mobilisation.*
6. *Ensuite, Gaxie montre que les rétributions symboliques jouent un rôle clé dans l'engagement.*

a. Classez ces phrases dans le tableau suivant, en organisant les arguments dans un ordre logique.

Arguments pricipaux	Sous-arguments (éléments d'explication)	Illustrations (exemples)
...	...	...

b. Trouvez d'autres arguments mobilisables pour montrer les limites du modèle d'Olson.

RÉCAP Méthode

Dans le Cahier BAC, La méthode complète p. 426

Dans une dissertation, un développement argumenté comporte :

- des paragraphes correspondant chacun à un argument qui traite le sujet,
- des paragraphes respectant la méthode AEI (Affirmer, Expliciter, Illustrer),
- des paragraphes articulés logiquement entre eux et s'inscrivant dans un plan qui répond à la problématique,
- des connaissances maîtrisées (notions, théories, mécanismes etc.) nourrissant la démonstration.

Dans le Cahier BAC
- La méthode de la dissertation, p. 426
- Une dissertation corrigée, p. 430

Sujet guidé - Épreuve de dissertation (20 points)

4 heures

SUJET *Comment caractériser l'engagement politique des jeunes dans les sociétés démocratiques contemporaines ?*

DOCUMENT 1

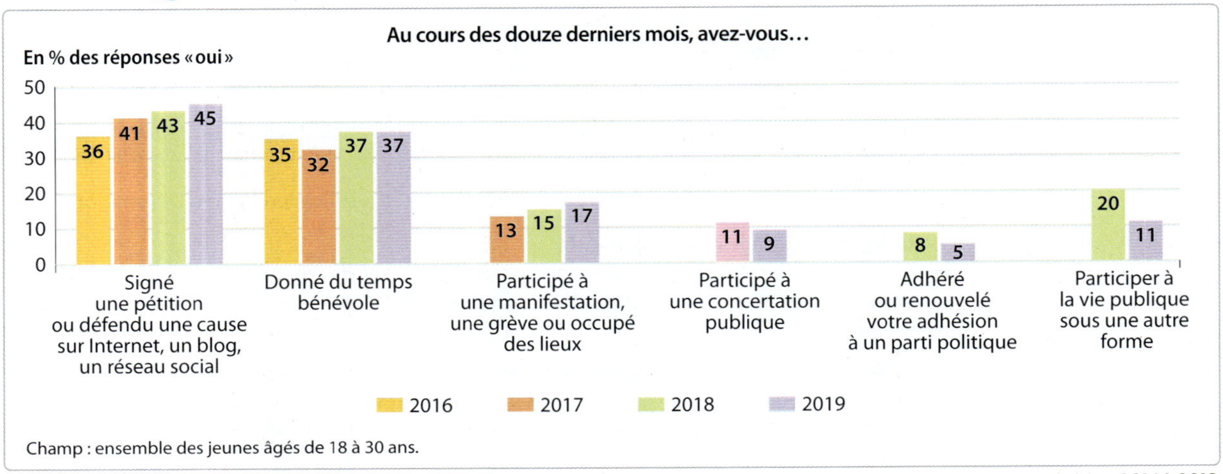

Source : Baromètres DJEPVA sur la jeunesse, Injep-Crédoc, 2016 à 2019.

DOCUMENT 2

22 % des élèves de terminale de l'échantillon déclarent avoir « plutôt » ou « tout à fait » confiance dans le gouvernement. Ils sont 34 % concernant le conseil municipal de leur commune, et 13 % à déclarer avoir « plutôt » ou « tout à fait » confiance dans les partis politiques. 72 % considèrent que participer aux élections présidentielles peut avoir une influence sur les décisions politiques. Ce pourcentage [fluctue selon] l'élection : il descend à 43 % pour les élections municipales et départementales et [remonte à] 63 % pour les élections régionales et législatives.

Une majorité d'élèves de terminale (61 %) développent une confiance modérée dans le système démocratique. Seuls 13 % des élèves ont fortement confiance dans ce système. À l'opposé, un élève sur quatre n'a pas du tout, ou peu, confiance dans le système démocratique. Les garçons sont, par rapport aux filles, plus nombreux à déclarer [avoir peu ou très peu confiance] dans l'organisation politique de leur pays et dans son fonctionnement. Il en est de même pour les élèves scolarisés en lycée professionnel [pour ceux dont les] résultats scolaires sont « mauvais » ou « pas très bons », pour ceux qui n'envisagent pas de suivre des études après le lycée et pour ceux qui déclarent que leurs parents ne s'intéressent pas du tout à l'actualité. [...] La réussite scolaire structure donc le rapport positif aux institutions. [...] À cela s'ajoute la forte relation avec le milieu familial. La faiblesse du niveau scolaire de la mère joue négativement sur [cette confiance]. [...]

Les élèves ayant déjà participé à des activités politiques se démarquent des autres *via* un engagement très fort en dehors du domaine politique. En effet, parmi les lycéens ayant déjà participé aux activités d'une association politique, 90 % ont été ou sont également engagés dans au moins une association sociétale (60 % dans une association de scoutisme, 78 % dans une association de défense de l'environnement et 83 % dans une association humanitaire). À l'inverse, parmi les lycéens ayant déclaré être ou avoir été engagés dans une association [sociétale], 87 % participent ou ont également participé à des activités d'une association politique, contre 6 % pour le reste de l'échantillon. Ceci traduit donc le fait que les élèves engagés dans le domaine politique sont des élèves très investis socialement. ■

Note : enquête *via* un questionnaire en ligne. Un échantillon représentatif d'établissements (collèges et lycées) a été tiré au sort, entre le 26 mars et le 18 mai 2018, 16 000 élèves ont répondu au questionnaire, ainsi que leurs enseignants en charge de l'enseignement moral et civique (EMC) et leurs chefs d'établissement.

Enquête « École et citoyenneté », Cnesco, 2018.

DOCUMENT 3

Quelques données sur la participation politique des jeunes

(en %)	Moins de 30 ans		Ensemble
	18-24 ans	25-29 ans	
Intérêt pour la politique (2018)	42	–	51
Vote intermittent en 2017[1]	62,7	59,4	50,8
Abstention systématique en 2017[2]	19,4	23,9	13,4
Taux de syndicalisation en 2016[3]	3,6		10,8
Proportion de bénévoles en 2019[4]	22		24

Ont déjà pratiqué les actions politiques suivantes[5] (données 2008)

(en %)	Moins de 30 ans				30 ans et plus
	1981	1990	1999	2008	2008
Signer une pétition	47	46	62	64	64
Participer à une manifestation autorisée	34	30	41	48	40
Participer à un boycott	14	9	9	16	15
Participer à une grève sauvage	12	3	8	11	12
Occuper des bureaux ou des usines	7	2	3	5	10

1. Inscrits résidant en France métropolitaine n'ayant pas voté à tous les tours de la présidentielle et des législatives. 2. Inscrits n'ayant voté à aucun tour de la présidentielle et des législatives. 3. Champ : France métropolitaine, salariés de plus de 15 ans. 4. Personnes de 18 ans et plus déclarant avoir réalisé une activité bénévole dans une association au cours des 12 derniers mois. 5. Enquête Valeurs Injep-Arval, 2008.

Sources : Cevipof, janvier 2018 ; Insee, 2017 ; Dares-DGAFP-Drees-Insee, 2016 ; Ifop, 2019.

DOCUMENT 4

Part des jeunes ayant voté au moins une fois en 2017 selon leurs caractéristiques sociodémographiques

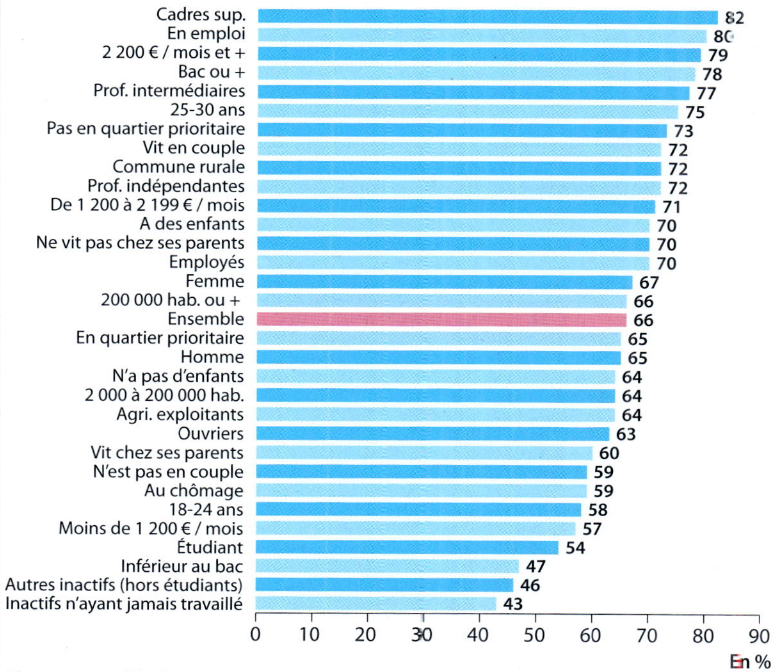

Champ : ensemble des jeunes âgés de 18 à 30 ans.

Source : Baromètre DJEPVA sur la jeunesse, Injep-Credoc, 2018.

Méthode appliquée

La DISSERTATION en 4 étapes

1 Analyser le sujet et le problématiser

- Repérez les notions et mots clés du sujet et définissez-les : ici il y a deux notions du programme, mais aussi le mot « jeunes », qui est central. Puis identifiez la consigne de travail : « Comment caractériser... ? » vous invite à montrer que l'engagement politique des jeunes présente des spécificités. Cernez l'espace-temps : ici « sociétés démocratiques contemporaines ».
- Problématisez le sujet : posez le problème qu'il soulève en reformulant la question du sujet. Décomposez-la en deux ou trois questions intermédiaires.

2 Exploiter les documents et les relier à ses connaissances

- Exploitez tous les documents, sélectionnez les informations et données utiles et complétez-les à l'aide de vos connaissances.
- Lisez les données statistiques avec rigueur (faites une phrase avec une donnée) et ne paraphrasez pas le texte (document 2).
- Reliez les documents : ils peuvent se compléter ou se nuancer l'un l'autre. Ici, les documents statistiques (1, 3 et 4) se complètent et permettent d'affiner les constats du texte.

3 Construire un plan

- Cherchez les arguments pertinents pour le sujet et classez-les logiquement.
- Organisez et détaillez votre plan au brouillon. Rédigez vos titres de parties et sous-parties.

4 Rédiger

- Au brouillon, rédigez entièrement l'introduction (quatre étapes : accroche / enjeux, définition et cadrage spatio-temporel / problématisation / annonce du plan) et la conclusion (deux étapes : bilan / ouverture).
- Puis rédigez l'ensemble au propre, en suivant votre plan détaillé.
- Appliquez la méthode AEI (Affirmer, Expliciter, Illustrer) et pensez à rendre visibles les étapes de votre démonstration (annonce des sous-parties, alinéas, mots de liaison, sauts de ligne, transitions, etc.).

Dans le Cahier BAC
- La méthode complète de l'EC, p. 428
- Autres sujets blancs, p. 437

Sujet blanc - Épreuve composée (4 heures)

PARTIE 1 • Mobilisation des connaissances (4 points)

- À l'aide d'exemples, montrez que les enjeux de l'action collective se diversifient dans les sociétés démocratiques.

PARTIE 2 • Étude d'un document (6 points)

1 • Quel lien peut-on établir entre niveau de diplôme et engagement politique?

2 • À l'aide du document et de vos connaissances, vous montrerez que le niveau de diplôme et la catégorie socioprofessionnelle contribuent à expliquer la fréquence du vote.

	Vote systématique	Vote intermittent	Abstention systématique
Ensemble des inscrits	35,5	50,8	13,8
Pour les inscrits âgés de 25 ans ou plus			
Diplôme			
Sans diplôme	28,7	46,3	25,0
Inférieur au bac	37,5	48,6	13,9
Bac	34,7	53,4	11,9
Supérieur au bac	41,6	50,2	8,2
Catégorie sociale			
Agriculteurs exploitants	44,1	48,8	7,1
Artisans, commerçants et chefs d'entreprise	36,2	54,0	9,8
Cadres et professions intellectuelles supérieures	45,1	48,5	6,4
Professions intermédiaires	35,4	55,9	8,7
Employés	30,3	57,6	12,1
Ouvriers	26,1	57,9	16,0
Retraités	45,8	38,2	16,0
Autres personnes sans activité professionnelle	25,9	52,6	21,5

Note : les inscrits sont répartis entre ceux qui votent à tous les tours de la présidentielle et des législatives (vote systématique), ceux qui ne votent à aucun tour de ces scrutins (abstention systématique) et ceux qui votent de façon intermittente.

Champ : inscrits (18 ans ou plus pour l'ensemble, 25 ans ou plus pour les diplômes et catégories sociales) sur les listes électorales en France.

Source : Enquête sur la participation électorale, Insee, 2017.

PARTIE 3 • Raisonnement s'appuyant sur un dossier (10 points)

SUJET *Vous montrerez que les partis politiques sont des acteurs collectifs en crise.*

DOCUMENT 1

Taux d'adhésion aux associations selon le domaine

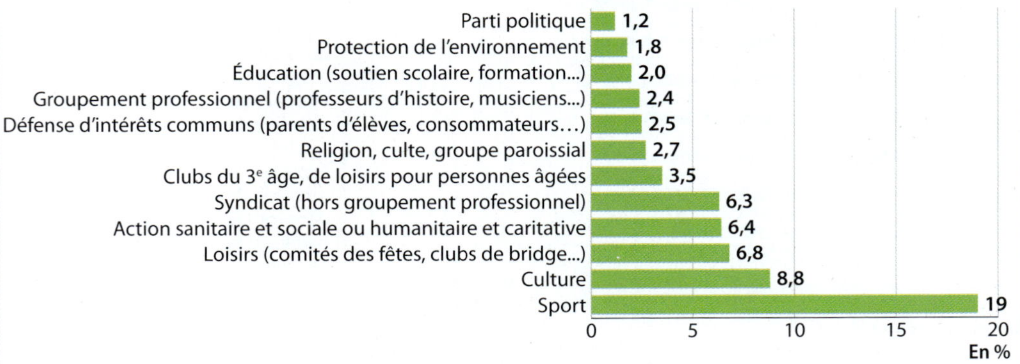

Source : donnés Insee, 2016.

DOCUMENT 2

La crise du militantisme est un sujet récurrent pour qui s'intéresse aux mondes partisans [...]. La proportion d'adhérents à des partis politiques dans le corps électoral a rarement dépassé 1 % ! Certes, le Parti communiste français demeure une sorte de contre-exemple. Mais les partis français n'ont jamais pu faire suffisamment « masse » ni revendiquer des chiffres semblables à ceux existant par exemple en Grande-Bretagne. [...] Aujourd'hui, [...] les partis politiques de gouvernement ou d'alliance gouvernementale, pour ne parler que d'eux, sont à leur niveau plancher. [Aucun] n'a en son sein plus de deux cent mille adhérents. Et encore, ces éléments [...] sont l'objet de manipulations de la part des chefs de parti. [...]

Il est vrai qu'il existe comme une incapacité des partis politiques français à se doter de bases adhérentes élevées. [...] Jamais aucun d'eux, à quelques exceptions, n'est parvenu au niveau tant appelé de leurs vœux par la plupart des dirigeants, à savoir cinq cent mille adhérents. [...] Pour autant, par-delà ces faiblesses arithmétiques durables, il faut rapporter ces niveaux d'adhésions à des effets de cycle plus courts qui relèvent des conjonctures politiques et plus particulièrement des calendriers électoraux. Les chiffres sont alors plus ou moins à la hausse ou à la baisse selon les perspectives de victoire aux élections. Au lendemain des scrutins présidentiels, par exemple, on assiste fréquemment à un afflux hors norme de militants en direction des formations censées promises à de beaux jours. Mais une fatalité tenace voit ces tendances rapidement contenues, puis inversées. Dire que les organisations partisanes françaises constituent des « partis passoires » et sont comme rattrapées chaque fois par des phénomènes de *turnover* considérables n'est pas qu'une simple formule. [...]

Cette prudence vis-à-vis de l'histoire et de ses tendances régulières n'exclut pas de se demander pourquoi les partis politiques fonctionnent comme des institutions non seulement peu fréquentées, mais aussi comme des univers de mobilisation politique jugés assez peu fréquentables par bon nombre de nos concitoyens quand l'objectif de ces derniers est de rejoindre les rangs militants et de s'attacher à défendre gratuitement et bénévolement la cause du mouvement. Car, et c'est là une autre dimension de la pénurie du militantisme, on ne compte plus les enquêtes sociologiques sur le malheur militant, l'*exit* et la méfiance individuelle pour l'engagement partisan. ■

Julien Fretel, « La crise du militantisme », *Pouvoirs*, n° 163, *Les partis politiques*, novembre 2017.

DOCUMENT 3

Les moyens d'expression jugés les plus efficaces

Selon vous, qu'est-ce qui permet aux citoyens d'exercer le plus d'influence sur les décisions en France ?

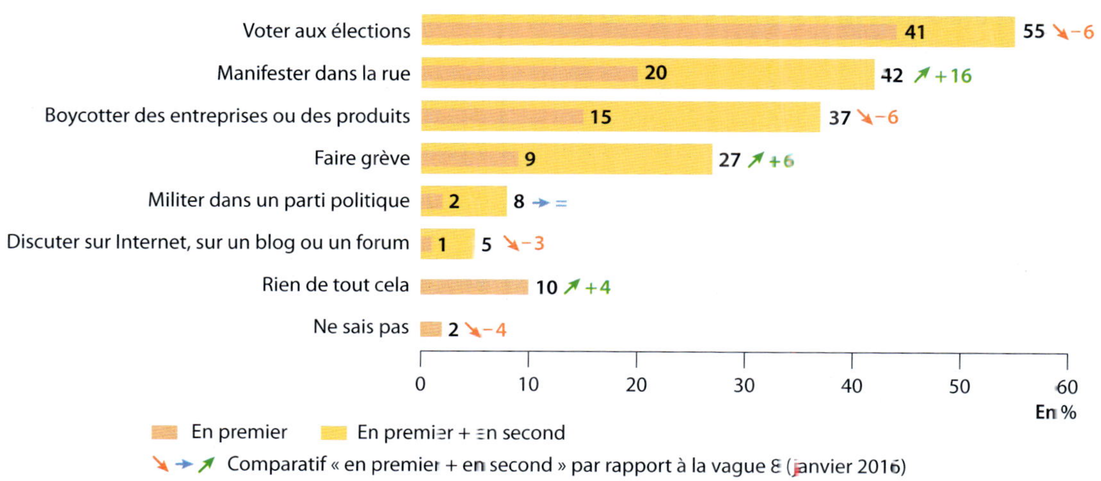

Source : d'après « Baromètre de la confiance politique », Opinion Way et Cevipof, vague 10, 2019.

Dans le Cahier BAC, p. 460
La méthode complète pour réussir le Grand oral

Préparation - Épreuve du Grand oral (20 points)

20 minutes

Préparer sa question en 4 étapes

1 Trouver sa question en lien avec son projet d'orientation

1 Voici des questions possibles en lien avec différents domaines d'étude.

1 Y a-t-il un désengagement politique des jeunes générations ?	*Sociologie, Sciences politiques*
2 Est-ce la fin des partis politiques ?	*Sciences politiques, Journalisme*
3 La consommation engagée : peut-on faire des choix politiques en consommant ?	*Sciences politiques, Écoles de commerce, Gestion des organisations*
4 « Cens caché » : tous égaux face à l'engagement politique ?	*Sociologie, Sciences politiques*
5 Les réseaux sociaux renouvellent-ils l'engagement politique ?	*Sciences politiques*

Choisissez la question que vous voulez traiter parmi celles ci-dessus, ou proposez une autre question. Justifiez votre choix en lien avec votre projet d'orientation.

2 Mobiliser des connaissances pour préparer la réponse à la question choisie

- Commencez par réviser le chapitre et identifiez les notions, connaissances et mécanismes à mobiliser pour répondre à votre question. ➡ Cahier BAC p. 460.

2 Répondez aux questions suivantes pour définir la notion d'engagement politique en lien avec la question 1.

a. Qu'est-ce que l'engagement politique ?

b. Quelles formes peut-il prendre ?

c. Quelles sont les caractéristiques de l'engagement politique des jeunes par rapport aux autres générations ?

- Puis faites des recherches complémentaires pour approfondir votre maîtrise du sujet. Terminez en réalisant une carte mentale qui synthétise l'ensemble de vos connaissances sur la question. ➡ p. 144 et p. 402.

3 Préparer la réponse argumentée à la question choisie

- Pour préparer votre réponse, commencez par faire la liste de vos arguments et organisez-les autour de deux ou trois grands axes de réponse.

3 Identifiez deux ou trois grands axes de réponse à la question 1 à partir des arguments suivants. Puis distinguez les arguments de l'axe 1 et ceux de l'axe 2 (et de l'axe 3).

- Des taux d'abstention plus élevés
- Des formes d'engagement plus protestataires
- Un engagement ponctuel pour des causes spécifiques
- Une moindre adhésion aux partis politiques et aux syndicats
- Un clivage entre jeunes non diplômés et jeunes diplômés.
- Un engagement *via* les réseaux sociaux
- Une tendance plus importante au vote intermittent

- Terminez la préparation de votre réponse argumentée :
  – expliquez votre choix et définissez les termes importants ;
  – développez vos arguments et illustrez-les ;
  – concluez en apportant une réponse claire à la question.

4 Concevoir un support pour le jour J

● Préparez, à partir du travail précédent, un support simple à destination du jury que vous reconstituerez le jour J pendant vos vingt minutes de préparation : plan, carte mentale, schéma, tableau… ➥ Cahier BAC p. 462.

4 Voici un exemple de plan détaillé pour la question 1. Complétez-le.

I) Un désintérêt pour les formes traditionnelles de l'engagement…
A) Des taux d'abstention plus élevés. *Exemple* : …
B) …

II) … mais…
A) Cyber-militantisme. *Exemple* : …
B) …

III) Une jeunesse plurielle
A) Un clivage entre jeunes diplômés et non diplômés. *Exemple* …
B) …

S'entraîner pour le jour J

1. Présenter sa question devant le jury

5 ORAL

- Reprenez la réponse argumentée que vous avez préparée (étape 3) et présentez-la debout et sans notes devant deux camarades.
- Demandez-leur de vous évaluer en utilisant la grille d'évaluation. ➥ Cahier BAC p. 463-464.

2. Préparer l'entretien avec le jury

6 ORAL

- Après avoir présenté votre question devant vos deux camarades (étape 1), ces derniers vous posent des questions de connaissances et d'approfondissement.
- Ils évaluent votre capacité à interagir avec le jury en utilisant la grille d'évaluation ➥ Cahier BAC p. 470.

3. Savoir interagir avec le jury et réagir de manière pertinente à ses questions *Compétence orale*

● Dans la 2e partie de l'épreuve, le jury vous posera des questions pour vérifier vos connaissances et vous amener à approfondir ou préciser votre pensée. Il ne s'agit pas seulement de « donner la bonne réponse », mais aussi de montrer votre capacité à réagir et à entrer dans une interaction constructive avec le jury.

À faire
- Écoutez attentivement le jury.
- Demandez-lui de répéter ou de reformuler la question si besoin.
- Prenez le temps de réfléchir avant de répondre.
- Développez votre réponse : ne répondez pas par un simple « oui » ou « non » ou une phrase courte.
- Soyez honnête : si vous ne savez pas, dites-le !
- Sachez vous remettre en cause : par exemple, si le jury pointe des contradictions ou des imprécisions dans votre argumentation, essayez de vous corriger.
- Prenez des initiatives : plutôt qu'un simple jeu de « questions-réponses », essayez d'établir un dialogue avec le jury.

Piège à éviter
Ne paniquez pas : le jury peut poser des questions difficiles pour tester votre capacité de réaction. Cela ne veut pas dire que vous n'avez pas réussi votre prestation orale, au contraire !

7 ORAL Pour vous entraîner à répondre aux questions du jury, jouez au ping-pong avec des arguments.

– Avec des camarades, constituez deux groupes et répartissez-vous de part et d'autre d'une table.
– Choisissez un thème de débat : pour ou contre les partis politiques, pour ou contre le militantisme, pour ou contre les réseaux sociaux, pour ou contre le suffrage capacitaire, etc.
– Vous commencez par défendre le « pour », et un membre de l'autre groupe répond en défendant le « contre ».
– Puis vous réfutez son argument et donnez un nouvel argument, et ainsi de suite pendant trois minutes. Les réponses doivent être structurées et assez longues.

8 ORAL Voici un exemple de question que le jury pourrait poser en lien avec la question 1 : « Vous avez parlé de l'engagement des jeunes *via* les réseaux sociaux, mais signer une pétition en ligne sous un pseudonyme, est-ce vraiment s'engager politiquement ? »

Proposez une réponse nuancée à cette question.

CHAPITRE 11

Quelles inégalités sont compatibles avec les différentes conceptions de la justice sociale ?

Un cas pour réfléchir

« Cent personnes possèdent la moitié des richesses du globe... Simple ! »

Dans sa chanson *Basique*, le rappeur Orelsan se trompe un peu : à l'époque, en 2017, selon Oxfam, c'était 8 personnes qui possédaient autant que la moitié la plus pauvre de la population mondiale. Aujourd'hui, ce serait 26... Cette situation est-elle juste ? L'inégalité est tellement extrême qu'il semble bien que non. Pourtant, *a priori*, ces grandes fortunes n'ont rien volé à personne, aussi leur position peut être considérée comme juste... Basique ?

Et vous, qu'en pensez-vous ?

Êtes-vous surpris(e) par les chiffres du texte ?

Cette situation vous semble-t-elle juste ?

Source : données Oxfam, 2017.

VU EN PREMIÈRE

Assistance • Assurance • Cohésion sociale • Mutualisation des risques • Précarité • Protection sociale • Redistribution • Risque social • Sécurité sociale • Ségrégation sociale

NOTIONS DE TERMINALE

Désincitation • Discriminations • Égalitarisme libéral • Égalitarisme strict • Égalité des chances • Égalité des droits • Égalité des situations • Fiscalité • Inégalités • Justice sociale • Libertarisme • Services collectifs • Utilitarisme

Une vidéo pour débattre

À la recherche de la justice sociale

Source : Decod'éco, France Télévisions.

Qu'est-ce qu'une société juste pour vous ?

SOMMAIRE

DOSSIER 1 Comment analyser les inégalités ?

1. Mesurer les inégalités pour comprendre leur évolution 342
2. L'évolution des inégalités économiques depuis le début du XXe siècle 344
3. Des inégalités multiformes et cumulatives 346

DOSSIER 2 Comment favoriser la justice sociale ?

1. Des formes d'égalité aux différentes conceptions de la justice sociale 348
2. Le rôle de la fiscalité et de la protection sociale 350
3. Les services collectifs et la lutte contre les discriminations 352

DOSSIER 3 En quoi l'action des pouvoirs publics pour la justice sociale fait-elle débat ?

1. Contrainte de financement et efficacité de l'action publique 354
2. Légitimité de l'action publique et risque d'effet pervers 356

L'ESSENTIEL 358
Synthèse • Repères • Schéma bilan • Prolongements

RÉVISER 362
Je vérifie mes connaissances • J'utilise mes connaissances • Je construis ma fiche de révision

TRAVAUX DIRIGÉS 364
Débat : les inégalités sont-elles justes ?

BAC MÉTHODE & ENTRAÎNEMENT 365
- Rédiger l'introduction et la conclusion d'une dissertation
- Sujet guidé : épreuve composée
- Sujet blanc : épreuve de dissertation
- Préparation : épreuve du Grand oral

1 Mesurer les inégalités pour comprendre leur évolution

OBJECTIF DU PROGRAMME : Savoir interpréter les principaux outils de mesure des inégalités, statique (rapport inter-quantiles, courbe de Lorenz et coefficient de Gini, top 1 %) et dynamique (corrélation de revenu parents-enfants).

Questionnez-vous ! Savez-vous distinguer les différences des inégalités ?

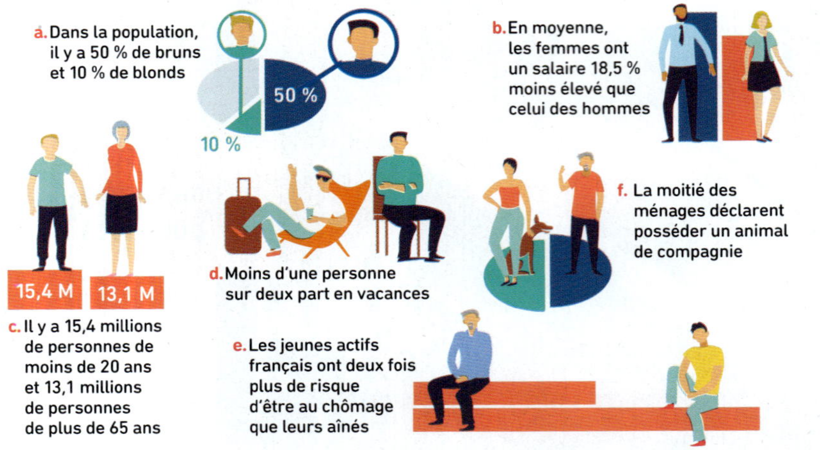

Source : dernières données pour la France.

• Dites si les situations suivantes sont des inégalités ou des différences.

NE PAS CONFONDRE

Une **différence** devient une **inégalité** si elle se traduit par des avantages ou des désavantages sur une échelle de valeur adoptée par la société. Par exemple, les différences biologiques entre les hommes et les femmes se traduisent par des inégalités de genre (comme celle du salaire) en raison du regard de la société sur la position des hommes et des femmes.

DOC 1 La mesure des inégalités de revenu et leur évolution

L'évolution du revenu disponible des ménages français entre 2008 et 2015 (montants annuels en euros)

	2008	2015
Revenu disponible moyen	36 970	36 300
Revenu disponible médian	36 660	30 040
1er décile (D1)	13 810	13 630
9e décile (D9)	63 830	63 210
Coefficient de Gini	0,346	0,348
Top 1 % (pour une personne seule)	Au moins 84 500	Au moins 106 200

Source : enquêtes Revenus fiscaux et sociaux de 2008 à 2015, Insee-DGFiP-Cnaf-Cnav-CCMSA.

Des limites du rapport interdécile au coefficient de Gini

[Avec le rapport interdécile] on prend deux niveaux de revenu à deux points précis de la distribution. Du coup, on ne dit rien de ce qui se passe à côté. Ainsi, les valeurs de D9 et de D1 peuvent très bien rester inchangées si seuls les revenus des 1 % les plus riches progressent. On dira que les inégalités n'ont pas évolué alors qu'en pratique les plus riches se sont enrichis. [...] Il se passe bien sûr le phénomène inverse si les revenus des 5 % les plus pauvres s'accroissent : les inégalités se réduisent mais on ne le voit pas. Pour remédier aux limites des rapports interdéciles, les scientifiques font des calculs encore plus compliqués [...]. Le plus connu des indices ainsi calculés est le coefficient de Gini (inventé par Corrado Gini, un statisticien italien). L'exercice consiste à comparer l'écart entre la distribution des revenus à un moment donné et une situation théorique d'égalité. [...] On peut ainsi faire un état des lieux de la répartition des revenus qui prend en compte ce que gagne chaque fraction et non simplement des déciles : l'indice de Gini est sensible à toutes les évolutions. ■

Louis Maurin, « Comment mesurer les inégalités de revenu ? », www.inegalites.fr, 29 août 2016.

OUTILS SES

Les **déciles** permettent de diviser un effectif en dix parts égales.
Le **coefficient de Gini** permet de mesurer l'importance des inégalités de revenu ou de patrimoine. Il s'établit entre 0 et 1. Plus le chiffre se rapproche de 1, moins les inégalités sont fortes.
Le **top 1 %** désigne les 1 % les plus riches d'une population.

1 • **Lire** Que signifient les données de 2015 ?

2 • **Calculer** Calculez les rapports interdéciles en 2008 et en 2015. Que constatez-vous ? Savoir-faire 10 p. 416

3 • **Analyser** Vos résultats sont-ils cohérents avec les données du coefficient de Gini ? Savoir-faire 11 p. 418

4 • **Argumenter** Quelles sont les limites du rapport interdécile d'après le texte ?

DOC 2 La mesure de la concentration du revenu et du patrimoine

Courbes de Lorenz de la distribution du revenu disponible et du patrimoine en 2016

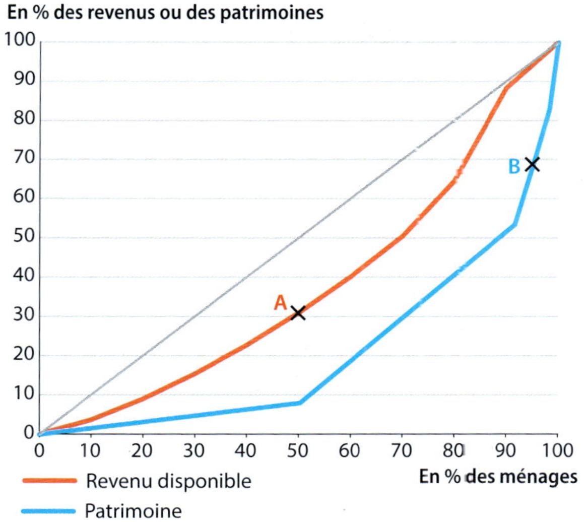

Source : Observatoire des inégalités, *Rapport sur les inégalités en France*, 2019.

OUTILS SES

La **courbe de Lorenz** permet de mesurer la dispersion d'une ressource économique en fonction des ménages (classés en déciles). Plus les inégalités de revenu ou de patrimoine sont importantes, plus la courbe de Lorenz s'éloigne de la diagonale qui représente l'égalité parfaite.

Savoir-faire 11 p. 418

1 • **Expliquer** À quoi sert une courbe de Lorenz ?

2 • **Déduire** Que représente la diagonale ?

3 • **Lire** Que signifient les points A et B ?

4 • **Analyser** Quelle est la courbe de Lorenz la plus inégalitaire ? Comment le savez-vous ?

DOC 3 La mesure de la transmission des inégalités de revenu entre parents et enfants

Les récentes manifestations des Gilets jaunes pourraient n'être qu'une variante des fractures territoriales et sociales potentiellement liées à un même phénomène de rejet de la mondialisation qui s'est retrouvé dans plusieurs pays de l'OCDE. C'est probablement en partie le cas, mais les raisons de ce mouvement trouvent aussi leur racine dans une profonde inégalité des chances. Il faut plus de 6 générations en France à une personne du bas de la distribution des revenus pour en rejoindre la moyenne. Plus de 15 % des adolescents de 15 ans ont de faibles compétences numéraires et de compréhension, ce qui se traduira probablement par des difficultés d'insertion dans la vie professionnelle. Seule la Hongrie montre plus de déterminisme social dans tous les pays de l'OCDE que la France. ■

Laurence Boone et **Antoine Goujard**, « La France, les inégalités et l'ascenseur social », OECD Ecoscope, 2019.

Nombre de générations nécessaires aux descendants de familles du décile inférieur pour atteindre le revenu moyen de leur pays

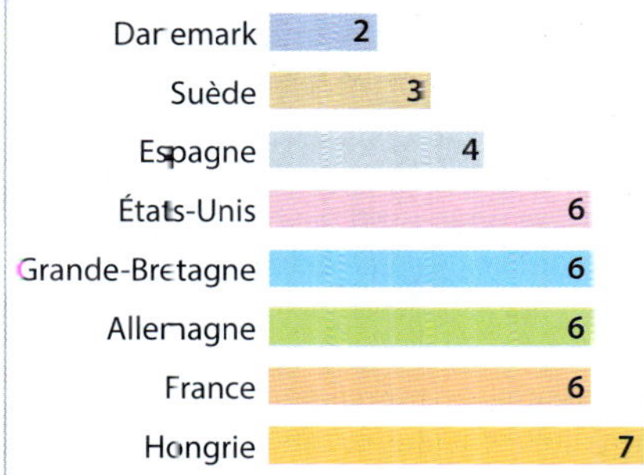

Source : *L'ascenseur social en panne ? Comment promouvoir la mobilité sociale*, Éditions OCDE, 2019.

1 • **Lire** Que signifie la donnée de la France ?

2 • **Lire** Que signifie la phrase soulignée ?

3 • **Analyser** Comment pouvez-vous expliquer les différences de résultat entre les pays ?

Faites le point

Complétez le tableau suivant sur les outils statiques.

	Définition	Intérêts	Limites
Rapport interdécile	...	...	...
Courbe de Lorenz	...	...	...
Coefficient de Gini	...	...	...
Top 1 %	...	...	...

Prenez la parole

Argumentation

- Par groupes de quatre, identifiez les avantages et inconvénients de chacune des méthodes de mesures des inégalités économiques (moyenne, médiane, rapport interdécile et top 1%).
- Présentez ensuite à tour de rôle l'une des quatre.

2 L'évolution des inégalités économiques depuis le début du XXe siècle

OBJECTIF DU PROGRAMME : Connaître les grandes tendances d'évolution des inégalités économiques depuis le début du XXe siècle.

DOC 1 Comment évoluent les inégalités de revenu en France entre 1900 et 2014 ?

Croissance annuelle du revenu avant impôt par percentile[1] de revenu et par période en France

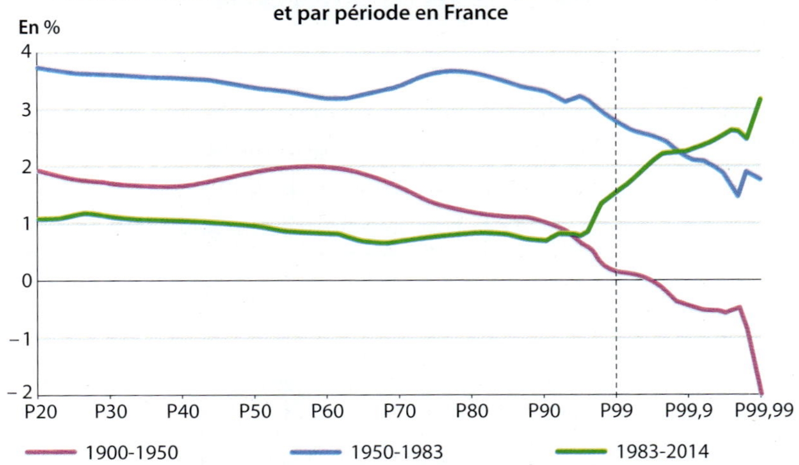

1. Un percentile (ou centile) divise les données en cent parts égales.

Source : **Bertrand Garbinti, Jonathan Goupille-Lebret** et **Thomas Piketty**, *Inégalités de revenu en France, 1900-2014 : enseignements des Comptes Nationaux Distributifs (DINA)*, Banque de France, 2018.

1 • **Lire** Que signifient les données pour P20 ? Savoir-faire 10 p. 416

2 • **Analyser** Sur le long terme, quelles sont les tendances que vous pouvez distinguer à partir du graphique ?

3 • **Analyser** Quelle est la tendance plus récente ?

4 • **Argumenter** Formulez des hypothèses explicatives de vos constats.

DOC 2 La mesure des inégalités de revenu et leur évolution

Simon Kuznets a proposé [en 1955,] sous le nom de « U-Turn », une théorie de l'évolution des inégalités au cours de l'industrialisation des sociétés occidentales. Le « U-Turn » est une manière imagée de décrire cette évolution, avec une montée des inégalités dans une première phase puis une baisse dans une seconde. Cette description semble correspondre à l'évolution constatée dans nombre de pays occidentaux, même si l'explication proposée par Kuznets est aujourd'hui contestée. [...] Kuznets s'appuie sur les différences entre les deux secteurs, agricole et industriel, qu'il assimile, en simplifiant, aux zones rurales et urbaines. Les inégalités sont plus faibles en zone rurale qu'en zone urbaine et la part des zones urbaines augmentant avec l'industrialisation, initialement l'inégalité globale croît. Puis, au fur et à mesure du développement de l'industrialisation et de l'urbanisation, au fur et à mesure qu'un flot permanent d'innovations technologiques remet en cause les avantages qu'avaient pu acquérir les innovateurs initiaux, les inégalités se réduisent dans les zones urbaines. Les inégalités globales se mettent donc à baisser. En dernier ressort, la baisse des inégalités est imputée par Kuznets aux effets de la concurrence engendrée ou associée à l'industrialisation. [...] Récemment, un certain nombre d'historiens économistes ont développé un nouveau type d'explication ne s'appuyant plus uniquement sur le jeu de variables économiques mais liant développement de la démocratie et évolution des inégalités. ■

Olivier Galland et **Yannick Lemel**, *Sociologie des inégalités*, Armand Colin, coll. U, 2018.

La courbe de Kuznets

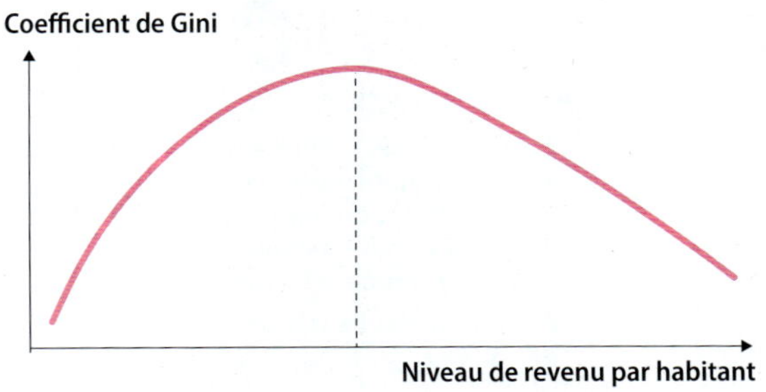

BIO SES

Simon Kuznets (1901-1985) est un économiste et un statisticien américain. « Prix Nobel » d'économie en 1971, il est surtout connu, outre la courbe qui porte son nom, pour ses travaux sur la croissance économique et considéré comme le « père » du PIB.

1 • **Lire** Quelles sont les informations fournies par la courbe de Kuznets ?

2 • **Déduire** À quelles périodes de l'histoire économique des pays développés peuvent correspondre les deux phases de la courbe ?

3 • **Expliquer** Comment peut-on expliquer l'évolution des inégalités décrite par Kuznets ?

DOC 3 Le retour des inégalités économiques depuis les années 1980

La remontée des inégalités socio-économiques, observée à l'intérieur de la plupart des pays et des régions de la planète depuis les années 1980-1990, figure parmi les évolutions structurelles les plus inquiétantes auxquelles le monde est confronté en ce début du XXIe siècle. [...] Si l'on compare les cas de l'Inde, des États-Unis, de la Russie, de la Chine et de l'Europe, on constate ainsi que la part du décile supérieur se situait aux alentours de 25-35 % du revenu total dans chacune de ces cinq régions en 1980, et qu'elle se situe autour de 35-55 % en 2018. Compte tenu de son ampleur, il est légitime de se demander jusqu'où ira une telle évolution : la part du décile supérieur atteindra-t-elle 55-75 % du revenu total dans quelques décennies, et ainsi de suite ? On notera également que l'ampleur de la hausse des inégalités varie considérablement selon les régions, y compris pour un même niveau de développement. Les inégalités ont ainsi progressé beaucoup plus vite aux États-Unis qu'en Europe, et beaucoup plus fortement en Chine qu'en Inde. Les données détaillées indiquent également que cette hausse des inégalités s'est faite notamment au détriment des 50 % les plus pauvres, dont la part dans le revenu total se situait autour de 20-25 % en 1980 dans ces cinq régions, et n'est plus que de 15-20 % en 2018 (voire à peine plus de 10 % aux États-Unis, ce qui est particulièrement inquiétant). ■

Thomas Piketty, *Capital et idéologie*, Éditions du Seuil, 2019.

BIO SES

Thomas Piketty est un économiste français né en 1971, dont l'ouvrage *Le capital au XXIe siècle* (2013) a connu un succès mondial. Il y démontre que les inégalités du début du XXIe siècle sont d'un niveau comparable à celles du début du XXe siècle dans les pays développés. Il adopte une perspective mondiale dans *Capital et idéologie* (2019)

1 • **Lire** Que signifie le passage souligné ?

2 • **Lire** À l'aide des données statistiques du texte, montrez que les inégalités ont augmenté depuis 1980.

3 • **Déduire** Comment peut-on expliquer que les inégalités croissent plus vite aux États-Unis qu'en Europe ?

DOC 4 Inégalités mondiales et inégalités au sein des nations depuis 1980

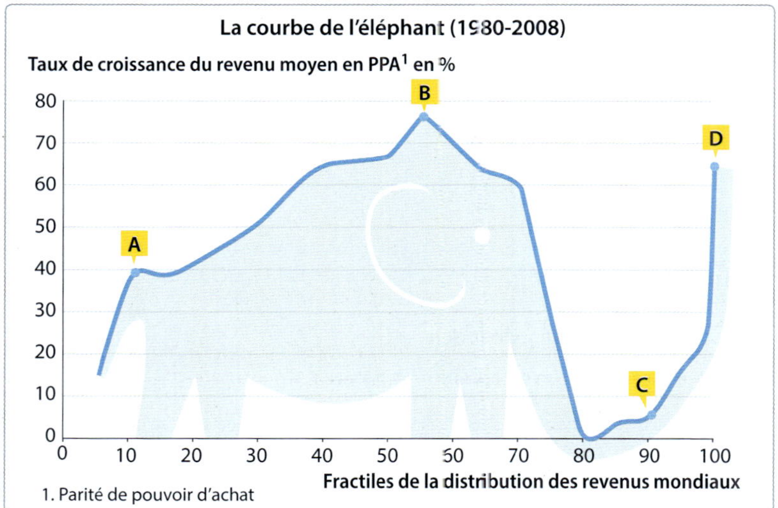

1. Parité de pouvoir d'achat

Source : **Branko Milanovic**, *Inégalités mondiales : Le destin des classes moyennes, les ultra-riches et l'égalité des chances*, La Découverte, 2019.

LE SAVIEZ-VOUS ?

La **courbe de l'éléphant** a été imaginée par l'économiste Branko Milanovic pour la Banque mondiale. Elle permet de rendre compte de l'évolution des inégalités économiques dans le monde depuis le début des années 1980.

1 • **Lire** Quelle est la signification des points A, B, C et D ?

2 • **Déduire** À quoi correspondent-ils géographiquement et économiquement ?

3 • **Analyser** Montrez à l'aide du graphique que la mondialisation semble davantage profiter aux pays émergents qu'aux pays développés.

Faites le point

Vrai ou faux ? Justifiez votre réponse.

1. Les inégalités économiques étaient faibles dans la première partie du XXe siècle.
2. Les inégalités économiques ont augmenté au cours des trente glorieuses (1945-1973).
3. Les inégalités économiques ont repris dans les pays développés depuis le début des années 1980.
4. Les inégalités économiques mondiales ont baissé depuis le début des années 1980.

Prenez la parole

Argumentation

- Placez-vous en binômes, chacun couvrant l'une des deux périodes : de la fin de la Seconde Guerre mondiale au début des années 1980 ; du début des années 1980 à nos jours.
- Présentez à tour de rôle à votre binôme l'évolution des inégalités économiques de votre période.

3 Des inégalités multiformes et cumulatives

OBJECTIF DU PROGRAMME : Comprendre que les inégalités économiques et sociales présentent un caractère multiforme et cumulatif.

DOC 1 Les inégalités sont cumulatives : les inégalités face à la santé

L'inégalité, si elle est d'ordinaire mesurée sous l'angle financier (revenu, richesse), revêt beaucoup d'autres dimensions que l'argent, comme l'intégration dans la société. L'accès à la santé en est une autre. Les inégalités face à la santé sont bien connues. Mais on sait moins que leur ampleur a beaucoup augmenté. Aux États-Unis, un homme né en 1920 avait une espérance de vie de 6 ans supérieure si ses revenus étaient dans les 10 % les plus élevés que s'ils étaient dans les 10 % les plus faibles ; pour les femmes la différence était de 4,7 années. Pour un homme et une femme nés en 1950, le différentiel est passé à 14 et 13 ans, respectivement. Par exemple, l'espérance de vie a augmenté chez les hommes entre ces deux cohortes de seulement 3 % pour les plus démunis, mais de 28 % pour les hauts revenus. Les chercheurs essaient aujourd'hui de calibrer les causes de cette disparité, ce qui est crucial pour définir la nature des réponses de politique publique. En commençant par les problèmes de causalité : dans quelle mesure la pauvreté génère-t-elle une mauvaise santé ou au contraire une mauvaise santé augmente-t-elle le risque de pauvreté ? Les plus aisés ont-ils une meilleure hygiène de vie (les auteurs de l'étude le suggèrent : aux États-Unis, fumer par exemple est devenu un phénomène de classe, réservé aux plus pauvres) ? Ont-ils accès à de meilleurs soins ? ■

Jean Tirole, *Économie du bien commun*, PUF, 2016.

bordas Flash PAGE vidéo

© Observatoire des inégalités.

Une société inégalitaire

1 • Que représentent les changements de règle énoncés par l'adulte ?

2 • Comment les enfants réagissent-ils ?

3 • Cherchez à expliquer les données statistiques de la fin de la vidéo.

1 • **Lire** Que signifie la phrase soulignée ?

2 • **Déduire** Montrez que les inégalités sociales face à la santé augmentent.

3 • **Argumenter** Comment pouvez-vous l'expliquer ?

DOC 2 Les inégalités culturelles, une autre forme d'inégalité

Pratiques culturelles selon la catégorie sociale

	Au moins une fois au cours des douze derniers mois, en %			
	Ont lu au moins un livre	Sont allés au théâtre, concert	Sont allés au musée	Sont allés au cinéma
Artisans, commerçants, chefs d'entreprise	49	37	37	61
Cadres supérieurs	80	63	69	82
Professions intermédiaires	69	47	52	78
Employés	60	32	32	67
Ouvriers	31	23	20	55
Ensemble	57	34	37	59

Source : Observatoire des inégalités, « Les pratiques culturelles selon les catégories sociales et les revenus », 2018.

1 • **Lire** Que signifient les données entourées ?

2 • **Analyser** Montrez que les inégalités culturelles restent fortes.

3 • **Argumenter** Selon vous, les inégalités économiques sont-elles la seule explication de ces inégalités culturelles ?

DOC 3 Des inégalités de classe aux inégalités spécifiques

Depuis une trentaine d'années, en même temps que les inégalités se creusent, leur structuration autour des classes sociales semble avoir « explosé » devant la multiplication des inégalités. Cette mutation procède sans doute des progrès de l'esprit démocratique [...] : plus nous nous sentons égaux, plus les inégalités « secondaires » ou perçues comme acceptables parce qu'elles étaient dans la « nature des choses », deviennent intolérables et sont alors mesurées, critiquées et combattues. Alors que les classes sociales cristallisaient la plupart des clivages sociaux, ceux-ci ne cessent de se distinguer, de s'autonomiser, et de devenir des problèmes sociaux spécifiques. À côté du cadrage des inégalités par les classes sociales, se déploie une myriade d'inégalités en fonction des revenus, des patrimoines, des statuts du travail, des niveaux scolaires, de la santé, des lieux de vie, des protections sociales, de l'accès aux institutions, à la culture et à l'éducation... À côté des classes émergent une multitude de groupes victimes d'inégalités spécifiques : les femmes et les minorités sexuelles, les majorités culturelles et les minorités, les urbains, les périurbains et les ruraux, les classes d'âge... [...] Quand les inégalités se dispersent et se multiplient, les individus se situent au croisement de plusieurs registres et de plusieurs dimensions des inégalités, et l'expérience des inégalités tend à s'individualiser. Dès que l'on s'éloigne des deux pôles extrêmes de la hiérarchie sociale où les inégalités s'agrègent et se renforcent, chacun peut considérer qu'il est plus ou moins égal ou inégal « en tant que ». Je suis plutôt favorisée en tant que cadre, mais inégale en tant que femme ; [...] favorisé en tant que retraité propriétaire de ma maison, mais défavorisé comme habitant d'un territoire délaissé... La notion d'« intersectionnalité » ne désigne pas autre chose. ■

François Dubet, « Inégalités, injustices, ressentiments », www.aoc.media, 12 septembre 2018.

LE SAVIEZ-VOUS ?

L'intersectionnalité désigne le fait de subir plusieurs formes de domination et/ou de discrimination. Il s'agit au départ d'un concept féministe, forgé à la fin des années 1980, qui renvoyait au racisme et au sexisme subis par les femmes noires aux États-Unis. Depuis, le terme s'est élargi à toutes les formes de discrimination qui peuvent se cumuler.

1 • **Illustrer** Donnez des exemples d'inégalités de classe.

2 • **Expliquer** Pourquoi certaines inégalités deviennent-elles intolérables ?

3 • **Argumenter** À l'aide des exemples du texte, proposez une définition du terme « inégalité spécifique ».

Activité *Représentez le cercle vicieux des inégalités*

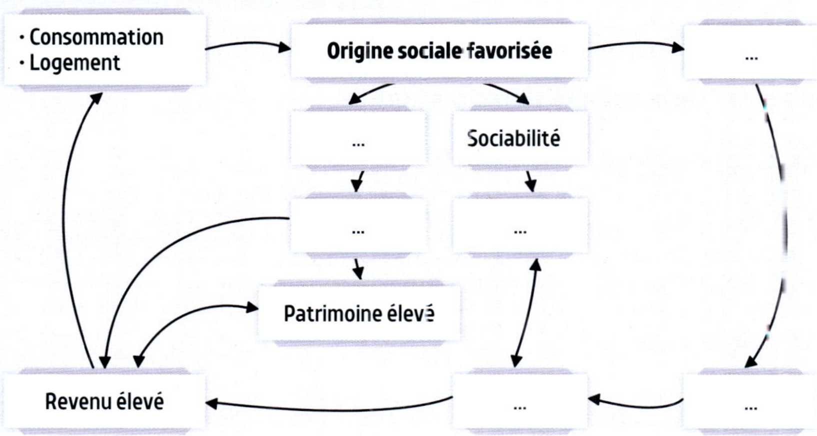

1 • Placez les termes suivants dans le schéma :
- capital économique important
- capital culturel important
- capital social important
- réussite scolaire
- héritage
- emploi stable

2 • Donnez le sens des différentes flèches du schéma.

3 • À l'aide du schéma, justifiez le titre de l'activité.

Faites le point

Pour chacune des formes d'inégalités, précisez s'il s'agit d'inégalités économiques ou d'inégalités sociales.

1. Inégalités scolaires
2. Inégalités de patrimoine immobilier
3. Inégalités de niveau de vie
4. Inégalités face à la santé
5. Inégalités de capital culturel

Prenez la parole

Jeu

- Mettez-vous par groupes de trois. L'un des élèves choisit un exemple d'inégalité économique et fait deviner aux autres ses conséquences pour montrer qu'elle peut conduire à de nouvelles inégalités économiques. Le premier qui a la bonne réponse marque un point.
- Faites de même avec un exemple d'inégalité sociale.

1 Des formes d'égalité aux différentes conceptions de la justice sociale

OBJECTIF DU PROGRAMME : Comprendre que les différentes formes d'égalité (égalité des droits, des chances ou des situations) permettent de définir ce qui est considéré comme juste selon différentes conceptions de la justice sociale (notamment l'utilitarisme, le libertarisme, l'égalitarisme libéral, l'égalitarisme strict).

Questionnez-vous !

À vous de poser les questions !

1 • À l'aide du texte, de l'encadré et de la gravure, formulez une question sur l'égalité des droits.

2 • Par deux ou en groupe, posez cette question à vos camarades.

Le premier article de la *Déclaration des droits de l'homme et du citoyen* (26 août 1789) affirme que « les hommes naissent et demeurent libres et égaux en droit. Les distinctions sociales ne peuvent être fondées que sur l'utilité commune ».

LE SAVIEZ-VOUS ?

La ***Déclaration des droits de l'homme et du citoyen*** de 1789 a une valeur constitutionnelle en France. Elle figure dans le préambule de la Constitution de la Ve République (1958). Elle a également fortement inspiré la *Déclaration universelle des droits de l'homme* adoptée par l'ONU en 1948.

DOC 1 L'égalité des chances au centre de la société démocratique

Dans les sociétés aristocratiques, non seulement il y a des familles héréditaires de valets, aussi bien que des familles héréditaires de maîtres ; mais les mêmes familles de valets se fixent, pendant plusieurs générations, à côté des mêmes familles de maîtres (ce sont comme des lignes parallèles qui ne se confondent point ni ne se séparent) ; [...] [Dans les sociétés démocratiques], l'égalité des conditions fait, du serviteur et du maître, des êtres nouveaux, et établit entre eux de nouveaux rapports.

Lorsque les conditions sont presque égales, les hommes changent sans cesse de place ; il y a encore une classe de valets et une classe de maîtres ; mais ce ne sont pas toujours les mêmes individus, ni surtout les mêmes familles qui les composent ; et il n'y a pas plus de perpétuité dans le commandement que dans l'obéissance. Les serviteurs ne formant point un peuple à part, ils n'ont point d'usages, de préjugés ni de mœurs qui leur soient propres ; on ne remarque pas parmi eux un certain tour d'esprit ni une façon particulière de sentir ; ils ne connaissent ni vices ni vertus d'état, mais ils partagent les lumières, les idées, les sentiments, les vertus et les vices de leurs contemporains ; et ils sont honnêtes ou fripons de la même manière que les maîtres. Les conditions ne sont pas moins égales parmi les serviteurs que parmi les maîtres.

Alexis de Tocqueville, *De la démocratie en Amérique*, 1840.

CONTEXTE

Pour Alexis de Tocqueville (1805-1859), la **démocratie** n'est pas qu'un régime politique. Il s'agit d'un « état social » qui apparaît avec le développement de l'**égalité des conditions**. L'égalité des conditions signifie la disparition des différences héréditaires de conditions entre les individus (affirmation de l'égalité juridique et politique, de l'égalité des chances), mais pas des inégalités économiques et sociales.

1 • **Déduire** Quel lien pouvez-vous établir entre le premier article de la *Déclaration des droits de l'homme et du citoyen* (doc 1) et le texte de Tocqueville ?

2 • **Analyser** Quelles sont les grandes caractéristiques de la société aristocratique pour Tocqueville ?

3 • **Argumenter** Quels sont les grands changements provoqués par l'égalité des conditions ?

DOC 2 Égalitarisme libéral et égalitarisme strict

[On peut distinguer deux formes d'égalitarisme]. L'égalitarisme [libéral] suppose que les seules inégalités qui ne soient pas équitables sont celles qui persistent dans le temps entre catégories d'individus définis par des traits non choisis. Il existe ainsi des inégalités « acceptables » car non imputables à des traits hérités et donc imputables à des choix individuels, et des inégalités « inacceptables » car elles ne sont pas des conséquences des choix individuels : cette conception de la justice rejoint en cela l'égalité des chances [...]. Elle se heurte cependant à la difficulté de tracer une ligne de démarcation entre ce qui relève des traits hérités et ce qui relève des choix individuels. Une telle conception de la justice a l'avantage de pouvoir être aisément appliquée à l'éducation si l'on répartit les individus entre groupes selon des caractéristiques non choisies, et si l'on considère que la répétition dans le temps est traduite par un lien statistique répété. [...] L'égalitarisme strict vise l'égalité dans l'absolu. Il préfère donc une organisation qui assurerait l'égalité de tous les membres (dans le domaine de l'éducation, on se situera au niveau des résultats), quitte à ce que le niveau moyen soit moins élevé que dans un autre type d'organisation. ■

Nathanaël Friant, « Égalité, équité et justice en éducation », *Entornos*, n° 26-1, université Surcolombiana, 2013.

NOTION DE TERMINALE

Égalitarisme strict : conception de la justice sociale qui vise l'égalité absolue des situations économiques et sociales.

1 • **Lire** Que signifie la phrase soulignée ?

2 • **Déduire** Quelles différences repérez-vous entre l'égalitarisme libéral et l'égalitarisme strict ?

3 • **Illustrer** Trouvez un exemple pour chacune des deux formes d'égalitarisme.

DOC 3 Les différentes conceptions de la justice sociale

	L'utilitarisme	L'égalitarisme strict	Le libertarisme	L'égalitarisme libéral
Auteur(s) de référence	Jeremy Bentham (1748-1832) John Stuart Mill (1806-1873)	Karl Marx (1818-1883)	Friedrich Hayek (1899-1922) Robert Nozick (1938-2002)	John Rawls (1921-2002)
Forme de l'égalité privilégiée	Égalité des utilités individuelles	Égalité des situations	Égalité des droits	Égalité des chances
Conception de la justice sociale	Cherche « le plus grand bonheur du plus grand nombre » (par l'addition des plaisirs et la soustraction des peines)	Cherche à corriger les inégalités de départ pour obtenir l'égalité réelle	Repose sur l'égalité de tous devant la loi	Suppose de tenir compte des inégalités de départ pour mettre en place une égalité réelle des chances
Exemple : organisation de l'accès aux soins	Par le marché avec assurance santé obligatoire	Assurance santé obligatoire organisée par l'État	Par le marché (assurance privée) et la responsabilité individuelle	Assurance santé obligatoire substantielle
Limites	Peut entraîner le sacrifice d'une minorité si le bonheur du plus grand nombre s'en trouve augmenté	Occulte la notion de mérite des individus	Les inégalités sont considérées comme naturelles, légitimes et efficaces	N'implique pas l'égalité des résultats, seulement l'égalité des chances

1 • **Argumenter** Quel est le lien entre les formes d'égalité et les conceptions de la justice sociale ?

2 • **Expliquer** Justifiez le nom des quatre approches de la justice sociale.

3 • **Illustrer** Donnez un exemple pour chacune des limites présentées.

Faites le point

De quelle forme de justice sociale les exemples ci-dessous relèvent-ils ? Justifiez votre réponse.

1. Le revenu de solidarité (RSA) socle
2. Le droit de disposer de son corps comme on l'entend
3. L'éducation prioritaire
4. Une loi qui maximise le bien-être de la société

Prenez la parole

Carte mentale

- **Par groupes de quatre, préparez une carte mentale sur chacune des différentes conceptions de la justice sociale.**
- **Chaque groupe présente ensuite sa carte mentale à la classe.**

2 Le rôle de la fiscalité et de la protection sociale

OBJECTIF DU PROGRAMME : Comprendre l'action des pouvoirs publics en matière de justice sociale (fiscalité, protection sociale).

DOC 1 Toutes les formes de fiscalité sont-elles justes ?

La TVA est un impôt indirect sur la consommation. Il existe plusieurs taux :

Nom	Niveaux du taux (en %)	Exemples de produits ou services concernés
Taux particulier	2,1	Médicaments remboursés par la Sécurité sociale, publications de presse
Taux réduit	5,5	Livres, transports de voyageurs
Taux réduit	10	Droits d'entrée aux musées, au zoo, aux monuments
Taux normal	20	Tous les produits qui ne sont pas concernés par les catégories précédentes

Source : ministère de l'Économie, des Finances, de l'Action et des Comptes publics, 2019.

L'impôt sur le revenu est un impôt direct, prélevé par tranches de revenu :

Fraction du revenu imposable (barème 2019)	Exemples de produits ou services concernés
Jusqu'à 9 964 €	0 %
De 9 964 à 27 519 €	14 %
De 27 519 à 73 779 €	30 %
De 73 779 € à 156 244 €	41 %
Au-delà de 156 244 €	45 %

Source : ministère de l'Économie et des Finances, de l'Action et des Comptes publics, 2019.

1 • **Lire** Que signifient les données entourées ?

2 • **Analyser** Tous les Français sont-ils assujettis à une fiscalité ? à l'impôt sur le revenu ?

3 • **Expliquer** Quelles sont les grandes différences entre la TVA et l'impôt sur le revenu ?

4 • **Déduire** Quelle imposition permet de réduire davantage les inégalités ?

Flash PAGE vidéo

© Decod'actu, France Télévisions.

À quoi servent les impôts ?

1 • Combien existe-t-il d'impôts en France ?

2 • Que financent les impôts ?

3 • Comment les impôts peuvent-ils influencer la consommation ? Pourquoi ?

4 • Comment la fiscalité assure-t-elle la solidarité entre les citoyens ?

NOTION DE TERMINALE

Fiscalité : ensemble des prélèvements obligatoires (impôts, taxes et cotisations sociales) réalisés par l'État.

DOC 2 Les deux modèles de protection sociale

	Assurance	Assistance
Référence	Bismarck (fin du XIXe siècle)	Beveridge (milieu du XXe siècle)
Mécanisme	Assurance obligatoire qui permet de se protéger contre la réalisation des risques sociaux (maladie, chômage, retraite, famille)	• Suppose théoriquement d'accorder des aides universelles et uniformes • Dans les faits, l'assistance consiste à accorder un minimum de ressources aux plus démunis
Bénéficiaires	Les actifs qui cotisent	Tous les citoyens (sans cotisation préalable)
Financement	Par les cotisations sociales	Par l'impôt
Objectifs	• Assurer une protection face aux pertes de revenus liées aux risques sociaux • Redistribution horizontale	• Réduire les inégalités de revenu entre individus et ménages • Redistribution verticale

NE PAS CONFONDRE

La **redistribution verticale** vise à réduire les inégalités de revenus par des transferts des plus riches vers les plus pauvres.
La **redistribution horizontale** assure ceux qui cotisent contre les risques sociaux (maladie, chômage, retraite et famille).

1 • **Lire** Que signifie la phrase soulignée ?

2 • **Illustrer** Montrez à l'aide d'exemples que l'assurance et l'assistance ont des objectifs différents.

3 • **Déduire** Montrez que le système de protection sociale français emprunte aux deux logiques.

DOC 3 Un exemple d'assistance : la nouvelle CMU

Alors que 7 millions de personnes bénéficient actuellement de la couverture maladie universelle complémentaire (5,5 millions) ou de l'aide à la complémentaire santé (ACS, 1,5 million), deux décrets parus au Journal Officiel viennent fixer les modalités de fusion entre ces deux aides à partir du 1er novembre 2019, pour devenir la CMU-C [C pour contributive]. Une simplification qui viendrait *de facto* étendre l'accès aux soins pour les personnes actuellement éligibles à l'ACS.

Rappelons que pour bénéficier de la CMU – cette aide publique permettant aux personnes disposant de faibles ressources de disposer gratuitement d'une complémentaire santé –, un particulier doit enregistrer des revenus inférieurs à 745 euros nets par mois. […] [Au-dessus de ce] plafond, [elles] basculent alors dans l'ACS, une autre aide publique moins élevée qui permet à l'assuré de financer une partie de ses cotisations. Dans ce cas, les plafonds de ressources ne peuvent dépasser 135 % du montant de la CMU, soit 1 007 euros nets par mois pour un célibataire.

Avec la nouvelle CMU-C, les personnes actuellement à l'ACS bénéficieront des conditions avantageuses de la CMU. Ils y gagneront au change, car en moyenne, la CMU prend en charge 416 euros de soin par an et par bénéficiaire, alors que le bénéficiaire de l'ACS ne touche en moyenne que 313 euros. Cette aide financière dépend bien évidemment de l'âge de l'assuré : 100 euros par an pour des personnes de moins de 16 ans, 200 euros jusqu'à 49 ans, 350 euros jusqu'à 59 ans et 550 euros au-delà de 60 ans. ■

Alexandre Loukil, « Santé : ce que va changer pour vous la nouvelle CMU », *Capital*, © Prisma Média, 28 juin 2019.

1 • **Déduire** Quelle est la différence entre la CMU et l'ACS ?

2 • **Analyser** Quel est l'avantage apporté par la nouvelle CMU ?

3 • **Déduire** Quels sont les objectifs de la CMU-C ?

4 • **Argumenter** Pourquoi l'aide reçue dépend-elle de l'âge ?

DOC 4 Les effets de la redistribution sur les inégalités

Effet de la redistribution sur les niveaux de vie pour les 20 % les plus aisés et les 20 % les plus modestes

	Revenu mensuel moyen des 20 % les plus modestes (en euros)	Revenu mensuel moyen des 20 % les plus aisés (en euros)	Rapport
Avant impôts et prestations sociales	553	4 566	8,3
Après impôts et prestations sociales	933	3 705	4

Effet de la redistribution sur les niveaux de vie pour les 10 % les plus aisés et les 10 % les plus modestes

	Revenu mensuel moyen des 10 % les plus modestes (en euros)	Revenu mensuel moyen des 10 % les plus aisés (en euros)	Rapport
Avant impôts et prestations sociales	281	5 939	21,1
Après impôts et prestations sociales	821	4 666	5,7

Source : « Impôts et prestations sociales réduisent les inégalités de revenus de moitié », Observatoire des inégalités, 2018.

Savoir-faire 10 p. 416

1 • **Lire** Que signifient les données entourées ?

2 • **Lire** Quel est l'impact des impôts et des prestations sociales sur les revenus ?

3 • **Expliquer** Quel est le tableau qui présente les inégalités de revenu les plus fortes ? Pourquoi ?

4 • **Argumenter** Montrez que l'action de l'État est décisive dans la réduction des inégalités de revenu.

Faites le point

Déterminez si les dispositifs suivants relèvent de l'assurance ou de l'assistance.

	Dispositifs	Forme de protection sociale
RSA socle	…	…
Remboursements maladie	…	…
Minimum vieillesse	…	…
Allocations chômage	…	…
Pensions de retraite	…	…

Prenez la parole

Mini-sondage

- La classe est divisée en deux groupes. Le premier s'intéresse à l'impact de la fiscalité sur les inégalités, le second au rôle des services collectifs dans la lutte contre les inégalités.
- Chaque groupe prépare trois questions sur son thème et les pose à l'autre. Chaque groupe analyse ensuite ses résultats et les présente à la classe.

3 Les services collectifs et la lutte contre les discriminations

OBJECTIF DU PROGRAMME: Comprendre l'action des pouvoirs publics en matière de justice sociale (services collectifs, mesures de lutte contre les discriminations).

DOC 1 L'impact des services collectifs dans la réduction de la pauvreté et des inégalités

Le taux de pauvreté constitue généralement un indicateur du revenu des personnes. [...] Lorsqu'on prend en compte les services publics, le taux de pauvreté relevé dans 27 pays de l'OCDE passe de 10 % à 5 %. En Belgique, en Irlande et au Royaume-Uni, la pauvreté diminue de près de 60 %, ce qui reflète la valeur des services publics offerts dans ces pays. Elle baisse d'environ 27 % en Estonie et en Suède, pays déjà parmi les plus égalitaires en termes de revenus. [...]
Prenons le cas de l'éducation. Une augmentation des dépenses afférentes à l'enseignement obligatoire fera davantage reculer la pauvreté globale dans les pays où celle-ci touche fortement les familles ayant de jeunes enfants et où les taux de scolarisation sont élevés. Au Mexique, au Danemark, en Norvège et au Canada, la valeur de l'enseignement public fait croître le revenu des ménages de 15 % environ, voire davantage.

Les services de santé ont aussi pour effet de réduire les inégalités de revenu, en particulier parce que les dépenses publiques y sont concentrées sur les personnes âgées qui, en règle générale, ont un revenu inférieur à la moyenne. Les dépenses publiques de santé font croître le revenu disponible de 11 % en Pologne, en Australie et aux Pays-Bas, et le chiffre atteint 17 % en Belgique, en France et en Suède. Cette augmentation est beaucoup plus marquée pour les catégories à faible revenu et diminue à mesure que le revenu s'élève. ■

« Quand les services publics réduisent la pauvreté », *L'observateur de l'OCDE*, n° 287-4, 2011.

OUTIL SES

Le **taux de pauvreté** permet de déterminer la part de la population qui vit avec un revenu disponible se situant en dessous du seuil de pauvreté (calculé à 50 % du revenu médian).

NOTION DE TERMINALE

Services collectifs : productions non marchandes du secteur public financées par les prélèvements obligatoires (l'éducation ou la santé par exemple).

1 • **Illustrer** Outre l'éducation et la santé, donnez des exemples de services collectifs.

2 • **Argumenter** Comment les services d'éducation et de santé réduisent-ils concrètement les inégalités ?

3 • **Expliquer** Que signifie la dernière phrase du texte ?

DOC 2 Le service collectif d'éducation réduit-il toujours les inégalités ?

Une année de scolarisation à l'école élémentaire coûte à l'État (au sens large) 6 200 euros et une année au lycée 11 000 euros, et les ménages les moins favorisés ont plus souvent des enfants d'âge scolaire, si bien que le rapport inter-quintile est réduit de 3,7 à 3 par ces dépenses.

Effet des dépenses publiques sur les inégalités (en euros par an et par ménage)

	Q1	Q5
Dépenses d'éducation moyennes	3 870	2 070
Revenu disponible moyen	15 060	55 480
Revenu après prise en compte des services d'éducation	18 930	57 550

Données Insee 2010.

Toutefois, ce calcul ignore le fait que les ménages à revenu élevé bénéficient davantage des services d'éducation, car leurs enfants font des études plus longues et plus coûteuses (un élève de l'École normale supérieure coûte dix fois plus cher qu'un étudiant en premier cycle de droit à l'université). Surtout, ces études sont plus rentables, puisqu'elles vont déboucher sur des carrières plus rémunératrices. Il [faut] donc calculer le bénéfice tiré de l'enseignement en fonction du niveau de vie[1] du ménage.

[Cela] montre que l'enseignement gratuit apporte un bénéfice beaucoup plus important aux plus riches. En supposant que ces dépenses sont financées de manière légèrement progressive, l'effet d'ensemble de l'enseignement gratuit est toutefois légèrement positif.

Revenu moyen lié au diplôme en fonction du niveau de vie des parents (en euros par an et par ménage)

Q1	Q5
14 847	22 149

Données Insee 2010.

Arnaud Parienty, *Précis d'économie*, La Découverte, coll. Grands Repères Manuels, 2017.

1. Ensemble des biens et services (marchands et non marchands) auxquels un individu ou un ménage peut avoir accès.

1 • **Lire** Que signifient les données de Q1 dans les deux tableaux ?

2 • **Argumenter** Pourquoi, en première analyse, le service collectif d'éducation permet-il de réduire les inégalités ?

3 • **Analyser** À l'aide du texte et des données, montrez que l'on peut nuancer ce constat.

4 • **Expliquer** Que signifie la dernière phrase du texte ?

DOC 3 Définir les discriminations et y sensibiliser

En droit, une discrimination est un traitement défavorable qui doit généralement remplir deux conditions cumulatives : être fondé sur un critère défini par la loi (sexe, âge, handicap, orientation sexuelle, appartenance ou non-appartenance, vraie ou supposée, à une ethnie, une nation ou une prétendue race, etc.) et relever d'une situation visée par la loi (accès à un emploi, un service, un logement...). [...]
Une discrimination peut être directe si la décision contestée est fondée sur un de ces critères définis par la loi.
Exemple : On refuse de me louer une place de camping car je suis étranger.
Une discrimination peut aussi être indirecte si une règle apparemment neutre a pour effet un traitement défavorable sur des personnes à raison d'un de ces mêmes critères.
Exemple : Une règle défavorisant les salariés à temps partiel peut constituer une discrimination indirecte fondée sur le sexe, puisque statistiquement une nette majorité des salariés à temps partiel sont des femmes. ■

www.defenseurdesdroits.fr.

LE SAVIEZ-VOUS ?

À ce jour, en France, la loi reconnaît **25 critères de discrimination**. Outre ceux cités par le doc 3, on peut notamment relever la grossesse, l'état de santé, l'identité de genre, les caractéristiques génétiques, l'opinion politique ou philosophique, les activités syndicales ou encore le lieu de résidence.

1 • Déduire Qui est à l'origine de la campagne d'affichage ? Quel est son but ?

2 • Argumenter À l'aide du texte, distinguez les discriminations directes des discriminations indirectes.

3 • Déduire Comment les pouvoirs publics peuvent-ils lutter contre les discriminations ?

Activité *Identifiez des critères de discrimination*

Quel est le critère qui fait discrimination dans les cas suivants ?

a. Je suis une femme et, à poste et expérience identiques, je gagne moins que mon collègue masculin.
b. On a refusé de me louer une salle pour mon mariage car je suis homosexuelle.
c. Un commerçant n'a pas accepté mon chèque parce que j'habite dans un département voisin.
d. Je suis d'origine africaine et on m'a refusé l'entrée d'une boîte de nuit.
e. On a voulu me soumettre à des tests génétiques dans le cadre de l'examen médical préalable à mon embauche.
f. Je suis une femme transgenre et mon employeur refuse de modifier mes fiches de paye.
g. Une banque m'a refusé un crédit à la consommation car je n'avais que 22 ans.
h. Une compagnie de voyage n'a pas accepté de me réserver une place dans un avion parce que je suis handicapé.

Faites le point

Complétez le texte avec les termes suivants.
éducation – fortunés – réduire – gratuits – services – impôts – revenus (2 fois) – augmenter – niveau de vie

Les services collectifs permettent de ... les inégalités de ... . En effet, il s'agit de ... rendus à toute la population indépendamment de ses .... Ils sont ... ou quasi gratuits et financés par les ... qui, en moyenne, sont davantage payés par les plus .... Cependant, certains services collectifs (comme l'...) peuvent ... les inégalités car ils sont davantage utilisés par ceux qui ont des plus hauts ....

Prenez la parole

Argumentation

- À l'aide des critères de discrimination cités dans *Le saviez-vous ?* doc 3, imaginez des situations qui y correspondent.
- Présentez-les ensuite à vos camarades.

1 Contrainte de financement et efficacité de l'action publique

OBJECTIF DU PROGRAMME : Comprendre que l'action des pouvoirs publics en matière de justice sociale s'exerce sous contrainte de financement et fait l'objet de débats en termes d'efficacité (réduction des inégalités).

Questionnez-vous ! L'action sociale de l'État est-elle efficace ?

Campagne de l'association Aurore.

Sources : Insee, 2012 ; estimation de la Fédération des acteurs de la solidarité, 2019.

Ce sont 57 millions d'euros d'économies étalées sur quatre ans (dont 20 millions ont déjà été réalisées en 2018) qui viennent en moins dans les crédits des quelque 780 centres d'hébergement et de réinsertion sociale (CHRS), des structures accueillant des personnes en difficulté pour des périodes allant jusqu'à plusieurs années dans une perspective de réinsertion. ■

Mathilde Damgé, « Pour l'hébergement d'urgence, un budget en baisse de 57 millions d'euros », *Le Monde*, 26 février 2019.

1 • **Quel est le message de l'affiche ?**

2 • **Quel lien peut-on faire entre l'affiche, les chiffres et le texte du document ?**

3 • **En quoi cela peut-il aussi démontrer une crise d'efficacité de l'intervention de l'État ?**

DOC 1 Les comptes de la Sécurité sociale contraignent les finances publiques

Solde du régime général de la Sécurité sociale et du fonds de solidarité vieillesse depuis 2001

Source : ministère des Solidarités et de la Santé, 2019.

Selon le rapport de la Commission des comptes de la Sécurité sociale, [...] le déficit de la Sécurité sociale devrait se réduire cette année à moins de 300 millions d'euros au lieu des 2,2 milliards attendus. Après le déficit de 5,1 milliards d'euros enregistré en 2016 et 2017, le solde sera « en nette amélioration [...] pour être quasiment à l'équilibre » [...].

Une amélioration due à l'amélioration du marché de l'emploi et une croissance plus importante et qui va se traduire par un surplus de recettes, qui sont « désormais attendues, 2,8 milliards d'euros au-dessus de la prévision initiale », un montant nettement supérieur à l'augmentation des dépenses. Le calcul du déficit est toutefois « entaché d'une incertitude à hauteur de 600 millions d'euros » sur une mesure fiscale, ce qui pourrait creuser la perte à 900 millions en fin d'année. ■

« Les comptes de la Sécurité sociale presque à l'équilibre fin 2018 », www.lemonde.fr, 5 juin 2018.

1 • **Lire** Que signifient les données de 2010 et 2018 ?

2 • **Analyser** Comment peut-on expliquer les déficits des comptes sociaux ?

3 • **Argumenter** À l'aide du texte, expliquez le retour à l'équilibre récent des comptes sociaux.

DOC 2 Comment évolue le déficit public de la France ?

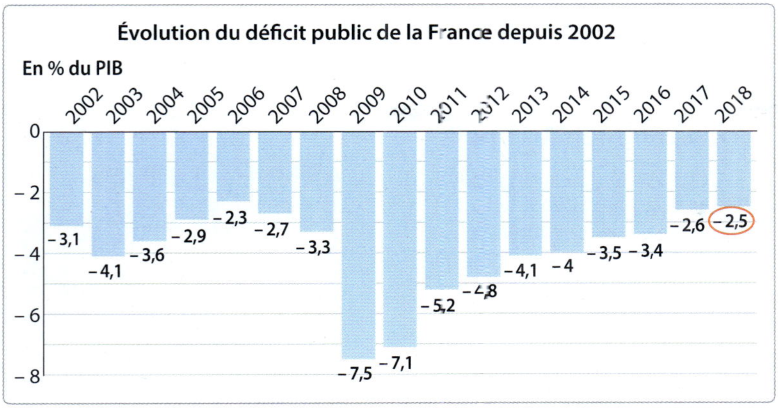

Source : Insee, 2019.

1 • **Lire** Que signifie la donnée entourée ?

2 • **Lire** Qu'observez-vous entre 2009 et 2018 ?

3 • **Argumenter** Comment les pouvoirs publics peuvent-ils réduire le déficit public ?

4 • **Analyser** En quoi la réduction des déficits publics a-t-elle un impact sur l'action sociale des pouvoirs publics ?

DOC 3 Les services collectifs se dégradent

Les Gilets jaunes réclament à la fois un allègement fiscal et le maintien de leurs services publics. Emmanuel Macron dans ses questions aux Français n'a pas manqué de souligner le paradoxe : « Faut-il supprimer certains services publics qui seraient dépassés ou trop chers par rapport à leur utilité ? À l'inverse, voyez-vous des besoins nouveaux de services publics et comment les financer ? » Les services publics sont variés (transport SNCF, écoles, bureaux de poste, hôpitaux) et habituellement analysés de manière séparée par les chercheurs, mais il vaut la peine de les étudier comme un ensemble car la dégradation des services publics dont se plaignent les usagers suit un mécanisme relativement similaire d'un monde à l'autre.

Ce mécanisme peut être décomposé en plusieurs étapes dont la succession entraîne un sentiment d'inéluctabilité dans la détérioration des services publics, alors qu'une étape pourrait ne pas conduire automatiquement à une autre si une volonté politique en décidait. Leur point de départ consiste à exiger une rentabilité difficile à atteindre au regard des missions de service public dont ils sont en charge (1). L'étape suivante est celle d'un délaissement progressif de l'entretien des infrastructures (2) conduisant à une dégradation des services fournis (3). Ce délaissement produit alors une moindre rentabilité (4), motif invoqué pour ouvrir à la concurrence, à défaut de privatiser, le service ou l'entreprise en question (5). Les dernières étapes de la détérioration des services publics consistent à détourner les derniers usagers (6) ou à dualiser ces services en proposant plusieurs gammes de prestations, allant de l'« entrée de gamme » (du « low cost ») au « haut de gamme ». Cette dualisation produit une segmentation des usagers – et donc une rupture de l'égalité entre eux – qui crée une perte de sens. Cette dernière accroît à nouveau l'exigence de rentabilité en la faisant passer d'un moyen visant à assurer une mission d'intérêt général à une fin en soi (7). ■

Nadège Vezinat, « Le crépuscule des services publics », *La Vie des idées*, 26 février 2019.

1 • **Analyser** Expliquez le paradoxe évoqué au début du texte.

2 • **Illustrer** À l'aide d'un exemple, illustrez chacune des étapes du mécanisme de dégradation des services collectifs.

3 • **Repérer** Quel est le lien entre la réduction des déficits publics (doc 3) et la dégradation des services collectifs ?

Faites le point

Reliez les propositions suivantes à l'une des deux possibilités par une flèche signifiant « cela démontre que ».

- L'État cherche à réduire ses dépenses
- Il y a près de neuf millions de pauvres en France
- Des écoles ferment
- Le nombre d'allocataires du RSA socle est en augmentation

- L'action de l'État s'exerce sous contrainte budgétaire
- L'efficacité de l'action de l'État fait l'objet de débats

Prenez la parole

Débat

L'action de l'État est-elle efficace ?

- Divisez la classe en deux camps défendant chacun une position contraire sur ce sujet. Dans chaque groupe, préparez vos arguments.
- Confrontez-les ensuite dans le cadre du débat.

2 Légitimité de l'action publique et risque d'effet pervers

OBJECTIF DU PROGRAMME : Comprendre que l'action des pouvoirs publics en matière de justice sociale fait l'objet de débats en termes de légitimité (notamment consentement à l'impôt) et de risque d'effets pervers (désincitations).

DOC 1 Comprendre les difficultés du consentement à l'impôt

La crise des « Gilets jaunes » a montré l'exaspération fiscale de ceux qui doivent prendre leur voiture tous les jours. Au-delà, cette crise, puis le grand débat qui a été organisé dans la foulée ont en grande partie servi d'exutoire à un ras-le-bol généralisé qui couve depuis de nombreuses années. Mais, lorsqu'on l'observe dans le détail, le sentiment d'injustice fiscale réserve quelques surprises. [...] Dans un pays où le niveau des prélèvements obligatoires est aujourd'hui le plus élevé d'Europe, 88 % des Français sont d'accord avec l'idée selon laquelle « la France est un pays où l'on paye trop de charges et trop d'impôts ». [Une enquête réalisée en 2017 montre que] les impôts considérés comme les plus injustes sont la contribution sociale généralisée (CSG, 48 % des enquêtés), la taxe foncière (45 %) et la taxe d'habitation (41 %). [...] Contrairement à ce que l'on pourrait penser, ce n'est pas parce que l'on perçoit de hauts revenus que l'on rejette *ipso facto* l'impôt, sauf en ce qui concerne celui qui porte sur la fortune. « Les trois quarts des contribuables d'un foyer imposable considèrent que l'impôt sur le revenu est juste, alors que les contribuables qui n'y sont pas assujettis sont seulement 64 % à être de cet avis » [indiquent deux chercheurs de l'OFCE dans un article de 2019]. Les deux auteurs montrent que la conception politique que l'on a de l'utilité de l'impôt apparaît plus pertinente. Les fonctionnaires et les sympathisants de gauche, attachés à l'État et aux services publics, acceptent davantage la taxation en raison des dépenses collectives qu'elle permet de financer. ■

Benoît Floc'h, « Deux chercheurs décryptent les paradoxes du ras-le-bol fiscal », *Le Monde*, 15 août 2019.

bordas Flash PAGE vidéo

© Sciences Po.

Le consentement à l'impôt

1 • Sur quels éléments se fonde le consentement à l'impôt ?

2 • Pourquoi le consentement à l'impôt est-il fragilisé aujourd'hui ?

3 • Comment est-il possible d'améliorer l'impôt (pour en favoriser le consentement) ?

LE SAVIEZ-VOUS ?

Les **prélèvements obligatoires** regroupent l'ensemble des impôts, taxes et cotisations sociales prélevés par les administrations publiques.

1 • **Lire** Que signifie la phrase soulignée ?

2 • **Analyser** Quelles sont les « surprises » liées au sentiment d'injustice fiscale ?

3 • **Expliquer** Comment peut-on expliquer le « ras-le-bol fiscal » des Français ?

DOC 2 La légitimité de l'intervention des pouvoirs publics en question

Selon vous, pourquoi certaines personnes se retrouvent-elles en situation de pauvreté ?

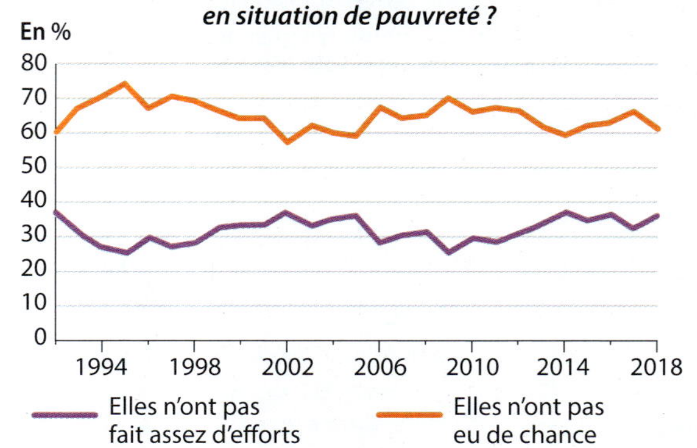

Source : Crédoc.

À propos du RSA, avec quelle opinion êtes-vous le plus d'accord ?

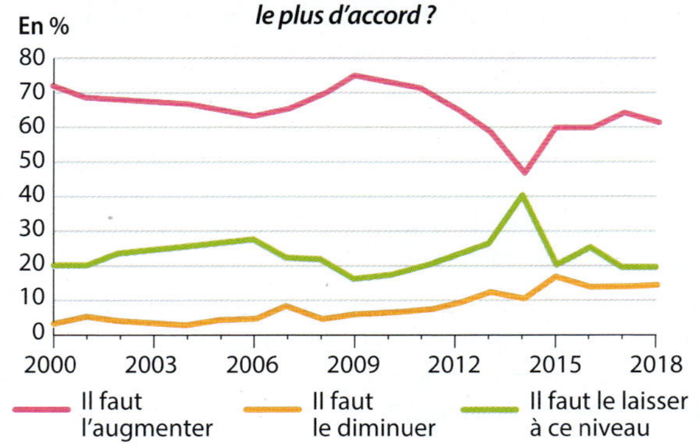

Source : ministère des Solidarités et de la Santé.

1 • **Lire** Que signifient les données de 2018 ?

2 • **Repérer** Quel est le lien entre les deux graphiques ? Justifiez votre réponse.

3 • **Argumenter** Comment évolue la perception des Français à l'égard de l'action sociale de l'État ?

DOC 3 L'intervention de l'État peut être considérée comme néfaste

Hayek montre que l'intervention des pouvoirs publics dans les sphères économique et sociale doit être combattue. Conseillé par le théoricien libéral Milton Friedman, le président américain Ronald Reagan n'hésitait pas à le formuler directement : « L'État n'est pas la solution à nos problèmes ; l'État est le problème. » La bureaucratie serait source d'entraves pour la croissance économique et la création d'emplois. La protection sociale assurée par l'État-providence semble légitime mais, selon les libéraux, elle est directement à l'origine d'effets pervers qui mettent en danger l'équilibre social. Ainsi, l'intervention de l'État suppose d'effectuer des prélèvements sur les revenus pour financer la redistribution, ce qui conduit inévitablement à amputer les gains de ceux dont l'activité se révèle avoir la plus grande utilité pour la société. De même que les prestations sociales peuvent réduire l'incitation au travail des plus pauvres. L'État doit donc rester minimal, c'est-à-dire se recentrer sur les fonctions régaliennes (assurer la sécurité intérieure avec la police et la justice ; assurer la sécurité extérieure avec l'armée) et se contenter sur le plan économique de faire en sorte que les lois de la concurrence soient respectées. ■

Éric Keslassy, *Démocratie et égalité*, Bréal, coll. Thèmes et débats, 2e éd., 2016.

CONTEXTE

Friedrich Hayek (1899-1992) et **Milton Friedman** (1912-2006) sont deux des plus éminents promoteurs du **libéralisme** au XXe siècle. Le premier se montre un défenseur résolu de l'ordre spontané issu du marché. Le second s'oppose notamment à la pensée keynésienne (qui présente l'action économique de l'État comme nécessaire pour stimuler la croissance économique).

1 • Lire Que signifie la phrase soulignée ? Illustrez-la par un exemple.

2 • Analyser Pourquoi, selon les libéraux, ne faudrait-il pas ponctionner les « gains » des plus riches ?

3 • Argumenter Comment peut-on expliquer la désincitation au travail selon les libéraux ?

Activité *Identifiez les effets de l'action économique et sociale de l'État*

Pour chaque situation (tableau de gauche), choisissez la solution adaptée (tableau du milieu) et indiquez l'effet pervers (tableau de droite) qui peut en résulter.

Situations
Les inégalités de revenu entre les riches et les pauvres augmentent.
Les plus démunis souffrent d'un manque de ressources.
Le consentement à l'impôt est fragilisé.
Les allocations sociales augmentent la désincitation au travail.

Solutions
Augmentation du RSA socle
Augmentation des impôts progressifs
Augmentation des bas salaires
Réduction des impôts

Effets pervers
Hausse du déficit public
Désincitation au travail
Désincitation à l'effort pour les plus riches
Baisse de la compétitivité de l'économie

Faites le point

Vrai ou faux ? Justifiez votre réponse.

1. Les Français sont prêts à payer plus d'impôts.
2. Les Français trouvent le système fiscal actuel juste.
3. Les libéraux sont favorables à une hausse des impôts.
4. Les libéraux souhaitent une baisse des dépenses publiques.

Prenez la parole

Argumentation

- Mettez-vous par groupes de trois et trouvez une situation d'inégalité, une solution apportée par l'État et un effet pervers.
- Chacun présente à tour de rôle l'un des trois.

Quelles inégalités sont compatibles avec les différentes conceptions de la justice sociale ?

Synthèse

Flash PAGE podcast DYS

DOSSIER 1 Comment analyser les inégalités ?

1 Mesurer les inégalités pour comprendre leur évolution

- On considère généralement qu'il existe deux grandes formes d'**inégalités** : **économiques** et **sociales**. Les inégalités économiques correspondent principalement aux inégalités de revenu et aux inégalités de patrimoine.
- Les inégalités économiques sont mesurées par différents outils statistiques dits statiques : **rapports inter-quantiles**, **courbe de Lorenz** et **coefficient de Gini** ou encore par le **top 1 %**. Mais il existe aussi un outil de mesure dynamique que l'on applique aux inégalités sociales : la corrélation de revenu parents-enfants.

2 L'évolution des inégalités économiques depuis le début du XXe siècle

- Dans la première partie du XXe siècle, dans les pays développés, les inégalités économiques sont très fortes, en particulier les inégalités de patrimoine. Comme les hauts revenus proviennent principalement du capital, Thomas Piketty parle d'une « société de rentiers » dans *Le capital au XXIe siècle* (2013).
- La crise de 1929 puis la Seconde Guerre mondiale réduisent considérablement les inégalités économiques en détruisant les patrimoines accumulés. Puis, avec les trente glorieuses (1945-1973), ces inégalités baissent de façon significative. On peut représenter ces deux évolutions par la **courbe de Kuznets**.
- Depuis le début des années 1980, les inégalités économiques ont repris dans les pays développés (selon Piketty, une société de « super-cadres » s'est mise en place : les hauts revenus proviennent d'abord du travail). Les inégalités internes des pays en développement (PED) augmentent également. En revanche, les inégalités internationales ont tendance à se réduire (par exemple, entre les pays développés et les PED). La courbe de l'éléphant de l'économiste Branko Milanovic permet de visualiser ces constats puisqu'elle montre l'évolution des inégalités dans le monde depuis 1980.

3 Des inégalités multiformes et cumulatives

- Les inégalités présentent un caractère multiforme : elles peuvent être économiques ou sociales. Les inégalités sociales sont elles-mêmes diverses et en partie indépendantes des inégalités économiques. Ainsi, les **inégalités culturelles** en fonction des PCS ne s'expliquent pas seulement par la différence de ressources économiques, mais par la socialisation différenciée des individus selon leur milieu social.
- Les **facteurs d'inégalités** sont multiples : sexe, âge, génération, origine, lieu de résidence etc., mais peuvent se superposer (le concept d'**intersectionnalité** désigne ainsi la situation des groupes qui subissent différentes formes d'inégalités ou de discriminations dans une société).
- En outre, les inégalités sont généralement **cumulatives**. Par exemple, les inégalités culturelles se traduisent par des inégalités scolaires qui se transforment en inégalités d'accès sur le marché du travail (chômage, emploi stable, niveau de salaire).

VU EN PREMIÈRE

Assistance : logique d'organisation de la protection sociale visant à offrir une aide aux individus se trouvant en dessous d'un certain seuil de ressources. Les mécanismes d'assistance sont généralement financés par l'impôt, et leur bénéfice n'est pas conditionné au fait d'avoir cotisé au préalable.

Assurance : logique d'organisation de la protection sociale selon laquelle seuls les individus ayant cotisé préalablement peuvent être indemnisés en cas de réalisation d'un risque social.

Cohésion sociale : état d'une société dont les membres sont unis par des valeurs communes et une solidarité qui cimentent la société.

Mutualisation des risques : principe consistant à transformer des risques individuels en risques collectifs. Des mécanismes d'assurance garantissent le paiement d'indemnités en cas de réalisation d'un risque aux individus ayant préalablement versé une prime ou une cotisation.

Précarité : pour un individu, situation d'incertitude quant à la stabilité de son emploi ou de ses revenus.

Protection sociale : système de solidarité permettant aux individus de faire face aux « risques sociaux » (maladie, famille, retraite et chômage) ou de lutter contre les inégalités.

Redistribution : transferts opérés entre les ménages par les pouvoirs publics, à l'aide des prélèvements obligatoires, des prestations sociales et des services publics.

Risque social : événement incertain pouvant affecter le niveau de vie d'un ménage en provoquant une augmentation de ses besoins et / ou une diminution de ses revenus. La maladie, le chômage ou encore la vieillesse sont des exemples de risques sociaux.

Sécurité sociale : ensemble d'institutions publiques françaises protégeant les individus des conséquences des risques sociaux dans les domaines de la maladie, de la famille, des accidents du travail et de la retraite.

DOSSIER 2 **Comment favoriser la justice sociale ?**

1 Des formes d'égalité aux différentes conceptions de la justice sociale

- Dans les sociétés démocratiques, il est possible de recenser trois formes d'égalité : l'**égalité des droits** qui correspond à l'égalité des citoyens devant la loi (par exemple, la justice n'est plus arbitraire – comme elle pouvait l'être sous l'Ancien Régime – mais dépend d'un droit connu de tous et appliqué de la même façon sur chacun) ; l'**égalité des chances** qui doit permettre la mobilité sociale et offrir la possibilité d'augmenter son bien-être – comme le développe Alexis de Tocqueville dans *De la démocratie en Amérique* (1835 et 1840) ; l'**égalité des situations** qui suppose la suppression de toutes les inégalités subsistantes.

- Ces différentes visions de l'égalité se traduisent par des courants théoriques qui ne retiennent pas les mêmes critères pour approcher la **justice sociale**. Ainsi, l'**utilitarisme** souhaite trouver « le plus grand bonheur du plus grand nombre » à partir de la maximisation de l'utilité (satisfactions moins peines) de chacun. Le **libertarisme** fait confiance au marché pour assurer une distribution juste des ressources disponibles et prône un État minimal. En privilégiant l'égalité des droits, le libertarisme considère que, comme tous ont les mêmes droits, celui qui ne « réussit » pas est responsable de son sort : il ne fait pas les efforts nécessaires pour « mériter » mieux. De son côté, l'**égalitarisme libéral** privilégie l'égalité des chances. Dès lors, l'égalité des droits est nécessaire mais pas suffisante. Il s'agit de donner réellement à chacun les mêmes chances de « réussir ». Enfin, pour l'**égalitarisme strict**, égalité des droits et égalité des chances ne suffisent pas. Il faut chercher à obtenir l'égalité des situations pour que la société soit juste. Cela suppose de corriger toutes les inégalités qui subsistent. Il n'est plus question de l'égalité des moyens mais bien de l'égalité des résultats (ou de l'égalité réelle).

2 Le rôle de la fiscalité et de la protection sociale

- Au terme d'un long processus, l'État a mis en place un système de **protection sociale** au lendemain de la Seconde Guerre mondiale. Dès 1945, la création de la **Sécurité sociale** en est le symbole. Cela a permis une **mutualisation des risques** que l'on retrouve dans la logique d'**assurance**. Les citoyens qui travaillent (et leur famille) sont alors protégés contre la survenance des **risques sociaux**.

- Après avoir longtemps favorisé l'assurance, le système de protection sociale recourt davantage à l'**assistance** pour réduire les inégalités entre individus et pour lutter contre la **précarité** avec des dispositifs comme le RSA socle ou la CMU. Pour les pouvoirs publics, il s'agit de favoriser la **cohésion sociale**. Dans cette perspective, l'État dispose de la **fiscalité** : de tous les prélèvements obligatoires, l'impôt sur le revenu est celui qui corrige le mieux les inégalités économiques. Progressif, il permet de resserrer les revenus et de diminuer la concentration des patrimoines.

3 Les services collectifs et la lutte contre les discriminations

- Une autre façon de réduire les inégalités consiste, pour l'État, à offrir des **services collectifs** à la population. Il s'agit d'un outil particulièrement efficace. En matière de santé, d'éducation, de logement ou encore de transport, les services collectifs fournissent des prestations gratuites ou quasi gratuites, permettant ainsi une **redistribution** de la richesse nationale. Sans compter qu'ils agissent directement à la racine de la formation des inégalités (inégalité des chances ou inégalités sociales de santé). Ainsi, comme avec la protection sociale, les pouvoirs publics se servent des services collectifs pour empêcher l'accroissement d'une **ségrégation sociale** déjà apparente.

VU EN PREMIÈRE

Ségrégation sociale : processus de séparation physique, sociale et symbolique de populations en fonction de caractéristiques précises.

NOTIONS DE TERMINALE

Égalitarisme libéral : conception de la justice sociale qui privilégie l'égalité réelle des chances en tenant compte des avantages et des handicaps des individus au départ de la « course » sociale.

Égalitarisme strict : conception de la justice sociale qui vise l'égalité absolue des situations économiques et sociales.

Égalité des chances : situation où tous les individus, quels que soient leur sexe, leur origine sociale ou « ethnique », ont la même probabilité d'accès à l'ensemble des positions sociales.

Égalité des droits : principe selon lequel tous les individus doivent être traités également par la loi.

Égalité des situations : situation qui suppose la suppression de toute forme d'inégalité économique et sociale.

Fiscalité : ensemble des prélèvements obligatoires (impôts, taxes et cotisations sociales) réalisés par l'État.

Inégalités : différences qui se traduisent par un avantage ou un handicap à partir d'une échelle de valeurs validée par la société.

Justice sociale : ensemble de normes sociales qui définissent la répartition des ressources entre les membres d'une société.

Libertarisme : conception de la justice sociale qui s'appuie sur la liberté et l'égalité des droits (en particulier le droit à la propriété sur soi-même et sur les biens légitimement acquis). Dans cette perspective, le marché est l'institution qui assure la répartition des ressources la plus juste et la plus efficace.

Services collectifs : productions non marchandes du secteur public financées par les prélèvements obligatoires (l'éducation ou la santé par exemple).

Utilitarisme : approche de la justice sociale qui vise à la maximisation de l'utilité collective, ce qui suppose d'atteindre « le plus grand bonheur pour le plus grand nombre »

- Par ailleurs, les pouvoirs publics cherchent à lutter contre les **discriminations**. Ces formes de rupture avec l'égalité des droits frappent des populations diverses (femmes, handicapés, minorités ethniques, etc.) dans de nombreux domaines (marché du travail, accès aux logements ou aux loisirs...). L'État cherche à sensibiliser la population aux discriminations. Lorsque cela ne suffit pas, il est possible de faire appel à la justice (donc à la loi) ou au Défenseur des droits.

NOTIONS DE TERMINALE

Désincitation : mécanisme qui se met en place lorsqu'un agent économique n'est pas encouragé à réaliser une action.

Discriminations : inégalités de traitement à partir d'un critère prohibé par la loi (origine réelle ou supposée, lieu d'habitation, sexe, âge, etc.).

DOSSIER 3 En quoi l'action des pouvoirs publics pour la justice sociale fait-elle débat ?

1 Contrainte de financement et efficacité de l'action publique

- L'action des pouvoirs publics visant à favoriser la justice sociale s'effectue sous la contrainte des déficits publics (contrôlés suivant les engagements européens). L'État doit constamment veiller à ce que ses dépenses ne soient pas plus élevées que ses recettes, ce qui peut réduire son efficacité.
- De fait, l'efficacité de l'action des pouvoirs publics en matière de lutte contre les inégalités fait débat dans la mesure où les inégalités économiques et sociales restent très fortes. De plus, l'intervention sociale de l'État est critiquée compte tenu du nombre élevé de pauvres et de SDF qu'elle ne parvient pas à endiguer.

2 Légitimité de l'action publique et risque d'effet pervers

- Les idées libérales imposent également une discussion sur la légitimité de l'action des pouvoirs publics en matière de lutte contre les inégalités. Faut-il toujours chercher à réduire les inégalités ? Ne sont-elles pas simplement le reflet du mérite de chacun ? C'est la légitimité même de l'intervention sociale de l'État qui est mise en question. Pour les libéraux, les inégalités ont une utilité sociale. Il faudrait donc se limiter à un État minimal.
- Les libéraux considèrent que l'intervention sociale de l'État génère des effets pervers comme la **désincitation** au travail. Il faudrait donc plutôt laisser faire le marché. Mais, au-delà des libéraux, les débats autour du consentement à l'impôt démontrent que l'action de l'État pour favoriser la justice sociale n'est pas bien comprise : la fiscalité n'est pas toujours perçue comme juste, et les réalisations de l'État apparaissent moins visibles.

Repères

Ne pas confondre

Égalité des droits / des chances / des situations

L'**égalité des droits** est un principe selon lequel tous les individus doivent être traités également par la loi.
L'**égalité des chances** désigne la situation où tous les individus, quels que soient leur sexe, leur origine sociale ou « ethnique », ont la même probabilité d'accès à l'ensemble des positions sociales.
L'**égalité des situations** : état qui suppose la suppression de toute forme d'inégalité économique et sociale.

Un mécanisme

Le caractère cumulatif des inégalités

Les inégalités économiques et sociales sont **intragénérationnelles** : elles s'enchaînent les unes aux autres tout au long d'une vie. Mais elles sont également **intergénérationnelles** : elles se transmettent d'une génération à une autre (des parents aux enfants), favorisant ainsi la « reproduction sociale ».

Un outil SES

Les quantiles

Pour mesurer les inégalités, il est possible de ranger la population par revenu croissant en quantiles : en centiles en établissant 100 classes de 1 % pour déterminer le **top 1 %** ; en déciles pour déterminer 10 classes de 10 % ; ou encore en quartiles pour avoir 4 classes de 25 %. On peut alors calculer des **rapports interquantiles** (comme le rapport interdécile, le plus fréquent, qui consiste à rapporter D9/D1) ou tracer une **courbe de Lorenz** (à partir de laquelle on peut calculer un **coefficient de Gini**).

Schéma bilan

- L'égalité des droits...
- L'égalité des chances...
- L'égalité des situations...

... renvoient à **différentes conceptions** de la **justice sociale**...

- L'égalitarisme libéral
- L'utilitarisme
- L'égalitarisme strict
- Le libertarisme

... mais, dans les faits, il subsiste des inégalités économiques et sociales. **L'État cherche donc à favoriser la justice par...**

- la protection sociale
- la fiscalité
- les services collectifs
- la lutte contre les discriminations

Prolongements

Un film

Les Invisibles

Louis-Julien Petit, 2019

Par souci de « rentabilité » et d'efficacité, la municipalité d'Anzin décide de fermer l'Envol, un centre d'accueil de jour pour femmes sans abri. Les travailleuses sociales vont alors tout faire pour réinsérer les femmes dont elles s'occupent.

Un livre

Le mérite contre la justice

Marie Duru-Bellat, Les Presses de Sciences Po, 2e éd., 2019

La sociologue démontre que la notion de méritocratie n'est peut-être pas aussi juste et efficace qu'on le pense. Elle serait même à l'origine d'effets pervers dans l'éducation et le monde du travail. Il ne s'agit pas pour autant de retirer tout mérite au mérite mais de s'interroger sur sa place centrale dans notre société.

Un site

Observatoire des inégalités

www.inegalites.fr

Ce site indépendant rassemble des données et des éléments d'analyse sur les inégalités en France et dans le monde.

Je vérifie mes connaissances

Plus d'exercices en numérique

bordas Flash PAGE exercices interactifs

CORRIGÉS ➡ PAGE 472

Exercice 1

Choisissez la (ou les) bonne(s) réponse(s).

1 • Pendant les trente glorieuses (1945-1973), les inégalités économiques et sociales :
a. ont diminué
b. ont augmenté
c. se sont maintenues

2 • Depuis le début des années 1980, les inégalités économiques et sociales au sein des pays développés :
a. se sont réduites
b. ont augmenté
c. se sont maintenues

3 • L'impôt qui réduit le plus les inégalités est :
a. la TVA
b. l'impôt sur le revenu
c. la redevance télévisuelle

4 • Lorsqu'on est victime de discrimination, il est possible :
a. de se faire justice soi-même
b. de déposer plainte
c. de faire appel au Défenseur des droits

5 • L'action des pouvoirs publics en matière de justice sociale s'exerce sous une contrainte de financement, c'est-à-dire que :
a. leurs dépenses sont égales à leurs recettes
b. leurs dépenses sont supérieures à leurs recettes
c. leurs dépenses sont inférieures à leurs recettes

6 • Pour les libéraux, l'action économique et sociale des pouvoirs publics est :
a. souhaitable
b. efficace
c. néfaste

Exercice 2

Reliez les situations suivantes à la (ou aux) forme(s) d'inégalités correspondante(s).

- Les cadres ont un revenu supérieur à celui des ouvriers
- Les cadres ont une espérance de vie supérieure à celle des ouvriers
- Les cadres lisent davantage que les ouvriers
- Les cadres ont un patrimoine plus élevé que celui des ouvriers
- Les enfants de cadres ont une plus grande probabilité d'obtenir un poste de cadre que les enfants d'ouvriers

- inégalités économiques
- inégalités sociales

Exercice 3

Complétez le tableau avec les termes suivants.

assistance • RSA socle • lutte contre les inégalités • pensions-retraite • assurance • protection contre les risques sociaux

Nom	Objectif	Exemple
……	……	……
……	……	……

J'utilise mes connaissances

Exercice 1 Lire et interpréter un graphique

Inégalités mondiales et croissance : la courbe de l'éléphant 1980-2016

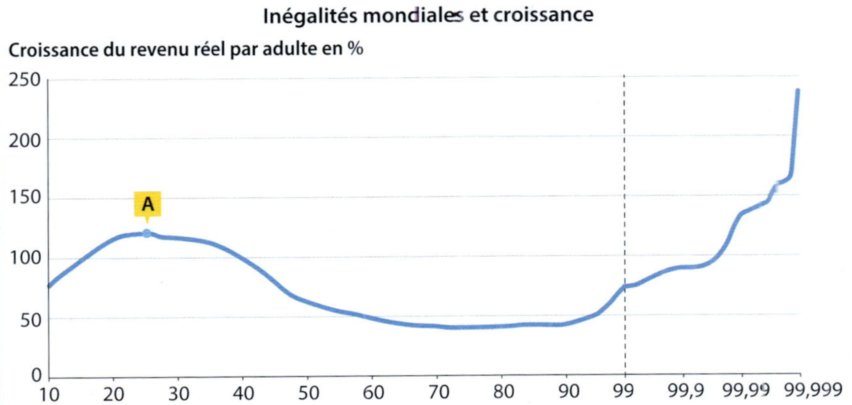

1 • Quelle est la signification du point A ?

2 • Comment se nomme cette courbe ? Qui en est l'auteur ?

3 • Légendez les inflexions de la courbe : à quoi correspondent-elles ?

Source : Laboratoire sur les inégalités mondiales, *Rapport sur les inégalités mondiales 2018*, Seuil, 2018.

Exercice 2 Lire et utiliser des déciles

Distribution du patrimoine brut (en euros)

	2010	2015
D1	900	700
D9	533 400	553 700
P99	1 776 000	1 842 000
Rapport interdécile	593	791

Source : Insee, 2018.

1 • Quelle est la signification des données de 2015 ?

2 • Comment a été calculé le rapport interdécile ?

Savoir-faire 10 p. 416

3 • Comment ont évolué les inégalités de patrimoine entre 2010 et 2015 ? Justifiez votre réponse à l'aide d'un calcul.

Je construis ma fiche de révision

Fiche téléchargeable lycee.editions-bordas.fr

À l'aide des pages « L'Essentiel » et de vos connaissances, retrouvez les éléments clés du chapitre et complétez votre fiche de révision.

Quelles inégalités sont compatibles avec les différentes conceptions de la justice sociale ?

NOTIONS CLÉS
- Inégalités
- …

ANALYSES THÉORIQUES
- Égalitarisme strict
- …

OUTILS
- Déciles
- …

IDÉES PRINCIPALES
- Il existe plusieurs formes d'égalité
- …

CONNAISSANCES FACTUELLES
- Caractère cumulatif et multiforme des inégalités
- …

TRAVAUX DIRIGÉS

Débat : les inégalités sont-elles justes ?

OBJECTIFS : Repérer et classer des arguments ; développer une argumentation orale structurée à partir de notes manuscrites.

Il s'agit de préparer et d'organiser un débat sur un sujet opposant différentes options théoriques qui se traduisent très concrètement dans la mise en œuvre des politiques publiques.
La préparation pourra se faire en classe ou à la maison. Pour le débat, la classe sera divisée en deux groupes, chacun défendant une position opposée.

Étape 1 Cherchez et classez des arguments pour le débat

1 • Pour participer à un débat, il faut disposer d'arguments solides. Lisez les documents suivants du chapitre pour en extraire des idées pertinentes. Vous pouvez utiliser le tableau suivant :

Documents	Idées pertinentes pour le débat
Doc 1, p. 348	...
Doc 4, p. 349	...
Doc 2, p. 356	...
Doc 3, p. 357	...

2 • Cherchez dans d'autres sources (votre cours, des ouvrages du CDI de votre lycée, des articles en ligne, etc.) des arguments qui permettent de répondre à la question posée.

3 • Classez vos arguments dans un tableau comportant deux colonnes correspondant aux deux thèses opposées.

Les inégalités sont injustes.	Les inégalités peuvent tout à fait être perçues comme justes.
Argument 1 : ...	Argument 1 : ...
Argument 2 : ...	Argument 2 : ...
Argument 3 : ...	Argument 3 : ...

Étape 2 Débattez en classe

1 • Constituez deux groupes qui défendront chacun l'une des deux thèses. Prenez connaissance des arguments de votre « camp » et entraînez-vous mentalement à les énoncer pour bien vous les approprier.

2 • Quand vous présentez votre argument devant la classe, cherchez à convaincre les tenants de la thèse adverse, mais aussi les élèves qui ne participent pas directement au débat.

Étape 3 Évaluez le débat

• Les élèves qui ne participent pas directement au débat sont séparés en deux groupes : le premier juge le fond de l'argumentation (qualité et précision de l'argument, maîtrise, etc.) ; le second évalue la forme de l'argumentation (clarté et aisance de l'expression orale, etc.).

Étape 4 Faites le bilan du débat

• À la fin du débat, il est important de retenir les idées essentielles des deux camps. Rédigez une synthèse résumant chacune des argumentations.

Rédiger l'introduction et la conclusion d'une dissertation

L'introduction

Exemple de sujet : L'action des pouvoirs publics en matière de lutte contre les inégalités est-elle toujours efficace ?

1. Rédigez l'accroche

Voici une accroche rédigée par un(e) élève.

« Un peuple a beau faire des efforts, il ne parviendra pas à rendre les conditions parfaitement égales dans son sein », explique Alexis de Tocqueville. Les inégalités sont des différences qui se traduisent par des avantages ou des désavantages suivant une échelle de valeurs validée par la société.

a. Comment améliorer la première phrase ?

b. Pourquoi la suite ne convient-elle pas ?

2. Définissez les termes clés du sujet

Quels sont les deux termes clés du sujet ? Comment les définir ?

3. Formulez la problématique

Parmi les propositions suivantes, choisissez la problématique qui correspond le mieux au sujet :

a. Comment l'État lutte-t-il contre les inégalités ?

b. Les mesures décidées par l'État pour lutter contre les inégalités parviennent-elles toujours à atteindre leur objectif ?

4. Annoncez le plan

Parmi les propositions suivantes, choisissez la bonne annonce de plan :

a. L'action des pouvoirs publics pour lutter contre les inégalités peut se montrer efficace (I) mais ce n'est pas toujours le cas (II).

b. Pour lutter contre les inégalités, l'État utilise la protection sociale (I), la fiscalité (II) et les services collectifs (III).

La conclusion

Exemple de sujet : Quels sont les moyens utilisés par l'État pour lutter contre les inégalités ?

1. Formulez la réponse directe au sujet

Expliquez pourquoi la réponse directe suivante est insuffisante : *Pour lutter contre les inégalités, l'État se sert de la protection sociale et des services collectifs.*

2. Dressez le bilan synthétique de l'argumentation

Complétez le bilan synthétique de l'argumentation avec les termes suivants : *redistribution – fiscalité – protection sociale – progressifs – pouvoirs publics – d'assistance – services collectifs*

Les ... cherchent en effet à réduire les inégalités par la ..., en particulier par les mesures ... qui permettent d'augmenter le revenu des plus démunis. Pour les financer, ils ont besoin de ressources, ce qu'apporte la .... Mais certains prélèvements fiscaux permettent de réduire directement les inégalités car ils sont ... (comme l'impôt sur le revenu). Les impôts servent également à financer les ... qui, gratuits ou quasi gratuits, organisent aussi une ... des revenus des plus riches vers les plus pauvres.

3. Rédigez l'ouverture

Parmi ces propositions, choisissez la bonne ouverture.

a. Nous nous sommes demandé si l'État devait toujours lutter contre les inégalités. Peut-on un jour envisager que les pouvoirs publics ne s'opposent plus aux inégalités ?

b. Nous avons analysé les dispositifs mis en œuvre par les pouvoirs publics pour lutter contre les inégalités mais il reste à se demander s'ils sont toujours efficaces. L'action des pouvoirs publics pour favoriser l'égalité atteint-elle toujours ses objectifs ?

c. Nous avons vu que les dispositifs mis en place par l'État pour lutter contre les inégalités ne sont pas toujours efficaces. Quels dispositifs faudrait-il déployer pour les améliorer ?

RÉCAP Méthode

Dans le Cahier BAC, La méthode complète p. 426

Dans une dissertation

L'introduction doit comporter quatre éléments :

- l'accroche,
- la définition des termes clés du sujet,
- la problématique,
- l'annonce du plan.

La conclusion doit comporter trois éléments :

- la réponse directe au sujet,
- le bilan synthétique de l'argumentation,
- l'ouverture.

Dans le Cahier BAC
- La méthode complète de l'EC, p. 428
- Une épreuve composée corrigée, p. 437

Sujet guidé - Épreuve composée

4 heures

PARTIE 1 • Mobilisation des connaissances (4 points)

- À partir d'un exemple, montrez que la fiscalité peut contribuer à la justice sociale.

Aide

- Choisissez un type de fiscalité et montrez, en détaillant le mécanisme, comment il peut favoriser la justice sociale.

PARTIE 2 • Étude d'un document (6 points)

1 • Quelle est la signification des données de 2012 ?

2 • À l'aide des données du document et de vos connaissances, vous comparerez et interpréterez la composition des revenus pour le 1 % supérieur du revenu total aux États-Unis en 1916 avec celle de 2012.

Aide

- Repérez le type de document et les outils statistiques utilisés.
- Voyez s'il est possible de délimiter des périodes cohérentes dans les évolutions.
- Assurez-vous d'avoir bien compris le document en vérifiant la signification des cinq données de 2009.

Composition des revenus pour le 1 % supérieur du revenu total aux États- Unis (1916-2011)

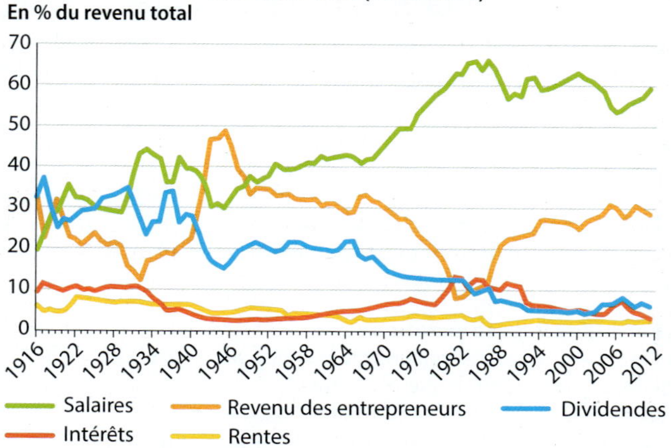

Source : Base de données Piketty, Saez.

PARTIE 3 • Raisonnement s'appuyant sur un dossier documentaire (10 points)

SUJET *À l'aide de vos connaissances et du dossier documentaire, vous montrerez que la protection sociale contribue à la justice sociale.*

DOCUMENT 1

Évolution du 1er décile de niveau de vie entre 1996 et 2017

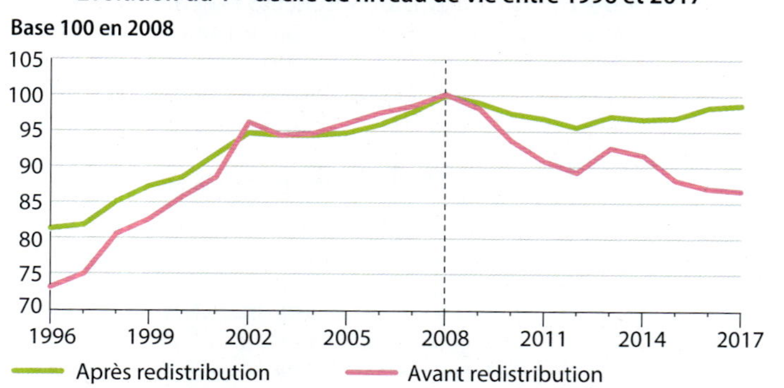

Champ : France métropolitaine, personnes vivant dans un ménage dont le revenu déclaré est positif ou nul.

Sources : enquêtes Revenus fiscaux et sociaux rétropolées de 1996 à 2004, Insee-DGI ; enquêtes Revenus fiscaux et sociaux de 2005 à 2017, Insee-DGFiP-Cnaf-Cnav-CCMSA.

DOCUMENT 2

Le revenu disponible moyen par ménage en euros constants serait, en 2016, inférieur de 1,2 % à son niveau de 2008. Les réformes socio-fiscales visant le redressement structurel des comptes publics engagées à la suite de la crise économique, la hausse du chômage et du temps partiel et les évolutions démographiques sont des facteurs explicatifs possibles de cette diminution. [...]

Sans les réformes socio-fiscales intervenues entre 2008 et 2016, le revenu disponible moyen des ménages aurait été supérieur de 1,4 % en 2016. Les effets de ces réformes diffèrent selon la place des ménages dans la distribution des niveaux de vie. Les ménages les plus aisés ont été les plus mis à contribution : les 5 % du haut de la distribution ont vu leur revenu disponible annuel diminuer de 5 640 euros sous l'effet des mesures nouvelles concernant les prélèvements (hausse des cotisations sociales, création d'une tranche d'impôt sur le revenu (IR) à 45 %, imposition au barème de l'IR des revenus du capital, etc.). Les ménages les plus modestes ont bénéficié de la politique sociale et des amortisseurs sociaux : les 5 % les plus modestes ont vu leur revenu disponible annuel s'accroître de plus de 450 euros et les 5 % au-dessus l'ont vu s'accroître de 890 euros du fait des réformes des prestations (revalorisation des minima sociaux, création de la prime d'activité, etc.). ■

France, portrait social, Insee Références, 2018.

DOCUMENT 3

Structure des prestations par risque social en 2016 (en %)

Risque social	Structure
Maladie	28,5
Invalidité	5,4
Accidents du travail - Maladies professionnelles	1,0
Vieillesse-survie	45,6
Famille	7,7
Emploi	6,2
Logement	2,6
Pauvreté - Exclusion sociale	3,0
Total	**100,0**

Source : d'après *La protection sociale en France et en Europe en 2016*, Drees, 2018.

Méthode appliquée

La PARTIE 3 en 4 étapes

1 Analyser le sujet et mobiliser des connaissances

- Commencez par identifier les mots clés de l'énoncé et définissez-les. Ici, il s'agit de définir « protection sociale » et « justice sociale ».
- Ne récitez pas votre cours, mais demandez-vous en quoi tel ou tel élément vous permet de répondre au sujet.

2 Exploiter les documents et les relier à ses connaissances

- Demandez-vous d'abord comment chacun des trois documents apporte des éléments de réponse au sujet.
- Faites ensuite le lien entre vos connaissances de cours et les informations contenues dans les documents, en repérant notamment des mots clés. Dans le document 1, les mots importants sont « décile », « niveaux de vie » et « redistribution ».
- Identifiez les mots clés des deux autres documents.

3 Construire un raisonnement argumenté

- Demandez-vous en quoi les informations ces trois documents se complètent. Par exemple, le document 1 montre que la redistribution permet de réduire les inégalités ; le document 3 permet d'illustrer comment les prestations sociales, un des outils de la redistribution, peuvent augmenter le revenu disponible des ménages. Ils sont donc liés.
- Faites le lien entre le document 1 et le document 2.
- Mettez ensuite en relation les informations issues des documents et de vos propres connaissances pour construire des arguments.

4 Rédiger

- Structurez votre raisonnement qui doit comporter une introduction, un développement et une conclusion. La rédaction d'un raisonnement argumenté n'oblige pas à respecter un nombre de parties fixe. Vous pouvez rédiger des paragraphes argumentés.
- Organisez votre développement autour des arguments construits à partir du dossier documentaire et de vos connaissances.

Dans le Cahier BAC
- La méthode de la dissertation, p. 426
- Autres sujets blancs, p. 442

Sujet blanc - Épreuve de dissertation (20 points) 4 heures

SUJET *Par quels mécanismes les inégalités économiques et sociales se renforcent-elles mutuellement ?*

DOCUMENT 1

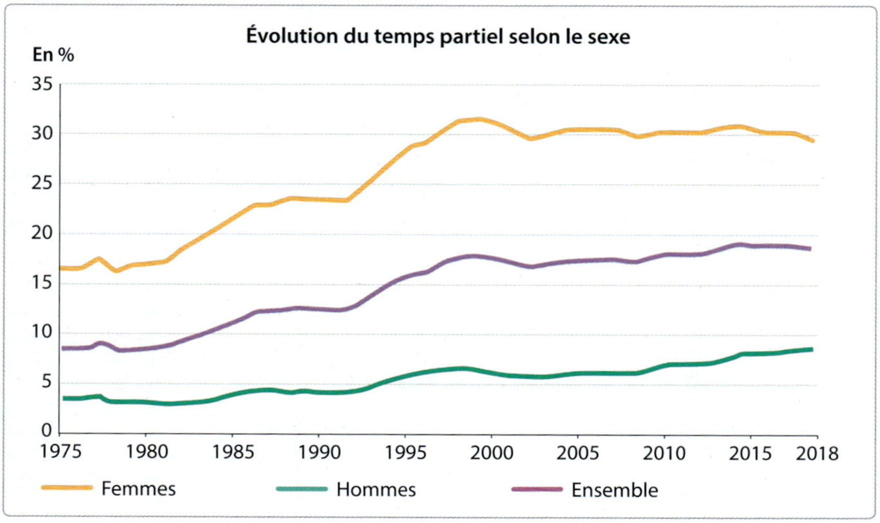

Source : Insee, 2019.

DOCUMENT 2

Plus haut diplôme obtenu en fonction de la position sociale des parents (en %)

Niveau de diplôme	Deux parents cadres (57 000 individus)	Un seul parent cadre (106 000 individus)	Deux parents ouvriers ou employés (220 000 individus)
Bac + 5 ou plus	52	33	10
Bac + 3/4	17	19	10
Bac + 2	10	14	13
Diplômé du secondaire	19	30	52
Non-diplômé	2	4	15
Ensemble	**100**	**100**	**100**

Source : **Valentine Henrard** et **Valérie Ilardi**, « Quand l'école est finie. Premiers pas dans la vie active de la Génération 2013 », *Céreq Enquêtes*, n° 1, 2017.

DOCUMENT 3

Les écarts de niveau de vie expliquent une partie des inégalités de patrimoine. Le niveau de patrimoine résultant d'un processus d'accumulation de long terme, connaître le niveau de vie des ménages sur l'ensemble du cycle de vie serait utile. Cependant, le niveau de vie mesuré une année donnée reste un bon indicateur : le taux d'épargne est en effet globalement croissant avec le niveau de vie et il est particulièrement élevé pour les 20 % de ménages aux niveaux de vie les plus élevés. De fait, début 2015, le montant du patrimoine brut détenu croît fortement avec le niveau de vie : il est en moyenne de 129 300 euros pour les 10 % de ménages ayant les plus faibles ressources et atteint 844 700 euros pour les 10 % de ménages les plus aisés. [...] 59 % des variations de montant de patrimoine sont expliquées par les facteurs observables traditionnels (niveau de vie, âge, catégorie socioprofessionnelle, diplôme, configuration familiale, etc.). On attribue le reste des inégalités observées à d'autres facteurs plus difficilement observables (aversion au risque, tendances à la reproduction de comportements d'épargne d'une génération à l'autre). Toutes choses égales par ailleurs, le patrimoine brut moyen des ménages des 5 % les plus aisés en niveau de vie est supérieur de 243 % à celui des ménages entre le 4e et le 5e décile de niveau de vie. À l'inverse, celui des ménages en dessous du 2e décile de niveau de vie est en moyenne presque moitié moins élevé. [...] Le montant de patrimoine dépend ensuite de l'occupation professionnelle : à autres caractéristiques égales, un ménage dont la personne de référence est agriculteur en activité détient en moyenne un patrimoine deux fois et demi plus élevé qu'un ménage d'employé. Plus généralement, les ménages dont la personne de référence ou son conjoint est un agriculteur ou un indépendant en activité ont un patrimoine 1,6 fois plus élevé en moyenne que les autres. Cela s'explique par le fait qu'ils détiennent des biens professionnels ou encore qu'ils épargnent davantage et de façon plus diversifiée pour préparer leur cessation d'activité. Entre les ménages de salariés, les écarts de patrimoine sont en moyenne un peu plus faibles : l'écart entre celui des cadres et celui des employés est de 24 %, en faveur des premiers : cela renvoie peut-être à l'anticipation par les cadres d'un moindre taux de remplacement lors du passage à la retraite, ou encore à des différences d'accès au crédit, qui joue un rôle primordial dans l'accession à la propriété. ■

« Les revenus et le patrimoine des ménages », *Insee Références*, 2018.

DOCUMENT 4

Évolution des visites d'au moins un musée ou une exposition temporaire au cours des douze derniers mois entre 2016 et 2018

Catégorie socioprofessionnelle	2016	2018
Cadres et professions intellectuelles supérieures	81	74
Professions intermédiaires	55	51
Employés	40	33
Ouvriers	24	22

Source : enquête « Conditions de vie et aspirations », Crédoc, juin 2018.

Dans le Cahier BAC, p. 460
La méthode complète pour réussir le Grand oral

Préparation - Épreuve du Grand oral (20 points) 20 minutes

Préparer sa question en 4 étapes

1 Trouver sa question en lien avec son projet d'orientation

1 Voici des questions possibles en lien avec différents domaines d'étude.

1 Qu'est-ce qu'une société juste ?	*Sciences politiques, Philosophie*
2 Quels instruments de mesure des inégalités sont les plus pertinents ?	*Sociologie, Mathématiques*
3 Comment lutter efficacement contre les discriminations ?	*Sciences politiques, Carrières sociales, Gestion des organisations*
4 « Ras-le-bol fiscal » : comment rendre les impôts plus acceptables ?	*Sciences économiques, Sciences politiques*
5 Faut-il taxer davantage les très hauts revenus ?	*Sciences économiques, Sciences politiques*

Choisissez la question que vous voulez traiter parmi celles ci-dessus, ou proposez une autre question. Justifiez votre choix par rapport au programme de la spécialité SES.

J'ai choisi de travailler sur cette partie du programme parce que : ...

J'ai choisi cette question en particulier parce que : ...

2 Mobiliser des connaissances pour préparer la réponse à la question choisie

- Commencez par réviser le chapitre. Utilisez la synthèse (p. 358) ainsi que la fiche de révision (p. 363) que vous aurez téléchargée et complétée. Vous pourrez ainsi identifier les connaissances, notions et mécanismes à mobiliser pour répondre à votre question.

2 Répondez aux questions suivantes pour faire le bilan de vos connaissances sur la question 3.

a. Qu'est-ce qu'une discrimination ?
b. Quelles catégories d'individus sont les plus touchés par les discriminations ? Dans quels domaines ?
c. Quel type d'inégalité les discriminations remettent-elles en cause ?
d. Quels moyens les pouvoirs publics peuvent-ils mobiliser pour lutter contre les discriminations ?

- Puis faites des recherches complémentaires pour approfondir votre maîtrise du sujet. Terminez en réalisant une carte mentale qui synthétise l'ensemble de vos connaissances sur la question. ➡ Cahier BAC p. 462.

3 Préparer la réponse argumentée à la question choisie

- Pour préparer la réponse à votre question :
  – sélectionnez les informations et les idées pertinentes pour répondre à votre question et organisez-les,
  – puis formulez un plan avec des arguments qui répondent clairement et précisément à la question,
  – préparez votre introduction et votre conclusion.

3 À partir des exemples suivants, formulez des arguments qui répondent clairement à la question 3.

Arguments	Exemples
Les pouvoirs publics peuvent enforcer la loi et les sanctions.	Augmenter les sanctions encourues par les personnes physiques ou morales reconnues coupables de discriminations
...	Multiplier les opérations de « testing »
...	Imposer des quotas d'élèves boursiers dans les grandes écoles

4 Concevoir un support pour le jour J

- Préparez, à partir du travail précédent, un support simple à destination du jury, que vous reconstituerez le jour J pendant vos vingt minutes de préparation : plan, carte mentale, schéma, tableau…

4 Voici un exemple de carte mentale pour la question 3. Complétez-la.

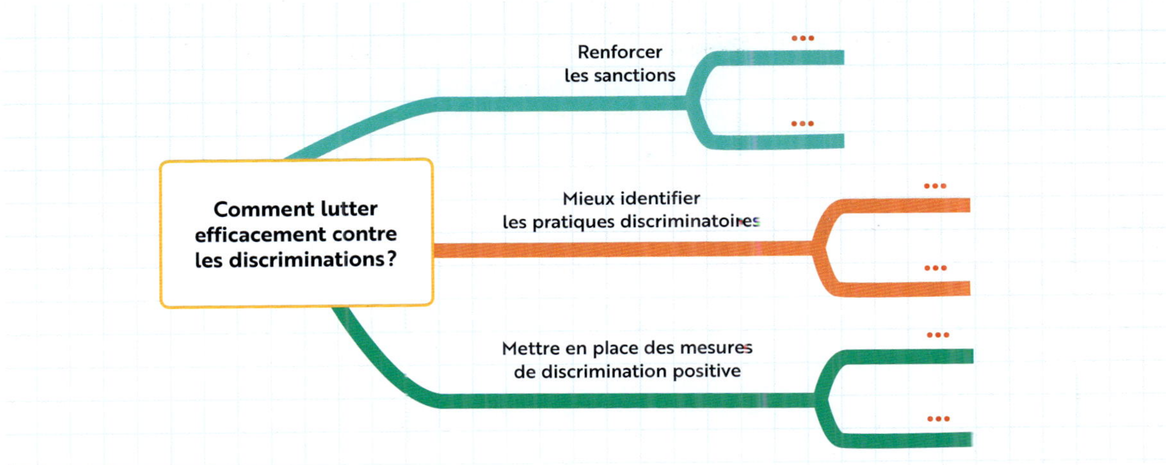

S'entraîner pour le jour J

1. Présenter sa question devant le jury

5 ORAL

- Reprenez la réponse argumentée que vous avez préparée (étape 3) et entraînez-vous à la présenter debout devant un miroir en vous détachant progressivement de vos notes.
- Recommencez jusqu'à ce que vous soyez capable de présenter sans aucune note.

2. Préparer l'entretien avec le jury

6 ORAL

- Imaginez deux questions de connaissances sur votre question et entraînez-vous à y répondre.
- Imaginez deux questions d'approfondissement sur votre question et entraînez-vous à y répondre.

3. Savoir répondre aux questions du jury en mobilisant ses connaissances *Compétence orale*

- En répondant aux questions du jury, vous devez montrer votre capacité à mobiliser les connaissances que vous avez acquises grâce à la spécialité SES. Pour cela, il faut :
– avoir bien révisé l'ensemble du programme de SES et en maîtriser les enjeux ;
– être capable d'appliquer ces connaissances à de nouveaux exemples ou contextes ;
– savoir intégrer vos connaissances dans une réponse à une question précise.
– Répondez aux questions du jury en utilisant le vocabulaire des SES.
– Faites des liens entre votre réponse et les notions, mécanismes et théories étudiés en SES.

Pièges à éviter
– Réciter votre cours sans répondre à la question posée.
– Faire des erreurs ou des approximations qui montrent que vous ne maîtrisez pas les connaissances.

7 ORAL Demandez à un camarade de vous poser des questions en lien avec votre présentation et entraînez-vous à y répondre en utilisant vos connaissances.

Demandez-lui de vous évaluer de 1 (très insuffisant) à 4 (très satisfaisant) selon les critères suivants.

- Les connaissances sont maîtrisées.
- Les connaissances sont utilisées pour répondre à la question.

CHAPITRE 12

Quelle action publique pour l'environnement ?

Un cas pour réfléchir

La nuit, les producteurs de tomates bretons éclairent le ciel de surprenantes lumières.

L'objectif : accélérer la croissance de leurs précieux légumes. Mais ces lumières ne sont pas sans effets sur l'environnement car elles désorientent tant les plantes que les oiseaux et animaux d'élevage alentour. Les plaintes des riverains et les alertes des chercheurs peuvent-elles faire admettre qu'il existe là un problème, et qu'il doit être pris en charge par les pouvoirs publics ? Comment alors amener les producteurs à prendre en compte les conséquences néfastes de leur activité ?

Et vous, qu'en pensez-vous ?

Que doivent faire les pouvoirs publics pour le ciel breton ?

VU EN PREMIÈRE

Biens communs • Externalité • Marché

NOTIONS DE TERMINALE

Action publique • Marché de quotas d'émission • Mise à l'agenda politique • Passager clandestin • Problème public • Réglementation environnementale • Subvention à l'innovation verte • Taxe environnementale

Une vidéo pour rencontrer

Greta Thunberg à la 24e conférence mondiale sur le climat

Les générations présentes mettent-elles en péril le futur de leurs enfants ?

Source : Le Monde.

SOMMAIRE

DOSSIER 1 Comment l'environnement peut-il devenir un objet d'action publique ?

1. Une diversité d'acteurs impliqués 374
2. Coopération et conflits entre acteurs 376
3. Une action publique articulant différentes échelles : l'exemple de la biodiversité 378

DOSSIER 2 Quels instruments pour l'action publique environnementale ? L'exemple du climat

1. La réglementation, un instrument pour contraindre 380
2. Taxation et subventions, des instruments pour inciter 382
3. Les marchés de quotas d'émission, un instrument pour négocier 384

DOSSIER 3 Une action publique internationale pour l'environnement est-elle possible ?

1. Des biens communs appelant une gestion internationale 386
2. Les contraintes d'une action publique internationale pour l'environnement 388

L'ESSENTIEL 390

Synthèse • Repères • Schéma bilan • Prolongements

RÉVISER 394

Je vérifie mes connaissances • J'utilise mes connaissances • Je construis ma fiche de révision

TRAVAUX DIRIGÉS 396

Dessiner son cours pour mieux le mémoriser.

BAC MÉTHODE & ENTRAÎNEMENT 397

- Rédiger l'introduction et la conclusion de la partie 3 de l'épreuve composée
- Sujet guidé : épreuve de dissertation
- Sujet blanc : épreuve composée
- Préparation : épreuve du Grand oral

1 Une diversité d'acteurs impliqués

OBJECTIF DU PROGRAMME : Savoir identifier les différents acteurs (pouvoirs publics, ONG, entreprises, experts, partis, mouvements citoyens) qui participent à la construction des questions environnementales comme problème public et à leur mise à l'agenda politique.

Questionnez-vous ! Qui lutte pour une pêche responsable ?

Une action de l'ONG Greenpeace devant le ministère de l'Agriculture et de la Pêche pour une interdiction de la pêche du thon rouge.

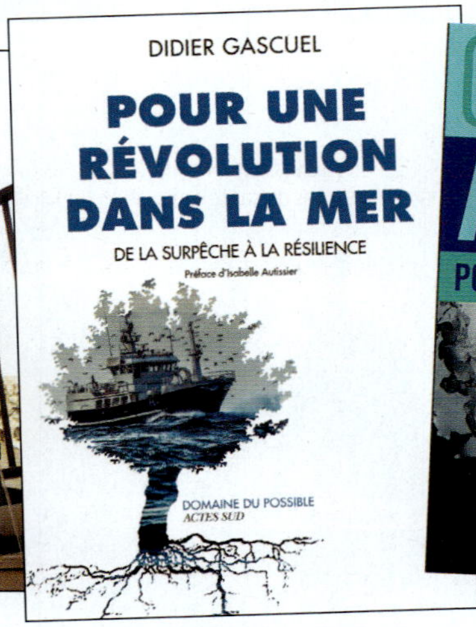

Un ouvrage de Didier Gascuel, universitaire spécialiste de l'écologie des pêches.

Un visuel de l'enseigne Monoprix.

1 • Quels types d'acteurs sont engagés en faveur d'une pêche responsable ?

2 • Comment contribuent-ils à interpeller la société sur les problèmes liés à la surpêche ?

3 • D'après vous, ces acteurs poursuivent-ils le même objectif ?

DOC 1 Les opérations de construction des problèmes publics

Identification	Une situation est désignée comme problématique par un ou plusieurs « promoteurs » : intellectuels, laboratoires d'idées, mouvements sociaux, groupes d'intérêts, partis politiques ou personnes disposant de ressources particulières (connaissances techniques, contacts avec une journaliste ou un élu local…).
Cadrage	Les promoteurs produisent un récit diagnostiquant la nature du problème, ce qui en relève ou non, ses causes et les actions réparatrices à entreprendre.
Justification	Les promoteurs argumentent sur le fait que le problème qu'ils portent est d'une gravité toute particulière. Trois registres d'argumentation peuvent être identifiés : • La référence à l'idée de démocratie : un problème est essentiel parce que le peuple le dit. • La mobilisation des émotions. • Le recours aux chiffres et au raisonnement scientifique.
Popularisation	Les promoteurs font entendre ces cadrages et justifications à des publics cibles : opinion, groupes concernés, décideurs… Cela suppose souvent de capter l'attention des médias.
Mise en politique publique	Le problème cesse d'être objet de mobilisation et de débat pour devenir aussi objet d'action et de mesures pratiques.

1 • **Définir** Qu'est-ce qu'un problème public ?

2 • **Illustrer** Qui peuvent être les promoteurs des problèmes publics environnementaux ?

3 • **Argumenter** Leur action se résume-t-elle à rendre un problème plus visible ?

4 • **Repérer** Quels sont les différents types de ressources mobilisables par les promoteurs de problèmes publics ?

Source : d'après **Érik Neveu**, « L'analyse des problèmes publics : un champ d'études interdisciplinaire au cœur des enjeux sociaux présents », *Idées économiques et sociales*, n° 190, Réseau Canopé, décembre 2017.

Activité Participez à la construction d'un problème public

Alertés par la multiplication des cas de leucémie infantile dans leur commune, des habitants mettent en cause les rejets toxiques d'une entreprise voisine et s'organisent en collectif pour réclamer l'intervention des pouvoirs publics. Différentes actions et situations s'ensuivent.

a. Les habitants, issus pour la plupart des classes populaires, disposent de peu de ressources pour être audibles auprès des médias et des pouvoirs publics.
b. Le collectif entre en contact avec un laboratoire, qui décide de lancer des recherches sur les effets de la pollution dans la commune.
c. L'entreprise polluante finance elle-même des recherches, qui concluent au fait qu'il n'existe pas de lien avéré entre ses rejets toxiques et les problèmes de santé rencontrés par les habitants.
d. La mobilisation des habitants fait l'objet de plusieurs articles dans la presse nationale.
e. Une forte tempête frappe la commune, éclipsant pour un temps la question de la pollution.
f. Une manifestation organisée par le collectif rassemble plusieurs milliers de personnes.
g. Le collectif d'habitants s'essouffle devant le peu de résultats obtenus.

LE SAVIEZ-VOUS ?

À la fin des années 1970, des journalistes et habitants de **Love Canal**, aux États-Unis, font le lien entre une ancienne décharge de produits toxiques et la multiplication des problèmes de santé dans le quartier. Mettant les enfants au cœur de leur mobilisation, ils parviennent à interpeller les pouvoirs publics sur ce problème.

1 • Repérez parmi les situations présentées, celles qui font obstacle à la construction du problème public.

2 • Repérez celles qui participent à la construction du problème public et le type d'opération dont il s'agit : identification, cadrage, justification, popularisation ou mise en politique publique ?

3 • Identifiez les acteurs impliqués dans la construction de ce problème public.

DOC 2 Le gouvernement, entre promotion et étouffement des problèmes environnementaux

La démission de Nicolas Hulot du ministère de la Transition écologique et solidaire [...] vient rappeler la difficulté à imposer l'écologie dans l'agenda politique. [...] Pourquoi est-ce si difficile de porter l'écologie au sein d'un gouvernement ?

[Daniel Boy, spécialiste de l'écologie politique] : Il y a plusieurs facteurs. D'abord, un écologiste au sein d'un gouvernement n'a pas d'allié. Il défend cette cause tout seul, alors que le problème est planétaire et que la défense de l'environnement devrait insuffler l'ensemble de l'action gouvernementale. Pour les autres ministres, c'est un problème comme un autre, qui suscite l'indifférence voire l'adversité [...].

Le poids des lobbys[1] compte également : la plupart d'entre eux – agriculture, industrie chimique, chasseurs, etc. – sont contre le ministre de l'Environnement. D'autres problèmes, comme la croissance et le chômage, sont considérés comme incompatibles avec la mise en œuvre d'une politique environnementale. ■

Faustine Vincent, « Démission de Nicolas Hulot : "Cela prouve que la politique n'arrive pas à traiter les questions écologiques" », *Le Monde*, 28 août 2018.

1. Un lobby, ou groupe d'intérêt, est un groupe de personnes qui cherchent à influencer l'action publique afin de la rendre compatible avec les intérêts privés qu'ils défendent.

1 • **Expliquer** De quelle manière le ministère de la Transition écologique et solidaire peut-il participer à la construction des problèmes publics environnementaux ?

2 • **Repérer** Quels sont les freins à l'action de ce ministère ?

3 • **Illustrer** Quels sont les lobbys qui peuvent encourager ou contraindre l'action publique pour l'environnement ?

Faites le point

En quoi ces acteurs participent-ils à la construction d'un problème public ?

1. Une agricultrice malade porte plainte contre un fabricant de pesticides.
2. Les membres d'une association opposée au nucléaire envoient un courrier à leur députée.
3. Un parti écologiste propose dans son programme un aménagement du territoire plus favorable à la préservation de la biodiversité.

Prenez la parole

Jeu de rôle

- **Par groupes de trois, répartissez-vous ces rôles : représentant des populations indigènes d'Amazonie, porte-parole de l'institut brésilien de protection de l'environnement (ONG) et membre du parti d'opposition brésilien.**
- **Élaborez ensemble une stratégie pour promouvoir le problème des incendies en Amazonie et présentez-la à la classe.**

2 Coopération et conflits entre acteurs

OBJECTIF DU PROGRAMME : Comprendre que les acteurs entretiennent des relations de coopération et de conflit.

DOC 1 Coopérer pour promouvoir le problème du gaspillage alimentaire

Tristram Stuart, « advocate » (porte-parole) anglais d'un peu moins de 40 ans, est un auteur militant qui a développé une expertise précoce sur le thème du gaspillage alimentaire. Il a fait des études littéraires et écrit deux livres concernant les impacts environnementaux de l'alimentation avant de s'intéresser au gaspillage. [...]

Il a réalisé [une vidéo] en 2012 vue plus d'un million de fois et était suivi par 14 000 personnes sur Twitter en 2016, diffusant ainsi de l'information sur le sujet. Lanceur d'alerte sur un sujet initialement peu connu, Tristram Stuart a régulièrement porté ses revendications auprès des directions du développement durable de grands supermarchés dans plusieurs pays. Une enseigne de distribution anglaise a pris plusieurs engagements sur le thème du gaspillage alimentaire [...] comme la vente de produits au rabais au lieu de les jeter. La Commission européenne et des organismes onusiens l'ont mobilisé à plusieurs reprises pour présenter les résultats de son livre lors d'événements. [...]

Tristram Stuart correspond au profil des « entrepreneurs compétents » [...] capables de susciter la coopération d'un grand nombre d'acteurs. Il a en effet assuré l'adhésion de militants issus d'associations environnementales et d'organisations internationales autant que de responsables du développement durable au sein de supermarchés. ■

Marie Mourad, « La lutte contre le gaspillage alimentaire en France et aux États-Unis. Mise en cause, mise en politique et mise en marché des excédents alimentaires », thèse, Sciences Po, 2018.

Une campagne de la chaîne française Intermarché pour lutter contre le gaspillage alimentaire.

1 • **Repérer** Avec quels acteurs Tristram Stuart a-t-il coopéré pour faire entendre ses revendications sur le gaspillage alimentaire ?

2 • **Expliquer** En quoi des supermarchés peuvent-ils avoir un intérêt à s'engager contre le gaspillage alimentaire ?

3 • **Analyser** Pourquoi peut-on qualifier Tristram Stuart d'« entrepreneur compétent » ?

4 • **Expliquer** En quoi la coopération entre acteurs peut-elle faciliter la construction d'un problème public ?

DOC 2 Des discours concurrents dans le domaine du nucléaire

Compétence et crédibilité des intervenants dans le domaine du nucléaire

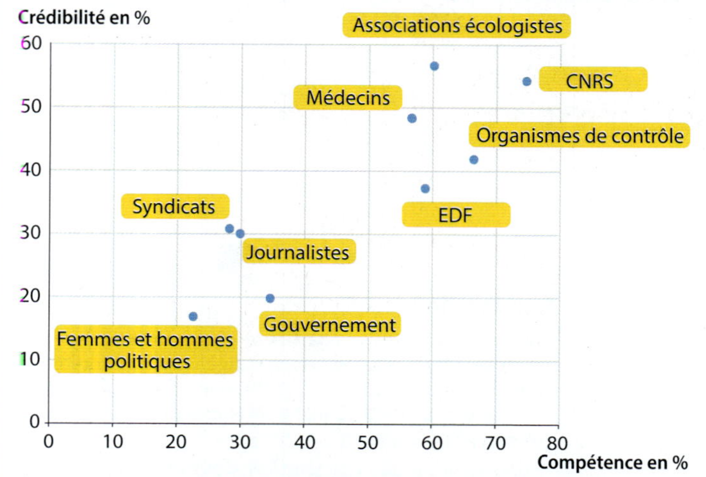

Source : d'après le *Baromètre IRSN 2019. La perception des risques et de la sécurité par les Français*, Institut de radioprotection et de sûreté nucléaire, 2019.

CONTEXTE

Le **nucléaire** représente 71,6 % de la production française d'électricité (2017) contre 10,4 % de la production mondiale (2016). Il émet peu de CO_2, mais pose problème quant au retraitement des déchets radioactifs et au risque de catastrophes comme celles de Tchernobyl et de Fukushima.

1 • **Repérer** Quels sont les différents types d'acteurs qui interviennent dans le domaine du nucléaire ?

2 • **Lire** Que signifient les données correspondant au CNRS ?

3 • **Calculer** Quel est l'écart entre le degré de crédibilité des associations écologistes et celui du gouvernement ?

4 • **Expliquer** Quelles sont les variables qui, selon vous, peuvent expliquer les différences de compétence et de crédibilité des acteurs dans le domaine du nucléaire ?

DOC 3 L'accès à l'agenda politique, un enjeu source de conflits

Cette notion d'agenda est fondamentale pour comprendre les processus par lesquels les autorités politiques s'emparent d'une question pour construire un programme d'action. En France, c'est Jean-Gustave Padioleau qui l'a formulée le plus complètement. « L'agenda politique, écrit-il, qu'il s'agisse de ceux des États-nations ou de ceux des collectivités locales, comprend l'ensemble des problèmes perçus comme appelant un débat public, voire l'intervention des autorités politiques légitimes. » [...]
L'accès à l'agenda politique n'a rien de « naturel » Au contraire, l'inscription est un objet de controverse sociale et politique. C'est le sens du terme anglais *issue* qui désigne ce type de problèmes controversés (faut-il renvoyer les immigrés, autoriser le mariage des homosexuels, modifier le mode de scrutin ou réformer les universités ?). La mise sur agenda est le produit, à chaque fois contingent, du champ de forces qui va se construire autour du problème. ■

Pierre Muller, *Les Politiques publiques*, PUF, coll. Que sais-je ?, 2018.

1 • **Définir** Que désigne la mise à l'agenda politique ?

2 • **Lire** Que signifie la phrase soulignée ?

3 • **Illustrer** Trouvez des exemples de problèmes controversés dans le domaine de l'environnement.

DOC 4 Les algues vertes, un western politique

Classe inversée

Commencez par la vidéo.

bordas Flash PAGE vidéo

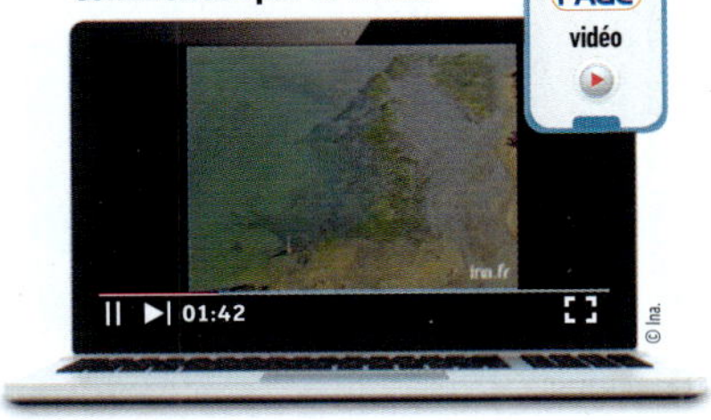

Les côtes bretonnes envahies par des algues vertes

1 • À quoi est due la prolifération des algues vertes en Bretagne ?

2 • Pourquoi les algues vertes semblent-elles poser problème au moment où est tourné le reportage, en 1986 ?

3 • Le problème des algues vertes a-t-il alors été mis à l'agenda ?

Comme tous les bons westerns, l'histoire se passe dans l'Ouest. Et s'ouvre sur des morts. [...] Derrière toutes ces tragédies, il est un coupable plus que probable mais que les autorités ne veulent nommer à aucun prix : les algues vertes et leurs émanations toxiques quand elles pourrissent au soleil. Pourquoi cette indulgence irresponsable ?
On ne spoilera rien en disant que derrière les algues vertes, il y a l'agriculture intensive bretonne, notamment les élevages de porcs qui produisent du lisier, lequel fait proliférer ces algues de manière déraisonnable. Et toute une cohorte d'élus locaux – de gauche, comme de droite – tenus en omerta[1] par les puissants syndicats agricoles et surtout par les lobbies de l'agroalimentaire.
Naturellement, dans tous les westerns, il y a aussi un justicier. Dans les Côtes-d'Armor, ils sont plusieurs, notamment le formidable Dr Pierre Philippe, urgentiste à l'hôpital de Lannion, qui a dû prendre en charge plusieurs victimes. Et qui a le courage d'appeler un chat un chat, au grand effroi de sa hiérarchie. Il y a encore André Ollivro, de l'association écologiste Halte aux Marées vertes, qui se bat pour que les plages bretonnes cessent d'être les dépotoirs d'une agriculture absurde et, surtout, pour que justice soit rendue aux empoisonnés.
En 2019, la loi du silence règne encore en Bretagne. ■

Arnaud Gonzague, « Le drame des algues vertes, un western bien français », *L'Obs*, 14 juin 2019.

1. Issu de la mafia sicilienne, ce terme désigne une loi du silence qui s'applique à un groupe de personnes ayant des intérêts communs.

1 • **Repérer** Quels sont les acteurs qui participent à la construction comme problème public de la prolifération des algues vertes ?

2 • **Repérer** Avec quels autres acteurs entrent-ils en conflit ?

3 • **Analyser** Comment expliquer que « la loi du silence règne encore » ?

Faites le point

Illustrez chacune de ces propositions à l'aide d'un exemple tiré des documents ou de vos connaissances personnelles.

1. La coopération entre acteurs facilite la construction des problèmes publics environnementaux.
2. Des acteurs différents peuvent porter des définitions divergentes d'un même problème.
3. Les conflits entre acteurs peuvent freiner la mise à l'agenda d'un problème public.

Prenez la parole

Débat mouvant

Faut-il interdire le glyphosate ?

- **Préparez des arguments pour et contre, puis levez-vous pour un débat mouvant : allez à gauche de la salle si vous souhaitez interdire le glyphosate, à droite si vous ne le souhaitez pas.**
- **Changez de côté à n'importe quel moment si vous êtes convaincu(e) par un argument adverse !**

3 Une action publique articulant différentes échelles : l'exemple de la biodiversité

OBJECTIF DU PROGRAMME : Comprendre que l'action publique pour l'environnement articule différentes échelles (locale, nationale, européenne, mondiale).

DOC 1 L'action des collectivités territoriales pour la biodiversité

1 • **Repérer** Quelles sont les collectivités territoriales qui participent à l'action publique en faveur de la biodiversité ?

2 • **Déduire** Pourquoi semble-t-il pertinent d'agir à l'échelle locale dans ce domaine ?

3 • **Illustrer** Quelle action pour la biodiversité pourrait-elle être mise en place à l'échelle de votre commune ?

DOC 2 Quand l'Union européenne protège la biodiversité

C'est un vote historique. Et une énorme surprise. Vendredi, l'Europe a dit « non » aux trois principaux pesticides néonicotinoïdes dits « tueurs d'abeilles ». Ces insecticides [...] ont été commercialisés dans les années 90 pour les grandes cultures, les céréales, les légumes mais aussi les fruits, et sont devenus les plus vendus au monde. À tel point qu'ils sont omniprésents dans l'eau, l'air, le sol, les plantes, jusqu'au contenu de nos assiettes et nos verres. Neurotoxiques, ils agissent sur le système nerveux central des insectes, provoquant une paralysie mortelle. Résultat, ils massacrent les « nuisibles » qu'ils visent, mais aussi les pollinisateurs [...], la faune du sol, de l'air et des rivières. Vers de terre, batraciens ou oiseaux, nul n'y échappe, directement ou indirectement. [...]
C'est dire si le vote de ce vendredi était crucial. Il s'agissait, pour les vingt-huit États de l'UE, de décider du sort de trois néonics [...] déjà soumis depuis 2013 à un moratoire partiel s'appliquant aux cultures qui attirent les abeilles (comme le maïs, le colza oléagineux ou le tournesol). La Commission européenne défendait l'élargissement de cette interdiction à toutes les cultures en plein champ, sur la base de l'avis scientifique de l'Autorité européenne de sécurité des aliments (Efsa) – pourtant réputée plutôt proche des lobbies de l'agrochimie –, qui avait confirmé en février la dangerosité de ces substances.
Contre toute attente, lors d'un comité technique à huis clos vendredi matin, cette interdiction a été votée par une majorité qualifiée d'États membres (il fallait au moins 55 % des États représentant au moins 65 % de la population totale de l'UE). ■

Coralie Schaub, « Néonicotinoïdes : l'Europe cesse de jouer à la roulette ruche », *Libération*, 27 avril 2018.

CONTEXTE

Le **dumping environnemental** désigne l'attitude d'un État qui cherche à attirer les entreprises sur son territoire ou à accroître la compétitivité des entreprises déjà présentes en adoptant une législation environnementale moins contraignante que celle de ses voisins.

1 • **Lire** Quel est l'effet des pesticides néonicotinoïdes sur la biodiversité ?

2 • **Expliquer** Quel processus de décision a abouti à l'interdiction de trois d'entre eux ?

3 • **Analyser** Quel est l'intérêt d'une interdiction des néonicotinoïdes à l'échelle européenne du point de vue du dumping environnemental ?

DOC 3 Une action intergouvernementale pour la biodiversité

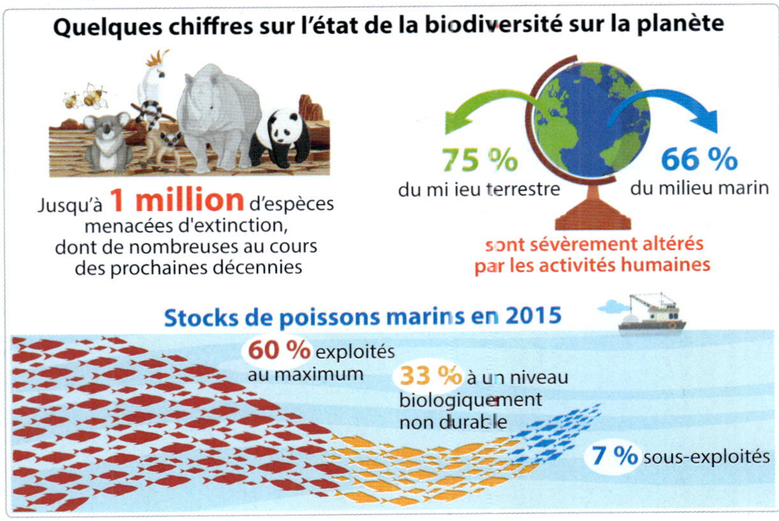

Source : d'après le rapport de l'IPBES, 2019.

CONTEXTE

La **Plateforme intergouvernementale sur la biodiversité et les services écosystémiques** (IPBES), créée en 2012, compte 130 États membres. Elle évalue l'état de la biodiversité sur la planète et construit différents scénarios sur son évolution future, en fonction des choix des États.

1 • **Lire** Qu'est-ce que l'IPBES ?

2 • **Analyser** Que révèlent les principaux chiffres de l'IPBES quant aux effets des activités humaines sur la biodiversité ?

3 • **Déduire** Pourquoi avoir mis en place une plateforme pour la biodiversité à l'échelle mondiale ?

DOC 4 Les difficultés des politiques environnementales à l'échelle nationale

Les politiques environnementales présentent des traits communs avec les autres politiques publiques. Nous en retiendrons cinq principaux.

Le plus manifeste est le rôle décisif tenu par les *acteurs sociaux* dans les changements intervenus depuis la fin des années 1960 : lanceurs d'alerte, action collective des associations, entrepreneurs politiques. [...]

Le deuxième trait commun à toutes les politiques est la *complexité des processus de décision*. [...] Le volontarisme politique dissimule mal des décisions souvent prises sur la base de rationalités limitées : manque d'information, ignorance des choix possibles, pressions d'acteurs influents, besoin d'affichage politique, etc. [...]

Le troisième trait commun concerne les *difficultés de mise en œuvre* des programmes. [...] Parmi les principaux [facteurs d'échecs] figurent : le flou des objectifs des programmes, les marges d'action laissées aux metteurs en œuvre de proximité, le manque de moyens (juridiques, financiers) pour atteindre les buts, la résistance multiforme des acteurs régulés.

Le quatrième trait commun concerne la *relativité des changements* dans les politiques publiques. Certes, tous les décideurs veulent innover et rompre avec le passé. En fait, l'intensité des modifications opérées est souvent faible, et les ruptures dans l'action publique sont des exceptions. [...]

Enfin, le dernier trait partagé est la *perte de centralité de l'État*. La politique européenne a un rôle décisif dans les programmes environnementaux français qui en sont à 75 % une traduction. Les engagements internationaux ont une influence, mais moindre. À l'inverse, dans la mise en œuvre, ce sont les collectivités territoriales qui disposent des ressources et de la capacité de mobilisation des acteurs locaux. L'État n'est donc plus l'acteur central comme dans beaucoup de domaines. Ses interlocuteurs, les grandes firmes (énergie, métallurgie, construction) ou les ONG puissantes (Greenpeace, WWF), ont d'abord des stratégies transnationales et fixent à ce niveau-là leur agenda et leur stratégie d'action. ■

Pierre Lascoumes, *Action publique et environnement*, PUF, coll. Que sais-je ?, 2018.

1 • **Repérer** Quels sont les points communs de l'action publique pour l'environnement avec d'autres politiques publiques ?

2 • **Illustrer** À quelles difficultés de mise en œuvre les politiques environnementales peuvent-elles être confrontées ?

3 • **Expliquer** Pourquoi l'État perd-il sa centralité dans le domaine de l'action publique pour l'environnement ?

Faites le point

Complétez le texte avec les termes suivants.
les collectivités locales – européenne – intergouvernementale – l'État

Dans le domaine de l'environnement comme dans d'autres, **...** n'est plus l'acteur central des politiques publiques. S'agissant de la biodiversité, **...** ont un rôle important car elles adaptent leur action à leur territoire. Par ailleurs, l'action **...** permet une harmonisation des mesures prises par les États-membres. Enfin, la mise en place d'une plateforme **...** permet la mise en commun des données sur l'effondrement de la biodiversité lié aux activités humaines à l'échelle de la planète.

Prenez la parole

Carte mentale

- **Par groupes de trois, préparez une carte mentale sur les avantages et limites d'une action publique pour l'environnement à l'échelle locale, nationale, européenne et mondiale.**
- **Présentez-la à la classe, puis complétez-la grâce aux autres présentations.**

1 La réglementation, un instrument pour contraindre

OBJECTIFS DU PROGRAMME : Savoir que la réglementation fait partie des instruments dont disposent les pouvoirs publics pour faire face aux externalités négatives sur l'environnement ; connaître ses avantages, ses limites et les dysfonctionnements de l'action publique auxquels elle peut se heurter.

Questionnez-vous ! Comment lutter contre le changement climatique ?

Classe inversée

Bordas Flash PAGE vidéo

Source : Agence de l'environnement et de la maîtrise de l'énergie (Ademe).

VU EN PREMIÈRE

Externalité : conséquence de l'activité de production ou de consommation d'un agent sur un autre, qui ne fait pas l'objet d'une transaction économique. On distingue les externalités positives (comme l'innovation verte) des externalités négatives (comme la pollution).

1 • Comment faire pour limiter l'augmentation de la température à 1,5 °C ?

2 • Quelles externalités positives peut-on attendre de la lutte contre le changement climatique ?

DOC 1 La norme : réglementer pour modifier les comportements

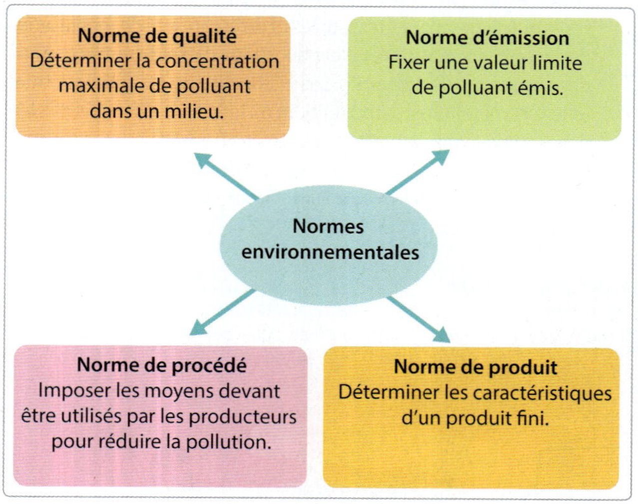

Les réglementations environnementales comme les taxes environnementales, les standards technologiques, les permis d'émission échangeables, etc. forcent les entreprises à réallouer leurs ressources afin de réduire la pollution. Ainsi, du point de vue des entreprises, les réglementations imposent des coûts supplémentaires, ce qui peut affecter leur compétitivité. Porter et Van der Linde (1995), à travers des études de cas, soulignent [toutefois] que la pollution constitue souvent une perte de ressources et qu'une réduction de la pollution permettrait une amélioration de la productivité. Ainsi, une réglementation stricte mais bien conçue peut favoriser l'innovation, ce qui permet non seulement d'améliorer la performance environnementale mais aussi de couvrir partiellement ou totalement les coûts de la réglementation. [...] ■

Linh Tran-Dieu et **Marie-France Vernier**, « La prévention des déchets : une analyse empirique des déterminants du comportement des entreprises », *Revue d'économie industrielle*, vol. 159-3, De Boeck Supérieur, 2017.

1 • **Définir** En quoi consiste la réglementation ?

2 • **Illustrer** Proposez un exemple pour chaque type de norme dans le domaine de la politique environnementale.

3 • **Argumenter** La réglementation environnementale est-elle néfaste pour les entreprises ?

DOC 2 Une réglementation pour limiter les émissions de CO_2 des véhicules

L'Union européenne (UE) va pour la première fois limiter les émissions de CO_2 des camions, avec pour objectif de les réduire de 30 % d'ici à 2030 selon un accord trouvé [...] entre les négociateurs du Parlement européen et du Conseil. L'Association européenne des constructeurs automobiles (ACEA) a immédiatement fait part de ses « inquiétudes » face à des objectifs « très ambitieux » qui, selon elle, ignorent le manque d'infrastructures nécessaires pour assurer le développement de technologies alternatives au moteur à combustion. [...]
« Après vingt ans où peu de progrès ont été faits en matière d'efficacité du carburant, les constructeurs de poids lourds doivent maintenant commencer à proposer des camions à émissions faibles et à bon prix, afin de permettre d'énormes économies de carburant pour l'industrie européenne du fret », a estimé [...] l'ONG Transport & Environnement.
Selon les estimations de cette ONG, les nouveaux objectifs permettront d'économiser 20 000 euros de carburant pour un camion dans les cinq premières années, puis dès 2030, 60 000 euros sur les cinq années suivantes.

« L'Union européenne limite les émissions de CO_2 des camions », *Le Monde*, 19 février 2019.

1 • Décrire Quelle est l'évolution mise en avant par le dessin ?

2 • Expliquer En quoi la réglementation publique peut-elle contribuer à la transition vers des véhicules moins polluants ?

3 • Argumenter Quelles pourraient être les conséquences des nouvelles normes d'émission européennes appliquées aux camions ?

DOC 3 Le problème de l'effet volume

La solution réglementaire [...] consiste à imposer aux producteurs et aux consommateurs des standards et des normes obligatoires qui respectent des objectifs environnementaux fixés par l'autorité publique. [Dans l'UE], la politique de régulation s'incarne dans la réglementation des émissions de CO_2 issues des véhicules [...]. Cette politique a déjà produit des résultats importants : les émissions des véhicules actuels sont dans l'Union européenne beaucoup plus faibles qu'aux États-Unis, par exemple, et si les normes plus strictes adoptées en 2008 sont bien appliquées, il est probable qu'elles auront encore diminué en 2020. [...]
Cependant, cet outil révèle aussi clairement ses insuffisances en l'absence d'un signal prix fort, comme on le constate à l'aune de la mauvaise performance de l'industrie du transport routier. [...] Selon l'Agence européenne de l'environnement (2009), les véhicules routiers servant au transport de personnes ont vu l'intensité de combustion des énergies fossiles qu'ils utilisent reculer de plus de 40 % de 1990 à 2005 et leur intensité carbonique reculer de l'ordre de 2 %. En revanche, le nombre de kilomètres parcourus a littéralement explosé, progressant de plus de 100 % sur cette période [...]. Le transport de marchandises connaît une évolution voisine, avec une progression de plus de 80 % du kilométrage [...]. En d'autres termes, les innovations technologiques ne suffisent pas à compenser l'effet volume du transport routier depuis 1990. Au total, les émissions de gaz à effet de serre (GES) liées au transport, imputables à 90 % au transport routier, ont progressé de plus de 16 % dans l'Union européenne entre 1990 et 2015.

Éloi Laurent, « La politique climatique européenne : vers une nouvelle ambition ? », *L'Économie européenne 2013*, La Découverte, coll. Repères, 2013.

1 • Décrire Quels ont été les effets positifs de la réglementation des émissions de CO_2 des véhicules au sein de l'Union européenne ?

2 • Lire Les émissions de gaz à effet de serre ont-elles diminué pour autant ? Justifiez à l'aide d'une donnée.

3 • Expliquer Que signifie le passage souligné ?

Faites le point

Complétez la carte mentale.

NORMES ENVIRONNEMENTALES
- **Différents types :** ... (voir doc 1)
- **Limites :** ... (voir doc 2 et 3)
- **Avantages :** ... (voir doc 1 et 2)

Prenez la parole

Podcast

- Par groupes de trois, préparez un sujet radio d'une minute sur une norme environnementale évoquée en classe.
- Enregistrez-vous et faites réagir vos camarades.

2 Taxation et subventions, des instruments pour inciter

OBJECTIFS DU PROGRAMME: Savoir que la taxation et la subvention à l'innovation verte font partie des instruments dont disposent les pouvoirs publics pour faire face aux externalités négatives sur l'environnement ; connaître leurs avantages, leurs limites et les dysfonctionnements de l'action publique auxquels ils peuvent se heurter.

DOC 1 Les effets d'une taxe environnementale

En six ans, le Royaume-Uni a révolutionné sa production d'énergie. En 2012, le charbon représentait 40 % de l'énergie produite au Royaume-Uni, en 2019 il représentera moins de 4 % du total, selon le ministère des Affaires, de l'Énergie et de la Stratégie industrielle. [...] Cette chute du roi charbon, la plus rapide de l'histoire du pays [...], est le résultat d'une mesure gouvernementale : la mise en place d'une taxe carbone le 1er avril 2013. [...] ■

Tristan de Bourbon, « La taxe carbone britannique a chassé le charbon », *La Croix*, © Bayard Presse, 10 décembre 2018.

Effets de la mise en place d'une taxe environnementale sur un marché

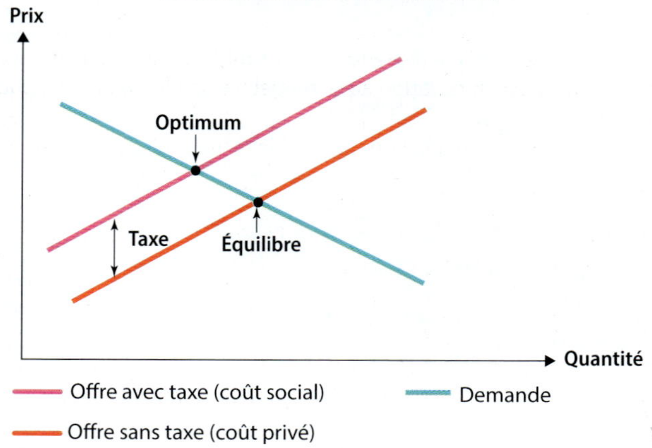

1 • Lire De quelle manière évolue la quantité d'équilibre après imposition d'une taxe ?

2 • Décrire Quel a été l'effet de la taxe carbone britannique sur le secteur du charbon ?

3 • Expliquer Comment expliquer cet effet ?

DOC 2 Les enjeux de la taxe carbone en France

Impact de la hausse de la taxe carbone[1] selon les déciles de niveau de vie en 2020

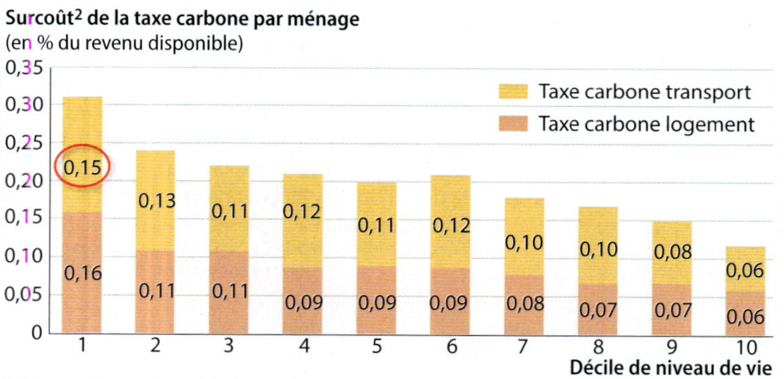

1. Passage de 44,60 € / tCO_2 à 55 € / tCO_2.
2. On parle de « surcoût » car on ne représente pas le coût de la taxe, mais le surcoût lié à l'augmentation de la taxe.

Source : d'après **Audrey Berry** et **Éloi Laurent**, « Taxe carbone, le retour, à quelles conditions ? », *Sciences Po OFCE Working Paper*, n° 6, 2019.

1 • Lire Que signifie la donnée entourée ?

2 • Calculer À l'aide des données, montrez que la hausse de la taxe carbone pèse davantage sur le premier décile.

3 • Repérer Selon le texte, de quelle manière cette inégalité face à la taxe pourrait-elle être compensée ?

4 • Expliquer Comment les taxes environnementales peuvent-elles générer un « double dividende » ?

Les travaux de recherche en économie sont très clairs : la taxation des biens polluants est un outil efficace – généralement, le plus efficace – pour réduire leur utilisation. [...] Mais [...] que faire [du revenu tiré de cette taxation] ?

Pour simplifier, on peut considérer qu'il existe trois options. La première consiste à utiliser ces nouveaux fonds pour augmenter le financement de la transition énergétique et écologique. [...] La deuxième option consiste à remplacer des taxes portant sur des activités que l'on souhaite favoriser (le travail, l'investissement) par des taxes sur des activités que l'on veut réduire (la pollution). L'idée de cette stratégie dite du « double dividende » est que la fiscalité écologique peut permettre à la fois de réduire la pollution et de stimuler l'économie. La troisième possibilité est de redistribuer le revenu généré directement aux ménages pour compenser leur perte de pouvoir d'achat. Dans la mesure où il ne sera pas entièrement dépensé en énergies, cette stratégie permet de tout de même réduire la pollution. ■

Thomas Douenne, « Gilets jaunes : "Ce n'est pas la taxe carbone qu'il faut blâmer, plutôt l'usage de son revenu" », *Le Monde*, 16 novembre 2018.

DOC 3 Un concours pour encourager l'innovation verte

Les PME qui souhaitent faire financer leurs projets innovants peuvent déposer leurs dossiers pour les neuf thématiques suivantes, dont quatre sont portées par le ministère de la Transition écologique et solidaire et l'Ademe : Énergies renouvelables, stockage et systèmes énergétiques ; Transports et mobilité durables ; Efficacité en énergie et en ressources ; Eau et biodiversité ; Numérique Deep Tech ; Santé-bioproduction ; French Fab ; Sécurité et cybersécurité ; Agriculture innovante. Le concours d'innovation, financé par l'État *via* le Grand plan d'investissement et opéré par l'Ademe, Bpifrance et FranceAgriMer, permet de favoriser l'émergence accélérée d'entreprises ayant vocation à devenir leaders dans leur domaine, pouvant prétendre à une envergure mondiale. Dans le cadre d'une procédure favorisant la compétition, il sélectionne des projets d'innovation au potentiel particulièrement fort pour l'économie française.

Il permet ainsi de cofinancer des projets de recherche, développement et innovation d'une durée de 12 à 16 mois, et dont les coûts totaux se situent entre 600 000 et 5 millions d'euros. Tous les six mois, ce concours et ses thématiques sont renouvelés. ■

Ministère de la Transition écologique et solidaire, 2019.

Le projet Infini, porté par la marque 1083, est un jean recyclé, consigné et recyclable à l'infini.

1 • Repérer Parmi les thématiques choisies pour ce concours, lesquelles encouragent l'innovation verte, c'est-à-dire sont favorables à la préservation de l'environnement ?

2 • Expliquer En quoi les projets sélectionnés par ce concours sont-ils source d'externalités positives ? Appuyez-vous sur l'exemple du projet Infini.

3 • Déduire En quoi l'action de l'État permet-elle ici d'internaliser les externalités positives liées à l'innovation verte ?

DOC 4 Le financement de l'action publique climatique dans l'UE

Budget de l'Union européenne consacré à la lutte contre le changement climatique (en millions d'euros)

	2014	2015	2016	2017	2018	2019	2020
Budget total UE	118 054,4	158 606,8	151 498,4	154 507,1	156 623,4	160 553,9	164 880,1
dont Financements climat	*16 098,3*	*27 451,8*	*31 738,1*	*29 792,9*	*30 481,2*	*31 956,0*	*32 606,7*

Source : données de la Commission européenne (estimations pour 2018, 2019 et 2020).

1 • Lire Que signifient les données entourées ?

2 • Calculer Quelle était la part en % des « financements climat » dans le budget total de l'UE en 2014 et en 2017 ?
Savoir-faire 1 p. 404

3 • Déduire D'après les données de ce tableau, de quelle manière évolue la politique climatique européenne ?

Faites le point

Ces énoncés s'appliquent-ils aux taxes et/ou aux subventions ? Cochez la (ou les) bonne(s) case(s).

	Taxes	Subventions
Elles génèrent un « double dividende ».		
Elles permettent d'internaliser les coûts liés à la pollution.		
Elles sont un outil de financement pour l'innovation verte.		
Elles peuvent induire des inégalités entre agents.		
Elles incitent les agents à adopter un comportement plus respectueux de l'environnement.		

Prenez la parole

Pitch

- Par groupes de trois, élaborez une proposition de taxe ou de subvention protectrice de l'environnement.
- Présentez-la au reste de la classe en trois minutes pour les convaincre de voter pour votre proposition.

3 Les marchés de quotas d'émission, un instrument pour négocier

OBJECTIFS DU PROGRAMME: Savoir que le marché de quotas d'émission fait partie des instruments dont disposent les pouvoirs publics pour faire face aux externalités négatives sur l'environnement ; connaître ses avantages, ses limites et les dysfonctionnements de l'action publique auxquels il peut se heurter.

DOC 1 Le fonctionnement du marché européen d'échange de quotas d'émission

Le système européen d'échange de quotas d'émission (SEQE ou EU ETS en anglais) a été créé en 2005 afin d'imposer un plafond d'émissions aux secteurs très émetteurs [de gaz à effet de serre] de l'UE. Il est à présent dans sa troisième phase de fonctionnement (2013-2020).

Sous ce plafond, les installations reçoivent ou achètent des quotas d'émission qu'elles peuvent échanger les unes avec les autres. Ces installations doivent restituer chaque année autant de quotas (1 quota = 1 tonne de CO_2) que leurs émissions vérifiées de l'année précédente.

Depuis 2013, le périmètre de l'EU ETS s'est étendu par l'inclusion de nouveaux secteurs et gaz à effet de serre. Il couvre à présent plus de 12 000 installations industrielles et centrales électriques dans l'UE et des pays de l'Espace économique européen (Norvège, Liechtenstein et Islande), ainsi que les vols dans cette zone, ce qui représente environ 45 % des émissions de GES dans cette zone. ■

Commissariat général au développement durable (CGDD), « Chiffres clés du climat : France, Europe et Monde », Le service de la donnée et des études statistiques (SDES), 2019.

bordas Flash PAGE vidéo

Le premier marché de quotas carbone

1 • Quelle institution définit le plafond d'émission ?

2 • Que se passe-t-il si une entreprise dispose d'un nombre de quotas insuffisant par rapport à ses émissions réelles ?

3 • En quoi l'existence d'un marché des quotas d'émission favorise-t-il l'innovation verte ?

1 • **Définir** Qu'est-ce qu'un quota d'émission ?

2 • **Expliquer** Quel est l'objectif du marché européen d'échange de quotas d'émission ?

3 • **Repérer** Ce marché s'étend-il à l'ensemble des émissions de gaz à effet de serre ?

Activité *Imaginez le comportement de trois entreprises*

On imagine trois entreprises émettant chaque année la même quantité de CO_2. Sur un marché de quotas d'émission, ces entreprises ont l'obligation de restituer, à la fin de chaque année, un montant de permis (quotas) supérieur ou égal à leurs émissions réelles. Elles ont la possibilité de financer des investissements verts pour réduire leurs émissions, ces investissements n'ayant pas le même coût pour toutes. Elles peuvent aussi acheter ou vendre des permis aux autres entreprises.

Nom de l'entreprise	Boing	Flouch	Pam
Nature de sa production	Balles rebondissantes	Volants de badminton	Ballons de basketball
Émissions annuelles de CO_2 avant la création du marché de quotas d'émission	400 tonnes	400 tonnes	400 tonnes
Montant de l'investissement nécessaire pour réduire ses émissions d'une tonne de CO_2	30 €	18 €	10 €

1 • Pour chaque année, déterminez le comportement de chacune de ces entreprises : vont-elles vendre une partie de leurs permis, en acheter ou ne rien faire du tout ?

a. L'année 1, 400 permis sont distribués à chaque entreprise. Les permis n'étant pas rares, leur prix s'élève à 8 €.

b. L'année 2, 350 permis sont distribués à chaque entreprise. Le prix du permis s'élève alors à 12 €.

c. L'année 3, 150 permis sont distribués à chaque entreprise. Le prix du permis s'élève alors à 20 €.

2 • Comment ont évolué les quantités totales d'émissions de CO_2 ?

3 • En quoi peut-on dire que les efforts de dépollution ont été bien répartis ?

DOC 2 Les effets d'un surplus de quotas d'émission sur le marché européen

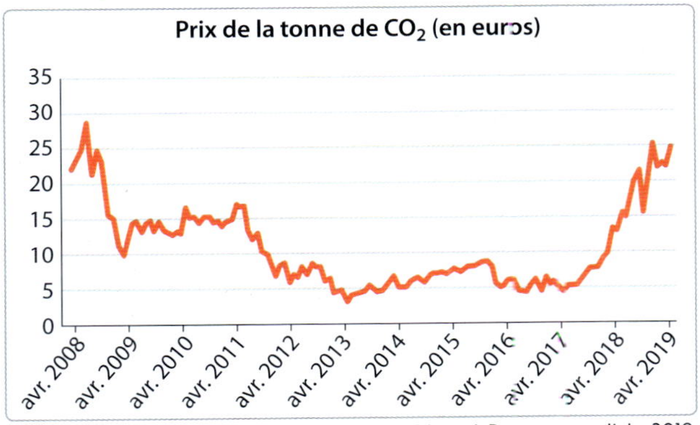

Source : données Carbon Pricing Dashboard, Banque mondiale, 2019.

Aucune matière première n'a fait mieux en 2018. Avec un envol de plus de 200 % en un an, le marché européen du carbone a connu une ascension sans précédent. [...]
Le marché était pourtant agonisant, noyé par un trop-plein de quotas accumulés pendant les années de crise économique. Moins fréquenté également en raison des diverses politiques de déploiement des énergies renouvelables et de la possibilité d'acheter ces crédits carbone dits « crédits Kyoto », moins chers que les européens.
Au sein de l'UE, on a donc fini par se mettre d'accord pour réviser le mécanisme. [...] Les acteurs du marché ont [...] très largement anticipé les effets de la réforme et vu que l'offre de quotas allait diminuer. « Le prix a augmenté notamment du fait des anticipations, puis le processus s'est auto-alimenté », explique [l'] Institute for Climate Economics (I4CE). La tonne de CO_2 se négociait 4 euros en mai 2017, et 8 euros début 2018 ; la semaine dernière, elle s'est échangée à plus de 25 euros, un prix sans égal depuis dix ans.
Pour autant, la réforme ne fera pas tout. « C'est un grand pas en avant. Mais [...] cela ne sera pas suffisant pour créer une rareté durable ». ■

Muryel Jacque, « La saisissante renaissance de la Bourse européenne du carbone », *Les Échos*, 15 janvier 2019.

1 • **Décrire** Comment a évolué le prix de la tonne de CO_2 sur le marché européen d'échanges de quotas d'émission entre 2008 et 2013 ? Utilisez un taux de variation. Savoir-faire 2 p. 405

2 • **Expliquer** Pourquoi le prix du carbone a-t-il ainsi diminué ?

3 • **Analyser** Quels ont été les effets de la réforme du marché des quotas ? Justifiez à l'aide de données.

DOC 3 Les limites du recours au marché

En cas de non-approvisionnement des stations-service, introduire des billets directement dans son réservoir ne fera pas rouler une voiture : que signifie un prix dans ces conditions ?
C'est que la finitude est une véritable révolution mentale : des prix ne peuvent ni réparer des processus naturels, ni ressusciter des ressources épuisées, ni déclencher une réorientation des économies et des sociétés vers le ménagement de la terre ; ils pourront, dans certains cas, seulement l'accompagner ou la renforcer. En outre, l'idée même d'une gestion par les prix suppose, d'une part, un choix possible de comportement. Ainsi, le meurtre n'est pas sanctionné par le paiement d'une amende, car le meurtre est interdit ; un prix sur une émission de GES suppose que cette émission soit licite, même si elle n'est pas souhaitée par la collectivité. [L'idée d'une gestion par les prix suppose,] d'autre part, une certaine substituabilité du point de vue de la collectivité : pour qu'un dol[1] soit considéré comme atténué, voire annulé par une somme d'argent, il faut que ce dol soit jugé pécuniairement (et moralement) compensable. ■

Dominique Dron, « Se doter d'un prix du carbone pour faciliter la transition énergétique ? Certes, mais cela ne suffit pas », *Annales des Mines. Responsabilité et environnement*, n° 89-1, FFE, 2018.

1. Terme juridique pour désigner une tromperie.

1 • **Expliquer** Quelles sont les implications d'une gestion par les prix ?

2 • **Lire** Que signifie le passage souligné ?

3 • **Argumenter** Attribuer un prix au carbone est-il une solution pertinente pour protéger l'environnement ?

Faites le point

Complétez le schéma à l'aide des termes suivants.
d'un plafond d'émission – leurs émissions réelles – de quotas d'émission – des quotas d'émission

UE	UE	Marché	UE
Définition ... de gaz à effet de serre →	Distribution ... aux entreprises →	Les entreprises échangent ... entre elles →	Restitution par les entreprises du nombre de quotas correspondant à ...

Prenez la parole

Débat

- Par groupes de trois, préparez des arguments pour ou contre les marchés de quotas d'émission.
- Défendez ensuite vos arguments face à un groupe qui défend la position inverse.

1 Des biens communs appelant une gestion internationale

OBJECTIF DU PROGRAMME : Comprendre qu'en présence de bien commun des négociations et accords internationaux sont nécessaires pour préserver l'environnement.

Questionnez-vous !

Savez-vous distinguer les différents types de biens ?

	Non-exclusion Il est impossible d'exclure des consommateurs.	**Exclusion** Il est possible d'exclure des consommateurs.
Non-rivalité La consommation de l'un ne réduit pas la possibilité de la consommation de l'autre.	... ...	... ...
Rivalité La consommation de l'un empêche la consommation de l'autre.	... ...	... ...

1 • Complétez le tableau en plaçant d'abord chaque type de bien dans la bonne case, puis en ajoutant les exemples correspondants.

2 • À quel type de bien le climat correspond-il ? Justifiez votre réponse.

DOC 1 La tragédie des communs et ses implications

Décembre 1968 : le biologiste américain Garrett Hardin (1915-2003) publie l'un des articles les plus influents de l'histoire de la pensée environnementale. Il décrit, dans la revue *Science*, un mécanisme social et écologique qu'il nomme la « tragédie des communs ». [...]

Considérons, dit Hardin, un pâturage possédé en commun par des éleveurs. Chacun y fait paître ses vaches. Que se passe-t-il lorsqu'un éleveur achète une nouvelle bête au marché, et la rajoute sur le pâturage commun ? Une fois engraissée, il peut la vendre et récolter une certaine somme. Il s'enrichit de + 1. Toutefois ce n'est pas tout : en ajoutant une vache au pâturage, il exploite un peu plus ses ressources en herbe. Donc chaque vache a un peu moins de nourriture et maigrit un peu. Mais – et c'est le point crucial – cet effet négatif est partagé entre toutes les vaches, alors que la vente de la vache supplémentaire ne profite qu'à son propriétaire. Ce dernier gagne + 1 mais perd seulement une fraction de – 1 et son bénéfice reste supérieur à sa perte. Il a donc intérêt à rajouter une bête. Mais d'ajout en ajout, le pâturage est surexploité et finalement détruit. Même s'ils sont conscients de la catastrophe à venir, explique Hardin, les éleveurs sont pris dans une logique inexorable, qui les conduit à détruire la ressource qui les fait vivre. Jusqu'au bord de l'abîme, ils ont intérêt à tirer profit de l'ajout d'une nouvelle bête. [...]

La conclusion est sans appel : il y a incompatibilité entre la propriété commune d'une ressource et sa durabilité. Pour éviter la destruction, assène Hardin, il n'y a que deux solutions : soit la diviser en parcelles possédées par des acteurs individuels, soit la faire gérer par une administration supérieure. C'est la propriété privée ou l'État.

[Pourtant], depuis les années 70, les sciences sociales ont documenté empiriquement[1] des centaines de cas de communautés présentes ou passées gérant durablement leurs ressources sous le régime de la propriété commune. La politiste Elinor Ostrom (1933-2012) obtiendra le prix dit Nobel d'économie, en 2009, pour son étude des systèmes de règles organisant ces communs. ■

Fabien Locher, « La "tragédie des communs", une idée tragique », *Libération*, 4 janvier 2018.

1. Par l'observation de situations réelles.

1 • Interpréter Pourquoi le biologiste Garrett Hardin évoque-t-il une « tragédie des communs » ?

2 • Lire Selon lui, quelles sont les solutions à cette tragédie ?

3 • Analyser Comment peut-on caractériser le comportement des éleveurs évoqués par Garrett Hardin ?

4 • Expliquer Le raisonnement de Garrett Hardin est-il vérifié empiriquement ?

DOC 2 Les accords internationaux sur le climat

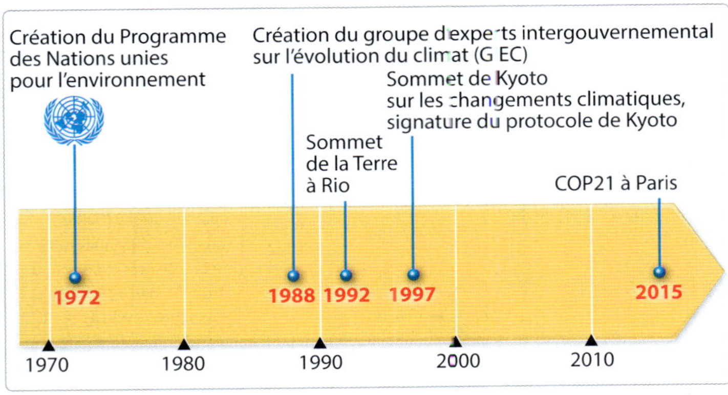

Les premiers accords [Rio, Kyoto] peuvent être assimilés à une approche descendante ou « top down ». Il s'agissait d'engagements décidés collectivement et appliqués au sein des différents pays. [...]
L'accord conclu à la COP21 de Paris est basé sur une approche ascendante ou « bottom up ». Avant la conférence, chaque pays a annoncé sa contribution nationale dans la lutte contre le réchauffement climatique. Ces contributions constituent le socle de la négociation internationale. Les pays se sont mis d'accord lors de la COP21 sur un objectif commun, celui de limiter l'augmentation de la température à 2, voire 1,5° d'ici 2100. Un premier bilan devra être fait en 2023 et ensuite, tous les cinq ans. Les pays devront ainsi réviser leur engagement pour atteindre l'objectif fixé. Il s'agit donc d'avancer dans la coopération internationale en toute transparence puisque ces contributions, une fois annoncées par les pays, sont publiées. ■

Jean-Louis Combes, Pascale Combes-Motel et Sonia Schwartz, « Un survol de la théorie des biens communs », *Revue d'économie du développement*, vol. 24-3, De Boeck Supérieur, 2016.

1 • **Lire** Quels sont les principaux accords internationaux qui ont été signés sur le climat ?

2 • **Distinguer** En quoi l'approche de la COP21 est-elle différente de celle qui a prévalu lors des conférences de Rio et de Kyoto ?

3 • **Argumenter** Quels peuvent être les avantages et les limites de l'approche utilisée pour l'accord de Paris ?

DOC 3 La mondialisation de l'enjeu climatique

Un quart de siècle est passé depuis l'espoir post-Rio de la création d'une société civile mondialisée mettant l'environnement au centre des préoccupations, avec des relais efficaces des réseaux associatifs au niveau de chaque État. Le développement durable devenu un référentiel mondialisé, la planète pouvait enfin devenir un objet de préoccupation dépassant les frontières étatiques, voire les politiques sectorielles (agricoles, industrielles, etc.). Les écologistes ont été sans doute parmi les premiers à se mondialiser en tant que mouvement social, notamment à travers l'usage d'Internet, la circulation d'une élite militante, la mise en réseau d'acteurs et de leur expertise. [...]
Dans une perspective inverse, des ONG œuvrant dans des domaines comme le soutien à des programmes onusiens dans les pays émergents se sont ouvertes à la question environnementale à travers ses implications économiques et sociales. En somme, les ONG environnementales sont parvenues à « désectorialiser » les problématiques de la nature grâce, dans un premier temps, au référentiel de développement durable, puis, dans un second temps, au réchauffement climatique, qui donne un lien de causalité et une visibilité à de nombreux phénomènes épars sur la planète, comme la désertification, la perte de biodiversité, les problèmes d'accès à l'eau ou les inondations et autres catastrophes naturelles. ■

Sylvie Ollitrault, « Les ONG, des outsiders centraux des négociations climatiques ? », *La revue internationale et stratégique*, n°109, Iris Éditions et Armand Colin, printemps 2018.

Bordas Flash PAGE vidéo

© Décod'actu, France Télévisions.

L'Amazonie, bien commun mondial ?

1 • En quoi l'Amazonie constitue-t-elle un bien commun de l'humanité ?

2 • Pourquoi ce bien commun est-il aujourd'hui menacé ?

1 • **Lire** Que signifie la phrase soulignée ?

2 • **Repérer** Quels sont les acteurs qui ont participé à la mondialisation des enjeux environnementaux ?

Faites le point

Choisissez le bon terme parmi ceux qui vous sont proposés.

1. Les biens communs sont non excluables et **rivaux / non rivaux**.
2. Garrett Hardin pense qu'une gestion publique ou **privée / communautaire** peut empêcher la tragédie des biens communs.
3. La société civile a participé à la **mondialisation / nationalisation** de l'enjeu climatique.
4. L'accord de Paris sur le climat relève d'une approche **ascendante / descendante**.

Prenez la parole

Argumentation

- Trouvez un exemple de bien commun environnemental qui nécessite une action internationale.
- Justifiez votre choix auprès de vos camarades.

2 Les contraintes d'une action publique internationale pour l'environnement

OBJECTIF DU PROGRAMME: Comprendre que les négociations et accords internationaux liés à la préservation de l'environnement sont contraints par des stratégies de passager clandestin et les inégalités de développement entre pays.

DOC 1 Des trajectoires différentes selon les pays

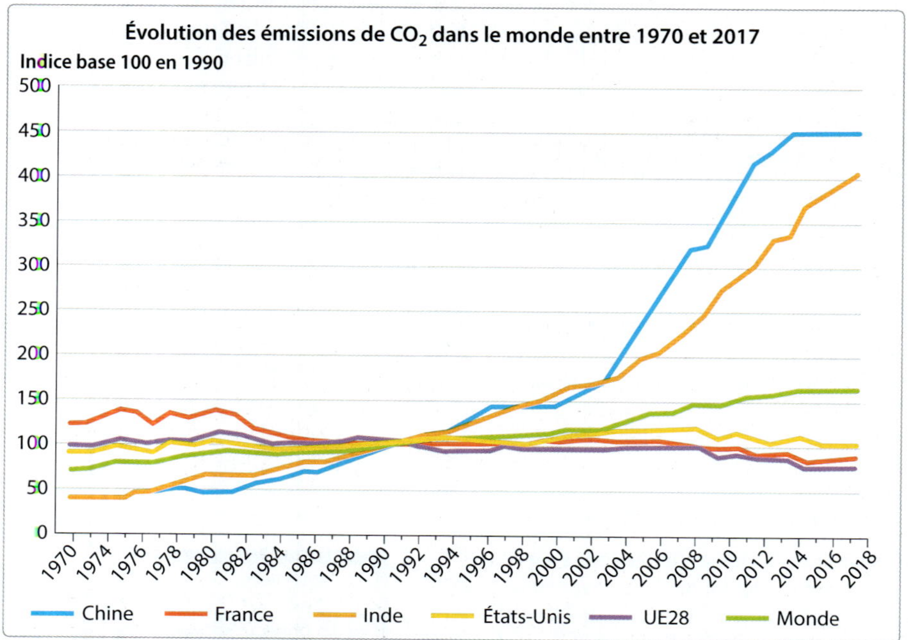

Source : données Edgar (Emissions Database for Global Atmospheric Research), 2018.

1 • Lire De quelle manière ont évolué les émissions de CO_2 de la France entre 1970 et 1990 ? et entre 1990 et 2018 ?

Savoir-faire 4 p. 407

2 • Comparer En quoi les trajectoires d'émission de l'Inde et de la Chine se distinguent-elles de celles de l'Union européenne et des États-Unis ?

3 • Analyser Comment expliquer ces différences de trajectoires ?

DOC 2 Budget carbone et dette climatique des États

Si l'on veut limiter la hausse des températures, il ne faut pas dépasser des niveaux de gaz à effet de serre dans l'atmosphère, que les travaux du GIEC[1] permettent de connaître de façon de plus en plus précise. On sait donc calculer la masse de carbone que l'on peut encore émettre avant d'arriver à ces seuils critiques. Cette masse représente ce que l'on peut appeler le « budget carbone du monde ».

À partir de là, on peut essayer de définir ce que devrait être le budget carbone de chaque pays. Là le calcul se complique, car la façon dont il est fait peut conduire à des résultats très différents. On peut adopter une approche égalitariste : chaque être humain a le droit d'émettre la même quantité de dioxyde de carbone. On peut aussi tenir compte de la situation actuelle et du poids de chaque pays dans les émissions. On peut enfin considérer l'historique de chaque pays et sa responsabilité dans le niveau atteint par les émissions cumulées. Bref, aucune méthode ne peut prétendre donner LE juste chiffre et satisfaire tout le monde ; il est nécessaire de se résoudre à faire un panachage, sachant que l'important est de préciser comment ces résultats ont été obtenus.

Chaque État se voyant ainsi attribuer un budget carbone, on peut voir s'il prend les mesures nécessaires pour ne pas le dépasser et, s'il ne le fait pas, calculer ce que lui coûteraient les investissements nécessaires pour revenir sur le droit chemin. On arrive ainsi à la notion de dette climatique : un État peut être en apparence bien géré, ne pas avoir un budget en déficit, avoir une faible dette, mais, par sa négligence en matière de lutte contre le changement climatique, se mettre en situation délicate pour l'avenir.

Gérard Horny, « Les inégalités nuisent à la lutte contre le réchauffement climatique », www.slate.fr, 3 janvier 2019.

1. Le Groupe d'experts intergouvernemental sur l'évolution du climat (GIEC) est un organisme intergouvernemental qui évalue les travaux scientifiques sur le changement climatique afin de construire une expertise collective mondiale dans le but d'y faire face.

1 • Définir Que désigne la notion de budget carbone ?

2 • Repérer Quels critères peuvent être utilisés pour calculer le budget carbone de chaque pays ?

3 • Expliquer Dans quel cas un État peut-il avoir une importante dette climatique ?

DOC 3 Le problème du passager clandestin

Source : **Cécile Cazenave** et **Joseph Falzon**, « Retour sur », *La Revue dessinée*, n° 22, hiver 2018-2019.

CONTEXTE

La notion de **passager clandestin** a d'abord été utilisée par l'économiste Mancur Olson pour désigner les personnes bénéficiant d'une mobilisation collective sans y participer personnellement ou financièrement. Plus largement, elle désigne une personne ou une organisation qui bénéficie d'une situation sans en supporter le coût.

1 • Décrire Comment la question des inégalités de développement entre pays a-t-elle été intégrée à l'accord de Paris ?

2 • Expliquer En quoi le retrait des États-Unis de l'accord de Paris correspond-il à un comportement de passager clandestin ?

3 • Argumenter Les arguments avancés par Donald Trump sont-ils pertinents ?

DOC 4 Les accords sur le climat, un jeu de la poule mouillée ?

Si chaque pays a un intérêt à ce que le réchauffement climatique soit limité, chacun préférerait que le coût soit supporté par les autres, engendrant de fait un comportement de passager clandestin. [...]

Sur 195 États, 186 ont joué le jeu de la coopération en proposant leur contribution nationale avant la COP21. [...] Reste à savoir si chaque pays honore ses engagements et poursuivra ses efforts après l'accord de Paris. Concernant ce dernier point, les États-Unis ont déjà fragilisé l'accord puisque le président Trump a annoncé le 1er juin 2017 que son pays se retirait de l'accord de Paris. Évidemment, un effet domino est à craindre à la suite de cette annonce. Toutefois, un certain nombre de pays comme l'Inde, la Chine, l'Europe, le Brésil, le Canada ou encore l'Australie ont immédiatement exprimé des réactions négatives à cette annonce et ont tous promis de tenir les engagements pris. De ce point de vue, la fourniture du bien public mondial « lutte contre le réchauffement climatique » s'apparenterait au jeu de la poule mouillée, ce qui est plutôt positif.

Jean-Louis Combes, **Pascale Combes-Motel** et **Sonia Schwartz**, « Un survol de la théorie des biens communs », *Revue d'économie du développement*, vol. 24-3, De Boeck Supérieur, 2016.

CONTEXTE

La **théorie des jeux** permet de comprendre, à partir de modèles mathématiques, les choix d'agents en interaction. Le jeu de la poule mouillée désigne une situation dans laquelle il est avantageux de coopérer même si l'autre partie choisit la trahison.

1 • Expliquer Pourquoi peut-on s'attendre à des comportements de passager clandestin dans la lutte contre le réchauffement climatique ?

2 • Repérer En présence d'un passager clandestin, comment semblent réagir les autres États ?

3 • Analyser Comment expliquer cette réaction ?

Faites le point

Complétez le schéma à l'aide des termes suivants.
développement – stratégies – dette – l'accord

Les contraintes d'une action publique internationale pour l'environnement
- Des inégalités de ... entre pays → Exemple : existence d'une ... écologique des pays du Nord à l'égard des pays du Sud
- Des ... de passager clandestin → Exemple : retrait des États-Unis de ... de Paris

Prenez la parole

Jeu de rôle

- Par groupes de deux, répartissez-vous les rôles de représentants des pays du Nord et des pays du Sud.
- Définissez vos revendications individuellement en termes de politique climatique, puis discutez pour trouver un compromis.

Quelle action publique pour l'environnement ?

Synthèse

bordas Flash PAGE podcast DYS

DOSSIER 1 Comment l'environnement peut-il devenir un objet d'action publique ?

1 Une diversité d'acteurs impliqués

- L'existence d'une **action publique** pour l'environnement ne va pas de soi. Elle suppose la mobilisation d'acteurs divers (ONG, entreprises, experts, partis, mouvements citoyens, voire les pouvoirs publics eux-mêmes) qui portent les problèmes environnementaux dans l'espace public. Leur action consiste d'abord à identifier un problème, puis à en proposer un cadrage, c'est-à-dire préciser la nature du problème, ses causes et les solutions adéquates. Les promoteurs de problème public doivent également argumenter pour justifier de son importance et le populariser auprès du public et des décideurs, notamment *via* les médias. La construction d'un **problème public** peut aboutir à sa **mise à l'agenda politique** lorsque le problème est mis en débat et suscite l'intervention des pouvoirs publics.

2 Coopération et conflits entre acteurs

- Les acteurs impliqués dans la construction des problèmes publics environnementaux peuvent entretenir entre eux des rapports de **coopération** ou de **conflit**. En effet, différents acteurs peuvent coopérer pour promouvoir un même problème. Cela suppose que ces acteurs proposent des cadrages similaires, du moins compatibles, du problème. Toutefois, certains d'entre-eux portent des visions opposées et concurrentes d'un même problème. Ils peuvent alors entrer en conflit pour imposer leur propre cadrage. Un acteur peut aussi avoir intérêt à empêcher la construction d'un problème public environnemental, dans ce cas le conflit peut déboucher sur un enterrement du problème.

3 Une action publique articulant différentes échelles : l'exemple de la biodiversité

- Les politiques environnementales sont marquées, comme l'ensemble des politiques publiques, par une perte de centralité de l'État. Les collectivités territoriales, d'abord, jouent un rôle important d'initiative et surtout de mise en œuvre des politiques environnementales. Conseils régionaux, conseils départementaux et conseils municipaux ont la capacité d'adapter les politiques aux spécificités de leur territoire et de mobiliser les acteurs locaux. S'agissant de la biodiversité par exemple, les collectivités peuvent mettre en place des mesures de protection adaptées aux écosystèmes singuliers présents sur leur territoire.

- L'Union européenne joue aussi un rôle décisif dans l'action publique pour l'environnement : les politiques environnementales menées en France sont, pour 75 % d'entre elles, une traduction des décisions prises au niveau européen. Agir à cette échelle permet d'harmoniser les politiques des États-membres, évitant le **dumping environnemental**. Enfin, face à des enjeux concernant l'ensemble de la planète, se met aussi en place une action publique mondiale. En témoigne la création de groupes d'experts intergouvernementaux, tels que le Groupe international d'experts pour le climat (GIEC) ou la Plateforme intergouvernementale sur la biodiversité et les services écosystémiques (IPBES), qui produisent des états des lieux et scénarios quant à l'état de l'environnement mondial.

VU EN PREMIÈRE

Externalité : conséquence de l'activité de production ou de consommation d'un agent sur un autre, qui ne fait pas l'objet d'une transaction économique. On distingue les externalités positives (comme l'innovation verte) des externalités négatives (comme la pollution).

Marché : lieu de rencontre réel ou fictif entre des agents économiques qui offrent des biens ou des services et ceux qui en demandent.

DOSSIER 2 **Quels instruments pour l'action publique environnementale ? L'exemple du climat**

1 La réglementation, un instrument pour contraindre

- L'action publique pour l'environnement peut avoir recours à différents instruments, à commencer par la **réglementation environnementale**. Il s'agit pour l'État de mettre en place des normes contraignantes pour les acteurs économiques, normes qui peuvent être de qualité, d'émission, de procédé ou de produit. Dans le cadre de la politique climatique, les normes d'émission sont ainsi utilisées pour imposer aux constructeurs automobiles la mise sur le **marché** de moteurs moins polluants. Le recours à l'instrument réglementaire permet de connaître avec certitude le niveau de pollution qui sera atteint, et ainsi de respecter les seuils de dangerosité. Ainsi la norme est privilégiée en cas de menace grave et peut aller jusqu'à l'interdiction complète d'un produit ou d'un procédé. La contrainte réglementaire peut également inciter les entreprises à innover.
- En revanche, le niveau de pollution optimal est souvent difficile à connaître, ce qui rend difficile la définition d'une norme. Par ailleurs, une fois la norme respectée, les acteurs économiques ne sont pas incités à améliorer leur comportement. Enfin, les effets bénéfiques de la norme peuvent être neutralisés par un **effet volume** : la pollution générée par la production ou consommation de chaque bien diminue mais la quantité de biens augmente, si bien que la pollution totale ne diminue pas.

2 Taxation et subventions, des instruments pour inciter

- Des instruments incitatifs peuvent aussi être utilisés pour internaliser les **externalités** liées à l'environnement. Ainsi en cas d'externalité négative, la **taxe environnementale** amène les agents à prendre en compte les coûts externes engendrés par leur activité, par exemple les effets de leurs émissions polluantes sur le climat. De la même manière, les **subventions à l'innovation verte** amènent les agents à prendre en compte les bénéfices externes d'une activité plus protectrice de l'environnement, ainsi elles encouragent des comportements plus respectueux de l'environnement.
- Ces instruments sont plus souples que la réglementation, chacun pouvant faire le choix de moins polluer ou pas en fonction de ses propres coûts de dépollution ou d'investissement. La taxe environnementale génère aussi un double dividende : d'une part, elle entraîne une diminution de la pollution, d'autre part, les bénéfices engendrés pour l'État permettent de diminuer d'autres impôts. Toutefois, les taxes environnementales peuvent être source d'inégalités, le poids de la taxe augmentant à mesure que diminue le revenu. Elles peuvent aussi induire des mesures de dumping.

3 Les marchés de quotas d'émission, un instrument pour négocier

- Les pouvoirs publics peuvent enfin mettre en place un **marché de quotas d'émission**. Dans ce cas, les entreprises se voient attribuer des permis de polluer, en quantité limitée. Chacune peut ainsi faire le choix de réduire ses émissions pour revendre une partie de ses quotas à d'autres entreprises ou bien de continuer à polluer et, si nécessaire, d'acheter des permis supplémentaires sur le marché.
- Si cet instrument permet de répartir plus efficacement les efforts en fonction des coûts de dépollution de chaque firme, il suppose pour être efficace que les permis soient bien répartis et distribués en quantité suffisamment faible. Sur le marché européen de quotas d'émission, le surplus de permis a ainsi entraîné une forte baisse du prix du carbone, diminuant d'autant l'incitation à moins polluer.

NOTIONS DE TERMINALE

Action publique : activité des administrations publiques consistant à décider, concevoir et mettre en œuvre des politiques publiques.

Marché de quotas d'émission : instrument visant à réduire les émissions polluantes *via* l'attribution et l'échange de droits à polluer.

Mise à l'agenda politique : processus au terme duquel un problème est perçu comme appelant un débat public, voire l'intervention des autorités politiques légitimes.

Problème public : situation qui dévie des normes sociales en place et appelle ainsi des actions préventives ou réparatrices de la part des pouvoirs publics.

Réglementation environnementale : ensemble des normes juridiques qui encadrent l'activité économique afin de la rendre plus compatible avec la protection de l'environnement.

Subvention à l'innovation verte : aide financière attribuée par les administrations publiques afin d'encourager les activités favorables à la protection de l'environnement.

Taxe environnementale : prélèvement obligatoire réalisé par les administrations publiques qui pénalise financièrement les activités économiques néfastes pour l'environnement.

DOSSIER 3

Une action publique internationale pour l'environnement est-elle possible ?

1 Des biens communs appelant une gestion internationale

- Les biens environnementaux, à commencer par le climat, s'apparentent à des **biens communs**. On peut donc craindre à leur égard une « tragédie des communs », selon l'expression du biologiste Garrett Hardin, c'est-à-dire une surexploitation de ces ressources qui sont libres d'accès. Face à cette tragédie, Hardin propose une privatisation des ressources ou une gestion par l'État.
- Une troisième voie a été mise en évidence par l'économiste Elinor Ostrom, qui a démontré qu'une gestion communautaire des communs était possible. Le climat, étant un bien commun mondial, appelle cependant des solutions à l'échelle internationale, d'où la multiplication des négociations et accords internationaux depuis le début des années 1990.

VU EN PREMIÈRE

Biens communs : biens dont la consommation par un individu réduit la quantité disponible pour les autres individus (rivalité) et pour lesquels il est impossible d'exclure les individus ne voulant pas en payer le prix (non-excluabilité).

2 Les contraintes d'une action publique internationale pour l'environnement

- L'action publique internationale pour l'environnement peut se heurter à des comportements de **passager clandestin** : les États peuvent trouver un intérêt à bénéficier des efforts fournis par la communauté internationale sans y prendre part. Cependant, ces comportements ne mettent pas nécessairement en danger les accords : malgré la défection de certains, les autres États peuvent conserver un intérêt à coopérer.
- Par ailleurs, l'action internationale pour le climat est confrontée aux inégalités de développement entre pays : ne faut-il pas demander un effort plus important aux pays riches, qui sont aussi les plus gros pollueurs ? On parle aujourd'hui d'une « dette climatique » de ces pays vis-à-vis des pays pauvres.

NOTION DE TERMINALE

Passager clandestin : comportement d'une personne ou d'une organisation qui bénéficie d'une situation sans en supporter le coût.

Repères

Des dates clés

Accords internationaux

En 1992, le Sommet de la Terre de Rio réunit 178 pays. Ensemble, ils adoptent la déclaration de Rio sur le développement et l'environnement, marquant les débuts d'une action publique internationale pour le climat. En 2015, la Conférence de Paris sur les changements climatiques (COP21) marque un nouvel engagement des États pour limiter les effets du changement climatique.

Une citation

« La voiture, ça pollue, ça pue et ça rend con. »

Cette déclaration provocante est l'œuvre de René Dumont, premier candidat écologiste à l'élection présidentielle en France, en 1974. Il n'obtient à l'époque que 1,3 % des suffrages exprimés. Le ministère de l'Environnement a été créé seulement trois ans plus tôt, en 1971.

Des chiffres clés

Émissions de CO_2

La Chine est le pays qui émet le plus de CO_2, devant les États-Unis. Mais rapporté à la population, un États-unien émet en moyenne 16 tonnes de CO_2 par an, contre 7 tonnes pour un Chinois (données *Global Carbon Atlas*, 2017).

Schéma bilan

Différents acteurs...
- ONG
- Entreprises
- Experts
- Partis
- Mouvements citoyens
- Pouvoirs publics

... participent à la construction des problèmes publics environnementaux...

... qui peut aboutir à leur mise à l'agenda politique.

ACTION PUBLIQUE POUR L'ENVIRONNEMENT...

... mobilise différents instruments
- Marchés de quotas d'émission
- Taxes et subventions
- Réglementations

... articule différentes échelles
- Locale
- Nationale
- Européenne
- Mondiale : nécessaire en présence de biens communs mondiaux, mais contrainte par les stratégies de passager clandestin et les inégalités de développement

Prolongements

Une bande dessinée

Algues vertes. L'histoire interdite

Inès Léraud et Pierre-Gilles Van Hove, © La Revue dessinée-Delcourt, 2019

Pourquoi un tel silence sur le problème des algues vertes ? Une enquête haletante au cœur de la Bretagne, entre experts, élus et lobbys de l'agro-industrie.

Un podcast

La Terre au carré

Mathieu Vidard, France Inter

Une émission quotidienne pour parler d'environnement et d'écologie. Parmi les sujets abordés : biodiversité, droit de l'environnement, convention citoyenne pour le climat...

Une série

Occupied

Erik Skjoldbjærg et Karianne Lund, 2015-2018

Dans cette série d'anticipation, le gouvernement écologiste de la Norvège décide de mettre fin à l'exploitation des hydrocarbures du pays, et les effets géopolitiques en chaîne ne tardent pas

Je vérifie mes connaissances

Plus d'exercices en numérique

bordas Flash PAGE exercices interactifs

CORRIGÉS ➡ PAGE 472

Exercice 1

Choisissez la (ou les) bonne(s) réponse(s).

1 • Que désigne la COP21 ?
a. Un groupe intergouvernemental d'experts sur le climat.
b. Un groupe intergouvernemental d'experts sur la biodiversité.
c. Une conférence intergouvernementale sur le climat.

2 • Quels types d'acteurs peuvent participer à la construction d'un problème public environnemental ?
a. Les entreprises.
b. Les pouvoirs publics.
c. Les associations.

3 • À quel problème le marché européen de quotas d'émission a-t-il été confronté ?
a. Les entreprises ont refusé d'y participer.
b. Le prix des permis était trop faible pour inciter les entreprises à moins polluer.
c. Il a donné naissance à une « mafia du CO_2 ».

4 • Quelles sont les arguments en faveur de la reconnaissance d'une dette écologique ?
a. Prendre en compte l'inégale contribution des pays au réchauffement climatique.
b. Prendre en compte les inégalités de développement entre pays.
c. Faire peser les efforts sur les pays qui polluent déjà le moins.

Exercice 2

Complétez les phrases suivantes à l'aide des termes du chapitre.

1 • L'action publique pour l'environnemental articule l'échelle ..., l'échelle ..., l'échelle européenne et l'échelle mondiale.

2 • La construction d'un ... suppose des opérations d'identification, de cadrage, de justification et de popularisation.

3 • La mise en place d'une taxe environnementale permet une meilleure protection de l'environnement mais aussi la réduction d'autres taxes, c'est ce que l'on appelle un ....

4 • Dans « La ... des biens communs », Garrett Hardin affirme que ces biens sont voués à être surexploités.

5 • En se retirant de l'accord de Paris sur le climat, les États-Unis se sont comportés en ....

Exercice 3

Complétez la grille.

Horizontalement

1. Attribuée par l'État, elle encourage les investissements favorables à la préservation de l'environnement.
2. Des quotas d'émission peuvent y être échangés.
3. Politique, il désigne l'ensemble des sujets suscitant une intervention des pouvoirs publics.
4. Se dit d'un passager qui ne souhaite pas supporter le coût du bien dont il bénéficie.
5. Lieu du Sommet de la Terre de 1992.
6. Un ensemble de normes pour limiter les émissions polluantes.

Verticalement

a. Ils peuvent mobiliser leur compétence particulière pour promouvoir un problème public.
b. Qu'elle soit positive ou négative, elle constitue une défaillance de marché.
c. Caractérise un bien rival et non excluable.
d. Elles participent, comme les autres collectivités locales, à la mise en œuvre de l'action publique pour l'environnement.
e. Climatique, elle marque une reconnaissance des inégalités de développement dans les négociations internationales sur le climat.

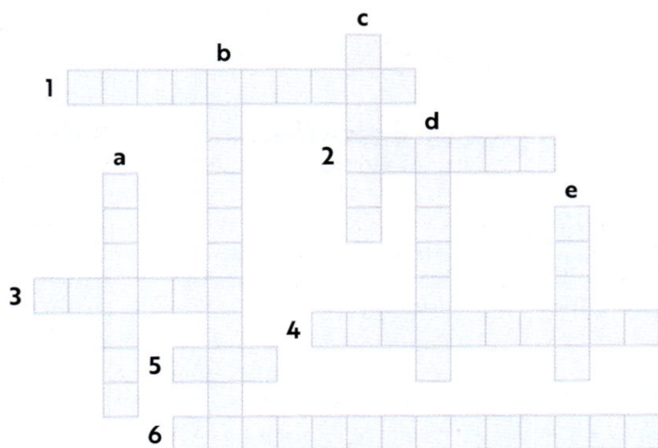

J'utilise mes connaissances

Exercice 1 Comparer les instruments dont disposent les pouvoirs publics

Complétez le tableau suivant à l'aide de vos connaissances.

	Avantages	Inconvénients
Règlementation	...	...
Taxe et subvention	...	...
Marché de quotas d'émission	...	...

Exercice 2 Argumenter sur la construction d'un problème public : la pollution plastique

La pollution des écosystèmes par les plastiques a débuté dès l'invention de ces matières. En 1970, de premiers « lanceurs d'alerte » mettaient déjà en évidence la présence dans le milieu marin de débris de l'ordre du millimètre. Et ils évoquaient déjà des effets sur l'environnement : étranglements, ingestion par les organismes vivants, risques d'occlusions, accumulation sur ces débris de contaminants organiques, etc. [...] Depuis 1997, les expéditions contribuant à mettre en lumière ce problème et le porter sur la place publique se sont multipliées. [...]

La communauté scientifique est aujourd'hui fortement mobilisée : nombre de travaux sont menés depuis une dizaine d'années en milieu océanique pour étudier la toxicité des débris plastiques sur les organismes vivants. [...] En parallèle de l'action scientifique, une forte mobilisation du milieu associatif et de la société civile contre le « tout-plastique » est observée ; elle se matérialise par exemple par des opérations citoyennes de collecte de déchets sauvages. [...]

Cette mobilisation scientifique et citoyenne a poussé les instances institutionnelles à se saisir elles aussi de la thématique des débris plastiques.

Johnny Gasperi, Bruno Tassin, Denis Blot et Romain Tramoy,
« Pollution plastique : retour sur une prise de conscience »,
www.theconversation.com, 10 septembre 2018.

- **À l'aide du texte et de vos connaissances personnelles, rédigez une phrase pour justifier chacune des affirmations suivantes.**

a. Scientifiques et associations coopèrent sur la question de la pollution plastique.
b. La construction de la pollution plastique comme problème public n'a pas été très rapide.
c. Les promoteurs de ce problème sont parvenus à le mettre à l'agenda politique

Je construis ma fiche de révision

Fiche téléchargeable lycee.editions-bordas.fr

À l'aide des pages « L'essentiel » et de vos connaissances, retrouvez les éléments clés du chapitre et complétez votre fiche de révision.

Quelle action publique pour l'environnement ?

NOTIONS CLÉS
- Mise à l'agenda politique
- ...

MÉCANISMES
- « Tragédie des communs »
- ...

CONNAISSANCES FACTUELLES
- Chronologie des accords internationaux sur le climat
- ...

ACTEURS IMPLIQUÉS
- Associations (exemple : Greenpeace)
- ...

ÉCHELLES
- Locale (exemple : conseils régionaux)
- ...

INSTRUMENTS
- Réglementation
- Accords internationaux
- ...

TRAVAUX DIRIGÉS

Dessiner son cours pour mieux le mémoriser

OBJECTIF : Élaborer une synthèse à l'aide de la méthode du sketchnote.

Vous pouvez utiliser la méthode du sketchnote pour donner vie à une synthèse, afin de réviser votre cours par exemple. Il s'agit d'élaborer une vue d'ensemble du chapitre en construisant un support visuel, attractif et personnalisé.

Étape 1 Repérez les informations essentielles

- Identifiez les informations essentielles de votre cours (notions et mécanismes). Pour les mettre en valeur dans votre synthèse, représentez-les graphiquement en dessinant les **cadres** et en employant les **typographies** de votre choix. Vous pouvez également utiliser différentes **couleurs**.

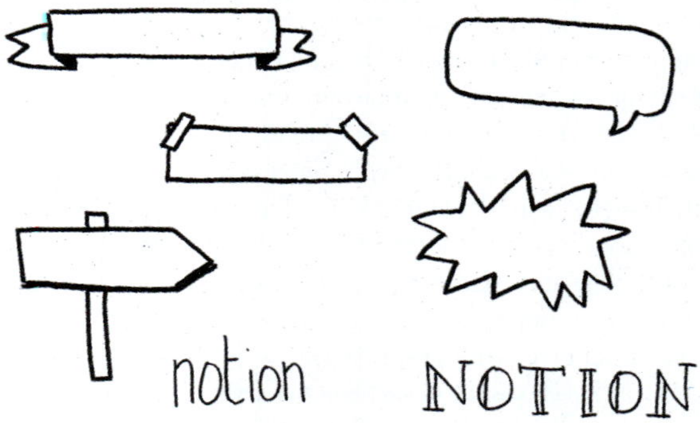

Étape 2 Structurez-les

- Identifiez les liens entre ces informations, notamment les rapports de cause à effet. Vous pouvez représenter ces **connections** de différentes manières.

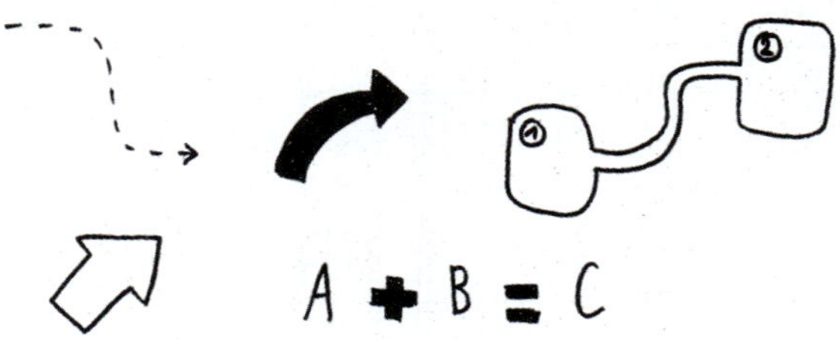

Étape 3 Illustrez-les

- Représentez certaines des informations de votre fiche à l'aide de **dessins** très simples.

Étape 4 Réalisez votre synthèse

- Recopiez et complétez le sketchnote ci-dessous portant sur le dossier 2 « Quels instruments pour l'action publique ? L'exemple du climat ».
N'hésitez pas à utiliser différentes couleurs.
- Élaborez ensuite vos propres fiches sur les dossiers 1 et 3. À vous de dessiner !

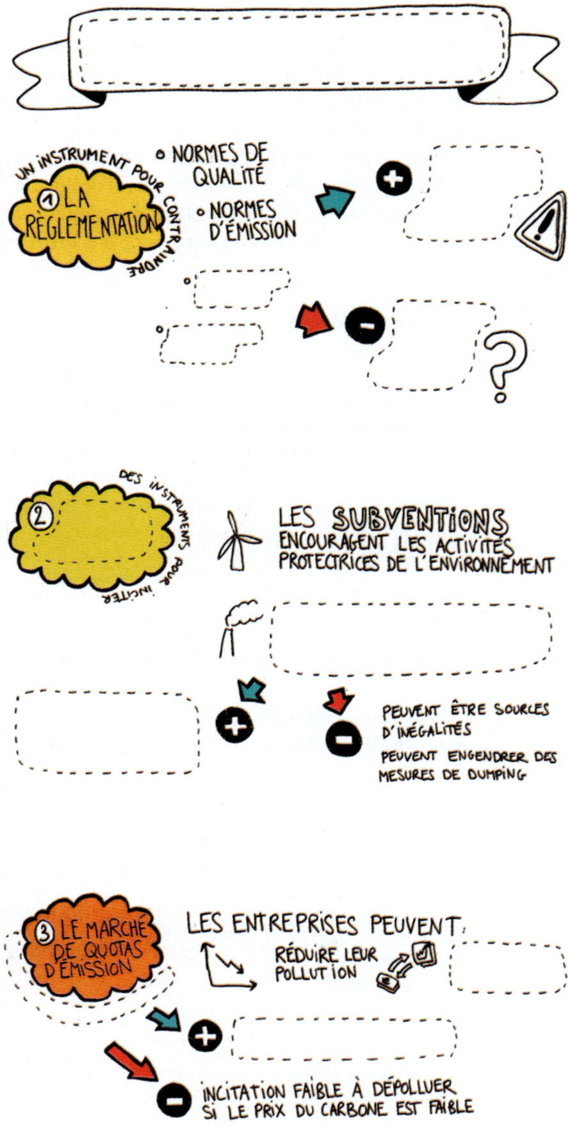

Rédiger l'introduction et la conclusion de la partie 3 de l'épreuve composée

L'introduction

Exemple de sujet : *Mettez en évidence les différents acteurs qui peuvent participer à la mise à l'agenda politique des questions environnementales.*

1. Définissez les termes clés du sujet

Parmi les termes suivants, lequel faut-il définir en priorité dans l'introduction ?

a. Mise à l'agenda politique.

b. Réglementation environnementale.

c. Questions environnementales.

2. Rappelez le sujet

Parmi les propositions suivantes, quelle est la plus pertinente pour rappeler le sujet ?

a. Les acteurs peuvent coopérer ou entrer en conflit lors de la mise à l'agenda politique des questions environnementales.

b. La mise à l'agenda des questions environnementales implique une diversité d'acteurs.

c. Les associations et les partis politiques sont les acteurs majeurs de la mise à l'agenda des questions environnementales.

3. Annoncez vos différents paragraphes

Parmi les propositions suivantes, quelle est l'annonce de plan la plus pertinente pour ce sujet ?

a. La mise à l'agenda des questions environnementales implique différents acteurs, qui connaissent entre eux des relations de coopération et de conflit, et qui peuvent aussi contribuer à la mise en œuvre de l'action publique pour l'environnement à différentes échelles.

b. La mise à l'agenda des questions environnementales implique différents acteurs, à commencer par les pouvoirs publics eux-mêmes et les partis politiques, mais aussi les mouvements citoyens, les ONG, les experts et les entreprises.

La conclusion

Exemple de sujet : *Montrez qu'en présence de bien commun les négociations et accords internationaux liés à la préservation de l'environnement font face à plusieurs contraintes.*

1. Répondez de manière directe au sujet

Expliquez pourquoi cette réponse au sujet, écrite par un élève au début de sa conclusion, n'est pas pertinente

Les inégalités de développement entre pays constituent une contrainte importante pour les négociations et accords internationaux liés à la préservation de l'environnement.

2. Dressez un bilan synthétique de votre argumentation

Parmi les propositions suivantes, quel point ne devrait pas être évoqué dans la conclusion ?

a. Les inégalités de développement entre pays.

b. Le comportement de passager clandestin.

c. Les instruments de l'action publique internationale pour l'environnement.

3. Soignez la rédaction

Retrouvez les connecteurs manquants dans cette conclusion.

Les biens communs environnementaux ... l'eau, la biodiversité ou le climat, font l'objet de négociations et d'accords internationaux qui se heurtent à différentes ..., si les négociations internationales sont rendues nécessaires par la présence de biens communs environnementaux, elles sont ... contraintes par les inégalités de développement entre pays, qui conditionnent la participation de chacun à la protection de ces biens communs, ... par les comportements de passagers clandestins adoptés par certains pays, qui peuvent mettre en danger les accords.

RÉCAP Méthode

Dans le Cahier BAC, La méthode complète p. 423

Dans une partie 3 de l'EC

L'introduction doit comporter trois éléments :
- la définition des termes clés du sujet,
- le rappel du sujet,
- l'annonce des paragraphes.

La conclusion doit comporter deux éléments :
- la réponse directe au sujet,
- le bilan synthétique de l'argumentation.

Dans le Cahier BAC
- La méthode de la dissertation, p. 426
- Une dissertation corrigée, p. 430

Sujet guidé - Épreuve de dissertation (20 points) 4 heures

SUJET *Comment les questions environnementales peuvent-elles devenir un objet d'action publique ?*

DOCUMENT 1

En France comme aux États-Unis, les modes de production alimentaire génèrent des denrées non consommées, en lien avec une capitalisation et industrialisation croissante depuis la fin de la Seconde Guerre mondiale. [...]
Aux États-Unis, ces surplus ont suscité l'attention des autorités publiques dès les années 1960 : le système de *food stamps* (bons alimentaires) est alors inscrit dans la politique agricole pour redistribuer des surplus alimentaires aux personnes considérées comme temporairement dans le besoin. [...] Par ailleurs, les déchets suscitent non seulement des préoccupations pour leurs gestionnaires, en termes d'hygiène et de santé publique, mais aussi relativement à la pollution de l'environnement depuis les années 1970. Une directive européenne sur les déchets en 1975 introduit la notion de « pollueur payeur » et fait des déchets un enjeu écologique et économique. [...]
C'est à la fin des années 2000 que le « gaspillage alimentaire » est formulé en tant que problème public singulier. L'idée d'une juste attribution des ressources [...] est renforcée par un contexte de pression sur les ressources naturelles et économiques, lié aux crises alimentaires de 2008, à une récession économique dès 2007 aux États-Unis et persistant aujourd'hui encore en France, et à une « crise » environnementale au niveau mondial. [...]
Un rapport très souvent cité, produit par l'Organisation onusienne de l'agriculture et l'alimentation (FAO) en 2011, fournit pour la première fois des estimations quantitatives des « pertes et gaspillage » à chaque étape de la « chaîne » de production, distribution et consommation alimentaires – qui s'élèveraient au total à plus du tiers de la production alimentaire mondiale. Dès 2009, le Royaume-Uni est le premier pays à mettre en place une agence *ad hoc* dédiée au sujet. En parallèle, des initiatives privées, entrepreneuriales et militantes intègrent le « gaspillage alimentaire » ou *food waste* dans leurs activités et revendications, par exemple en l'inscrivant dans des objectifs de responsabilité sociale d'entreprise ou en y dédiant des ressources humaines (nouveaux postes). ■

Armèle Cloteau et **Marie Mourad**, « Action publique et fabrique du consensus. La "lutte contre le gaspillage alimentaire" en France et aux États-Unis », *Gouvernement et action publique*, vol. 5, n° 1, Presses de Sciences Po, janvier-mars 2016.

DOCUMENT 2

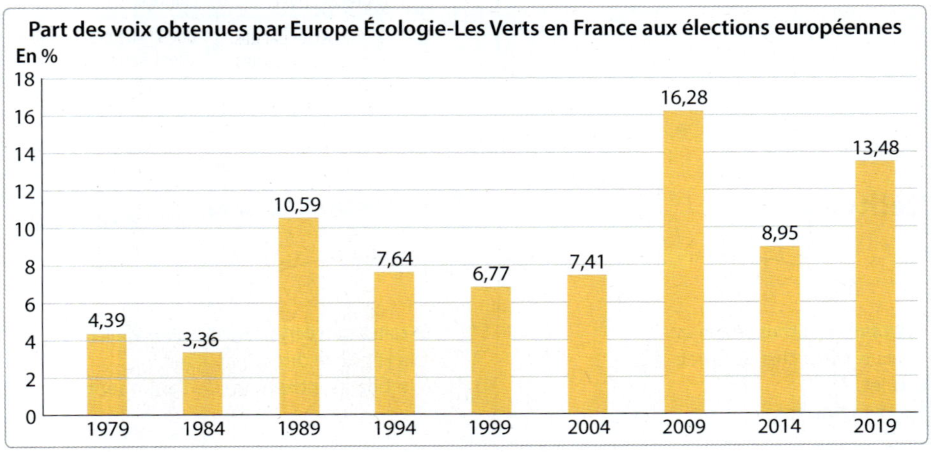

Source : ministère de l'Intérieur, 2019.

DOCUMENT 3

Nombre d'articles scientifiques parus dans des revues à comité de lecture dans le monde

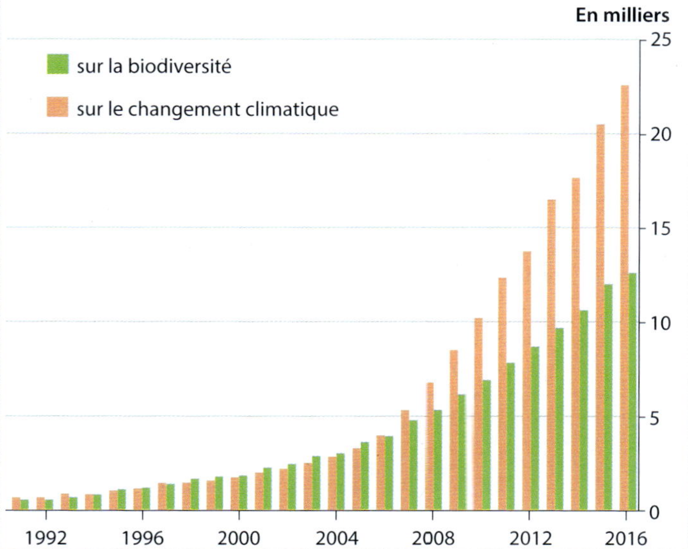

Source : **Pierre Legagneux *et al.***, « Our house is burning : discrepancy in climate change vs biodiversity coverage in the media as compared to scientific literature », *Frontiers in Ecology and Evolution*, vol. 5, janvier 2018.

DOCUMENT 4

Évolution de l'emploi en ETP[1] dans les activités de l'économie verte

Indice base 100 en 2018

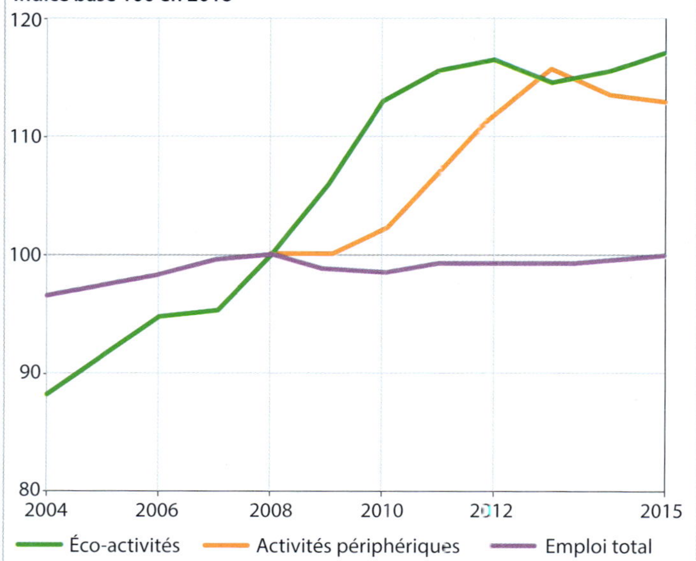

1. Équivalent temps plein.

Sources : Insee, EAP, Esane, Comptes nationaux base 2010, Douanes, Ademe, calculs SDES.

Méthode appliquée

La DISSERTATION en 4 étapes

1 Analyser le sujet et le problématiser

- Repérez dans le sujet les notions à définir, par exemple « action publique », mais aussi les autres mots du sujet qui vont vous aider à l'interpréter. Ici, « comment » invite à analyser des processus. Cherchez à quoi fait implicitement référence l'expression : « devenir un objet d'action publique ».
- Demandez-vous ensuite ce qui fait problème ou peut apparaître comme une contradiction. Ce sujet suggère que l'action publique pour l'environnement ne va pas de soi : les problèmes environnementaux ne s'imposent pas d'eux-mêmes, mais dépendent d'un processus de construction porté par des acteurs divers. Reformulez le sujet en prenant en compte cette problématique.

2 Exploiter les documents et les relier à ses connaissances

- Lisez attentivement les documents en vous demandant pour quelle raison ils figurent dans ce sujet. Ici, quels sont les différents types d'acteurs évoqués par les documents ?
- Cherchez les éléments de votre cours qui permettent de répondre au sujet. Ici, réfléchissez aux différents acteurs qui peuvent intervenir et aux opérations que ces derniers peuvent mettre en œuvre pour que les problèmes environnementaux soient mis à l'agenda politique.

3 Construire un plan

- Complétez un tableau pour mettre en relation, dans chaque colonne, un argument et une illustration trouvée dans les documents. Vous pouvez utiliser la méthode **AEI**.

A **Affirmer** une idée qui répond au sujet.	**Idée 1** : L'intervention des experts rend possible une action publique pour l'environnement.
E **Expliciter** des éléments de connaissances (notions et mécanismes) pour préciser l'idée	Différentes opérations de la **construction des problèmes publics** qui font intervenir les experts : **identification** du problème ; **justification** par les chiffres.
I **Illustrer** par des exemples tirés des documents pour justifier l'affirmation.	**Doc 3** : Nombre d'articles scientifiques sur le changement climatique multiplié par 23 entre 1991 et 2016.

- Réfléchissez ensuite aux rapports entre vos différentes idées, afin de les répartir au sein de grandes parties cohérentes. Votre plan doit comporter deux ou trois parties, comprenant chacune deux ou trois sous-parties.

4 Rédiger

- Commencez par rédiger l'introduction et la conclusion au brouillon.
- Rédigez ensuite l'ensemble au propre, en suivant bien le plan détaillé que vous avez réalisé au brouillon.

Dans le Cahier BAC
- La méthode de l'EC, p. 428
- Autres sujets blancs, p. 450

Sujet blanc - Épreuve composée (4 heures)

PARTIE 1 • Mobilisation des connaissances (4 points)

• Montrez, en prenant appui sur un exemple, que différents acteurs peuvent participer à la construction des problèmes publics environnementaux.

PARTIE 2 • Étude d'un document (6 points)

1 • Comparez les trajectoires d'émissions de CO_2 par habitant des États-Unis et de la Chine.

2 • À l'aide du document et de vos connaissances, vous montrerez que les négociations internationales sur le climat peuvent être contraintes par les inégalités de développement entre pays.

Émissions de CO_2 en tonnes par habitant

	États-Unis	Brésil	Chine	Éthiopie	Inde	UE 28	Monde
1990	19,2	1,2	1,9	0	0,6	8,4	3,9
1994	19,1	1,3	2,4	0	0,7	7,8	3,7
1998	20,1	1,6	2,3	0	0,8	7,9	3,8
2002	19,3	1,7	3,2	0,1	0,9	7,8	3,8
2006	18,7	1,7	4,9	0,1	1	7,9	4,2
2010	17,3	1,9	6,4	0,1	1,3	7,2	4,4
2014	15,8	2,3	6,6	0,1	1,6	6,2	4,5
2017	14,6	2	non renseigné	0,1	1,6	6,3	4,4

Source : données OCDE.

PARTIE 3 • Raisonnement s'appuyant sur un dossier documentaire (10 points)

SUJET *Vous montrerez que les pouvoirs publics disposent de différents instruments pour faire face aux externalités négatives sur l'environnement.*

DOCUMENT 1

Plafond et émissions de l'EU ETS[1] (2013-2020)

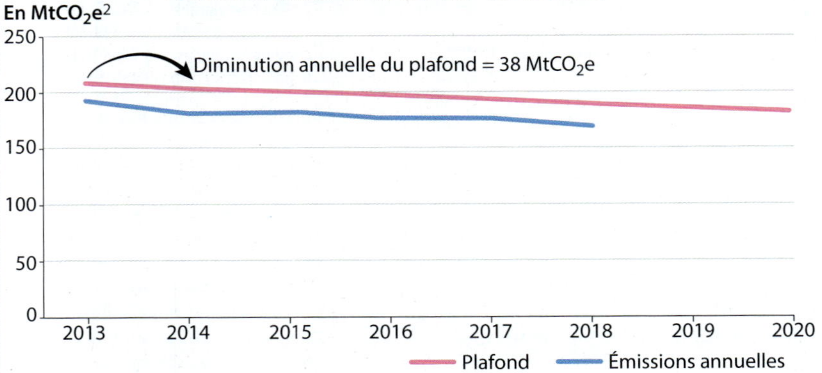

1. Système européen d'échange de quotas d'émission.
2. Million de tonnes d'équivalent CO_2.

Source : Commission européenne, EUTL, 2019.

DOCUMENT 2

Aides des entreprises de fourniture d'énergie

Certaines entreprises vous proposent des primes, des prêts bonifiés ou des diagnostics si vous réalisez des travaux d'économies d'énergie. Ces aides interviennent dans le cadre du dispositif des certificats d'économies d'énergie (CEE).

Les certificats d'économies d'énergie, en quelques mots

Le dispositif des certificats d'économies d'énergie (CEE) oblige les fournisseurs d'énergie (électricité, gaz, chaleur, froid, fioul domestique et carburants) à réaliser des économies d'énergie auprès de leurs clients.

S'ils ne respectent pas leurs obligations, l'État leur impose de fortes pénalités financières.

Une aide pour les propriétaires et les locataires

Les propriétaires et les locataires peuvent bénéficier d'une aide des fournisseurs et distributeurs d'énergie, s'ils font réaliser des travaux d'efficacité énergétique par un professionnel. Cette aide est cumulable avec les aides publiques disponibles pour la rénovation énergétique des logements (crédit d'impôt pour la transition énergétique, éco-prêt à taux zéro...). [...]

L'opération « Coup de pouce économies d'énergie » reconduite jusqu'en 2020

Cette opération « Coup de pouce » a été lancée en 2017 pour permettre aux **ménages en situation de précarité énergétique** de bénéficier d'aides plus importantes (bonification des aides CEE). Ce dispositif a été reconduit jusqu'au 31 décembre 2020.

Depuis le début de l'année 2019, le ministère de la Transition écologique et solidaire a fait le choix de massifier ce dispositif et d'**aider désormais tous les particuliers** à sortir des énergies fossiles, à isoler leur logement et ainsi à diminuer significativement leurs factures de chauffage. Les montants de primes attribués seront cependant différenciés en fonction de leurs niveaux de ressources. Les ménages les plus modestes bénéficieront de primes plus importantes.

Ce dispositif a été recentré sur deux types de travaux :

- le remplacement d'une chaudière au charbon, au fioul ou au gaz (autres qu'à condensation) par un équipement utilisant des énergies renouvelables (chaudière biomasse, pompe à chaleur air/eau, eau/eau ou hybride, système solaire combiné, raccordement de logements collectifs à un réseau de chaleur) ou par une chaudière gaz à très haute performance énergétique ;
- l'isolation des combles, de la toiture et des planchers bas. ■

www.ademe.fr/particuliers-eco-citoyens/financez-projet/renovation/aides-entreprises-fourniture-denergie, mis à jour le 09/05/2019.

DOCUMENT 3

Valeur limite en grammes par kilowatt-heure (g/kWh), des oxydes d'azote (Nox), monoxyde de carbone (CO), hydrocarbures (HC) et particules

Normes	Textes de référence (directives)	Date de mise en application (tous types)	Nox (g/kWh)	CO (g/kWh)	HC (g/kWh)	Particules (g/kWh)
Euro 0	88/77	01-10-1990	14,4	11,2	2,4	-
Euro I	91/542 (A)	01-10-1993	9	4,9	1,23	0,36
Euro II	91/542 (B)	01-10-1996	7	4	1,1	0,15
Euro III	1999/96	01-10-2001	5	2,1	0,66	0,13
Euro IV	1999/96	01-10-2006	3,5	1,5	0,46	0,02
Euro V	1999/96	01-10-2009	2	1,5	0,46	0,02
Euro VI	Règlement (CE) n°595/2009	01-10-2013	0,4	1,5	0,13	0,01

Source : « Normes euros d'émissions de polluants pour les véhicules lourds - Véhicules propres », ministère de la Transition écologique et solidaire, 27 mars 2017.

Dans le Cahier BAC, p. 460
La méthode complète pour réussir le Grand oral

Préparation - Épreuve du Grand oral (20 points) 20 minutes

Préparer sa question en 4 étapes

1 Trouver sa question en lien avec son projet d'orientation

1 Voici des questions possibles en lien avec différents domaines d'étude.

❶ Faut-il reconnaître un droit de la nature ?	*Droit, Sciences politiques, Relations internationales*
❷ Comment évaluer le coût de la pollution environnementale pour la collectivité ?	*Sciences économiques, Santé*
❸ Comment inciter les entreprises à mieux prendre en compte les conséquences environnementales de leurs activités ?	*Économie-Gestion, Gestion des organisations, Écoles de commerce*
❹ Les pays les moins développés doivent-ils fournir les mêmes efforts que les pays industrialisés dans la lutte contre le dérèglement climatique ?	*Droit, Sciences politiques, Relations internationales*

Choisissez la question que vous voulez traiter parmi celles ci-dessus, ou proposez une autre question. Justifiez votre choix en complétant le schéma suivant.

Cette question est en lien avec mon projet d'orientation :
→ les matières / disciplines que je vais suivre l'année prochaine : …
→ les débouchés professionnels que j'imagine : …

2 Mobiliser des connaissances pour préparer la réponse à la question choisie

- Commencez par réviser le chapitre. Utilisez la synthèse (p. 390) ainsi que la fiche de révision (p. 395) que vous aurez téléchargée et complétée. Vous pourrez identifier les connaissances, notions et mécanismes à mobiliser pour répondre à votre question. ➥ Cahier BAC p. 460.

2 Entourez les notions du chapitre qui sont en lien avec la question ❶.
action publique – marché de quotas d'émission – mise à l'agenda politique – passager clandestin – problème public – réglementation environnementale – subvention à l'innovation verte – taxe environnementale

- Puis faites des recherches complémentaires pour approfondir votre maîtrise du sujet. Terminez en réalisant une carte mentale qui synthétise l'ensemble de vos connaissances sur la question.

3 Voici un exemple de carte mentale pour la question ❶. Complétez-la.

Faut-il reconnaître un droit de la nature ?
- Qu'est-ce que le droit de la nature ? …
- Quelles limites ? …
- Quel pays a reconnu des droits à la nature ? …
- Comment mettre cette question à l'agenda politique ? …
- Quels acteurs sont impliqués dans cette reconnaissance ? …
- Quels sont les arguments en faveur de la reconnaissance d'un droit de la nature ? …

3 Préparer la réponse argumentée à la question choisie

- Pour préparer la réponse :
  - expliquez votre choix et définissez les termes importants ;
  - organisez ensuite vos arguments et présentez-les ;
  - concluez en apportant une réponse claire à la question.

4 Pour la question 1, choisissez la manière d'introduire le sujet la plus susceptible d'éveiller l'intérêt du jury.

☐ Les Droits de la nature sont des règles qui reconnaissent et protègent des entités naturelles et des écosystèmes en tant que tels.

☐ Depuis 2012, la Nouvelle-Zélande reconnaît la rivière Whanganui comme une entité vivante, qui possède des droits et des intérêts à défendre.

☐ Afin de mieux protéger l'environnement, certains acteurs préconisent de reconnaître certains droits à la nature.

4 Concevoir un support pour le jour J

- Préparez, à partir du travail précédent, un support simple à destination du jury que vous reconstituerez le jour J pendant vos vingt minutes de préparation : plan, carte mentale, schéma, tableau... ➥ Cahier BAC p. 462.

5 Voici un exemple de tableau pour la question 1. Complétez-le.

Arguments en faveur de la reconnaissance d'un droit de la nature	**Limites** de la reconnaissance d'un droit de la nature
– Permet de stopper des projets industriels menaçant les écosystèmes – ...	– Quels droits définir exactement ? Pour quels écosystèmes ? – ...

S'entraîner pour le jour J

1. Présenter sa question devant le jury

6 ORAL

- Reprenez la réponse argumentée que vous avez rédigée (étape 3) et présentez-la en cinq minutes devant deux de vos camarades. Vous pouvez vous filmer avec un smartphone et vous chronométrer.
- Demandez à vos camarades de vous évaluer ou autoévaluez votre prestation à partir de la vidéo. Utilisez la grille d'évaluation ➥ Cahier BAC p. 463-464.

2. Préparer l'entretien avec le jury

7 Pour anticiper les questions du jury et préparer vos réponses, interrogez-vous.

a. Quelles connaissances de cours en lien avec ma question peut-on me demander de préciser ?

b. Quels points de votre présentation peut-on me demander d'approfondir ?

c. Sur quel point précis de ma présentation peut-on me demander d'exprimer mon opinion ?

3. Savoir échanger sur son projet d'orientation *Compétence orale*

- Dans la dernière partie de l'épreuve, vous allez échanger avec le jury sur votre projet d'orientation. Appréhendez cette étape comme un échange plus que comme un examen : ce qui intéresse le jury c'est de comprendre votre démarche et vos motivations.

8 Préparez l'échange avec le jury en répondant aux questions suivantes.

a. Quel est votre projet d'orientation : études, domaine d'activité, métier éventuel ?

b. En quoi votre question est-elle en lien avec ce projet ? Utilisez vos réponses à l'exercice 1, p. 402.

c. Pourquoi avoir fait ces choix d'orientation ? Exposez vos motivations.

d. Décrivez les étapes de construction de votre projet, les rencontres / événements / conseils déterminants, les difficultés rencontrées.

e. En quoi les enseignements du tronc commun et / ou de spécialité que vous avez suivis vous ont-ils aidé(e) à vous orienter ?

9 ORAL Présentez votre projet d'orientation devant la classe ou un groupe d'élèves, qui vous posera des questions au fur et à mesure.

Demandez-leur de vous évaluer de 1 (très insuffisant) à 4 (très satisfaisant) selon les critères suivants.

- L'élève présente son projet d'étude de manière cohérente.
- Il communique efficacement ses motivations.
- Il a élaboré une réflexion personnelle sur son projet.

FICHE SAVOIR-FAIRE 1

Calculer, lire et interpréter des pourcentages simples : proportion, répartition et variation

1 Les pourcentages de proportion

RAPPEL DE PREMIÈRE

Calculer une proportion permet de déterminer ce que représente une grandeur par rapport à une autre grandeur, souvent plus grande, et de l'exprimer en pourcentage.

Calcul : Proportion en % $= \frac{\text{Grandeur A}}{\text{Grandeur B}} \times 100$.

Lecture : pays, date, source, la grandeur A représente ... % de la grandeur B.

Exemple : Selon l'Insee, le PIB par habitant en Allemagne en 2017 représente 37 000 euros alors qu'en France il n'est que de 31 200 euros. ➡ *La France en 2017 selon l'Insee, affiche un PIB par habitant qui représente 84,3 % de celui de l'Allemagne.*

2 Les pourcentages de répartition

RAPPEL DE PREMIÈRE

Calculer un pourcentage de répartition permet de mesurer la part que représente un sous-ensemble au sein d'un ensemble plus grand. Il s'agit une forme particulière de pourcentage de proportion.

Calcul : Part en % $= \frac{\text{Sous-ensemble}}{\text{Ensemble}} \times 100$.

Lecture : pays, date, source, le sous-ensemble représente ... % de l'ensemble.

Exemple : Les dépenses d'investissement sont une composante du PIB et, en 2017 en France, elles se montent à 537,6 milliards d'euros, selon l'Insee. Le PIB français est alors de 2 291,7 milliards d'euros. ➡ *En France, en 2017, selon l'Insee, les dépenses d'investissement représentent 23,5 % du PIB.*

3 Les pourcentages de variation ou d'évolution

RAPPEL DE PREMIÈRE

Calculer un pourcentage de variation permet de mesurer la variation relative d'une grandeur. La variation absolue d'une grandeur se calcule par une simple soustraction.

Calcul :
Évolution en % $= \frac{\text{Valeur d'arrivée} - \text{Valeur de départ}}{\text{Valeur de départ}} \times 100$.

Lecture : pays, source, dates, la grandeur observée a augmenté ou diminué de ... %.

Exemple : En France, selon l'Insee, entre 2008 et 2017, le PIB par habitant est passé de 26 900 euros à 31 200 euros. ➡ *En France, selon l'Insee, le PIB par habitant a augmenté de 16 %.*

4 Applications sur le thème de la croissance économique

Exercice 1 Calculer

Émissions de gaz à effet de serre en millions de tonnes équivalent CO_2	1990	2016
France	555	475
Italie	523	438
UE	5 715	4 439

Source : INSEE, *TEF*, 2019.

1 • Comparez, en calculant un pourcentage de proportion, les émissions de gaz à effet de serre de la France et de l'Italie.

2 • Calculez la part que représente la France dans les émissions de gaz à effet de serre de l'Union européenne en 2016.

3 • Comparez le rythme de réduction des émissions de gaz à effet de serre en France et en Italie entre 1990 et 2016.

Exercice 2 Lire et interpréter

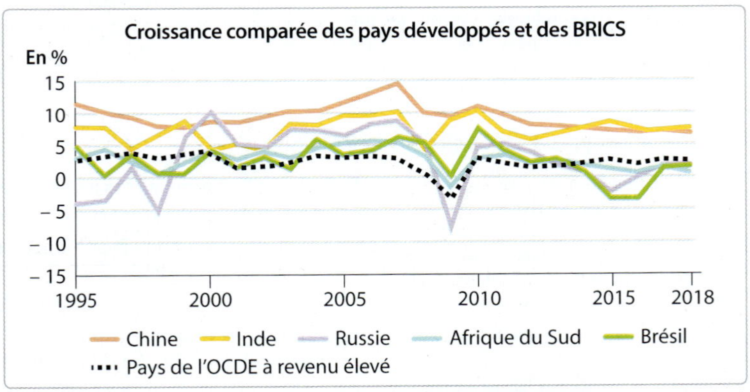

Sources : WEO et Banque mondiale (prévisions pour 2018).

1 • Quel est le type de pourcentage utilisé dans ce document ?

2 • Faites une phrase avec la donnée de 2011 pour la Russie en utilisant le terme « PIB ».

3 • Comparez la croissance économique des pays de l'OCDE à revenus élevés et de la Chine en 2018.

4 • Comment le PIB du Brésil a-t-il évolué entre 2010 et 2014 ? et sa croissance économique ?

5 • Présentez l'état de la croissance économique en Russie en 2015.

FICHE SAVOIR-FAIRE 2

Lire et interpréter un taux de variation annuel moyen

1 À quoi sert un taux de variation annuel moyen ?

Le taux de variation annuel moyen ou taux de croissance annuel moyen permet de mesurer, sur une période de plusieurs années, la vitesse annuelle d'évolution moyenne d'une grandeur. Il mesure ainsi une évolution globale ramenée à un rythme annuel.

2 Comment calcule-t-on un taux de variation annuel moyen ?

Un taux de croissance annuel moyen ne se calcule pas par la moyenne simple des taux de croissance annuels.

À titre indicatif, en voici la formule de calcul : $\text{TCAM} = \left[\left(\frac{\text{Valeur d'arrivée}}{\text{Valeur de départ}}\right)^{(1/n)} - 1\right] \times 100$

avec n correspondant au nombre d'années entre les valeurs d'arrivée et de départ.

Exemple :

Le PIB français en milliards d'euros constants										
	2008	2009	2010	2011	2012	2013	2014	2015	2016	2017
PIB	2 085,7	2 025,8	2 065,3	2 110,6	2 117,2	2 129,4	2 149,8	2 173,7	2 199,1	2 246,7
Croissance annuelle	//	– 2,87 %	1,95 %	2,19 %	0,31 %	0,58 %	0,96 %	1,11 %	1,17 %	2,17 %
Taux de variation annuel moyen du PIB entre fin 2008 et fin 2017	//	0,83 %								

Source : Insee.

3 Comment lire et interpréter un taux de variation annuel moyen ?

Pour la lecture, il faut souligner que l'évolution s'entend en moyenne annuelle et préciser les dates du début et de la fin de la période. Le taux de croissance annuel moyen dépend en effet des années choisies pour le calculer. Le TCAM peut masquer des mouvements irréguliers du phénomène observé au cours de la période en proposant un résultat lissé.

Exemple : en France, selon l'Insee, entre fin 2008 et fin 2017, le PIB a augmenté de 0,83 % en moyenne par an. Le TCAM ne permet ni de souligner le recul de 2009, ni que la croissance a repris entre 2012 et 2017.

4 Applications sur le thème des crises financières

Exercice 1 La Grande dépression aux États-Unis

Taux de variation du PIB aux États-Unis en %				
	1930	1931	1932	1933
Taux de croissance simple	– 9,3	– 6,2	– 15,8	– 3
Taux de croissance simple	– 30,5			
Taux de croissance annuel moyen	– 8,7			

Source : US Bureau of Labour Statistics.

1 • Faites une phrase avec les données entourées permettant d'en comprendre la signification.

2 • Quel est ici l'intérêt du taux de variation moyen pour analyser la croissance économique américaine au début des années 1930 et quelle en est la limite ?

Exercice 2 Les effets d'une crise sur le PIB

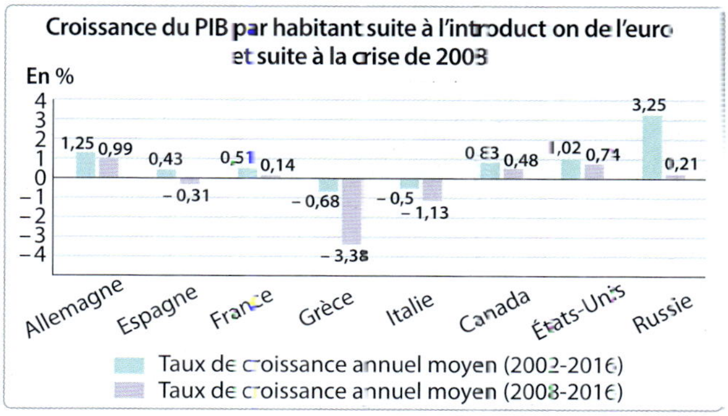

Source : Banque mondiale.

1 • Comparez l'effet de la crise de 2008 sur le dynamisme de la croissance en France et en Espagne.

2 • La croissance économique grecque a-t-elle été négative tous les ans entre 2002 et 2016 d'après les indications de ce document ?

3 • Les États-Unis, épicentre de la crise de 2008, ont-ils été le pays dont la croissance a été la plus affectée les années suivantes ?

FICHE SAVOIR-FAIRE 3

Lire et calculer des taux de variation cumulés

1 RAPPEL DE PREMIÈRE

Les taux de variation cumulés permettent de déterminer un taux d'accroissement global sur plusieurs périodes à partir de taux de variation simples sur des périodes consécutives.

2 Méthode de calcul

- Cas de taux de variation identiques sur plusieurs périodes :

Valeur d' arrivée = (valeur de départ) × $\left(1 + \frac{t}{100}\right)^n$

Avec « t » correspondant au taux de variation annuel et « n » au nombre de périodes.

Exemple : Un placement financier porte un taux d'intérêt de 2 % par an. Si une somme de 3 000 € est placée pendant trois ans, avec réinvestissement des gains, on peut déterminer la valeur du patrimoine au bout des trois années : 3 000 × $1{,}02^3$ = 3 183,624 euros.

- Cas de taux de variation différents au fil des périodes :

Taux de variation cumulé =
$$\left[100 \times \left(1 + \frac{t}{100}\right) \times \left(1 + \frac{t2}{100}\right) \times ... \times \left(1 + \frac{tn}{100}\right)\right] - 100.$$

Exemple :

Évolution du salaire net moyen des salariés à temps complet en entreprise en France en euros constants			
	2014	2015	2016
Taux de variation annuels	0,5 %	1,1 %	0,5 %
Taux de variation cumulé	100 × 1,005 × 1,011 × 1,005 – 100 = 2,11 %		

Sources : *TEF*, édition 2019, et *INSEE Première*, avril 2019.

3 Applications sur le thème de la structure sociale

Exercice 1 Calcul de taux de variation cumulés sur l'évolution des niveaux de formation

Evolution de la proportion de bacheliers généraux et technologiques dans une génération en France			
	1987-1997	1997-2007	2007-2017
Bacheliers généraux	57,1 %	– 1,2 %	22 %
Bacheliers technologiques	62 %	– 6,3 %	– 4,3 %

Source : Insee.

1 • Faites une phrase avec la donnée entourée permettant d'en comprendre la signification.

2 • Entre 1987 et 2007, la proportion de bacheliers généraux dans une génération a-t-elle progressé plus rapidement que celle des bacheliers technologiques ? Justifiez par un calcul approprié.

3 • Calculez les progressions des proportions des bacheliers généraux et technologiques dans une génération en France entre 1987 et 2017.

Exercice 2 Calculs de taux de croissance cumulés des salaires selon les groupes de catégories socioprofessionnelles

Évolution des salaires mensuels moyens nets en France dans les entreprises en euros constants		
	2014-2015	2015-2016
Cadres	+ 1,2 %	+ 0,6 %
Professions intermédiaires	+ 0,2 %	+ 0,1 %
Employés	+ 0,6 %	+ 0 %
Ouvriers	+ 1,1 %	+ 0,3 %

Sources : *Insee Première*, n° 1 750, avril 2019, et *Insee Première*, n° 1 669, octobre 2017.

1 • Faites une phrase avec la donnée entourée permettant d'en comprendre la signification.

2 • Comparez le taux de croissance global du salaire moyen des cadres avec celui des ouvriers entre 2014 et 2016.

3 • Quelle est la tendance globale du rythme d'évolution des salaires entre 2014 et 2016 en France ?

FICHE SAVOIR-FAIRE 4

Lire, calculer et interpréter un indice et un coefficient multiplicateur

1 RAPPEL DE PREMIÈRE

• **Les indices** permettent de comparer des grandeurs (à date donnée) ou des évolutions (séries chronologiques) respectivement par rapport à une grandeur ou à une date de référence.

$$\frac{\text{Valeur observée}}{\text{Valeur de référence}} \times 100 = \text{indice pour la valeur observée.}$$

• **Les coefficients multiplicateurs** permettent d'exprimer, plus habilement qu'avec les taux de variation, les forts écarts entre deux valeurs.

$$\frac{\text{Valeur observée}}{\text{Valeur de référence}} = \text{coefficient multiplicateur entre les deux valeurs.}$$

• Savoir passer des pourcentages de variation aux coefficients multiplicateurs et aux indices :

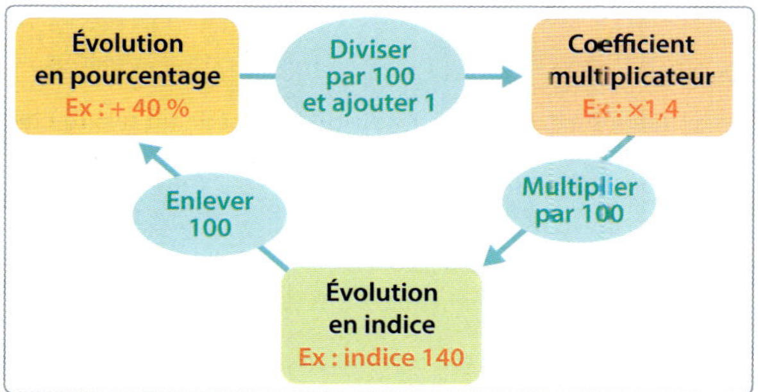

Exemple :

	1990		2017		
	Parts des emplois	Indices	Parts des emplois	Indices	Coefficient multiplicateur
Ouvriers	30,7 %	100	20,7 %	67	× 0,67
Cadres	10,9 %	100	18 %	165	× 1,65
Agriculteurs	4 %	100	1,6 %	40	× 0,4

Source : Insee.

Lecture : en France, selon l'Insee, entre 1990 et 2017, la part des ouvriers dans l'emploi total est passée de l'indice 100 à l'indice 67, soit une baisse de 33 % ou une diminution de 10 points de pourcentage. La part des cadres a progressé de 65 % au cours de la même période. La part des agriculteurs dans l'emploi total a baissé de 60 %, soit une division par plus de deux (multiplication par 0,4).

2 Applications sur le thème de la structure sociale

Exercice 1 Calculs sur les mutations des activités productives

	Part dans l'emploi total (en %)			
	Agriculture	Industrie	Tertiaire	Total
1949	29,6	33,1	37,3	100
1968	15,6	37,4	47	100
1990	6,1	29,2	64,6	100
2012	2,9	21,7	75,4	100

Source : Insee.

1 • En prenant 1949 comme année de référence, calculez les indices d'évolution de la part des différents secteurs d'activité dans l'emploi total. Construisez un tableau indiquant les résultats.

2 • À l'aide de votre tableau, indiquez l'évolution en pourcentage de la part de l'emploi industriel en France entre 1949 et 2012.

3 • En utilisant les coefficients multiplicateurs, précisez, à l'aide de votre tableau, les évolutions du poids de l'emploi agricole et de l'emploi tertiaire dans l'emploi total.

Exercice 2 Interpréter un document en indices

Salaires moyens des différentes catégories de salariés dans les entreprises par comparaison avec les salaires des ouvriers en entreprise en 2015				
Cadres	Professions intermédiaires	Employés	Ouvriers	Ensemble
240	140	107	100	134

Source : Insee.

1 • Comparez le salaire moyen des employés avec celui des ouvriers dans les entreprises en France en 2015.

2 • Comparez le salaire moyen des cadres avec celui des ouvriers dans les entreprises en France en 2015.

3 • Que signifie la donnée entourée ?

FICHE SAVOIR-FAIRE 5

Calculer et interpréter une moyenne arithmétique simple et pondérée, une médiane

1 La moyenne arithmétique simple

RAPPEL DE PREMIÈRE

La moyenne arithmétique simple est l'outil statistique le plus connu pour déterminer, dans une population statistique, la valeur centrale d'une caractéristique de cette population. Que cette population soit un groupe de personnes, de pays, un ensemble de notes pour un élève, etc.

Méthode de calcul :

Moyenne arithmétique simple = $\frac{a_1 + a_2 + ... + a_n}{n}$ avec « a » le caractère étudié dans la population et « n » le nombre d'« individus » dans cette population.

Exemple : Si la population étudiée est un ensemble d'individus présents dans un restaurant d'entreprise à un instant t et que le caractère étudié est le salaire de ces personnes, on peut calculer le salaire moyen des individus observés.

	Individu 1	Individu 2	Individu 3	Individu 4	Individu 5
Salaires	1 200 €	1 800 €	1 100 €	1 500 €	4 600 €

$\frac{1\,200 + 1\,800 + 1\,100 + 1\,500 + 4\,600}{5} = 2\,040$ euros

La moyenne est fortement influencée par les situations extrêmes. Ici, l'individu 5 possède un salaire bien plus élevé que celui des autres individus. Sa présence a pour effet de tirer le salaire moyen vers le haut. Ce salaire moyen est en effet au-dessus de ceux des quatre autres individus.

2 La moyenne arithmétique pondérée

RAPPEL DE PREMIÈRE

La moyenne arithmétique pondérée permet d'accorder un poids spécifique à chaque caractère pour le calcul de la moyenne.

Méthode de calcul :

Moyenne arithmétique pondérée = $\frac{k_1 \times a_1 + k_2 \times a_2 + ... + k_n \times a_n}{k_1 + k_2 + ... + k_n}$

avec « a » le caractère étudié dans la population « n », et « k » le poids que l'on souhaite attribuer à chaque caractère.

Exemple : Afin de calculer le salaire moyen des individus fréquentant le restaurant chaque semaine, on tient compte désormais du nombre de jours de présence de chacun de ces individus dans le restaurant.

	Individu 1	Individu 2	Individu 3	Individu 4	Individu 5
Salaires	1 200 €	1 800 €	1 100 €	1 500 €	4 600 €
Nombre de jours de présence	4	3	5	5	1

$\frac{(4 \times 1\,200) + (3 \times 1\,800) + (5 \times 1\,100) + (5 \times 1\,500) + (1 \times 4\,600)}{18} = 1\,544,44$ euros

Comme l'individu 5 fréquente rarement le restaurant, l'influence de son salaire élevé sur le salaire moyen des clients du restaurant d'entreprise diminue, par comparaison avec le résultat du calcul de la moyenne simple.

3 La médiane

RAPPEL DE PREMIÈRE

La médiane est la valeur telle que la moitié de la population se trouve, pour la caractéristique étudiée, en dessous de cette valeur et la moitié de la population au-dessus de cette valeur. Si le nombre de données est pair, la médiane est la moyenne des deux notes du milieu de la distribution.

Méthode de calcul : pour déterminer la médiane, il faut classer les individus par ordre croissant en fonction du caractère étudié.

Exemple :

	Individu 3	Individu 1	Individu 4	Individu 2	Individu 5
Salaires	1 100 €	1 200 €	1 500 €	1 800 €	4 600 €

Le salaire médian est ici celui de l'individu 4, soit 1 500 €. La comparaison avec le résultat du calcul ci-dessus de la moyenne arithmétique simple révèle que, contrairement à celle-ci, la médiane n'est pas influencée par les valeurs extrêmes de la distribution. En effet, le salaire élevé de l'individu 5 n'a pas d'effet sur le niveau de la médiane.

4 Applications

Exercice 1 Calcul de moyennes arithmétiques simple, pondérée et de la médiane

Un élève a obtenu les résultats scolaires suivants :

	Notes						Coefficients des matières
SES	14						16
Mathématiques	14						8
Philosophie	9						16
Français	17	11					10
Epreuves communes de contrôle continu	12	8	10	17	11	13	30
Moyennes trimestrielles du bulletin scolaire	12	11	13				10
Grand oral	14						10

1 • Calculez les moyennes arithmétiques simples de cet élève avec toutes ses notes.

2 • Identifiez sa note médiane, toutes disciplines confondues.

3 • Calculez sa moyenne générale pondérée.

Exercice 2 Interprétation de statistiques sur les patrimoines moyen et médian

Patrimoine par groupes de PCS en 2015					
	Artisans, commerçants, chefs d'entreprise	Professions libérales	Cadres	Professions intermédiaires	Employés
Patrimoine moyen	491 100 €	615 100 €	313 900 €	167 800 €	98 100 €
Patrimoine médian	218 500 €	377 900 €	204 600 €	88 600 €	24 800 €

Source : Insee.

1 • Faites une phrase avec la donnée entourée permettant d'en comprendre la signification.

2 • Pourquoi le patrimoine moyen est-il généralement supérieur au patrimoine médian ?

3 • Pour quelle categorie socioprofessionnelle, parmi celles du tableau, l'écart entre le patrimoine moyen et le patrimoine médian est-il le plus fort ? Que peut-on en conclure ?

FICHE SAVOIR-FAIRE 6

Lire et interpréter un indice synthétique

1 À quoi sert un indice synthétique ?

RAPPEL DE PREMIÈRE

Un indice synthétique est la moyenne, simple ou pondérée, de plusieurs indices simples. L'évolution d'un indice synthétique reflète ainsi la variation de plusieurs indicateurs statistiques. Il s'agit de condenser ces évolutions dans une seule donnée, celle de l'indice synthétique, qui devient un chiffre clé, facilement diffusable, par exemple dans les médias. L'indice des prix à la consommation, l'indicateur de développement humain (IDH) sont des exemples d'indices synthétiques permettant de mesurer respectivement l'inflation et le niveau de développement humain dans un pays.

2 Comment lire et interpréter un indice synthétique ?

La lecture d'un indice synthétique implique souvent le calcul d'un pourcentage de variation, de façon à mesurer sa hausse ou sa baisse entre deux dates. Les indices synthétiques servent aussi à des comparaisons de niveaux à une même date sur le thème mesuré par l'indice.

Exemple : L'IDH synthétise les niveaux de trois indices : celui de revenu par habitant, celui de l'espérance de vie et celui du niveau de scolarisation de la population.

	1990	2017				
	IDH	IDH	Espérance de vie à la naissance	Durée attendue de scolarisation	Durée de scolarisation	Revenu national brut par habitant
France	0,779	0,901	82,7 ans	16,4 ans	11,5 ans	39 254 $
Royaume-Uni	0,775	0,922	81,7 ans	17,4 ans	12 ans	39 116 $

Source : rapport 2018 du PNUD.

Entre 1990 et 2017, selon le PNUD, l'IDH de la France a progressé de 15,7 % $\left(\frac{0{,}901 - 0{,}779}{0{,}779} \times 100\right)$ alors que celui du Royaume-Uni a augmenté de 19 %. En 2017,

l'IDH de la France représentait 97,7 % $\left(\frac{0{,}901}{0{,}922} \times 100\right)$ de celui du Royaume-Uni.

Un indice synthétique n'est pas toujours facile à interpréter lorsque le niveau et l'évolution de ses composantes ne sont pas connus. Ainsi, en 2017, l'IDH plus élevé au Royaume-Uni qu'en France tient surtout à la durée de scolarisation plus longue, mais l'espérance de vie reste plus forte en France. La simple observation des IDH des deux pays ne nous donne pas ces informations.

3 Applications sur le thème de l'environnement

Exercice 1 Comparaison des niveaux de développement humain de trois pays (2017)

	IDH	Espérance de vie à la naissance	Durée attendue de scolarisation	Durée moyenne de scolarisation	RNB par habitant
France	0,901	82,7	16,4	11,5	39 254
Italie	0,880	83,2	16,3	10,2	35 299
Allemagne	0,936	81,2	17	14,1	46 136

Source : PNUD, *Indicateurs et indices de développement humain*, 2018.

1 • Quels sont les écarts, mesurés en pourcentages, entre les IDH de la France et de l'Allemagne par comparaison avec l'IDH de l'Italie ?

2 • À quoi la performance allemande en termes de développement humain tient-elle surtout ?

3 • Comment peut-on relativiser le mauvais positionnement de l'Italie par rapport aux deux autres pays ?

Exercice 2 L'empreinte environnementale

Les composants de l'empreinte écologique mondiale

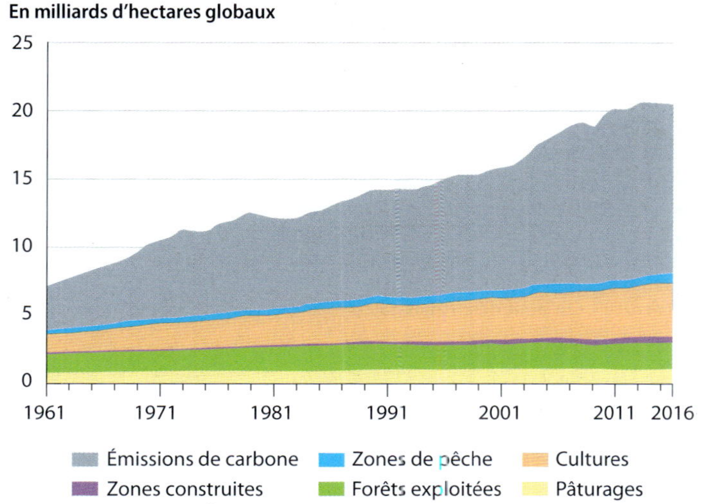

Source : Global Footprint Network, 2019, *National Footprint Accounts*

1 • Faites une phrase avec l'empreinte environnementale mondiale pour l'année 2016.

2 • En quoi l'empreinte environnementale est-elle un indice synthétique ?

3 • Que nous apprend l'évolution globale de l'empreinte environnementale dans le monde depuis 1961 ?

4 • Quelle est la limite de la seule observation de l'indice synthétique ?

Exercice 3 L'indice synthétique de qualité de l'air

L'indice de qualité de l'air est un indice agrégé qui prend en compte quatre types de polluants : l'ozone, le dioxyde de soufre, le dioxyde d'azote et les particules fines. Le niveau de chaque polluant est converti en sous-indices positionnés en cinq niveaux : très bon, bon, moyen, médiocre, mauvais. Le moins bon parmi les quatre sous-indices détermine le niveau de l'indice synthétique de qualité de l'air.

Évolution indice Atmo Bon/Très bon (2008-2018)

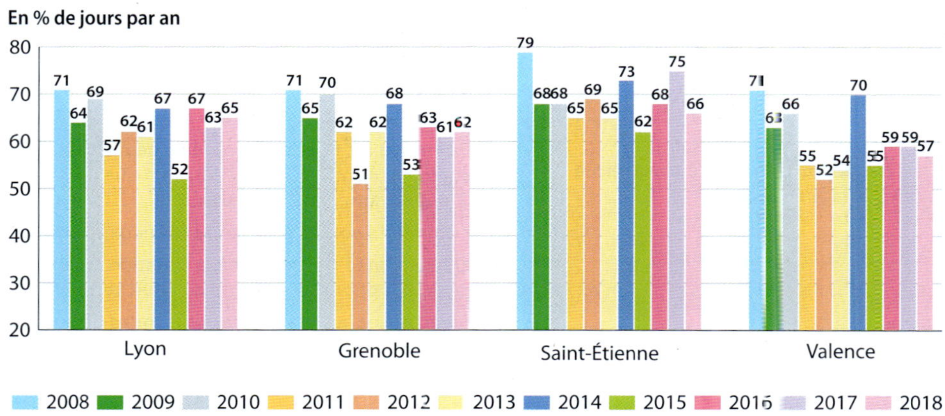

Note : L'indice Atmo utilise une échelle graduée de 1 (Très bon) à 10 (Très mauvais).

Note : L'indice Atmo utilise une échelle graduée de 1 (Très bon) à 10 (Très mauvais).
Source : d'après https://airdeslyonnais.fr.

1 • L'indice synthétique de qualité de l'air est-il la moyenne des quatre indices simples qui le composent ?

2 • Pourquoi, si une agglomération parvient à réduire les émissions de particules fines, cela ne se traduit-il pas forcément par une amélioration de l'indice de la qualité de l'air ?

3 • Quel est l'intérêt de disposer tout de même d'un indice synthétique de qualité de l'air ?

4 • Quelle est la tendance d'évolution de la qualité de l'air à Valence entre 2008 et 2018, d'après le document ?

5 • En quoi cette appréciation doit-elle être portée avec prudence sur la base du document fourni ?

FICHE SAVOIR-FAIRE 7

Déflater une série statistique

1 Qu'est-ce que déflater une série statistique ?

RAPPEL DE PREMIÈRE

Déflater une série statistique signifie retirer l'influence d'une modification des prix sur l'évolution d'une variable statistique exprimée en unités monétaires.

Exemple : Selon l'Insee, en France, le PIB mesuré en 2017 est de 2 295,1 milliards d'euros et, en 2018, il se monte à 2 353,1 milliards d'euros. Le PIB nominal a ainsi augmenté de 2,53 % au cours de l'année 2018. Cette hausse peut provenir de l'**augmentation de la quantité** de biens et services produits en France, d'une **élévation de leur qualité** ou d'une **progression de leur prix à qualité donnée**.
Déflater l'évolution du PIB signifie retirer la troisième cause à l'élévation du PIB pour mesurer seulement la variation des quantité et qualité des produits réalisés en France. L'Insee indique que les prix de ces produits ont progressé de 0,79 % en 2018. On peut désormais calculer la croissance réelle en France en 2018 :
Méthode exacte :

$$\frac{\text{Variable nominale}}{\text{Indice des prix}} \times 100 = \text{variable réelle} \qquad \frac{2\,353{,}1}{100{,}79} \times 100 = 2\,334{,}7 \qquad \frac{2\,334{,}7 - 2\,295{,}1}{2\,295{,}1} \times 100 = 1{,}73\ \%$$

La croissance économique en France en 2018 a été en données réelles de 1,7 % selon l'Insee.
Méthode approximative : évolution nominale – évolution des prix = évolution réelle approchée.
Ici : 2,53 – 0,79 = 1,74 %.

2 Rappels de vocabulaire

RAPPEL DE PREMIÈRE

Interprétation des évolutions d'une grandeur économique exprimée en unités monétaires	
Série statistique non déflatée	**Série statistique déflatée**
Données en valeur Valeurs nominales Données en monnaie courante Données en monnaie de l'année en cours	Données en volume Valeurs réelles Données en monnaie constante Données en monnaie d'une année n

3 Applications sur le thème des politiques économiques

Exercice Comprendre la notion de taux d'intérêt réel

Taux d'intérêt nominal et réel des dépôts bancaires à court terme dans les pays de la zone euro

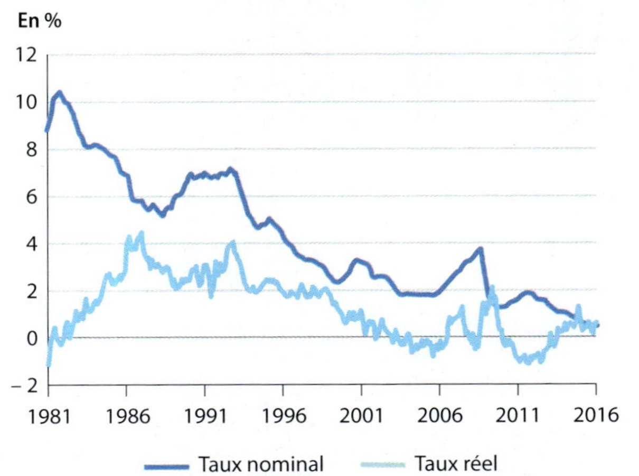

Sources : Eurostat, BCE, BCN, estimations de la BCE.

1 • Comment les taux d'intérêt réels peuvent-ils augmenter entre 2012 et 2015 alors que les taux d'intérêt nominaux diminuent ?

2 • Comment évolue l'écart entre les deux courbes ?

3 • Quelle année correspond à la situation la plus favorable pour une épargne de court terme ?

4 • Caractérisez la situation des personnes disposant d'une épargne de court terme en 2012.

FICHE SAVOIR-FAIRE 8

Lire et interpréter un tableau à double entrée

1 Qu'est-ce qu'un tableau à double entrée ?

RAPPEL DE PREMIÈRE

Un tableau à double entrée étudie les liens statistiques entre deux caractères, l'un en ligne et l'autre en colonne. Par convention, la variable explicative est en ligne et la variable expliquée est en colonne, mais ce n'est pas toujours le cas.

2 Comment interpréter un tableau à double entrée ?

RAPPEL DE PREMIÈRE

Il faut bien lire les titres du tableau et des colonnes pour ne pas se tromper dans le sens de lecture. Il faut faire attention aussi aux unités.

Exemple :

Origine sociale des étudiants à l'université par cursus (en %)			
	Licence	Master	Doctorat
Agriculteurs	1,7	1,8	1,6
Artisans, commerçants et chefs d'entreprise	8,2	7,7	6,3
Cadres	31,1	39,6	41,0
Professions intermédiaires	15,1	13,3	10,8
Employés	17,6	2,1	8,4
Ouvriers	13,1	9,2	6,5
Retraités, inactifs	13,3	16,3	25,4
Ensemble	100	100	100

Une lecture inattentive du tableau peut conduire à tort à écrire que 1,8 % des étudiants issus de familles dont l'individu de référence est agriculteur sont inscrits en master. Il faut donc prendre garde à l'ensemble de référence.

Lecture : en France, selon les données 2017-2018 du ministère de l'Education nationale, 1,8 % des étudiants en master viennent de familles dont l'individu de référence est agriculteur.
Source : ministère de l'Éducation nationale, données 2017-2018.

3 Applications sur le thème de l'action de l'école sur les destins individuels et l'évolution de la société

Exercice Le poids de l'origine sociale sur le type de formation supérieure choisi

Origine sociale des étudiants selon les filières (en %)								
	Agriculteurs, artisans, commerçants et chefs d'entreprise	Cadres sup.	Professions interm.	Employés	Ouvriers	Retraités et inactifs	Ensemble	Part d'enfants de cadres / part d'enfants d'ouvriers
Écoles de commerce	19,5	51,3	9,6	8,3	4,1	7,1	100	12,5
Écoles d'ingénieurs	12,8	54,1	11,8	8,2	5,6	7,6	100	9,7
Classes préparatoires	11,4	51,8	12,5	10,8	7,2	6,4	100	7,2
Universités	9,7	34,1	14,4	15,6	11,7	14,6	100	2,9
Dont IUT	11,2	31,1	17,4	17,6	14,1	8,6	100	2,2
BTS	12,9	16,0	14,4	19,0	24,1	13,6	100	0,7
Ensemble	11,3	34,9	13,6	15,6	12,2	12,4	100	2,9

Source : ministère de l'Éducation nationale, données 2017-2018.

1 • Faites une phrase avec la donnée entourée permettant d'en comprendre la signification.

2 • Dans quel type de formation l'homogénéité des étudiants selon l'origine socioprofessionnelle est-elle la plus forte ? Comment l'expliquer ?

3 • Dans quel type de formation rencontre-t-on la plus grande diversité sociale des étudiants ?

4 • Les données de la ligne « ensemble » des étudiants devraient-elles être égales dans toutes les colonnes pour que l'origine sociale soit considérée comme n'ayant pas d'influence sur les études suivies ?

FICHE SAVOIR-FAIRE 9

Lire et construire une table de mobilité

1 Lire une table de mobilité avec des données brutes

CSP des pères	CSP des fils						
	Agriculteurs exploitants	Artisans, commerçants, chefs d'entreprise	Cadres et professions intellectuelles supérieures	Professions intermédiaires	Employés	Ouvriers	Ensemble
Agriculteurs exploitants	246	79	87	183	70	320	984
Artisans, commerçants, chefs d'entreprise	12	308	336	347	144	368	1 515
Cadres et professions intellectuelles supérieures	3	129	756	413	146	161	1 608
Professions intermédiaires	12	139	448	554	199	406	1 758
Employés	5	74	177	284	181	366	1 088
Ouvriers	23	340	431	1 052	566	2 188	4 600
Ensemble	302	1 068	2 235	2 833	1 306	3 809	11 553

Données en milliers. Champ : hommes de 30 à 59 ans.

Source : Insee, données 2014-2015.

1 • Faites une phrase avec la donnée entourée permettant d'en comprendre la signification.

2 • Combien de fils exerçant une profession intermédiaire et âgés de 30 à 59 ans ont-ils un père occupant une position professionnelle d'employé ?

3 • Combien de fils d'agriculteurs occupent-ils une position professionnelle de cadres et professions intellectuelles supérieures ?

2 Construire et lire une table des recrutements ou des origines

Une table des recrutements nous renseigne sur la répartition de l'origine socioprofessionnelle des fils, selon leur groupe socioprofessionnel actuel d'appartenance. Construire une table des recrutements nécessite donc d'utiliser des pourcentages de répartition (cf. fiche 1).

CSP des pères	CSP des fils						
	Agriculteurs exploitants	Artisans, commerçants, chefs d'entreprise	Cadres et professions intellectuelles supérieures	Professions intermédiaires	Employés	Ouvriers	Ensemble
Agriculteurs exploitants							
Artisans, commerçants, chefs d'entreprise							
Cadres et professions intellectuelles supérieures							
Professions intermédiaires							
Employés							
Ouvriers	7,6						
Ensemble	100	100	100	100	100	100	100

Exemple : Part des agriculteurs fils d'ouvriers $= \frac{23}{302} \times 100 = 7{,}6\ \%$.

En France, d'après les données de 2014-2015 de l'Insee, 7,6 % des agriculteurs de 30 à 59 ans avaient un père ouvrier.

Exercice 1 Compléter une table des recrutements

1 • Complétez la table des recrutements en vous aidant de l'exemple donné.

2 • Faites une phrase avec la donnée calculée pour la colonne « ensemble » et la ligne « employés » permettant d'en comprendre la signification.

3 • Quel est le groupe socioprofessionnel le plus ouvert à des origines sociales différentes ?

4 • Quel est, à l'inverse, le groupe socioprofessionnel qui recrute surtout au sein de son propre milieu social ?

3 Construire et lire une table des destinées sociales

Une table des destinées nous renseigne sur la répartition des positions socioprofessionnelles des fils, selon leur groupe socioprofessionnel d'origine. Construire une table des destinées nécessite donc d'utiliser des pourcentages de répartition (*cf.* fiche 1).

	CSP des fils						
CSP des pères	Agriculteurs exploitants	Artisans, commerçants, chefs d'entreprise	Cadres et professions intellectuelles supérieures	Professions intermédiaires	Employés	Ouvriers	Ensemble
Agriculteurs exploitants						32,5 %	100
Artisans, commerçants, chefs d'entreprise							100
Cadres et professions intellectuelles supérieures							100
Professions intermédiaires							100
Employés							100
Ouvriers							100
Ensemble							100

Exemple :

Part des fils d'agriculteurs devenus ouvriers = $\frac{320}{984} \times 100 = 32{,}5\ \%$.

En France, d'après des données de 2014-2015 de l'Insee, sur la tranche d'âge de 30 à 59 ans, 32,5 % des fils agriculteurs étaient devenus ouvriers.

Exercice 2 Compléter une table des destinées

1 • Complétez la table des destinées à l'aide de l'exemple donné.

2 • Faites une phrase avec la donnée calculée pour la ligne « ensemble » et la colonne « employés » permettant d'en comprendre la signification.

3 • En laissant de côté les deux groupes socioprofessionnels composés d'indépendants, calculez la part des fils d'ouvriers ayant connu une mobilité sociale ascendante.

4 • En laissant de côté les deux groupes socioprofessionnels composés d'indépendants, calculez la part des fils de cadres ayant connu une mobilité sociale descendante.

FICHE SAVOIR-FAIRE 10

Lire et calculer des écarts et des rapports interquantiles

1 À quoi servent les quantiles ?

Au sein d'une population statistique, il peut exister des inégalités dans la répartition d'un caractère. Ces inégalités peuvent concerner par exemple les salaires au sein de la population des salariés, ou de manière plus générale les revenus dans un pays. Pour positionner un individu dans l'échelle des inégalités au sein d'un groupe, on utilise les quantiles de revenus.

2 Comment calcule-t-on les quantiles ?

- Les individus sont classés par ordre croissant en fonction du caractère considéré (les revenus par exemple).
- La population globale est ensuite divisée en groupes de tailles égales : quatre groupes (quartiles), cinq groupes (quintiles), dix groupes (déciles) ou cent groupes (centiles), pour les cas les plus fréquents.

Exemple : Avec des déciles de revenus disponibles : on constitue dix groupes représentant chacun 10 % de la population totale. Les individus sont classés par niveau croissant de revenu disponible.

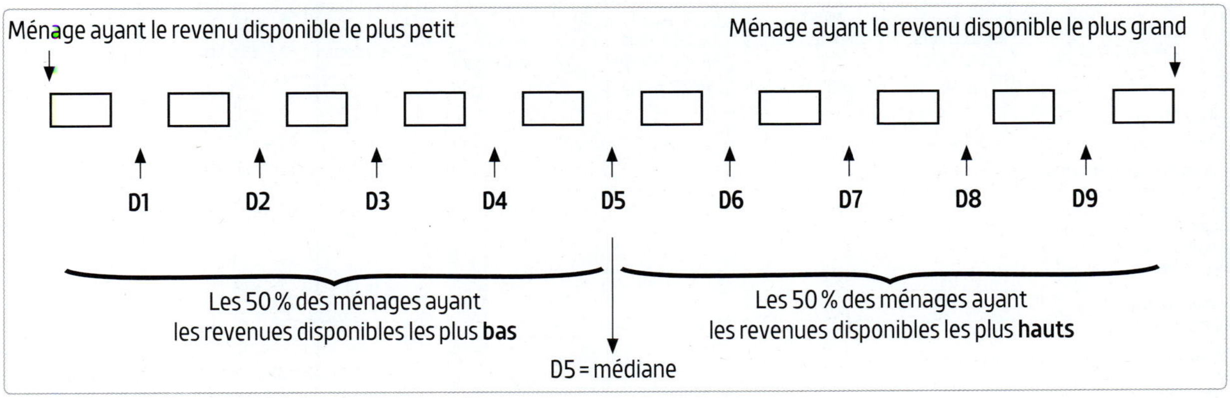

Lecture : si D7 est égal à 43 000 €, on peut écrire que 70 % des ménages ont un revenu disponible annuel inférieur ou égal à 43 000 € alors que 30 % des ménages ont un revenu disponible supérieur ou égal à 43 000 €.

Remarque : on trouve parfois une numérotation de D1 à D10. Dans le cas des revenus, les valeurs associées correspondent alors au revenu moyen au sein des dix groupes représentant chacun 10 % de la population.

3 Les écarts et rapports interquantiles

- On appelle écart interquantile l'écart entre les valeurs des dernier et premier quantiles. L'écart interquantile permet de mesurer l'écart absolu entre ces deux quantiles.
Écart interdécile = D9 – D1 ; écart interquartile = Q3 – Q1.
- On appelle rapport interquantile, la division entre les valeurs des dernier et premier quantiles. Le rapport interquantile permet de mesurer l'écart relatif entre ces deux quantiles.
Rapport interdécile = $\frac{D9}{D1}$; rapport interquartile = $\frac{Q3}{Q1}$.

4 Applications sur le thème des inégalités

Exercice 1 Mesurer l'évolution des inégalités avec le rapport interdécile

Évolution du rapport interdécile en France

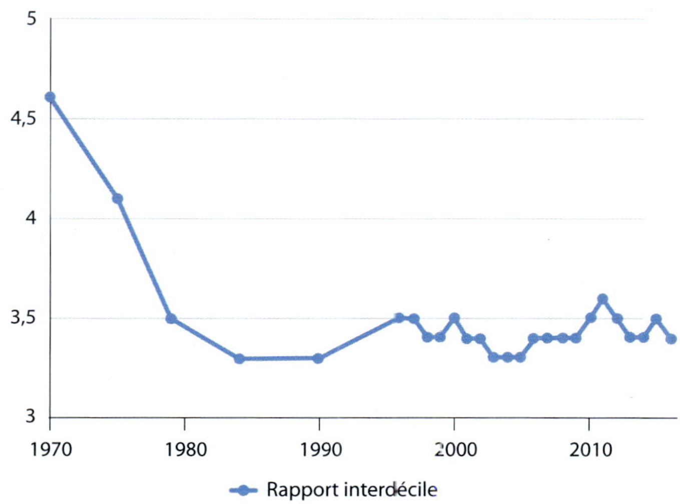

Lecture : en 2016, le niveau de vie minimum des 10 % les plus riches était 3,4 fois supérieur au niveau de vie le plus élevé des 10 % les plus pauvres.

1 • Faites une phrase avec la donnée pour l'année 2016.

2 • Commentez l'évolution des inégalités en France vue à travers les changements du rapport interdécile.

3 • En quoi le rapport interdécile est-il un outil limité de mesure de l'évolution des inégalités ?

Source : Insee, Observatoire des inégalités.

Exercice 2 Mesurer l'évolution des inégalités avec l'écart interdécile

Écart de revenus entre les niveaux de vie moyens mensuels des 10 % les plus riches et des 10 % les plus pauvres

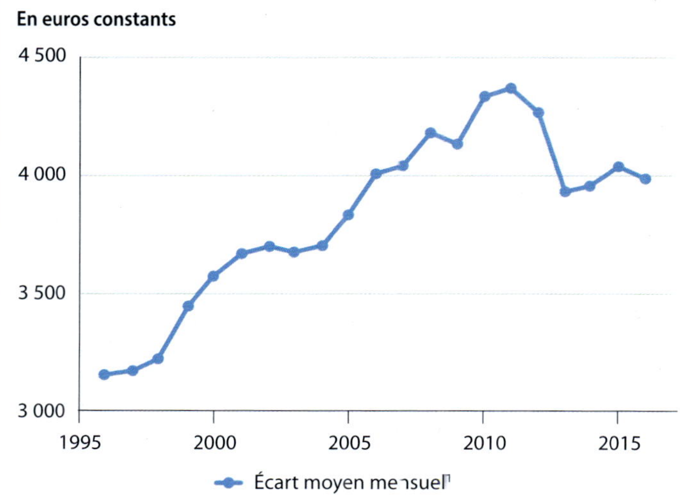

1. Après impôts et prestations sociales, pour une personne seule.

1 • Faites une phrase avec la donnée pour 2016 permettant d'en comprendre la signification.

2 • Quelle est l'évolution des inégalités de revenus en France, selon cet indicateur ?

3 • Comment peut-on expliquer le contraste entre la tendance indiquée sur le graphique de l'exercice 1 et celle observable sur celui-ci ?

Niveau de vie : revenu disponible divisé par le nombre d'unités de consommation au sein du ménage (définition Insee).
Source : Insee, Observatoire des inégalités.

FICHE SAVOIR-FAIRE 11

Lire et interpréter une courbe de Lorenz et calculer un coefficient de Gini

1 À quoi servent une courbe de Lorenz et un coefficient de Gini ?

- Une courbe de Lorenz permet de visualiser l'inégale distribution d'un caractère (revenu, patrimoine, etc.) au sein d'une population. Plus la courbe de Lorenz est éloignée de la bissectrice du repère, plus les inégalités sont fortes.
- Un coefficient de Gini mesure l'inégale distribution d'un caractère (revenu, patrimoine, etc.) au sein d'une population à l'aide d'un indice compris entre 0 et 1. Plus le coefficient de Gini est proche de 1, plus les inégalités sont fortes au sein de la population étudiée.

2 Comment lit-on une courbe de Lorenz et calcule-t-on un coefficient de Gini ?

Pour construire une courbe de Lorenz (en rouge sur le graphique), on gradue chaque axe de 0 à 100 %. Les ménages sont classés par ordre croissant du caractère dont on étudie l'inégale répartition et placés en abscisses. En général, les ménages sont classés par déciles. En ordonnées sont placées les parts du caractère étudié. La bissectrice, en vert dans le graphique ci-dessous, indique une répartition parfaitement égale du caractère étudié.

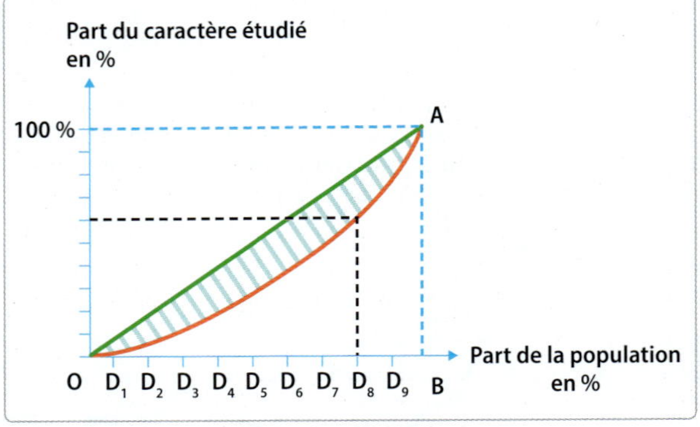

$$\text{Coefficient de Gini} = \frac{\text{surface hachurée}}{\text{triangle OAB}}$$

Lecture de la courbe de Lorenz si le caractère étudié est le revenu disponible : les 80 % des ménages ayant les revenus disponibles les plus bas reçoivent 60 % du revenu disponible total. Autrement dit, les 20 % des ménages ayant les revenus les plus élevés perçoivent 40 % du revenu disponible total.

3 Applications sur le thème des inégalités de revenus

Exercice 1 Interpréter des coefficients de Gini

Les coefficients de Gini des revenus disponibles en Europe en 2017

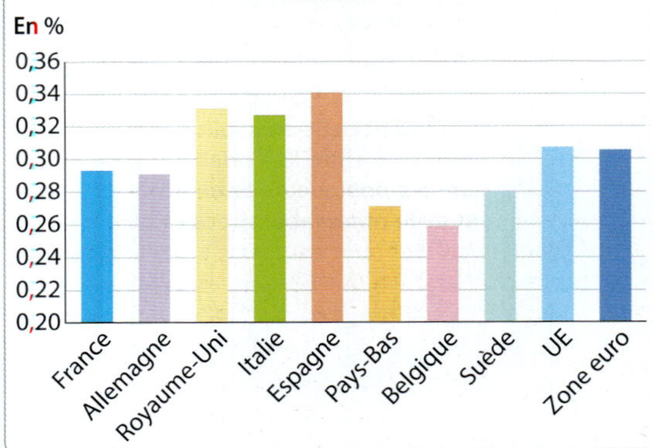

Sources : Eurostat, Fipeco.

1 • Comment la France se positionne-t-elle en Europe quant à l'intensité des inégalités de revenus ?
2 • Les inégalités de revenus sont-elles deux fois plus faibles aux Pays-Bas qu'en Espagne ?
3 • En quoi l'Union européenne est-elle hétérogène du point de vue des inégalités de revenus ?

Exercice 2 Interpréter une courbe de Lorenz

La courbe de Lorenz des revenus aux États-Unis en 2016

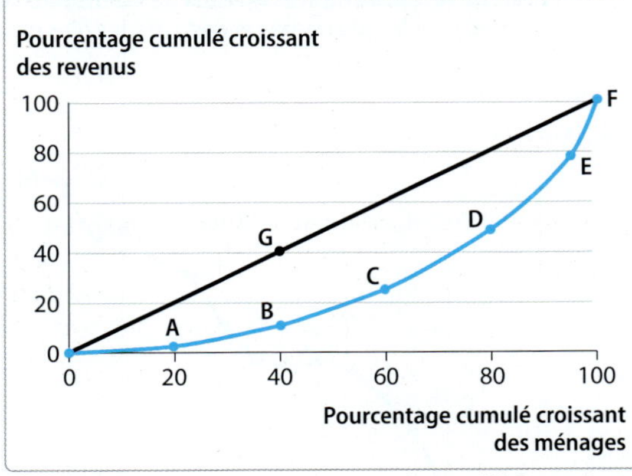

Source : US Census Bureau.

1 • Faites une phrase avec le point « G » permettant d'en comprendre la signification.
2 • Quelle part de la population détient 50 % des revenus aux États-Unis ?
3 • Quelle part du revenu total des ménages détiennent les 5 % des ménages ayant les plus hauts revenus ?

FICHE SAVOIR-FAIRE 12

Lire des diagrammes de répartition et des séries chronologiques

1 Les diagrammes de répartition

RAPPEL DE PREMIÈRE

Ces graphiques permettent de visualiser la composition d'un ensemble en plusieurs sous-ensembles. Ils constituent donc la représentation graphique des pourcentages de répartition.

Conseil de méthode : pour ne pas vous tromper dans l'interprétation des données, prenez garde aux unités et à l'intitulé de l'ensemble de référence qui forme l'addition des sous-ensembles. Dans votre commentaire, utilisez quelques données chiffrées.

2 Les séries chronologiques

RAPPEL DE PREMIÈRE

Les graphiques qui représentent une série chronologique permettent de visualiser l'évolution d'une variable au cours du temps. Les années sont placées en abscisses.

Conseil de méthode : la lecture du graphique implique de souligner d'abord la tendance générale puis de distinguer des périodes et de relever des années significatives. Dans votre commentaire, utilisez quelques données chiffrées.

3 Applications sur le thème du commerce international

Exercice 1 Étudier un diagramme en radar

Solde commercial de la France en % du total de ses échanges de biens avec chaque pays frontalier

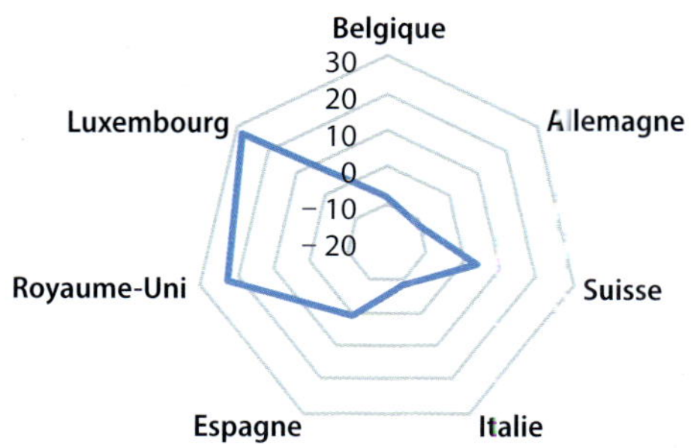

Lecture : la France subit un déficit commercial avec la Belgique représentant, en 2018 selon l'Insee, 7,1 % de la valeur des échanges de biens entre ces deux pays.

Le radar compte autant de « sommets » que de pays. Le centre du radar correspond à une valeur minimale (ici – 20) et la dernière graduation est légèrement au-dessus de la valeur maximale. Le radar permet de comparer visuellement rapidement les écarts de situations, ici selon les pays.

1 • Faites une phrase avec la donnée concernant le Royaume-Uni.

2 • Quels sont les pays frontaliers de la France métropolitaine avec lesquels elle est en excédent commercial ?

3 • La situation du commerce bilatéral entre la France et le Luxembourg compense-t-elle la situation du commerce bilatéral entre la France et l'Allemagne ?

Source : Insee, données pour l'année 2018. *Tableaux de l'économie française*, 2019.

Exercice 2 Étudier un diagramme à bandes

L'origine des importations de l'Union européenne en 2017

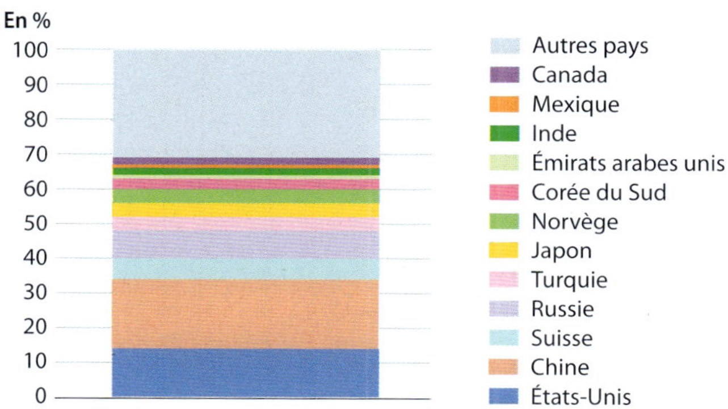

Source : Insee, *Tableaux de l'économie française*, 2019.

On calcule les pourcentages de proportion correspondant ici à chaque pays et on positionne les bandes les unes au-dessus des autres. Le total permet d'atteindre 100 %. Ces diagrammes sont identiques aux diagrammes circulaires, mais le mode de calcul diffère (vu en première).

1 • Faites une phrase avec la donnée pour la Chine permettant d'en comprendre la signification.

2 • Comparez les données des États-Unis et de la Chine.

3 • Quelle est la part de l'Amérique du Nord dans les importations de l'Union européenne ?

4 • Pourquoi, selon vous, l'Union européenne importe-t-elle davantage de produits de Suisse que d'Inde ?

FICHE SAVOIR-FAIRE 13

Lire et interpréter une corrélation et une causalité

1 Qu'est-ce qu'une corrélation ?

Une corrélation est une relation statistique entre deux phénomènes au cours d'une période donnée. La corrélation peut être positive ou négative. Elle est dite positive lorsque l'augmentation de la valeur de l'une des variables s'accompagne d'une hausse de la valeur de l'autre variable. Elle est dite négative lorsque les deux variables évoluent au contraire en sens opposé. Les deux variables peuvent aussi être indépendantes l'une de l'autre.

Exemples :

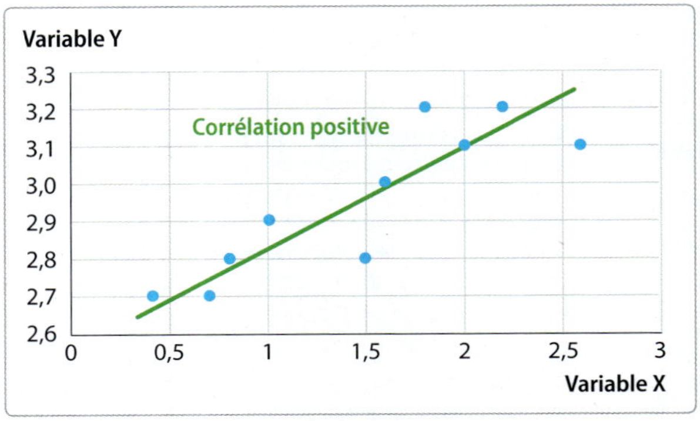

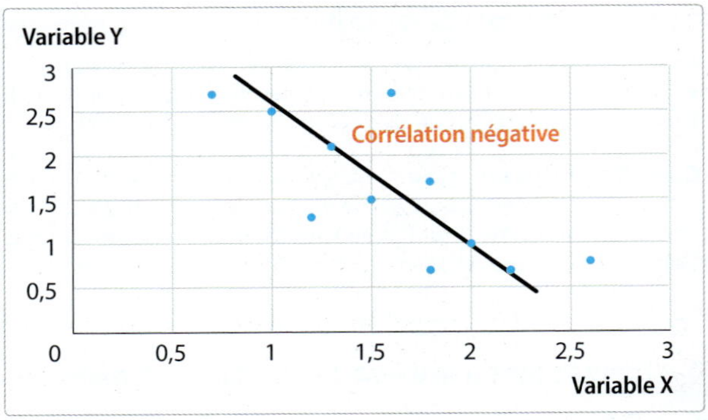

2 De la corrélation à la causalité

Un lien statistique entre deux variables peut s'accompagner de liens de causalité entre ces variables. Ce n'est cependant pas toujours le cas et l'observation statistique ne suffit pas à mettre en évidence ces liens de causalité. Des connaissances sur les variables étudiées sont nécessaires pour interpréter la corrélation, c'est-à-dire déceler un éventuel lien de causalité et identifier le sens de cette causalité. On peut ainsi parfois affirmer que la variable X influence la variable Y ou qu'au contraire c'est la variable Y qui influence la variable X.

3 Applications

1 • Qualifiez les corrélations représentées sur les trois documents suivants.

2 • Identifiez parmi elles l'existence éventuelle de liens de causalité entre les deux variables, le sens de ces causalités ou l'existence d'une causalité commune à une troisième variable.

DOCUMENT 1

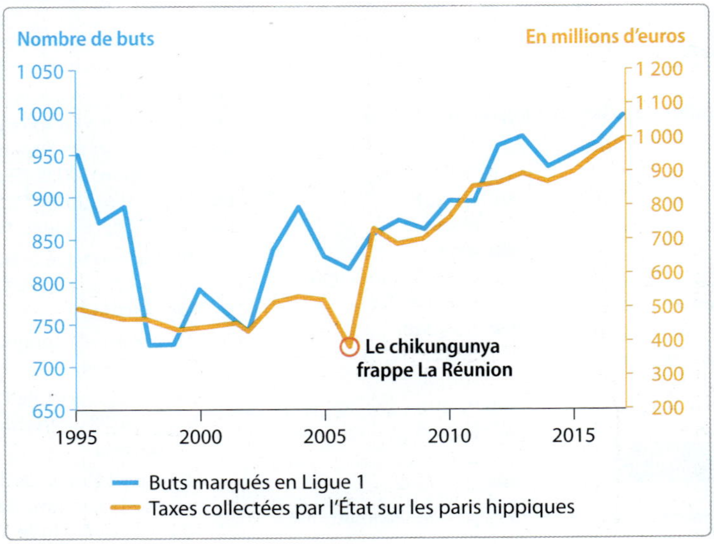

Sources : Wikipedia, Eurostat, d'après « Corrélation ou causalité ? », Lemonde.fr, 6 mars 2019.

DOCUMENT 2

Des chercheurs ont mesuré la taille des pieds (en cm) d'un grand nombre d'élèves. Ils leur ont également fait faire une dictée et ont compté le nombre de fautes faites par chacun. Ils ont alors pu construire le graphique suivant :

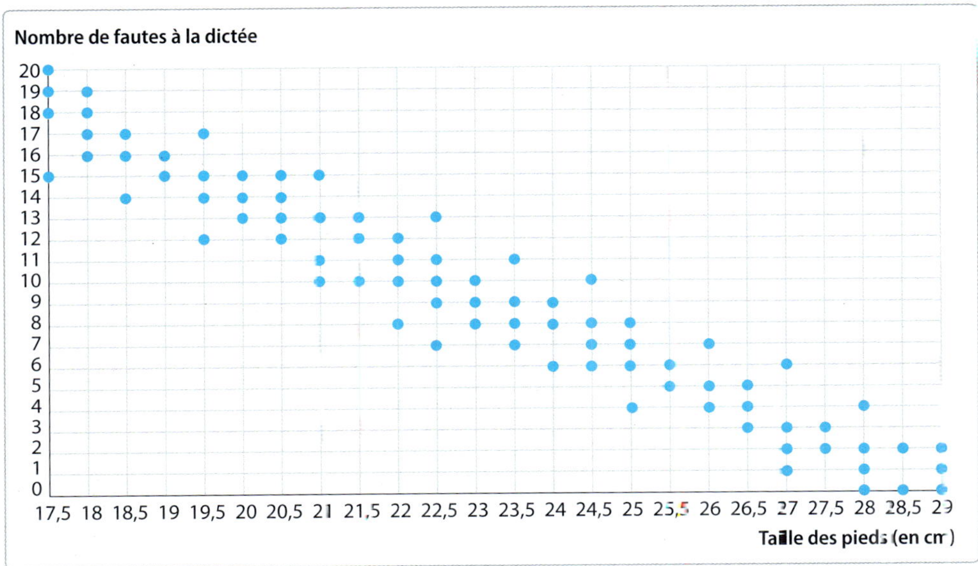

Source : fondation-lamap.org.

DOCUMENT 3

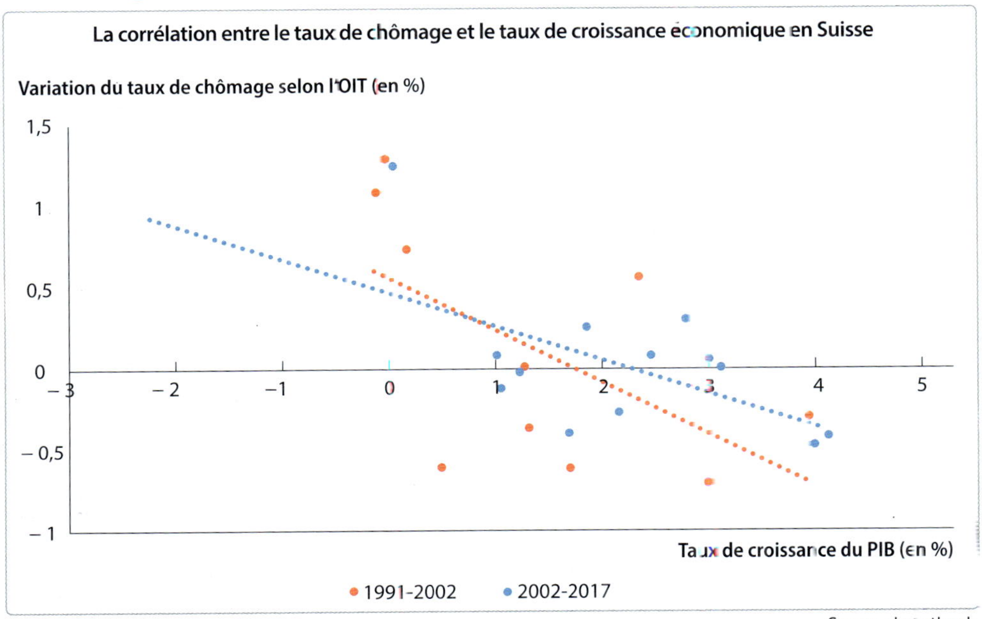

Source : kof.ethz.ch.

FICHE SAVOIR-FAIRE 14

Interpréter et représenter des fonctions d'offre, de demande et de coût

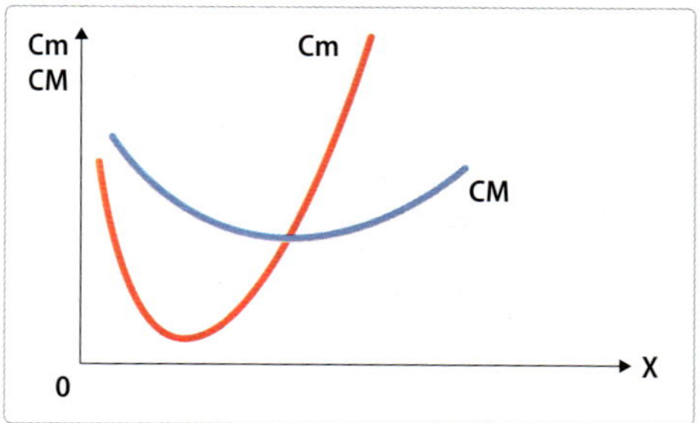

1 Les fonctions de coût moyen et de coût marginal

Soit une entreprise produisant une quantité X d'un produit. Le coût moyen (CM) correspond au coût total de production divisé par le nombre d'unités produites d'un bien ou d'un service. Le coût marginal (Cm) correspond au coût de la dernière unité produite. En courte période, la hausse de la production d'un produit X n'est due qu'à l'augmentation du facteur travail, le facteur capital est fixe. Dès lors, le coût marginal et le coût moyen finissent par être croissants en raison de la loi des rendements factoriels décroissants. On remarque sur le graphique que le coût marginal coupe le coût moyen en son minimum.

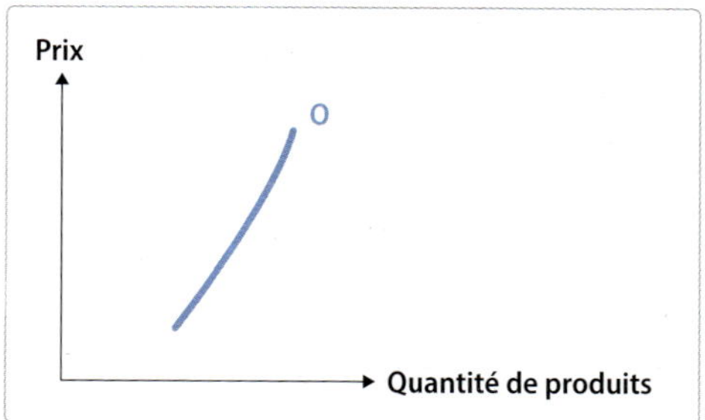

2 La courbe d'offre

- Une courbe, ou une droite, d'offre représente l'ensemble des quantités d'un produit qu'un ou des producteurs sur un marché souhaitent produire et vendre pour les différents prix possibles de ce produit.
- La courbe d'offre est généralement croissante en fonction du prix, ce qui signifie que, sur un marché, plus les prix sont hauts, plus les producteurs souhaitent produire des quantités importantes. En effet, plus le prix est haut, plus les perspectives de profit sont élevées pour les entreprises, ce qui les incite à produire plus. La forme de la courbe d'offre individuelle découle de celle de la courbe du coût marginal de l'entreprise.

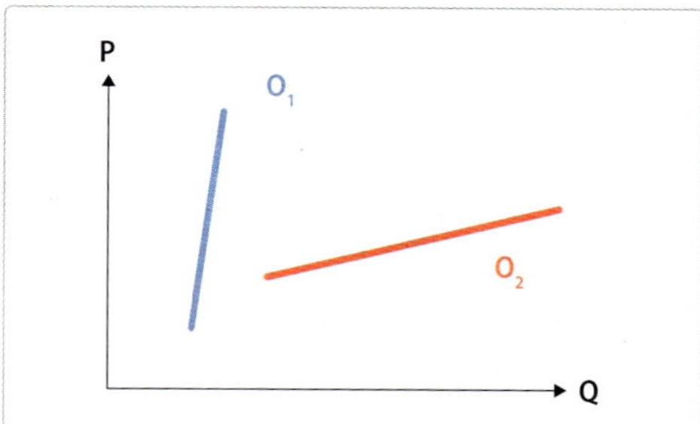

3 La pente de la courbe d'offre

- Dans le cas de l'offre O_1, la pente de la courbe est forte. Cela signifie que la production augmente peu lorsque le prix s'élève : l'élasticité-prix de l'offre est donc faible. Dans le cas de l'offre O_2, la pente de la courbe est faible. L'élasticité-prix de l'offre est alors élevée.
- Sur une période donnée, selon les activités économiques, la pente de la courbe d'offre est plus ou moins pentue. On considère que, à très court terme, la plupart des courbes d'offre sont très pentues, tandis que, à moyen et long termes, les courbes d'offre se rapprochent du modèle de O_2.

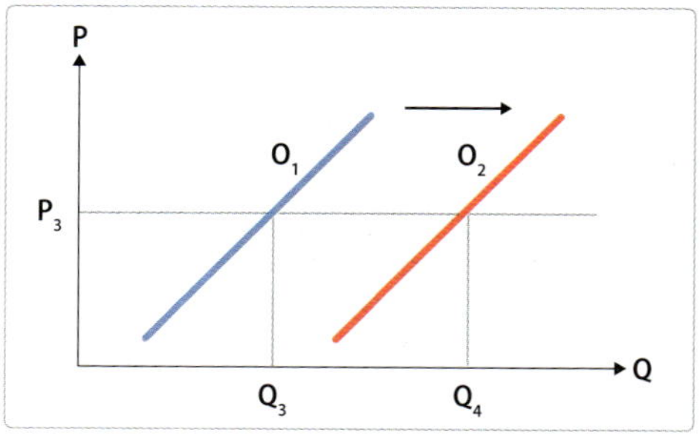

4 Le déplacement de la droite d'offre

- Lorsque la courbe d'offre se déplace vers la droite, cela signifie que, pour un prix donné, par exemple P_3, la quantité que le ou les producteurs souhaitent produire est plus élevée (ici $Q_4 > Q_3$).
- Un déplacement vers la droite de la courbe d'offre peut avoir plusieurs causes, dont une baisse des coûts unitaires de production des entreprises suite à une baisse du coût des facteurs de production (par exemple la baisse du prix d'une matière première ou la diminution du coût du travail) ou à un progrès technologique. Autres explications : l'arrivée sur le marché de nouveaux producteurs, attirés par les profits qu'ils peuvent réaliser sur ce marché, ou aussi attirés par une hausse anticipée du prix de vente du bien.
- Lorsque, au contraire, la droite d'offre se déplace vers la gauche, cela signifie que pour un même prix, le ou les producteurs souhaitent produire une quantité plus faible car leurs coûts unitaires de fabrication ont augmenté. Par ailleurs, des producteurs peuvent décide de cesser leur activité afin de se reconvertir, et l'offre totale se déplace alors aussi vers la gauche.

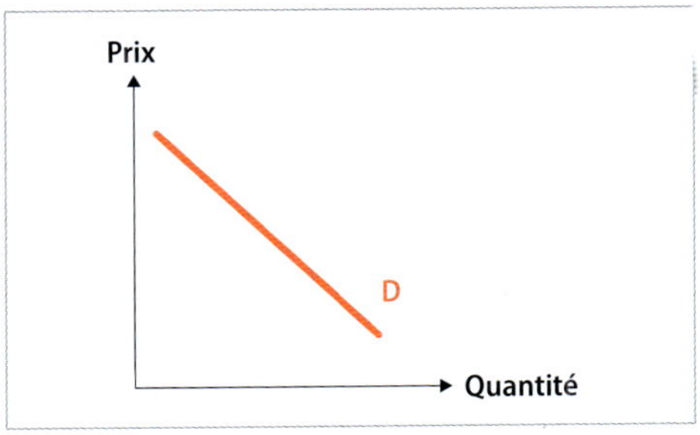

5 La forme de la courbe de demande

- La courbe de demande indique, sur un marché, les quantités d'un produit que le ou les demandeurs souhaitent acheter pour les différents prix possibles de ce produit.

On considère qu'une demande normale est décroissante en fonction du prix. Une hausse du prix du produit ne s'accompagne pas, pour le consommateur, d'un accroissement de la satisfaction procurée par la consommation de ce produit et, de ce fait, il réduit sa consommation d'un produit lorsque son prix augmente. Autrement dit, une hausse du prix n'est bien acceptée par le consommateur que si l'utilité marginale du produit consommé augmente.

- Or l'utilité marginale étant souvent décroissante en fonction des quantités consommées d'un produit, une utilité marginale supérieure ne peut être obtenue qu'en consommant moins.
- La courbe de demande est pentue lorsque l'élasticité-prix de la demande est faible, c'est-à-dire que la demande est peu sensible à la variation du prix. À court terme, cette situation concerne la plupart des produits. Si l'élasticité-prix reste faible sur les moyen et long termes, cela indique que le produit concerné est indispensable aux consommateurs car il répond à un besoin impérieux et qu'il n'existe pas de produits de substitution.

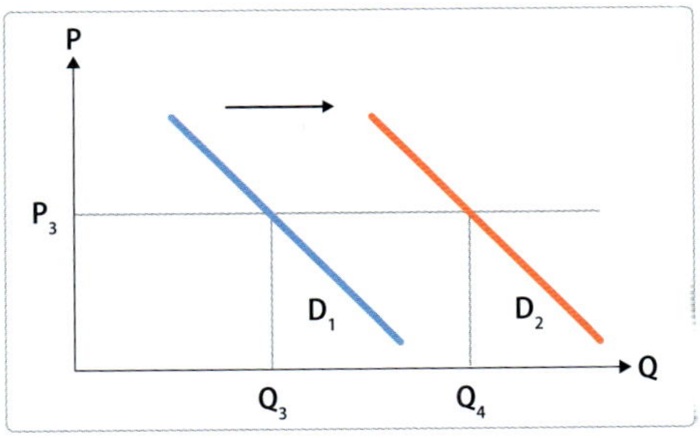

6 Un déplacement de la courbe de demande

- Un déplacement de la courbe de demande vers la droite, de D_1 à D_2, comme dans le graphique ci-contre, signifie une hausse de la demande. En effet, on remarque que, pour un même prix P_3, la demande passe de Q_3 à Q_4, avec $Q_4 > Q_3$. Un déplacement vers la gauche de la courbe de demande signifie inversement une baisse de la demande.
- Si un produit devient plus à la mode ou plus nécessaire que précédemment, la demande se déplace vers la droite. Chaque consommateur en achète plus et un plus grand nombre de consommateurs en achètent. Il en est de même si le revenu de ces consommateurs augmente ou si ceux-ci anticipent une hausse du prix du produit. Si le prix de produits substituables augmente, la demande du produit initial se déplace aussi vers la droite et il en est de même si le prix de produits complémentaires diminue.

7 Application

1 • Représentez sur un marché une droite d'offre inélastique et une droite de demande moyennement élastique. Pour inciter à la consommation de ce produit, le gouvernement verse une prime d'achat aux consommateurs. Représentez l'effet de cette mesure sur le graphique. Cela permet-il d'augmenter la consommation du produit ?

2 • Sur le même marché, le gouvernement décide, au lieu de fournir une prime aux consommateurs, de subventionner les producteurs. Représentez l'effet de cette mesure sur le graphique. Est-ce plus efficace pour augmenter la consommation ?

3 • Quelle est, sur le marché étudié, la mesure gouvernementale la plus favorable aux consommateurs ?

Bulletin officiel spécial n° 2 du 13 février 2020

Épreuve de l'enseignement de spécialité sciences économiques et sociales de la classe de terminale de la voie générale

Épreuve écrite

Durée : 4 heures

PROGRAMME DE L'ÉPREUVE

L'épreuve porte sur une partie du programme de l'enseignement de spécialité sciences économiques et sociales de la classe de terminale. Les questions évaluables dans le cadre de l'épreuve d'enseignement de spécialité de terminale sont définies selon une périodicité alternant années paires et années impaires [➥ p. 425]. Les notions rencontrées en classe de première mais non approfondies en classe de terminale doivent être connues et mobilisables. Elles ne peuvent cependant pas constituer un ressort essentiel du sujet.

Structure

Deux sujets de nature différente, une dissertation s'appuyant sur un dossier et une épreuve composée de trois parties distinctes, sont proposés au choix du candidat. Ils sont déterminés de façon à couvrir plusieurs dimensions du programme :
- le sujet de dissertation et celui de la troisième partie de l'épreuve composée portent sur des champs différents du programme (science économique ; sociologie et science politique ; regards croisés) ;
- les sujets de la dissertation et ceux de chaque partie de l'épreuve composée portent sur différentes questions issues du programme.

DISSERTATION S'APPUYANT SUR UN DOSSIER DOCUMENTAIRE

Objectifs de l'épreuve : compétences et connaissances évaluées

Il est demandé au candidat :
- de répondre à la question posée par le sujet ;
- de construire une argumentation à partir d'une problématique qu'il devra élaborer ;
- de mobiliser des connaissances et des informations pertinentes pour traiter le sujet, notamment celles figurant dans le dossier ;
- de rédiger en utilisant le vocabulaire économique et social spécifique approprié à la question et en organisant le développement sous la forme d'un plan cohérent qui ménage l'équilibre des parties.

Il sera tenu compte, dans la notation, de la clarté de l'expression et du soin apporté à la présentation. Les objectifs de l'épreuve figureront en introduction du sujet distribué aux candidats.

Structure de l'épreuve

Le libellé du sujet de la dissertation invite le candidat à poser et à traiter, d'une façon organisée et réfléchie, un problème exigeant un effort d'analyse économique et/ou sociologique et politique. Pour aider le candidat à asseoir son travail sur des informations précises, un dossier est mis à sa disposition. Ce dossier ne doit ni borner son horizon (en le détournant du recours à ses propres connaissances), ni lui servir de prétexte à un commentaire systématique et détaillé. Il comporte trois ou quatre documents de nature strictement factuelle. Il s'agit principalement de données statistiques (graphique, tableau, carte, radar, etc.) ; un document texte peut figurer dans le dossier documentaire à condition qu'il soit lui aussi strictement factuel (chronologie, extrait d'entretien, monographie, récit de vie, compte rendu d'enquêtes, etc.). Chaque document statistique ne devra pas dépasser 120 données chiffrées et le texte éventuel comporter plus de 2 500 signes.

ÉPREUVE COMPOSÉE

Objectifs de l'épreuve : compétences et connaissances évaluées

Cette épreuve comprend trois parties.

Partie 1 – Mobilisation des connaissances : il est demandé au candidat de répondre à la question en faisant appel à ses connaissances acquises dans le cadre du programme.

Partie 2 – Étude d'un document : il est demandé au candidat de répondre aux questions en mobilisant ses connaissances acquises dans le cadre du programme et en adoptant une démarche méthodologique rigoureuse, de collecte et de traitement de l'information.

Partie 3 – Raisonnement s'appuyant sur un dossier documentaire : il est demandé au candidat de traiter le sujet :
- en développant un raisonnement ;
- en exploitant les documents du dossier ;
- en faisant appel à ses connaissances personnelles ;
- en composant une introduction, un développement, une conclusion.

Il sera tenu compte, dans la notation, de la clarté de l'expression et du soin apporté à la présentation. Les objectifs de l'épreuve figureront en introduction du sujet distribué aux candidats.

Structure de l'épreuve

Cette épreuve est constituée de trois parties :

Partie 1 – Mobilisation des connaissances *(4 points)*.
Cette première partie de l'épreuve, sans document d'appui, est composée d'une question notée sur 4 points.

Partie 2 – Étude d'un document *(6 points)*
Cette deuxième partie de l'épreuve est une étude d'un document statistique (graphique, tableau, carte, radar, etc.) de 120 données chiffrées au maximum comportant deux questions.

Partie 3 – Raisonnement s'appuyant sur un dossier documentaire *(10 points)*.

Le libellé du sujet invite le candidat à développer un raisonnement, à rassembler et mettre en ordre des informations pertinentes issues du dossier documentaire et de ses connaissances personnelles. Le dossier documentaire mis à la disposition du candidat ne doit ni borner son horizon (en le détournant du recours à ses propres connaissances), ni lui servir de prétexte à une paraphrase ou à un commentaire systématique et détaillé. Il comporte deux ou trois documents de nature différente (texte, graphique, tableau statistique, schéma, etc.). Chaque texte ne devra pas dépasser 2 500 signes et chaque document statistique comporter plus de 120 données chiffrées. Les trois parties de l'épreuve composée portent sur trois questions différentes et au moins deux champs du programme (science économique ; sociologie et science politique ; regards croisés).

NOUVEAU BAC : LES COEFFICIENTS	
Épreuves du bac	Coefficients
Bulletins scolaires de 1re et de Tle	10
Épreuves de contrôle continu	30
Épreuves terminales	60
Français (épreuve anticipée de 1re)	10
Enseignement de spécialité	16
Enseignement de spécialité	16
Philosophie	8
Grand oral	10

Questions évaluables dans le cadre de l'épreuve de l'enseignement de spécialité de Terminale

Année impaire (à partir de la session 2021)

Science économique	■ Quels sont les sources et les défis de la croissance économique ? ■ Quels sont les fondements du commerce international et de l'internationalisation de la production ? ■ Comment lutter contre le chômage ?
Sociologie et science politique	■ Comment est structurée la société française actuelle ? ■ Quelle est l'action de l'École sur les destins individuels et sur l'évolution de la société ? ■ Quels sont les caractéristiques contemporaines et les facteurs de la mobilité sociale ? ■ Comment expliquer l'engagement politique dans les sociétés démocratiques ?
Regards croisés	Quelle action publique pour l'environnement ?

Année paire (à partir de la session 2022)

Science économique	■ Quels sont les sources et les défis de la croissance économique ? ■ Quels sont les fondements du commerce international et de l'internationalisation de la production ? ■ Comment expliquer les crises financières et réguler le système financier ?
Sociologie et science politique	■ Comment est structurée la société française actuelle ? ■ Quelles sont les mutations du travail et de l'emploi ? ■ Comment expliquer l'engagement politique dans les sociétés démocratiques ?
Regards croisés	■ Quelles inégalités sont compatibles avec les différentes conceptions de la justice sociale ?

Épreuve orale de contrôle

Durée : 20 minutes

Temps de préparation : 30 minutes

Structure de l'épreuve

Cette épreuve orale porte sur la même partie du programme que l'épreuve écrite.

Le candidat a le choix entre deux sujets dont les questions principales portent sur des champs différents du programme (science économique ; sociologie et science politique ; regards croisés). La question principale, notée sur 10 points, prend appui sur deux documents courts, simples, et de nature différente (texte de 1 300 signes au maximum ; documents statistiques de 65 données chiffrées au maximum). Le sujet comporte également trois questions simples, notées sur 10 points. Les deux premières questions sont notées sur 6 points et permettent de vérifier la connaissance par le candidat des notions de base figurant dans deux champs différents du programme (science économique ; sociologie et science politique ; regards croisés). La troisième question, en lien avec un des deux documents, porte sur la maîtrise des outils et savoir-faire, elle est notée sur 4 points.

MÉTHODE : Comment réussir la dissertation appuyée sur un dossier documentaire ?

Les étapes essentielles à suivre

Pour être efficace, le travail préalable à la rédaction doit suivre des étapes et s'effectuer au brouillon.

ÉTAPE 1 Analyser le sujet et élaborer la problématique ■ 15 minutes (➡ BAC Compétences, p. 73)

- **L'objectif est de bien cibler les attentes et les enjeux du sujet** dans ses spécificités, afin d'éviter de passer à côté de l'essentiel. Identifiez la consigne de travail (« Comment... ? », « Pourquoi... ? », « Quels sont les effets... ? », etc.), car, selon la formulation du sujet, le type de plan attendu n'est pas le même.
- **Repérez les notions** qu'il faudra définir, et déterminez si nécessaire le cadre spatio-temporel dans lequel s'inscrit le sujet. Pesez bien tous les mots pour éviter le hors-sujet, y compris ceux qui ne constituent pas des notions de SES.
- **Cherchez à comprendre l'intérêt et l'enjeu du sujet** pour formuler votre problématique : pour quelle(s) raison(s) vous invite-t-on à réfléchir sur ce sujet ? Quels sont les problèmes que soulève le sujet ? Vous pouvez alors rédiger votre problématique.

ÉTAPE 2 Mobiliser les connaissances appropriées et pertinentes pour élaborer un plan provisoire ■ 20 minutes(➡ BAC Compétences, p. 139)

- Avant de vous lancer dans la lecture des documents, il est indispensable de **réfléchir au sujet à partir de vos connaissances.** Cette étape permet de ne pas se laisser trop influencer par les documents, qui ne couvrent pas à eux seuls le sujet, et de faire émerger les premiers arguments et les principaux axes. À ce stade, **une ébauche de plan apparaît**, avec les intitulés des parties et des sous-parties, et les principaux mécanismes que vous comptez développer : vous avez le « squelette » de votre devoir, qui reste bien sûr encore modifiable.

ÉTAPE 3 Exploiter le dossier documentaire et le relier aux connaissances ■ 35 minutes (➡ BAC Compétences, p. 139)

- **Il est impératif d'utiliser tous les documents**, de **comprendre quelle information apporte chacun d'eux** par rapport au sujet et, enfin, de **les mettre en relation** afin d'en retirer des précisions supplémentaires. Les documents étant factuels, ils sont là pour illustrer des connaissances (qu'il vous faut apporter).
- Pour utiliser de façon judicieuse les documents, il faut d'abord lire **les éléments de contextualisation de chacun d'entre eux pour en dégager le sens et l'idée générale.**
- **Demandez-vous ensuite en quoi ce document peut venir alimenter l'ébauche de plan** élaborée à l'issue de l'étape 2, et **quelles sont les données ou les passages les plus pertinents à utiliser.** S'il s'agit de données statistiques, soyez particulièrement vigilant(e) sur vos phrases de lecture de données (année ou période, source, unité, effectif et effectif total dans le cas de pourcentage de répartition, etc.).
- **N'hésitez pas à apporter des illustrations ou des données statistiques issues de vos connaissances personnelles** : elles seront valorisées si elles sont pertinentes pour répondre au sujet.

ÉTAPE 4 Peaufiner le plan détaillé et rédiger l'introduction et la conclusion au brouillon ■ 40 minutes (➡ BAC Compétences, p. 265 et 365)

- **Vérifiez la cohérence et l'équilibre de votre plan :** chaque partie couvre une idée générale en s'appuyant sur deux ou trois arguments (sous-parties).
- **Rédigez les titres des parties sous forme de phrases :** cela permet d'exprimer clairement l'idée générale et de vérifier facilement qu'elle répond bien au sujet à traiter. Faites de même pour les titres des sous-parties.
- **N'oubliez pas de justifier et d'illustrer chaque argument par des exemples et des données chiffrées** et de noter au brouillon les références aux documents à faire dans le développement.
- **Rédigez ensuite l'introduction au brouillon :** il faut qu'elle soit particulièrement soignée, car c'est la première impression qu'aura le correcteur de votre copie. L'introduction (environ une page) doit comprendre trois étapes :

  1. **l'accroche :** par un chiffre, une phrase, un rappel historique, il s'agit d'amener progressivement au sujet tout en définissant ses mots clés et son cadrage spatio-temporel ;
  2. **la mise en relation des termes du sujet qui conduit à « problématiser » le sujet** (faire ressortir l'enjeu) et donc à formuler une problématique ;
  3. **l'annonce du plan.**

- **La conclusion** est plus courte que l'introduction (environ une demi-page) et comporte deux étapes :
  1. **le bilan de l'argumentation :** il s'agit de répondre au sujet en reprenant les étapes du raisonnement et les arguments développés ;
  2. **l'élargissement du sujet :** il faut ouvrir le débat sur un autre sujet économique ou social dans le prolongement de la réflexion menée.

ÉTAPE 5 Rédiger la dissertation au propre et relire ■ 2 heures 10 minutes

- **Vous pouvez maintenant rédiger le développement de votre dissertation**, qui fera le plus souvent entre 6 et 10 pages. L'efficacité de l'argumentation dépend des idées mais aussi de leur mise en forme.
- **L'ensemble doit être rédigé dans une langue correcte et soignée.** L'écriture doit être lisible.
- **Le devoir doit être aéré :** le correcteur doit pouvoir définir aisément les grandes étapes du devoir (introduction, développement et conclusion), mais également la structure du développement (délimitation des grandes parties grâce à la transition, des sous-parties grâce aux alinéas, etc.).
- **Chaque partie débute par une introduction partielle qui doit annoncer les arguments** qui vont être développés.
- **Chaque sous-partie doit suivre la méthode A-E-I :**
  1. présenter l'Argument qu'elle va développer (A) ; **2.** l'Expliciter (E) ; **3.** l'Illustrer (I) ;
  4. se terminer par une conclusion partielle destinée à relier l'argument au sujet à traiter.
- Enfin, il est nécessaire de **se relire** pour limiter les fautes d'orthographe. Cet effort est nécessaire car les fautes laissent au correcteur une impression désagréable sur la copie, qui peut vous pénaliser.

PIÈGES À ÉVITER

- **Le hors-sujet.** Une attention trop superficielle portée au sujet peut conduire à des digressions et à la rédaction de passages hors sujet.
- **La paraphrase des documents.** Disserter, c'est démontrer et non recopier les documents. On attend par conséquent du candidat qu'il sache exploiter les informations contenues dans les documents à la lumière de ses connaissances.
- **La récitation du cours sans argumentation ni référence aux documents.** La capacité du candidat à répondre précisément au sujet proposé et à intégrer les documents dans son raisonnement, afin d'illustrer, de justifier ou encore d'expliciter un argument, fait partie des compétences attendues et exigées.
- **La rédaction d'une réponse non structurée.** La dissertation doit également répondre à certains impératifs de forme. Elle doit proposer un développement organisé en parties et sous-parties, et non sous la forme d'un « bloc » sans structure interne.
- **Le devoir non terminé.** Rien n'est pire qu'un devoir non terminé. Si vous n'êtes pas très rapide lorsque vous rédigez, anticipez-le en prévoyant plus de temps pour la rédaction (ce qui supposera d'aller plus vite sur les étapes préalables). Les dix minutes de relecture à la fin constituent à cet égard une petite marge de sécurité pour être sûr(e) de terminer le devoir dans les temps.

MÉTHODE : Comment réussir l'épreuve composée ?

Cette épreuve comprend trois parties : une question de mobilisation des connaissances, l'étude de document et la construction d'un raisonnement argumenté et appuyé sur un dossier documentaire.

PARTIE 1 Question de mobilisation de connaissances ■ 30 minutes (➥ BAC Compétences, p. 43)

Cette partie est notée sur 4 points. Il faut répondre à une question de mobilisation de connaissances, sans document d'appui.

- **Commencez par bien identifier la formulation de la question et les notions de SES :**
  – Définissez les notions de SES présentes dans les questions.
  – Identifiez la consigne de travail : « Comment... ? », « Pourquoi... ? », « Quels sont... ? », etc. Les différentes consignes n'appellent pas des réponses identiques.
- **Listez vos connaissances de cours** (notions de SES qu'il vous faudra définir, mécanismes et exemples) qui pourraient vous permettre de répondre à la question.
- **Construisez ensuite le « squelette » de votre réponse au brouillon** de façon précise et complète :
  – répondez en mobilisant autant d'**arguments pertinents** que possible. La réponse doit couvrir l'ensemble de la question et pas simplement une partie ;
  – n'oubliez pas de **mobiliser et définir les notions de SES** et d'**expliciter les mécanismes** mentionnés ;
  – pensez à illustrer vos propos en proposant des **exemples pertinents**.

PARTIE 2 Étude de document ■ 1 heure

Cette partie est notée sur 6 points et comprend un document accompagné de deux questions.

- **Première question**

Il est demandé de répondre à la question en mobilisant les informations contenues dans le document. C'est donc une question qui vise surtout à évaluer la maîtrise des savoir-faire. Il faut donc :
– **bien analyser la question** afin de bien cerner les attentes ;
– **prendre connaissance du paratexte** pour comprendre le sens du document ;
– **maîtriser les savoir-faire selon le type de document** (tableau statistique, représentation graphique, texte factuel).

Pour répondre à la question :
– **présentez rapidement le document** (titre, source, date, auteur, période, pays concernés, etc.) ;
– **organisez votre réponse** en sélectionnant et en hiérarchisant les informations. Vous pouvez partir du plus général pour ensuite affiner l'analyse ;
– **justifiez toutes vos affirmations en vous appuyant sur les données du document.** On évalue votre capacité à sélectionner les données les plus pertinentes pour répondre à la question et à les lire correctement.

• Étudier un tableau statistique (➥ BAC Compétences, p. 109)
Le premier réflexe à avoir est de rédiger une phrase avec une des données pour vérifier que la lecture ne pose pas de difficultés particulières. Attention à ne pas vous tromper dans les unités.

• Étudier une représentation graphique (➥ BAC Compétences, p. 171)
Il existe plusieurs catégories de représentations graphiques qui relèvent chacune d'une méthode d'analyse spécifique. Les unités doivent être repérées, de même que l'échelle du graphique. Rédigez une phrase avec une des données pour vérifier que la lecture ne pose pas de difficultés. Dégagez la tendance générale du graphique et illustrez-la par une donnée pertinente, puis mettez en évidence les cas particuliers.

• Étudier un texte factuel
Évitez la paraphrase et le contresens sur la thèse de l'auteur. Pour cela, procédez de façon méthodique à l'analyse du texte, en conservant en permanence le lien avec la question. Vous pourrez ainsi repérer l'idée générale, de distinguer les éléments essentiels de ceux plus accessoires pour traiter la question posée.

- **Deuxième question**

La deuxième question est en lien avec le thème du document proposé, mais nécessite la mobilisation de connaissances personnelles. Il est donc nécessaire de s'appuyer sur ses connaissances, souvent pour expliquer des évolutions ou des données statistiques contenues dans le document. **Appuyez-vous par conséquent sur les données du document pour illustrer vos propos**, mais **sans oublier d'utiliser les informations utiles** pour répondre à la question.

PARTIE 3 Raisonnement s'appuyant sur un dossier documentaire ■ 2 h 30 (➥ p. 139, 235, 301, 397)

Cette partie est notée sur 10 points. **La structure comporte une introduction, un développement, une conclusion, mais ce n'est pas une dissertation traditionnelle.** Il n'y a pas un nombre de parties imposé. Il s'agit de montrer une logique de raisonnement, de faire preuve d'une démarche argumentative.

- Les intitulés de sujet sont formulés dans ce sens et impliquent une **démonstration** : « Montrez que... », « Analysez... », et non une discussion : « Dans quelle mesure... ? », « Peut-on dire que... ? » Vous pouvez toutefois introduire de la nuance dans votre développement.
- Le **travail de réflexion « au brouillon »** (➡ Méthode de la dissertation, p. 426) reste important pour bien saisir les enjeux et construire une réponse cohérente, organisée de manière logique :
  – **analysez le sujet** (10 minutes) ;
  – **mobilisez les connaissances** appropriées et dressez une ébauche de plan (15 minutes) ;
  – **exploitez le dossier documentaire** (20 minutes) : contrairement à la dissertation, le dossier documentaire ne contient pas nécessairement que des documents factuels. Vous pouvez donc retrouver certaines notions ou certains mécanismes vus en cours et qui vous sont rappelés dans un des documents. N'hésitez pas à les utiliser ! Bien sûr, vous devez aussi utiliser les données des documents pour illustrer et étayer votre démonstration, comme dans la dissertation ;
  – **peaufinez votre plan détaillé et rédigez l'introduction au brouillon** (20 minutes). Les exigences de l'introduction sont moins importantes que pour la dissertation : on n'attend pas nécessairement d'accroche (mais ne vous privez pas d'en faire une !) ; en revanche, on doit y retrouver la définition des mots clés, la problématique et l'annonce du plan. La conclusion ne nécessite pas de brouillon : vous reprendrez la structure de votre démarche argumentative — intitulés des différents paragraphes — pour montrer que vous avez bien répondu au sujet. L'ouverture n'est pas obligatoire, mais n'hésitez pas à conclure en beauté si vous avez une idée d'ouverture (notez-la sur votre brouillon pour ne pas l'oublier) ;
  – **rédigez sur la copie** et relisez-vous (1 h 25).
- La mise en forme et la rédaction sont moins formelles et académiques que pour la dissertation.
  – **Il n'y a pas un modèle de plan préétabli :** le développement n'est pas forcément composé de parties et sous-parties, il peut être composé de deux, trois ou quatre paragraphes. Mais le développement doit être structuré : les arguments présentés doivent être hiérarchisés, explicités et illustrés (on doit retrouver la méthode A-E-I dans vos paragraphes).
  – **Vos arguments doivent être articulés entre eux** de façon à construire un raisonnement, une démonstration. Pour faciliter la lisibilité du raisonnement, **soignez les transitions**

MÉTHODE : Comment réussir l'épreuve orale de contrôle ?

Attention à la gestion du temps ! Vous avez trente minutes pour préparer. Surveillez l'heure !

ÉTAPE 1 Préparer les 3 petites questions ■ 10 minutes

– **Vous devez absolument comprendre l'attente du correcteur** : faut-il définir une notion ? expliquer un mécanisme ? mettre en relation deux notions ? illustrer un mécanisme ?
– **Une fois la consigne de travail repérée, allez à l'essentiel et répondez sans détour à la question** en écrivant le minimum indispensable au brouillon, pour ne pas y consacrer trop de temps.
– Une des questions porte sur un des documents. Lorsqu'il faut lire une donnée statistique, il est utile de **rédiger intégralement au brouillon la phrase de lecture de la donnée** pour éviter tout oubli ou erreur.

ÉTAPE 2 Préparer la question principale ■ 20 minutes

Il faut procéder comme pour le raisonnement argumenté :
– **analysez le sujet** en reprenant l'intitulé, **en définissant les mots clés et en reformulant le sujet** (cela pourra faire office d'introduction, à laquelle il faudra ajouter cependant l'annonce du plan) ;
– **mobilisez vos connaissances** pour faire ressortir une ébauche de plan ;
– **recherchez les informations pertinentes** contenues **dans les documents** ;
– **peaufinez votre plan** ;
Il n'est pas indispensable de rédiger une conclusion (vous reprendrez vos arguments pour montrer que vous avez répondu à la question).

ÉTAPE 3 Présenter votre travail à l'oral ■ 20 minutes

À l'issue des trente minutes, vous avez dix minutes pour présenter vos réponses aux questions et votre raisonnement argumenté (réservez un tiers du temps aux questions et deux tiers au sujet à traiter).
Pensez à **établir un contact avec l'examinateur** par un va-et-vient entre son regard et vos notes.
L'exposé est suivi de dix minutes de questions de reprise de l'exposé, d'approfondissement ou d'élargissement.

Exemple de dissertation corrigée

SESSION DU BAC ANNÉE IMPAIRE

SUJET *Comment expliquer la diversité des politiques mises en œuvre pour lutter contre le chômage ?*

DOCUMENT 1

Évolution en volume du PIB et des dépenses de consommation des ménages en Grèce

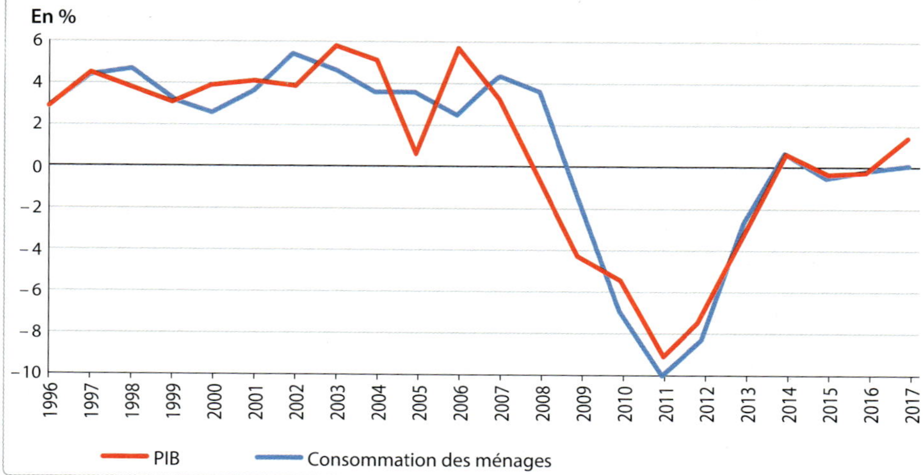

Source : Eurostat, 2018.

DOCUMENT 2

Les premières mesures d'allègement des cotisations sociales employeurs prises à partir de 1993 étaient centrées sur les bas salaires, inférieurs à 1,3 Smic. Elles ont ensuite été étendues au début des années 2000 pour compenser la hausse du coût du travail du fait de la réduction du temps de travail (passage aux 35 heures), puis unifiées dans le dispositif « Fillon » en 2005 en fixant le seuil de sortie du dispositif à 1,6 Smic. [...] En 2015, le Pacte de responsabilité et de solidarité prolonge l'effort de réduction du coût du travail, avec une baisse de 1,8 point des cotisations sociales, jusqu'à 1,6 Smic, puis jusqu'à 3,5 Smic en 2016. [...] Le coût annuel pour les finances publiques de ces dispositifs d'allègements généraux de cotisations sociales serait proche de 60 milliards d'euros en régime de croisière à la fin de 2019. À partir des prévisions présentées dans le rapport de la Commission des comptes de la Sécurité sociale pour le PLFSS 2019, la décomposition suivante peut être effectuée :

– allègements généraux de cotisations sociales entre 1 et 1,6 Smic (« Fillon unifié ») : 24 milliards d'euros en 2019 ;
– CICE « basculé » en réduction de 6 points de cotisations sociales entre 1 et 2,5 Smic : 22 milliards d'euros en 2019 ;
– Pacte de responsabilité « 2015 » (exonération de 1,8 point de cotisations sociales entre 1 et 1,6 Smic) : 4 milliards d'euros en 2019 ;
– Pacte de responsabilité « 2016 » (exonération de 1,8 point de cotisations sociales entre 1,6 et 3,5 Smic) : 4 milliards d'euros en 2019 ;
– allègement supplémentaire de 4 points de cotisations sociales au niveau du Smic puis décroissant jusqu'à 1,6 Smic : effet année pleine de 3,5 milliards d'euros à la fin de 2019. ■

Yannick L'Horty, **Philippe Martin** et **Thierry Mayer**, « Baisses de charges : stop ou encore ? », *Les Notes du conseil d'analyse économique*, n° 49, janvier 2019.

DOCUMENT 3

Part des entreprises déclarant rencontrer des difficultés de recrutement dans l'industrie en Allemagne, en France et en Italie

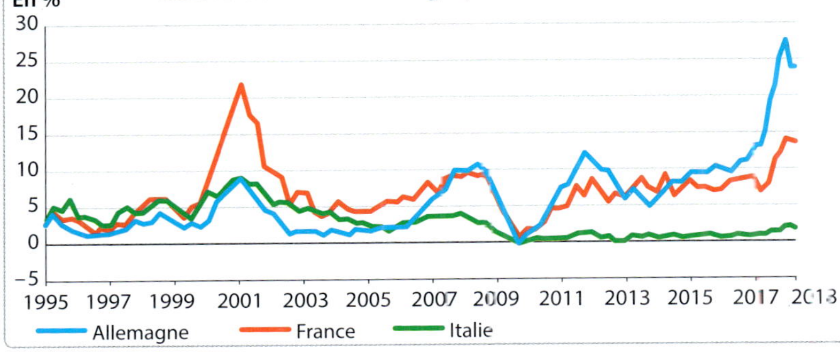

Source : données Commission européenne d'après *L'économie française*, Insee, 2019.

DOCUMENT 4

Part des entreprises citant chaque barrière à l'embauche (fin 2018, en %)	Industrie	Services	Bâtiment	Ensemble
Existence de barrières	58	44	72	**49**
Incertitude sur la situation économique	26	20	34	**22**
Main-d'œuvre compétente disponible	42	33	61	**37**
Coûts liés à l'emploi	20	21	32	**21**
Coûts de recrutement	7	11	12	**10**
Cotisations sociales trop élevées	14	12	25	**13**
Niveau de salaires trop élevé	7	9	12	**9**
Réglementation	12	9	22	**11**
Coûts de licenciement	7	5	13	**6**
Risques juridiques associés au licenciement	8	6	16	**7**
Incertitudes sur la pérennité de la législation du travail	7	6	13	**6**

Note : Une même entreprise peut citer plusieurs types de barrières à l'embauche.

Lecture : les entreprises industrielles constatant des barrières à l'embauche et citant l'incertitude sur la situation économique emploient 26 % des salariés du secteur.

Champ : France, entreprises de plus de 20 salariés dans l'industrie, et de plus de 10 salariés dans le bâtiment et les services marchands.

Source : *Note de conjoncture*, Insee, décembre 2018.

CORRIGÉ

INTRODUCTION

Commencez l'introduction par une **accroche**, tout en intégrant la définition des mots clés.

La **problématique** doit montrer que vous avez compris les enjeux du sujet.

N'oubliez pas d'annoncer votre **plan** (uniquement les différentes parties : ne précisez pas les sous-parties).

Depuis le début des années 1980, la France n'a jamais réussi à faire baisser le chômage au-dessous de la barre des 7 %. Conscients des conséquences économiques et sociales délétères du nombre important de demandeurs d'emploi, les gouvernements successifs ont essayé de combattre le chômage à travers des politiques très diverses.

Comment expliquer que face à un même phénomène, les réponses apportées puissent diverger sensiblement ? Les différentes causes du chômage peuvent-elles expliquer les différences de politiques visant à lutter contre ce phénomène ?

Ainsi, nous montrerons que le chômage structurel peut expliquer que des politiques d'allégement du coût du travail, de flexibilisation et de formation puissent être mises en œuvre (I). Pourtant, ce type de politique est inadapté en cas de chômage conjoncturel caractérisé par une demande globale en berne : une politique de lutte contre le chômage passe alors plutôt par des politiques macroéconomiques de soutien de la demande globale (II)

DÉVELOPPEMENT/ PARTIE 1

Commencez votre partie en rappelant l'**idée générale de la partie** (phrase reprenant le titre de la partie) et la **façon dont vous allez organiser votre démonstration** (phrase reprenant l'intitulé des sous-parties).

Dans une première partie, nous allons montrer que le chômage structurel peut expliquer que des politiques d'allégement du coût du travail, de flexibilisation et de formation puissent être mises en œuvre. Il s'agit d'abord de comprendre le cadre d'analyse du marché du travail néoclassique (A), pour comprendre en quoi les rigidités sur le marché du travail peuvent générer le chômage structurel (B). Face à ce type de chômage, des politiques d'allégement du coût du travail, de flexibilisation et de formation apparaissent efficaces (C).

SOUS-PARTIE 1

Pour comprendre l'intérêt de mener des politiques d'allègement du coût du travail, de flexibilisation et de formation, il nous faut d'abord comprendre le cadre d'analyse de référence de cette analyse : le marché du travail chez les néo-classiques.

Lorsque vous explicitez, soyez le plus précis possible, en mobilisant des **notions vues en cours**.

Un marché est un lieu (réel ou fictif) où l'offre et la demande se rencontrent, ce qui permet l'échange. Il existe de très nombreux marchés, et pour chaque marchandise, il y a un marché. Sur ce marché, l'offre (quantité de biens ou services qu'une entreprise ou un individu désire vendre sur un marché) est fonction croissante du prix, tandis que la demande (quantité de biens ou services qu'une entreprise ou un individu désire acheter sur un marché) est fonction décroissante du prix. Il en résulte un prix d'équilibre (prix pour lequel offre = demande) et une quantité d'équilibre (prix pour lequel offre = demande). On peut appliquer ce modèle au marché du travail : l'offre de travail provient des travailleurs et la demande de travail provient des employeurs. Si l'on considère que l'effet substitution l'emporte sur l'effet revenu, on peut comprendre que les travailleurs soient de plus en plus nombreux à accepter d'offrir leur travail (et chacun plus d'heures de travail) lorsque le salaire proposé augmente. En effet, le travailleur effectue un choix entre loisirs et travail (il compare l'utilité du travail et des loisirs) : donc si le travail est mal rémunéré, l'individu préférera les loisirs. Mais plus le travail est rémunéré (plus le taux de salaire réel augmente), plus il y aura de travailleurs prêts à renoncer aux loisirs pour travailler. L'offre de travail est donc bien une fonction croissante du prix. À l'inverse, la demande de travail sera une fonction décroissante du prix, puisque les employeurs comparent ce que leur coûte et ce que rapporte un salarié supplémentaire. Ils vont donc comparer le salaire et la productivité marginale. Or, si l'on considère que la productivité marginale des travailleurs est décroissante, la demande de travail de la part des entreprises tend à baisser au fur et à mesure que le taux de salaire réel augmente. Les activités rentables nécessitant du travail sont en effet de moins en moins nombreuses, ce qui pousse les entreprises à abandonner l'activité, ou à substituer du capital au travail (on remplace les hommes par des machines, moins coûteuses), ou encore, dans un contexte de mondialisation, à délocaliser. Le point de rencontre entre l'offre et la demande de travail détermine le taux de salaire réel d'équilibre.

Si le marché du travail est parfaitement flexible, le chômage ne peut pas être durable. Un marché du travail flexible signifie que sur un marché du travail qui respecte des conditions de la concurrence pure et parfaite (atomicité, homogénéité, information parfaite, libre-entrée et libre-sortie des travailleurs, mobilité des facteurs de production), la quantité de travail (offerte et demandée) peut varier rapidement (flexibilité quantitative), mais aussi le prix du travail, c'est-à-dire le taux de salaire réel (flexibilité salariale) et qu'enfin le travail offert est capable de s'adapter aux variations de demande de travail (flexibilité fonctionnelle ou qualitative). Or, si le marché du travail remplit ces conditions, si l'offre ou la demande de travail évoluent, le taux de salaire va s'ajuster et permettre un retour à l'équilibre entre offre et demande. Par exemple, si l'offre de travail augmente ou si la demande de travail baisse, le travail va devenir abondant, ce qui va entraîner une baisse du taux de salaire réel : l'offre de travail va alors diminuer tandis que la demande de travail va augmenter, ce qui permettra à terme de retrouver un nouveau taux de salaire réel d'équilibre pour lequel l'offre sera égale à la demande. À l'inverse, si l'offre de travail diminue ou si la demande de travail augmente, on sera en situation de pénurie de travail : le taux de salaire réel va pouvoir augmenter, ce qui attirera une offre de travail plus importante tandis que la demande de travail diminuera, jusqu'à ce que l'offre et la demande de travail s'égalisent à nouveau : on aura bien un nouveau taux de salaire réel d'équilibre plus élevé.

Entre deux sous-parties, on attend une petite **transition** : rappelez rapidement ce que vous venez de montrer pour insister sur l'intérêt de la sous-partie suivante.

Dans un marché du travail flexible, le chômage ne semble pas pouvoir perdurer. La réalité étant différente au vu de la persistance d'un chômage de masse dans certains pays comme la France, on peut attribuer ce chômage à l'existence de rigidités sur ce marché du travail.

SOUS-PARTIE 2

Pour chaque sous-partie, appliquez la **méthode AEI** : Affirmez, puis **E**xplicitez (en mobilisant des mécanismes et notions), puis **I**llustrez.

Si le chômage est bien une réalité, c'est notamment parce que le marché du travail n'est pas suffisamment flexible. Cela est dû aux rigidités qui persistent sur ce marché et qui peuvent expliquer que l'offre de travail demeure durablement supérieure à la demande de travail.

En effet, la demande de travail n'est pas assez forte de la part des employeurs, qui n'osent pas recruter, pour plusieurs raisons. D'une part, à cause du manque de flexibilité salariale : les employeurs ne peuvent pas payer leurs salariés comme ils le souhaitent (à cause par exemple d'un salaire minimum trop élevé ou des cotisations sociales excessives, par exemple). Or, comme on l'a vu, la demande de travail diminue lorsque le coût du travail augmente car les employeurs arbitrent entre la productivité marginale du travail et le coût du travail. Si le coût du travail augmente, il y aura moins de travailleurs dont la productivité marginale sera supérieure à ce coût du travail, d'où une baisse de la demande de travail, donc une hausse du chômage. C'est particulièrement vrai pour les emplois les moins qualifiés, qui ont une productivité faible, le salaire minimum ou des cotisations sociales trop élevées agissant alors comme des fossoyeurs de l'emploi non qualifié. Le document 4 montre ainsi que, fin 2018, sur 100 entreprises (de plus de 20 salariés dans l'industrie, et de plus de 10 salariés dans le bâtiment et les services marchands), 21 considéraient que les coûts liés à l'emploi (coûts de recrutement, cotisations sociales trop élevées, niveau des salaires trop élevé) constituaient une barrière à l'embauche.

Lors de la **mobilisation des documents**, sélectionnez les données qui vous semblent les plus pertinentes par rapport à ce que vous voulez montrer, et soyez particulièrement attentif-ve à la lecture des données statistiques, surtout lorsque des notes de lecture vous sont proposées, comme c'est le cas ici.

D'autre part, à cause d'un manque de flexibilité quantitative et fonctionnelle. Le manque de flexibilité quantitative implique que les employeurs peuvent avoir peur de ne pas pouvoir se séparer de leurs salariés si l'activité baisse par la suite, à cause des règles juridiques qui empêchent les entreprises d'adapter leur main-d'œuvre à la demande (règles strictes de licenciement, prime de précarité pour les emplois précaires, par exemple). Cela pose problème quand on sait que le marché du travail est en perpétuelle évolution (du fait du phénomène de destruction créatrice décrit par Schumpeter) : on estime ainsi qu'environ 15 % des emplois disparaissent et 15 % d'emplois nouveaux apparaissent chaque année. Ainsi, fin 2018, d'après le document 4, sur 100 entreprises du bâtiment de 10 salariés et plus, 11 considéraient que la réglementation constituait un frein à l'embauche. Enfin, les employeurs peuvent ne pas pouvoir recruter à cause d'un manque de flexibilité fonctionnelle : ils ne trouvent pas les salariés correspondant aux qualifications demandées ou suffisamment qualifiés pour être polyvalents. Le document 3 montre qu'en France, sur 100 entreprises dans le secteur de l'industrie, 14 rencontrent des difficultés de recrutement alors même que l'on compte encore presque 9 % de chômeurs parmi les actifs. Cette part atteint même plus de 25 % en Allemagne, où le chômage est plus faible. Plus frappants encore sont les chiffres du document 4 : fin 2018, sur 100 entreprises de plus de 20 salariés dans l'industrie, 42 considéraient que l'indisponibilité d'une main-d'œuvre compétente constituait un frein à l'embauche. Cette part atteint même 61 % dans les entreprises du bâtiment de 10 salariés et plus.

Les illustrations peuvent venir de vos **connaissances personnelles**, mais cela ne vous dispense pas de **mobiliser les documents**.

Toutes ces rigidités contribuent au chômage structurel, c'est-à-dire à un chômage lié aux structures du marché du travail qui créent des situations de rationnement du marché

SOUS-PARTIE 3

Lutter contre le chômage structurel peut passer par des politiques d'allègement du coût du travail, mais aussi par des politiques de flexibilisation et de formation.

Les politiques d'allégement du travail, qui peuvent passer par une suppression ou une baisse du salaire minimum ou des cotisations sociales, stimuleraient ainsi la demande de travail. En effet, davantage de travailleurs auraient une productivité supérieure au coût du travail devenu plus faible. Par ailleurs, la baisse du coût du travail peut améliorer la rentabilité des entreprises et accroître leurs profits, ce qui leur donne des capacités à investir. Les employeurs seront aussi plus enclins à choisir des combinaisons productives contenant davantage de facteur travail (substitution du travail au capital). Enfin, la baisse du coût du travail permet d'améliorer la compétitivité-prix, ce qui peut favoriser les exportations tout en incitant certaines entreprises à ne pas délocaliser ou éventuellement à relocaliser leur activité productive dans le pays ayant mené cette politique de baisse du coût du travail. C'est ce qui a poussé les derniers gouvernements en France à consacrer des dizaines de milliards d'euros pour baisser les cotisations sociales depuis 1993, en particulier sur les bas salaires. Le document 2 rappelle ainsi que le dispositif Fillon visait par exemple à baisser les cotisations sociales pour les salaires compris entre 1 et 1,6 Smic, tandis que le Pacte de responsabilité et le CICE (basculé en réduction de points de cotisations) touchaient un nombre de salariés plus large (jusqu'à 3,5 Smic).

Comme dans chaque paragraphe, on retrouve la **méthode AEI** : on affirme que la baisse du coût du travail permet d'augmenter la demande de travail, on explicite les mécanismes, et on termine par une illustration (ici tirée du document 2).

Les politiques de flexibilité et de formation désignent l'ensemble des mesures qui permettent un ajustement rapide de la quantité et de la qualité du travail, pour permettre aux entreprises de s'adapter rapidement aux variations de l'activité économique. Favoriser la flexibilité quantitative peut passer par une amélioration de la flexibilité quantitative externe (faciliter le recours aux emplois précaires, assouplir les procédures de licenciement par exemple) mais aussi interne (en annualisant par exemple le temps de travail) ou par le recours à la sous-traitance. Cela permet aux entreprises d'adapter facilement la quantité de travail à la conjoncture tout en n'ayant pas peur de recruter dans les périodes intenses d'activité, sachant qu'elles pourront réduire la quantité de travail si l'activité s'essouffle. La flexibilité fonctionnelle peut être favorisée par une intervention étatique. L'État peut ainsi financer des formations adaptées aux exigences du marché du travail pour faciliter la rencontre entre l'offre et la demande, et renforcer la polyvalence des salariés et donc leur qualification (ensemble des compétences d'un actif. On peut aussi parler de qualification de l'emploi pour désigner l'ensemble des compétences liées à un emploi). Il faut aussi faire en sorte que la main d'œuvre puisse suivre pour que l'offre puisse rencontrer la demande. Il faut donc financer des formations, favoriser la mobilité géographique, faciliter les reconversions professionnelles afin de résoudre les problèmes d'appariement de la main-d'œuvre.

N'oubliez pas de faire une **transition** en fin de la première partie pour amener la deuxième partie : cela permet de montrer la cohérence de votre démonstration. .

Nous avons donc montré que les politiques de lutte contre le chômage pouvaient prendre diverses formes selon le type de rigidité à l'origine du chômage. Pourtant, toutes ces politiques s'appuient sur une analyse fondée sur le marché du travail (où l'offre et la demande de travail ne dépendent que du taux de salaire réel). Or le chômage peut avoir d'autres origines, mais pour le comprendre il faut sortir du cadre d'analyse néo-classique.

Attention à l'**espace** que vous laissez **entre les parties** : il doit être plus important que l'espace entre les sous-parties. On doit pouvoir distinguer visuellement les parties des sous-parties.

DÉVELOPPEMENT/ PARTIE 2

Nous allons montrer que le chômage peut aussi être dû à une insuffisance de la demande globale (A). Or, face à ce type de chômage, les politiques visant à lutter contre le chômage structurel, et notamment les politiques d'allégement du coût du travail et de flexibilisation, ne s'avèrent pas efficaces et peuvent même aggraver la situation (B). Il est donc nécessaire, dans ce cas, de privilégier des politiques macroéconomiques de soutien de la demande globale (C).

SOUS-PARTIE 1

L'**annonce de votre deuxième partie** ne vous dispense pas d'annoncer ensuite le **contenu de votre première sous-partie**.

Si l'on considère que le chômage peut être dû à une insuffisance de la demande globale : cela nécessite de sortir du modèle d'analyse du marché du travail néo-classique.

De nouveau, la **méthode AEI** : on affirme que le chômage peut s'expliquer par la faiblesse de la demande globale (on en profite pour définir la notion), on explicite au travers des mécanismes vus en cours, et enfin on illustre, ici en prenant appui sur le document 4.

Le chômage peut s'expliquer par la faiblesse de la demande globale. Cette dernière peut se définir comme l'ensemble de la demande de biens et de services adressée aux producteurs d'un pays. Elle est composée de la demande intérieure (consommation et investissement) et extérieure (exportations). Or effectivement, si cette demande globale est faible, les entreprises auront des perspectives d'avenir moroses : la demande effective, c'est-à-dire du niveau de consommation et d'investissement auxquels s'attendent les chefs d'entreprise, sera impactée négativement. Avec de telles perspectives pessimistes, rares seront les projets d'investissements qui seront menés, ce qui limitera l'activité et donc l'emploi. Les anticipations constituent le critère fondamental du recrutement pour un employeur. Ce sont les anticipations pessimistes liées à une demande globale déprimée qui constitueraient, selon l'économiste Keynes, le premier frein à l'embauche, avant les éventuelles difficultés de recrutement, les freins liés au coût du travail ou aux contraintes liées à l'embauche. Ainsi, dans le document 4, on note que sur 100 entreprises (de plus de 20 salariés dans l'industrie, et de plus de 10 salariés dans le bâtiment et les services marchands), 22 considéraient que l'incertitude sur la situation économique constituait une barrière à l'embauche. Cette part atteint même 34 % si l'on se concentre sur le secteur du bâtiment.

Ce changement de perspective nécessite donc de sortir du modèle d'analyse du marché du travail néo-classique. En effet, selon les néo-classiques, la demande de travail ne dépend que du taux de salaire réel : par conséquent, il suffit de baisser le taux de salaire réel pour stimuler la demande de travail. Le modèle n'intègre donc pas la demande effective comme élément décisif du chômage. Keynes suggère donc d'abandonner cette représentation du marché du travail pour se centrer sur le marché des biens et des services, qui permet d'évaluer le niveau de la demande globale. Ce serait en stimulant cette demande globale que les perspectives de consommation et d'investissement des acteurs économiques s'amélioreraient. Ces derniers seraient incités à investir, ce qui permettrait de la relancer, donc de relancer l'activité économique, et donc l'emploi. C'est ce qui ressort du document 1. En effet, à la suite de la crise de 2008 puis de la crise de la dette grecque, la consommation des ménages en Grèce a plongé de façon spectaculaire : en 2010, la consommation a baissé de 7 %, puis de nouveau de 10 % en 2011. Le PIB de la Grèce a suivi la même trajectoire : le PIB a baissé de 5 % en 2010 puis de nouveau de 9 % en 2011, ce qui s'est traduit par une explosion du taux de chômage. À l'inverse, lorsque les dépenses de consommation se sont stabilisées à partir de 2014, le PIB lui aussi a cessé de diminuer et la situation sur le marché du travail a cessé de se dégrader.

Pensez à la **transition** entre les deux sous-parties.

Face à un chômage de cette nature, les politiques issues d'une analyse en termes de marché du travail néo-classiques risquent alors d'être inopérantes.

SOUS-PARTIE 2

En cas de chômage lié à une insuffisance de la demande globale, les politiques visant à lutter contre le chômage structurel, et notamment les politiques d'allègement du coût du travail et de flexibilisation, ne s'avèrent pas efficaces et peuvent même aggraver la situation.

N'hésitez pas à **mobiliser** également **vos connaissances** personnelles pour illustrer vos propos.

Concernant les politiques d'allégement du coût du travail, si le chômage est dû à une insuffisance de la demande effective, il est inutile et même contre-productif de vouloir réduire le coût du travail. En effet, si les autorités décident d'une baisse du coût du travail passant par exemple par un abaissement du salaire minimum, cette baisse du salaire minimum va se traduire par une amputation de la consommation, donc de la demande globale. Cette amputation est d'autant plus importante que cette baisse du salaire minimum va impacter les bas revenus, qui ont la plus forte propension à augmenter si l'on suit la loi psychologique fondamentale énoncée par Keynes. Cette baisse de la demande globale risque de dégarnir le carnet de commandes des entreprises, et d'impacter négativement le moral des chefs d'entreprise : ce pessimisme poussera les chefs d'entreprise à anticiper la baisse des ventes (baisse de la demande effective), ce qui les incitera à réduire leur niveau de production… et donc à licencier. Les politiques d'allégement du coût du travail ont donc un effet contre-productif sur le niveau de demande globale, et donc sur la demande anticipée. C'est ce qu'a montré Keynes à la suite de la crise de 1929, où les faits ont montré que les politiques de lutte contre le chômage fondées sur l'abaissement du coût du travail échouaient en cas de chômage « keynésien » : ce fut par exemple, en France, le cas du plan Laval en 1935.

Les politiques de flexibilisation du marché du travail sont également inefficaces en cas de chômage conjoncturel, et en particulier les mesures de flexibilité externe. En effet, les politiques visant à faciliter les licenciements et à faciliter le recours aux contrats précaires (contrats à durée déterminée, intérim) ou aux contrats à temps partiel créent une incertitude plus grande pour les salariés. Les travailleurs qui n'arrivent pas à obtenir un emploi typique (contrat à durée indéterminée à temps plein) ont des revenus irréguliers, les contrats à durée déterminée étant entrecoupés le plus souvent de périodes de chômage. Ces revenus sont en outre limités, notamment pour les personnes à temps partiel. Ces revenus irréguliers et souvent faibles entament la consommation des ménages, d'autant que face à cette incertitude liée à ce type d'emploi, les ménages tendent dès que possible à se constituer une épargne de précaution, ce qui ampute encore davantage la consommation. On retrouve alors le cercle vicieux décrit plus tôt : la faible consommation réduit la demande globale, ce qui entame la confiance des chefs d'entreprise : la demande effective étant faible, le niveau de production se contracte, ce qui génère du chômage.

Transition.

Les politiques d'allégement du coût du travail et de flexibilisation n'étant pas efficaces pour lutter contre le chômage conjoncturel, cela explique que d'autres politiques puissent être menées si le chômage est lié à une insuffisance de la demande globale.

SOUS-PARTIE 3

Lorsque le chômage est d'origine conjoncturelle, il est donc nécessaire de privilégier des politiques macroéconomiques de soutien de la demande globale, car c'est elle qui peut relancer la demande effective. Cela peut passer par plusieurs instruments.

Comme toujours, **on affirme** d'abord, **on définit les notions** au besoin (ici, politiques conjoncturelles, puis politique monétaire et budgétaire), avant d'**expliciter les mécanismes**, et de **terminer par un exemple**.

D'abord, les autorités peuvent mener des politiques conjoncturelles expansionnistes, c'est-à-dire des politiques visant à stimuler l'activité économique à court terme. Il en existe deux types : la politique monétaire expansionniste et la politique budgétaire expansionniste. Une politique monétaire expansionniste consiste à stimuler l'activité économique en augmentant la quantité de monnaie dans une économie par différents moyens comme le taux d'intérêt directeur. En effet, en baissant le taux d'intérêt directeur, la banque centrale espère que cette baisse sera répercutée par les banques commerciales, ce qui permettra de faire baisser les taux d'intérêt proposés aux acteurs économiques. Cette baisse des taux d'intérêt rend plus profitables certains investissements, ce qui peut doper la demande globale : la relance de la production qui en résulte se traduirait alors par des créations d'emplois, et donc un recul du chômage. Une politique budgétaire de relance peut également relancer l'emploi : cette politique conjoncturelle consiste à stimuler l'activité économique en jouant sur le budget de l'État : l'État peut augmenter les revenus de transferts tout en réduisant le niveau des prélèvements obligatoires. Cela permet de stimuler la consommation et l'investissement, ce qui, couplé en parallèle à une relance des investissements publics, va stimuler la demande globale et donc la production et l'emploi. Ces politiques ne sont toutefois pas sans risques, en particulier dans une économie ouverte, notamment parce qu'elles peuvent engendrer de l'inflation et un déséquilibre de la balance commerciale. Ce fut notamment le problème de la politique de relance menée par M. Mitterrand en 1981. Ces mesures ne conviennent pas non plus si le chômage a des causes structurelles.

Montrez, quand vous le pouvez, que vous avez quelques **connaissances d'histoire des faits économiques**.

Une autre possibilité pour relancer la demande globale consiste à opérer une politique de redistribution en faveur des ménages aux revenus les plus modestes. En effet, selon la loi psychologique fondamentale de Keynes déjà évoquée plus haut, les ménages les plus modestes ont une propension à consommer plus forte que les ménages les plus aisés. Par conséquent, une relance de la consommation peut passer par des revenus de transferts à destination des ménages les plus modestes, qui seraient financés par des prélèvements obligatoires principalement centrés sur les ménages les plus aisés. Une augmentation du salaire minimum peut aussi contribuer à augmenter le pouvoir d'achat des plus modestes afin de stimuler leur consommation. On retrouverait alors le cercle vertueux décrit plus haut : une forte demande globale améliore les perspectives d'avenir des employeurs, et cet optimisme peut faire naître de nouveaux projets d'investissement, ce qui stimule en retour la demande globale, donc la production et l'emploi. Là encore, ces mesures ne sont pas sans risques dans le cadre d'une économie ouverte (risque d'exil fiscal, de perte de compétitivité et donc d'attractivité du territoire) et ne sont pas adaptées à un chômage davantage structurel.

CONCLUSION

On doit clairement voir apparaître dans votre conclusion la **réponse apportée à votre sujet**.

Face au chômage, on a pu constater que des politiques très différentes ont été menées. Cela s'explique par le fait que les causes du chômage peuvent être différentes : chômage structurel ou conjoncturel. Par conséquent, les politiques de lutte contre le chômage essaient de s'adapter en fonction du type de chômage rencontré, amenant parfois à des politiques différentes et parfois même opposées. Il apparaît donc fondamental de ne pas se tromper dans le diagnostic sur le type de chômage rencontré pour ne pas se tromper de remède et pour que les mesures soient appropriées et efficaces.

Dans le deuxième temps de votre conclusion, proposez un **élargissement** (une « ouverture ») qui pourrait faire l'objet d'un autre sujet. Ne reposez pas la question traitée dans votre développement : cela signifierait implicitement que vous n'y avez pas répondu.

Mais si la question du chômage invite à s'interroger sur la capacité de chaque politique de lutte contre le chômage à créer davantage d'emplois, il serait également opportun de s'intéresser à la qualité des emplois que génère chaque type de politique de lutte contre le chômage, car le travail et l'emploi sont au cœur de l'intégration sociale. On peut notamment s'interroger sur le caractère intégrateur des emplois créés grâce aux politiques de flexibilisation du marché du travail.

Exemple d'épreuve composée corrigée

SESSION DU BAC ANNÉE LAIRE

PARTIE 1 • Mobilisation des connaissances *(4 points)*

• Distinguez la définition des classes sociales de Karl Marx de celle de Max Weber.

PARTIE 2 • Étude d'un document *(6 points)*

Temps partiel et sous-emploi en 2018	Temps partiel (en %)			Sous-emploi (en %)		
	Ensemble	Femmes	Hommes	Ensemble	Femmes	Hommes
Catégories socioprofessionnelles						
Agriculteurs, artisans, commerçants, chefs d'entreprise	16,4	25,5	11,6	6,1	8,3	4,9
Cadres	9,7	16,3	5,2	1,7	2,6	1,2
Professions intermédiaires	15,0	23,1	6,0	3,7	5,0	2,1
Employés qualifiés	23,3	28,3	3,3	6,3	7,4	2,8
Employés non qualifiés	42,2	47,4	24,8	15,7	17,2	10,5
Ouvriers qualifiés	7,7	18,6	6,1	3,3	6,4	2,9
Ouvriers non-qualifiés	20,5	39,2	11,2	9,5	15,7	6,4
Âge						
15-24 ans	24,7	34,2	16,9	10,9	15,3	7,3
25-49 ans	16,0	26,8	6,0	5,6	8,2	3,1
50 ans et plus	21,7	32,8	10,9	5,3	7,8	3,0
Ensemble	**18,5**	**29,3**	**8,4**	**6,0**	**8,6**	**3,5**
Effectifs (en milliers)	**5 015**	**3 831**	**1 184**	**1 614**	**1 129**	**485**

Champ : France hors Mayotte, population des ménages, personnes en emploi.

Source : enquête Emploi 2018, Insee.

1 • Vous caractériserez le phénomène du sous-emploi en 2018 en France.

2 • À l'aide des données du document et de vos connaissances, montrez que les frontières entre chômage, emploi et inactivité peuvent être incertaines.

PARTIE 3 • Raisonnement s'appuyant sur un dossier documentaire *(10 points)*

SUJET *Vous montrerez que les inégalités économiques et sociales présentent un caractère multiforme et cumulatif.*

DOCUMENT 1

Le niveau de vie peut être la cause directe d'un état de santé plus ou moins bon, et donc d'une durée de vie plus ou moins longue. Ainsi, les difficultés financières peuvent limiter l'accès aux soins. Par exemple, d'après l'enquête Santé et protection sociale de 2014, 11 % des adultes parmi les 20 % les plus modestes disent avoir renoncé pour des raisons financières à consulter un médecin au cours des 12 derniers mois, contre 1 % des adultes parmi les 20 % les plus aisés. [...] Le niveau de vie a aussi un effet indirect sur la santé, parce qu'il est lié à des facteurs également associés à une santé plus ou moins bonne comme la catégorie sociale, le diplôme ou la région de résidence. Les cadres ont un niveau de vie élevé et sont moins soumis aux risques professionnels (accidents, maladies, exposition à des produits toxiques) que les ouvriers. De même, les comportements moins favorables à la santé sont plus fréquents chez les non-diplômés que chez les diplômés. Par exemple, d'après le Baromètre Santé 2016, 39 % des personnes âgées de 15 à 64 ans sans diplôme fument quotidiennement, contre seulement 21 % des diplômés du supérieur. Par ailleurs, un faible niveau de vie peut également être la conséquence d'une mauvaise santé plutôt qu'en être la cause. Une santé défaillante peut freiner la poursuite d'études, l'exercice d'un emploi ou l'accès aux emplois les plus qualifiés. ■

Nathalie Blanpain, « L'espérance de vie par niveau de vie chez les hommes, 13 ans d'écart entre les plus aisés et les plus modestes », *Insee Première*, n° 1687, février 2018

DOCUMENT 2

Les inégalités entre les femmes et les hommes en France		
	Femmes	**Hommes**
Part des emplois à temps partiel parmi les personnes en emploi en 2018, en %	29,3	8,4
Part du sous-emploi1 parmi les personnes en emploi en 2018, en %	8,6	3,5
Part des personnes de 20 à 69 ans ayant déclaré avoir été victimes de violences sexuelles au cours de leur vie en 2015, en %	14,5	3,9
Espérance de vie à la naissance en 2014, en années	85,3	79,5
Part parmi les députés en 2017 en %	39	61
Part parmi les réalisateurs de longs métrages en 2017, en %	23	77

Source : d'après *Vers l'égalité réelle entre les femmes et les hommes, édition 2019*, secrétariat d'État chargé de l'Égalité entre les femmes et les hommes et de la Lutte contre les discriminations, 2019.

1. Le sous-emploi désigne la situation des personnes actives occupées travaillant à temps partiel et souhaitant travailler davantage.

DOCUMENT 3

Temps de travail domestique des femmes et des hommes selon le temps de travail

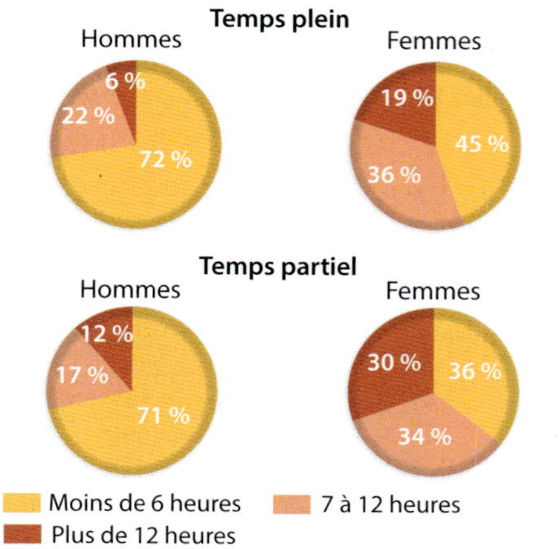

Champ : salariés de France métropolitaine ayant répondu au questionnaire auto-administré.

CORRIGÉ

Soyez bien attentif-ve à la consigne. Le verbe « distinguer » consiste à mettre en lien deux éléments pour faire ressortir leurs différences. Il faut donc éviter de présenter d'un côté la thèse de Marx, de l'autre la thèse de Weber, sans faire de liens entre ces deux thèses. Mieux vaut montrer, point par point, les nombreuses différences entre les deux analyses.

PARTIE 1 ■ Mobilisation des connaissances

Chez Marx, l'appartenance à une classe sociale dépend de la place occupée dans les rapports de production. Il distingue donc deux classes : ceux qui possèdent les moyens de production (les capitalistes) et ceux qui ne les possèdent pas et qui doivent donc vendre leur force de travail (les prolétaires). Alors que chez Weber, l'appartenance à une classe sociale dépend de la richesse des individus, donc de la quantité de biens qu'ils peuvent se procurer.

Surtout, Marx considère que les individus ayant la même place dans les rapports de production et des intérêts communs constituent une classe-en-soi, et peuvent devenir une classe-pour-soi si les individus composant cette classe ont conscience de ces intérêts communs et s'organisent pour les défendre. On a donc bien une vision réaliste des classes sociales : les classes sociales peuvent se mobiliser et leur lutte peut prendre une forme concrète (notamment lors de conflits). Weber, quant à lui, conçoit les classes sociales davantage comme des catégories statistiques : il adopte une vision nominaliste des classes sociales.

De fait, chez Marx, les classes sociales sont en lutte et « l'histoire de toute société, c'est l'histoire de la lutte des classes » : les conflits de classe constituent le moteur de l'évolution des sociétés, alors que les classes sociales chez Weber n'entrent pas nécessairement en conflit du fait de la conception nominaliste adoptée, et de l'existence d'autres groupes (groupes de statut, partis politiques) résultant de son analyse multidimensionnelle.

PARTIE 2 ■ Étude d'un document

Question 1

Présentez le document et l'idée générale que vous allez défendre pour répondre à la question.

Ce tableau à double-entrée de l'Insee issu de l'enquête Emploi 2018 présente, parmi les personnes en emploi, la part des individus à temps partiel et en sous-emploi en 2018 selon le sexe, l'âge et la catégorie socioprofessionnelle en France (hors Mayotte). Si le temps partiel désigne toute personne n'ayant pas un emploi à temps plein (35 heures par semaine en France), ce temps partiel peut être choisi par certains individus. Ce n'est pas le cas des individus en sous-emploi, puisque le sous-emploi désigne les individus à temps partiel subi, c'est-à-dire qui aimeraient travailler davantage. Ce sous-emploi touche inégalement la population selon la catégorie socioprofessionnelle et le sexe.

Cette question vise à vérifier la maîtrise des savoir-faire. Il est donc indispensable d'effectuer un travail de **sélection des données les plus pertinentes** pour répondre à la question posée, et de proposer des **lectures de données statistiques**.

Le sous-emploi touchait, en 2018, 6 % des individus en emploi, soit environ 1 614 000 personnes en emploi : cela concerne donc à peu près un tiers des personnes à temps partiel (qui dépasse les cinq millions d'individus). Ce sous-emploi touche surtout les personnes non-qualifiées, les jeunes et les femmes. En effet, sur 100 employés non-qualifiés, 15,7 sont en situation de sous-emploi : ils sont donc presque trois fois plus exposés au risque de sous-emploi que la moyenne, et presque dix fois plus que les cadres. Si l'on prend le critère de l'âge, plus d'un jeune sur 10 est en situation de sous-emploi, soit une probabilité deux fois plus importante que pour les autres tranches d'âge. Enfin, sur 100 femmes, 8,6 sont en situation de sous-emploi, soit un écart de 5,1 points de pourcentage avec les hommes, dont le risque d'être en sous-emploi est environ 2,5 fois moindre.

Le phénomène du sous-emploi touche donc une minorité des personnes en emploi, mais se concentre principalement sur certaines catégories de population comme les personnes non qualifiées, les jeunes et les femmes.

N'oubliez pas de **définir la ou les notions de SES contenues dans la question**.

Question 2

A priori, les personnes en emploi ne sont pas au chômage, puisque le chômage concerne par définition les personnes sans emploi et qui en cherchent un (les actifs inoccupés). Les personnes en emploi ne peuvent pas non plus être inactives (c'est-à-dire n'ayant pas d'emploi et n'en recherchant pas), dans la mesure où elles ont un emploi. Pourtant, les frontières entre chômage, emploi et inactivité peuvent être incertaines, notamment dans des situations de sous-emploi ou de temps partiel.

Pensez à **présenter l'ensemble des mécanismes ou phénomènes utiles pour répondre à la question**, en n'oubliant pas de **définir les notions mobilisées** et d'**illustrer** vos propos.

En effet, en France, en 2018, selon l'Insee, sur 100 personnes en emploi, 6 sont en sous-emploi : autrement dit, il s'agit d'individus à temps partiel et qui aimeraient travailler davantage, comme par exemple un salarié à mi-temps qui préférerait avoir un temps plein. Ils sont donc à la frontière entre emploi (ils ont bien un emploi) et chômage (ils sont en recherche d'un emploi avec un nombre d'heures plus conséquent). Ce phénomène touche en particulier les personnes non qualifiées, les jeunes et les femmes. Mais le sous-emploi ne concerne qu'une partie des individus à temps partiel. En effet, environ deux tiers des individus à temps partiel ne sont pas en sous-emploi, ce qui sous-entend que leur temps partiel est volontaire : leur temps se partage donc là aussi entre emploi (qui correspond à la durée de leur temps partiel) et inactivité (qui correspond à l'écart entre le temps partiel et un temps plein). Cela concerne notamment les femmes, puisque, sur 100 femmes en emploi, 29,3 sont à temps partiel. Cette situation concerne également une partie non négligeable des employés, sachant que cette PCS est largement féminisée. Dans cette situation floue entre chômage et inactivité, il faudrait également intégrer le « halo du chômage », c'est-à-dire des individus qui ne sont pas du tout en emploi et qui, bien que souhaitant trouver un emploi, n'en recherchent pas un activement ou ne sont pas disponibles immédiatement. C'est par exemple le cas des individus en recherche d'emploi mais qui suivent une formation.

Les frontières entre chômage, emploi et inactivité peuvent donc être incertaines, et les données du document montrent que les individus à la frontière entre ces différentes situations sont relativement nombreux, notamment dans certaines catégories de population.

PARTIE 3 ■ Raisonnement s'appuyant sur un dossier documentaire

INTRODUCTION

Vérifiez que votre introduction intègre bien la **définition des mots-clés**, votre **problématique** et l'**annonce du plan**.

Le succès du livre *Le Capital au XXI*[e] *siècle* de Thomas Piketty, dans lequel il montre que les inégalités économiques ont augmenté de façon sensible ces dernières années, a remis sur le devant de la scène le thème des inégalités sociales, que l'on peut définir comme des différences de ressources socialement valorisées à l'intérieur de la société, c'est-à-dire des différences engendrant des avantages et des désavantages. Cela intègre bien sûr les inégalités économiques (inégalités de revenus et de patrimoine), mais aussi d'autres inégalités sociales comme les inégalités d'espérance de vie, de réussite scolaire, d'accès à la culture légitime... Or les études statistiques montrent que ces inégalités ont souvent tendance à se cumuler : ceux qui sont victimes d'inégalités économiques sont également victimes d'inégalités dans d'autres domaines (scolaire, santé...), et inversement.

On peut s'interroger sur les mécanismes permettant de comprendre comment ces inégalités ont tendance à s'accumuler et se renforcer.

Après avoir montré que les inégalités économiques se cumulent, s'entretiennent et provoquent d'autres inégalités sociales, nous verrons que ces dernières favorisent également les inégalités économiques, les inégalités faisant ainsi « système ».

DÉVELOPPEMENT / PARTIE 1

Si les inégalités économiques se cumulent et s'entretiennent (A), elles provoquent également d'autres inégalités sociales (B).

SOUS-PARTIE 1

Les inégalités économiques tendent à se cumuler et à s'auto-entretenir, que l'on prenne le critère des catégories socioprofessionnelles, mais aussi d'autres critères comme l'âge ou le sexe.

Ce cumul d'inégalités est notamment particulièrement manifeste concernant les catégories socioprofessionnelles. En effet, les inégalités de revenus primaires sont importantes entre PCS, notamment les inégalités de revenus du patrimoine, ce qui ne permet pas aux individus appartenant aux PCS victimes des inégalités (ouvriers, employés) d'épargner. Ils ne peuvent donc que très difficilement se constituer un patrimoine. Les inégalités de patrimoine sont donc encore beaucoup plus fortes que les inégalités de revenus. Par exemple, en France, les 10 % les plus fortement dotés en patrimoine détiennent presque la moitié du patrimoine total. Évidemment, ces inégalités de patrimoine génèrent à leur tour des inégalités de revenus du patrimoine. Ce mécanisme cumulatif s'est accentué parce que les revenus du patrimoine ont augmenté plus vite que les revenus du travail ces dernières années.

Appliquez la **méthode AEI** pour chacun de vos paragraphes.

Lorsque vous utilisez les documents, pensez à proposer les **lectures des données statistiques** les plus pertinentes par rapport à ce que vous voulez montrer.

Les mécanismes décrits peuvent également permettre de comprendre le cumul des inégalités économiques dont sont victimes les jeunes et les femmes. Les jeunes étant davantage touchés par le chômage et ayant des revenus plus faibles en début de carrière, ils ont des difficultés à se constituer un patrimoine et à en tirer un revenu. À temps plein, les femmes ont un salaire en moyenne 16 % plus faible que les hommes, ce qui les freine dans la constitution d'un patrimoine, mais aussi pour les revenus futurs (pensions de retraite notamment). Et ce sont souvent elles qui se mettent à temps partiel, renforçant encore les inégalités de revenus. Selon le document 2, sur 100 femmes en emplois, 29 le sont à temps partiel, soit 20 points de plus que pour les hommes.

SOUS-PARTIE 2

Les inégalités économiques tendent également à provoquer d'autres inégalités sociales, que ce soit face à la santé et à la mort, mais aussi face à l'enseignement et à la culture.

D'abord, les inégalités économiques peuvent provoquer des inégalités face à la santé et à la mort : les inégalités économiques dont sont victimes les employés et les ouvriers expliquent partiellement les inégalités qu'ils subissent en termes d'espérance de vie, puisqu'ils vivent en moyenne six ans de moins que les CPIS. En effet, ces écarts d'espérance de vie s'expliquent en partie par des difficultés financières. Comme l'indique le document 1, « les difficultés financières peuvent limiter l'accès aux soins » : ainsi « 11 % des adultes parmi les 20 % les plus modestes disent avoir renoncé pour des raisons financières à consulter un médecin au cours des douze derniers mois, contre 1 % des adultes parmi les 20 % les plus aisés ». Les individus subissant les inégalités économiques (comme les ouvriers) sont également souvent exposés à des risques professionnels plus élevés, ce qui explique là aussi l'espérance de vie plus limitée.

Les inégalités économiques génèrent également des inégalités face à l'enseignement et à la culture. Les inégalités économiques peuvent empêcher certaines familles d'inciter leurs enfants à faire des études longues... et donc coûteuses, comme l'a montré l'analyse de Raymond Boudon sur les inégalités scolaires. D'autant que ce coût a eu tendance à s'envoler, que ce soit à cause du coût croissant de certaines formations (notamment des écoles privées) ou à cause de la hausse des coûts indirects, comme les dépenses de logement (avec la flambée des loyers dans les grandes villes). De même, l'accès à la culture légitime, socialement valorisée par les catégories dominantes, peut s'avérer coûteux (coût d'une place de théâtre, d'opéra...), et empêcher les catégories qui subissent des inégalités économiques d'y accéder. S'il existe souvent des tarifs jeunes pour éviter ce cumul d'inégalités, de telles mesures n'existent quasiment jamais concernant les inégalités économiques entre PCS.

N'oubliez pas de faire des **transitions** entre vos différentes parties.

Les inégalités économiques tendent donc à se cumuler, mais aussi à engendrer d'autres inégalités sociales. Or celles-ci ont également tendance à se cumuler, à s'auto-entretenir et à générer en retour des inégalités économiques.

DÉVELOPPEMENT / PARTIE 2

Annonce de la deuxième partie

Les inégalités tendent à « faire système », puisque les inégalités sociales tendent à se cumuler et à s'auto-entretenir (A), et provoquent en retour des inégalités économiques (B).

Les inégalités sociales ont tendance à se cumuler et à s'auto-entretenir.

SOUS-PARTIE 1

Les inégalités de capital culturel jouent à cet égard un rôle essentiel par rapport aux autres inégalités, puisqu'elles ont des effets décisifs sur la réussite scolaire et les diplômes. En effet, ces ressources culturelles transmises par le milieu social d'origine conditionnent plus ou moins la réussite scolaire, selon l'importance et la légitimité que l'école leur accorde. Or le capital culturel des milieux sociaux favorisés (les cadres et professions intellectuelles notamment) a plus d'affinités que celui des milieux sociaux populaires (ouvriers, employés) avec les attentes de l'École, par conséquent les enfants de cadres réussissent nettement mieux à l'école. Les inégalités de capital culturel se transforment donc en inégalités scolaires. Les inégalités d'accès à l'enseignement supérieur ne relèvent donc pas uniquement d'inégalités de capital économique, mais aussi d'inégalités de capital culturel, décisives, selon Bourdieu. On retrouve le même mécanisme concernant le genre : la socialisation des filles est différente de celle des garçons, et correspond là aussi davantage aux attentes de l'École. Les filles sont donc avantagées par rapport aux garçons, ces derniers étant plus souvent en échec scolaire. Mais les filles, du fait d'une socialisation différenciée selon le genre qui valorise moins l'ambition et la compétition chez elles que chez les garçons, s'orientent moins vers les filières les plus prestigieuses.

Pensez à citer les **auteurs** qui vous semblent incontournables sur votre sujet.

Or ces inégalités scolaires entraînent de nombreuses autres inégalités sociales, que ce soit par rapport à la santé, au prestige social ou encore à la répartition des tâches domestiques. En effet, les inégalités scolaires ont notamment des effets sur la santé : comme le montre le document 1, « les comportements moins favorables à la santé sont plus fréquents chez les non-diplômés que chez les diplômés. Par exemple, d'après le Baromètre Santé 2016, 39 % des personnes âgées de 15 à 64 ans sans diplôme fument quotidiennement, contre seulement 21 % des diplômés du supérieur ». En outre les inégalités de diplôme, couplées à une répartition encore souvent inégale des tâches domestiques au sein des couples (au détriment des femmes) et au maintien d'une certaine discrimination envers les femmes, expliquent que les femmes continuent à être bloquées par un « plafond de verre » leur rendant beaucoup plus difficile l'accès aux professions les plus prestigieuses, et donc à un statut social privilégié. Ainsi, le document 2 rappelle que sur 100 députés en 2017, seuls 39 sont des femmes, et qu'elles ne représentent qu'un gros quart des réalisateurs de longs-métrages.

Vous pouvez **utiliser plusieurs documents dans une même partie** pour illustrer vos propos. De même, **un document peut être mobilisé à plusieurs moments** dans votre devoir.

SOUS-PARTIE 2

Ces inégalités génèrent en retour des inégalités économiques. Ainsi, les inégalités de réussite scolaire se transforment en inégalités de revenus, les personnes ayant fait de longues études ayant souvent des revenus bien supérieurs à celles qui n'ont pas réussi à avoir un diplôme élevé et/ou recherché sur le marché du travail. Souvent, ceux qui ont un diplôme prestigieux et donc un poste et des revenus importants sont issus des catégories sociales favorisées, et possédaient donc déjà un patrimoine relativement confortable. Les inégalités sociales viennent donc aggraver ces inégalités économiques, tout en les légitimant *via* le parcours scolaire.

Les inégalités ont donc tendance à « faire système », puisque les inégalités économiques provoquent des inégalités sociales, qui elles-mêmes, sous l'effet notamment des inégalités de capital culturel et scolaire, génèrent des inégalités économiques. Par exemple, dans le cas des femmes, les inégalités sociales issues de la socialisation différenciée selon le genre créent des inégalités dans l'accès aux diplômes et aux emplois les plus prestigieux. Couplée à la répartition encore souvent inégale des tâches domestiques, cela pousse les femmes à prendre davantage de temps partiel : le document 2 rappelle ainsi que sur 100 femmes en emploi, 29,3 étaient à temps partiel en 2018, contre seulement 8,4 % des hommes. Cela réduit de fait encore leurs ambitions professionnelles et leurs revenus... et aggrave encore la répartition des tâches domestiques. Ainsi, le document 3 montre que sur 100 femmes en emploi à temps plein, 19 d'entre elles passent plus de douze heures par semaine dans les tâches domestiques. Cette part atteint 30 % dès lors que les femmes sont à temps partiel. Ce renforcement de la répartition inégale des tâches domestiques risque alors de contribuer à la socialisation différenciée selon le genre de la génération suivante.

On retrouve encore la **méthode AEI** : Affirmez, Explicitez, puis Illustrez.

CONCLUSION

Les inégalités font donc système car elles tendent à se cumuler et à se renforcer : les inégalités économiques se cumulent et engendrent d'autres inégalités sociales, qui elles-mêmes tendent à s'additionner et à renforcer en retour les inégalités économiques. Nous avons donc bien mis en évidence, à travers la présentation des mécanismes d'auto-entretien des inégalités, les raisons pour lesquelles les inégalités ont tendance à se cumuler et « font système ».

On pourrait alors s'interroger sur le rôle des pouvoirs publics : doivent-ils limiter les inégalités, et pour quelles raisons ? Si oui, quelles inégalités combattre en priorité pour que l'action soit la plus efficace possible ?

Répondez au sujet en rappelant votre démonstration. Une **ouverture** pertinente sera toujours appréciée.

Dissertation

SESSION DU BAC ANNÉE PAIRE

SUJET *Comment expliquer les crises financières ?*

DOCUMENT 1

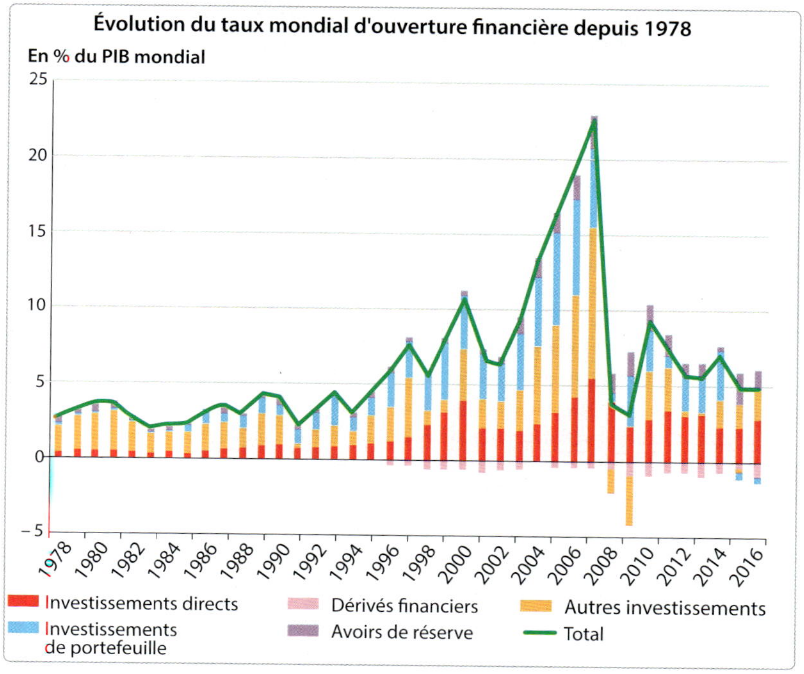

Lecture : en 2007, le taux mondial d'ouverture financière, c'est-à-dire la demi-somme des flux financiers internationaux, représentait 23 % du PIB mondial. Les investissements de portefeuille et surtout les autres investissements représentaient alors environ deux tiers de ces flux financiers.

Source : **Isabelle Bensidoun** et **Jézabel Couppey-Soubeyran**, « Globalisation financière. Après l'exubérance, un reflux des forces déstabilisatrices », *L'économie dévoile ses courbes, in Carnets graphiques*, CEPII, 2018.

DOCUMENT 2

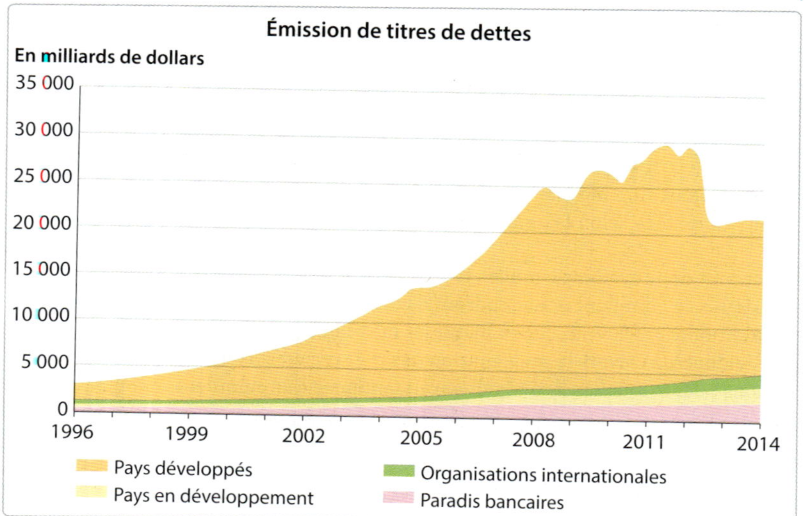

Source : Banque des règlements internationaux.

DOCUMENT 3

Ratio de solvabilité (en %) des grandes banques mondiales

Années	Banques systémiques	Autres grandes banques
2005	8,5	9,5
2006	9	10
2007	8,3	8,7
2008	9,8	9,1
2009	10,8	8,8
2010	12	9,1
2011	11,9	8,8
2012	13,4	9,8
2013	14,2	9,8
2014	13,5	9
2015	14,3	9,2
2016	15	9,2

Note : les données portent sur un échantillon de 97 grandes banques, dont 34 sont systémiques, c'est-à-dire dont la faillite pourrait affecter l'activité économique et qui ont donc été soumises à une réglementation plus contraignante.

Source : **Aurélien Violon**, **Dominique Durant** et **Oana Toader**, « La réglementation des banques systémiques mondiales a atteint son but », www.blocnotesdeleco.banque-france.fr, 17 juillet 2019.

Cahier BAC

Dissertation

SESSION DU BAC ANNÉE PAIRE

SUJET *Le travail est-il toujours source d'intégration sociale ?*

DOCUMENT 1

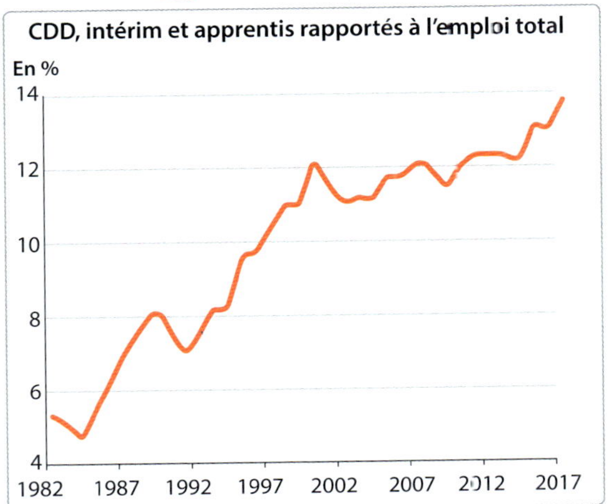

Source : calcul du Centre d'observation de la société, d'après les données de l'Insee.

DOCUMENT 2

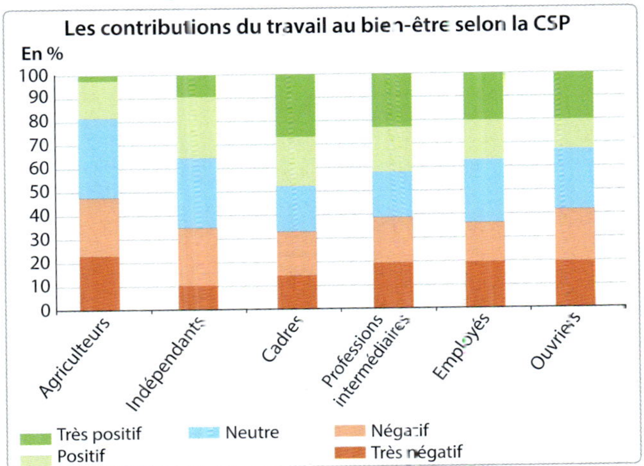

Source : **Thomas Coutrot**, « Travail et bien-être psychologique. L'apport de l'enquête Conditions de travail – Risques psychosociaux de 2016 », Dares, mars 2018.

DOCUMENT 3

Répartition des personnes déclarant se sentir pauvres selon leur statut	En %
En emploi en CDI à temps plein[1]	18
Employés et ouvriers précaires ou à temps partiel	16
Employés et ouvriers à la retraite	16
Employés et ouvriers au chômage	18
Sans activité professionnelle	17
Autres	16
Total	100

1. Cette catégorie regroupe les personnes en emploi à temps plein à l'exception des ouvriers et employés en emplois précaires, classés dans la catégorie suivante.

Source : **Nicolas Duvoux** et **Adrien Papuchon**, « Qui se sent pauvre en France ? Pauvreté subjective et insécurité sociale », *Revue française de sociologie*, vol. 59, n° 4, décembre 2018.

DOCUMENT 4

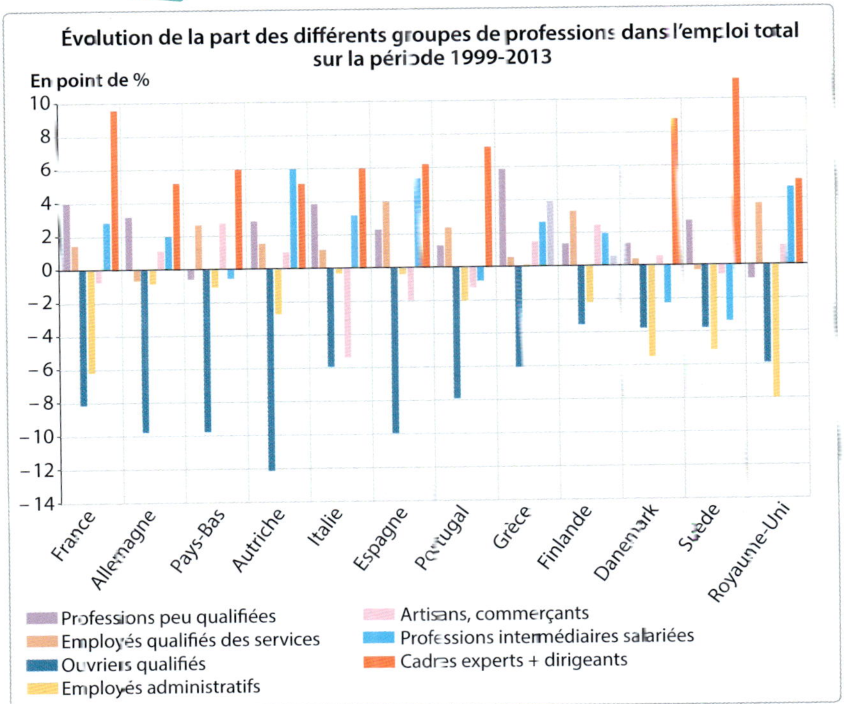

Source : d'après **Camille Peugny** et BNP Paribas, 2018.

Cahier BAC

Dissertation

TOUTES SESSIONS DU BAC

SUJET *L'engagement politique est-il en recul dans les sociétés démocratiques ?*

DOCUMENT 1

Taux d'adhésion aux associations selon la catégorie socioprofessionnelle en 2016

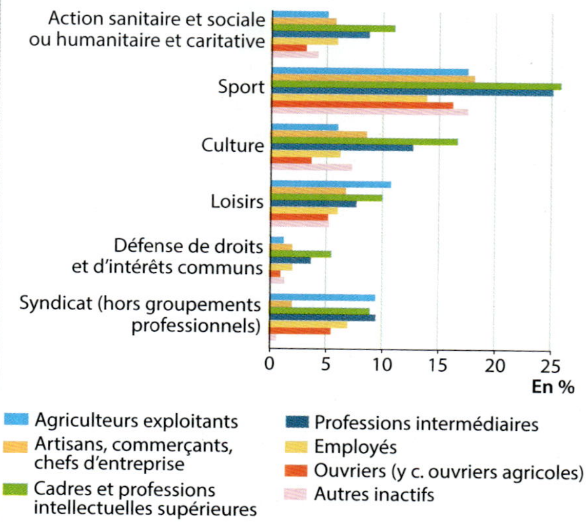

Note : les retraités ont été classés dans leur ancienne catégorie socioprofessionnelle.
Champ : France métropolitaine, personnes âgées de 16 ans ou plus résidant en ménages ordinaires.

Source : Insee, enquête SRCV-Silc, novembre 2018.

DOCUMENT 2

Selon l'enquête que le Centre de recherche pour l'étude et l'observation des conditions de vie (Crédoc) a consacrée en 2006 aux représentations et pratiques de la consommation engagée, 44 % des Français disaient tenir compte des engagements de citoyenneté des entreprises lorsqu'ils achetaient un produit, ce qui représentait une progression de 6 points par rapport à 2002. Parmi eux, 61 % (contre seulement 52 % en 2002) étaient prêts à payer un supplément allant jusqu'à 5 % du prix du produit. Toujours selon le Crédoc, en 2010, 64 % des Français se déclaraient prêts à payer plus cher des produits fabriqués en France, contre 44 % cinq ans plus tôt. Au niveau européen, l'enquête de 2002-2003 de l'European Social Survey, qui fait référence à cette question, indiquait que 24,3 % des citoyens européens déclaraient avoir acheté un produit dans l'année pour des raisons politiques, morales ou environnementales et 17,4 % à avoir boycotté un produit. [...] La consommation engagée est très segmentée socialement. Elle concerne majoritairement des femmes, et des individus d'un âge moyen de 35 ans, ayant un niveau d'éducation supérieur à la moyenne et issus des classes moyennes supérieures. ■

Sophie Dubuisson-Quellier, *La consommation engagée*, Les Presses de Sciences Po, 2e édition, 2018.

DOCUMENT 3

Sondage : « Selon vous, qu'est-ce qui permet aux citoyens d'exercer le plus d'influence sur les décisions prises en France[1] ? »

Moyens d'expression considérés comme les plus efficaces (en pourcentage du total des réponses apportées)				
	Décembre 2010	**Décembre 2013**	**Décembre 2015**	**Décembre 2018**
Voter aux élections	67	63	58	55
Boycotter des entreprises ou des produits	35	29	41	37
Manifester dans la rue	23	32	31	42
Faire grève	20	23	20	27
Militer dans un parti politique	11	7	8	8
Discuter sur Internet, sur un blog ou un forum	4	4	7	5

1. Les répondants pouvaient donner plusieurs réponses.

Note : étude réalisée auprès d'un échantillon de 2 116 personnes inscrites sur les listes électorales, constitué selon la méthode des quotas. Interview réalisée du 13 au 24 décembre 2018.

Source : d'après le Baromètre de la confiance politique, SciencesPo-Cevipof, 2019.

Cahier BAC

Dissertation

SESSION DU BAC ANNÉE IMPAIRE

SUJET *Dans quelle mesure l'action publique pour l'environnement est-elle efficace ?*

DOCUMENT 1

Les émissions de GES[1] ont augmenté de 1,5 % par an au cours de la dernière décennie et n'ont connu qu'une brève stabilisation entre 2014 et 2016. Les émissions totales de GES, y compris celles issues du changement d'affectation des terres, ont atteint le chiffre record de 55,3 Gt éq-CO_2[2] en 2018. Les émissions de CO_2 issues des combustibles fossiles et provenant de la consommation énergétique et de l'industrie, qui représentent la majeure partie du total des émissions de GES, ont augmenté de 2 % en 2018, atteignant le niveau record de 37,5 Gt-CO_2 par an [...]. Bien que les données mondiales fournissent des enseignements utiles pour comprendre l'augmentation continue des émissions, il est nécessaire d'examiner l'évolution des principaux émetteurs afin d'obtenir une vision plus claire des tendances sous-jacentes. Le classement des pays change considérablement lorsque l'on compare les émissions totales et par habitant. Par exemple, il ressort clairement que les émissions par habitant de la Chine se situent désormais dans la même fourchette que celles de l'Union européenne (UE), et sont presque identiques à celles du Japon [...]. Dans la mesure où les membres du G20 représentent environ 78 % des émissions mondiales de GES [...], ils déterminent en grande partie les tendances mondiales en matière d'émissions ainsi que le degré de réalisation de l'objectif visant à combler l'écart en matière de réduction des émissions d'ici à 2030. [...] Toutefois, selon les prévisions actuelles, plusieurs pays membres du G20 (Afrique du Sud, Canada, États-Unis d'Amérique, Indonésie, Mexique et république de Corée) devraient manquer à leurs engagements, ou il est incertain qu'ils les atteindront. L'Argentine, l'Arabie saoudite et la Turquie n'ont pris aucun engagement pour 2020, et plusieurs pays ayant atteint leurs objectifs ont quant à eux pris des engagements peu ambitieux. ■

1. Gaz à effet de serre. 2. Giga tonne équivalent dioxyde de carbone.

Source : *Émissions Gap Report 2019*, PNUD.

DOCUMENT 2

Prix de la tonne de CO_2 depuis 2006 sur le marché européen des quotas d'émission

Année[1]	Prix de la tonne de CO_2 en euros
2006	22,1
2007	3,4
2008	22,5
2009	15,0
2010	13,5
2011	19,0
2012	10,9
2013	7,3
2014	5,3
2015	7,5
2016	8,3
2017	6,5
2018	8,0
2019	24,5
2020	24,5

1. Au 1er janvier.

Source : www.investing.com.

DOCUMENT 3

Émission moyenne en Europe des véhicules neufs pour particuliers, en grammes de CO_2/km

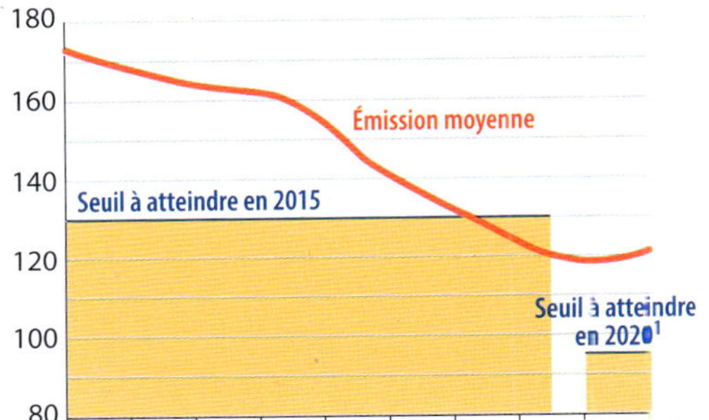

1. Pour 2020, l'UE a abaissé ce seuil de 130 à 95 g de CO_2/km.

Source : Agence européenne pour l'environnement.

DOCUMENT 4

Évolution du PIB de l'Union européenne, des émissions de gaz à effet de serre (GES) et de l'intensité des émissions de GES de l'économie de l'UE

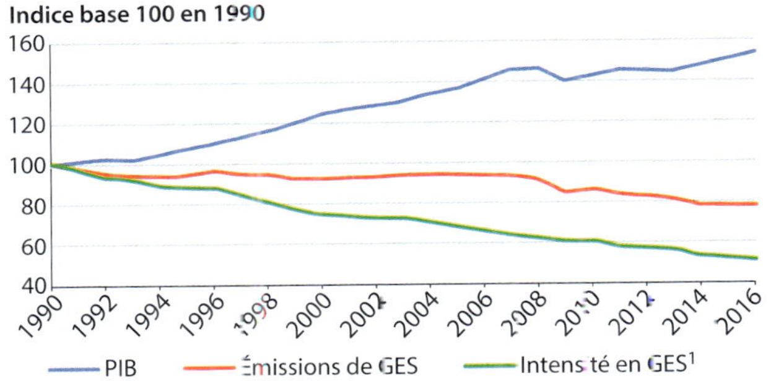

1. Ratio entre les émissions et le PIB.

Source : Commission européenne, *Troisième rapport sur l'état de l'Union de l'énergie*, novembre 2017.

Cahier BAC

Dissertation

TOUTES SESSIONS DU BAC

SUJET *Quelles sont les sources de la croissance économique ?*

DOCUMENT 1

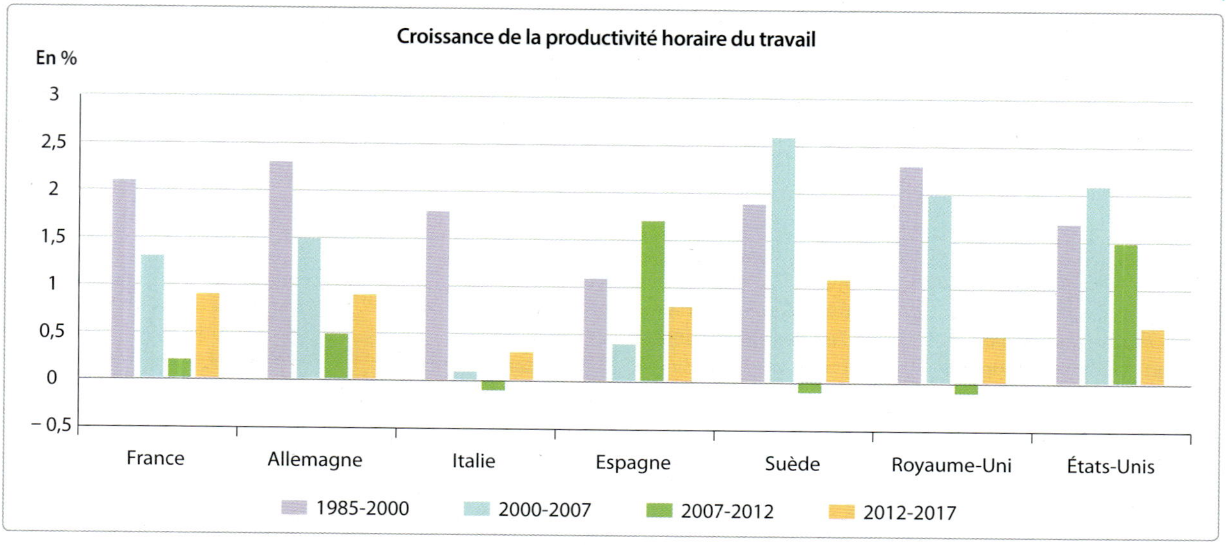

Source : OCDE.

DOCUMENT 2

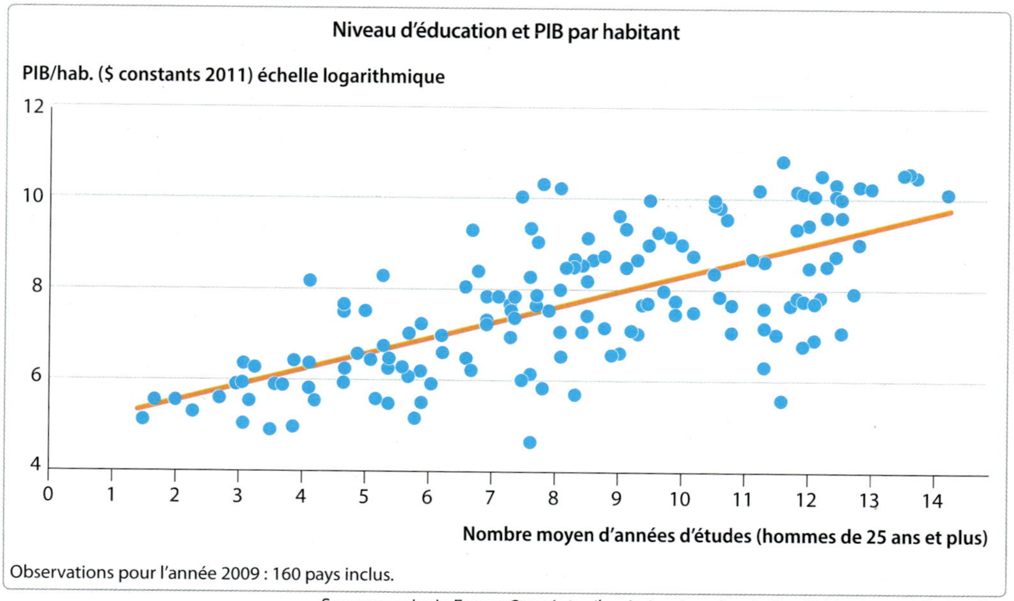

Sources : calculs *France Stratégie*, d'après les données de *HealthMetrics and Evaluation* et de la Banque mondiale, *in* « L'éducation peut-elle favoriser la croissance ? », *France Stratégie*, juin 2016.

DOCUMENT 3

Croissance du PIB et contributions à la croissance, en 2016				
Pays	**Contribution à la croissance (en points de pourcentage)**			**Taux de croissance (en pourcentage)**
	Travail	**Capital**	**PGF[1]**	**PIB**
Allemagne	0,5	0,3	1,2	2,0
Corée du Sud	0,3	1,2	1,3	2,8
États-Unis	0,9	0,5	0,0	1,4
Finlande	0,3	0,1	1,8	2,2
France	0,1	0,5	0.5	1,1
Nouvelle-Zélande	2,5	0,9	0,1	3,5
Royaume-Uni	1,9	0,4	– 0,3	2,0

1. Productivité globale des facteurs.

Source : OCDE, 2018.

DOCUMENT 4

Évolution de la productivité, de la valeur ajoutée et de l'emploi dans les branches marchandes non agricoles

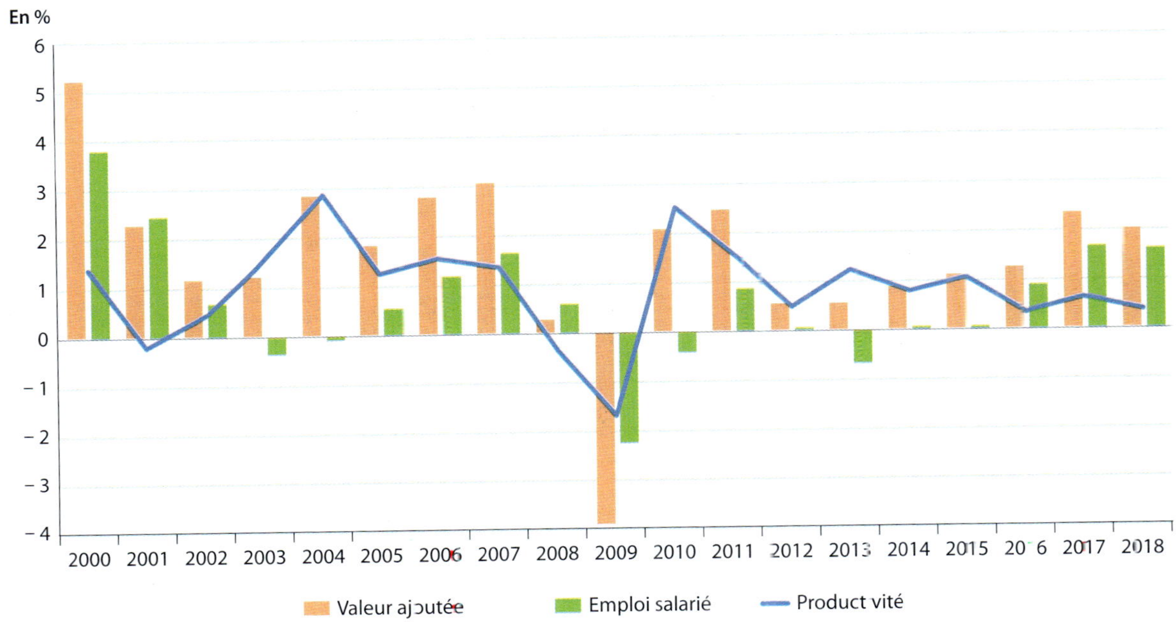

Champ : France.

Source : Insee, comptes nationaux – base 2014, 2019.

Cahier BAC

Dissertation

SESSION DU BAC ANNÉE IMPAIRE

SUJET Quels sont les déterminants de la mobilité sociale ?

DOCUMENT 1

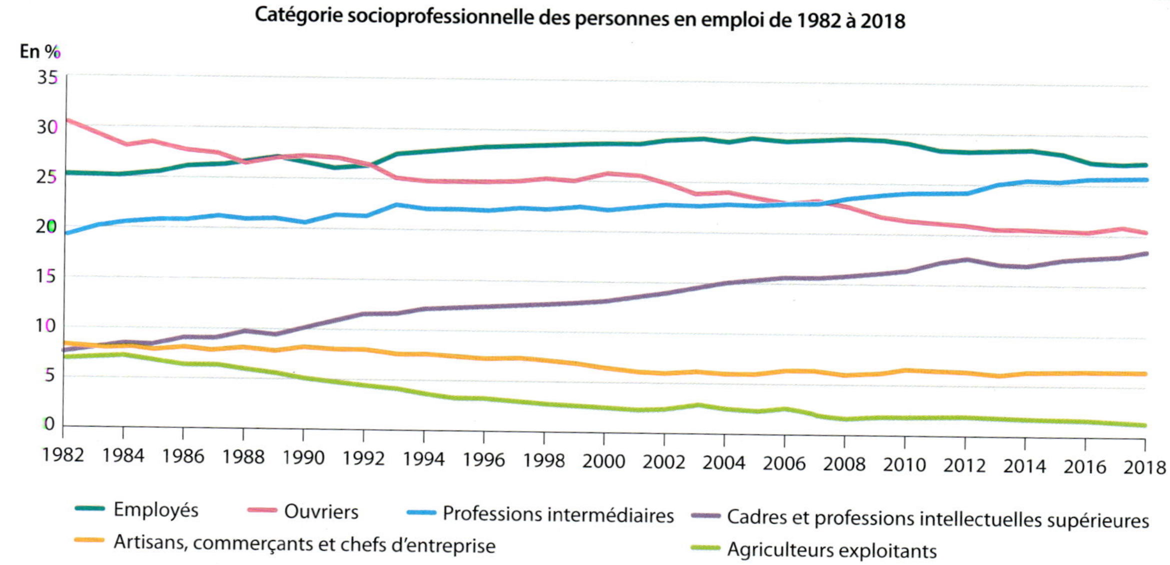

Champ : France hors Mayotte, population des ménages, personnes en emploi.

Source : *Emploi, chômage, revenus du travail*, Insee, 2019.

DOCUMENT 2

Typologie de trajectoires à sept ans par niveaux de diplôme (enquête 2017 sur la génération 2010)

	Non diplômés	Diplômés du secondaire	Diplômés du supérieur	Ensemble
Stabilisation en emploi à durée indéterminée	21	49	76	55
Emploi à durée déterminée durable	24	21	14	19
Chômage persistant ou récurrent	34	13	4	13
Longue(s) période(s) en formation ou reprise d'études	10	13	4	9
Inactivité durable	11	4	2	4
Ensemble	100	100	100	100

Champ : ensemble des jeunes de France métropolitaine.

Source : **Dominique Epiphane**, **Zora Mazari**, **Manon Olaria** et **Emmanuel Sulzer**, « Des débuts de carrière plus chaotiques pour une génération plus diplômée », *Céreq Bref*, n° 382, octobre 2019.

DOCUMENT 3

Niveau de diplôme des 25-34 ans selon le milieu social, en 2018

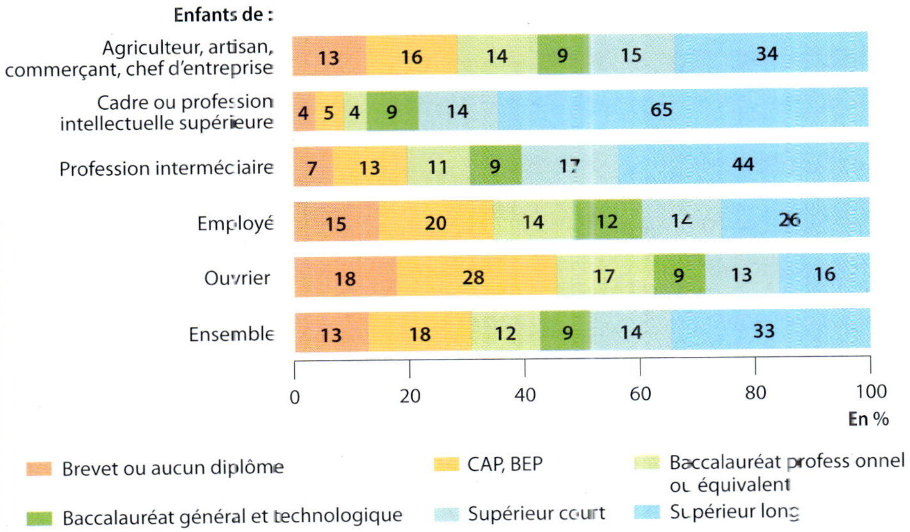

Lecture : en 2018, 47 % des adultes de 25-34 ans sont diplômés de l'enseignement supérieur. Ce sont 79 % des adultes issus d'un milieu très favorisé (CSP : cadres ou professions intellectuelles supérieures) contre 29 % des adultes issus d'un milieu ouvrier.

Note : la catégorie socioprofessionnelle d'un retraité ou d'un chômeur est celle de son dernier emploi. La profession du père est privilégiée, celle de la mère y est substituée lorsque le père est absent, décédé, ou n'a jamais travaillé.

Champ : France métropolitaine + DOM (hors Mayotte), données provisoires.

Sources : Insee, Enquêtes emploi, traitement Menu-Mesri-Depp.

Source : *L'État de l'école*, ministère de l'Éducation nationale, 2019.

DOCUMENT 4

D'un point de vue numérique, la première explosion scolaire a surtout concerné la filière primaire supérieure et les premières années de la filière secondaire, mais la seconde explosion scolaire intervient au niveau supérieur de l'enseignement secondaire. En 1950, ce n'était qu'une minorité étroite de 5,1 % d'une génération qui obtenait le baccalauréat. Même si, dans les deux décennies suivantes, cette proportion double à deux reprises, atteignant 11,4 % en 1960 et 20,1 % en 1970, c'est encore une minorité de 3 jeunes sur 10 nés autour de 1967 qui obtient le baccalauréat en 1985. Puis une croissance exceptionnelle survient durant une décennie, en raison de décisions majeures de politique éducative : la Loi de programme de 1985 a pour but de développer l'enseignement technologique et professionnel, et la Loi d'orientation de 1989 fixe de manière volontariste à 80 % la proportion d'une génération devant atteindre le niveau du baccalauréat en l'an 2000. La part d'une génération possédant ce diplôme fait plus que doubler en dix ans, croissant de 29,4 % en 1985 à 62,7 % en 1995, et elle demeure à peu près inchangée par la suite, atteignant 62,8 % en 2000 et 62,3 % en 2008. L'expansion intervenue entre 1985 et 1995 a concerné tous les types de baccalauréat – général, technologique et aussi le baccalauréat professionnel nouvellement créé – mais elle a été plus marquée dans les deux dernières catégories. L'importance relative du baccalauréat traditionnel – ou général – a donc décru dans les dernières décennies du XXe siècle : il était possédé par tous les nouveaux titulaires du diplôme jusqu'en 1968, par encore plus de 80 % d'entre eux en 1972, mais par un peu plus de la moitié seulement à la fin de la décennie 1990. Enfin, expansion et diversification ont aussi caractérisé l'enseignement supérieur en France. Sa croissance a été plus soutenue après 1960 que durant la première moitié du XXe siècle. En 1960, l'enseignement supérieur accueillait 310 000 étudiants et ce nombre a presque triplé dans la décennie suivante, atteignant 851 000 en 1970, puis plus d'un million en 1980 et plus de deux millions en 2000 [...]. La variation reflète la croissance marquée des institutions d'enseignement supérieur court à vocation professionnelle – avec la création des sections de techniciens supérieurs en 1959 et celle des instituts universitaires de technologie en 1966 – de même que le développement d'autres établissements publics et privés d'enseignement supérieur. ■

Louis-André Vallet, « Mobilité entre générations et fluidité sociale en France. Le rôle de l'éducation », *Revue de l'OFCE* vol. 150, n° , 2017.

Épreuve composée

SESSION DU BAC ANNÉE PAIRE

PARTIE 1 • Mobilisation des connaissances (4 points)

• Présentez les effets d'une politique monétaire expansionniste sur la conjoncture.

PARTIE 2 • Étude d'un document (6 points)

1 • Vous rappellerez la différence entre médiane et moyenne, puis vous expliquerez pourquoi il existe un écart entre niveau de vie médian et niveau de vie moyen.

2 • À l'aide du document et de vos connaissances, vous présenterez l'évolution des inégalités économiques en France entre 1996 et 2016.

Quelques indicateurs sur le niveau en vie en France depuis 1996 (montants annuels en euros)

	1996	2000	2005	2010	2015	2016
Niveau de vie médian	17 310	18 310	19 430	20 440	20 340	20 520
Niveau de vie moyen	19 670	21 260	22 430	23 950	23 490	23 580
1er décile (D1)	9 110	9 930	10 630	10 950	10 880	11 040
9e décile (D9)	21 880	34 600	35 460	37 930	37 580	37 570
Rapport interdécile (D9 / D1)	3,5	3,5	3,3	3,5	3,5	3,4

Champ : France métropolitaine, personnes vivant dans un ménage dont le revenu déclaré est positif ou nul et dont la personne de référence n'est pas étudiante.

Sources : Insee-DGI, enquêtes Revenus fiscaux et sociaux rétropolées 1996-2004 ; Insee-DGFiP-Cnaf-Cnav-CCMSA, enquêtes Revenus fiscaux et sociaux 2005-2016, *in France, portrait social*, Insee, 2018.

PARTIE 3 • Raisonnement s'appuyant sur un dossier documentaire (10 points)

SUJET *Vous analyserez les effets du numérique sur l'emploi.*

DOCUMENT 1

Répartition et évolution des professions en France entre 1994 et 2013

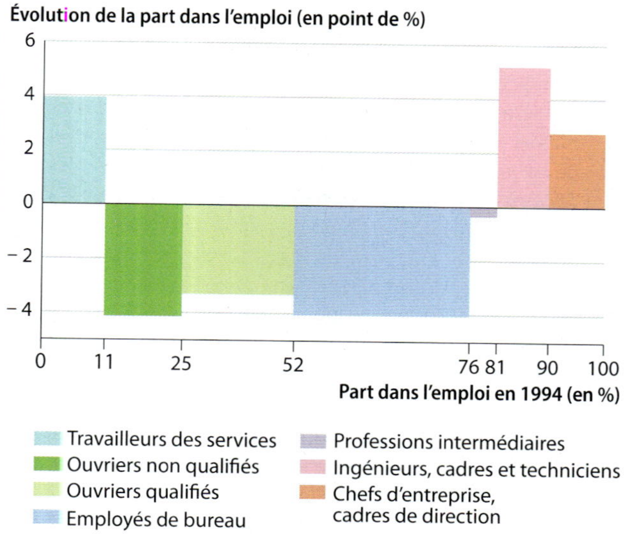

Champ : secteur privé (y compris les indépendants).

Source : Déclaration annuelle des données sociales, calcul des auteurs.
Ariell Reshef et **Farid Toubal**, « La polarisation de l'emploi en France. Ce qui s'est aggravé depuis la crise de 2008 », Cepremap, avril 2019.

DOCUMENT 2

D'une part, [le numérique] peut renforcer le guidage des manières de faire, notamment avec la première génération d'outils numériques utilisés au sein des entreprises, les systèmes informatiques d'entreprise intégrés, [...] qui poussent *a priori* à l'organisation, à la standardisation et à la centralisation. D'autre part, le numérique peut laisser de grandes marges de manœuvre et une très grande autonomie à l'individu pour organiser et réaliser son travail. C'est le cas de la deuxième génération de numérique, les services de communication (mail, messagerie instantanée...), qui transforment fortement la coordination dans de multiples activités, ainsi que de la troisième génération, les outils du travail coopératif (applications métier, réseaux sociaux d'entreprise, wiki, outils proposant à la fois forums et gestion de contenus...), promus comme des vecteurs de nouvelles manières d'organiser le travail. Dans ce dernier cas, le numérique pourrait être le support de la dimension expressive dans le travail, car les individus sont amenés à faire preuve d'initiative et de créativité dans leur travail [...]. Mais tous les travailleurs ne sont pas aussi à l'aise avec cette autonomie accrue par les possibilités offertes par le numérique. ■

Anca Boboc, « Numérique et travail : quelles influences ? », *Sociologies pratiques* n° 34, 1er trimestre 2017.

Cahier BAC

Épreuve composée

SESSION DU BAC ANNÉE IMPAIRE

PARTIE 1 • Mobilisation des connaissances *(4 points)*

• Expliquez le rôle des dotations factorielles dans la spécialisation internationale.

PARTIE 2 • Étude d'un document *(6 points)*

1 • Vous mettrez en évidence les régions du monde dans lesquelles les émissions de CO_2 ont sensiblement progressé entre 1970 et 2016.

2 • À l'aide du document et de vos connaissances, montrez qu'il est difficile d'aboutir à des accords internationaux ambitieux visant à préserver l'environnement.

Évolution des émissions de CO_2 en gigatonnes au niveau mondial (échelle de droite) et par région (échelle de gauche)

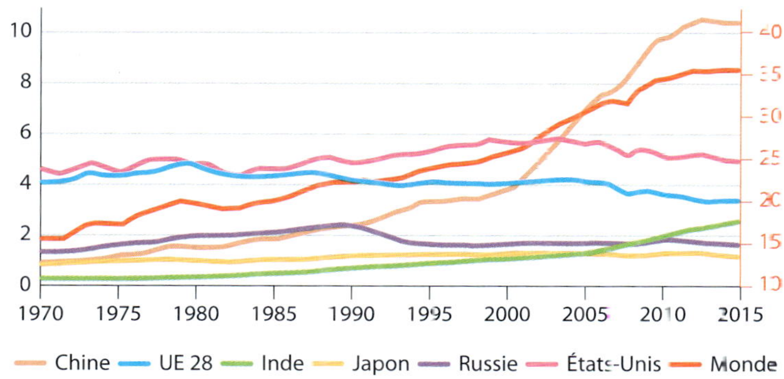

Source : calculs de l'autrice à partir de Commission européenne, base de données Edgar, **Stéphanie Monjon**, « Émissions de CO_2, La Chine désormais au premier rang », *in L'économie mondiale dévoile ses courbes*, Carnets graphiques, CEPII, 2018.

PARTIE 3 • Raisonnement s'appuyant sur un dossier documentaire *(10 points)*

SUJET *Vous analyserez le rôle joué par le niveau de formation sur la mobilité sociale.*

DOCUMENT 1

Aujourd'hui, l'emprise du diplôme initial dans notre société emprisonne les jeunes dans une logique qui les contraint à « se placer » le plus vite possible. Le fait de savoir que l'on aura plusieurs possibilités de se former et de faire valoir ses qualités permettrait de réduire l'importance donnée à la formation scolaire et réduirait l'intensité de la compétition. C'est là un enjeu central pour réduire les inégalités : plus la compétition scolaire est élevée, plus elle bénéficie aux élèves issus de milieux sociaux favorisés, dans la mesure où leurs familles, bien conscientes de l'enjeu, mobilisent d'autant plus les ressources économiques, sociales et culturelles dont elles disposent pour soutenir le parcours scolaire de l'élève. ■

David Guilbaud, « Comment échapper à l'illusion de la méritocratie », Observatoire des inégalités, 28 mai 2019.

DOCUMENT 2

Caractéristiques des emplois selon le diplôme et l'ancienneté de la formation initiale et taux de chômage selon le diplôme en 2016 en France

	Diplôme du supérieur	CAP, BEP, Baccalauréat	Aucun diplôme, brevet des collèges	Ensemble
Sortis depuis 1 à 4 ans de formation initiale				
Part des emplois à durée limitée (en %)	28,0	45,1	57,5	35,5
Part des emplois non qualifiés (en %)	8,7	41,7	62,0	23,1
Salaire mensuel net médian (en euros)	1 640	1 200	n. s[1]	1 390
Taux de chômage (en %)	5,7	10,7	17,9	10,1

1. Non significatif.

Champ : France hors Mayotte. Population des ménages actifs occupés sortis depuis un an ou plus de formation initiale. Pour les taux de chômage : population des ménages, population active de 15 ans ou plus.

Source : Insee, 2016.

Cahier BAC

Épreuve composée

SESSION DU BAC ANNÉE IMPAIRE

PARTIE 1 • Mobilisation des connaissances *(4 points)*

• Vous présenterez la thèse du paradoxe de l'action collective.

PARTIE 2 • Étude d'un document *(6 points)*

1 • Caractérisez la mobilité sociale des agriculteurs.

2 • À l'aide du document et de vos connaissances, vous montrerez que la catégorie socioprofessionnelle des cadres et professions intellectuelles supérieures se caractérise par une forte reproduction sociale.

Table de destinée : catégorie socioprofessionnelle du fils en fonction de la catégorie socioprofessionnelle du père (en %) en 2014-2015

Catégorie socioprofessionnelle du fils / Catégorie socioprofessionnelle du père	Agriculteur	Artisan, commerçant, chef d'entreprise	Cadre et profession intellectuelle supérieure	Profession intermédiaire	Employé	Ouvrier	Ensemble
Agriculteur	25	8	8,8	18,6	7,1	32,5	100
Artisan, commerçant, chef d'entreprise	0,8	20,3	22,2	22,9	9,5	24,3	100
Cadre et profession intellectuelle supérieure	0,2	8	47	25,7	9,1	10	100
Profession intermédiaire	0,7	7,9	25,5	31,5	11,3	23,1	100
Employé	0,5	6,8	16,3	26,1	16,6	33,6	100
Ouvrier	0,5	7,4	9,4	22,9	12,3	47,6	100
Ensemble	2,6	9,2	19,3	24,5	11,3	33	100

Champ : France métropolitaine, hommes âgés de 30 à 59 ans qui travaillent ou ont déjà travaillé à la date de l'enquête. Source : Insee, juillet 2017.

PARTIE 3 • Raisonnement s'appuyant sur un dossier documentaire *(10 points)*

SUJET *Vous montrerez que les institutions jouent un rôle majeur sur la croissance économique.*

DOCUMENT 1

Dans *Structure and Change in Economic History* [1981], North étudiait en particulier les trajectoires divergentes de la France et de l'Espagne d'un côté, et de l'Angleterre et des Pays-Bas de l'autre, entre le XVIe et le XVIIIe siècle, en termes de développement économique. Le besoin permanent de revenus pour l'État dans les deux premiers pays a conduit ce dernier à conférer des monopoles à des guildes ou des compagnies et à empiéter sur les droits de propriété privés, conduisant à la stagnation économique en France et au déclin en Espagne. Au contraire, en Angleterre et aux Pays-Bas, les intérêts de la classe marchande ont engendré un ensemble d'institutions qui ont créé des incitations favorables à des échanges efficaces, grâce à la protection des droits de propriété. Davantage, les attitudes différentes de l'État quant aux droits de propriété privés ont été transmises aux colonies : si les possessions espagnoles ou portugaises en Amérique latine se sont trouvées bloquées dans une trajectoire médiocre de développement, les colonies anglaises en Amérique du Nord ont connu une croissance durable. ■

Bernard Chavance, *L'économie institutionnelle*, La Découverte, 2018.

DOCUMENT 2

PIB par habitant et maîtrise de la corruption en 2013

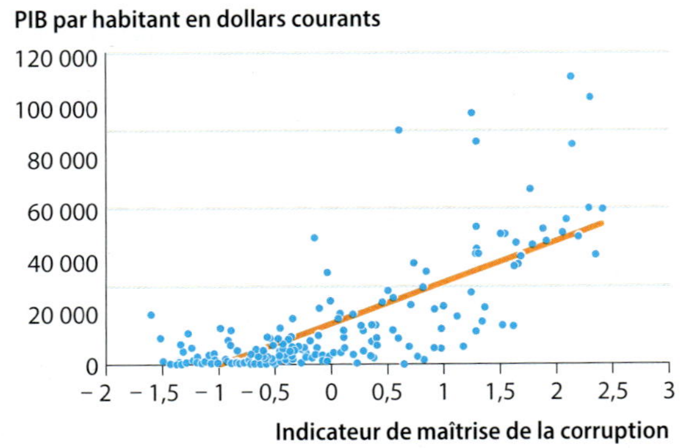

Note : chaque point représente un pays. L'indicateur de maîtrise de la corruption mesure la capacité d'un pays à contrôler la corruption des pouvoirs publics. Plus il est élevé, plus la corruption est maîtrisée.

Source : Banque mondiale, 2015.

Épreuve composée

SESSION DU BAC ANNÉE IMPAIRE

PARTIE 1 • Mobilisation des connaissances (4 points)

- Vous montrerez que les asymétries d'information peuvent être à l'origine d'un chômage structurel.

PARTIE 2 • Étude d'un document (6 points)

1 • Caractérisez l'évolution de la part des peu ou pas diplômés et hors formation en Europe entre 2003 et 2018.

2 • À l'aide du document et de vos connaissances, vous montrerez que l'on assiste à une massification de l'école en France.

Part des 18-24 ans peu ou pas diplômés et hors formation (sortants précoces), en Europe, en 2003 et en 2018

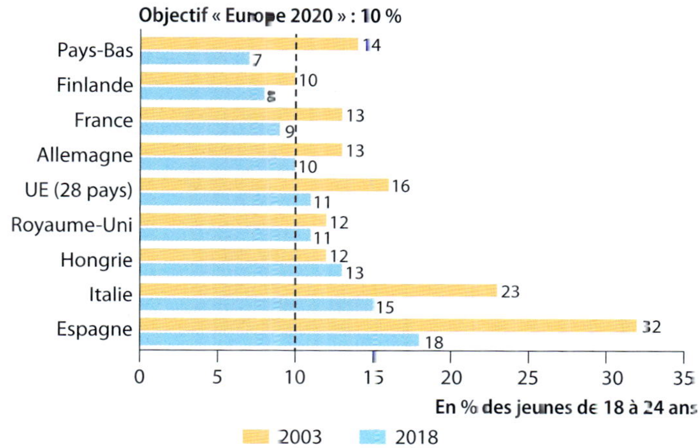

Source : Eurostat, enquête sur les forces de travail, 2003 et 2018.

PARTIE 3 • Raisonnement s'appuyant sur un dossier documentaire (10 points)

SUJET *Vous analyserez le rôle joué par le niveau de formation sur la mobilité sociale.*

DOCUMENT 1

Évolution du coefficient de Gini dans quelques pays de l'OCDE

	1985	1995	2005	2016
États-Unis	0,34	0,36	0,38	0,39
Royaume-Uni	0,32	0,35	0,33	0,35
France	0,30	0,28	0,29	0,29
Allemagne	0,25	0,27	0,30	0,29
Suède	0,21	0,21	0,24	0,28

Source : OCDE.

DOCUMENT 2

Comment les inégalités entre les habitants de la planète ont-elles évolué ces dernières décennies ? [...] Au niveau mondial, les inégalités ont fortement augmenté depuis 1980, malgré la forte croissance de la Chine. La moitié la plus pauvre de la population mondiale a vu son revenu augmenter de manière significative grâce à la forte croissance de l'Asie (en particulier de la Chine et de l'Inde). Néanmoins, du fait des inégalités prononcées et grandissantes au niveau national depuis 1980, les 1 % d'individus les plus riches dans le monde ont capté deux fois plus de croissance que les 50 % les plus pauvres. Pour les individus situés entre ces deux catégories (et notamment pour l'ensemble des classes moyennes et populaires nord-américaines et européennes), la croissance du revenu a été faible. La croissance des inégalités mondiales n'a pas été régulière. Si la part de revenu du centile supérieur est montée de 16 % en 1980 à 22 % en 2000, elle a ensuite légèrement régressé jusqu'à 20 %. La part de revenu allant aux 50 % des individus les plus pauvres dans le monde fluctue autour de 9 % depuis 1980. La rupture de tendance observée après l'an 2000 est liée à une diminution des inégalités de revenus moyens entre pays puisque les inégalités à l'intérieur des pays ont continué à progresser. ■

Rapport sur les inégalités mondiales 2018, Widworld

Cahier BAC

Épreuve composée

SESSION DU BAC ANNÉE PAIRE

PARTIE 1 • Mobilisation des connaissances *(4 points)*

- Vous comparerez la conception de la justice sociale de l'égalitarisme libéral et celle de l'égalitarisme strict.

PARTIE 2 • Étude d'un document *(6 points)*

1 • Vous caractériserez l'évolution de la demande de crédit entre 1994 et 2018.

2 • À l'aide des données du document et de vos connaissances, vous montrerez qu'en 2008 s'est produit un phénomène de panique bancaire et de faillites bancaires en chaîne.

Crédits accordés par les banques aux entreprises en France, de 1994 à 2018

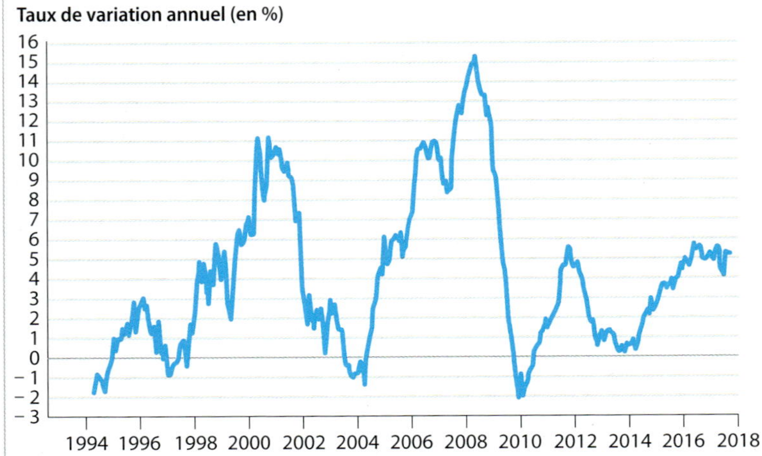

Source : Banque de France, 2018.

PARTIE 3 • Raisonnement s'appuyant sur un dossier documentaire *(10 points)*

SUJET *Vous montrerez que l'approche en termes de classes sociales pour rendre compte de la société française peut être remise en cause.*

DOCUMENT 1

Évolution du coefficient de Gini sur le niveau de vie en France depuis 1970

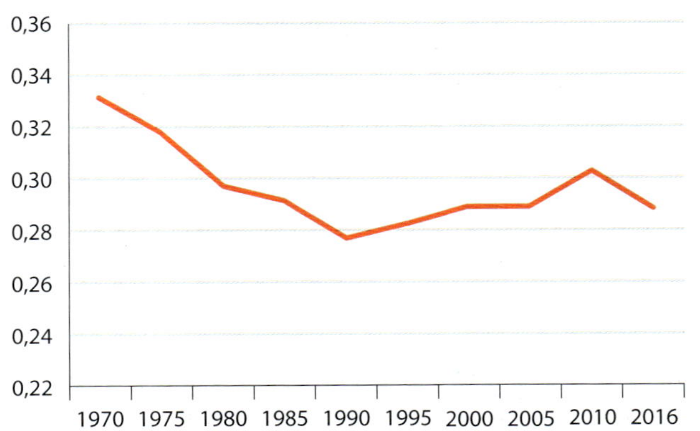

Source : Insee.

DOCUMENT 2

L'idée que les classes sociales disparaissent a connu une expansion considérable en France au cours des vingt dernières années […] : la croissance scolaire et l'entrée des classes populaires au lycée puis à l'université, le flou croissant des échelles de salaires, la diffusion de la propriété des valeurs immobilières, la généralisation d'une culture « moyenne », la complexification induite par l'entrée massive des femmes dans le monde du travail ; l'exclusion des pauvres et la précarisation des outsiders, la revendication de la reconnaissance des différences religieuses, de genre, d'ordre culturel, régionalistes, ethniques ou d'orientation sexuelle ; enfin, plus généralement, l'existence de « styles de vie » mouvants, choisis par les individus au gré du temps, pourrait tout autant disqualifier les approches en termes de classes sociales. ■

Louis Chauvel, « La dynamique de la stratification sociale », *in Les mutations de la société française*, La Découverte, 2019.

DOCUMENT 3

Question : Vous est-il arrivé au cours des cinq dernières années de renoncer à partir en vacances d'été pour des raisons financières ?

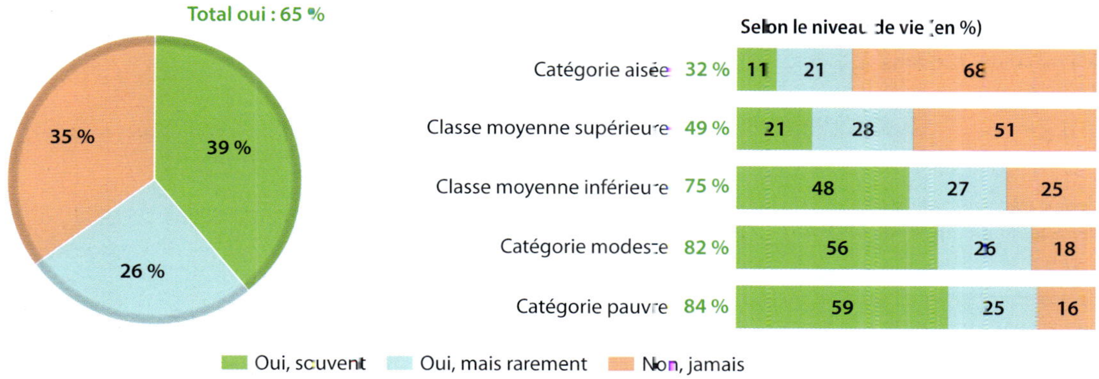

L'enquête a été menée auprès d'un échantillon de 1003 personnes, représentatif de la population française âgée de 18 ans et plus (méthode des quotas).

Source : sondage IFOP, 2019.

Épreuve orale de contrôle

SESSION DU BAC ANNÉE PAIRE

Questions préalables

1 • Distinguez la compétitivité-prix et la compétitivité-hors prix.

2 • Quelles évolutions de l'emploi peuvent affaiblir le pouvoir intégrateur du travail ?

3 • Faites une phrase avec la donnée entourée.

Question principale

• Vous montrerez que l'action des pouvoirs publics en matière de justice sociale permet de réduire les inégalités.

DOCUMENT 1

Montants moyens des prélèvements et prestations par unité de consommation en 2017 en euros

	< D1	> D9	Ensemble
Niveau de vie avant redistribution (A)	3 260	73 160	25 930
Prélèvements	*– 160*	*– 16 920*	*– 3 540*
Prestations	*6 900*	*190*	*1 610*
Niveau de vie après redistribution (B)	10 020	56 430	24 000
Taux de redistribution (en %) (B-A)/ A	207,4	– 22,9	– 7,4

Champ : France métropolitaine, personnes vivant dans un ménage dont le revenu est positif ou nul et dont la personne de référence n'est pas étudiante.

Sources : Insee, enquête Revenus fiscaux et sociaux 2015 (actualisée 2017) ; Insee-Drees-Cnaf, modèle Ines 2017, calculs Drees et Insee, *in France, portrait social*, Insee, 2018.

DOCUMENT 2

Structure des prestations par risque social en 2015 (en %)

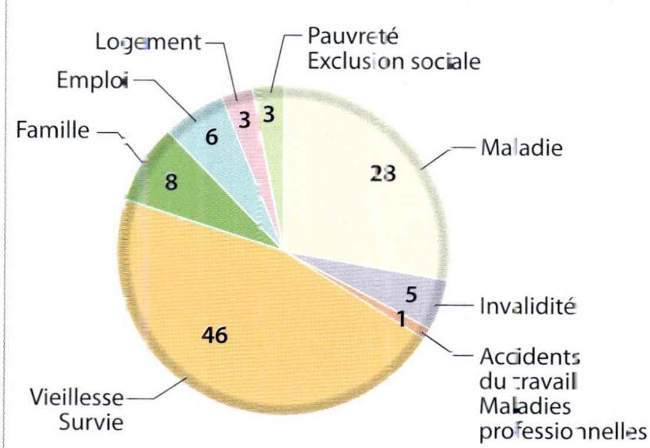

Source : d'après « La protection sociale en France et en Europe en 2015 », Drees, 2017.

Cahier BAC

Épreuve composée

SESSION DU BAC ANNÉE PAIRE

PARTIE 1 • Mobilisation des connaissances (4 points)

- Présentez un instrument de régulation du système bancaire et financier permettant de réduire l'aléa moral des banques.

PARTIE 2 • Étude d'un document (6 points)

1 • Vous caractériserez l'évolution du PIB de l'Espagne entre 2008 et 2018.

2 • À l'aide des données du document et de vos connaissances, vous montrerez que la zone euro se caractérise par l'existence de chocs asymétriques.

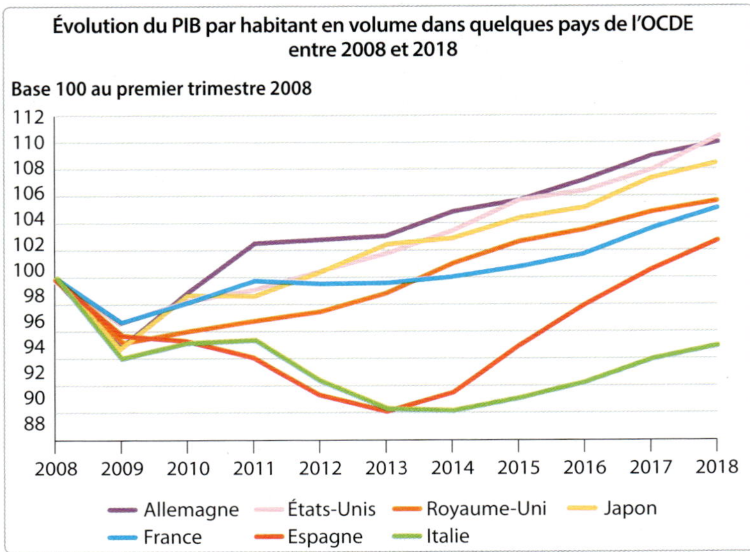

Source : OCDE.

PARTIE 3 • Raisonnement s'appuyant sur un dossier documentaire (10 points)

SUJET *Vous montrerez que l'engagement politique prend des formes variées.*

DOCUMENT 1

Sondage : « Avez-vous très confiance, plutôt confiance, plutôt pas confiance ou pas confiance du tout dans les organisations suivantes ? »

	Part (en %) des réponses « Très confiance » et « Confiance »						
	2012	2013	2014	2015	2016	2017	2018
Les syndicats	35	28	27	27	29	27	27
Les associations	69	65	70	66	67	63	63
Les partis politiques	12	11	14	12	11	9	9

Source : Baromètre de la confiance politique, Sciences Po-Cevipof, janvier 2019.

DOCUMENT 2

Résultats globaux du second tour de l'élection du président de la République française, 2017

	Nombre	Part en % des inscrits	Part en % des votants
Inscrits	47 568 693	100	–
Abstentions	12 101 366	25,44	–
Votants	35 467 327	74,56	100
Blancs	3 021 499	6,35	8,52
Nuls	1 064 225	2,24	3,00
Exprimés	31 81 603	65,97	88,48

Source : ministère de l'Intérieur.

DOCUMENT 3

Novembre 2018. Partout en France, autour des ronds-points ou sur des parkings de zones industrielles ou commerciales, des centaines de milliers de citoyens se réunissent pour exprimer leur colère et défendre leurs revendications ayant trait aux salaires, aux impôts ou encore au travail. Week-end après week-end, ils parlent de politique devant les caméras des chaînes d'information en continu. Du point de vue de leur appartenance socioprofessionnelle, ces premiers Gilets jaunes sont extrêmement divers. Se côtoient des ouvriers et des employés, des femmes et des hommes salariés du public et du privé, des précaires et des plus stables [...]. Au cours des dernières décennies, ces catégories se sont considérablement transformées. Beaucoup de travaux sociologiques ont décrit l'émergence des « classes populaires du tertiaire » à mesure que disparaissaient des centaines de milliers d'emplois d'ouvriers de l'industrie, tandis qu'augmentait rapidement la part des emplois subalternes dans le secteur des services. [...] La plupart des emplois dont le nombre et la part dans la population active ont augmenté depuis 30 ans imposent à celles et ceux qui les exercent un isolement professionnel assez net [...]. L'absence de collectif de travail digne de ce nom va de pair avec la faiblesse de l'implantation syndicale et l'impossibilité de lutter efficacement pour obtenir une amélioration de ses conditions de travail et d'emploi. Par ailleurs, les collectifs de travail sont des lieux de socialisation professionnelle au cours de laquelle peut se nouer le rapport au politique. Or, l'isolement professionnel semble s'accompagner d'un plus grand retrait au moment des grands rendez-vous électoraux. ■

Camille Peugny, « La politique des usines aux ronds-points », www.alternatives-economiques.fr, 14 mars 2019.

Épreuve orale de contrôle

SESSION DU BAC ANNÉE IMPAIRE

Questions préalables

1 • Quelles sont les principales limites des tables de mobilité comme instrument de mesure de la mobilité sociale ?

2 • Comment fonctionne un marché des quotas d'émission ?

3 • À l'aide du document 1, calculez le coefficient multiplicateur permettant de mettre en évidence l'évolution des exportations mondiales de marchandises entre 1995 et 2019. Faites une phrase avec la donnée obtenue.

Question principale

• Vous expliquerez les effets induits par le commerce international.

DOCUMENT 1

Évolution des exportations mondiales de marchandises

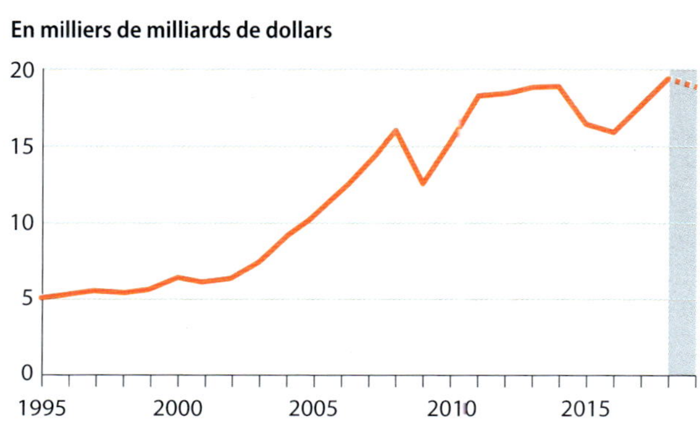

Note : la zone grisée est une estimation de la Cnuced.

Source : Cnuced, *Handbook of statistics 2019.*

DOCUMENT 2

La mondialisation modifie la demande relative de travail, en faveur du travail qualifié et peu qualifié et en défaveur du travail moyennement qualifié, selon le caractère « délocalisable », ou non, de l'emploi. Ce dernier le sera d'autant plus qu'il est routinier et réalisable à distance, à moindre coût [...]. Les emplois en milieu de distribution sont les plus concernés. En revanche, l'emploi sera d'autant moins susceptible d'être délocalisé qu'il implique des relations humaines de proximité, des interactions en face-à-face, une activité sur place, locale, de prestations de services non échangeables. De nombreux emplois du bas de l'échelle sont de cette nature [...]. À l'autre bout de l'échelle, l'effet positif vient des nouveaux besoins d'emplois qualifiés générés, par exemple, par la plus grande taille des entreprises, leur internationalisation, leur structure plus complexe ■

Hélène Baudchon, « Polarisation de l'emploi : quelle ampleur ? », *Eco Conjoncture BNP Paribas*, septembre 2019.

Bulletin officiel spécial n° 2 du 13 février 2020

Épreuve orale dite « Grand oral » de la classe de terminale de la voie générale

Définition et objectifs

Épreuve orale – Durée : 20 minutes

Préparation : 20 minutes – **Coefficient** : 10

L'épreuve orale terminale est l'une des cinq épreuves terminales de l'examen du baccalauréat.

Finalité de l'épreuve

L'épreuve permet au candidat de montrer sa capacité à prendre la parole en public de façon claire et convaincante. Elle lui permet aussi de mettre les savoirs qu'il a acquis, particulièrement dans ses enseignements de spécialité, au service d'une argumentation, et de montrer comment ces savoirs ont nourri son projet de poursuite d'études, voire son projet professionnel.

Évaluation de l'épreuve

L'épreuve est notée sur 20 points.
Le jury valorise la solidité des connaissances du candidat, sa capacité à argumenter et à relier les savoirs, son esprit critique, la précision de son expression, la clarté de son propos, son engagement dans sa parole, sa force de conviction.

Format et déroulement de l'épreuve

L'épreuve, d'une durée totale de vingt minutes, se déroule en trois temps :

Premier temps : présentation d'une question (5 minutes)
Au début de l'épreuve, le candidat présente au jury deux questions.

Ces questions portent sur les deux enseignements de spécialité soit pris isolément, soit abordés de manière transversale. Elles mettent en lumière un des grands enjeux du ou des programmes de ces enseignements. Elles sont adossées à tout ou partie du programme du cycle terminal. Pour les candidats scolarisés, elles ont été élaborées et préparées par le candidat avec ses professeurs et, s'il le souhaite, avec d'autres élèves.

Les questions sont transmises au jury, par le candidat, sur une feuille signée par les professeurs des enseignements de spécialité du candidat et portant le cachet de son établissement d'origine.

Le jury choisit une des deux questions. Le candidat dispose de vingt minutes de préparation pour mettre en ordre ses idées et réaliser, s'il le souhaite, un support qu'il remettra au jury sur une feuille qui lui est fournie. Ce support ne fait pas l'objet d'une évaluation. L'exposé du candidat se fait sans notes.

Le candidat explique pourquoi il a choisi de préparer cette question pendant sa formation, puis il la développe et y répond.

Le jury évalue les capacités argumentatives et les qualités oratoires du candidat.

Deuxième temps : échange avec le candidat (10 minutes)
Le jury interroge ensuite le candidat pour l'amener à préciser et à approfondir sa pensée. Il peut interroger le candidat sur toute partie du programme du cycle terminal de ses enseignements de spécialité et évaluer ainsi la solidité des connaissances et les capacités argumentatives du candidat.

Troisième temps : échange sur le projet d'orientation du candidat (5 minutes)
Le candidat explique en quoi la question traitée éclaire son projet de poursuite d'études, voire son projet professionnel. Il expose les différentes étapes de la maturation de son projet (rencontres, engagements, stages, mobilité internationale, intérêt pour les enseignements communs, choix de ses spécialités, etc.) et la manière dont il souhaite le mener après le baccalauréat.

Le jury mesure la capacité du candidat à conduire et exprimer une réflexion personnelle témoignant de sa curiosité intellectuelle et de son aptitude à exprimer ses motivations.

Le candidat effectue sa présentation du premier temps debout, sauf aménagements pour les candidats à besoins spécifiques. Pour les deuxième et troisième temps de l'épreuve, le candidat est assis ou debout selon son choix.

Composition du jury

Le jury est composé de deux professeurs de disciplines différentes. Le premier représente l'un des deux enseignements de spécialité du candidat et le second, l'autre enseignement de spécialité ou l'un des enseignements communs, ou est professeur-documentaliste.

Épreuves du bac	Coefficients
Bulletins scolaires de 1re et de Tle	**10**
Épreuves de contrôle continu	**30**
Épreuves terminales	**60**
Français (épreuve anticipée de 1re)	10
Enseignement de spécialité	16
Enseignement de spécialité	16
Philosophie	8
Grand oral	10

Grille d'évaluation indicative de l'épreuve orale terminale

	Qualité orale de l'épreuve	Qualité de la prise de parole en continu	Qualité des connaissances	Qualité de l'interaction	Qualité et construction de l'argumentation
Très insuffisant	Difficilement audible sur l'ensemble de la prestation. Le candidat ne parvient pas à capter l'attention.	Énoncés courts, ponctués de pauses et de faux démarrages ou énoncés longs à la syntaxe mal maîtrisée.	Connaissances imprécises, incapacité à répondre aux questions, même avec une aide et des relances.	Réponses courtes ou rares. La communication repose principalement sur l'évaluateur.	Pas de compréhension du sujet, discours non argumenté et décousu.
Insuffisant	La voix devient plus audible et intelligible au fil de l'épreuve mais demeure monocorde. Vocabulaire limité ou approximatif.	Discours assez clair mais vocabulaire limité et énoncés schématiques.	Connaissances réelles, mais difficulté à les mobiliser en situation à l'occasion des questions du jury.	L'entretien permet une amorce d'échange. L'interaction reste limitée.	Début de démonstration mais raisonnement lacunaire. Discours insuffisamment structuré.
Satisfaisant	Quelques variations dans l'utilisation de la voix ; prise de parole affirmée. Il utilise un lexique adapté. Le candidat parvient à susciter l'intérêt.	Discours articulé et pertinent, énoncés bien construits.	Connaissances précises, une capacité à les mobiliser en réponses aux questions du jury avec éventuellement quelques relances.	Répond, contribue, réagit. Se reprend, reformule en s'aidant des propositions du jury.	Démonstration construite et appuyée sur des arguments précis et pertinents.
Très satisfaisant	La voix soutient efficacement le discours. Qualités prosodiques marquées (débit, fluidité, variations et nuances pertinentes, etc.). Le candidat est pleinement engagé dans sa parole. Il utilise un vocabulaire riche et précis.	Discours fluide, efficace, tirant pleinement profit du temps et développant ses propositions.	Connaissances maîtrisées, les réponses aux questions du jury témoignent d'une capacité à mobiliser ces connaissances à bon escient et à les exposer clairement.	Le candidat s'engage dans sa parole, réagit de façon pertinente, prend l'initiative dans l'échange. Il exploite judicieusement les éléments fournis par la situation d'interaction.	Le candidat maîtrise les enjeux du sujet, est capable de conduire et exprimer une argumentation personnelle, bien construite et raisonnée.

MÉTHODE • Grand oral : choisir sa question et préparer sa présentation

1 Trouver sa question en lien avec son projet d'orientation

- Le choix de votre question se fait en collaboration avec vos enseignants de spécialité.
Le Grand oral ayant lieu à la fin du mois de juin, vous devrez avoir choisi votre question au plus tard à la fin des écrits du bac. Il faut en effet compter au moins quatre semaines de travail pour y répondre dans les meilleures conditions.
Conseil : dès le début de l'année de terminale, soyez attentif-ve, lors de vos cours de SES, aux questions qui pourraient vous intéresser, en lien avec vos souhaits de formation.

Éléments à prendre en compte dans le choix de la question

- La question peut porter sur l'une de vos deux spécialités de terminale ou sur vos deux spécialités à la fois.
Exemple : « Quels instruments de mesure des inégalités sont les plus pertinents ? »
➥ Spécialités SES et mathématiques
- Elle peut croiser différents chapitres et disciplines de la spécialité SES.
Exemple : « Les politiques de lutte contre le réchauffement climatique sont-elles compatibles avec la justice sociale ? » ➥ Chapitres 11 et 12 du manuel
- Elle doit être en lien avec votre projet d'orientation.
Exemple : « Faut-il faciliter les licenciements ? » ➥ Études de droit

Trouver et définir sa question

1. **Choisissez un thème.** Partez d'un chapitre ou d'un point du cours qui vous a particulièrement intéressé(e) et que vous souhaitez approfondir.
➥
2. **Définissez votre question.** Trouvez une question problématisée et précise en lien avec ce thème. La question peut par exemple porter sur l'approfondissement d'un point du cours ou d'un exemple, une étude de cas, un débat...
➥
3. **Faites le lien entre cette question et votre projet d'orientation.** Partez par exemple des disciplines que vous allez étudier l'année prochaine ou de votre projet professionnel.

Piège à éviter

- La question ne doit pas être une simple question de cours.

Exemple : « Comment lutter contre le chômage structurel ? » est une question de cours mais « Faut-il faciliter les licenciements ? » est une question pertinente pour l'épreuve du Grand oral.
➥ Entraînez-vous à justifier votre choix, à l'oral, avec les exercices 1, p. 48 et p. 78.

2 Mobiliser des connaissances pour préparer la réponse à la question choisie

- La préparation de la réponse à la question choisie suppose de chercher des connaissances liées au cours. Pour cela, un travail personnel est indispensable, en lien avec les enseignants de spécialité.
Les connaissances intégrées dans la réponse doivent être maîtrisées, car le jury évaluera leur solidité lors du second temps de l'épreuve.

Comment mobiliser ses connaissances ?

- **Révisez le(s) chapitre(s) en lien avec votre question :** utilisez les synthèses de cours ainsi que les fiches de révision que vous aurez téléchargées et complétées.
- **Identifiez les connaissances (notions, théories, mécanismes, faits, exemples...) à mobiliser.** Les connaissances diffèrent selon la question que vous avez choisie mais elles se rattachent toujours soit à des parties de cours, soit à des notions, soit à des mécanismes.
➥ Entraînez-vous avec les exercices 2, p. 114, 176 et 270.
- **Faites des recherches complémentaires** pour approfondir votre maîtrise du sujet. Mobilisez plusieurs ressources : ouvrages, articles, podcasts, sites Internet, documentaires...
- **Terminez en réalisant une carte mentale** qui synthétise l'ensemble de vos connaissances sur la question.

Exemple de carte mentale sur la question « Faut-il reconnaître un droit de la nature ? » (Chap. 12)

➥ Autres exemples de cartes mentales : exercices 2, p. 144 et 402.

3 Préparer la réponse argumentée à la question

Trouver les arguments et les organiser

- Répondre de manière argumentée consiste à construire un raisonnement à partir d'arguments pertinents, liés les uns aux autres afin de parvenir à une démonstration.

■ **Définissez vos objectifs.**

Pour argumenter clairement et vous montrer convaincant(e), il faut d'abord identifier les objectifs que vous cherchez à réaliser avec cette prestation orale :

Quels **notions** et **mécanismes** le jury doit-il avoir compris ?	Quels **arguments** le jury doit-il avoir retenus ?	De quoi le jury doit-il **être convaincu** ?

■ **Organisez vos arguments.**

– Faites la liste de tous les éléments de réponse que vous avez pu mobiliser lors des étapes précédentes.
– Cherchez ensuite à les organiser autour de quelques grands axes de réponse à votre question. C'est à partir de ces axes que vous construirez le plan de votre présentation.

➥ Pour vous aider, consultez les exercices 3, p. 78, 240 et 338.

Préparer sa réponse argumentée

- Une fois les arguments trouvés et organisés, il faut préparer la présentation orale de la réponse.
L'objectif n'est pas de réciter votre cours, mais de répondre de façon organisée et cohérente à la question que vous avez posée, en mobilisant des connaissances pertinentes.
Il ne faut pas rédiger entièrement une réponse à apprendre par cœur. Faites plutôt un plan très détaillé, qui vous servira de guide pour votre présentation orale.

■ **Préparez l'introduction.**

– Introduisez votre question d'une manière originale, qui va poser les enjeux et susciter l'intérêt du jury : partez d'un exemple précis, d'un chiffre marquant, posez une question rhétorique (« Saviez-vous que… ? »)
– Expliquez pourquoi vous avez choisi cette question.
– Définissez les termes importants.
– Annoncez la problématique et la manière dont vous allez traiter ce sujet (votre plan)

➥ Pour vous aider, consultez l'exercice 4, p. 145.

■ **Formulez un plan et des arguments qui répondent directement à la question.**

– Privilégiez un plan simple, qui s'organise autour de deux, trois ou quatre axes principaux avec, éventuellement mais pas obligatoirement, des sous-parties.
– Chaque partie du plan et chaque argument doivent apporter une réponse partielle mais directe à votre question.

Exemple de plan pour la question : « Les innovations peuvent-elles sauver la planète ? » (Chap. 1)

I. Les innovations peuvent repousser certaines limites écologiques de la croissance (thèse de la soutenabilité faible)...
- **A.** Des innovations pour substituer certaines ressources non-renouvelables
- **B.** Des innovations pour limiter les conséquences environnementales de la croissance

II. ... mais ne sont pas suffisantes pour «sauver la planète» (thèse de la soutenabilité forte)
- **A.** L'innovation, un processus marqué par l'incertitude
- **B.** Des dégradations environnementales d'ores et déjà irrémédiables

Illustrez vos arguments.
Pour donner de la crédibilité et de la solidité à votre argumentation, illustrez chacun de vos arguments par un ou plusieurs exemples, chiffres, ou faits précis.

Concluez.
Concluez en apportant une réponse claire et directe à votre question. Cela peut être le moment de donner votre opinion personnelle sur votre question.

4 Concevoir un support pour le jour J

Le jour J, vous pouvez fournir au jury un support pour appuyer la présentation de votre question, mais ce n'est pas une obligation. Si vous faites ce choix, vous devez préparer le contenu de ce support à l'avance. Le jour J, vous devrez vous le remémorer et utiliser vos vingt minutes de préparation pour le restituer sur une feuille fournie par le centre d'examen. Le support lui-même ne sera pas évalué, mais il sera sous les yeux du jury. Il doit donc être soigné, présenté clairement et sans fautes d'orthographe.

Quelle forme donner à ce support ?

Sa forme va dépendre de votre objectif et du type d'information que vous souhaitez transmettre au jury.

Objectifs et types d'information	Supports adaptés	
Restituer un mécanisme complexe	Schéma	➥ exercice 4, p. 115
Insister sur des notions importantes	Liste de notions avec leurs définitions	➥ exercice 4, p. 307
Insister sur des chiffres ou exemples importants	– Carte mentale – Tableau	➥ exercice 4, p. 79 ➥ exercice 4, p. 79
Insister sur les arguments importants	– Carte mentale – Tableau de synthèse	➥ exercice 4, p. 371 ➥ exercice 4, p. 403
Indiquer la progression de la réponse	Plan détaillé	➥ ci-dessous

Votre support peut contenir plusieurs de ces éléments, par exemple un plan détaillé et une liste de notions.

Piège à éviter
- Ne mettez pas trop d'informations sur ce support. Le jury doit pouvoir le déchiffrer tout en vous écoutant.

Exemple de support pour la question : « Faut-il réguler davantage le système bancaire et financier ? »

I. Depuis la crise de 2008, le secteur bancaire et financier est mieux régulé...
- **A.** Des avancées dans le secteur bancaire
- **B.** Des avancées dans le secteur financier

II. ... mais le risque de crise systémique n'a pas disparu.
- **A.** Les très grandes banques et le risque d'aléa moral
- **B.** Le *shadow banking*

Quelques notions essentielles
Crise systémique
Ratio de solvabilité
....

MÉTHODE • Grand oral : réussir les trois temps de l'épreuve

Préparation			20 mn
ÉPREUVE			20 mn
1er temps	Présentation de la question	Debout, sans notes	5 mn
2e temps	Échange entre le(la) candidat(e) et le jury	Debout ou assis(e)	10 mn
3e temps	Échange sur le projet d'orientation du(de la) candidat(e)	Debout ou assis(e)	5 mn

1 Premier temps : présentation de la question devant le jury

Debout, sans notes • 5 mn

- Pendant le premier temps de l'épreuve, vous devez commencer par expliquer pourquoi vous avez choisi de préparer cette question, puis développer votre réponse argumentée.

Attention ! Une présentation orale n'est pas un « écrit oralisé » : il ne s'agit surtout pas de réciter une réponse apprise par cœur. Vous devez maîtriser les compétences orales nécessaires : posture, gestes, regard, voix, diction, choix du vocabulaire et mots de liaison vont permettre de rythmer votre prestation et de fluidifier votre parole.

➥ *Maîtriser les compétences orales*, p. 466

Maîtriser le temps imparti

Vous disposez de cinq minutes pour présenter votre question au jury. Le respect de ce temps est primordial : si votre présentation est trop courte, le jury aura l'impression que vous n'avez pas suffisamment travaillé le contenu ; si elle est trop longue, c'est que vous n'avez pas su sélectionner les éléments essentiels.

Avant le jour J

– Entraînez-vous en vous chronométrant :

Introduction	~ 1 mn
Développement	~ 3 mn 30 s
Conclusion	~ 30 s
Temps total	**~ 5 mn**

– Adaptez le contenu de votre présentation pour respecter le temps imparti.

– Ne cherchez pas à parler le plus vite possible pour pouvoir dire le plus de choses possible.

Le jour J

– Posez un chronomètre sur la table. Ne prévoyez pas d'utiliser un téléphone car le jury pourrait refuser.

– Si vous sentez que vous allez trop vite, ralentissez le rythme et prenez le temps de respirer.

– Si vous vous rendez compte que vous allez déborder, supprimez des éléments pour pouvoir terminer entièrement votre présentation.

Maîtriser son stress

Pour arriver serein(e) le jour de l'examen, n'oubliez pas que vous êtes préparé(e) pour cette épreuve et que l'objectif du jury n'est pas de vous mettre en difficulté, mais de vous écouter et de vous mettre en confiance.

Le jour J, avant la fin de vos vingt minutes de préparation, prévoyez quelques minutes pour vous relaxer : respirez profondément et calmement.

Entraînement

1. Présenter sans notes
– Entraînez-vous à présenter votre réponse argumentée debout devant un miroir.
– Aidez-vous de vos notes pour commencer, puis détachez-vous-en progressivement.

2. Respecter le temps imparti
– Chronométrez-vous en train de présenter la réponse à votre question.
– Si votre présentation est trop longue, réfléchissez à ce que vous pourriez supprimer. Si elle est trop courte, ajoutez des éléments.

3. Apprendre à respirer pour réduire son stress
Pour maîtriser votre stress, faites un exercice de respiration. Tenez-vous debout et inspirez par le nez. Laissez votre ventre se gonfler en inspirant longuement puis expirez profondément par la bouche, en rétractant votre ventre. Recommencez une dizaine de fois.

4. Évaluer sa présentation de la question
Mettez-vous dans les conditions de l'examen et présentez votre question debout et sans notes devant deux camarades.

– Demandez-leur de vous évaluer de 1 (très insuffisant) à 4 (très satisfaisant) selon ces critères.

Temps de la présentation	Le temps est respecté.
Qualité de l'argumentation	Les enjeux du sujet sont maîtrisés.
	L'argumentation est construite.
	L'argumentation s'appuie sur des arguments précis et pertinents.
Qualité des connaissances	Les connaissances sont maîtrisées.
	Les connaissances sont exposées clairement.
	Les connaissances sont mobilisées à bon escient pour répondre aux questions.

2 Deuxième temps : échange entre le(la) candidat(e) et le jury

Debout ou assis(e), sans notes • 5 mn

- Pendant le deuxième temps de l'épreuve, le jury interroge le(la) candidat(e) pour :
  - l'amener à préciser et approfondir sa pensée à partir de sa présentation ;
  - vérifier la solidité de ses connaissances ;
  - évaluer sa capacité à réagir de manière pertinente aux questions et prendre des initiatives dans l'échange.

Attention ! Les questions de connaissances peuvent porter sur n'importe quelle partie du programme de spécialité de première et de terminale. N'oubliez pas de revoir les chapitres des années paires et impaires car le jury pourrait vouloir vérifier que vous avez continué à travailler après l'écrit du bac.

Anticiper les questions du jury

Pour vous préparer, avant le jour J, posez-vous les questions suivantes :
- Quelles connaissances de cours en lien avec votre question peut-on me demander de préciser ?
- Quels points de ma présentation peut-on me demander d'approfondir ?
- Sur quel point précis de ma présentation peut-on me demander d'exprimer mon opinion ?

Préparez cette étape avec votre professeur.

Mobiliser ses compétences orales

Pour engager l'interaction avec le jury dans de bonnes conditions, vous devez contribuer, par votre attitude, à développer un dialogue constructif. Il faut aborder cette étape comme un entretien plus que comme un interrogatoire : l'objectif est de sortir d'un simple jeu de questions / réponses pour instaurer un dialogue.

À faire

- Écoutez attentivement le jury.
- Demandez-lui de répéter ou de reformuler la question si besoin.
- Prenez le temps de réfléchir avant de répondre.
- Développez votre réponse :
  - ne répondez pas par un simple « oui » ou « non » ou par une phrase courte ;
  - appuyez au maximum vos réponses sur des connaissances de SES ;
  - utilisez les remarques et propositions du jury pour vous corriger ou préciser votre pensée.

Piège à éviter

- Ne paniquez pas : le jury peut poser des questions difficiles pour tester votre capacité de réaction. Cela ne veut pas dire que vous n'avez pas réussi votre prestation orale, au contraire !

Entraînement

1. Évaluer ses connaissances

- Présentez votre question devant trois de vos camarades puis demandez-leur de vous poser des questions de connaissances, d'approfondissement et d'opinion personnelle.
- Vos camarades évaluent la qualité de vos connaissances de 1 (très insuffisant) à 4 (très satisfaisant) en fonction des critères d'évaluation du tableau ci-dessus (**Qualité des connaissances**).

2. Évaluer son interaction avec le jury

Présentez votre question devant trois de vos camarades puis demandez-leur d'évaluer la qualité de votre interaction de 1 (très insuffisant) à 4 (très satisfaisant) en fonction des critères d'évaluation suivants :

Qualité de l'interaction	Le candidat propose des réponses développées et complètes.
	Il est capable d'exploiter les remarques du jury pour préciser sa pensée.
	Il prend des initiatives pour instaurer un échange avec le jury.

3 Troisième temps : échange sur le projet d'orientation du candidat *Debout ou assis(e), sans notes • 5 mn*

- Dans le troisième et dernier temps de l'épreuve orale, vous allez échanger avec le jury sur votre projet d'orientation. L'enjeu est ici de communiquer vos motivations, de montrer en quoi ce projet est le fruit d'une réflexion personnelle et de retracer les étapes qui vous ont permis de le construire.

  Le jury évaluera non pas votre projet d'orientation, mais votre capacité à exprimer vos motivations et développer une réflexion personnelle sur votre avenir.

Déroulement

Commencez par faire le lien entre la question traitée et votre projet d'orientation.

↓

Présentez ensuite les différentes étapes qui vous ont permis de construire votre projet.

→
- Quand avez-vous commencé à y réfléchir ?
- Quels rencontres / événements / conseils ont été les plus déterminants dans le processus ?
- Quelles difficultés avez-vous rencontrées ?
- En quoi les enseignements du tronc commun et/ou de spécialité que vous avez suivis vous ont-ils orienté(e) ?

↓

Expliquez enfin comment vous comptez mener ce projet après le bac.

→
- Quelles formations souhaitez-vous intégrer l'année prochaine ?
- Quels sont vos objectifs à court et moyen termes ? Quel est votre projet professionnel ?

↓

Le jury pourra ensuite vous demander :
- de lever une ambiguïté sur votre choix d'orientation ;
- d'apporter un complément d'information sur votre projet.

Conseil
Ne vous déstabilisez pas et prenez votre temps pour répondre. Vous avez le droit de dire que vous n'avez pas la réponse à la question posée.

Mobiliser ses compétences orales

Face aux questions du jury, vous devez être réactif-ve et direct(e), sans être familier-ère. Vos réponses doivent être naturelles et vous devez ne pas paraître décontenancé(e). Ne vous inquiétez pas si la réponse ne vient pas immédiatement.

Entraînement

Présenter et évaluer son projet d'orientation

- Présentez votre projet d'orientation devant un groupe de deux ou trois camarades, qui vous poseront tour à tour des questions.
- Demandez-leur ensuite de vous évaluer selon la grille d'évaluation suivante :

Critères d'évaluation	Très insuffisant	Insuffisant	Satisfaisant	Très satisfaisant
Le candidat présente son projet d'études de manière cohérente.				
Il communique efficacement ses motivations.				
Il porte une réflexion personnelle sur son projet.				

MÉTHODE • Grand oral : maîtriser les compétences orales

Mobiliser ses ressources physiques : corps et voix

1 Maîtriser son apparence et son attitude

- Dès votre entrée dans la salle, il est important de donner au jury une « bonne première impression ». Il s'agit de renvoyer une image positive de vous-même : celle d'un(e) élève respectueux-se, préparé(e), confiant(e) et concentré(e).

À faire

- Soignez votre apparence et portez une tenue propre et adaptée à un examen oral (privilégiez la simplicité et la sobriété).
- Arrivez à l'heure.
- Adoptez une attitude sérieuse et respectueuse envers le jury.
- Montrez que vous êtes confiant(e), sans pour autant apparaître prétentieux-se ou trop sûr(e) de vous.

Piège à éviter

- Ne cherchez pas à vous faire passer pour quelqu'un que vous n'êtes pas mais donnez envie au jury de vous écouter et de vous connaître. Restez vous-même !

2 Maîtriser sa posture debout et assis(e)

- Que vous soyez debout (pour présenter votre question) ou assis(e) (pendant l'entretien, si vous le souhaitez), trouver une posture adéquate vous aidera à vous sentir à l'aise, à faire porter votre voix et à renvoyer une image positive de vous. La bonne posture est celle qui est à la fois stable et confortable.

À faire

- **Si vous êtes debout**
  - Tenez-vous bien droit(e), les pieds ancrés dans le sol, légèrement écartés.
  - Ayez les genoux souples et les épaules ouvertes.
  - Maintenez votre tête droite, de manière à regarder vers le jury.
  - Restez stable : évitez de vous balancer d'un pied sur l'autre.

- **Si vous êtes assis(e)**
  - Soyez bien calé(e) sur votre chaise, sans donner l'impression d'être affalé(e).
  - Ne croisez pas les bras : posez les avant-bras et les mains sur la table.
  - Maintenez votre buste droit ou légèrement en avant.
  - Posez vos pieds à plat sur le sol.
  - Restez stable : ne vous balancez pas sur la chaise.
  - Gardez les mains calmes, évitez de vous tordre les doigts ou de manipuler un objet (comme un stylo).

3 Maîtriser son regard et ses gestes pour susciter l'intérêt

- Vos gestes et votre regard sont le prolongement de votre prise de parole. Lorsqu'ils sont coordonnés avec votre discours, ils facilitent le contact avec le jury et envoient des signaux clairs.Évitez les gestes parasites qui risquent de détourner l'attention du jury et introduisez des gestes communicatifs qui vont appuyer votre présentation.

À faire

- Faites des gestes maîtrisés aves vos mains.
- Ouvrez les mains vers le jury.
- Faites un décompte avec vos doigts (par exemple si vous énumérez trois exemples).
- Regardez les membres du jury (alternez votre regard sur l'un et l'autre).
- Froncez / Défroncez les sourcils et animez votre regard.

À éviter

- Croiser les bras ou les jambes.
- Se tordre les mains.
- Avoir les mains dans les poches ou derrière le dos.
- Se gratter le nez.
- Avoir un regard qui fuit le contact avec le jury.

4 Maîtriser sa voix et sa diction pour soutenir son discours

- La voix et la diction jouent un rôle clé dans la transmission de votre message. Il s'agit d'abord de vous faire entendre et comprendre correctement. Les changements d'intonation et de rythme aident aussi à appuyer vos arguments et à rythmer votre discours, donc à maintenir l'intérêt du jury. Évitez les gestes parasites qui risquent de détourner l'attention du jury et introduisez des gestes communicatifs qui vont appuyer votre présentation.

À faire

- Parlez clairement, pas trop vite, prononcez distinctement les mots et les lettres, en particulier les voyelles.
- Privilégiez des phrases courtes, qui vous laissent le temps de respirer.
- Adaptez le volume de votre voix : parlez suffisamment fort pour que le jury vous entende, mais pas non plus trop fort.
- Faites varier le ton de votre voix en fonction du contenu de votre présentation.
- Adaptez votre débit de parole : ralentissez lorsque vous abordez des moments clés (annonce du plan, définition, arguments principaux), et accélérez dans les moments secondaires (exemples, énumérations...).

Piège à éviter

- N'en faites pas trop : délivrer une présentation orale devant un jury, ce n'est pas jouer une pièce de théâtre devant un public.

Entraînement

1. Entrer dans la salle d'examen

Simulez votre entrée dans la salle : entrez d'un pas assuré et en regardant droit devant vous, saluez le jury, remettez-lui votre support, et préparez-vous à présenter votre question. Répétez cet exercice jusqu'à ce que vous vous sentiez parfaitement confiant(e).

2. Trouver la bonne posture

Prenez le temps de trouver votre posture idéale debout, puis prenez la parole : entonnez une de vos chansons préférées, récitez un poème, décrivez la météo, racontez votre journée, le dernier film que vous avez vu... : peu importe ! Répétez l'exercice jusqu'à ce que vous vous sentiez parfaitement à l'aise.

3. Faire les bons gestes

Devant un miroir, entraînez-vous à améliorer vos gestes et votre regard pendant les moments clés de votre présentation.

4. Rythmer sa voix

Lisez un texte (un article de journal, l'extrait d'un livre, les paroles d'une chanson...) en faisant varier :
- le débit de votre voix : commencez par lire très lentement puis très rapidement ;
- le volume : commencez par chuchoter puis parlez très fort.

5. Parler distinctement

Tenez-vous debout ou assis(e) et racontez le dernier film ou la dernière série que vous avez vus à un camarade situé à environ deux mètres de vous.

6. Évaluer sa capacité à mobiliser efficacement son corps et sa voix

Présentez votre question devant deux camarades dans le rôle du jury.
- Mettez-vous dans les conditions de l'examen : tenue, apparence ...
- Demandez-leur de vous évaluer de 1 (très insuffisant) à 4 (très satisfaisant) en fonction des critères suivants :

La tenue est adaptée à un examen oral.
L'attitude montre du sérieux et de la préparation.
La posture est adaptée à un examen oral.
Les gestes soutiennent et accompagnent efficacement le discours.
Le regard est dirigé vers le jury et montre de l'engagement.
La voix est audible et intelligible.
La voix soutient efficacement le discours, grâce à des variations de débit et de ton.

Argumenter grâce à un propos clair et rythmé

1 Utiliser un vocabulaire riche et précis

- Une argumentation réussie passe notamment par le choix des mots.

À faire

- Employez un langage soutenu, adapté à une situation d'examen. Le langage familier est à bannir. Il ne s'agit pas d'une discussion entre amis !

- Utilisez un vocabulaire riche et variez vos expressions.

Évitez par exemple de trop utiliser les verbes *être*, *avoir*, *faire*, *montrer*, et remplacez-les par d'autres verbes équivalents. N'hésitez pas à utiliser un dictionnaire de synonymes pour vous aider.

- Soyez précis(e) dans le choix des mots. Vous montrerez par là que vous maîtrisez votre sujet, et cela réduira les risques d'ambiguïté et de distorsion entre ce que vous voulez dire et ce que le jury va comprendre.
- N'oubliez pas que votre exposé va être dit et non pas lu. Faites des phrases courtes et entraînez-vous à prononcer les mots compliqués.

2 Savoir se débarrasser des mots et expressions parasites

- Les mots et expressions parasites sont des mots et expressions largement utilisés à l'oral, alors qu'ils sont souvent inutiles car ils n'apportent aucune information nouvelle. Ils « polluent » votre discours : il faut donc chercher à s'en débarrasser.

Expressions à éviter

quand même..., genre..., en fait..., à la base..., du coup..., c'est clair que..., en gros... et tous les tics de langage comme *euh...* ou *ben...*

Astuce

Soyez particulièrement vigilant(e) pendant l'entretien avec le jury, c'est à ce moment-là que vous risquez le plus d'utiliser des mots et expressions parasites car vous n'aurez pas pu préparer vos réponses à l'avance.

3 Savoir utiliser des mots de liaison pour articuler son propos de façon cohérente

- Les mots de liaison agissent comme des points de repère qui marquent la structure de votre argumentation et en articulent de manière logique les différents éléments. En les utilisant correctement et tout au long de votre présentation, vous aidez le jury à suivre et comprendre le cheminement de votre pensée.

Voici quelques exemples de mots de liaison et de leur fonction dans le discours.

Mots de liaison	Fonction
Tout d'abord..., ensuite..., pour finir..., dans un premier temps...	Énumérer une liste d'arguments ou d'exemples.
En effet..., c'est-à-dire que..., étant donné que...	Expliquer, développer ou préciser un argument.
Notamment..., par exemple..., en revanche...	Illustrer un argument.
Néanmoins..., cependant..., toutefois...	Nuancer un argument, introduire une autre perspective.
Ainsi..., c'est pourquoi...., pour conclure...	Souligner la logique de son propos, marquer l'aboutissement d'un argument ou de la présentation.

4 Maintenir un rythme dynamique et fluide

- Il est important de fournir une prestation à la fois dynamique et fluide pour éviter la monotonie et conserver l'intérêt du jury. Les changements de volume, de rythme, d'intonation permettent de donner du rythme, et les mots de liaison fluidifient le discours. Les pauses et les silences sont aussi utiles : ils jouent en quelque sorte le même rôle que la ponctuation à l'écrit.

À faire

- Rendez votre présentation vivante en faisant varier le ton de votre voix et votre débit de parole en fonction du contenu.
- Évitez de « réciter » une réponse apprise par cœur sur un ton monotone.
- Marquez des silences à chaque nouvelle étape ou phase de votre argumentation : après l'introduction, avant l'annonce d'un argument important, lorsque vous passez d'une partie à une autre...
- Gardez en tête le fait que votre exposé va être « dit » et non « lu ». Faites des phrases courtes et entraînez-vous à prononcer les mots compliqués.

Piège à éviter

- Ne faites pas durer les silences trop longtemps pour ne pas « casser » le rythme et la fluidité de votre présentation. Un « bon » silence dure entre deux et quatre secondes.

Entraînement

1. Chasser les mots parasites

Entraînez-vous à repérer les expressions et mots parasites utilisés par vos proches (famille, amis ...).

2. Le *buzzer* à tics de langage

Il est fréquent d'introduire des tics de langage dans le discours. Pour vous en rendre compte et pour vous habituer à en limiter le nombre, exercez-vous en groupe. L'orateur parle et le groupe tape dans ses mains à chaque fois que l'orateur a un tic de langage. Un autre membre du groupe devient à son tour orateur.

3. Trouver les mots adaptés

Identifiez les mots et expressions qu'il n'est pas pertinent d'utiliser dans une prestation orale.

Pour conclure... | Dans un premier temps... | Alors en gros... | Du coup... | En somme... | Genre... | Par exemple | C'est pourquoi... | De base... | En fait ce que je veux dire c'est que... | Bah...

4. Choisir les mots de liaison adaptés

Reprenez les notes que vous avez préparées pour la réponse à votre question et entraînez-vous à la présenter en utilisant des mots de liaison pour marquer les différentes étapes de votre argumentation.

5. Évaluer sa capacité à argumenter grâce à un propos clair et rythmé

Présentez votre question devant deux camarades dans le rôle du jury, puis demandez-leur de vous évaluer de 1 (très insuffisant) à 4 (très satisfaisant) en fonction des critères suivants.

Critères d'évaluation

Le discours est clair, il s'appuie sur des phrases courtes et simples.

Le vocabulaire utilisé est riche et précis. Peu de mots et expressions parasites.

Le discours est clair, il s'appuie sur des phrases courtes et simples.

Le discours est fluide et bien construit, il s'appuie sur des mots de liaison pertinents.

Le discours est rythmé par des pauses et silences utilisés à bon escient.

Être en interaction avec le jury

- Dans la deuxième partie de l'épreuve, le jury vous posera des questions pour vérifier vos connaissances et vous amener à approfondir ou préciser votre pensée. Il ne s'agit pas seulement de « donner la bonne réponse », mais aussi de montrer votre capacité à réagir et à entrer dans une interaction constructive avec le jury.

Établir une bonne interaction avec le jury grâce au langage verbal

À faire

- Faites répéter ou reformuler une question si besoin.
- Posez des questions si vous ne comprenez pas où le jury veut en venir.
- Développez votre réponse : ne répondez pas par un simple « oui » ou « non » ou par une phrase courte : argumentez.
- Utilisez les remarques et propositions du jury pour vous corriger ou préciser votre pensée.
- Prenez des initiatives : plutôt qu'un simple jeu de « questions-réponses », essayez d'établir un dialogue.
- Éventuellement, posez des questions au jury : « Est-ce que j'ai été clair ? »

Établir une bonne interaction avec le jury grâce au langage non verbal

À faire

- Ne relâchez pas votre posture.
- Regardez le jury.
- Souriez.
- Utilisez des gestes significatifs :
  - acquiescez pour montrer que vous comprenez une question ;
  - froncez les sourcils pour montrer que vous réfléchissez ;
  - faites varier les expressions de votre visage pour laisser paraître vos émotions.

Entraînement

1. Utiliser un langage non verbal
- Demandez à un(e) camarade de vous expliquer les règles d'un jeu de cartes ou le scénario d'un film.
- Écoutez-le(la) activement et utilisez le langage non verbal pour lui signifier ce que vous comprenez bien ou moins bien.
- Posez-lui des questions au fur et à mesure pour vérifier votre compréhension : *Si j'ai bien compris...*
- Inversez les rôles.

2. Évaluer sa capacité à interagir avec le jury
- Présentez votre question devant deux camarades dans le rôle du jury.
- Puis demandez-leur de vous poser des questions de connaissances, d'approfondissement ou d'opinion personnelle.
- Ils évaluent ensuite la qualité de vos interactions de 1 (très insuffisant) à 4 (très satisfaisant) en fonction des critères suivants :

Critères d'évaluation
Le candidat développe ses réponses, argumente.
Le candidat réagit de manière pertinente aux questions et remarques du jury.
Le candidat prend des initiatives dans l'échange.
Le candidat mobilise efficacement le langage verbal pour interagir avec le jury.
Le candidat mobilise efficacement le langage non verbal pour interagir avec le jury.

Corrigés des pages « Je vérifie mes connaissances »

Chapitre 1 p. 40

Exercice 1

Brevet → Droit de propriété sur une invention ; PGF → Mesure statistique du progrès technique ; Croissance économique → Hausse continue du PIB ; Pollution → Externalité négative ; Institutions → Ensemble de règles formelles et informelles.

Exercice 2

1. ressources naturelles ; **2.** externalité ; **3.** inégalités ; **4.** destruction créatrice ; **5.** R. Solow.

Exercice 3

1. a. ; **2.** a., **c.** et **d.** ; **3.** a., b., c. et **d.** ; **4.** a. et d. ; **5.** a., b. et d.

Exercice 4

long terme ; externalités positives ; productivité ; travail-capital ; inégalités ; qualifiés ; revenus ; ubérisation ; concentrée ; réseau d'entreprises ; boule de neige ; progrès technique.

Chapitre 2 p. 70

Exercice 1

1. a. ; **2.** b. ; **3.** b. ; **4.** b. et c. ; **5.** a. et c.

Exercice 2

1. Première ligne : spécialisation ; **2.** cinquième ligne : différenciation ; **3.** dernière ligne : productivité ; **4.** derniere colonne : inégalités.

Exercice 3

1. Faux : certains acteurs perdent au commerce international, comme les producteurs peu efficaces qui, soumis à la concurrence internationale, voient leur prix devenir trop faibles pour pouvoir produire ; **2. Vrai** ; **3. Faux** : elle peut conduire à l'augmenter en diffusant l'innovation par exemple, ou grâce à la spécialisation ; **4. Vrai** ; **5. Vrai** ; **6. Faux :** le libre échange ne permet le développement que s'il est accompagné de mesures institutionnelles permettant aux producteurs domestiques de faire face à la concurrence et de se développer, en gagnant en niveau de gamme par exemple ; **7. Vrai**.

Chapitre 3 p. 106

Exercice 1

1. Faux : il le sous-estime (sous-emploi et halo du chômage) ; **2. Vrai :** il augmente dans certains pays à un rythme différent et baisse dans d'autres ; **3. Faux :** il est plus ou moins élevé ; **4. Vrai :** la baisse des salaires permet le retour au salaire d'équilibre qui égalise offre et demande de travail ; **5. Vrai** ; **6. Faux :** en augmentant la demande globale ; **7. Faux :** par d'autres facteurs que la baisse de la croissance ; **8. Vrai** ; **9. Faux :** l'appariement des compétences.

Exercice 2

De haut en bas et de gauche à droite : cotisations sociales ; substitution ; rentabilité ; compétitivité ; emploi ; chômage.

Exercice 3

Aide aux chômeurs pour rédiger un CV → Améliorer les appariements ; Création des CDD → Favoriser la flexibilité ; Augmentation du salaire minimum → Favoriser la flexibilité ; Gratuité des transports pour les chômeurs → Améliorer les appariements ; Baisse des cotisations sociales → Alléger le coût du travail ; Contrats zéro heures → Favoriser la flexibilité ; Plan d'investissement dans les compétences → Favoriser la flexibilité ; Indemnisation chômage → Soutenir la demande ; Assouplissement de la procédure de licenciement → Favoriser la flexibilité.

Chapitre 4 p. 136

Exercice 1

Effet de richesse → Diminution de la valeur du patrimoine suite à la baisse des cours de bourse ; Contraction du crédit → Réduction des crédits accordés par les banques ; Épargne de précaution → Réduction de la consommation en période de crise ou d'incertitude ; Collatéral → Valeur des titres servant de garantie pour obtenir un emprunt.

Exercice 2

Ligne 1 : Faux, il veut de la plus-value ; **Ligne 2 : Vrai** et **Faux**, il doit sentir le marché… Mais à long terme, c'est le fondamental qui s'impose sur le marché ; **Ligne 3 : Vrai** ; **Ligne 4 : Vrai** ; **Ligne 5 : Faux**, on parle de prophétie autoréalisatrice quand les anticipations des spéculateurs les font agir de façon à confirmer leurs anticipations (je crois à la hausse, j'achète, ce qui fait monter les prix) ; **Ligne 6 : Vrai** ; **Ligne 7 : Vrai**.

Exercice 3

bulle spéculative ; krach boursier ; de liquidité ; paniques bancaires ; systémique ; autorités financières ; fonds propres ; ratio de solvabilité ; stress tests.

Chapitre 5 p. 168

Exercice 1

1. a., b. et d. ; **2.** b. et c. ; **3.** a. et d. ; **4.** c. ; **5.** c. ; **6.** a. et c.

Exercice 2

Horizontalement : 1. asymétrique ; **2.** compétitivité ; **3.** dumping ; **4.** déficit ; **5.** marchandises ; **6.** concurrence.
Verticalement : a. budgétaire ; **b.** BCE ; **c.** coordination ; **d.** monétaire ; **e.** entente.

Chapitre 6 p. 202

Exercice 1

1. a. ; **2.** c. ; **3.** b. ; **4.** c. ; **5.** b. ; **6.** c. ; **7.** a. et c.

Exercice 2

Une même position dans le système économique ; Une conscience des intérêts communs aux membres de la classe sociale ; Des rapports conflictuels aux autres classes sociales ; Une conscience de classe.

Exercice 3

Réponse **2.**

Chapitre 7 p. 232

Exercice 1

1. Vrai : les statistiques montrent un lien fort entre les inégalités sociales et la réussite scolaire : d'après l'analyse de Bourdieu, l'école sélectionne sur des valeurs qu'elle ne transmet pas et la réussite dépend du capital culturel dont la composition varie en fonction du milieu social ; **2. Vrai :** l'école a pour but que chaque enfant, quel que soit son origine, réussisse ; **3. Faux :** un divorce par exemple peut influencer le destin scolaire des enfants ; **4. Vrai :** par exemple les filles sont moins présentes dans les formations d'ingénieurs ; **5. Faux :** c'est Pierre Bourdieu (avec Jean-Claude Passeron) qui a montré cela.

Exercice 2

massification ; égalité des chances ; démocratisation ; qualitative ; augmentation ; hiérarchies sociales ; inégal ; origine ; capital culturel.

Exercice 3

De gauche à droite : calcul coût / avantage ; capital culturel ; dispositions et configurations familiales ; effet établissement.

Exercice 4

Capital culturel → Ensemble des ressources culturelles qui diffèrent selon le milieu social, et dont l'importance favorise la réussite scolaire ; Égalité des chances → Situation où tous les individus, quels que soient leur sexe ou leur origine, ont les mêmes chances d'accéder à l'ensemble des positions sociales ; Démocratisation quantitative → Désigne une hausse des effectifs scolarisés et l'allongement de la scolarité ; Démocratisation qualitative → Vise la diminution des inégalités ; Investissements familiaux → Actions des familles pour soutenir et favoriser la scolarité de leurs enfants.

Chapitre 8 p. 262

Exercice 1

1. c. ; **2.** a. ; **3.** b. ; **4.** c. ; **5.** d. ; **6.** b.

Exercice 2

Mobilité géographique → déplacement physique des individus sur un territoire ; Mobilité professionnelle → changement de profession au cours de la vie active d'un individu ; Mobilité sociale → changement de position sociale d'un individu ou d'un groupe social ; Mobilité sociale intergénérationnelle → changement de position sociale d'un individu ou d'un groupe social par rapport à la génération précédente ; Mobilité observée → changement de position sociale mis en évidence par les tables de mobilité ; Mobilité structurelle → changement de position sociale résultant de la mutation des emplois ; Fluidité sociale → probabilité d'atteindre un groupe social en fonction d'origines sociales différentes.

Exercice 3

1. mobilité structurelle ; **2.** odds ratio ; **3.** déclassement ; **4.** reproduction sociale ; **5.** déclassement.

Chapitre 9 p. 298

Exercice 1

1. c. ; **2.** b. ; **3.** a. ; **4.** b.

Exercice 2

Intégration sociale → Insertion de l'individu dans un groupe, un collectif, dont il intériorise les normes et valeurs ; capacité du groupe à insérer et encadrer ses membres (contrainte / solidarité) ; Qualité des emplois → Caractéristiques décrivant la nature des tâches et le cadre de l'emploi ; Recomposition des taches → Remise en cause de la division horizontale du travail en enrichissant le travail des salariés ; Emploi → Cadre juridique qui structure le travail (contrat, horaires, salaire, postes...).

Exercice 3

division verticale du travail : ce principe est associé à l'organisation taylorienne du travail, alors que les autres notions renvoient aux organisations post-tayloriennes.

Exercice 4

peu qualifiés ; très qualifiés ; précaires ; télétravail.

Chapitre 10 p. 330

Exercice 1

1. a. et c. ; **2.** a. ; **3.** b. ; **4.** a. et c. ; **5.** a. et c. ; **6.** a. et b. ; **7.** b. et c. ; **8.** a. et c. ; **9.** b. et c. ; **10.** a. et c.

Exercice 2

1. Vrai : un militant est un adhérent actif qui participe bénévolement à la vie de l'organisation (parti, syndicat, association) ; **2. Faux :** elle renvoie à des mouvements hétérogènes dont les actions portent sur le marché, mais sans forcément critiquer la société de consommation ; **3. Vrai :** pour Olson, l'individu ne s'engage dans une action collective que s'il en retire des gains supérieurs aux coûts ; **4. Faux :** dans les dictatures, les coûts de la mobilisation collective sont très élevés (répression policière, emprisonnement, etc.) ; **5. Vrai :** la participation politique est très inégale, opposant la majorité des citoyens, plutôt passifs, à une minorité d'initiés cumulant les formes d'engagement ; **6. Vrai :** la participation électorale des femmes s'est rapprochée de celle des hommes, mais le militantisme « classique », la détention de mandats politiques, ou la participation protestataire restent plus fréquents chez les hommes ; **7. Faux :** les jeunes expriment une défiance vis-à-vis des formes traditionnelles de l'engagement, mais s'engagent autrement ; **8. Faux :** ils se transforment et portent de plus en plus sur la défense de l'emploi ou le maintien des services publics. Ils s'appuient sur de nouvelles formes d'action ; **9. Faux :** les revendications « matérialistes » et les conflits du travail restent prédominants ; **10. Faux :** au contraire, elles consistent en la mobilisation de groupes minoritaires défendant leurs droits et dénonçant les discriminations dont ils font l'objet.

Chapitre 11 p. 362

Exercice 1

1. a. ; **2.** b. ; **3.** b. ; **4.** b. et c. ; **5.** b. ; **6.** c.

Exercice 2

Inégalités économiques → Les cadres ont un revenu supérieur à celui des ouvriers / Les cadres ont un patrimoine plus élevé que celui des ouvriers.

Inégalités sociales → Les cadres ont une espérance de vie supérieure à celle des ouvriers / Les cadres lisent davantage que les ouvriers / Les enfants de cadres ont une plus grande probabilité d'obtenir un poste de cadre que les enfants d'ouvriers.

Exercice 3

Nom	Objectif	Exemple
Assistance	Lutte contre les inégalités	RSA
Assurance	Protection contre les risques sociaux	Pensions-retraite

Chapitre 12 p. 394

Exercice 1

1. c. ; **2.** a., b. et c. ; **3.** b. et c. ; **4.** a. et b.

Exercice 2

1. nationale / locale ; **2.** problème public ; **3.** double dividende ; **4.** tragédie ; **5.** passagers clandestins.

Exercice 3

Horizontalement : 1. subvention ; **2.** marché ; **3.** agenda ; **4.** clandestin ; **5.** Rio ; **6.** réglementation.

Verticalement : a. experts ; **b.** externalité ; **c.** commun ; **d.** régions ; **e.** dette.

LEXIQUE

En mauve : Vu en première

En jaune : Notions de terminale

A

Abstention électorale : fait, pour un électeur inscrit sur les listes électorales, de ne pas voter lors d'un scrutin légalement organisé.

Abus de position dominante : comportement d'une entreprise qui profite de disposer de la majorité des parts d'un marché pour mener une concurrence déloyale.

Accumulation des facteurs de production : augmentation de la quantité de facteurs travail et capital.

Action : titre de propriété d'une entreprise qui donne droit à une partie des bénéfices (le dividende) et qui peut être revendu sur le marché secondaire de la Bourse.

Action (ou mobilisation) collective : action concertée d'un ensemble d'individus autour d'une cause commune.

Action publique : activité des administrations publiques consistant à décider, concevoir et mettre en œuvre des politiques publiques.

Aléa moral : situation où le fait d'être assuré accroît la prise de risque. C'est potentiellement le cas des banques « *too big to fail* ».

Appariement (ou *match*) : adéquation entre l'offre et la demande de travail, c'est-à-dire entre un travailleur et un emploi. Dans le cas contraire, on parle d'inadéquation sur le marché du travail.

Assistance : logique d'organisation de la protection sociale visant à offrir une aide aux individus se trouvant en dessous d'un certain seuil de ressources. Les mécanismes d'assistance sont généralement financés par l'impôt, et leur bénéfice n'est pas conditionné au fait d'avoir cotisé au préalable.

Associations : regroupements de personnes majoritairement bénévoles autour de projets ou d'activités, dans un but non lucratif. Elles poursuivent des objectifs très divers : sport, pratiques artistiques, défense d'intérêts ou de causes, action humanitaire…

Assurance : logique d'organisation de la protection sociale selon laquelle seuls les individus ayant cotisé préalablement peuvent être indemnisés en cas de réalisation d'un risque social.

Asymétrie d'informations : signifie que, dans la relation entre deux agents, l'un bénéficie de moins d'informations que l'autre.

Autorecrutement : dans la table de recrutement, les personnes qui occupent la même position sociale que leurs parents.

Avantages comparatifs : pour un pays (ou pour un acteur économique), fait d'avoir une productivité relative dans la production d'un bien (par rapport aux autres biens) supérieure à celle des autres pays (ou des autres acteurs). Ils peuvent être liés à des dotations factorielles ou technologiques, construits ou donnés.

B

Banque centrale : autorité monétaire en charge de la politique monétaire et de la supervision des banques.

BCE (Banque centrale européenne) : banque indépendante et unique dans l'UEM. Siégeant à Francfort, elle définit et conduit la politique monétaire commune aux États membres de la zone euro.

Biens communs : biens dont la consommation par un individu réduit la quantité disponible pour les autres individus (rivalité) et pour lesquels il est impossible d'exclure les individus ne voulant pas en payer le prix (non-excluabilité).

Bourse : marché financier où s'échangent des actions et des obligations.

Brevet : droit de propriété temporaire (vingt ans) sur une invention.

Bulle spéculative : situation où les cours des actions s'écartent durablement de leur cours fondamental du fait de la spéculation.

C

Canaux de transmission : enchaînements par lesquels se transmettent des changements dans l'économie. La contraction du crédit constitue un canal de transmission des crises financières à l'économie réelle.

Capital culturel : ensemble des ressources culturelles qui diffèrent selon le milieu social, et dont l'importance favorise la réussite scolaire.

Chaîne de valeur : ensemble des étapes du processus productif permettant à un secteur ou une entreprise d'obtenir un avantage concurrentiel.

Choc asymétrique : événement exogène qui n'affecte qu'un ou plusieurs pays de la zone.

Choc symétrique : événement exogène qui a un impact sur l'ensemble des pays de la zone.

Chômage : population active privée d'emploi.

Chômage classique : chômage lié à un coût du travail jugé trop élevé.

Chômage conjoncturel : chômage lié aux fluctuations de la croissance.

Chômage structurel : partie du chômage qui est indépendante de la croissance économique et des coûts du travail mais s'explique par les rigidités du marché du travail et l'inadéquation entre l'offre et la demande.

Classe sociale (au sens de Marx) : groupe d'individus qui partagent la même position dans le système économique et sont animés par une conscience de classe.

Cohésion sociale : état d'une société dont les membres sont unis par des valeurs communes et une solidarité qui cimentent la société.

Collatéral : actif remis en contrepartie d'un emprunt pour rembourser le prêteur en cas de défaut de paiement.

Commerce international : ensemble des flux de biens et de services circulant entre différents espaces économiques nationaux.

Compétitivité : capacité d'un secteur, d'un territoire ou d'une entreprise à maintenir et augmenter ses parts de marché dans un contexte de concurrence.

Compétitivité-hors prix (ou hors coût) : pour un pays ou une entreprise, autres avantages compétitifs hors coût de production (innovation, qualité, infrastructures, image de marque, fiscalité…).

Compétitivité-prix (ou coût) : pour un pays ou une entreprise, fait d'avoir un avantage concurrentiel en termes de prix, notamment en ayant un coût de production plus faible.

Comportements mimétiques : également appelés comportements moutonniers, situations où les spéculateurs agissent comme les autres spéculateurs pour suivre la tendance. Les comportements mimétiques favorisent les prophéties autoréalisatrices.

Conditions de travail : conséquences de l'organisation du travail sur le rythme de travail, le degré d'autonomie, de reconnaissance des salariés et leur santé

Configurations familiales : type de structure familiale. Le recensement distingue par exemple les couples sans enfant, les couples avec enfant(s) et les familles monoparentales.

Conflits du travail : désaccords entre employeurs et salariés au sein de la sphère productive portant principalement sur les salaires, l'emploi, les conditions de travail. Ils peuvent se traduire par des grèves. Désormais institutionnalisés, ces conflits peuvent être régulés par la négociation entre partenaires sociaux.

Consommation engagée : actions individuelles ou collectives visant, par le choix de produits et de producteurs, à dénoncer certaines pratiques marchandes (boycott) ou à promouvoir des formes d'activités économiques jugées plus éthiques (*buycott*).

Contraction du crédit (*credit crunch*) : situation où les banques ne prêtent plus à personne à la suite d'une crise financière.

Coopération : fait d'impliquer les individus appartenant à l'entreprise de façon à ce qu'ils agissent conjointement et qu'ils intègrent totalement ses objectifs.

Coordination des politiques économiques : processus par lequel le États membres se consultent sur la conjoncture et les choix de politique économique et adoptent des positions et des orientations communes.

Coût du travail : ce que coûte un travailleur à son employeur en salaire, cotisations et en formation.

Croissance économique : augmentation sur une assez longue période du produit intérieur brut (PIB), c'est-à-dire des biens et services produits.

Croissance endogène : ensemble de théories dans lesquelles la croissance auto-entretenue repose sur le progrès technique et des externalités positives.

Croissance extensive : croissance qui repose principalement sur l'accumulation des facteurs de production.

Croissance intensive : croissance qui repose principalement sur le progrès technique.

D

Déclassement (ou mobilité descendante) : régression d'un individu ou d'un groupe social dans la hiérarchie sociale.

Demande globale : demande anticipée qui s'adresse aux entreprises. Elle se décompose en demande de consommation et demande de biens de production (investissement) en économie fermée.

Démocratisation scolaire : processus d'affaiblissement du lien entre origine sociale et études poursuivies. On distingue la démocratisation quantitative qui désigne une hausse des effectifs scolarisés et de l'allongement de la scolarité, et la démocratisation qualitative qui vise la diminution des inégalités.

Désincitation : mécanisme qui se met en place lorsqu'un agent économique n'est pas encouragé à réaliser une action.

Destruction créatrice : processus par lequel des nouvelles innovations (ainsi que des emplois, des activités, etc.) remplacent des anciennes innovations.

Dette publique : ensemble des emprunts publics. Elle résulte du financement des dépenses publiques par l'emprunt plutôt que par l'impôt.

Développement durable : capacité des générations présentes à satisfaire leurs besoins sans compromettre la capacité des générations futures à satisfaire les leurs.

Différenciation : différences entre deux biens proches. Elle est verticale lorsqu'elle porte sur la qualité (entraînant une différence de prix), et horizontale lorsqu'il s'agit d'une simple différence de variété.

Discriminations : inégalités de traitement à partir d'un critère prohibé par la loi (origine réelle ou supposée, lieu d'habitation, sexe, âge, etc.).

Distances inter-classes : écarts statistiques entre classes sociales.

Distances intra-classes : écarts statistiques au sein d'une même classe sociale.

Division horizontale du travail : parcellisation du travail en tâches élémentaires.

Division verticale du travail : séparation entre les tâches de conception et les tâches d'exécution (hiérarchie).

Dotations factorielles : ensemble des facteurs de production (travail, capital, ressources naturelles) dont dispose un pays.

Dotations technologiques : ensemble des technologies (niveau de capital sous ses différentes formes) dont dispose un pays.

E

Économie réelle : par opposition au système bancaire et financier, désigne la partie de l'économie qui concerne les variables « réelles » : production, consommation, emploi...

Effet de richesse : impact, positif ou négatif, sur la valeur du patrimoine d'un agent – sa richesse – des variations des cours des actifs qui composent ce patrimoine.

Égalitarisme libéral : conception de la justice sociale qui privilégie l'égalité réelle des chances en tenant compte des avantages et des handicaps des individus au départ de la « course » sociale.

Égalitarisme strict : conception de la justice sociale qui vise l'égalité absolue des situations économiques et sociales.

Égalité des chances : situation où tous les individus, quels que soient leur sexe, leur origine sociale ou « ethnique », ont la même probabilité d'accès à l'ensemble des positions sociales.

Égalité des droits : principe selon lequel tous les individus doivent être traités également par la loi.

Égalité des situations : situation qui suppose la suppression de toute forme d'inégalité économique et sociale.

Emploi : cadre juridique qui structure le travail (contrat, horaires, salaire, postes...).

Engagement associatif : fait de participer activement à la vie associative. Les associations, leurs buts et leurs acteurs étant divers, l'engagement associatif n'est pas forcément un engagement politique.

Engagement politique : acte manifestant la volonté de participer à la vie politique pour peser sur ses orientations et/ou interpeller les autorités politiques.

Entente (ou cartel) : accord informel (et souvent illégal) entre plusieurs entreprises sur un marché oligopolistique.

Externalité : effet, positif ou négatif, d'une activité économique sur des acteurs extérieurs à cette activité, sans qu'il y ait de compensation monétaire.

F

Féminisation des emplois : augmentation de la part des emplois occupés par des femmes dans la population active.

Financement bancaire : système dans lequel des intermédiaires financiers se chargent de collecter l'épargne et de financer l'investissement.

Financement de l'économie : mise en relation des agents en besoin de financement (les investisseurs) et des agents en capacité de financement (les épargnants).

Fiscalité : ensemble des prélèvements obligatoires (impôts, taxes et cotisations sociales) réalisés par l'État.

Flexibilité : adaptation du travail et de l'emploi aux aléas de la production.

Flexibilité du marché du travail : ensemble des mesures prises pour baisser les rigidités du marché du travail. Elle doit permettre aux entreprises de s'adapter rapidement aux fluctuations économiques tant au niveau du volume de l'emploi que des rémunérations. On distingue la flexibilité des salaires, la flexibilité quantitative et qualitative.

Fluctuations économiques : variation à la hausse ou à la baisse de la croissance à court terme.

Fluidité sociale (ou mobilité relative) : probabilité d'atteindre un groupe social en fonction d'origines sociales différentes. Elle se mesure principalement par les odds ratio (rapport des chances relatives).

Friction : inadéquation temporaire entre offre et demande de travail en raison de l'activité de prospection des chômeurs.

Fusion-acquisition : rachat d'une entreprise par une autre. Une entreprise en position dominante détient plus de 50 % des parts de marché.

G

Gains à l'échange : avantages procurés aux offreurs et demandeurs qui échangent.

Groupe social : ensemble d'individus unis de façon durable, avec des valeurs communes, des liens plus ou moins intenses, une situation sociale identique et/ou des activités communes et une conscience plus ou moins forte d'appartenir à ce groupe.

H

Hérédité sociale : dans la table de destinées, personnes qui occupent la même position sociale que leurs parents.

I

Identification subjective à une classe : façon pour un individu de se définir et de percevoir la classe sociale à laquelle il appartient.

Inadéquation des compétences : quand les compétences détenues par les travailleurs ne correspondent pas à celles réclamées par les employeurs.

Inadéquation spatiale : quand le lieu d'habitation des travailleurs ne correspond pas à la localisation des emplois.

Incitations sélectives : dans un groupe mobilisé, moyens de limiter les comportements de passagers clandestins (*free-riders*) en récompensant les participants (incitations positives : rétribution individuelle de l'engagement) et/ou en augmentant les coûts de l'inaction (incitations négatives : pénalisation de la défection).

Individualisation : processus d'autonomisation de l'individu lié à la modernité dans les différentes sphères de la vie sociale (famille, travail, religion, etc.).

Inégalités : différences qui se traduisent par un avantage ou un handicap à partir d'une échelle de valeurs validée par la société.

Inégalités de réussite scolaire : inégalités de chances dues à de multiples facteurs tels que le milieu social, le genre, l'établissement fréquenté, l'investissement familial ou encore les stratégies des ménages.

Innovation : exploitation économique et commerciale d'une invention. Les innovations de produit concernent des nouveaux biens et services à la disposition des consommateurs ; les innovations de procédé sont des nouveaux moyens de production pour les producteurs ; les innovations organisationnelles sont des nouvelles façons de combiner le travail et le capital.

Instances de socialisation : les personnes ou institutions qui participent à la transmission des valeurs et des normes.

Institution (chômage) : désigne, au sens large, l'ensemble des lois, règles et normes qui interfèrent avec le libre fonctionnement des marchés. En matière de chômage, il s'agit essentiellement de celles qui concourent à la détermination du salaire minimum, de l'indemnisation et des règles de protection de l'emploi.

Institutions : ensemble de règles, formelles (écrites et concrètes) ou informelles (normes sociales), qui structurent et organisent les comportements dans une société.

Intégration économique : élimination des frontières économiques entre deux ou plusieurs économies.

Intégration sociale : insertion de l'individu dans un groupe, un collectif, dont il intériorise les normes et valeurs ; capacité du groupe à insérer et encadrer ses membres (contrainte / solidarité).

Investissement : acquisition de capital (fixe) dans le but de produire des biens et services.

Investissements familiaux : actions des familles pour soutenir et favoriser la scolarité de leurs enfants (contacts réguliers avec les représentants de l'institution scolaire, suivi des résultats, du travail à la maison...).

J

Justice sociale : ensemble de normes sociales qui définissent la répartition des ressources entre les membres d'une société.

K

Krach boursier (ou effondrement boursier) : baisse brutale des prix des actions après une vague de ventes massives. Marque l'éclatement d'une bulle spéculative.

L

Libertarisme : conception de la justice sociale qui s'appuie sur la liberté et l'égalité des droits (en particulier le droit à la propriété sur soi-même et sur les biens légitimement acquis). Dans cette perspective, le marché est l'institution qui assure la répartition des ressources la plus juste et la plus efficace.

Libre-échange : doctrine politique consistant en une libre circulation des biens et services, capitaux et des normes par-delà les frontières nationales.

Lien social : relation qui unit des individus faisant partie ou non d'un même groupe social.

Liquidité : capacité à transformer rapidement, sans coût et sans risque un actif en monnaie. C'est un indice de la sécurité d'un placement.

Luttes minoritaires : mobilisations de groupes minoritaires dont les membres font l'objet d'une discrimination collective du fait de leurs caractéristiques physiques ou culturelles, ou de leurs activités (minorités ethniques, minorités homosexuelles, prostituées...).

M

Management participatif : gestion du personnel prenant en compte les analyses et les initiatives des salariés concernant leur travail (s'oppose à la division verticale du travail).

Marché : lieu de rencontre réel ou fictif entre des agents économiques qui offrent des biens ou des services et ceux qui en demandent.

Marché concurrentiel : marché en CPP (concurrence pure et parfaite), lieu de rencontre d'une multitude d'offreurs et d'une multitude de demandeurs sur lequel s'établit un prix de marché (ou d'équilibre) et une quantité d'équilibre.

Marché de quotas d'émission : instrument visant à réduire les émissions polluantes *via* l'attribution et l'échange de droits à polluer.

Marché monétaire : marché interbancaire où s'empruntе à court terme de la monnaie centrale. La banque centrale y intervient pour modifier les taux d'intérêt.

Marché unique : également appelé marché intérieur, c'est une union douanière entre tous les États membres de l'UE, qui repose sur quatre libertés fondamentales : la libre circulation des biens et des services, des capitaux et des personnes.

Marchés financiers : marchés mettant en relation directe les agents à besoin et à capacité de financement. La Bourse est un marché financier.

Massification scolaire : augmentation du nombre d'enfants qui ont accès à l'école et à l'enseignement supérieur.

Militantisme : militer (du latin *militare*) : combattre, lutter. Participation bénévole et active à un parti, à un syndicat ou à une association impliquant un engagement plus ou moins durable pour une cause collective.

Mise à l'agenda politique : processus au terme duquel un problème est perçu comme appelant un débat public, voire l'intervention des autorités politiques légitimes.

Mobilité ascendante : progression d'un individu ou d'un groupe social dans la hiérarchie sociale.

Mobilité géographique : déplacement physique des individus sur un territoire.

Mobilité intergénérationnelle : changement de position sociale d'un individu ou d'un groupe social par rapport à la génération précédente.

Mobilité nette : calculée en soustrayant la mobilité structurelle à la mobilité brute, cette notion, difficile à expliquer, est de moins en moins utilisée par les sociologues qui lui préfèrent celle de fluidité sociale.

Mobilité observée (ou absolue ou totale) : changement de position sociale mis en évidence par les tables de mobilité.

Elle est composée de la mobilité structurelle et de la mobilité nette.

Mobilité professionnelle (ou intragénérationnelle) : changement de profession au cours de la vie active d'un individu.

Mobilité sociale : changement de position sociale d'un individu ou d'un groupe social.

Mobilité structurelle : changement de position sociale résultant de la mutation des emplois.

Monopole : structure de marché dans laquelle une entreprise est seule, sans concurrent.

Mutualisation des risques : principe consistant à transformer des risques individuels en risques collectifs. Des mécanismes d'assurance garantissent le paiement d'indemnités en cas de réalisation d'un risque aux individus ayant préalablement versé une prime ou une cotisation.

O

Oligopole : marché composé de quelques entreprises concurrentes.

Opinion publique : ensemble des idées et des manières de penser partagées par les citoyens au sujet des enjeux politiques, des dirigeants, des institutions et des événements de l'actualité.

Organisation post-taylorienne du travail : ensemble de méthodes qui remettent en cause différents éléments du taylorisme, en favorisant la flexibilité, le management participatif, la recomposition des tâches, etc.

Organisation taylorienne du travail : méthode reposant sur les divisions verticale et horizontale du travail strictes.

P

Panique bancaire (*bank run*) : quand les clients d'une banque craignent de perdre leur épargne, retirent tous leurs dépôts, mettant les banques en difficulté. C'est un exemple de prophétie autoréalisatrice.

Paradoxe de l'action collective : selon Mancur Olson, fait que des individus peuvent être amenés à ne pas se mobiliser malgré un intérêt commun : tout individu rationnel tend à se comporter en *free-rider* (passager clandestin), laissant les autres bénéficier des fruits de l'action sans en supporter les coûts.

Participation électorale : fait, pour un électeur inscrit sur les listes électorales, de voter lors d'un scrutin légalement organisé.

Partis politiques : organisations dont les membres se regroupent autour d'un projet politique en vue de conquérir et d'exercer le pouvoir.

Passager clandestin : comportement d'une personne ou d'une organisation qui bénéficie d'une situation sans en supporter le coût.

Polarisation des emplois : tendance à l'opposition croissante entre des types d'emplois à la qualité inégale.

***Policy mix* :** combinaison des politiques budgétaire et monétaire dans une zone intégrée. Quatre combinaisons sont possibles.

Politique budgétaire : action des pouvoirs publics sur l'activité économique, qui passe par une modification des prélèvements obligatoires et / ou des dépenses publiques.

Politique conjoncturelle : ensemble des décisions des politiques budgétaire et monétaire prises par les pouvoirs publics afin d'agir sur la conjoncture économique.

Politique de l'emploi : ensemble des mesures prises par les pouvoirs publics pour baisser le chômage.

Politique de la concurrence : intervention des pouvoirs publics qui vise à limiter les positions dominantes sur le marché et mettre fin à toute pratique anticoncurrentielle.

Politique monétaire : action de l'autorité monétaire pour réguler la quantité de monnaie en circulation dans l'économie. Elle passe par la manipulation des taux d'intérêt.

Politiques de formation : ensemble des dispositifs pour favoriser la formation initiale délivrée jusqu'à l'université et la formation continue tout au long de la vie professionnelle.

Politiques macroéconomiques (de relance) : consistent à utiliser les politiques budgétaire et/ou monétaire pour relancer la croissance et diminuer le chômage.

Position dans le cycle de vie : situation vécue par un individu en fonction de son âge et des étapes qui scandent l'existence dans une société donnée (finir ses études, fonder une famille, prendre sa retraite, par exemple).

Pouvoir de marché : capacité d'une entreprise à fixer un prix supérieur à celui de l'équilibre de concurrence parfaite afin de maximiser ses profits.

Précarité : situation instable, qui ne permet pas de trouver une place et un statut solides et définitifs dans la société.

Problème public : situation qui dévie des normes sociales en place et appelle ainsi des actions préventives ou réparatrices de la part des pouvoirs publics.

Productivité : mesure d'efficacité d'un processus de production qui se calcule par le rapport entre la production réalisée (en valeur ou en volume) et le ou les facteur(s) de production utilisé(s) (souvent le travail).

Productivité globale des facteurs (PGF) : mesure statistique du progrès technique (rapport entre la production et le volume des facteurs de production utilisés).

Professions et catégories socioprofessionnelles (PCS) : outil statistique créé par l'Insee permettant de classer les individus dans des catégories présentant une certaine homogénéité sociale.

Progrès technique : ensemble des éléments qui améliorent la combinaison travail-capital, rendant plus efficaces les facteurs de production, sans que leur quantité ait nécessairement augmenté. L'impact du progrès technique est mesuré par la productivité globale des facteurs.

Prophétie autoréalisatrice : cas où une croyance au départ fausse entraîne des réactions qui rendent vraie cette croyance : croire à la hausse des cours pousse à acheter, ce qui fait augmenter le cours.

Protection de l'emploi : ensemble des règles régissant le contrat de travail (conditions d'embauche et de licenciement, en particulier) pour les contrats permanents (CDI) mais aussi temporaires (CDD, intérim). Elle détermine le degré de rigidité de l'emploi.

Protection sociale : système de solidarité permettant aux individus de faire face aux « risques sociaux » (maladie, famille, retraite et chômage) ou de lutter contre les inégalités.

Protectionnisme : doctrine politique visant à protéger les frontières nationales des importations considérées comme menaçantes (contre l'emploi ou la sécurité nationale par exemple).

Q

Qualité des emplois : caractéristique décrivant la nature des tâches et le cadre de l'emploi.

R

Rapports sociaux de genre : rapports de domination ou de pouvoir entre les sexes dans toutes les sphères de la vie sociale.

Ratio de solvabilité : ratio minimal de fonds propres rapportés aux engagements que les autorités financières imposent aux banques pour garantir leur solvabilité.

Recomposition des tâches : remise en cause de la division horizontale du travail, en enrichissant le travail des salariés.

Redistribution : transferts opérés entre les ménages par les pouvoirs publics, à l'aide des prélèvements obligatoires, des prestations sociales et des services publics.

Réglementation environnementale : ensemble des normes juridiques qui encadrent l'activité économique afin de la rendre plus compatible avec la protection de l'environnement.

Régulation bancaire et financière : ensemble des règles et des cadres par lesquels les autorités cherchent à encadrer les activités bancaires et financières.

Répertoire d'action collective : selon Charles Tilly, mode d'action collective utilisé dans une société à un moment donné de son histoire. Chaque groupe mobilisé, en fonction de sa culture protestataire, maîtrise une liste particulière de ces formes d'action.

Reproduction sociale (ou immobilité sociale) : absence de changement de position sociale.

Rétributions symboliques : pour Daniel Gaxie, satisfactions d'ordre moral ou identitaire procurées par le militantisme : intégration au groupe mobilisé, estime de soi, plaisir de lutter ensemble, sentiment de défendre une juste cause, fierté d'agir en conformité avec ses valeurs, etc.

Rigidité du marché du travail : caractéristiques du marché du travail qui freinent l'égalité entre l'offre et la demande. Elle est liée à l'existence d'institutions qui visent à protéger l'emploi (salaire minimum, indemnisation chômage, règles encadrant les licenciements...).

Risque social : événement incertain pouvant affecter le niveau de vie d'un ménage en provoquant une augmentation de ses besoins et/ou une diminution de ses revenus. La maladie, le chômage ou encore la vieillesse sont des exemples de risques sociaux.

S

Salaire d'efficience : salaire supérieur au salaire d'équilibre.

Salaire minimum : salaire en dessous duquel un employeur ne peut rémunérer un travailleur.

Salarisation : croissance de la part des salariés dans la population active.

Sécurité sociale : ensemble d'institutions publiques françaises protégeant les individus des conséquences des risques sociaux dans les domaines de la maladie, de la famille, des accidents du travail et de la retraite.

Ségrégation sociale : processus de séparation physique, sociale et symbolique de populations en fonction de caractéristiques précises.

Services collectifs : productions non marchandes du secteur public financées par les prélèvements obligatoires (l'éducation ou la santé par exemple).

Socialisation : processus par lequel l'individu acquiert les normes et les valeurs du groupe ou de la société dans lequel il vit, et construit son identité personnelle.

Solidarité mécanique : forme de lien social et d'organisation de la société fondé sur la similitude entre les membres du groupe.

Solidarité organique : forme de lien social et d'organisation de la société fondé sur la complémentarité et la différenciation entre les membres du groupe.

Sous-emploi : ensemble des personnes qui travaillent involontairement moins que la durée normale du travail et qui voudraient travailler plus.

Spécialisation : pour un pays, fait de produire essentiellement un même bien (et de l'exporter).

Spéculation : opération consistant à tirer profit (par une plus-value) de la bonne anticipation d'un prix. Le spéculateur va acheter s'il anticipe que le prix va augmenter dans le futur ou revendre avant la baisse du prix.

Statut d'emploi : distinction entre les emplois salariés et non salariés (indépendants).

Stratégies des ménages : ensemble des moyens utilisés par les ménages pour atteindre l'objectif de réussite scolaire (comme le choix des options ou des établissements).

Stratification sociale : division de la société en groupes organisés selon une hiérarchie.

Structure des opportunités politiques : éléments de l'environnement et du contexte politique qui pèsent sur l'action collective. Le déclenchement des mobilisations est influencé par les opportunités qui se présentent, en fonction du contexte et des caractéristiques du système politique.

Subvention à l'innovation verte : aide financière attribuée par les administrations publiques afin d'encourager les activités favorables à la protection de l'environnement.

Supervision bancaire : contrôle par les autorités monétaires de l'activité des banques afin d'éviter que ne survienne une crise financière.

Syndicats : associations dont le rôle est de défendre les intérêts professionnels, individuels ou collectifs de ses membres. En France, l'adhésion à un syndicat est libre, non obligatoire.

T

Taux d'accès à un diplôme ou à un type de formation : rapport entre le nombre d'élèves parvenant à un niveau de diplôme (par ex. en terminale pour le baccalauréat) et l'effectif de la génération correspondante.

Taux d'emploi : mesure la part des actifs occupés sur la population en âge de travailler (en %). On divise le nombre d'actifs occupés par le nombre de personnes âgées de 15-64 ans.

Taux d'intérêt : prix calculé comme un pourcentage du montant emprunté que fait payer un prêteur à un emprunteur pour l'utilisation de son épargne.

Taux de chômage : mesure la part des chômeurs dans la population active (en %). On divise le nombre de chômeurs par le nombre de personnes actives (en emploi ou au chômage).

Taux de scolarisation : part des enfants scolarisés d'un âge déterminé parmi les jeunes de cet âge.

Taxe environnementale : prélèvement obligatoire réalisé par les administrations publiques qui pénalise financièrement les activités économiques néfastes pour l'environnement.

Télétravail : possibilité d'exercer tout ou partie de son emploi dans le cadre domestique, plus largement en dehors du lieu de travail officiel.

Tertiarisation : augmentation de la part occupée par les emplois du secteur tertiaire dans l'ensemble des emplois.

Trajectoires improbables : ensemble des trajectoires sociales ayant peu de chances de se produire.

Travail : ensemble de tâches contribuant à produire des biens et/ou des services.

U

Utilitarisme : approche de la justice sociale qui vise à la maximisation de l'utilité collective, ce qui suppose d'atteindre « le plus grand bonheur pour le plus grand nombre ».

V

Variables sociales du vote : facteurs sociaux influençant le vote des individus.

Variables sociodémographiques (de l'engagement) : variables pesant sur l'engagement politique telles que la position sociale (CSP), le niveau de diplôme, le sexe, l'âge ou la génération.

Vente forcée : situation où un agent est contraint de vendre un actif, par exemple pour payer ses créanciers ou rembourser ses dettes.

Z

Zone euro : (ou Union économique et monétaire, UEM), c'est l'ensemble géographique constitué par les 19 pays (en 2020) de l'Union européenne qui ont adopté l'euro comme monnaie nationale.

INDEX

En mauve : Vu en première

En jaune : Notions de terminale

En violet : Les auteurs

A

Abstention électorale, 316-319
Abus de position dominante, 152, 164
Accords internationaux, 387-389
Accumulation des facteurs de production, 16, 17
Action, 120, 122
Action (ou mobilisation) collective, 314, 315, 320-323
Action publique, 372, 379, 391, 393
Agenda politique, 377, 390, 391, 393
Aides publiques, 150
Aléa moral, 128
Appariement (ou *match*), 92, 101, 103
Assistance, 349, 350, 351, 358, 359, 362, 365
Associations, 311, 323
Assurance, 349, 350, 351, 358, 359, 362
Asymétrie d'informations, 87, 92, 102
Autorecrutement, 247
Avantages comparatifs, 50, 52, 53, 55, 67-69

B

Banque centrale, 130, 157, 164
Banque centrale européenne, 156, 157, 161, 167
Banques systémiques, 131
Bastiat, Frédéric, 64
Biens communs, 386, 392, 393
Boudon, Raymond, 224
Bourdieu, Pierre, 222
Bourse, 118, 122
Brevet, 25
Bulle spéculative, 126

C

Calculer une variation relative, 311
Canaux de transmission, 120, 125, 128, 129
Capital culturel, 212, 213, 222, 229, 231-234
Capital humain, 21
Capital, 16, 17
Castel, Robert, 289
Catégorie socioprofessionnelle, 182, 183
Chaîne de valeur, 58, 59, 67-69
Choc asymétrique, 162, 163, 166
Choc symétrique, 162, 166
Chômage, 80, 82, 102, 275-277, 291
Chômage classique, 86, 102, 103
Chômage conjoncturel, 96, 103
Chômage structurel, 88, 93, 98, 100, 103
Classe en soi / pour soi, 190
Classe sociale (au sens de Marx), 190-191
Classes populaires, 193
Coefficient de Gini, 342-344, 358, 360
Cohésion sociale, 358, 359
Collatéral, 129
Collectivité territoriale, 378, 379, 390
Commerce inter- / intrabranche, 54, 55, 67, 69
Commerce international, 51, 54, 57, 59, 67-69, 72
Compétitivité, 56, 57, 67-69, 149
Compétitivité-hors prix (ou hors coût), 56, 57, 67-69
Compétitivité-prix (ou coût), 56, 57, 67-69
Comportements mimétiques, 126
Composition du ménage, 184
Concentration, 152, 154
Conditions de travail, 278, 284, 285
Configurations familiales, 223, 232, 256
Conflit, 377, 390
Conflits du travail, 320
Consommation engagée, 311
Contraction du crédit *(credit crunch)*, 129
Coopération, 280, 282, 284, 288, 289, 292, 293, 376, 390
Coordination des politiques économiques, 159, 160, 161, 166
Courbe de Gatsby, 257
Courbe de Lorenz, 343, 358, 360
Cours fondamental, 124
Coût du travail, 86, 87, 95, 102, 103
Coût salarial unitaire, 57
Coût unitaire salarial, 107
Crises financières, 119, 120
Croissance économique, 16
Croissance endogène, 20, 21
Croissance extensive, 18
Croissance intensive, 18

D

Déclassement (ou mobilité descendante), 252
Décomposition de la croissance, 18
Déficit public, 158, 160
Déflation, 156
Demande globale, 90, 96, 103
Démocratisation scolaire, 212, 213, 218, 219, 228, 230-234
Désincitation, 357, 360
Destruction créatrice, 26
Dette climatique, 388
Dette publique, 160, 164
Développement durable, 35
Différenciation, 54, 55, 67-69, 76
Diplôme, 185, 188-189, 195
Discriminations, 352, 353, 358-361
Distances inter-classes, 193
Distances intra-classes, 193
Dividendes, 122
Division horizontale du travail, 280-283
Division verticale du travail, 280-284
Dotations factorielles, 52, 53, 67-69, 76
Dotations technologiques, 52, 53, 67, 69
Dumping environnemental, 378, 390
Dumping fiscal, 162
Dumping social, 146, 162
Durkheim, Émile, 288

E

École, 212-221, 228, 229, 231-233, 235, 238
Économie réelle, 120
Économies d'échelle, 149
Effet de richesse, 128
Effet volume, 381, 391
Égalitarisme libéral, 349, 359, 361
Égalitarisme strict, 349, 361, 363
Égalité des chances, 212-216, 220, 228, 231-233, 235, 348, 349, 359-361
Égalité des droits, 349, 359-361
Égalité des situations, 349, 359-361
Emploi, 274-279, 286, 287, 289-291
Engagement associatif, 311
Engagement politique, 310
Entente (ou cartel), 153, 164
Entrepreneurs, 28, 29
Entreprise, 376, 384, 385, 390, 393
Escalator de verre, 194
État, 377, 379, 390, 392
Externalité, 20, 33, 380, 390, 391

F

Féminisation des emplois, 188, 189
Financement bancaire, 122, 123
Financement de l'économie, 122, 123
Fiscalité, 350, 351, 359-361, 365, 366
Flexibilité, 282, 283, 286, 287, 290, 292, 293
Flexibilité du marché du travail, 98-100, 104
Fluctuations économiques, 90, 91, 103
Fluidité sociale (ou mobilité relative), 250
Fonds propres, 131
Ford, Henri, 281
Friction, 92, 103
Friedman, Milton, 357
Fusion-acquisition, 164

G

Gains à l'échange, 50, 60, 64, 65, 67-69
Gains de productivité, 17
Grappe d'innovation, 26
Groupe de statut, 191
Groupe social, 180, 181

H

Hayek, Friederich, 357
Hérédité sociale, 247

I

Identification subjective à une classe, 192
Inadéquation des compétences, 93, 100, 103
Inadéquation spatiale, 93, 103
Incitations sélectives, 312, 313
Individualisation, 196, 197
Industries en réseau, 151
Inégalités, 28, 29, 31, 60, 62, 63, 67-69, 342-353, 357-369
Inégalités de réussite scolaire, 212, 213, 219-226, 229, 231, 232
Inflation, 156, 157, 160
Infrastructure, 21
Innovation, 22, 23, 26, 34
Innovation verte, 381, 391
Instances de socialisation, 228
Institution (chômage), 100, 102
Institutions, 24
Intégration économique, 148, 167
Intégration sociale, 288-293
Investissement, 17, 20, 21

Investissements familiaux, 212, 213, 222, 229, 231, 232

J

Justice sociale, 341, 348, 349, 354-363, 366, 367

K

Krach boursier (ou effondrement boursier), 118
Kuznets, Simon, 344

L

Lahire, Bernard, 223
Lecture de TCAM, 16
Libertarisme, 349, 359, 361
Libre-échange, 64, 65, 67-69
Lien social, 288-292
Lieu de résidence, 185
Liquidité, 128
Lutte des classes, 190, 192
Luttes minoritaires, 320

M

Management participatif, 282, 284
Marché, 384, 385, 390, 391, 393
Marché concurrentiel, 61, 67-69, 102, 149, 164
Marché de quotas d'émission, 384, 385, 391, 393
Marché monétaire, 157, 164
Marché unique, 148, 167
Marchés financiers, 123
Massification scolaire, 212, 217-219, 228, 230-232
Médiane, 342, 343, 358
Médias, 374
Militantisme, 310, 313, 318-325
Mise à l'agenda politique, 377, 391
Mobilisation, 375, 390
Mobilité ascendante, 252
Mobilité géographique, 244
Mobilité intergénérationnelle, 244
Mobilité nette, 250, 259
Mobilité observée (ou absolue ou totale), 250
Mobilité professionnelle (ou intragénérationnelle), 244
Mobilité sociale, 242-260
Mobilité structurelle, 248
Mondialisation, 50, 51, 60
Monopole, 25, 154, 164
Moyenne, 342, 343, 351-353, 369
Mutualisation des risques, 358, 359

N

Norme, 380, 381, 391

O

Odds ratio, 250
Oligopole, 155, 164
Olson Mancur, 312
Opinion publique, 322, 328
Organisation post-taylorienne du travail, 282-284
Organisation taylorienne du travail, 280-284
Organisations non gouvernementales, 374, 387, 390, 393

P

Pacte de stabilité et de croissance (PSC), 159
Panique bancaire (*bank run*), 128
Paradoxe d'Anderson, 257
Paradoxe de l'action collective, 312, 313
Participation électorale, 316-319
Partis politiques, 310, 322, 323, 375, 390, 393
Passager clandestin, 389, 392, 393
PIB, 14
Piketty, Thomas, 345
Plafond de verre, 194
Plus, value, 122
Polarisation des emplois, 279, 287, 290
Polarisation, 31
Policy mix, 161, 166
Politique budgétaire, 158, 159, 167
Politique conjoncturelle, 161, 167
Politique de l'emploi, 103
Politique de la concurrence, 149, 155, 167
Politique monétaire, 96, 104, 157, 164
Politique de formation, 100, 104
Politiques macroéconomiques (de relance), 96, 97, 104
Population active, 187
Position dans le cycle de vie, 180, 181
Pouvoir de marché, 25
Précarité, 276, 277, 290-293, 358, 359
Problème public, 374, 375, 390, 391, 393
Productivité, 18, 52, 53, 56, 57, 61, 67-69
Productivité globale des facteurs (PGF), 18
Productivité marginale, 18
Professions et catégories socioprofessionnelles (PCS), 182, 183, 247, 278, 279, 284, 285, 287, 290
Progrès technique, 18-21
Prophétie autoréalisatrice, 126
Protection de l'emploi, 88, 103
Protection sociale, 350, 351, 357-359, 361, 365-367
Protectionnisme, 64, 65, 67-69, 76

Q

Qualité des emplois, 278, 279, 287, 290
Quantitative easing, 156

R

Rapport interquantiles, 342, 343, 351, 352, 358, 360, 363
Rapports sociaux de genre, 194, 195
Ratio de solvabilité, 130
Réchauffement climatique, 33
Recherche – Développement, 23
Recomposition des tâches, 282-285
Redistribution, 350, 351, 357-359, 365-367
Réglementation environnementale, 380, 381, 391, 393
Régulation bancaire et financière, 130
Répertoires d'action collective, 324, 325
Reproduction sociale (ou immobilité sociale), 246
Ressources naturelles, 32
Rétributions symboliques, 313
Revenu, 184, 185
Ricardo, David, 68
Rigidité du marché du travail, , 89, 103
Risque social, 289, 358, 367

S

Salaire d'efficience, 87, 102
Salaire minimum, 86, 102
Salarisation, 186, 187
Sauvy, Alfred, 249
Savoir utiliser un tableau à double entrée, 332
Schumpeter Joseph, 26, 38
Secteur d'activité, 187
Sécurité sociale, 350, 354, 357-359
Ségrégation sociale, 220, 223, 229, 359
Services collectifs, 35 -353, 355, 359, 361, 365
Smith, Adam, 21
Socialisation, 212, 213, 226, 227, 230, 231, 237
Solidarité mécanique, 288
Solidarité organique, 288
Sous-emploi, 33, 102
Spécialisation, 52, 53, 55, 67-69, 76
Spéculation, 124, 127
Statut d'emploi, 275, 277, 285, 289
Stratégies des ménages, 212, 213, 224, 225, 229, 231
Stratification sociale, 183-185
Structure des opportunités politiques, 314
Subprimes, 118, 128
Subvention à l'innovation verte, 381, 391, 393
Supervision bancaire, 130
Syndicats, 310, 313, 322

T

Tables de mobilité, 245
Taux d'activité, 255, 275
Taux d'accès à un diplôme ou à un type de formation, 212, 217, 228, 231
Taux d'emploi, 84, 102, 275
Taux d'intérêt, 157
Taux de chômage, 80, 83-85, 92, 102, 107, 275
Taux de chômage de long terme, 83
Taux de scolarisation, 212, 216, 228, 231
Taux directeur, 157, 164
Taxe environnementale, 382, 391, 393
Taylor, Frederick Winslow, 280
Télétravail, 286, 287
Tertiarisation, 186
Tocqueville, Alexis (de), 323
Top 1 %, 342, 343, 358, 360
Traders, 124
Trajectoires improbables, 212, 228, 229, 256, 260
Travail, 16, 17, 274, 280-289, 292, 293

U

UBE, 170
Union européenne, 147, 378, 379, 390
Utilitarisme, 349, 359, 361

V

Variables sociales du vote, 316, 317
Variables sociodémographiques (de l'engagement), 316-319
Vente forcée, 127

Z

Zone euro, 148, 167

CRÉDITS PHOTOGRAPHIQUES

Couverture
ht .... Javier Larrea/Agefotostock
bas d .... Hero Images
bas g .... Shutterstock

14 Chaunu
16 ht .... Bernard Biger, Chantiers de l'Atlantique
bas ...... Getty Images
19 g .... Ho / AFP
d .... Maxppp
22 ht .... Andrieu/Agence Peps/Reporters/Rea
bas g .... Yasuaki Kobayashi / Yomiuri / The Yomiuri Shimbun / AFP Forum
bas g .... iStock / Getty Images Plus
bas m ... iStock / Getty Images Plus
bas m ... iStock / Getty Images Plus
bas d .... Getty Images
26 g .... iStock / Getty Images Plus
g .... iStock / Getty Images Plus
m .... iStock / Getty Images Plus
m .... Minitel Thomson csf de 1983. collection France Telecom / Bridgeman Images
d .... iStock / Getty Images Plus
28 g .... Represented by Zuma Press, Inc./Zuma/Rea
m .... Britta Pedersen/Zuma Press/Zuma/Rea
m .... Miquel Gonzalez/Laif-Rea
d .... Pascal Sittler/Rea
33 .... Getty Images
34 ht g GR3N
bas m ... Visual China Group via Getty Images
bas d .... Mario Simon Lafleur
ht m ..... Hovertaxi
39 m .... Collection Christophel © Actual films / Participant media
d .... Consilde Media Group
50 .... Ghislain & Marie David de Lossy/Cultura/Getty Images
58 .... Le Monde diplomatique, juin 2017, « La civilisation de la tomate », carte de Agnès Stienne
69 g .... World Inequality Database
m .... Radio France / France Culture / Agence LEG
bas d .... Collection Christophel © Participant Media / Netflix
80 g .... Boussard
d .... Photo12/Alamy/Chromorange Christian Ohde
86 .... Miss Lilou
88 .... Bonhomme
bas ...... Deligne/Iconovox
105 g .... Pauline Aubry/M2R Films - 2019
m .... Dares
116 .... Sarah Rebouh
118 ht g ...... Collection privée/Look and Learn/ Bridgeman Images
ht d ...... Everett / Bridgeman images
bas g .... Andrew Winning/Reuters
bas d .... A McLin / Flickr (CC BY 2.0)
128 ht .... Kevin Kal Kallaugher, Kaltoons.com
135 bas g .... citedeleconomie
bas m ... https://www.toutelhistoire.com
146 .... Aurel
151 .... selectra.info
156 ht g ...... Colcanopa
ht d ...... Aurel
167 bas g .... Touteleurope.eu, site d'information pédagogique sur l'Union européenne
bas m ... K.G. Productions - Wild Bunch - Elle Driver - France 2 Cinema l'Odeon / Collection Christophel
178 .... Daniel THIERRY/Getty Images
181 g .... Alamy Stock Photo/Hemis
d .... Thomas Louapre / Divergence
186 .... Andreas Gursky / ADAGP, 2020 / Courtesy: Sprüth Magers
190 .... Die Photographische Sammlung/SK Stiftung Kultur - August Sander Archiv, Cologne/ Adagp, Paris, 2020
201 g .... Barunson E&A/CJ E&M Film/Collection Christophel
bas m ... photo : Portrait de Didier Eribon. Collection particulière
d .... Radio France / France Culture / Agence LEG
212 .... Les Profs © Bamboo Edition, Erroc & Pica
214 bas ...... RMN-Grand Palais / Jean-Gilles Berizzi
220 .... Lasserpe/Iconovox
223 .... iStock / Getty Images Plus
225 .... Deligne/Iconovox
231 g .... Heliox Films - Mille Soleils 2019
234 .... PhotoAlto/Frederic Cirou/Getty Images
242 .... Nono
246 .... Deligne/Iconovox
248 ht .... Coll. Boursaux / adoc-photos
bas ...... Istock/Getty Images
252 bas ...... Kristy Sparow/Getty Images
261 g .... Collection Christophel © Woo Films
272 .... Getty Images
274 ht .... Getty Images
bas ...... Getty Images plus
277 .... Xavier Gorce
280 g .... Roger-Viollet
d .... Ullstein Bild/Roger-Viollet
283 ht g ...... Shutterstock
ht d ...... Photo12/Alamy/Richard Levine
bas ...... Shutterstock
285 .... INRS 2019/Création : Zaoum
287 .... Mich
288 ht g ...... Centre Historique Minier (prêt ANMT)
bas g .... Centre Historique Minier (prêt ANMT)
bas d .... Centre Historique Minier (prêt ANMT)
293 .... Ucciani
297 m .... Corporate, Nicolas Silhol, 2017 / Kazak Productions / Collection Christophel
300 .... Nicolas Guyonnet / Hans Lucas / AFP
308 g .... Deligne/Iconovox
g .... Loïc Venance/AFP
314 .... Benjamin Polge / Hans Lucas / AFP
316 .... Service Communication, Ville de Tourcoing
318 bas ...... Geoffroy van der Hassel/Andalou Agency/ AFP
320 ht g ...... François Henry/Rea
ht m ..... Florent Pommier/Rea
ht d ...... Alain Robert/Sipa
m g ...... Pacific Press/Getty Images
m m ..... Mustafa Yalcin / Anadolu Agency/AFP
bas g .... Gilles Rolle/Rea
323 m .... La Générale de Production - Réalisation Mathieu Decarli, Olivier Marquézy et Thomas Legrand
d .... Estelle Ruiz/NurPhoto/AFP
.... Dawid/La Nouvelle République
324 m .... Michael Bunel/NurPhoto/Zuma/re
bas ...... Association I-buycott
329 d .... Nord Ouest / Diaphana distribu collection Christophel
348 .... Lylho/Leemage
353 .... Ville de Nantes / agence Moswo
354 g .... @associationAurore
361 g .... Elemiah
m .... Presses de Sciences Po
d .... www.inegalites.fr
372 .... Charlène Flores / Divergence
374 ht g ...... Kenzo Tribouillard / AFP
ht d ...... Monoprix
376 .... Publicité Intermarché / ©Marcel ©Patrice de Villiers
378 g .... Ville de La Roche-sur-Yon
m .... CD62 ©J.Courouble
d .... Agence régionale de la biodiversité Centre-Val de Loire/photo Adobestock
381 .... Colcanopa
383 1083
393 m .... Radio France / Christophe Abramowitz
d .... Collection Christophel © Yellow Bird - Arte

Crédits complets des publications en ligne

Doc 2 p. 24 : Ongo Nkoa Bruno Emmanuel, Song Jacques Simon, « La qualité des institutions réduit-elle la volatilité des investissements directs étrangers en Afrique ? », *Mondes en développement*, De Boeck Supérieur, 2018/3 (n° 183), p. 113-131. DOI : 10.3917/med.183.0113. URL : https://www.cairn.info/revue-mondes-en-developpement-2018-3-page-113.htm

Doc 1 p. 130 : Wibaut Serge, « A-t-on été assez loin en matière de régulation financière ? », *Reflets et perspectives de la vie économique*, De Boeck Supérieur, 2017/1 (Tome LVI), p. 139-155. DOI : 10.3917/rpve.561.0139. URL : https://www.cairn.info/revue-reflets-et-perspectives-de-la-vie-economique-2017-1-page-139.htm

Doc 3 p. 343 : Laurence Boone, Antoine Goujard (2019), « La France, les inégalités et l'ascenseur social », OECD Ecoscope, https://oecdecoscope.blog/2019/02/25/la-france-les-inegalites-et-lascenseur-social/

Doc 1 p. 380 : Tran-Dieu Linh, Vernier Marie-France, « La prévention des déchets : une analyse empirique des déterminants du comportement des entreprises », *Revue d'économie industrielle*, De Boeck Supérieur, 2017/3 (n° 159), p. 79-111. URL : https://www.cairn.info/revue-d-economie-industrielle-2017-3-page-79.htm

Doc 2 p. 387 et **Doc 4 p. 389 :** Combes Jean-Louis, Combes-Motel Pascale, Schwartz Sonia, « Un survol de la théorie des biens communs », *Revue d'économie du développement*, 2016/3 (Vol. 24), p. 55-83. DOI : 10.3917/edd.303.0055. URL : https://www.cairn.info/revue-d-economie-du-developpement-2016-3-page-55.htm

Direction éditoriale : Marion Martin-Suhamy
Édition : Françoise Lepage et Flavie Lavallée, assistées de Gwenaëlle Aznar et Hélène Bertrand-Hardy
Direction artistique : Pierre Taillemite
Conception (couverture et intérieur) : Yann Collin
Réalisation : Graph'M
Iconographie : Sandrine Fournié
Graphiques et schémas : Orou Mama et Corédoc
Illustrations : Nicolas Trève
Photogravure : Irilys

Ce livre a été imprimé en Italie en avril 2020
par Rotolito S.p.A. , imprimeur certifié IMPRIM'VERT®
N° de projet : 10259728 – Dépôt légal : avril 2020

FSC www.fsc.org MIXTE Papier issu de sources responsables FSC® C022030

Bordas est un éditeur qui s'engage pour la préservation de l'environnement et utilise du papier issu de forêts gérées de manière responsable et d'autres sources contrôlées.